Die Internet-Plattform für
digitale Fotografie und Bildbearbeitung

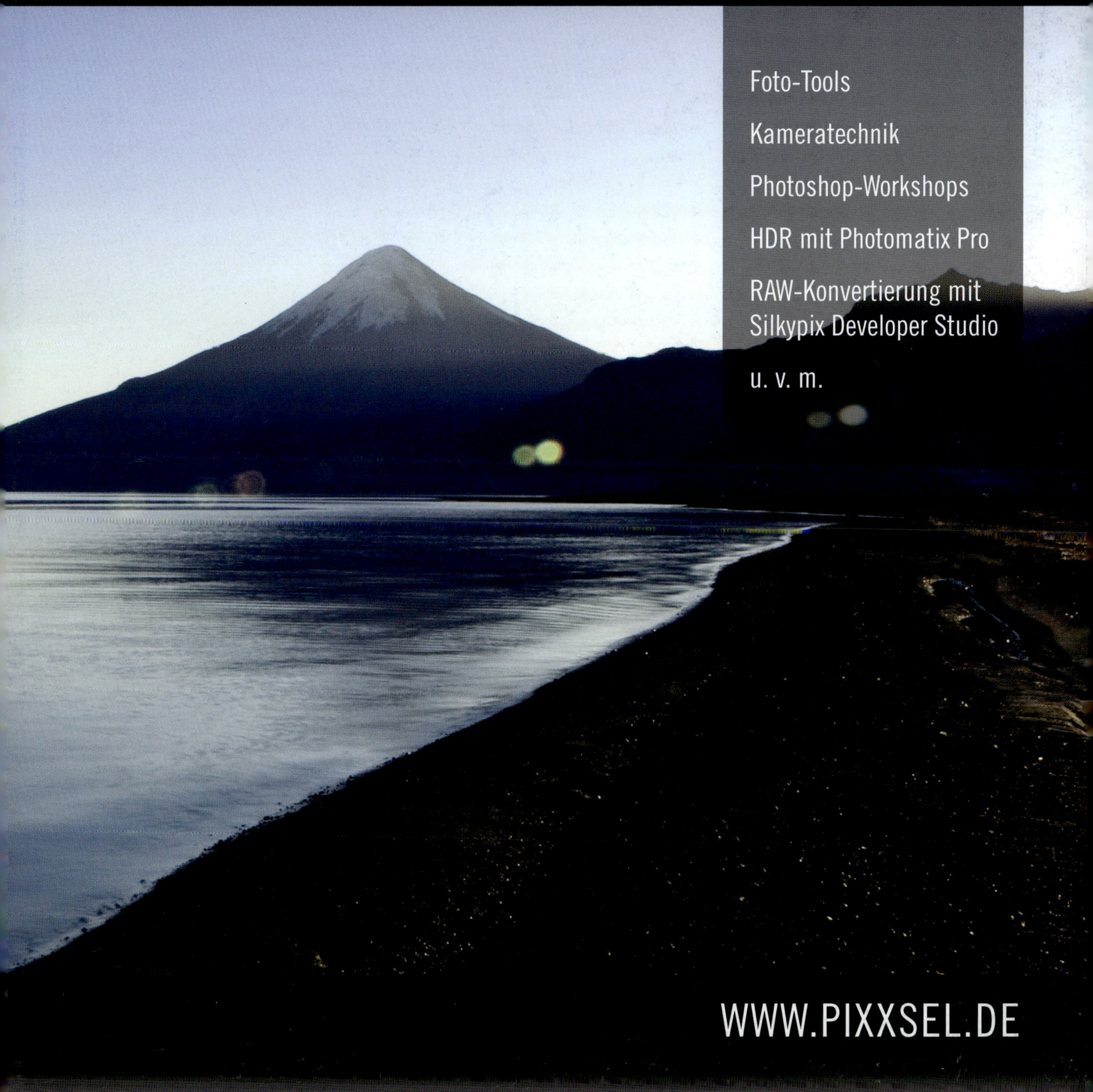

Christian Haasz / Vilma Niclas / Michael Risch / Martin Rietze

Fotoschule 3. Auflage

Christian Haasz
Vilma Niclas
Michael Risch
Martin Rietze

3. Auflage

Fotoschule

Mit 299 Abbildungen

FRANZIS

Bibliografische Information der Deutschen Bibliothek

Die Deutsche Bibliothek verzeichnet diese Publikation in der Deutschen Nationalbibliografie;
detaillierte Daten sind im Internet über http://dnb.ddb.de abrufbar.

Hinweis: Alle Angaben in diesem Buch wurden vom Autor mit größter Sorgfalt erarbeitet bzw. zusammengestellt und unter Einschaltung wirksamer Kontrollmaßnahmen reproduziert. Trotzdem sind Fehler nicht ganz auszuschließen. Der Verlag und der Autor sehen sich deshalb gezwungen, darauf hinzuweisen, dass sie weder eine Garantie noch die juristische Verantwortung oder irgendeine Haftung für Folgen, die auf fehlerhafte Angaben zurückgehen, übernehmen können. Für die Mitteilung etwaiger Fehler sind Verlag und Autor jederzeit dankbar. Internetadressen oder Versionsnummern stellen den bei Redaktionsschluss verfügbaren Informationsstand dar. Verlag und Autor übernehmen keinerlei Verantwortung oder Haftung für Veränderungen, die sich aus nicht von ihnen zu vertretenden Umständen ergeben. Evtl. beigefügte oder zum Download angebotene Dateien und Informationen dienen ausschließlich der nicht gewerblichen Nutzung. Eine gewerbliche Nutzung ist nur mit Zustimmung des Lizenzinhabers möglich.

Herausgeber: Ulrich Dorn
Satz & Layout: G&U Language & Publishing Services GmbH, Flensburg
art & design: www.ideehoch2.de
Druck: L.E.G.O. S.p.A., Vicenza (Italia)
Printed in Italy

ISBN 978-3-645-**60116-0**

INHALT

INHALT

INHALT

INHALT

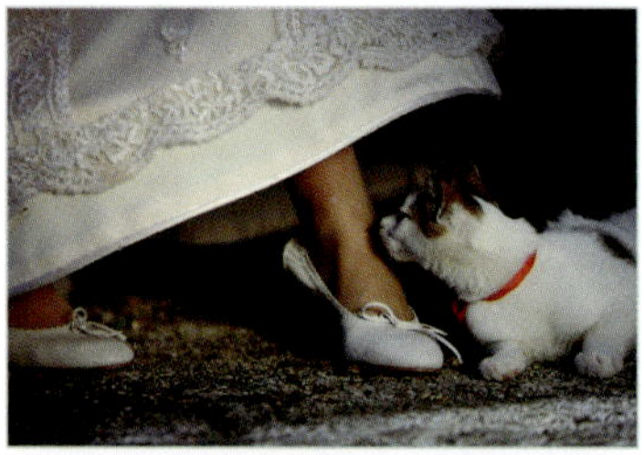

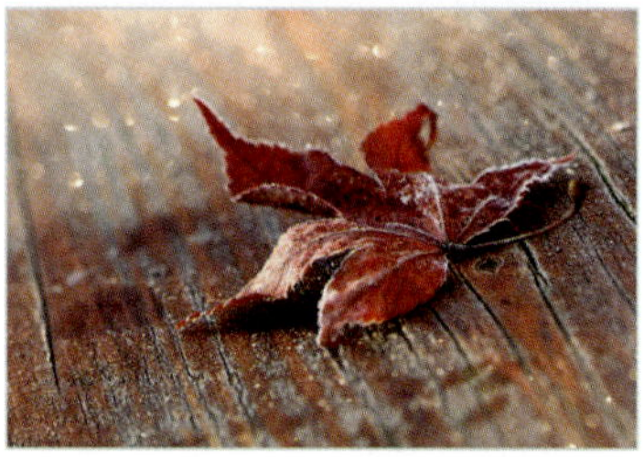

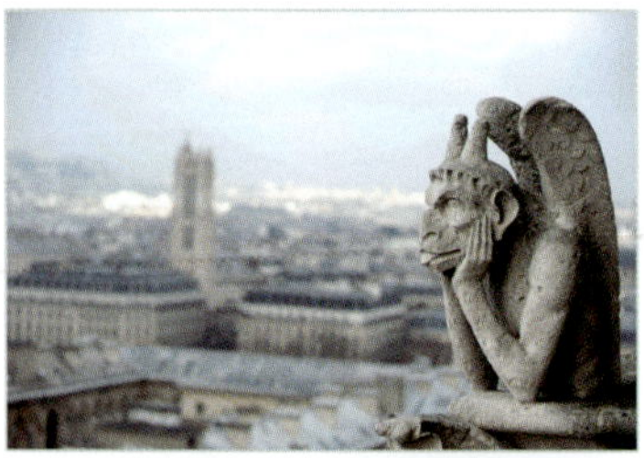

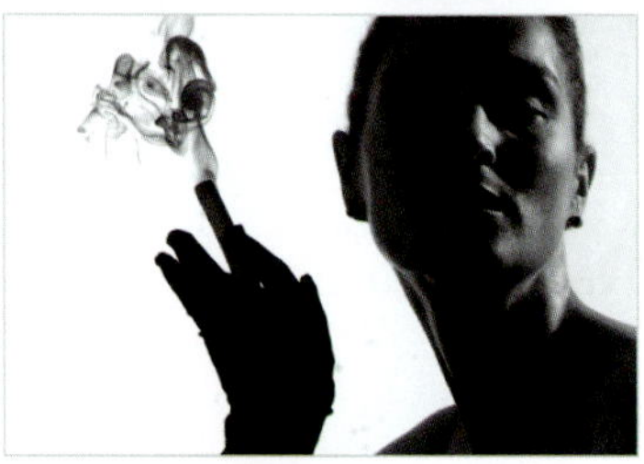

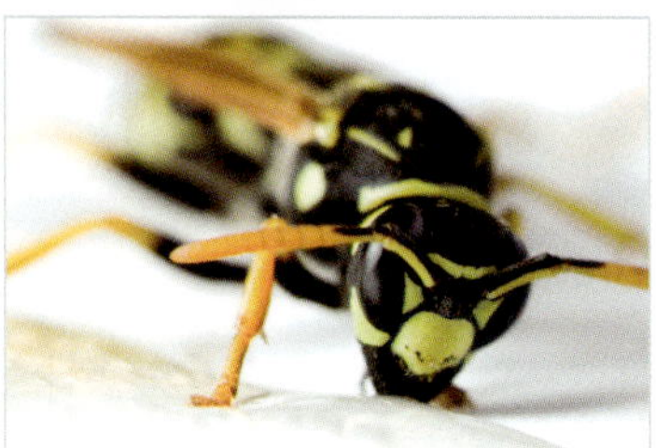

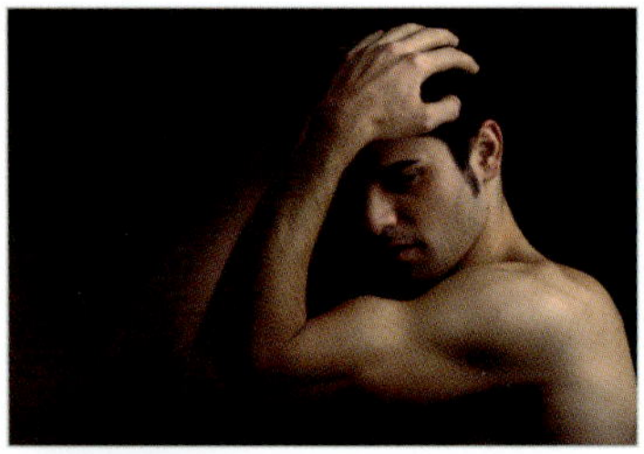

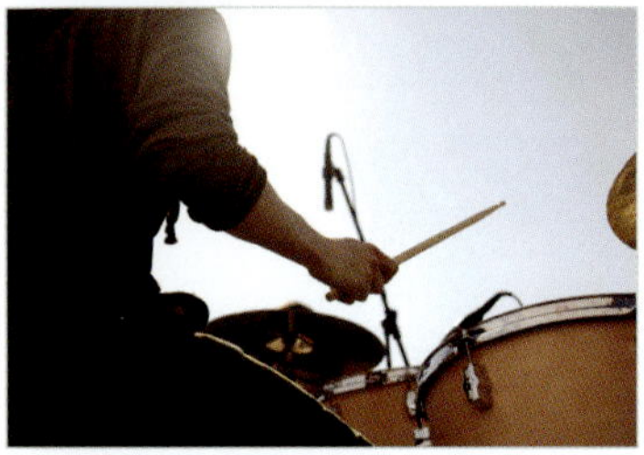

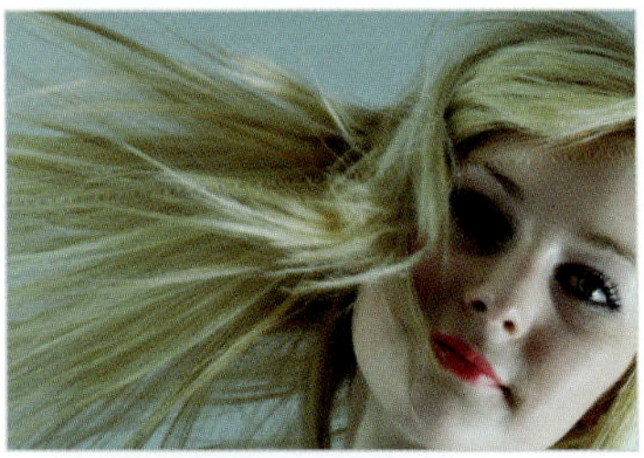

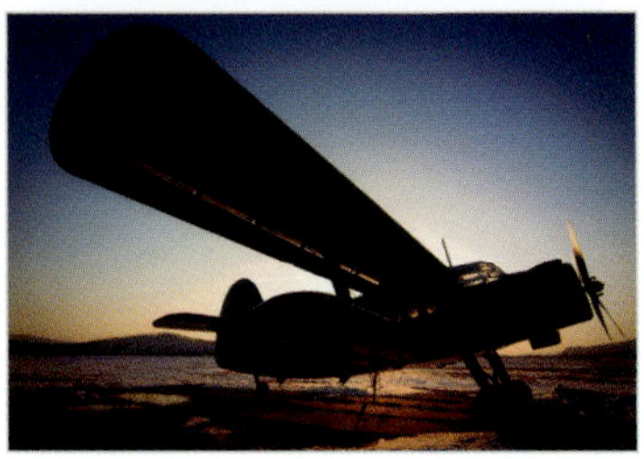

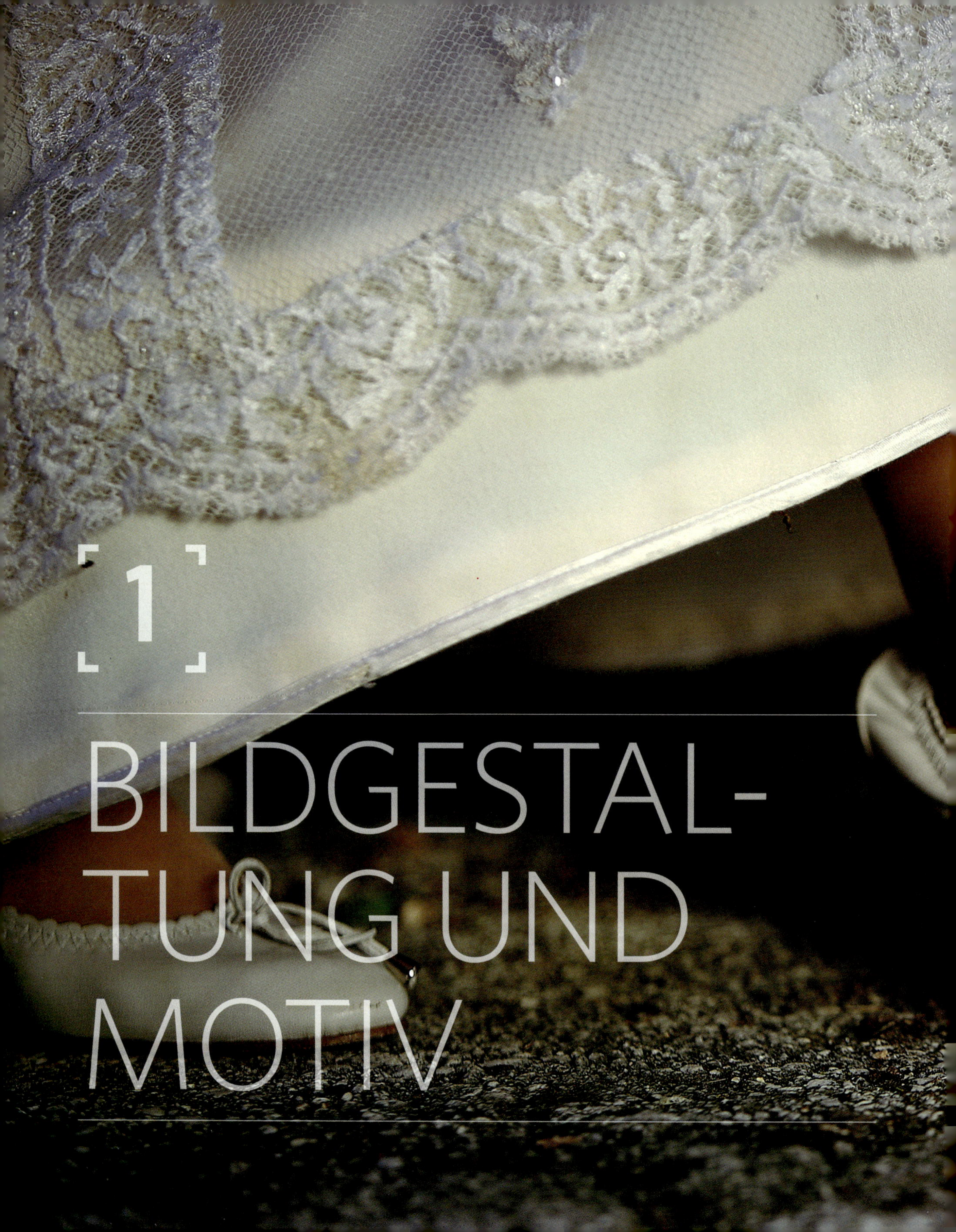

1

BILDGESTALTUNG UND MOTIV

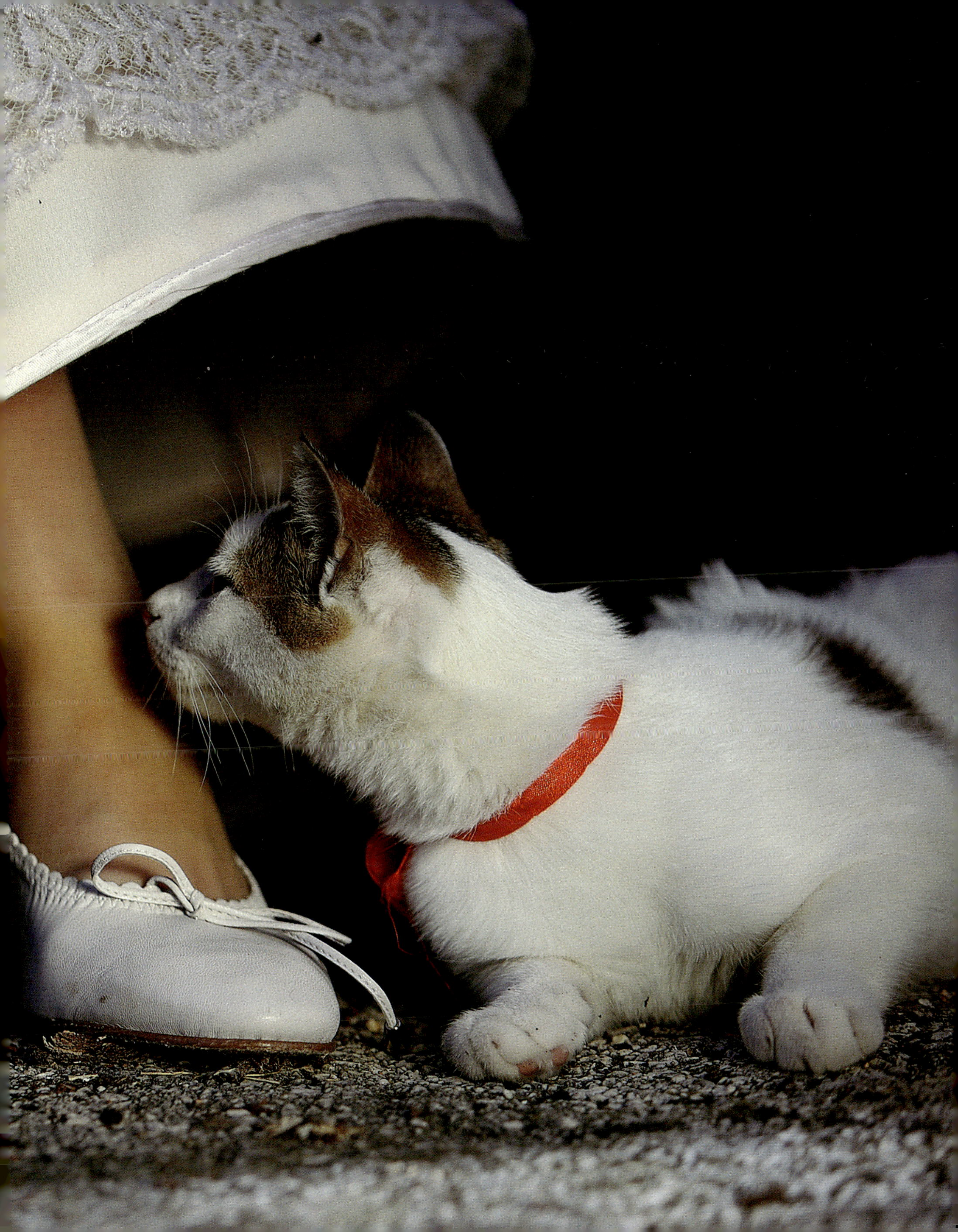

AUFNAHMEDATEN	
Brennweite	20 mm
Belichtung	1/125 s
Blende	f/11
ISO	200

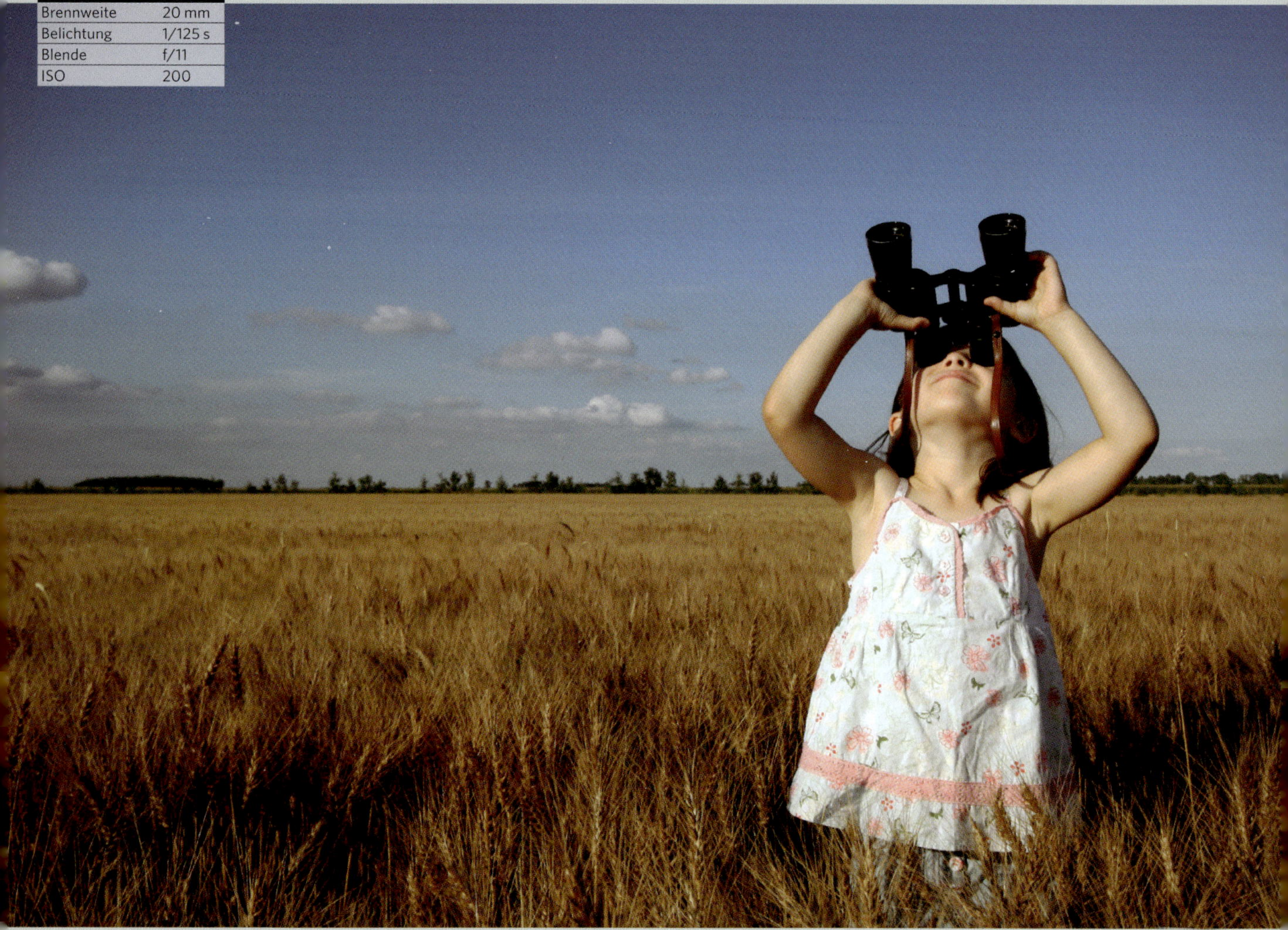

Was sieht die junge Dame da am Himmel? Wenn Sie es schaffen, dass der Betrachter sich fragt, was im Bild passiert, haben Sie seine Aufmerksamkeit.

1 Bildgestaltung und Motiv

Was macht den Unterschied zwischen einem Schnappschuss und einem erstklassigen Foto aus? Meistens ist es nicht das Motiv, sondern die Bildgestaltung. Machen Sie sich ein paar Gedanken, bevor Sie den Auslöser drücken: Worin liegt der Reiz des Motivs? Welche Elemente der Umgebung gehören mit aufs Bild, um die Stimmung des Augenblicks zu erfassen? Welcher Bildausschnitt bringt das Motiv am besten zur Geltung?

Handwerk und Kreativität

■ Bildgestaltung ist ein kreativer Prozess. Aber keine Angst, es gibt eine ganze Reihe von hilfreichen Gestaltungsmitteln, die sich erlernen und üben lassen und die jeder Hobbyfotograf anwenden kann. Die auf den folgenden Seiten vermittelten Informationen über Bildgestaltung und -komposition dienen dazu, Ihnen den Unterschied zwischen einem Schnappschuss und einem arrangierten, durchdachten Foto nahezubringen. Sie werden sich mithilfe der hier vorgestellten Gestaltungsregeln fotografisch weiterentwickeln und im Laufe der Zeit feststellen, dass Ihre Fotografie sehr viel ansprechender wird. Wenn dann daraus so viel Kreativität erwächst, dass Sie mit Motiven und Ausschnitten spielen können, werden Sie früher oder später auch ganz gezielt Konventionen brechen und so Ihren ganz eigenen Weg finden, interessante Fotos zu gestalten.

Kulturkreis und Gestaltungsempfinden

Eines sollten Sie sich von vornherein klarmachen: Wenn wir hier über gestalterische Regeln schreiben, gelten diese für den europäischen bzw. westlichen Kulturkreis. In anderen Ländern kann ein ganz anderes Gestaltungsempfinden gelten. Ein kleines Beispiel: Wir schreiben von links nach rechts, die arabische Schrift bewegt sich von rechts nach links. Wir empfinden eine von links nach rechts gehende Bewegung als aktiv und dynamisch, eine Bewegung von rechts nach links dagegen eher als abwehrend und passiv. Ästhetik hängt also stark davon ab, wo auf der Welt man gerade ist – an Werbeplakaten kann man dies häufig sehr gut erkennen.

Wohin mit dem Hauptmotiv?

Die grundlegendste Frage beim Fotografieren ist, an welcher Stelle das Hauptmotiv im Bild platziert werden soll. Meistens nimmt man sein Hauptmotiv einfach in der Mitte des Suchers bzw. Monitors ins Visier. Es gibt durchaus Motive, bei denen Symmetrie angebracht ist, wie z. B. eine Spiegelung im Wasser – man könnte die Schnittkante zwischen Motiv und Spiegelung in der Mitte des Bildes anordnen. Abgesehen von diesen Ausnahmen ist es aber meistens sinnvoll, zuerst einmal eine außermittige Platzierung zu wählen, um mehr Spannung ins Bild zu bringen.

Um das zu testen, reichen normale Haushaltsgegenstände völlig aus. Arrangieren Sie einfach ein kleines Stillleben auf einem Tisch vor einer Wand mit einem Glas oder einer Vase. Fotografieren Sie das Motiv zunächst bei gleichem Kameraabstand mittig, links, rechts, etwas weiter oben und weiter unten. Hier erkennen Sie sehr schnell, welche Auswirkungen die unterschiedliche Platzierung des Hauptmotivs hat.

Verändern Sie nun noch die Entfernung bzw. die Brennweite, ergeben sich durch die Neugewichtung von Motiv, Tisch und Hintergrund ebenfalls neue Sichtweisen. Ist der Abstand groß, wirkt das Motiv klein, verloren, zerbrechlich. Geht man nah heran, kommt das Motiv groß heraus und erzeugt – je nach Brennweite – geradezu skurrile Perspektiven. Nimmt man dann ein zweites Motiv, ein Nebenmotiv, mit ins Bild, steigert sich die Zahl der Möglichkeiten noch mal um ein Vielfaches.

DER MASSSTAB DER DINGE

Möchten Sie verdeutlichen, wie groß ein Gebäude, wie weit eine Landschaft ist, beziehen Sie Menschen als Maßstab ins Bild mit ein. So erkennt der Betrachter auf den ersten Blick, wie groß (oder klein) die Umgebung ist. Natürlich sind nicht nur Menschen geeignet, Größenverhältnisse zu verdeutlichen. Man denke nur an die berühmte Streichholzschachtel, um die Winzigkeit eines technischen Gadgets wie einer Minikamera zu zeigen. Jedes Motiv, von dem jedermann weiß, wie groß es ist, ist als Maßstab geeignet.

MOTIVE UMRUNDEN

Um sich die Wirkung unterschiedlicher Positionen eines Objekts im Bild zu vergegenwärtigen, machen Sie einmal ein paar Versuche mit einem einfachen Motiv, das Sie mit Ihrer Kamera umrunden können. Es ist egal, ob es sich dabei um eine Gartenbank, einen Baum oder ein Fahrrad handelt, Hauptsache, Sie können aus verschiedenen Blickwinkeln fotografieren. Machen Sie eine Fotoreihe von 10 bis 20 Bildern und vergleichen Sie diese am besten am Computerbildschirm. Sie werden schnell erkennen, dass das Hauptmotiv völlig anders wirkt, je nachdem, aus welcher Perspektive und Richtung Sie fotografieren.

Bildaufbau nach dem Goldenen Schnitt

Eine wichtige Grundregel zur Positionierung von Haupt- und Nebenmotiven in einem Bild ist der Goldene Schnitt. Gebäude, Gemälde, Skulpturen und Fotografien wirken immer dann besonders harmonisch, wenn sie nach dem Goldenen Schnitt aufgebaut sind. Das war übrigens schon in der Antike bekannt, wie man an den Bauwerken und Skulpturen aus dieser Zeit gut erkennen kann. Heute wenden nicht nur Künstler, sondern auch Grafiker und Designer diese alte Regel an. Aber was ist nun der Goldene Schnitt, und wie kann man ihn in der Praxis einsetzen?

Der Goldene Schnitt ist in erster Linie ein Teilungsverhältnis. Ein Punkt P teilt eine Strecke mit den Endpunkten A und B dann im Goldenen Schnitt, wenn das Verhältnis von AP (längere Teilstrecke) zu PB (kürzere Teilstrecke) dem Verhältnis von AB (Gesamtstrecke) zu AP entspricht. Teilt man die Länge der größeren Teilstrecke (AP) durch die Länge des kurzeren Abschnitts (PB), muss das Ergebnis der Division von Gesamtstrecke (AB) und längerer Teilstrecke (AP) entsprechen. Der Zahlenwert der Division beträgt in beiden Fällen ca. 1,618. Das entspricht einem Verhältnis von 62:38 (in der Praxis sind auch ungefähr 60:40 ausreichend).

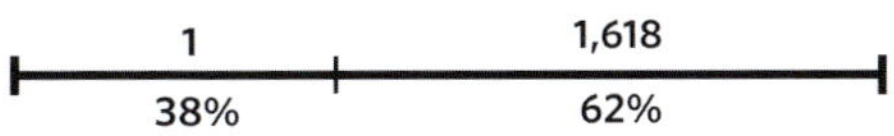

Mit der folgenden Formel kann man die längere (AP) der beiden Teilstrecken errechnen, die durch den Goldenen Schnitt entstehen, wenn man eine Gesamtbreite (AB) bzw. -höhe kennt:

$$AP = AB : 1{,}618$$

Um nochmals auf die Antike zurückzukommen: Das Maß entspricht in etwa dem Längenverhältnis zwischen dem menschlichem Unter- und Oberarm, was man an gut gestalteten Skulpturen der Antike leicht nachmessen kann – wenn man im Museum denn so nah an die Statuen herankommt. Für die fotografische Praxis bedeutet der Goldene Schnitt, dass man Strecken (Höhe,

Linsk: Wäre das Fahrrad nicht da, hätte man nur eine ungefähre Vorstellung davon, welche Dimensionen die Fassade hat. Zur gelungenen Bildgestaltung trägt neben der interessanten Farbigkeit bei, dass der Blick zwischen den Fenstern und dem Fahrrad hin- und herpendelt.

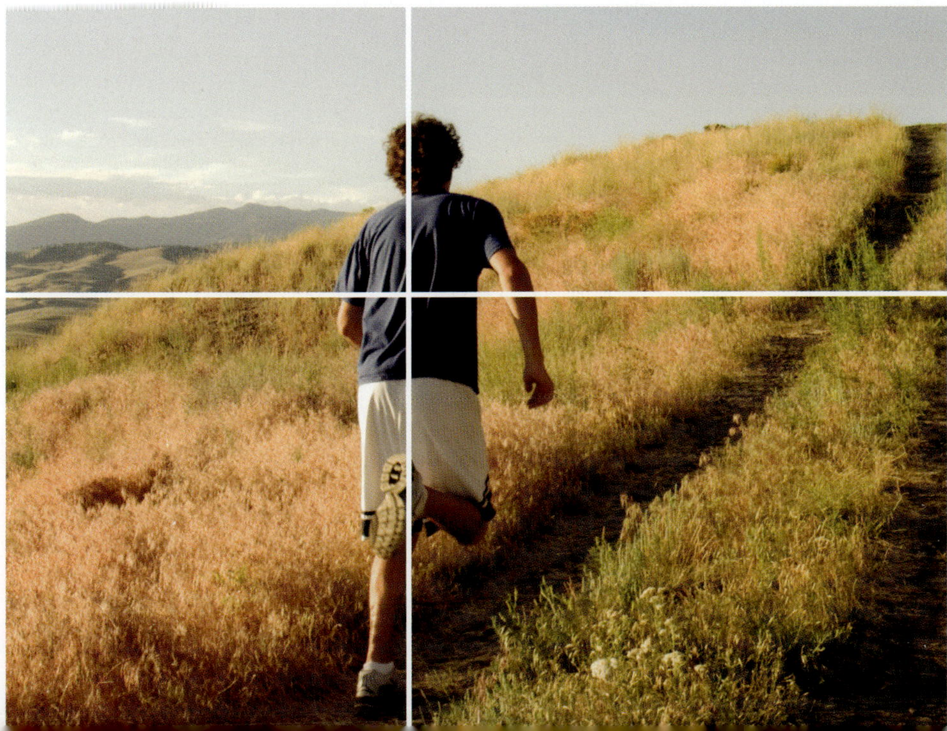

AUFNAHMEDATEN	
Brennweite	17 mm
Belichtung	1/250 s
Blende	f/7,1
ISO	100

Der Läufer im Goldenen Schnitt allein macht den Reiz des Motivs noch nicht aus. Erst die Führungslinien des Feldwegs und die Laufrichtung führen den Blick des Betrachters ins Bild hinein.

Breite) im Verhältnis von 60:40 teilt und an den Schnittpunkten Haupt- und Nebenmotive platziert. Das Gleiche gilt für Linien, die durch das Bild führen. Wenn Sie ein Foto im Goldenen Schnitt teilen, trägt auch das zur Spannungssteigerung bei.

Bildaufbau nach der Drittel-Regel

Alle modernen Digitalkameras blenden auf Wunsch ein Gitternetz auf dem Display ein, das das Sucherbild horizontal und vertikal drittelt. Diese Funktion ist sehr hilfreich, weil man sie zur Bildgestaltung nutzen kann, um Motive nach der Drittel-Regel zu platzieren. Die Drittel-Regel ist eine Vereinfachung des Goldenen Schnitts, die ebenfalls zu einer harmonischen Bildgestaltung beiträgt. Haupt- und Nebenmotive sowie bildwichtige Linien werden entweder an den Schnittpunkten oder entlang der zwei horizontalen und zwei vertikalen Linien platziert. Horizontale und vertikale Führungslinien (der Horizont, eine Hauskante oder eine Baumreihe) sind perfekt, um ein Bild aufzuteilen. Diese Führungslinien werden dazu einfach auf den Linien zur Bilddrittelung platziert.

Blicke des Betrachters lenken

Wenn das Hauptmotiv arrangiert ist, wird es kameratechnisch knifflig. Denn nun muss man entscheiden, was scharf und was unscharf werden soll. Üblicherweise ist das Hauptmotiv scharf, der Hintergrund bleibt unscharf, um nicht abzulenken. Natürlich ist das keine Regel, die immer Gültigkeit hat;

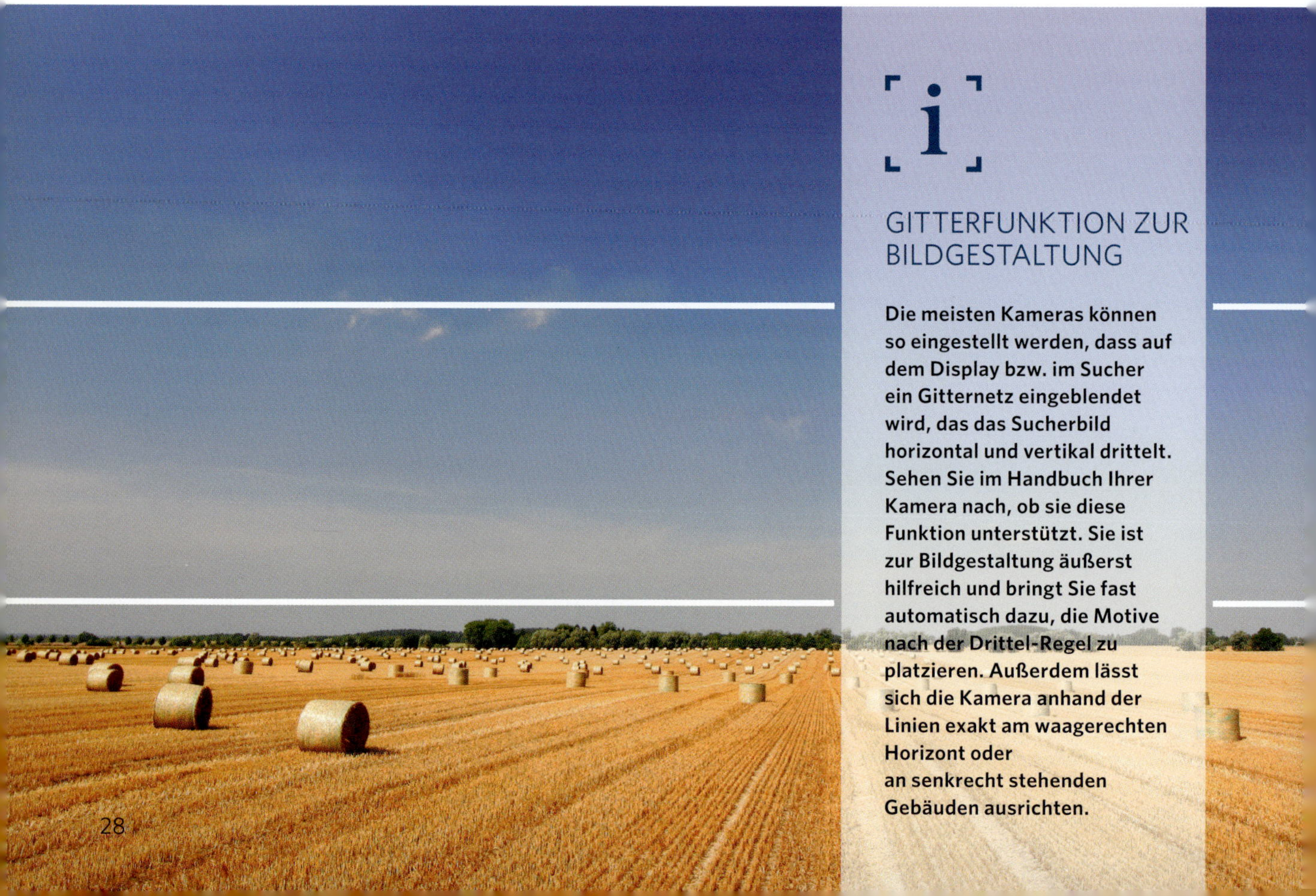

Üblicherweise gibt man dem Himmel bei solchen Motiven entweder ein Drittel oder wie hier zwei Drittel Raum. Allein durch die Bilddrittelung entsteht automatisch eine harmonische Komposition.

i

GITTERFUNKTION ZUR BILDGESTALTUNG

Die meisten Kameras können so eingestellt werden, dass auf dem Display bzw. im Sucher ein Gitternetz eingeblendet wird, das das Sucherbild horizontal und vertikal drittelt. Sehen Sie im Handbuch Ihrer Kamera nach, ob sie diese Funktion unterstützt. Sie ist zur Bildgestaltung äußerst hilfreich und bringt Sie fast automatisch dazu, die Motive nach der Drittel-Regel zu platzieren. Außerdem lässt sich die Kamera anhand der Linien exakt am waagerechten Horizont oder an senkrecht stehenden Gebäuden ausrichten.

in der Landschaftsfotografie kommt es oft auf maximale Schärfentiefe an, um nur ein Beispiel zu nennen. Trotzdem sollte man wissen, dass Schärfe im Bild (oder eben Unschärfe) den Blick des Betrachters führt und – wenn die Schärfe perfekt eingesetzt ist – auch fesselt.

Schärfe zieht das Auge magisch an

Die Schärfe gestaltet man üblicherweise mit der Blende. Die einfache Grundregel: Große Blendenöffnung bedeutet geringe Schärfentiefe, kleine Blendenöffnung große Schärfentiefe. Ein eindringliches Gesichtsporträt fotografiert man also eher mit offener Blende, um den Hintergrund in Unschärfe verschwimmen zu lassen. Jeder Fotograf ist übrigens gut beraten, die Wirkung der verschiedenen Blenden auf die Schärfentiefe einschätzen zu lernen.

Ein Tipp: Machen Sie dazu Testaufnahmen eines in zwei Metern Entfernung stehenden Motivs und fotografieren Sie es mit unterschiedlichen Blenden. Sie werden sehen, wie deutlich sich die Ergebnisse unterscheiden.

Starke Nebenmotive integrieren

Üblicherweise gibt es ja nicht nur ein Hauptmotiv, sondern auch ein oder mehrere Nebenmotive in einem Bild. Zunächst muss man sich also klarmachen, was wirklich wichtig, also das Hauptmotiv, ist. Das Problem: Wenn neben einem Hauptmotiv noch mehrere starke Nebenmotive existieren, kann ein Betrachter den eigentlichen Sinn einer Aufnahme nicht sofort erfassen – was für ein gutes Bild jedoch enorm wichtig ist. Wenn man sich selbst dabei beobachtet, wie schnell man Fotos betrachtet und bewertet, wird man feststellen, dass die allermeisten Amateurbilder zu diffus sind und man schnell das Interesse verliert.

AUFNAHMEDATEN	
Brennweite	31 mm
Belichtung	1/125 s
Blende	f/7,3
ISO	100

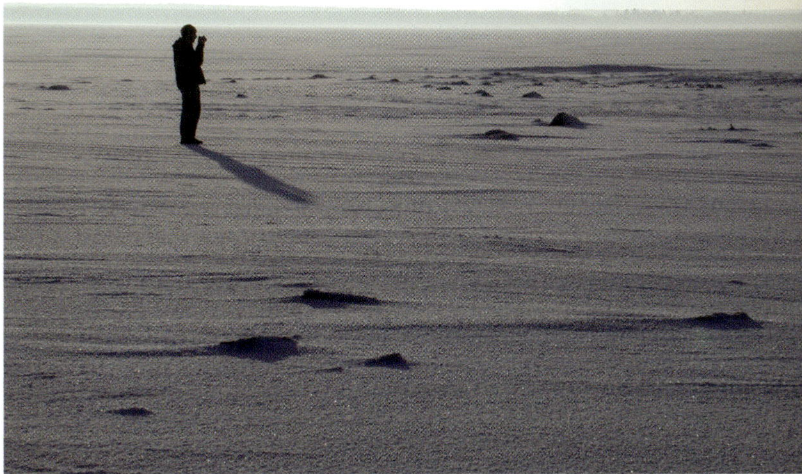

Menschliche Formen sind immer Blickfänge. Egal wie klein ein Mensch im Bild platziert ist – erkennt man seine Form, muss man hinsehen.

Der Blick in die Kamera stellt einen intensiven Kontakt zum Betrachter her. Weil der Hintergrund in Unschärfe verschwimmt und der Ausschnitt sehr knapp gewählt wurde, entsteht ein eindringliches Porträt.

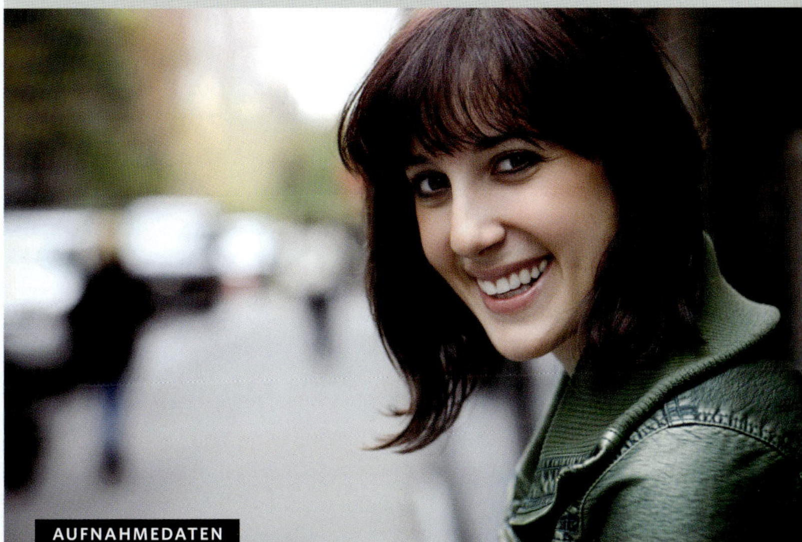

AUFNAHMEDATEN	
Brennweite	85 mm
Belichtung	1/100 s
Blende	f/3,5
ISO	400

Was also ist das Hauptmotiv, und wie trennt man es vom Rest des Bildes bzw. wie verstärkt man seine Wirkung im Zusammenspiel mit den Nebenmotiven? Zunächst - wie oben beschrieben - durch die Positionierung nach dem Goldenen Schnitt oder der Drittel-Regel. Anschließend sollte man darauf achten, störende Elemente im Bild zu vermeiden. Das erreichen Sie in der Regel, indem Sie die Kameraposition oder die Brennweite verändern. Im nächsten Schritt arrangieren Sie die Nebenmotive, ebenfalls durch leichte Veränderung der Kameraposition bzw. der Brennweite.

Wenn möglich, können Sie die Nebenmotive natürlich auch verschieben, z. B. bei einem Stillleben.

Ein wichtiger Tipp: Vermeiden Sie Überlappungen, wenn sie nicht Teil der Bildaussage sind. Denn wenn sich Konturen verschiedener Bildelemente überlappen, fällt es schwer, diese zu differenzieren - der Betrachter verliert schnell das Interesse an dem Bild.

i

ÜBERLAPPENDE MOTIVE VERMEIDEN

Überlappen sich verschiedene Motive, führt das schnell zu einem chaotischen Bildaufbau, der Blick des Betrachters wandert dann zwischen den Motiven hin und her. Überschneidungen, wie z. B. ein Strommast, der aus einem Kopf zu wachsen scheint, machen die Stimmung eines Fotos völlig zunichte. In manchen Fällen können Sie die Bilder noch per Bildbearbeitung am Computer retten, indem Sie die ablenkenden Details wegretuschieren.

Helligkeitsverteilung und Farben

Neben der Blende ist die Helligkeitsverteilung ein weiterer Faktor in der Bildgestaltung und Blickführung. Das Auge wird von hellen Bereichen im Bild angezogen, Dunkles wird in der Wahrnehmung eher ignoriert. Deshalb arbeiten noch heute viele Fotografen mit Vignetten, also mehr oder weniger kräftig abgedunkelten Bildecken bzw. Bildrändern. Der Blick wird dadurch ins Zentrum des Fotos gelenkt. Und noch ein Faktor, auf den man auch als Einsteiger achten kann: Farben. Signalfarben wie Rot, Orange oder Gelb ziehen den Blick magisch an. Ein roter Regenschirm in einem Meer von blauen, grünen oder grauen Schirmen fällt unweigerlich auf.

Führungslinien einsetzen

Jeder Mensch sucht beim Betrachten eines Motivs nach Strukturen, die der Orientierung dienen. Gute Bildgestaltung zeichnet sich dadurch aus, dass der Blick zu bestimmten Punkten geführt und dort möglichst lange gefesselt wird. Wichtig sind Führungslinien vor allem in der Landschaftsfotografie, bei der man den Blick mit knapper Schärfentiefe oder großen Helligkeitsunterschieden selten eindeutig zum Hauptmotiv führen kann. Führungslinien können sichtbar (Straßen, Zäune, Mauern, Äste eines Baums etc.) oder gedacht sein, wie z. B. die Blickrichtung eines Menschen oder Tieres. Führungslinien sind aber nicht nur in der Landschaftsfotografie wichtig, gerade auch im Bereich der People- und Aktfotografie lenken sie den Blick auf das Wesentliche. Gliedmaßen, Körperkonturen oder harte Schattenkanten erzeugen Linien, die man zur Bildgestaltung einsetzen kann.

Fotos im Hoch- oder Querformat?

Gerade im Umgang mit Führungslinien kommt ein oft zu wenig beachteter Gestaltungsfaktor ins Spiel - das Bildformat. Bevor Sie sich für das Hoch- oder Querformat entscheiden, sollten Sie die Gestaltungselemente im Motiv analysieren und besonders die Führungslinien erkennen. Wenn Sie sich nicht sicher sind, probieren Sie einfach beides aus. Und dann gibt es natürlich noch Motive, die bei schräger Kamerahaltung am besten zur Geltung kommen.

Kleiner Tipp für die Familienfeier und die dort unvermeidlichen Fotos: einfach bei ein paar Aufnahmen die Kamera etwas schräg halten, dann wirken die Bilder gleich peppiger.

Oben: Der Betrachter wird gefesselt durch die Wiederholung von Mustern, die gleichzeitig Linien erzeugen, die ins Bild führen. Da die Linien scheinbar von rechts nach links laufen, also der sonst üblichen Leserichtung entgegengesetzt, strahlt das Motiv große Ruhe aus.

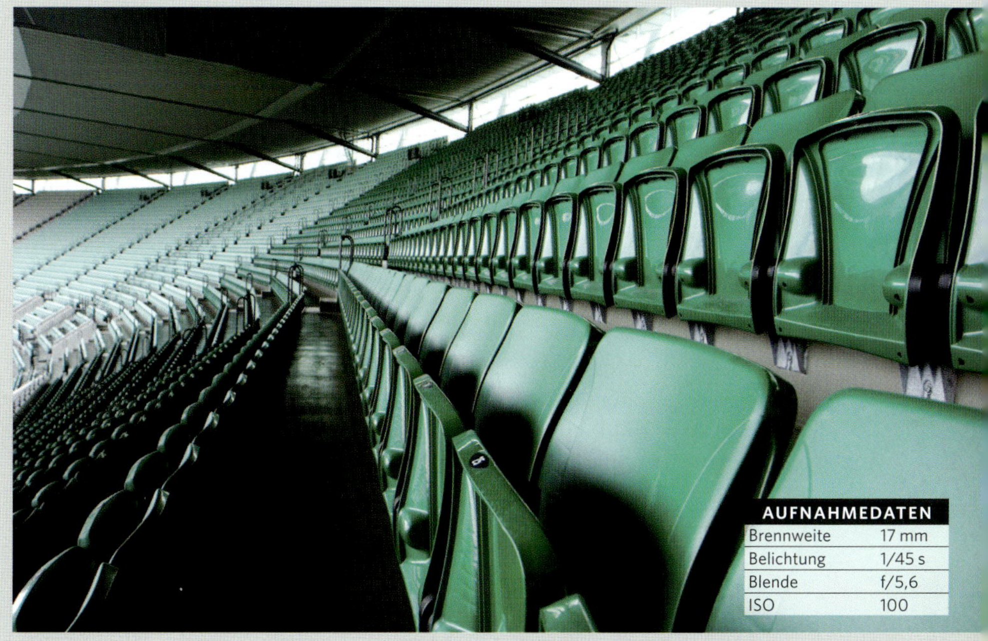

AUFNAHMEDATEN	
Brennweite	17 mm
Belichtung	1/45 s
Blende	f/5,6
ISO	100

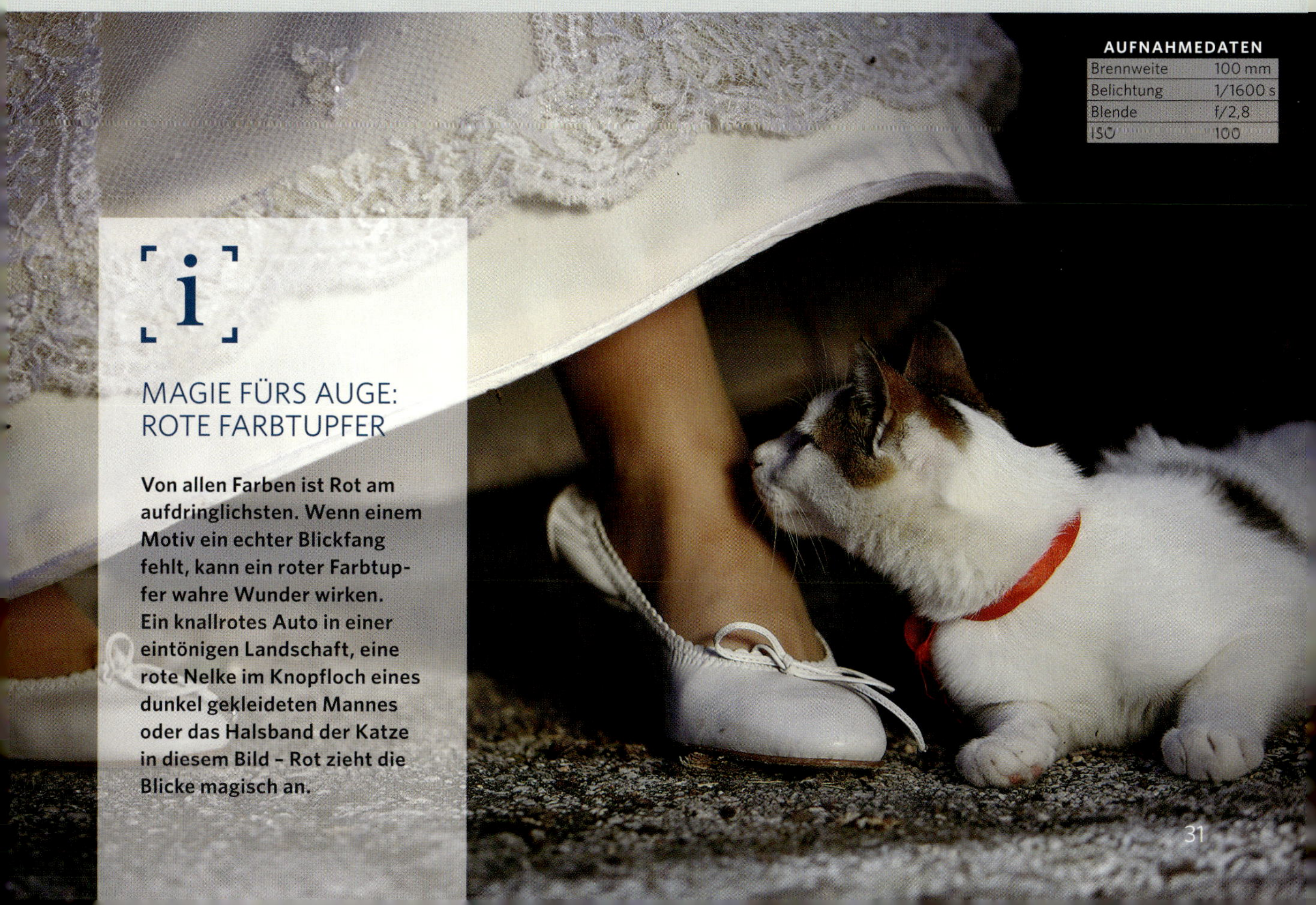

AUFNAHMEDATEN	
Brennweite	100 mm
Belichtung	1/1600 s
Blende	f/2,8
ISO	100

[i]

MAGIE FÜRS AUGE: ROTE FARBTUPFER

Von allen Farben ist Rot am aufdringlichsten. Wenn einem Motiv ein echter Blickfang fehlt, kann ein roter Farbtupfer wahre Wunder wirken. Ein knallrotes Auto in einer eintönigen Landschaft, eine rote Nelke im Knopfloch eines dunkel gekleideten Mannes oder das Halsband der Katze in diesem Bild – Rot zieht die Blicke magisch an.

Räumliche Tiefe erzeugen

Fotos sind zweidimensional. Wie erweckt man aber in einem Foto den Eindruck von räumlicher Tiefe? Die allerwichtigsten Gestaltungsmittel sind Vordergrund, Mittelgrund und Hintergrund. Der Begriff Mittelgrund besagt, dass es zwischen den beiden Ebenen ganz vorn und ganz hinten noch einen weiteren Bereich gibt, in dem sich etwas abspielt. Das Hauptmotiv kann natürlich in jeder der Ebenen stehen, es kommt nur darauf an, das Auge des Betrachters auf diesen Blickfang zu lenken.

Wenn die Gestaltungsebenen in einem Bild klar voneinander getrennt sind - es dürfen dann auch zwei oder mehr Hauptebenen sein -, entsteht ganz automatisch ein dreidimensionaler Eindruck. Ebenfalls gut für räumliche Tiefe: parallele Linien, die nach hinten zusammenlaufen (z. B. Eisenbahnschienen oder eine Reihe von Begrenzungspfosten einer Straße) und gleich große Dinge, die, gestaffelt hintereinander positioniert, auf dem Bild unterschiedlich groß sind (Menschen, identische Pfeiler einer Brücke, Häuser etc.).

Zwei weitere Gestaltungselemente aus der Profifotografie bedienen sich der Wahrnehmungspsychologie des Menschen: Dinge, die weiter entfernt sind, zeigen weniger Details. Bei einem Brot in Großaufnahme kann man die Teigstruktur noch gut erkennen, liegt das Brot jedoch ein paar Meter entfernt, sieht man auf dem Foto zwar immer noch ein Brot, kann aber die Strukturen nur noch erahnen. Diese Tatsache ist dem Betrachter nicht direkt bewusst, er weiß dennoch, dass die nicht erkennbare Struktur bedeutet, dass das Brot weiter vom Fotografen entfernt platziert ist.

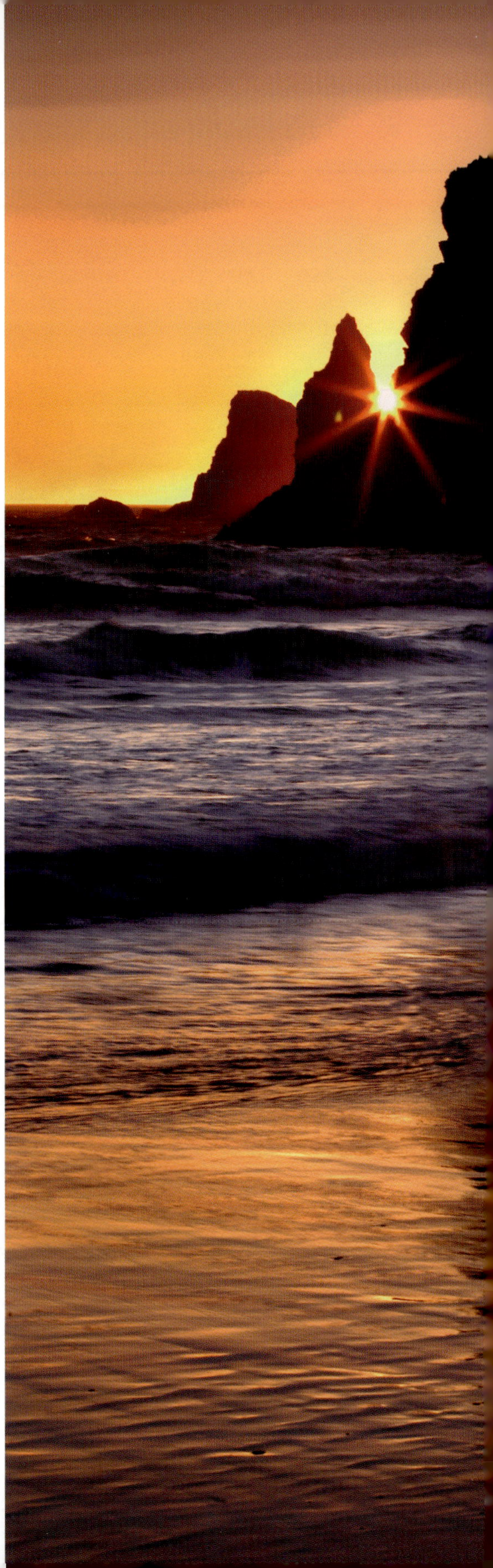

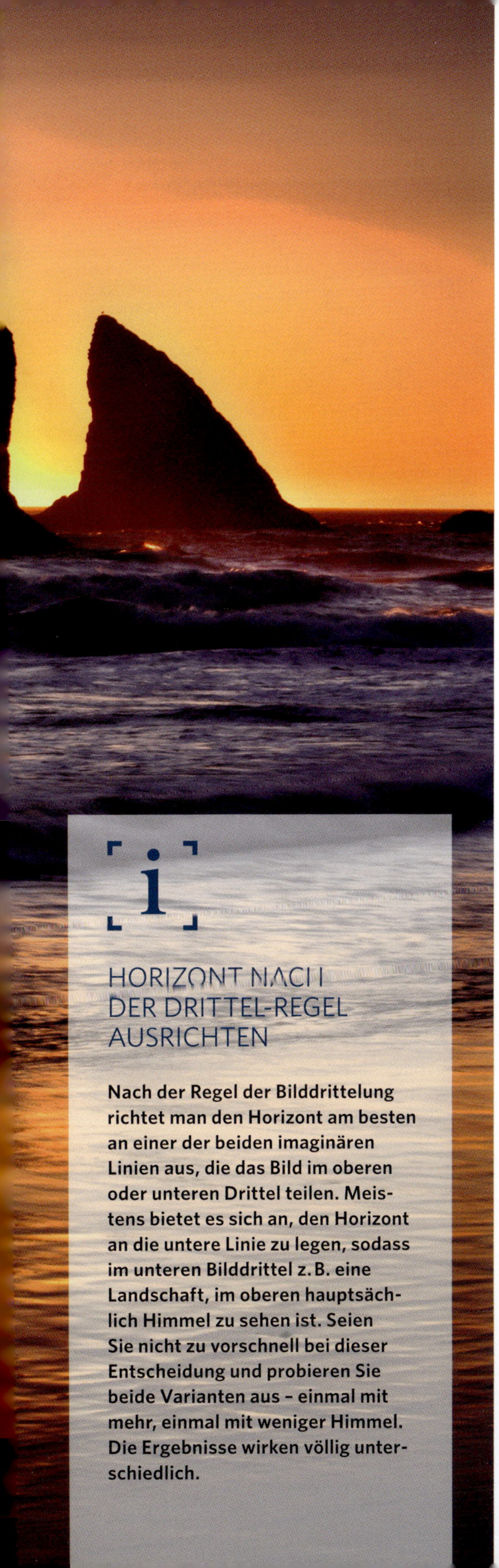

HORIZONT NACH DER DRITTEL-REGEL AUSRICHTEN

Nach der Regel der Bilddrittelung richtet man den Horizont am besten an einer der beiden imaginären Linien aus, die das Bild im oberen oder unteren Drittel teilen. Meistens bietet es sich an, den Horizont an die untere Linie zu legen, sodass im unteren Bilddrittel z. B. eine Landschaft, im oberen hauptsächlich Himmel zu sehen ist. Seien Sie nicht zu vorschnell bei dieser Entscheidung und probieren Sie beide Varianten aus – einmal mit mehr, einmal mit weniger Himmel. Die Ergebnisse wirken völlig unterschiedlich.

Der zweite Tipp ist etwas für Landschaftsfotografen: Motivteile werden mit zunehmender Entfernung immer blassblauer. Man spricht hier von der Luftperspektive, denn die zwischen Kamera und Motiv liegenden Luftmassen färben entfernte Landschaftsteile blau ein. Je mehr Luft zwischen Fotograf und Motiv liegt, desto blauer wird das Motiv. Auch diesen Effekt nimmt man eher unbewusst wahr, interpretiert ihn aber intuitiv.

Perspektiven und ihre Wirkung

In der Bildgestaltung kommt es fast immer auf die Perspektive an. Sie können die Perspektive sowohl horizontal als auch vertikal verändern. Bedenken Sie, dass Sie einem Betrachter Ihrer Fotos immer vermitteln, aus welcher Position Sie die Aufnahmen gemacht haben. Er sieht das Motiv genau wie Sie im Moment des Auslösens. Der bewusste Einsatz von Perspektiven erlaubt es dem Betrachter, etwas eigentlich Bekanntes plötzlich aus einer ungewöhnlichen Sicht zu erleben und so einen neuen Blickwinkel auf das Motiv und die Welt zu gewinnen. Und darum geht es schließlich im Leben eines Fotografen.

Froschperspektive

Bei Schnappschüssen – in den meisten Fällen steht oder sitzt man – macht man sich in der Regel keine Gedanken darüber, wie ein Motiv aus einer anderen Perspektive wirken könnte. Wenn Sie in Bezug zu Ihrem Motiv einen besonders tiefen Blickpunkt einnehmen, die Perspektive also vertikal nach unten variieren, spricht man von der Froschperspektive. Alles, was Sie fotografieren, wirkt dann viel größer. Je kleiner die gewählte Brennweite ist und je näher Sie sich am Motiv befinden,

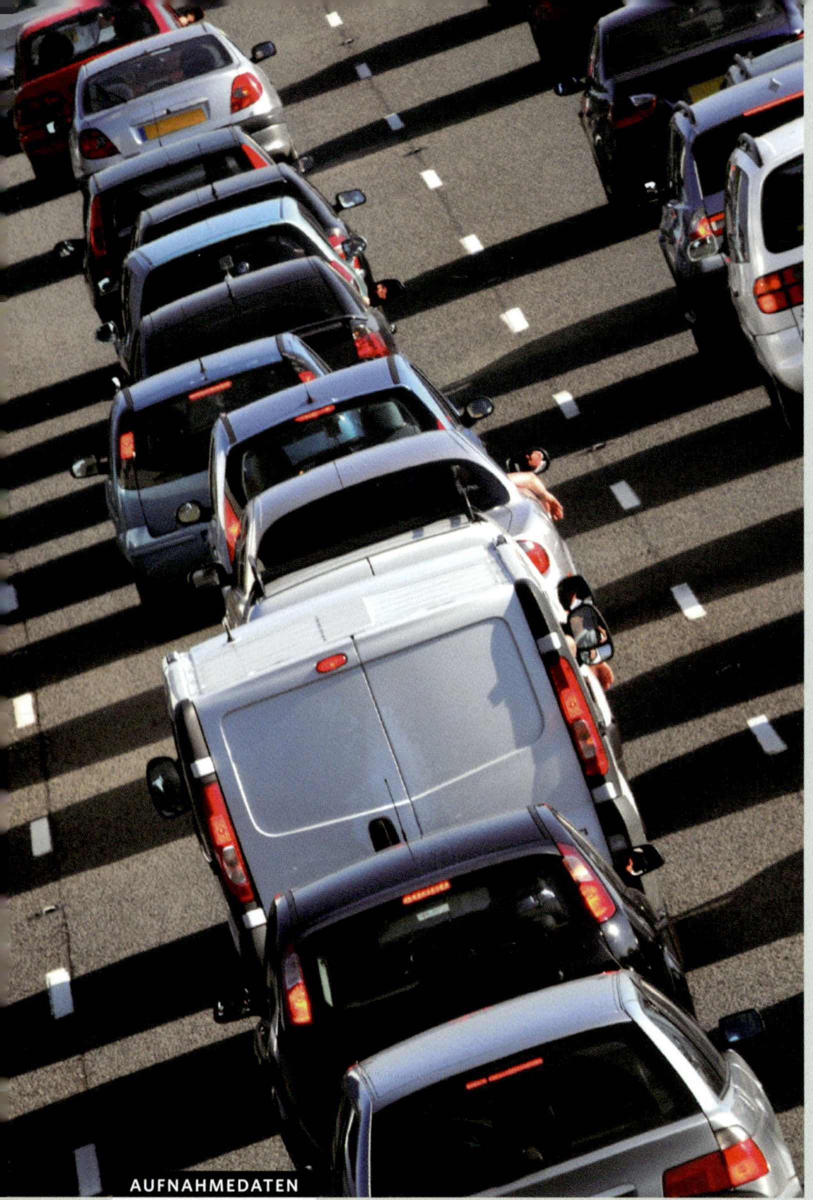

AUFNAHMEDATEN

Brennweite	400 mm
Belichtung	1/125 s
Blende	f/22
ISO	200

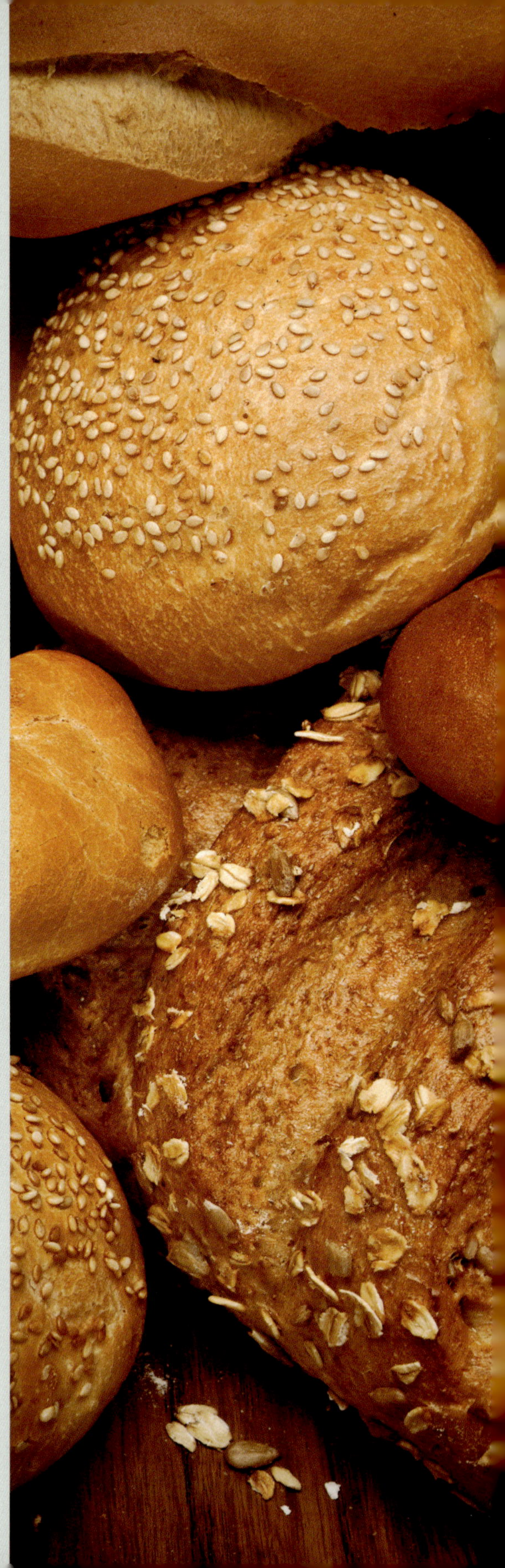

Oben: Der Blick von oben und der Einsatz eines Teleobjektivs, das die Perspektive verdichtet, bringen Spannung in ein ansonsten eher ödes Motiv wie einen Verkehrsstau.

Mitte: Nahaufnahmen bringen die Strukturen und Schatten von alltäglichen Dingen auf ungewöhnliche Art zum Vorschein. Allein die kurze Entfernung macht das Motiv schon interessant. Hier wurde zusätzlich auf perfekte Bildgestaltung geachtet, indem die drei runden Formen in den Ecken den Blick des Betrachters im Bild halten.

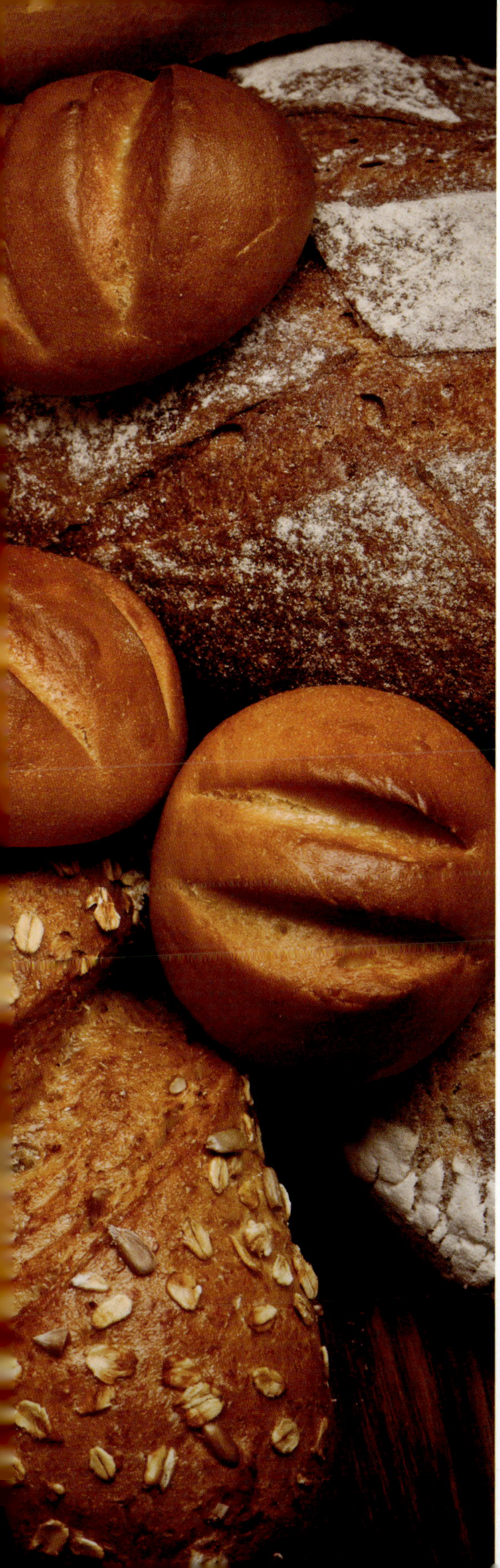

desto stärker wirkt der Effekt. Besonders interessant ist die Froschperspektive immer dann, wenn Sie Objekte ablichten, von denen der Betrachter weiß, dass sie eigentlich sehr klein sind. Eine Blume oder ein Pilz von schräg unten - mit ausklappbarem Kameradisplay zur Bildkontrolle kein Problem -, Kinder oder kleine Haustiere sind tolle Motive für die Froschperspektive. Durch den ungewöhnlichen Blickwinkel erregen Sie beim Betrachter mit Sicherheit Aufmerksamkeit.

Aber nicht immer ist die Froschperspektive eine Frage der bewussten gestalterischen Entscheidung. Fotografieren Sie z. B. in der Häuserschlucht einer Großstadt Wolkenkratzer, bleibt Ihnen oft keine andere Perspektive übrig. Meist ist nicht genügend Platz, Hochhäuser aus der Entfernung aufzunehmen. Das kann einerseits reizvoll sein, um die Größe der Gebäude zu verdeutlichen, andererseits führt diese Art der Perspektive unweigerlich zur schrägen Darstellung eigentlich senkrecht in den Himmel ragender Gebäude - eine extreme Form der stürzenden Linien, die sich mithilfe der Bildbearbeitung nur in gewissen Grenzen korrigieren lässt.

Extreme Perspektiven lassen sich gut mit Kameras realisieren, die ein aufklappbares Display haben. Dann kann man das Motiv von oben kontrollieren und muss sich nicht auf die Erde legen.

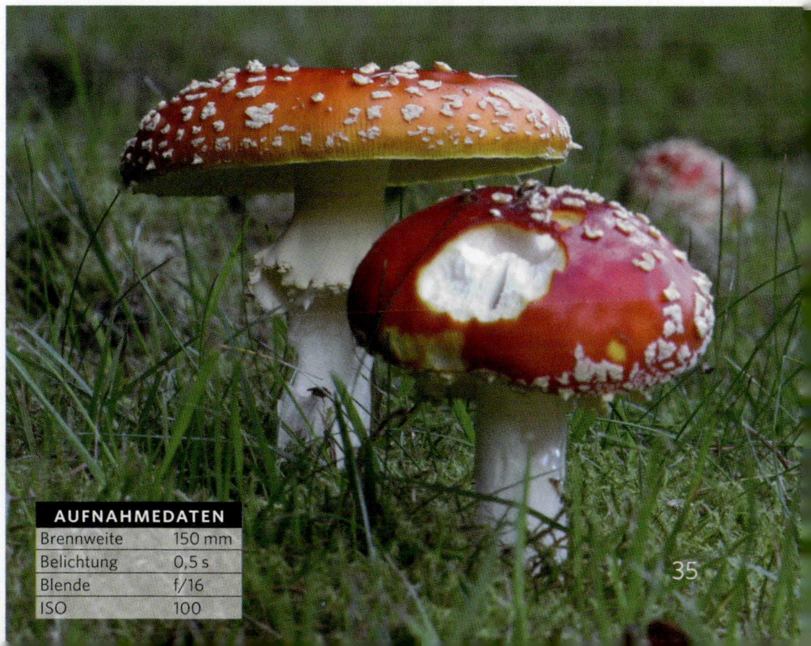

AUFNAHMEDATEN	
Brennweite	150 mm
Belichtung	0,5 s
Blende	f/16
ISO	100

Vogelperspektive

Fotografieren Sie im Gegensatz zur Froschaus der Vogelperspektive, wirken Menschen und Objekte klein, zuweilen zerbrechlich. Besonders deutlich empfindet man den Reiz der Vogelperspektive, wenn man größere Objekte, wie Gebäude und Landschaften, von oben aufnimmt - übrigens eine tolle Möglichkeit, sein Urlaubsalbum aufzuwerten. Wenn Sie in eine Großstadt fliegen, machen Sie Fotos aus dem Flugzeug und stellen diese Aufnahmen im Album denen gegenüber, die in den Straßen aus der Froschperspektive geschossen wurden. Auch hohe Gebäude, Türme und Brücken, Berge und Hügel sind hervorragende Standorte für einen Blick von oben. Hier kommt es darauf an, ein Motiv, das die Entfernung und den eigenen Standpunkt verdeutlicht, in den Bildaufbau mit einzubeziehen.

Bauchnabelperspektive

Blättern Sie einmal durch einen beliebigen Modekatalog oder durch ein Modemagazin und achten Sie darauf, aus welcher Höhe die Modelle aufgenommen wurden. Vermutlich werden Sie feststellen, dass die allermeisten Standardmodefotos aus der Bauchnabelperspektive aufgenommen wurden. Der Fotograf hält hierbei die Kamera auf Höhe des Bauchnabels und arbeitet mit einer Brennweite von ca. 85 mm (analog zum Kleinbildformat). Brennweite und Perspektive erreichen den Effekt, dass der Körper unmerklich gestreckt wird und die Proportionen anmutiger wirken als bei anderen Perspektiven. Man könnte sagen, die Darstellung verschönert die sowieso schon zurechtgemachten Modelle noch weiter - für Betrachter aus dem westlichen Kulturkreis.

AUFNAHMEDATEN	
Brennweite	105 mm
Belichtung	1/5 s
Blende	f/4
ISO	100

Wenn Sie die Möglichkeit haben, senkrecht von oben zu fotografieren, tun Sie es. Die ungewöhnliche Perspektive ist immer wieder für außergewöhnliche Bilder gut.

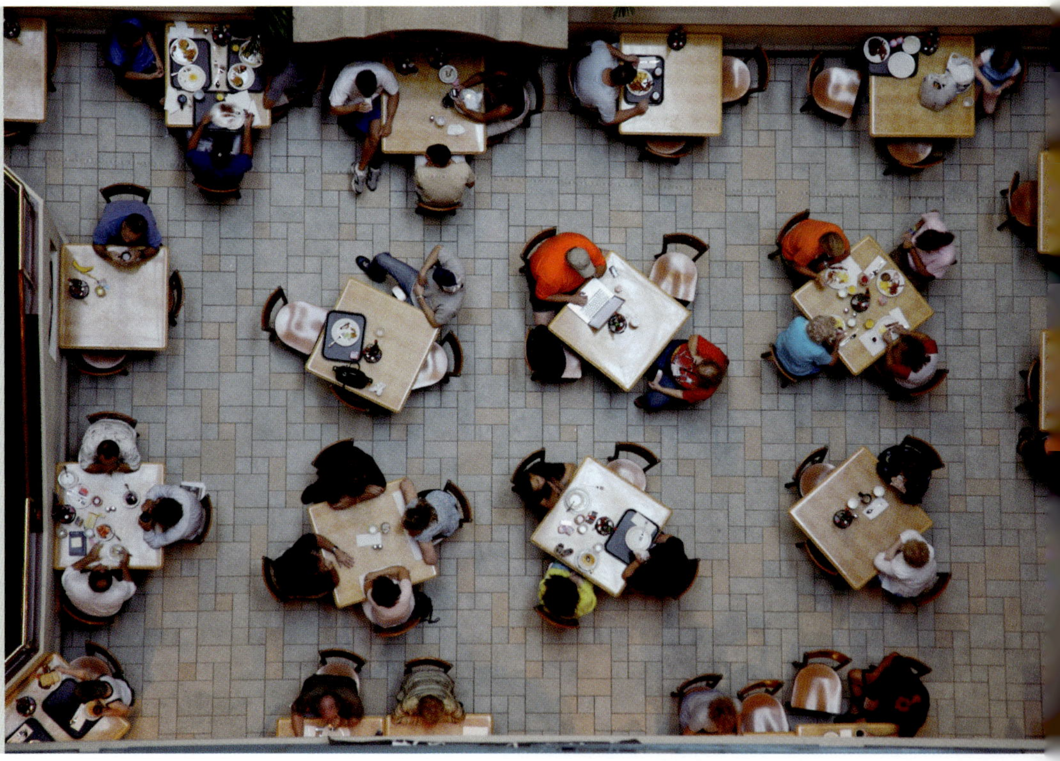

AUFNAHMEDATEN	
Brennweite	100 mm
Belichtung	1/400 s
Blende	f/2,8
ISO	100

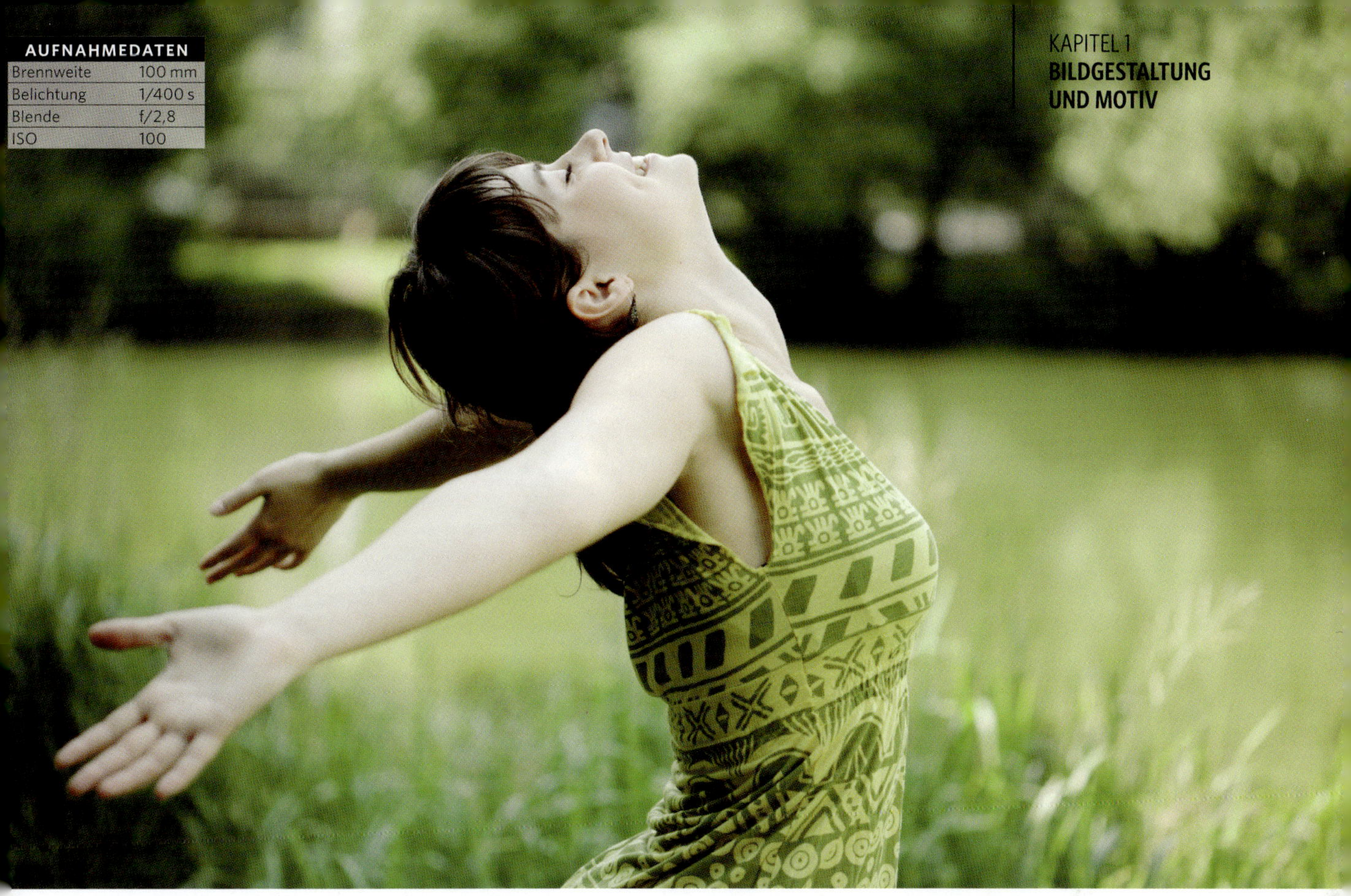

Auf Augenhöhe

Die Augenhöhe ist immer dann interessant, wenn man Motive vor der Kamera hat, mit denen man sich sonst nicht auf Augenhöhe begibt. Kleine Kinder, Haustiere, die Freiheitsstatue – im Ernst: Die Augenhöhe erzeugt beim Betrachter des Bildes eine gewisse Vertrautheit.

Farbe als Stilmittel einsetzen

Ein weiterer Schritt zur perfekten Fotografie ist die Einbeziehung von Farben in die Bildkomposition. Es erfordert sehr viel Erfahrung und Zeit für das Fotografieren, Farben bewusst zu erkennen und zu arrangieren. Allerdings gibt es einige Grundregeln, die man auch als Amateurfotograf schnell verinnerlicht hat.

Oben: Fotografieren Sie auf Augenhöhe, wenn Sie an einer Situation teilhaben und dem Betrachter Ihrer Bilder dieses intime Gefühl vermitteln möchten.

Unten: Auf einem Farbfächer oder dem Farbkreis nebeneinanderliegende Farben erzeugen in einem Bild Ruhe. Weit entfernte bzw. gegenüberliegende Farben sorgen für Spannung.

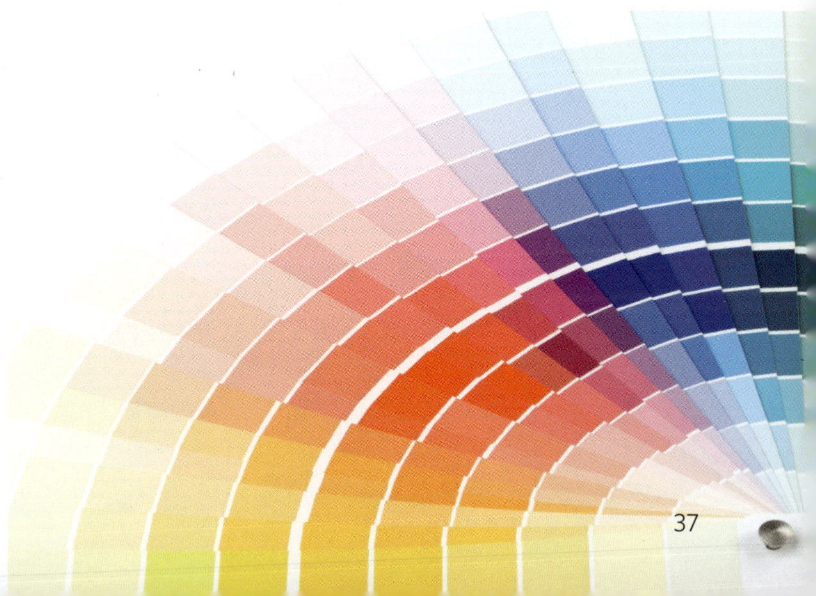

Spannung durch Farbkontraste

Es gibt einige Farbkombinationen, die ganz besonders eindringlich und kontrastreich wirken und Spannung in ein Foto bringen. Das sind vor allem die Kombinationen Gelb-Blau, Grün-Magenta (Pink) und Rot-Cyan (Hellblau). Motive und Bilder mit diesen Farbkombinationen bleiben in Erinnerung. Ein echter Klassiker in unserem Kulturkreis ist das gelbe Rapsfeld vor strahlend blauem Himmel.

Ähnliche Farben drücken Ruhe aus

Wollen Sie dagegen Ruhe oder vielleicht sogar Monotonie ausdrücken, wählen Sie für Ihre Bildkompositionen eher Farben aus, die sich nicht allzu sehr voneinander unterscheiden und auf dem Farbkreis nah beieinanderliegen. Ein Bild, das lediglich aus roten, orangefarbenen und gelben Farbtönen besteht, wirkt beruhigend auf den Betrachter. Melancholische Landschaften oder sanft ausgeleuchtete Stillleben setzen sich oft aus zarten Pastellfarben zusammen, um eine ruhige Stimmung zu transportieren.

Malen mit Licht

Das Wort Fotografie kommt aus dem Griechischen und bedeutet „Malen mit Licht". Aber anders als ein Maler mit Pinsel und Leinwand hat der Fotograf oft nur einen kurzen Augenblick, in dem Motiv und Beleuchtung optimal passen. Die Kunst des Fotografierens besteht zum großen Teil darin, Lichtstimmungen zu erkennen, sie in die Bildgestaltung einzube-

Unten: Blau-Gelb-Kontraste sind ebenso wie Rot-Grün-Kontraste klassische Farbkompositionen, um Motive interessant zu machen.

AUFNAHMEDATEN	
Brennweite	14 mm
Belichtung	1/125 s
Blende	f/8
ISO	50

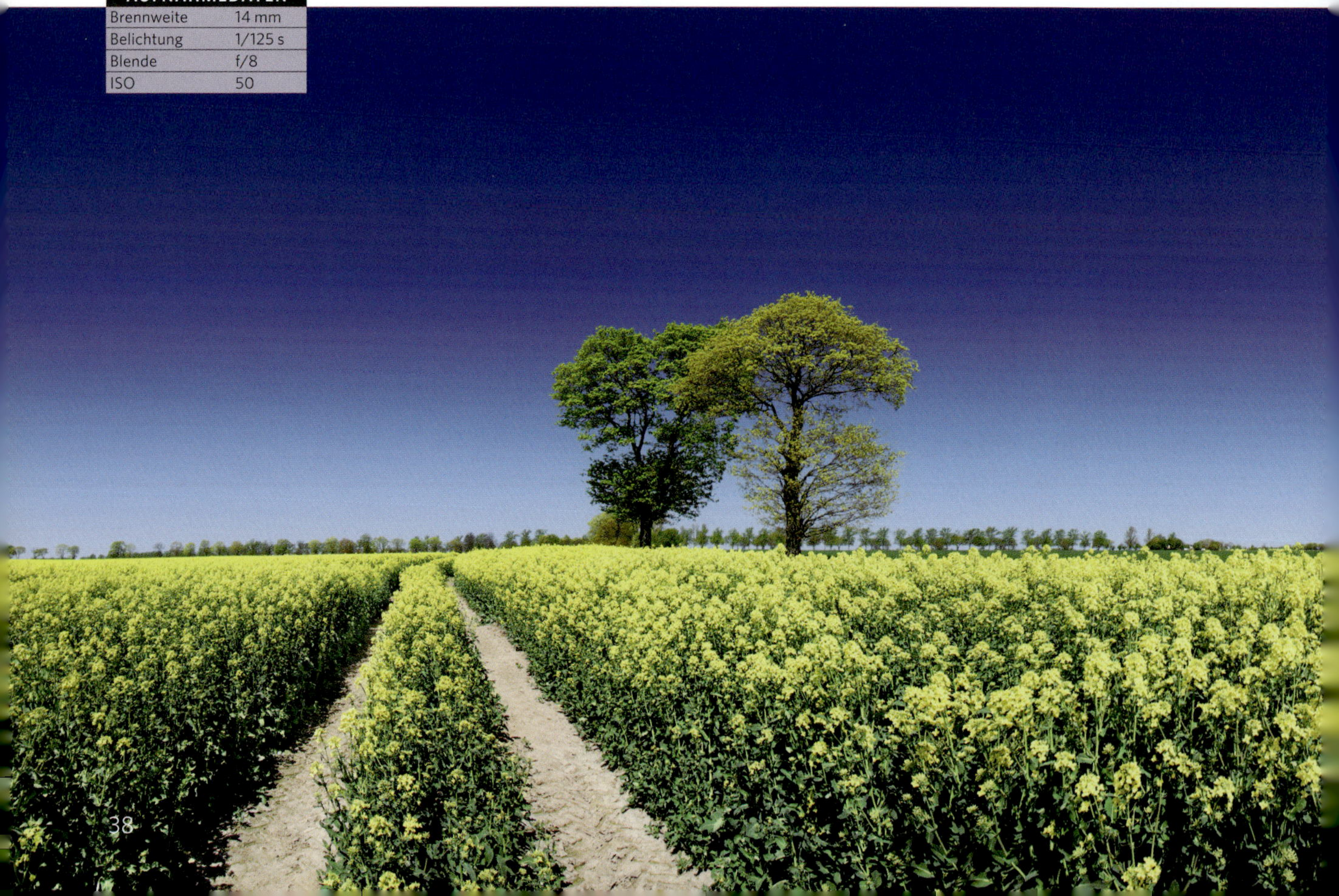

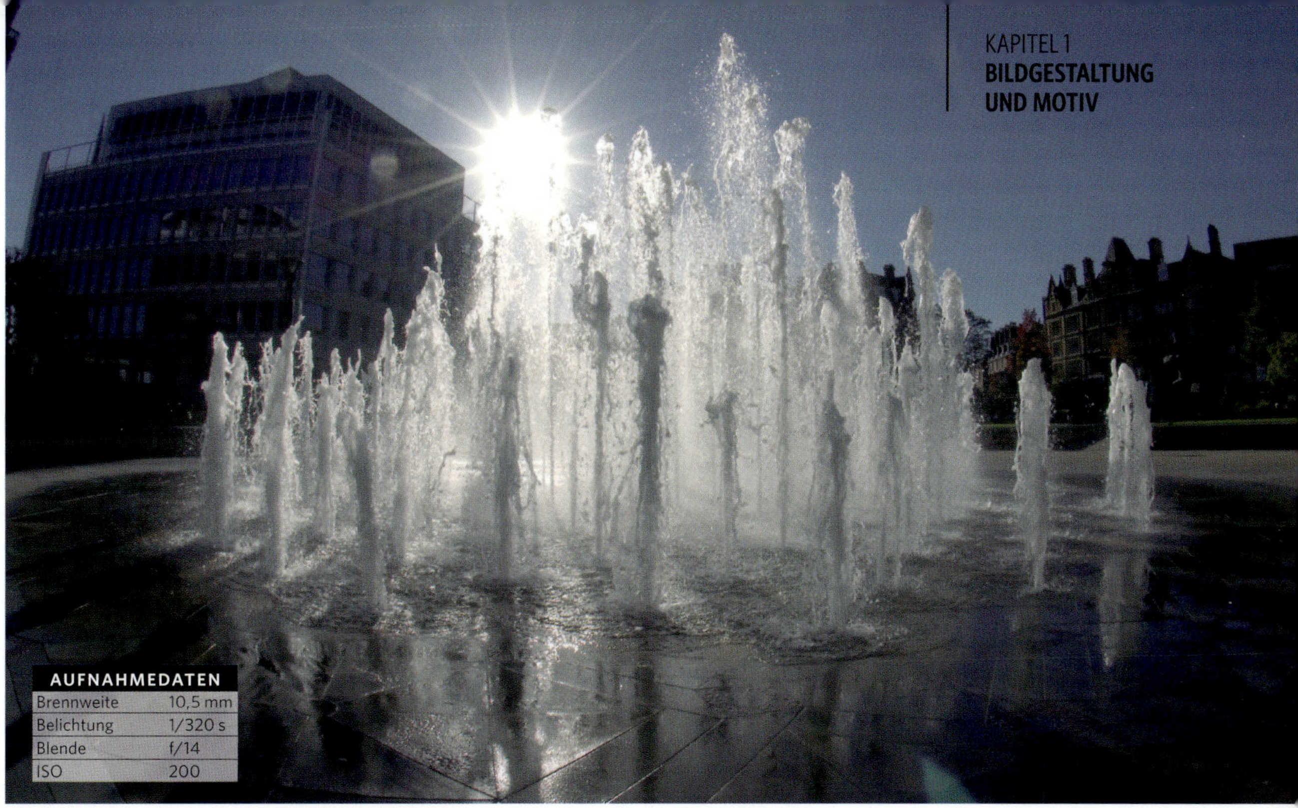

ziehen und die Lichtverhältnisse ästhetisch ansprechend und technisch korrekt festzuhalten. Das feurige Licht eines atemberaubenden Sonnenuntergangs, die festliche Beleuchtung eines Weihnachtsmarkts oder das Glitzern der Sonne im Wasser eines Springbrunnens zur Mittagszeit sind außergewöhnliche Lichtimpressionen.

Oben: Schwierige Gegenlichtsituationen sollte man immer mit mehreren unterschiedlichen Belichtungseinstellungen fotografieren, um wenigstens eine Aufnahme zu bekommen, die die Stimmung des Augenblicks gut wiedergibt. Die blaue Farbgebung des Springbrunnenmotivs vermittelt Frische und Spritzigkeit.

Besondere Lichtsituationen erkennen

Fotografisch interessante Lichtsituationen zu erkennen, hängt zum großen Teil von Ihrer Erfahrung ab. Je länger Sie fotografieren, desto mehr Motive werden Sie finden – und zwar von ganz allein. Denn immer wenn Sie mit der Kamera unterwegs sind, schulen Sie ganz automatisch Ihren Blick für außergewöhnliche Bilder. Neben der Erfahrung beim Erkennen von Motiv und Lichtstimmung brauchen Sie aber außerdem das technische Wissen, um diese Augenblicke mit der Kamera optimal einzufangen.

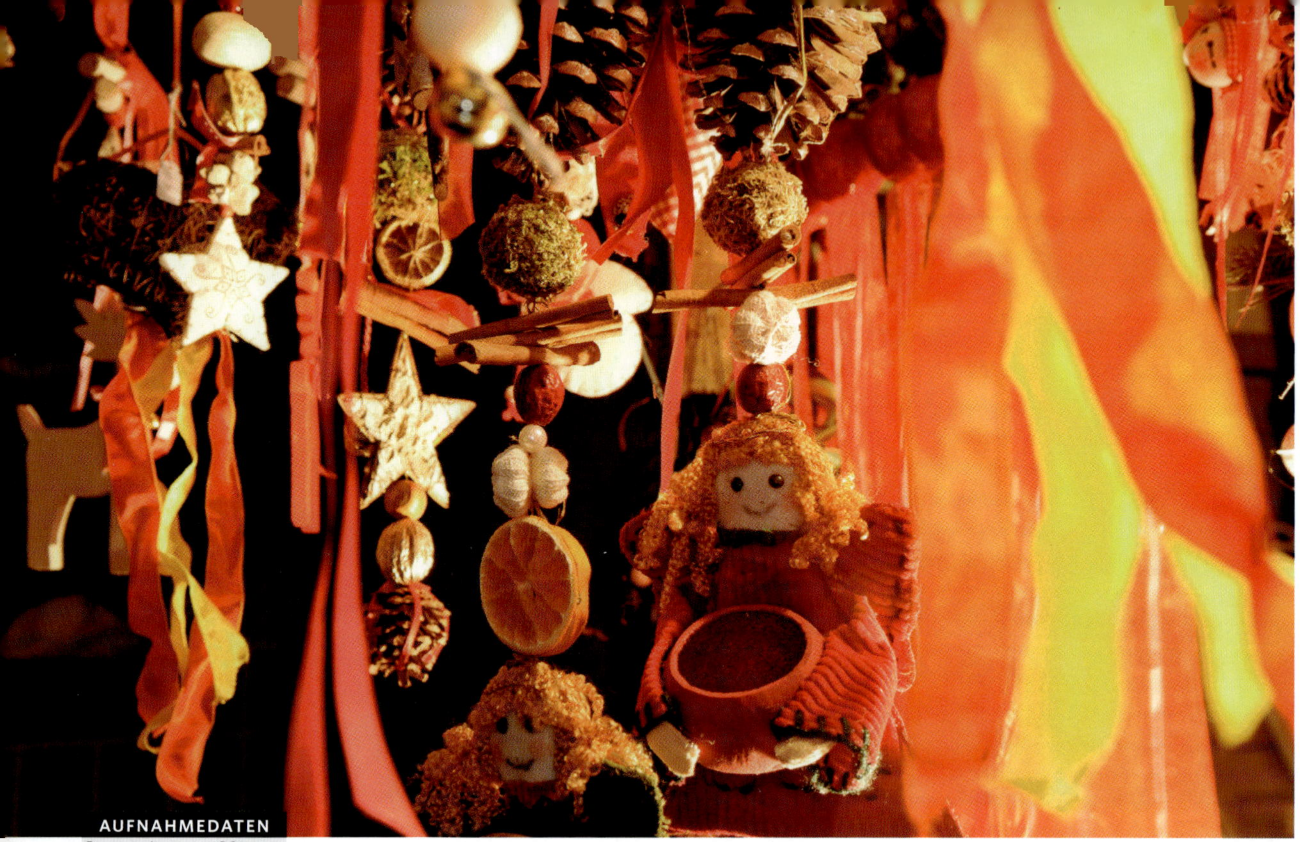

AUFNAHMEDATEN

Brennweite	30 mm
Belichtung	1/25 s
Blende	f/4,5
ISO	320

Oben: Rote, gelbe und orangefarbene Kompositionen vermitteln Wärme und Behaglichkeit. Weihnachtsmotive sind oft in diesen Farben gehalten.

Rechts: Die Kombination aus Tageslicht und der künstlichen Beleuchtung der Gebäude erzeugt eine ganz besondere Lichtstimmung. Solche Motive erkundet man am besten am späten Nachmittag und frühen Abend, wenn die Sonne bald untergeht.

Gerade bei besonders interessanten Lichtstimmungen ist es meistens ein wenig komplizierter, korrekt belichtete Fotos zu erhalten. Je nach Motiv kann manchmal eine leichte Über- oder Unterbelichtung nötig sein, um bildwichtige Bereiche besser herauszustellen. So ist das Fotografieren eines Sonnenuntergangs relativ knifflig, weil sich die von der Kamera vorgeschlagenen Belichtungswerte mit der kleinsten Bewegung in Richtung Sonne sofort verändern. Im Zweifel machen Sie ein paar Testaufnahmen, kontrollieren sie auf dem Display und stellen dann die richtigen Belichtungswerte für Blende und Verschlusszeit sowie die Empfindlichkeit (ISO) manuell ein. Einfacher ist es, wenn Ihre Kamera automatische Belichtungsreihen (Bracketing) aufnehmen kann. Mit dieser Funktion erhalten Sie mehrere unterschiedlich belichtete Fotos des selben Motivs.

Lichtquelle und Lichtfarbe

Das Licht der Sonne beleuchtet, je nach Tageszeit und Wetter, die Welt in ganz unterschiedlichen Farben. Sonnenauf- und -untergänge tauchen die Umgebung in Rot und Orange. Das Tageslicht im Gebirge ist blau. An Regentagen und im Nebel sehen Farben aus, als wären sie mit einem Grauschleier überzogen. Auch Kunstlicht verursacht ganz unterschiedliche Farben von Grün (Gaslampen) bis Rot (Feuerschein), die Sie für stimmungsvolle Fotos nutzen können. Das frontale, helle Licht eines Kamerablitzes ist für das spontane Fotografieren von Lichtimpressionen jedoch ohne Vorplanung und gezielte Steuerung des Lichtverlaufs nicht geeignet.

BELICHTUNGSWERTE ERMITTELN

Verfügt Ihre Kamera nicht über die Möglichkeit der manuellen Einstellung, bewegen Sie sie vom Hauptmotiv zu einem Bereich mittlerer Helligkeit und drücken den Auslöser dort halb durch. Die ermittelten Belichtungswerte werden dadurch gespeichert. Danach schwenken Sie die Kamera mit halb durchgedrücktem Auslöser wieder zurück, um den gewünschten Bildausschnitt fotografieren zu können. Die Kamera einen Punkt mittlerer Helligkeit (Haut, eine Wiese etc.) anmessen zu lassen, ist ein probates Mittel, um die richtige Belichtung zu erzielen. Wenn Ihre Digitalkamera eine spezielle Taste zur Belichtungsmesswertspeicherung besitzt, sollten Sie diese Funktion nutzen. Mit Druck auf die Speichertaste werden die Werte für Blende und Verschlusszeit ermittelt. Die Kamera merkt sich die Werte für einige Sekunden, und Sie können den Bildausschnitt und den Fokus neu festlegen.

EXAKTE BELICHTUNGSMESSUNG

Bei den meisten Kameras können Sie unter verschiedenen Messmethoden auswählen. Die Bezeichnungen sind je nach Kameramodell unterschiedlich und lauten etwa Mehrfeldmessung, Integralmessung oder Spotmessung. Bietet Ihre Kamera die Spotmessung an, bei der nur ein sehr kleiner Motivbereich (5 bis 10 %) im Sucher für die Messung herangezogen wird, können Sie in schwierigen Lichtsituationen damit arbeiten und die Belichtungswerte noch exakter bestimmen. Wenn es darum geht, ein bestimmtes Detail unabhängig vom Rest der Szene richtig zu belichten, ist die Spotmessung die zuverlässigste Art der Belichtungsmessung.

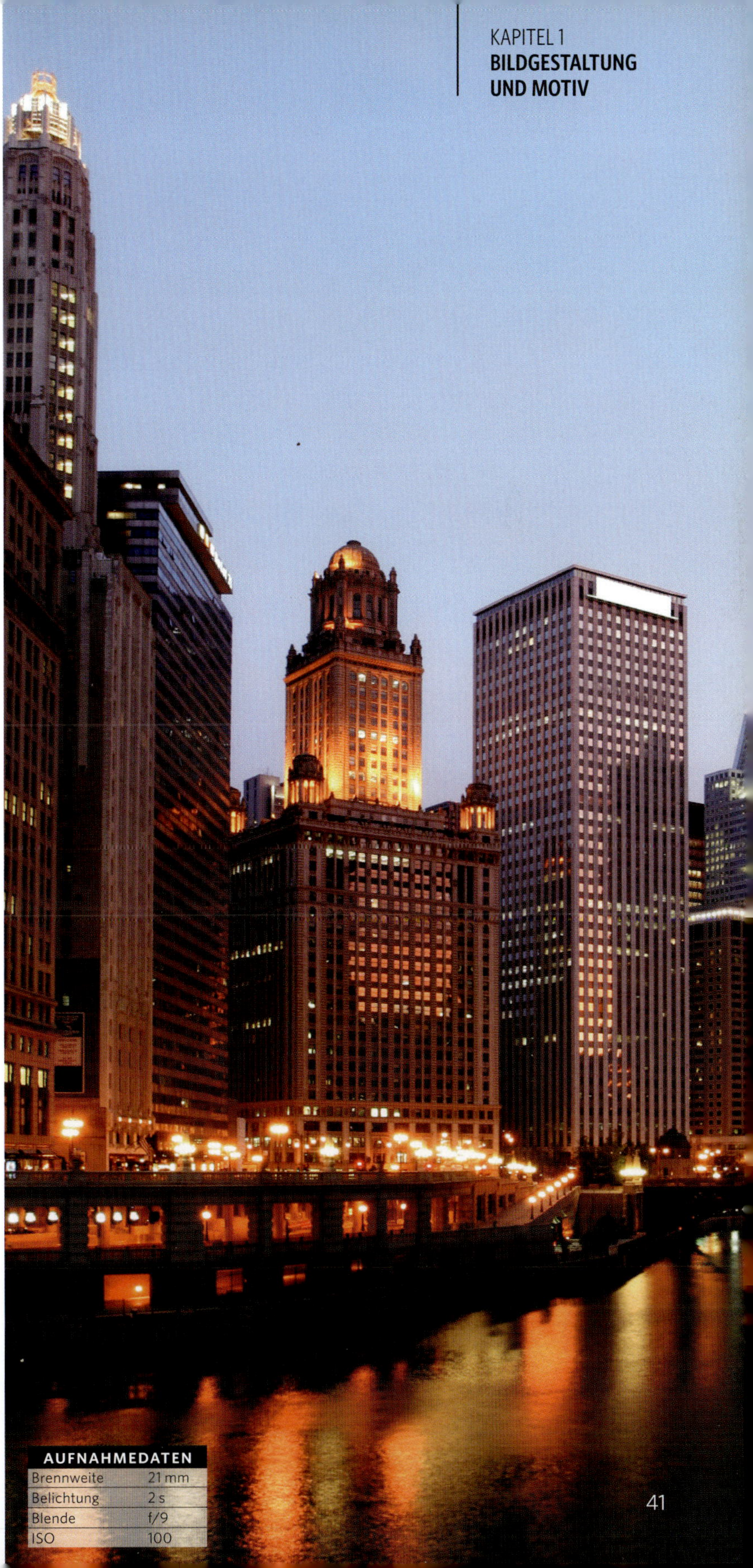

AUFNAHMEDATEN	
Brennweite	21 mm
Belichtung	2 s
Blende	f/9
ISO	100

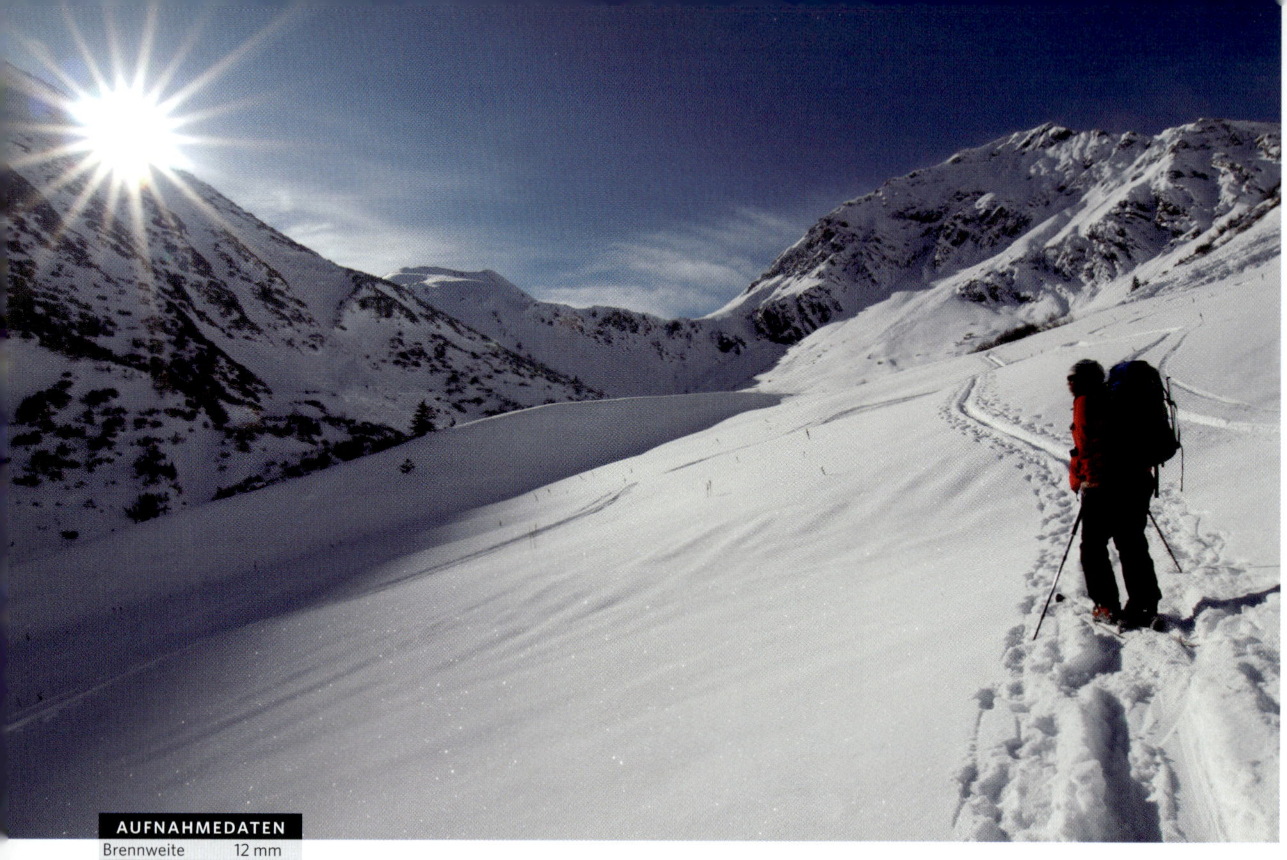

AUFNAHMEDATEN	
Brennweite	12 mm
Belichtung	1/160 s
Blende	f/18
ISO	100

Neben der tollen Lichtstimmung lebt dieses Motiv von der imaginären Verbindungslinie zwischen Sonne und Skifahrer. Ein gutes Beispiel dafür, dass Hauptmotive nicht immer in der Bildmitte angeordnet sein müssen.

Lichtrichtung und Motivstandort

Sind Sie mit der Kamera draußen unterwegs, achten Sie genau darauf, wo sich die Sonne gerade befindet, und passen Sie Ihren Standort zum Motiv entsprechend an – soweit das möglich ist. Je nachdem, aus welcher Richtung das Licht auf ein Motiv fällt, lassen sich völlig andere Eindrücke erzielen. Das gilt übrigens für jede Art der Fotografie, die mit Sonnenlicht arbeitet. Ob Makro- oder Landschaftsaufnahmen – die Richtung des Sonnenlichts ist meistens entscheidend.

- **Licht von schräg oben**: Das Licht von schräg oben entspricht der gewohnten Sichtweise des Menschen. Die Schatten fallen nach schräg unten. Konturen werden deutlicher herausgearbeitet, je tiefer das Licht steht. Wenn möglich, fotografieren Sie immer mit der Sonne im Rücken. Die Beleuchtung ist dann relativ ausgeglichen, und Sie haben keine Probleme mit sogenannten Blendenflecken. Scheint die Sonne mehr oder weniger direkt in das Objektiv der Kamera, entsteht auf den Fotos eine Reihe kreisrunder Blendenflecken in verschiedenen Größen und Farben. Solche Flecken können bei Motiven, die etwa die Hitze eines Sommertags oder das gleißende Licht auf einem Gletscher thematisieren, reizvoll sein. Sie reduzieren aber punktuell die Farbsättigung und lassen sich mithilfe der Bildbearbeitung nur mit allerhöchstem Aufwand retuschieren, falls die Flecken über detailreichen Motiven liegen. Wenn es sich nicht vermeiden lässt, in Richtung der Sonne oder einer anderen starken Lichtquelle zu fotografieren, lassen sich Blendenflecken durch den Einsatz einer Gegenlichtblende minimieren. Alternativ schatten Sie das Objektiv so gut es geht mit der Hand oder einem schwarzen Karton ab.

- **Licht des frühen Morgens:** Für stimmungsvolle Landschafts-, Natur- und Architekturfotos ist das Licht des frühen Morgens und des späten Nachmittags ideal. Seitlich einfallendes Sonnenlicht arbeitet die Strukturen durch kontrastreiche Licht-Schatten-Übergänge deutlich heraus. Das rötliche Licht des beginnenden bzw. endenden Tages taucht die Motive in warme Farben.
- **Licht von der Seite**: Licht von der Seite ist für die Darstellung von Konturen optimal und verleiht jedem Motiv von der Münze bis zur Waldlandschaft optische Tiefe. Dies ist einer der Gründe dafür, dass Landschaftsfotografen gern früh morgens oder am späten Nachmittag arbeiten, wenn die Sonne sehr tief steht. Andere Motive als Landschaften, die mit seitlichem Licht angestrahlt werden, sind jedoch oft etwas schwierig zu belichten, da die beleuchtete Motivseite je nach Intensität der Lichtquelle extrem hell ist und die der Lichtquelle abgewandte Seite im Schatten liegt. Das kann den Sensor Ihrer Digitalkamera überfordern, weil er nicht in der Lage ist, das vorherrschende Helligkeitsspektrum zu erfassen. Sie müssen sich entscheiden, ob Sie lieber die hellen oder die dunklen Bereiche korrekt belichtet haben möchten, und die Kamera zur Belichtungsmessung auf den entsprechenden Motivteil richten. Eine Möglichkeit bei Porträts oder anderen Motiven in der Nähe besteht darin, die im Schatten liegende Seite mit einem Reflektor aufzuhellen. Dazu kann man z. B. eine Styroporplatte oder einen Spiegel verwenden, der das Hauptlicht in die Schatten hinein reflektiert.
- **Licht von oben:** Bei Licht von oben – zum Beispiel an einem heißen Hochsommertag – wirken Licht und Schatten hart und kontrastreich. Landschaften sehen flach aus, weil die Schatten relativ klein sind. Beim Fotografieren von Personen im Freien ist das Mittagslicht ebenfalls problematisch, weil Gesichter extrem tiefe Schatten unter Augen, Nase und Kinn erhalten. Allerdings hat das Mittagslicht den Vorteil, dass es vom Betrachter intuitiv erkannt wird. Urlaubsfotos zur Mittagszeit in einem mediterranen Land vermitteln sehr gut die Hitze, das grelle Licht, also ganz allgemein die Stimmung eines heißen Urlaubstags.

Schwierige Gegenlichtsituationen

Eine echte Herausforderung für jeden Fotografen sind Gegenlichtaufnahmen, bei denen die Hauptlichtquelle ein Motiv von hinten anstrahlt. Dazu gehören z. B. Naturdetails wie Bäume oder Blüten, die vor der dahinterstehenden Sonne zu Silhouetten werden, oder Menschen in einem dunklen Torbogen, die man aus einem Innenraum heraus aufnimmt. Gelungene Gegenlichtmotive wirken besonders professionell und stimmungsvoll, sodass sich der Aufwand, sich mit den damit verbundenen Schwierigkeiten auseinanderzusetzen, auf jeden Fall lohnt.

Gegenlicht wirkt auf zweierlei Art gestalterisch: Zum einen lässt es massive, undurchsichtige Objekte als dunkle, scherenschnittartige Silhouetten erscheinen, zum anderen erzeugt es um halbtransparente und durchscheinende Motive einen hellen Lichtsaum – ein interessanter Effekt.

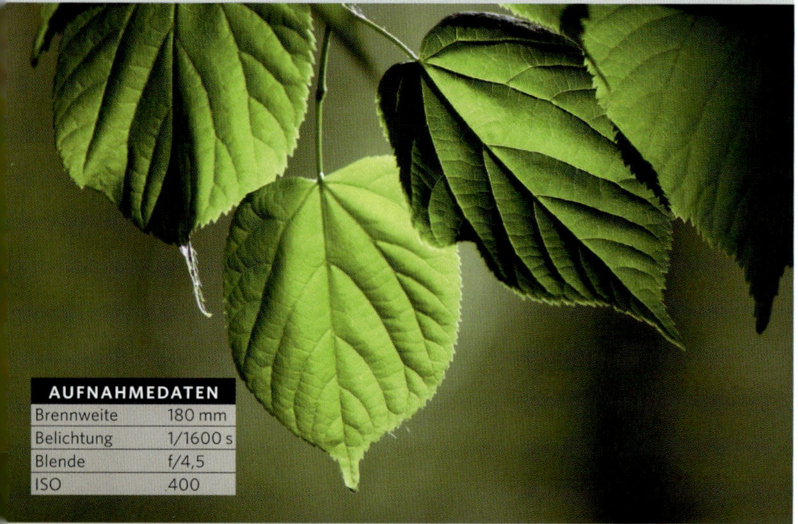

AUFNAHMEDATEN	
Brennweite	180 mm
Belichtung	1/1600 s
Blende	f/4,5
ISO	400

Zartes, etwas seitlich einfallendes Gegenlicht, das die Plastizität der Blätter durch Schatten herausarbeitet, und ein unscharf gehaltener Hintergrund – mehr braucht man nicht für eine stimmungsvolle Naturaufnahme.

Schläft der Hund, freut sich der Fotograf. Denn dann kann man in Ruhe ausprobieren, was man mit seiner Digitalkamera alles anstellen kann: Nahaufnahmen, Bilder auf Augenhöhe, knappe Bildausschnitte und so weiter.

Zu Silhouettenbildern gibt es eine Alternative: Stellt man die Belichtung so ein, dass das von hinten angestrahlte Hauptmotiv hell dargestellt wird, wird der helle Hintergrund natürlich völlig überstrahlt. So kann es sehr reizvoll aussehen, wenn man z. B. einen Menschen vor hell strahlendem Hintergrund zeigt und das Bild später am Computer nachträglich weichzeichnet.

Ideale Motive zum Ausprobieren

Nach all den Tipps und Gestaltungsregeln geht es jetzt in die Praxis. Aber was tun, wenn gerade keine atemberaubende Landschaft oder ein perfekt geschminktes Fotomodell zur Verfügung steht, um sich mit der Kamera auszutoben? Keine Sorge, ein paar geeignete Übungsmotive sind schnell gefunden. Hier einige Beispiele, die sich schnell und ohne großen Aufwand realisieren lassen.

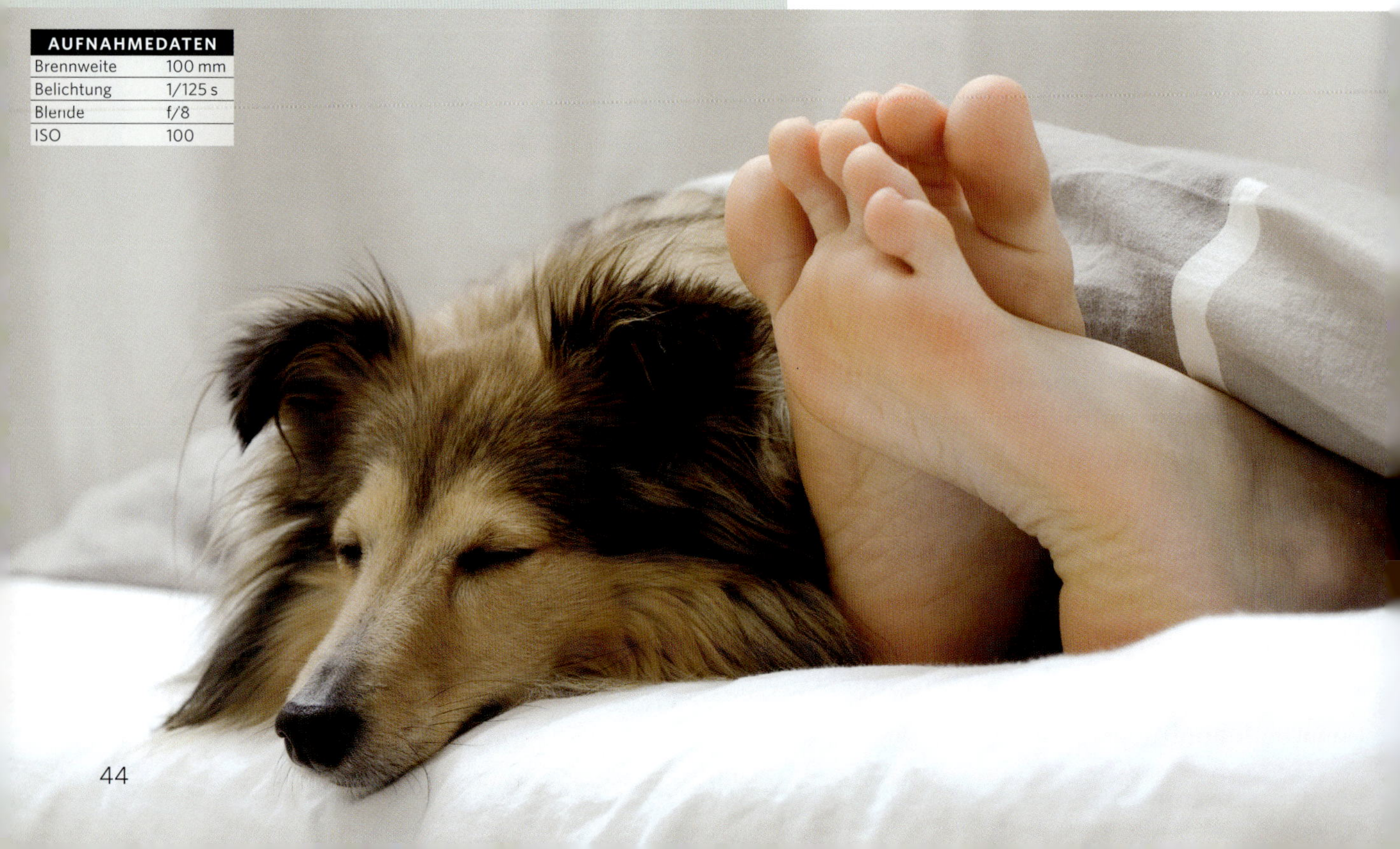

AUFNAHMEDATEN	
Brennweite	100 mm
Belichtung	1/125 s
Blende	f/8
ISO	100

Blühende Pflanzen und Blumen

Ein paar blühende Pflanzen, Blätter oder Trockenblumen dürften unabhängig von der Jahreszeit eigentlich immer greifbar sein: die Blumendekoration auf dem Wohnzimmertisch, ein paar Grünpflanzen auf der Fensterbank – zur Not kauft man sich für wenig Geld geeignete Motive im nächsten Blumenladen. Für das Ausprobieren von Nahaufnahmetechniken sind Pflanzen geradezu prädestiniert. Erstens bekommt man schon mit relativ wenig Aufwand recht ansehnliche Motive, zweitens halten Pflanzen in der Regel still – außer Sie fotografieren im Freien und der Wind spielt nicht mit –, und drittens zwingen Pflanzen den Fotografen immer dazu, über Bildgestaltung nachzudenken. Denn wer hat schon Lust, das 100.000ste Foto einer netten Rosenblüte mit langweiligem Oberlicht vor weißem Hintergrund zu machen?

Da Fotos von Blüten und Pflanzen im Internet in einschlägigen Fotoforen wie Sand am Meer zu finden sind, werden Nullachtfünfzehn-Fotos niemanden vom Hocker reißen. Denken Sie also genau darüber nach, wie Sie neue Perspektiven entdecken, welche Farben Sie einsetzen und wie Sie mit kontrastierenden Farben und skurrilen Formen aktiv gestalten können. Probieren Sie unterschiedliche Lichtquellen und Kamerapositionen aus, variieren Sie die Zusammenstellung der Pflanzen und fotografieren Sie mal ein, mal mehrere Objekte. Bringen Sie dann noch verschiedene Hintergründe und Accessoires wie Vasen oder farbige Bänder mit ins Spiel, haben Sie genug Spielzeug für ein ganzes Fotowochenende.

Alltägliche Gebrauchsgegenstände

Haben Sie Pflanzendekoration und Blumengestecke ausgiebig fotografiert und sich mit den Möglichkeiten der Nah- und Makrofotografie vertraut gemacht, lassen Sie als

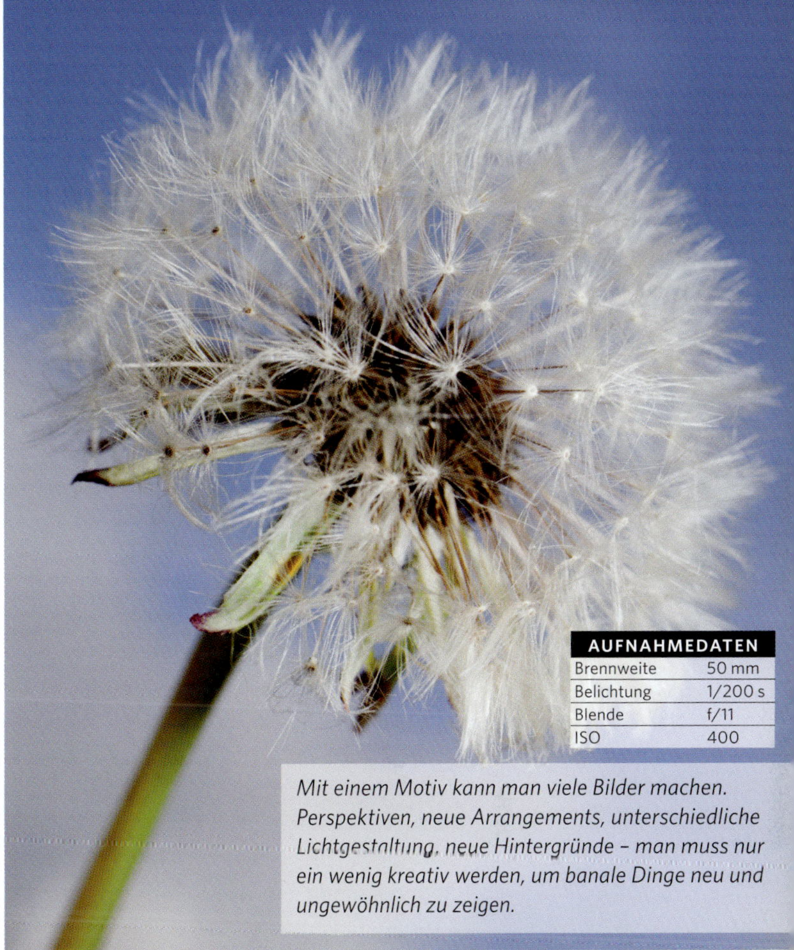

AUFNAHMEDATEN	
Brennweite	50 mm
Belichtung	1/200 s
Blende	f/11
ISO	400

Mit einem Motiv kann man viele Bilder machen. Perspektiven, neue Arrangements, unterschiedliche Lichtgestaltung, neue Hintergründe – man muss nur ein wenig kreativ werden, um banale Dinge neu und ungewöhnlich zu zeigen.

Richtig witzig wird die knallgelbe Kaffeetasse erst, wenn man direkt von oben fotografiert. Hier empfiehlt sich natürlich ein Stativ, um die Perspektive exakt festlegen zu können, damit das Motiv absolut symmetrisch abgelichtet wird.

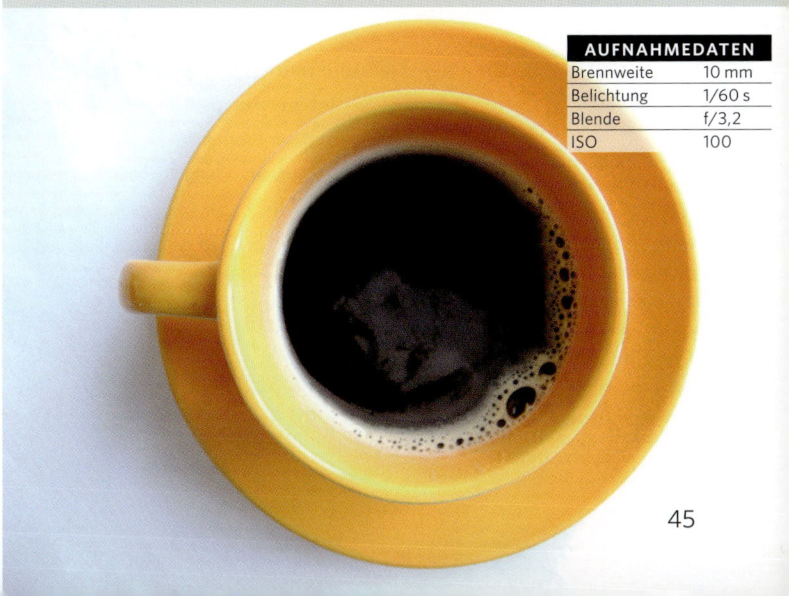

AUFNAHMEDATEN	
Brennweite	10 mm
Belichtung	1/60 s
Blende	f/3,2
ISO	100

i

KOMBINIEREN SIE!

Ein alter Tisch und ein paar alte Blumentöpfe, Farbeimer und Pinsel, alte und dreckige Schuhe – kombinieren Sie, was Sie finden, und gestalten Sie Stillleben. Wenn es sich ergibt, arrangieren Sie die Dinge unter einem bestimmten Motto (z. B. Kellerleben, Dachbodenfunde, antiquiertes und modernes Werkzeug). Suchen Sie sich einen passenden Hintergrund und einen Tisch und stellen Sie auf, was Sie finden. Das Licht ist an dieser Stelle noch nicht so wichtig, allerdings sollten Sie darauf achten, nicht im finstersten Eck des Kellers zu fotografieren. Denn wenn Sie noch keine Beleuchtungsgeräte besitzen, werden Sie mit dem Licht eines Fensters oder einer Lampe auskommen müssen.

Nächstes den Blick durch Wohnung oder Haus schweifen. Gerade alltägliche Dinge, an denen wir normalerweise achtlos vorbeigehen, können mit dem Fotoapparat zu ganz besonderen Motiven werden. Denn wer würde schon in einer einfachen Schüssel, ein paar Tassen, dem alten Holzboden auf dem Speicher oder einer rissigen Wand im Keller etwas Besonderes entdecken? Es stellt sich nur die Frage, wie man die Schönheit, das Besondere, aus einem ansonsten belanglosen Gegenstand herausholt. Hier muss Ihre Kreativität ins Spiel kommen.

Sehen Sie sich die Dinge, die Sie finden, unter verschiedenen Lichtbedingungen an. Ein paar alte Schuhe auf dem Fliesenboden sehen vermutlich nicht schlecht aus, wenn Sie sie im seitlichen Licht mit langen Schatten fotografieren. Zu einer Vase mit ein paar Blumen auf einem hellen Tisch passt für den Anfang vermutlich am besten diffuses Fensterlicht, das durch eine Gardine fällt. Lassen Sie sich von den Dingen im Haus inspirieren und erkunden Sie die Möglichkeiten der Lichtsetzung, die sich durch unterschiedlich ausgerichtete Fenster, Vorhänge und Kunstlicht ergeben.

Gebäude und Gebäudedetails

Auch die Architekturfotografie lässt sich zu Hause ausprobieren. Gehen Sie einfach vor die Tür und betrachten Sie das Gebäude, in dem Sie leben, mit den Augen eines Fotografen. Auch hier kommt es sehr auf das vorhandene Licht an, denn Sie werden vermutlich nicht in der Lage sein, Ihr Haus oder Ihre Wohnung von außen mit Kunstlicht auszuleuchten. Daher müssen Sie darauf achten, was das Sonnenlicht zu den verschiedenen Tageszeiten aus dem Bauwerk macht.

Steht die Sonne tief, liegt die von der Sonne abgewandte Seite in tiefen Schatten. Strukturen wie z. B. grobes Mauerwerk oder Verputz werden durch seitliches Licht kontraststark herausgearbeitet. Ist die Sonne hinter Wolken verborgen, wirkt der Himmel wie eine riesige Softbox, das Licht ist diffus, und die Schatten sind nicht sehr ausgeprägt. Bei derartiger Beleuchtung lässt sich relativ leicht belichten, da die technischen Möglichkeiten der Kamera nicht von extremen Kontrasten überfordert werden.

Und auch in Sachen Bildgestaltung können Sie beim Fotografieren Ihres Zuhauses viel lernen. Welche Kameraposition führt zu dynamischen Perspektiven, wie schafft man eine eher ruhige Bildgestaltung? Mit welchen Brennweiten kann man arbeiten, um Gebäudedetails zu zeigen? Gibt es qualitative Probleme mit der Kamera bzw. dem Objektiv, die bei bestimmten Brennweiten besonders stören?

Schwierige Lichtverhältnisse

Die meisten Amateurfotografen haben immer wieder große Schwierigkeiten, wenn die Lichtverhältnisse simples Aus-der-Hand-Fotografieren nicht mehr zulassen. An dieser Stelle ist es enorm wichtig, die Möglichkeiten seiner Kamera zu kennen. Denn wenn Sie im Urlaub zum ersten Mal mit einer malerischen Abendstimmung konfrontiert sind, ist es zu spät, das Kamerahandbuch herauszukramen. Deshalb sollten Sie so oft es geht am Abend oder unter schwierigen Lichtverhältnissen fotografieren und aus den Ergebnissen lernen.

Fotografieren Sie z. B. eine abendliche Gartenparty und variieren Sie dabei die Aufnahmemodi. Arbeiten Sie mit der Vollautomatik, mit dem Porträtprogramm, mit einem speziellen Nachtmodus, nutzen Sie alle Möglichkeiten, die Ihre Kamera bietet, und vergleichen Sie die Ergebnisse. Da die Digitalbilder moderner Kameras immer auch die Informationen zu den Aufnahmeeinstellungen enthalten, können Sie so schnell herausfinden, mit welchem Aufnahmeprogramm Ihnen die besten Bilder gelungen sind. Diese sogenannten EXIF-Daten können Sie mit jedem Bildbearbeitungsprogramm auslesen.

Scheuen Sie sich auch nicht, im manuellen Modus oder mit einem halbautomatischen Programm (Blendenautomatik oder Zeitautomatik) zu fotografieren, um die Zusammenhänge zwischen Blende, Verschlusszeit und Empfindlichkeit (ISO) zu begreifen. Gerade bei ungünstigen Lichtverhältnissen sehen Sie so sehr schnell, wo die Grenzen Ihrer Kamera bzw. der Kamera-Objektiv-Kombination liegen.

AUFNAHMEDATEN	
Brennweite	50 mm
Belichtung	1/80 s
Blende	f/4,5
ISO	200

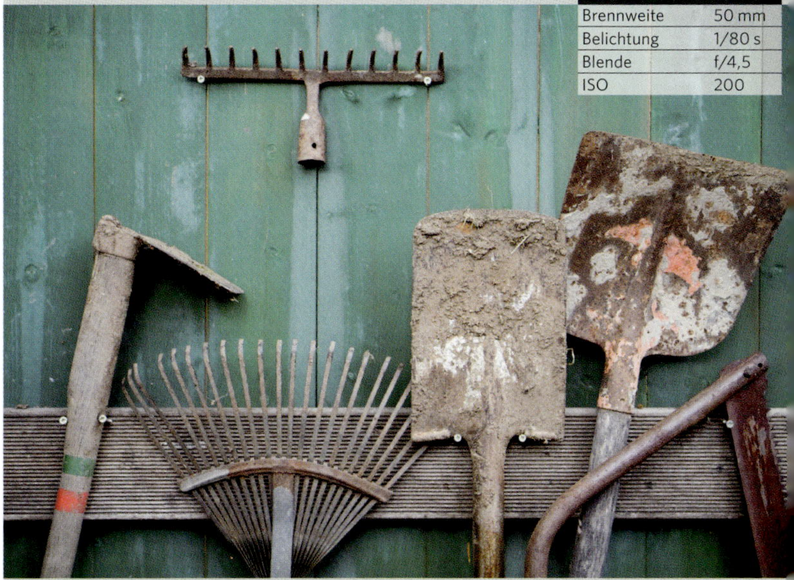

Die dreckigen Gartengeräte sind ideal, um mit der Bildgestaltung zu experimentieren. Das quer angebrachte Brett schließt das Motiv nach unten ab, die Lücke auf der linken Seite teilt das Bild im Goldenen Schnitt.

AUFNAHMEDATEN	
Brennweite	18 mm
Belichtung	5 s
Blende	f/4,5
ISO	100

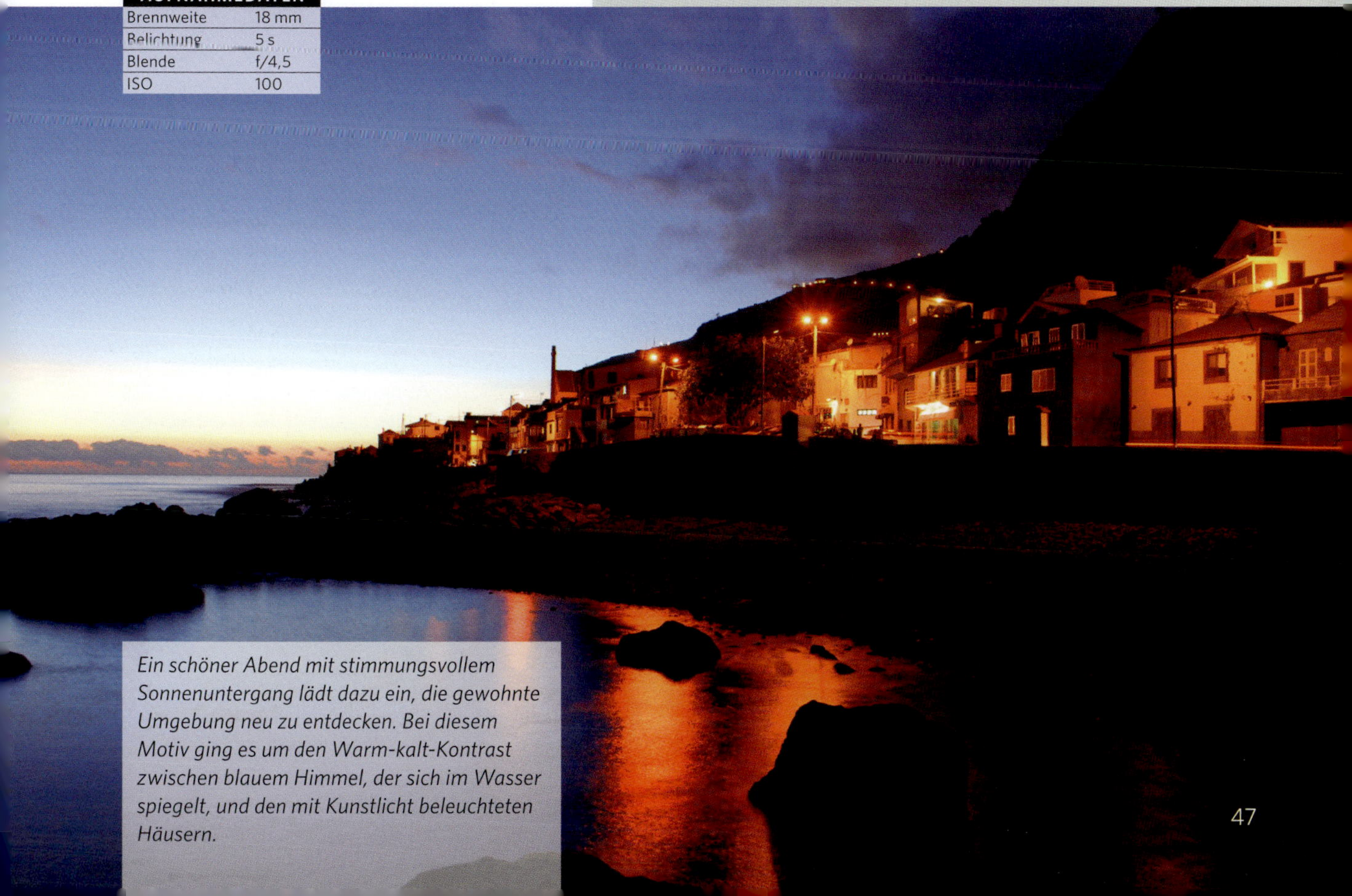

Ein schöner Abend mit stimmungsvollem Sonnenuntergang lädt dazu ein, die gewohnte Umgebung neu zu entdecken. Bei diesem Motiv ging es um den Warm-kalt-Kontrast zwischen blauem Himmel, der sich im Wasser spiegelt, und den mit Kunstlicht beleuchteten Häusern.

Bei Regen fotografieren

Bei uns in Mitteleuropa gehört schlechtes Wetter wie Regen, Nebel und Schnee zum Alltag. Doch es wäre schade, wenn man den grauen Tagen nicht auch ein paar gute Seiten abgewinnen würde. Vor allem wenn Sie sich für Landschafts- oder Streetlife-Fotografie (das Leben in der Stadt) begeistern können, werden Sie für das Ertragen von etwas Kälte und Nässe mit tollen Impressionen belohnt.

Kamera vor Nässe schützen

Das Wichtigste bei schlechtem Wetter: Verstauen Sie die Digitalkamera trotz Kameratasche zusätzlich in einem Plastikbeutel und nehmen Sie sie nur zum Fotografieren aus der Umhüllung. Wischen Sie falls nötig Regentropfen nach dem Fotografieren sofort mit einem weichen Tuch ab. Wenn Sie für Ihre Kamera ein Unterwassergehäuse besitzen, ist das natürlich der beste Schutz vor Regen. Hierbei sollten Sie jedoch bedenken, dass jede Glas- oder Plastikscheibe vor dem Objektiv die Bildqualität verringert – außer bei hochwertigen und damit teuren Unterwassergehäusen. Für optimale Bildqualität sollte das Objektiv auf jeden Fall freie Sicht haben. Außerdem sind echte Unterwassergehäuse ziemlich klobig und machen spontanes Fotografieren schwierig. Zudem werden Sie vermutlich einige verwunderte Blicke ernten.

Grauverlaufsfilter bei Bedarf

Zusätzlich zum Regenschutz kann bei Schlechtwetteraufnahmen ein Grauverlaufsfilter hilfreich sein. Wenn der von Wolken bedeckte Himmel aufreißt und sich die Sonne zeigt, können die Hell-dunkel-Kontraste extrem werden. Dann sollten Sie den Himmel mit dem Grauverlaufsfilter abdecken, damit

Rechts oben: Haben Sie die Gelegenheit, ein aufziehendes Gewitter als Kulisse für Landschaftsaufnahmen zu fotografieren, sollten Sie die Chance nicht verpassen. Da die meisten Fotos von inhaltlichen oder gestalterischen Kontrasten leben, wirkt eine Landschaft automatisch interessant, wenn sie teilweise in der Sonne, teilweise aber auch unter dicken Wolken liegt.

i

WINDGESCHÜTZTE STANDORTE NUTZEN

Bedenken Sie, dass der Wind Ihre Kamera trotz Stativs in Bewegung versetzen kann. Digitalkameras und entsprechende Stative sind relativ leicht, sodass selbst ein leichter Wind schon zu verwackelten Fotos führt. Stellen Sie Ihre Ausrüstung also windgeschützt auf.

REGENTROPFEN FOTOGRAFIEREN

Möchten Sie Regentropfen im Flug „einfrieren", brauchen Sie Verschlusszeiten, die kürzer als 1/125 Sekunde sind. Um Regen in Streifen zu zeigen, arbeiten Sie mit längeren Verschlusszeiten z. B. von 1/30 Sekunde und mehr. Je länger die Verschlusszeit ist, desto länger sind die von den Regentropfen gezeichneten Streifen. Damit Regentropfen auf einem Foto sichtbar werden, benötigen Sie einen dunklen Hintergrund oder Flächen, auf denen die Regentropfen aufschlagen. Nehmen Sie z. B. für Wellenmuster eine Pfütze oder einen See mit ins Bild. Der Aufschlag von Tropfen auf Pflanzenblättern oder dem Lack eines Autos kann ebenfalls interessante Regenmotive erzeugen.

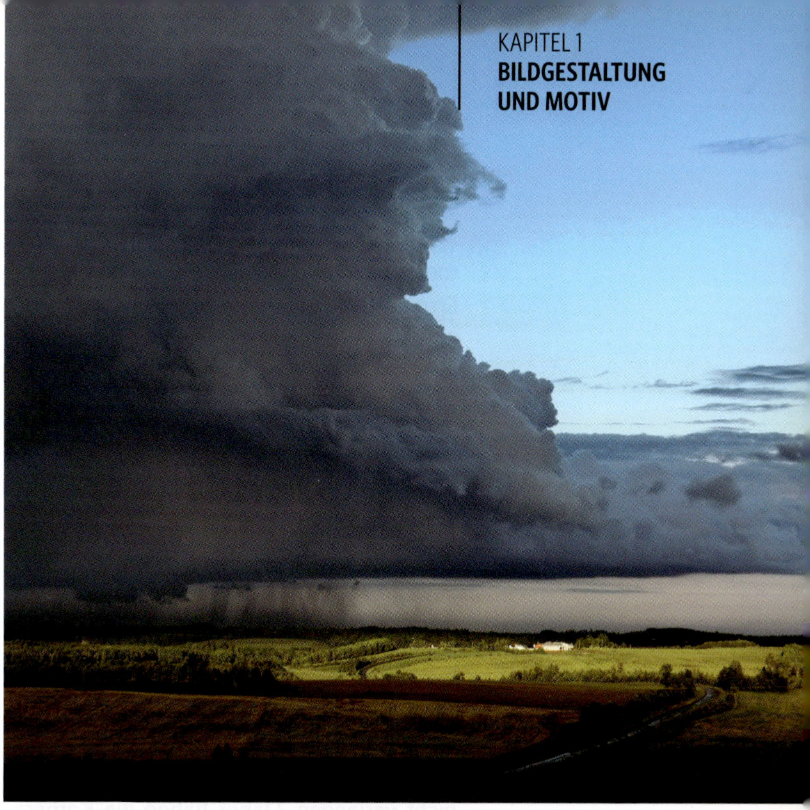

der Kamerasensor das gesamte Helligkeitsspektrum erfassen kann. Einen solchen Filter kann man je nach Kameramodell entweder vorn ans Objektiv schrauben oder in einen dafür vorgesehenen Rahmen stecken.

Brennweitenbereich voll ausnutzen

Fotografieren Sie mit einer Kompaktkamera, die mit einem Zoomobjektiv ausgestattet ist, sollten Sie den gesamten Brennweitenbereich ausnutzen. Visieren Sie jedes Schlechtwettermotiv mit verschiedenen Brennweiten an. Weitwinkelaufnahmen vermitteln optimal die Weite der Landschaft, was vor allem einen dramatischen Wolkenhimmel stimmungsvoll in Szene setzt. Fotografieren Sie Szenen des alltäglichen Lebens in der Stadt, bringen Telebrennweiten mehr Dichte ins Bild, weil weit entfernte Motive perspektivisch gerafft werden und im Bild scheinbar zusammenrücken – ein Effekt, der z. B. die Aufnahme einer drohend aufragenden Gewitterfront hinter einem Haus noch dramatischer erscheinen lässt.

Vordergrundmotiv mit einbeziehen

Integrieren Sie bei Weitwinkelfotos wenn möglich ein interessantes Vordergrundmotiv in die Bildgestaltung, um den Betrachter ins Bild zu führen. Falls kein solches Motiv im Vordergrund zu finden ist, suchen Sie sich einen Blickfang im Bild, der zur Licht- und Wetterstimmung passt. Dies können ein einsamer Baum im Schnee oder Regenschirme von Passanten sein.

Belichtung bei schlechtem Wetter

Die Belichtung von Landschaften bei schlechtem Wetter können Sie meistens der Automatik der Kamera überlassen. Ausnahmen bilden hier sehr dunkle Motive wie schwarze Wolken, sehr helle Motive und Gegenlichtaufnahmen, bei denen die

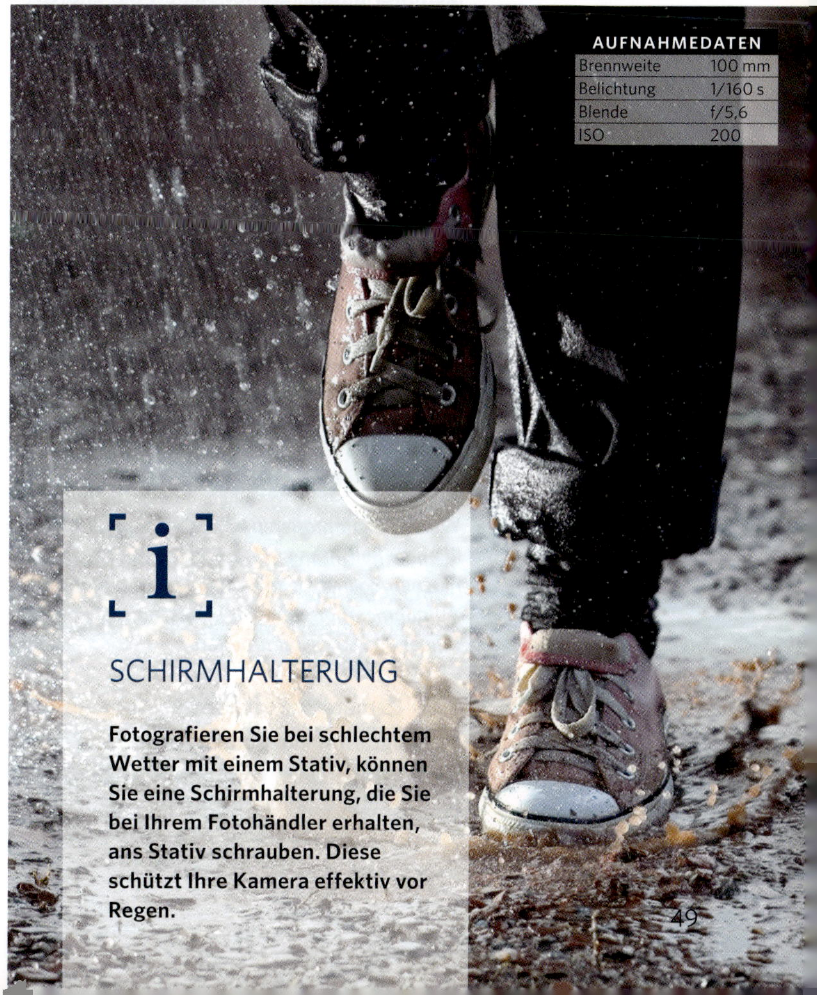

AUFNAHMEDATEN	
Brennweite	100 mm
Belichtung	1/160 s
Blende	f/5,6
ISO	200

SCHIRMHALTERUNG

Fotografieren Sie bei schlechtem Wetter mit einem Stativ, können Sie eine Schirmhalterung, die Sie bei Ihrem Fotohändler erhalten, ans Stativ schrauben. Diese schützt Ihre Kamera effektiv vor Regen.

Elements – eine Software zur Videobearbeitung, die speziell für Einsteiger konzipiert wurde.

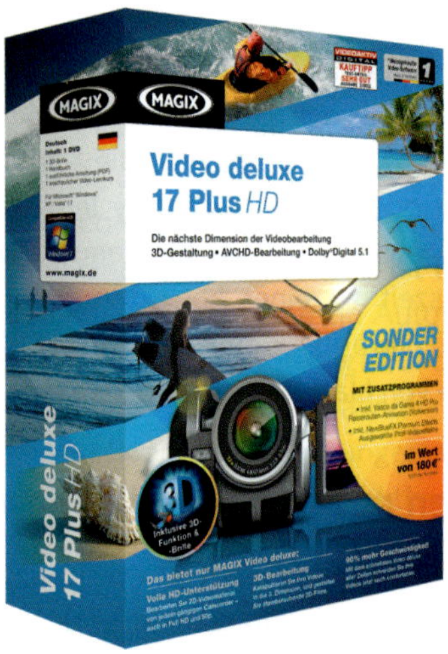

MAGIX Video deluxe 17 Plus HD bringt eine Vielzahl professioneller Funktionen in den Videoschnittalltag: sekundäre Farbkorrektur, flexible Menügestaltung, Reiseroutenanimation und vieles mehr.

Von DVD bis Blu-Ray

Auch die Möglichkeiten zur Ausgabe des fertigen Videos sind nahezu unbegrenzt: Sie können Ihr postproduziertes Video auf DVD oder Blu-Ray Disc brennen, als Flash-Datei auf Websites hochladen, auf DV- oder HDV-Band aufnehmen oder in einem beliebigen Format auf Ihre Computerfestplatte exportieren. Adobe Premiere Elements ist für passionierte Heimanwender und interessierte Neulinge ein idealer Einstieg in die faszinierende Welt der Videobearbeitung: klar strukturiert und leicht zu bedienen. Die Benutzeroberfläche ist aufgeräumt und durchweg anwenderfreundlich.

Videoschnitt: Feeling vermitteln

Video(nach)bearbeitung, international als Postproduction bezeichnet, klingt sehr technisch. Klar, Sie sollten einige technische Begriffe wie z. B. Keying oder Irisblende kennen und mit den unterschiedlichen Videoformaten (wie DV-AVI, MPEG-2 etc.) vertraut sein. Das Wichtigste für die Videobearbeitung ist jedoch etwas, das mit Technik überhaupt nichts zu tun hat: Feeling, das richtige Gefühl für die passende Dramaturgie. Die Kunst, einen Spannungsbogen entstehen zu lassen. Jeder Film, auch der kürzeste und scheinbar unbedeutendste, erzählt eine Geschichte. Diese Geschichte sollten Sie fühlen, wenn Sie sich an den Computer setzen und mit der Bearbeitung Ihres Rohmaterials beginnen. Versuchen Sie mit den Ihnen zur Verfügung stehenden Mitteln – Schnitttempo, Hintergrundmusik, Bildauswahl etc. –, die Geschichte, die in den Bildern verborgen ist, hervorzuheben und zu akzentuieren, um ihr so ihr ganz eigenes Leben einzuhauchen.

VIDEOFORMAT	DATEIENDUNG	INFO
AVI	*.avi*	Weite Verbreitung.
QuickTime	*.mov* oder *.qt*	Häufige Nutzung von Streaming im Internet.
MPEG-1	*.mpg*	Bildgröße max. 768 x 576 Pixel (PAL 4:3).
MPEG-2	*.mpg*	Bessere Qualität als MPEG-1.
MPEG-3	*.mpg*	Geringerer Speicherbedarf als MPEG-1/-2.
Motion JPEG	*.mjpg*	Sehr hohe Qualität (25 MBit/s).

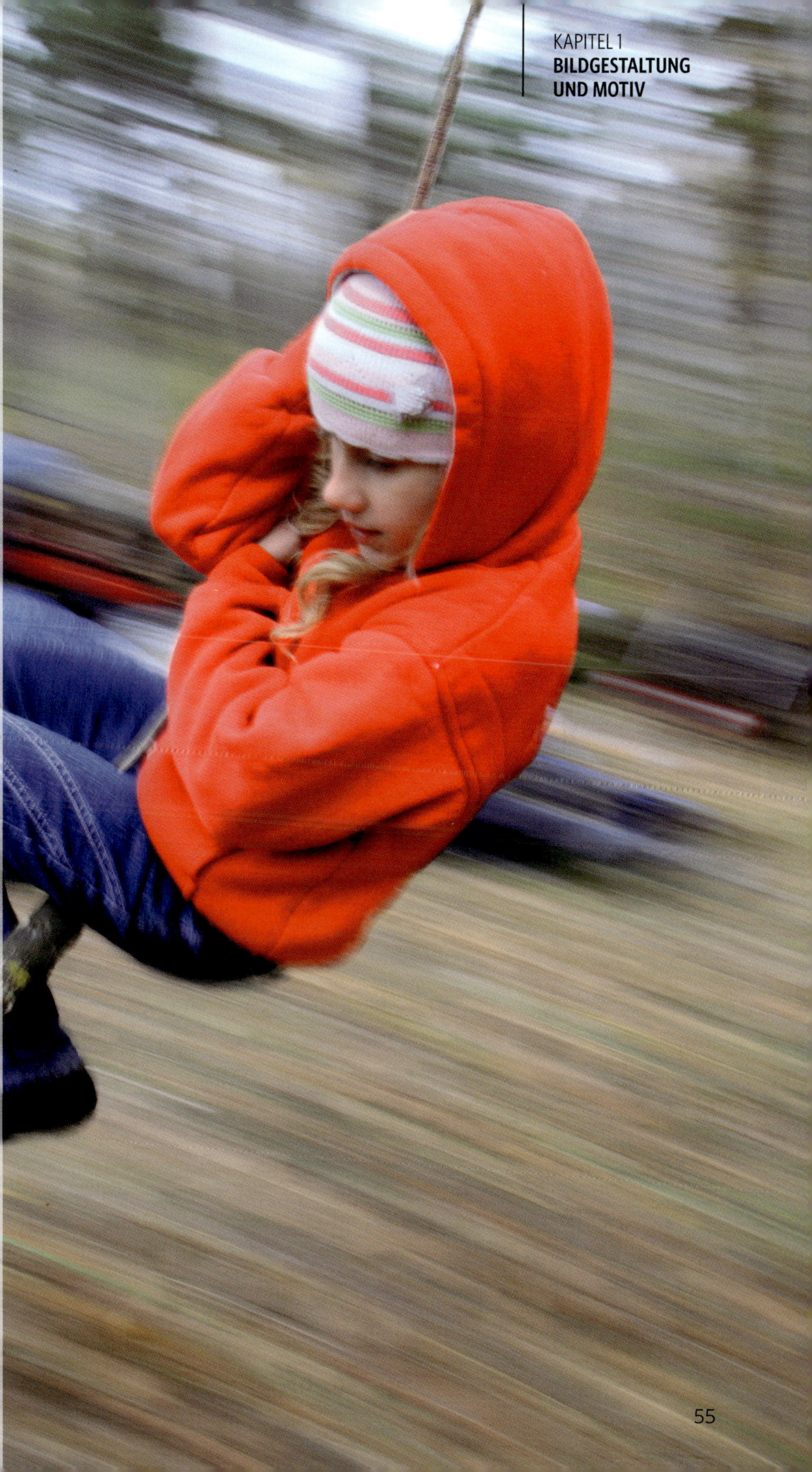

VIDEO- UND AUDIOFORMATE

Warum es mittlerweile eine so große Anzahl an Video- und Audioformaten gibt, liegt am Ehrgeiz der unterschiedlichen Hersteller: Sie liefern sich ein hartes Rennen um die beste Bild- und Tonqualität. Da ist es gut zu wissen, dass moderne Videobearbeitungsprogramme eine Vielzahl gängiger Video- und Audioformate einlesen und bearbeiten können. Die Verfahren für die digitale Codierung von Video und Audio heißen Codecs. Sie beinhalten die rohen Nutzdaten, die in unterschiedlichen sogenannten Containerformaten gespeichert werden. Viele Digitalkameras zeichnen Videosequenzen in den Formaten Motion JPEG, MPEG-4 oder H.264 auf. Motion JPEG bietet eine hervorragende Bildqualität, benötigt jedoch sehr viel Speicherplatz. Es besteht die Möglichkeit, dieses Format nach der Übertragung auf den Computer in ein weniger speicherintensives Format umzuwandeln, z. B. MPEG-2.

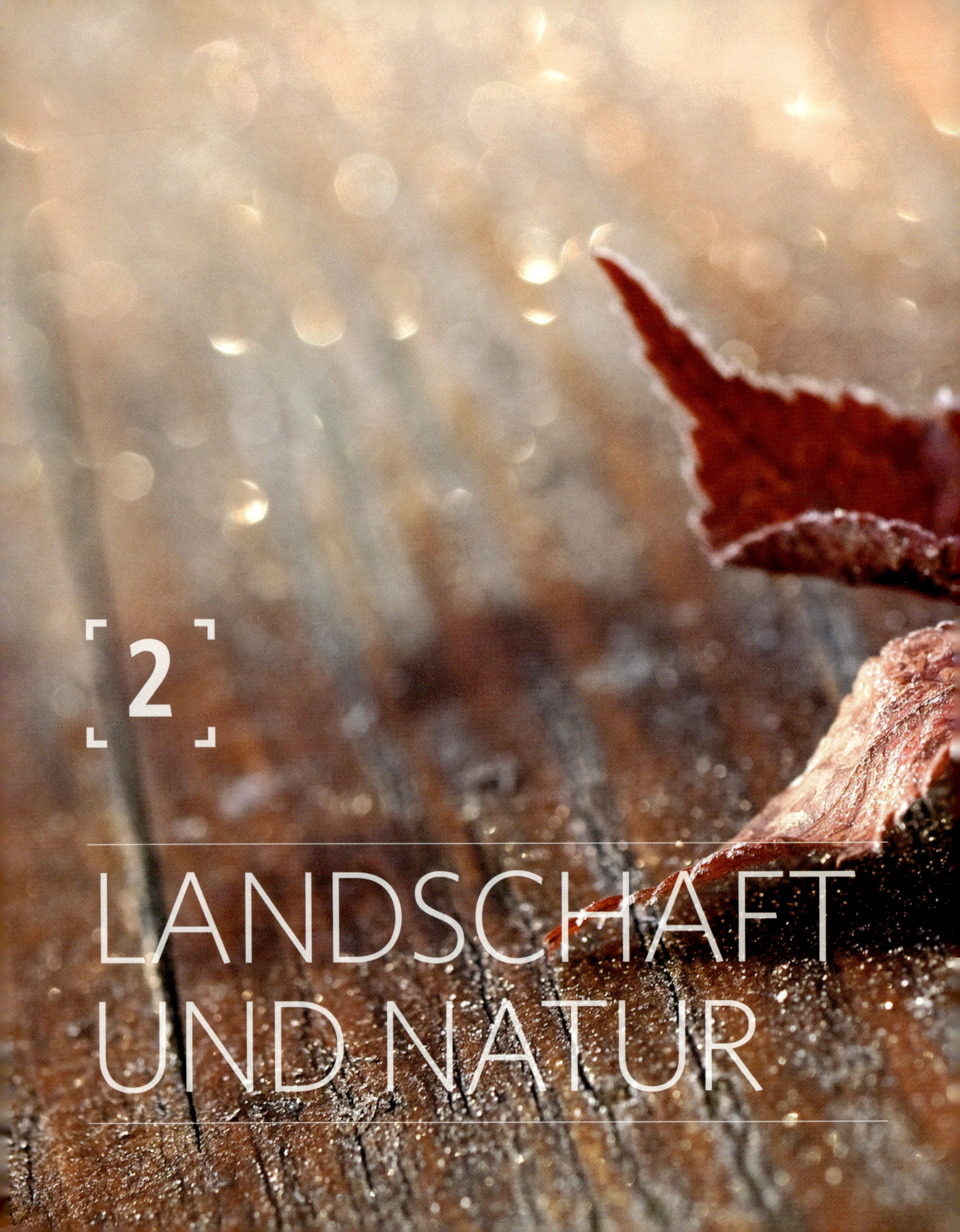

2 LANDSCHAFT UND NATUR

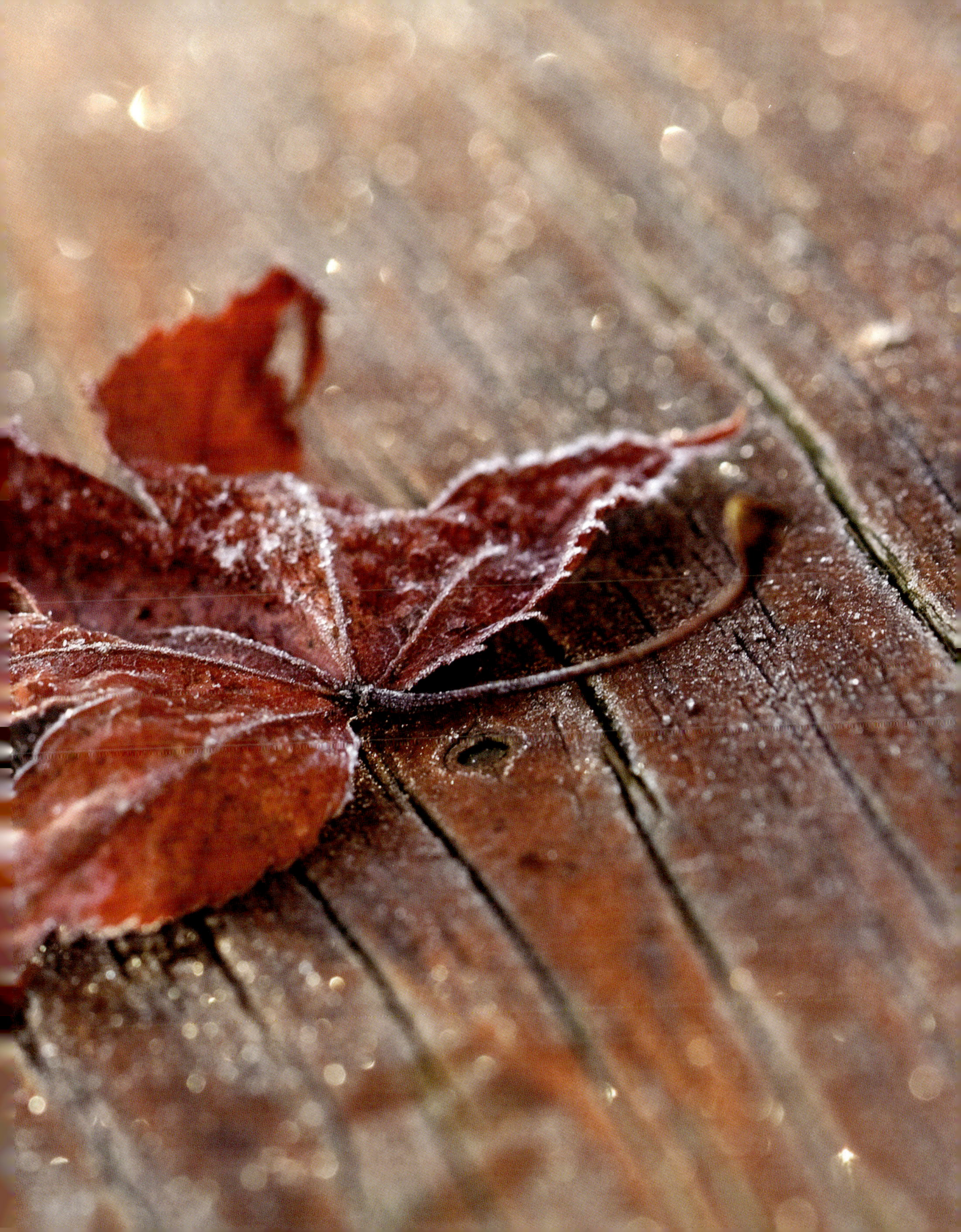

AUFNAHMEDATEN	
Brennweite	69 mm
Belichtung	1/4 s
Blende	f/11
ISO	100

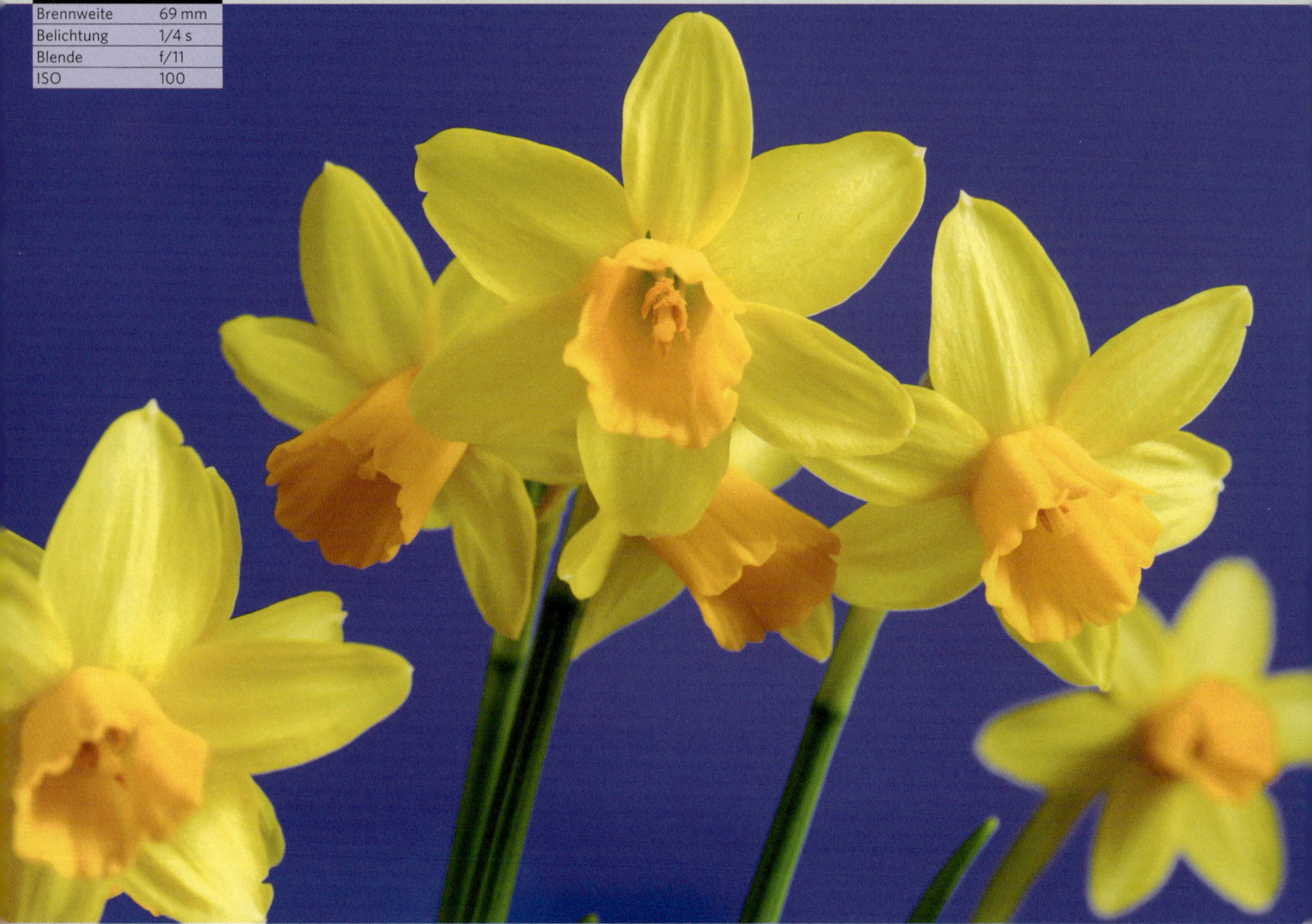

Reduziert man ein Fotomotiv auf das Wesentliche, entstehen fast von selbst tolle Bilder. Die Kombination aus Farbe und Form ist der Schlüssel zum Erfolg dieser Naturstudie.

2 Landschaft und Natur

Wetter, Licht und Vegetation verändern sich während des gesamten Jahres ständig. Wer viel draußen unterwegs ist, muss die Jahreszeiten und ihre typischen Merkmale immer in seine Planungen einbeziehen. Blühende Apfelbäume, aufbrechende Knospen und saftige Wiesen, Menschen am See oder im Urlaub bei knalligem Sonnenlicht, fallende Blätter, Bäume im Nebel und ein Farbenmeer in Rot und Gelb, Schneelandschaften, Eiszapfen und Skifahrer sind nur ein paar der Motive, die sofort mit den jeweiligen Jahreszeiten in Verbindung gebracht werden.

Wetter und Jahreszeit

■ Das Wetter ist der wichtigste Faktor in der Bildgestaltung. Denn die Lichtstimmungen vom dramatischen Wolkenhimmel über einen nebligen Morgen bis zur gleißenden Mittagssonne sind es, die für ausdrucksstarke Bilder prägend sind. Und dann sind da noch die Millionen von Details, auf die man achten muss, um eine atemberaubende Landschaftsaufnahme nicht in ein diffuses Durcheinander abgleiten zu lassen. Jede Zeit im Jahresverlauf hat typische Eigenheiten bezüglich des Lichts. Steht die Sonne hoch am sommerlichen Himmel, erzeugt sie viel kürzere Schatten als um die gleiche Tageszeit im Winter. Die Kontraste sind deutlich kräftiger als zu anderen Zeiten. Auch die Lichtfarbe variiert, weil das Licht bei niedrig stehender Wintersonne durch die Atmosphäre auf andere Weise gebrochen wird. Daher ist das Tageslicht im Sommer einen Tick blauer als beispielsweise im Spätherbst. Möchten Sie einer Aufnahme eine etwas andere jahreszeitliche Lichtstimmung verleihen, ist das mithilfe der Bildbearbeitung kein Problem. Machen Sie sich beim Fotografieren von Landschaft und Natur immer klar, in welcher Zeit des Jahres Sie sich gerade befinden. Sie können dann Farben und Lichtintensität, aber auch die für eine Jahreszeit typischen Elemente wie Blüten, Herbstlaub oder Schnee in Ihre Überlegungen zur Bildgestaltung mit einbeziehen.

Brennweite und Blendenöffnung

Landschaften fotografiert man vorwiegend mit kurzen Brennweiten, um möglichst viel von den weitläufigen Motiven aufs Bild zu bekommen. Dazu setzt man kleine Blendenöffnungen (hohe Blendenwerte) ein, um für möglichst ausgedehnte Schärfentiefe zu sorgen. Blende f/11 oder f/16 sind keine Seltenheit, wenn man Landschaftsfotos analysiert. Je nach Lichtintensität kommt es aufgrund der kleinen Blendenöffnungen zu längeren Verschlusszeiten, deshalb wird meist ein Stativ gebraucht, um die Aufnahmen nicht zu verwackeln. Im Übrigen ist ein Stativ für Landschafts- und Naturaufnahmen immer sehr hilfreich, weil man sich mit fixierter Kamera ganz um die Bildgestaltung und die Wahl des besten Bildausschnitts kümmern kann. Gerade in der Landschaftsfotografie kommt es noch mehr als bei anderen Themen auf die Gestaltung an, um den Blick des Betrachters durch das Bild zu führen und damit zu fesseln.

Blühende Lavendelfelder lassen vermutlich die meisten Menschen an Frankreich denken. Interessant wird dieses viel fotografierte Motiv aber erst durch die geschickte Einbeziehung der Pflanzenreihen, die zu dem einzelnen Baum im Hintergrund weisen.

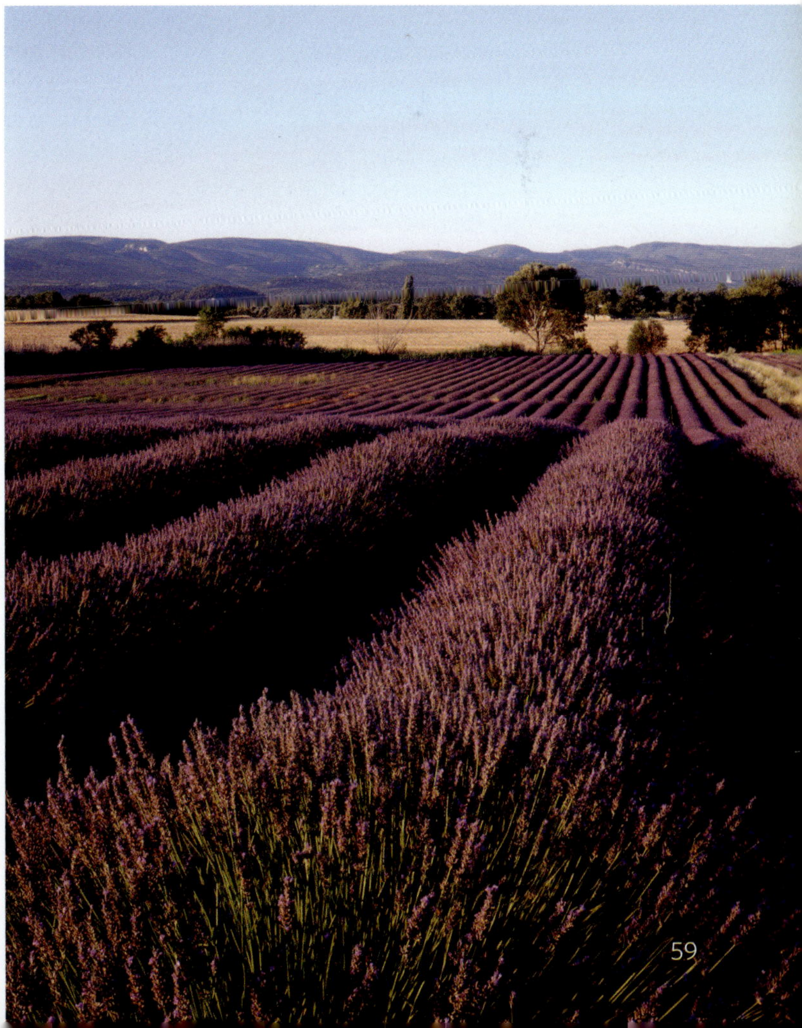

Auch wenn man sich für eine solche Ansicht in den Schnee legen muss und die Kleidung nass wird – manche Motive sind den Aufwand wert. Die für Nahaufnahmen typische Reduzierung der Schärfentiefe lässt Hinter- und Vordergrund in Unschärfe verschwimmen.

Lange oder kurze Brennweite?

Wichtig beim Entdecken charakteristischer und neuer Ansichten ist es, die Möglichkeiten seiner Kamera zu kennen. Welche Brennweiten stehen zur Verfügung, welche Blendenöffnungen sind möglich, kann man auch im Regen fotografieren, welche Naheinstellgrenze gilt für das verwendete Objektiv? Die Brennweite ist für zwei Faktoren relevant: die mögliche Entfernung zum Motiv und die Perspektive in Verbindung mit dem Kamerastandort. Eine kleine, gerade aus dem Boden sprießende Blüte eines Schneeglöckchens oder eine Biene auf einer Sonnenblume wirkt meistens am besten, wenn man sie aus nächster Nähe fotografiert – entweder mit langer Brennweite, um die Perspektive ein wenig zu verdichten, oder mit extrem kurzer Brennweite aus geringer Entfernung, um kleine Motive größer wirken zu lassen. Je kürzer die Brennweite und je geringer der Motivabstand, desto extremer ist die Perspektive.

Unterschiedliche Blenden testen

Soll der Hintergrund in Unschärfe verschwimmen? Dann muss die Blendenöffnung möglichst groß gewählt werden, also eine kleine Blendenzahl. Da die Schärfentiefe neben der Brennweite auch von der Sensorgröße abhängt – mit einer Vollformat-SLR bekommt man deutlich geringere Schärfentiefe als mit einer Kompakten mit winzigem Sensor –, sollte man ein paar Versuche mit unterschiedlichen Blendenwerten machen, um die Möglichkeiten der Kamera zu erkunden. Wer die technischen Merkmale seiner Kamera nicht kennt und daher nicht weiß, wie man Blende, Brennweite, Verschlusszeit etc. für die Bildgestaltung einsetzt, verschenkt eine Menge Möglichkeiten. In den folgenden Abschnitten dieses Kapitels gibt es die wichtigsten fototechnischen Tipps zur Gestaltung jahreszeitlicher Bilder.

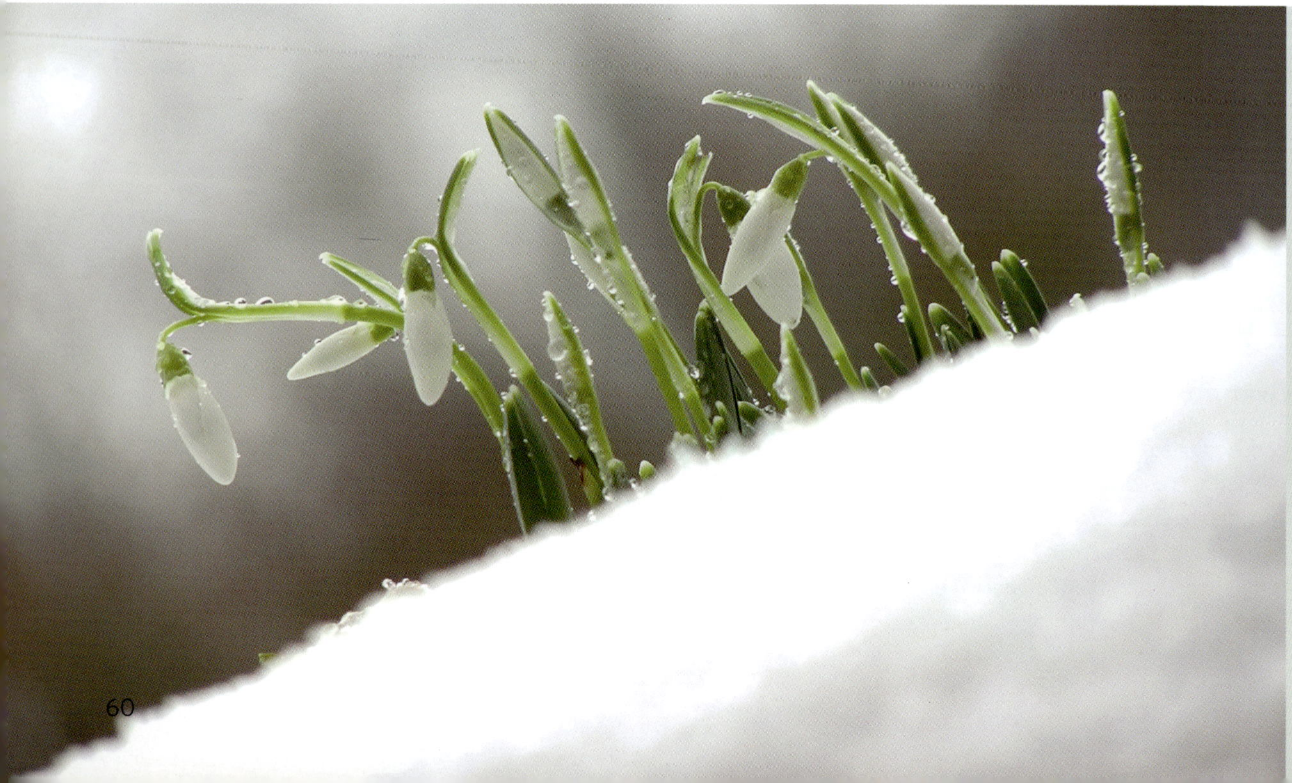

Zoomobjektiv, Grauverlaufs- und Polfilter

Um auf einer Fototour flexibel zu sein, ist eine Kamera mit weitem Brennweitenbereich bzw. einem Zoomobjektiv sinnvoll. So haben Sie immer die Möglichkeit, zwischen Aufnahmen mit kurzer Brennweite und Detailbildern, die mit längeren Brennweiten gemacht werden müssen, zu wechseln. Ebenfalls hilfreich bei Landschaftsfotos sind Grauverlaufsfilter und Polfilter. Beide Filter werden vor das Objektiv geschraubt. Mit dem Polfilter erzielt man sattere Farben und reduziert Reflexionen auf spiegelnden Oberflächen wie z. B. Wasser, der Grauverlaufsfilter sorgt bei hellem Himmel dafür, dass dessen Helligkeit im Vergleich zur darunterliegenden Landschaft reduziert wird. Die Möglichkeiten des Sensors beim Erfassen von Kontrasten werden auf diese Weise maximiert, und der Himmel wird nicht überbelichtet.

Typische Motive neu entdecken

Gibt es das typische Wintermotiv? Oder typische Motive für Frühjahr, Sommer und Herbst? Vermutlich nicht nur ein Motiv, sondern eine ganze Menge Bilder fallen einem ein, wenn man ein bisschen darüber nachdenkt. Das Problem bei der Sache ist, dass man viele dieser Motive schon mal gesehen zu haben glaubt. Kann man so ein Motiv dann noch guten Gewissens fotografieren, ohne andere Fotografen dabei zu kopieren? Natürlich! Denn erstens sehen Motive niemals völlig identisch aus, und zweitens - noch wichtiger - kann man die eigenen Fotos anschließend mit denen von anderen Fotografen vergleichen. Man lernt dabei ganz zwangsläufig, was die anderen anders gemacht haben und was man bei sich selbst noch verbessern kann.

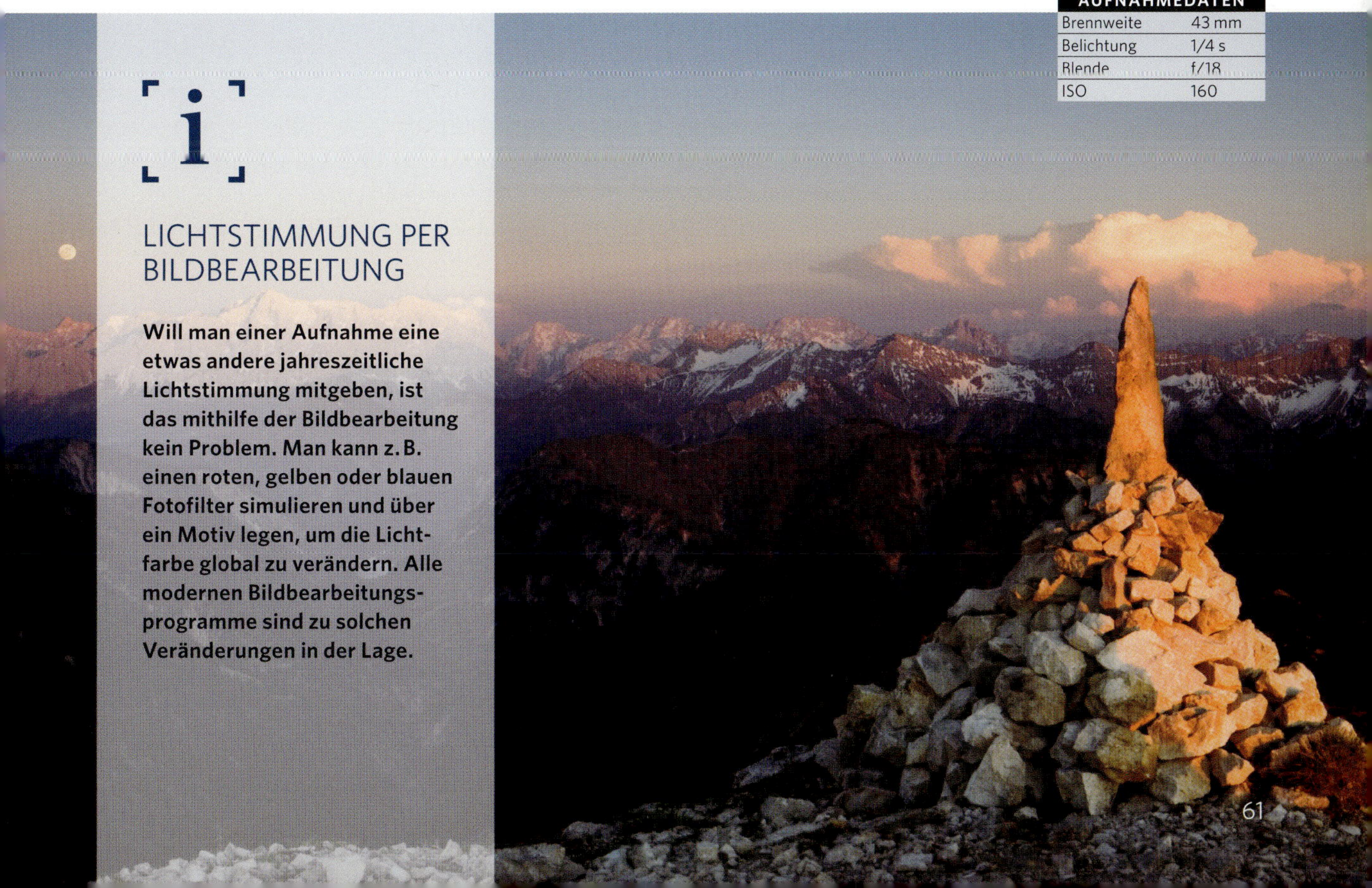

Ein kleiner Steinhügel als perfekt von der Sonne beschienener Blickfang fesselt den Betrachter und lässt ihn anschließend über die Weite der Alpen blicken. Durch die geschickte Auswahl und Platzierung eines Hauptmotivs schafft man es, ein Bild interessant zu machen.

AUFNAHMEDATEN	
Brennweite	43 mm
Belichtung	1/4 s
Blende	f/18
ISO	160

LICHTSTIMMUNG PER BILDBEARBEITUNG

Will man einer Aufnahme eine etwas andere jahreszeitliche Lichtstimmung mitgeben, ist das mithilfe der Bildbearbeitung kein Problem. Man kann z. B. einen roten, gelben oder blauen Fotofilter simulieren und über ein Motiv legen, um die Lichtfarbe global zu verändern. Alle modernen Bildbearbeitungsprogramme sind zu solchen Veränderungen in der Lage.

Auch wenn es also schon Tausende Fotos von süßen Osterlämmchen oder flaumigen Küken gibt - wer die Gelegenheit hat, sollte trotzdem Fotos machen und versuchen, neue Perspektiven zu entdecken. Da man ja die Jahreszeiten nicht gut beeinflussen kann, muss man manchmal, z. B. im Urlaub, mit den vorhandenen Stimmungen vorlieb nehmen. Aber auch dann ist es möglich, eigene Bilder und Sichtweisen zu entwickeln. Die Suche nach dem Typischen ist nicht beschränkt auf die Zeit, sondern ebenso auf das Motiv selbst. Was ist typisch für eine bestimmte Region, eine Stadt, eine Landschaft? Finden Sie das charakteristische Merkmal, und Sie werden Bilder schießen, die etwas zu sagen haben.

Mehrere Perspektiven ausprobieren

Die meisten Urlaubsfotografen positionieren sich kurz, halten die Kamera vors Gesicht und drücken einmal auf den Auslöser. Danach geht's weiter zum nächsten Motiv. So macht man keine tollen Fotos. Wenn es Ihnen darauf ankommt, aus einer Landschaft, einem Landschaftsdetail oder einem Naturmotiv das Beste herauszuholen, nehmen Sie sich ein paar Minuten Zeit. Legen Sie die Kamera beiseite und umrunden Sie wenn möglich das Motiv. Zumindest sollten Sie es sich aus verschiedenen Perspektiven ansehen und bei jeder neuen Position die Bildgestaltung (Vorder-, Mittel-, Hintergrund) überprüfen.

Erst wenn das Hauptmotiv, der Blickfang, perfekt mit den restlichen Bildelementen harmoniert, holen Sie die Kamera heraus und machen Bilder. Und zwar mehrere aus dann nur noch leicht unterschiedlichen Positionen. Natürlich spricht auch nichts dagegen, aus allen zuvor herausgefundenen Perspektiven zu fotografieren, um sich die Bilder später am Computer nochmals genauer anzusehen. Denn oft ist es vor Ort nicht hundertprozentig möglich, sich zwischen den Perspektiven richtig zu entscheiden.

Große Motivvielfalt im Frühling

Der Frühling ist vermutlich die wichtigste Zeit für Makrofotografen. Aufbrechende Blüten und Triebe, aber auch das erwachende Tierreich bieten eine riesige Palette an Fotomotiven. Gerade die Kombination aus Frühlingsmotiven und letzten Resten des Schnees kann den jahreszeitlichen Wechsel wundervoll verdeutlichen.

Bilder mit kräftigen Kontrasten

Da die Sonne früh im Jahr noch relativ niedrig steht, kann man praktisch den ganzen Tag lang fotografieren, weil seitliches Licht die Formen plastisch erscheinen lässt. Sonnige Tage sind ideal für Motive mit kräftigen Kontrasten. Hier kann übrigens ein Blitzgerät oder ein kleiner weißer oder gold- bzw. silberfarbener Reflektor hilfreich sein, um zu starke Schatten aufzuhellen. An bedeckten Tagen sind die Schatten sehr weich und die Kontraste eher gering, was gut zu verträumten Motiven passt, die man eventuell am Computer noch nachträglich weichzeichnen kann.

Satte Farben und Straßenszenen

Je weiter der Frühling fortschreitet, desto satter werden die Farben. Das Grün der Wiesen und die neuen Blätter an den Bäumen lassen sich toll zur Bildgestaltung mit saftigem Grün nutzen. Wer sich lieber in der Stadt herumtreibt, findet dort natürlich ebenso ausdrucksstarke Motive. Das können die ersten im Straßencafé sitzenden Menschen sein, die noch in dicke Wintermäntel gehüllt sind, spielende Kinder in Parks oder eine Reihe geöffneter Fenster, durch die die Frühlingsluft ins Haus strömt. Hier ist sicher eine Kamera mit Telezoomobjektiv hilfreich, um auch mal unbeobachtet aus einiger Entfernung fotografieren zu können.

Licht ohne Ende im Sommer

Die Sommersonne hat prinzipiell einen Vorteil und einen Nachteil. Der Vorteil: Viel Sonnenlicht bedeutet, dass man viel häufiger als sonst ohne Stativ aus der Hand fotografieren kann und keine Angst vor verwackelten Bildern zu haben braucht. Der Nachteil: Die Schatten werden zuweilen extrem, vor allem zur Mittagszeit und bei wolkenlosem Himmel. Allerdings können die kräftigen, zur Mittagszeit besonders kurzen Schatten auch den Reiz eines Sommerfotos ausmachen, da es zu keiner anderen Jahreszeit so eine Lichtstimmung gibt.

Auf den Dynamikumfang achten

Aufpassen muss man beim Fotografieren aber auf jeden Fall auf den Dynamikumfang eines Motivs. Denn wenn der Unterschied zwischen hellsten Bildstellen und dunkelsten Schatten zu groß ist, um beides mit dem Sensor auf einer einzigen Aufnahme zu erfassen, muss man Kompromisse eingehen. Wichtig ist, dass man - am besten mit der Spotmessung - die Belichtungswerte für die hellsten und dunkelsten Motivteile herausfindet und dann einen Wert festlegt, der das Hauptmotiv subjektiv richtig erfasst.

Die Sonne ist im Frühling noch nicht so intensiv, und man kann fast den ganzen Tag über ohne Hilfsmittel draußen fotografieren, wie die Natur zum Leben erwacht.

AUFNAHMEDATEN	
Brennweite	200 mm
Belichtung	1/200 s
Blende	f/5,6
ISO	100

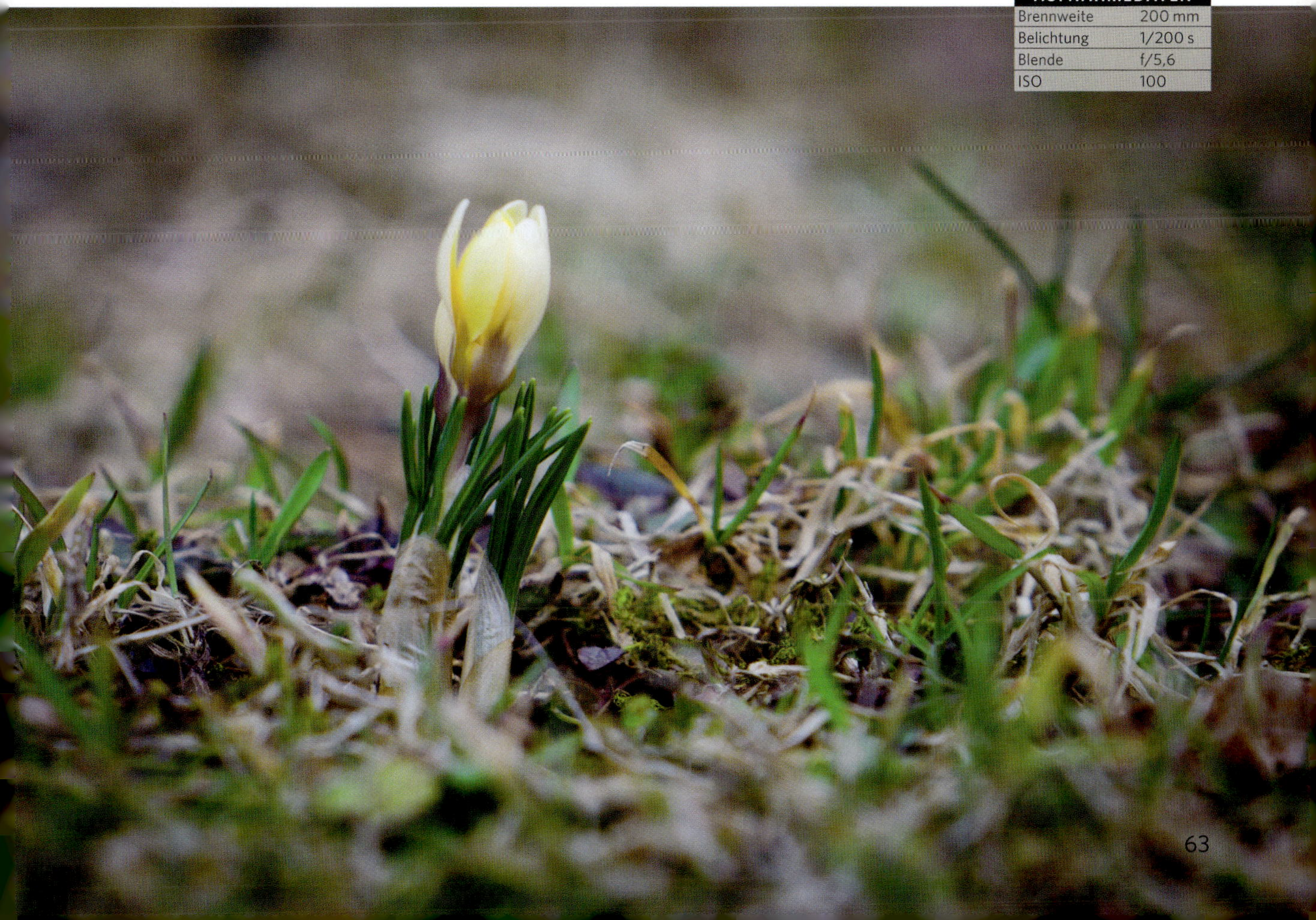

Zur Verdeutlichung: Ein heller Sommertag kann im Freien einen Kontrastumfang von bis zu 100.000:1 haben, eine normale Digitalkamera kann bestenfalls einen Umfang von ca. 400:1 verarbeiten. Das bedeutet, dass entweder die hellen Stellen korrekt belichtet werden und die Schatten zulaufen oder dass die Schatten noch Details zeigen und die hellen Stellen (z. B. der Himmel) völlig weiß werden. Man kann nun entweder den Bildausschnitt so wählen, dass der Kontrastumfang nicht zu extrem ausfällt, oder man macht Belichtungsreihen, die man dann per Bildbearbeitung übereinanderlegt (Stichwort: HDR).

Licht am Mittag und am Abend

Der Sommer ist die Zeit strahlend blauen Himmels, am Strand liegender Menschen, trockener Feldwege und zuweilen quälender Hitze. Der Sommer und die entsprechenden Aktivitäten der Menschen lassen sich besonders gut zur Mittagszeit darstellen - mit den oben genannten Einschränkungen bezüglich des Kontrastumfangs. Einfacher ist die Belichtung am Abend, wenn die Schatten länger werden. Ist das Licht am Mittag zu kontrastreich, kann man auch auf die Stunde nach Sonnenaufgang bzw. vor Sonnenuntergang warten. Die Kombination aus dem rötlichen Licht der auf- oder untergehenden Sonne und länger werdenden Schatten ist ebenfalls bestens dazu geeignet, die Stimmung eines Urlaubs- oder Sommertags einzufangen.

Aufhellblitzen für nahe Motive

Eine Möglichkeit gerade bei relativ nahen Motiven ist das Aufhellblitzen. Dabei wird der Blitz so eingestellt, dass er gerade so viel Licht abgibt, dass zu kräftige Schatten dezent aufgehellt werden. Und noch ein Tipp,

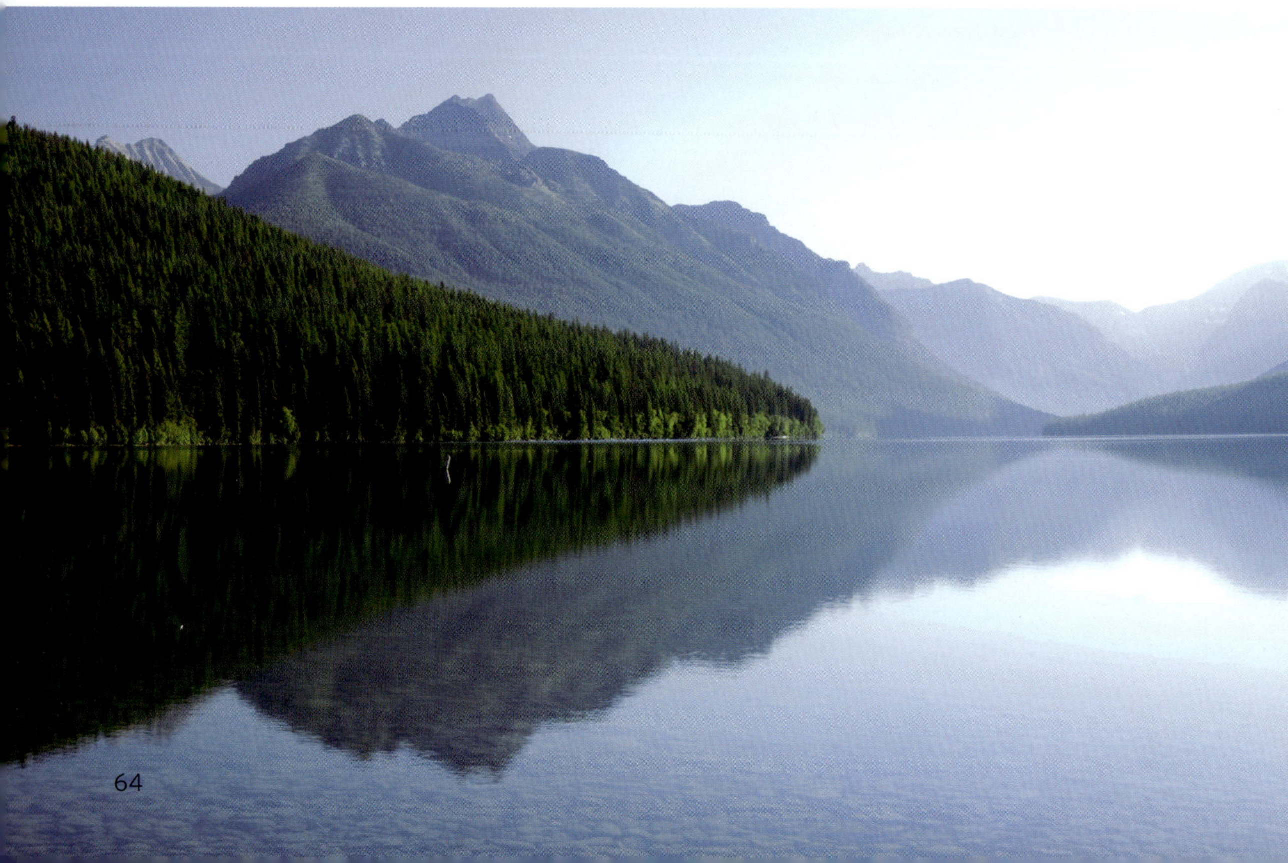

Die schräg stehende Sonne sorgt dafür, dass Wasser und Landschaft durch intensive Schatten moduliert werden. Die hinten im Blau versinkenden Berge vermitteln durch die Luftperspektive die räumliche Tiefe der Landschaft.

den Profis oft anwenden: Man stellt seine Motive in den Schatten oder verwendet einen weißen Schirm, der das Sonnenlicht abmildert. Profis arbeiten hier mit Rahmenkonstruktionen, die mit teildurchlässigem Stoff bespannt sind. Aber ein großer weißer Regenschirm tut's bei Porträts genauso.

Leuchtende Farben im Herbst

Wer sich für die Landschaftsfotografie begeistert, wird den Herbst lieben und die meiste freie Zeit des Herbsts mit der Kamera draußen verbringen. Denn keine Jahreszeit lässt eine solche Vielfalt an warmen Farben entstehen wie der Herbst. Die Sonne steht schon nicht mehr so hoch am Himmel wie im Sommer, was das Licht fast unmerklich rötlicher erscheinen lässt. Außerdem sind die Schatten länger und nicht mehr so hart wie noch ein paar Wochen zuvor. Das Farbenspiel der Vegetation verändert sich fast täglich. Das welke Laub der Bäume und Sträucher färbt die Natur in Gelb, Rot, dunkles Grün und Ocker. Der Herbst ist die Zeit mit dem wärmsten Licht. Deshalb wirken Landschafts- und Naturfotos, die zu dieser Jahreszeit aufgenommen werden, auch besonders herbsttypisch.

Beste Tageszeit für Herbstbilder

Im Herbst ist es noch wichtiger als zu anderen Zeiten, Fotos entweder relativ früh am Tag oder erst in den zwei, drei Stunden vor Sonnenuntergang zu machen. Denn das Licht zu diesen Tageszeiten verstärkt die Farbigkeit der Natur und verschafft ihr zusätzlich ein intensives Leuchten. Auch Wolken am Himmel sind nicht problematisch, denn das diffuse Licht kann in einem Herbstwald ideal sein für eine ausgewogene und romantische Beleuchtung.

Hier vermitteln die kargen Baumstämme bereits einen Eindruck des bevorstehenden Winters, während die roten Blätter noch deutlich den Herbst symbolisieren.

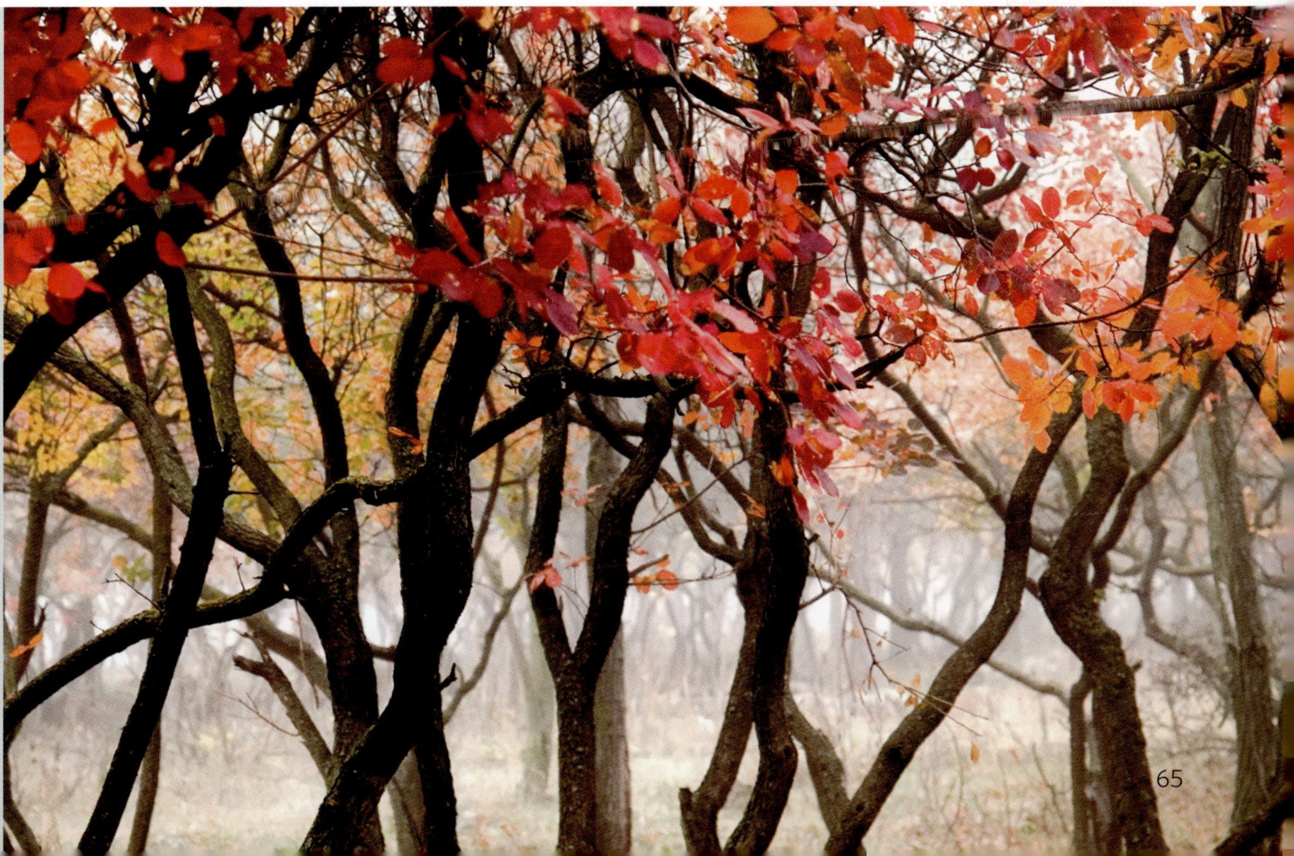

Mit Pol- und Grauverlaufsfilter

Egal wie das Wetter auch sein mag – im Herbst sollte man draußen immer einen Polfilter und eventuell einen Grauverlaufsfilter für zu hellen Himmel dabeihaben. Der Polfilter intensiviert die Farben nochmals. Und falls die Vegetation am Morgen oder abends ein wenig feucht ist, reduziert der Polfilter die Reflexe auf den Blättern. Die Farben werden dadurch deutlich satter. Typische Herbstmotive sind neben wilder Natur natürlich Getreidefelder, Waldboden, der mit braunen Blättern bedeckt ist, Pilze, die ersten Nebel und Motive, die schon den Nachtfrost zeigen.

Menschen im Herbstlicht

Für Streetlife- oder People-Fotografie ist der Herbst ebenfalls gut geeignet. Da das Licht an einem sonnigen Tag weich und schmeichelhaft ist, wirken Porträts vor herbstlichen Hintergründen besonders romantisch. Aber Vorsicht bei der Auswahl Ihrer Fotomodelle: Herbsttypen (braunrote Haare, am besten mit toller, lockiger Mähne, dunkle Augen, warme Hautfarbe) wirken enorm intensiv im Herbstlicht. Menschen mit kühler Ausstrahlung (blond oder schwarzhaarig, helle, blaue Augen) kann das Licht zugute kommen, manchmal wirken solche Menschen aber in herbstlicher Szenerie etwas deplatziert, weil ihre eigenen Farben nicht zu denen des Herbsts passen.

Nebel sorgt für gedämpfte Farben. Die Stille der Situation wird durch die starken Horizontalen noch unterstrichen.

AUFNAHMEDATEN	
Brennweite	500 mm
Belichtung	1/30 s
Blende	f/9
ISO	200

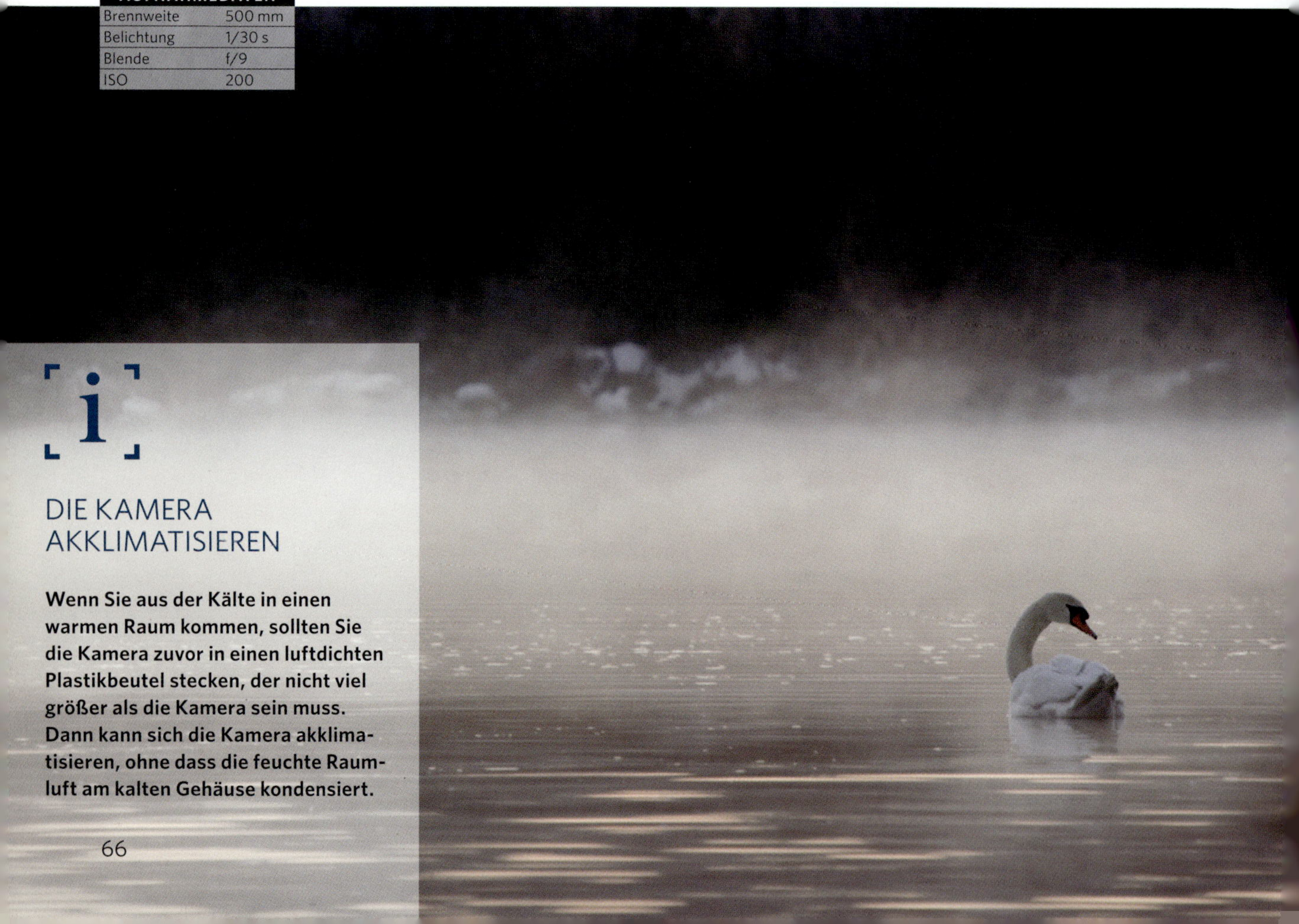

DIE KAMERA AKKLIMATISIEREN

Wenn Sie aus der Kälte in einen warmen Raum kommen, sollten Sie die Kamera zuvor in einen luftdichten Plastikbeutel stecken, der nicht viel größer als die Kamera sein muss. Dann kann sich die Kamera akklimatisieren, ohne dass die feuchte Raumluft am kalten Gehäuse kondensiert.

Eis und Schnee im Winter

Wer Winter sagt, meint Schnee - oder zumindest Eis. Das Schwierige am Winter: Wenn man draußen mit seiner Kamera unterwegs ist, muss man immer die niedrigen Temperaturen bedenken - zum einen weil Akkus von Digitalkameras ziemlich empfindlich auf Kälte reagieren und schneller leer sind und zum anderen weil Kamera und Objektiv nach einer längeren Tour in der Kälte sofort beschlagen, wenn man ins Warme kommt. Das kann problematisch werden, wenn sich Wassertropfen bilden, die ins Kameragehäuse fließen.

Typische Wintermotive

Wer den Winter fotografieren will, muss eigentlich nicht besonders kreativ sein. Motive mit Schnee und Eis gibt es - sofern es kalt genug ist und geschneit hat - überall. Landschaften und Landschaftsdetails, aber auch Menschen beim Skifahren, Snowboarden, Rodeln, beim Wandern im Schnee oder mit typischen Winteraccessoires wie Handschuhen und Mützen zeigen immer ganz automatisch: Jetzt ist Winter.

Belichtungsmessung im Schnee

Die Belichtungsmessung ist bei viel Weiß im Bild etwas schwierig. Besser gesagt, eigentlich ist Schnee gar nicht so schwer zu fotografieren, man muss nur wissen, wie der kamerainterne Belichtungsmesser funktioniert. Der ist nämlich auf mittleres Grau geeicht, die Werte für Blende und Verschlusszeit werden an mittlerer Helligkeit ausgerichtet. Da eine Schneefläche aber alles andere als mittelhell ist, muss man die Belichtungswerte manuell verändern, denn sonst sind die Resultate deutlich zu dunkel. Kompensieren Sie also die Belichtung manuell und verändern Sie entsprechend die Belichtungswerte um ca. zwei Stufen (2 LW

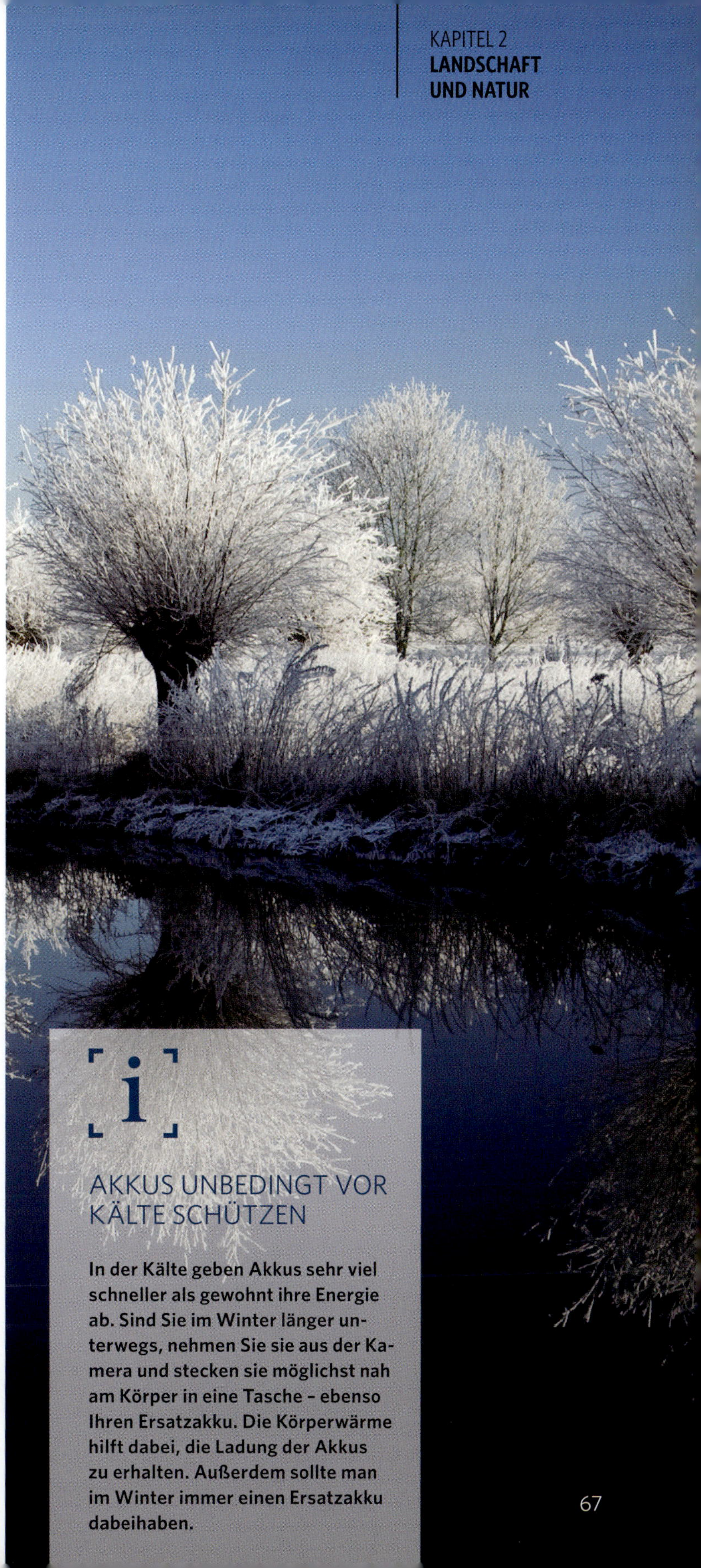

i

AKKUS UNBEDINGT VOR KÄLTE SCHÜTZEN

In der Kälte geben Akkus sehr viel schneller als gewohnt ihre Energie ab. Sind Sie im Winter länger unterwegs, nehmen Sie sie aus der Kamera und stecken sie möglichst nah am Körper in eine Tasche - ebenso Ihren Ersatzakku. Die Körperwärme hilft dabei, die Ladung der Akkus zu erhalten. Außerdem sollte man im Winter immer einen Ersatzakku dabeihaben.

Die seitliche Wintersonne erzeugt warme Farben, die einen schönen Kontrast zu dem kalten Blau des Schnees im Schatten erzeugen.

- Lichtwerte), sodass die Bilder heller werden. Konkret heißt das z. B., dass man eine ermittelte Verschlusszeit von 1/250 Sekunde auf 1/125 Sekunde (+1 LW) oder sogar 1/60 Sekunde (+2 LW) bei gleicher Blende verlängert. Nebenbei bemerkt, viele Kompaktkameras beinhalten heute ein Motivprogramm für Winteraufnahmen. Fotografiert man mit dieser Automatik, kompensiert die Kamera die Belichtung ganz automatisch.

Auf die Tageszeit achten

Neben der richtigen Belichtung muss man im Winter auch wieder auf das Licht achten. Mittags bei strahlendem Himmel sind die Schatten relativ kurz, Strukturen und Details werden dann wenig konturiert. Schneeflächen, die im Schatten liegen, erhalten eine bläuliche Färbung und wirken dadurch noch kälter. Die tiefe Sonne am Vor- und Nachmittag erzeugt lange Schatten, modelliert dadurch Landschaften und beleuchtet die

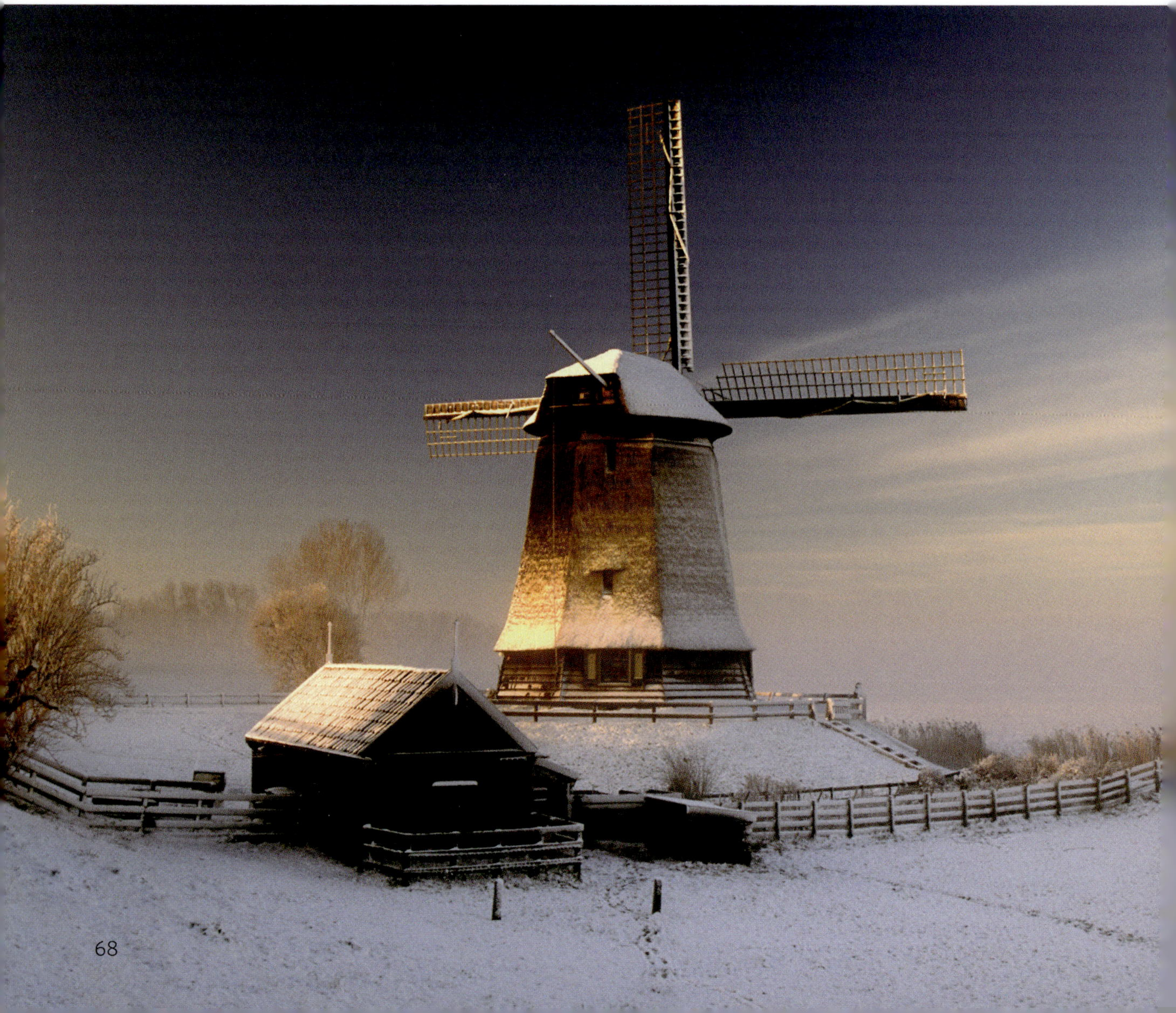

Umgebung rötlich. Der Kontrast zwischen der Kälte des Winters und dem warmen Licht eines Sonnenuntergangs kann auf Fotos sehr reizvoll sein, wenn man in Richtung Sonne fotografiert.

Objektivempfehlung

Landschaften und Natur sind in Bezug auf die Objektivwahl schwer einzugrenzen. Vom Makroobjektiv für kleine Details bis zum langen Tele, mit dem man Bildinhalte optisch verdichten kann, ist alles möglich. Oft werden eher das Gewicht der Ausrüstung und die notwendige Flexibilität entscheiden, welche Kamera-Objektiv-Kombination Sie dabeihaben. Grundsätzlich gilt gerade für die Landschaftsfotografie, dass Sie auf gute Linsen Wert legen sollten, die auch feinste, weit entfernte Details gut auflösen und mit entsprechender Schärfe und dem richtigen Kontrast wiedergeben. Für Weitwinkelfotos sind Festbrennweiten sicher die erste Wahl. Alles andere kann man auch mit einem ordentlichen Standardzoom fotografieren.

OBJEKTIVEMPFEHLUNG	
Landschaften mit Weitwinkel	• Festbrennweiten (ca. 15 bis 50 mm) • Weitwinkelzoom (ca. 20 bis 40 mm)
Landschaften und Landschaftsausschnitte	• Standardzoom (ca. 30 bis 100 mm) • Megazoom (ca. 30 bis über 200 mm) • Festbrennweiten (ca. 50 bis 200 mm)
Naturdetails	• Standardzoom (ca. 30 bis 100 mm) • Festbrennweiten (ca. 50 bis 200 mm)

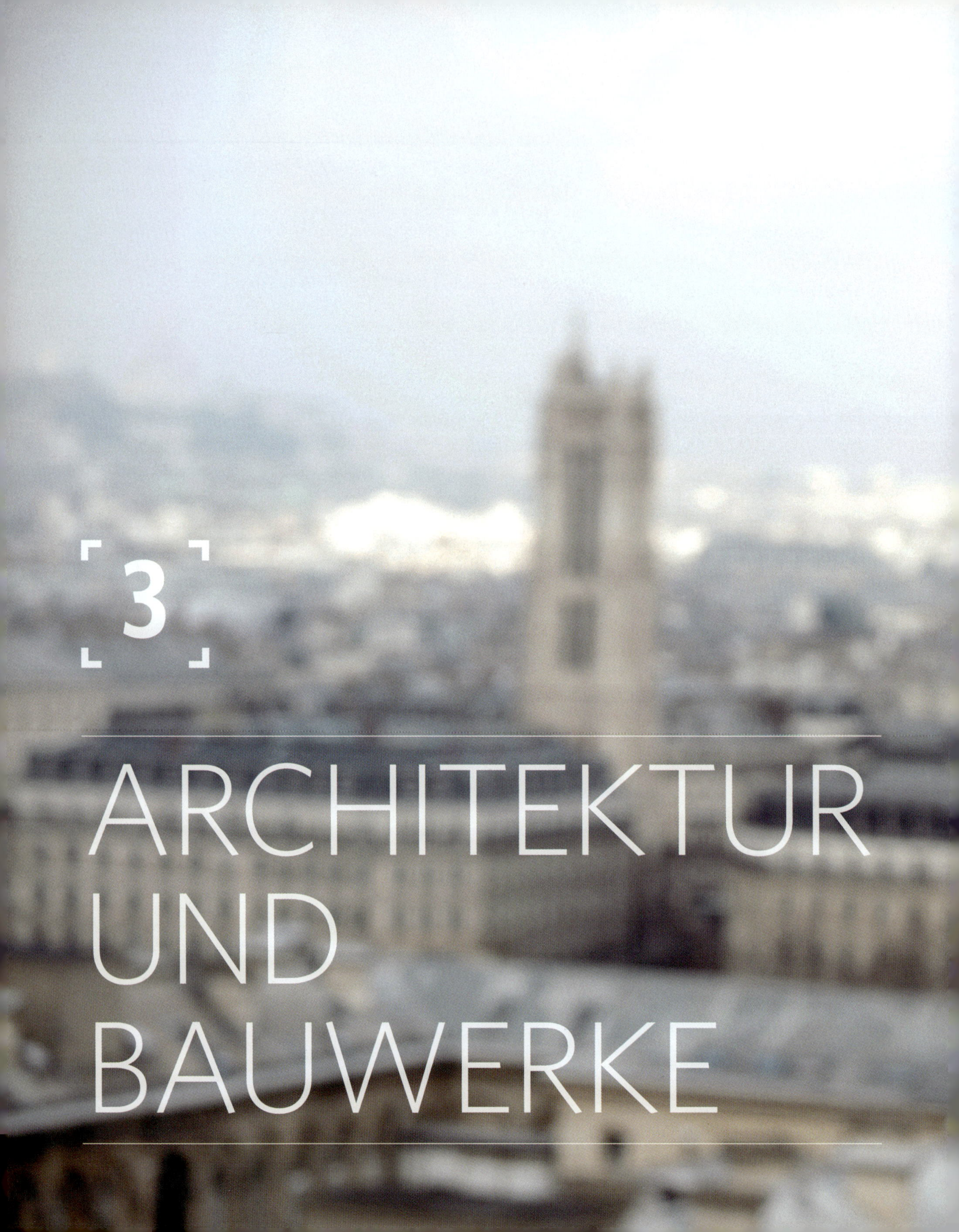

3

ARCHITEKTUR UND BAUWERKE

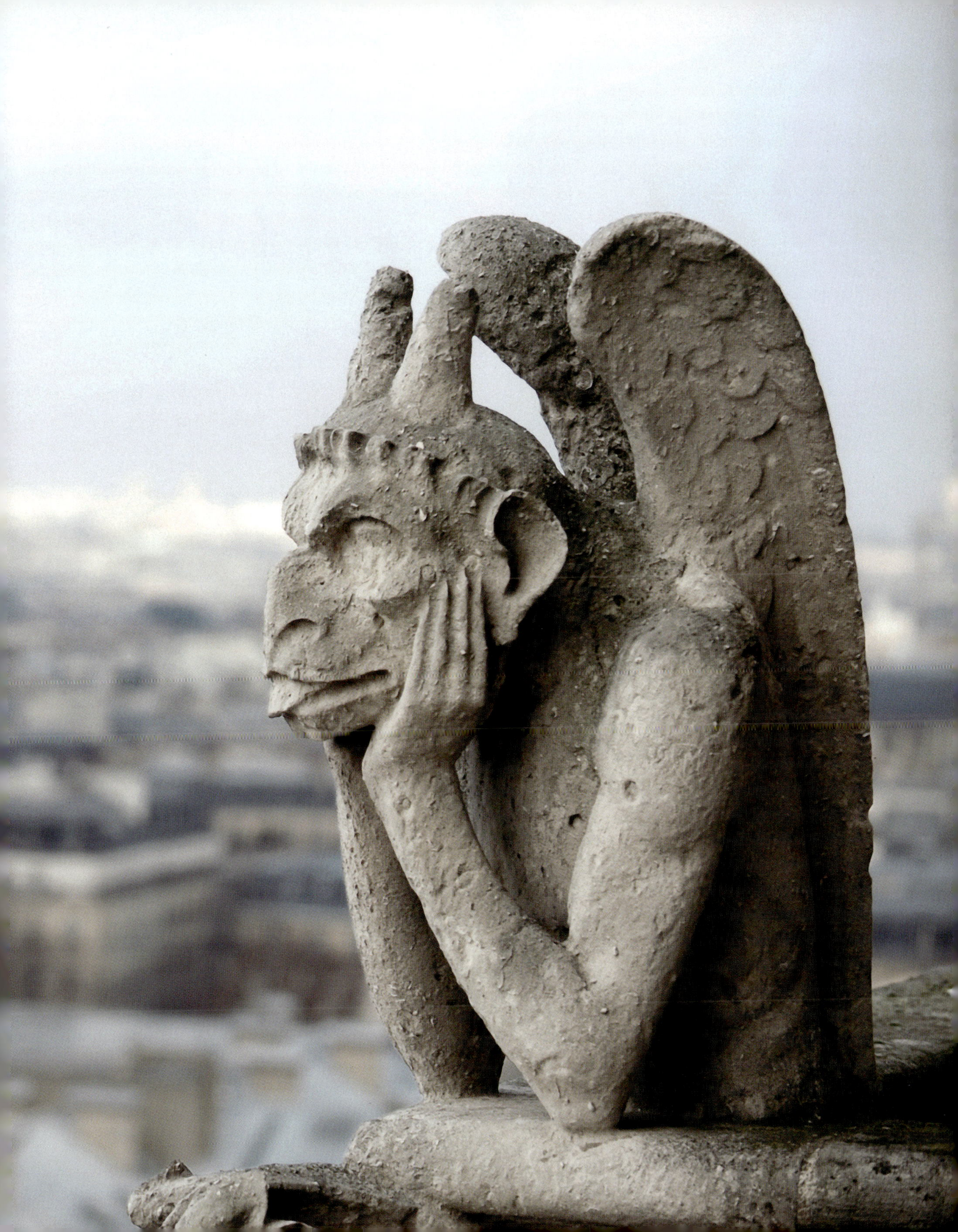

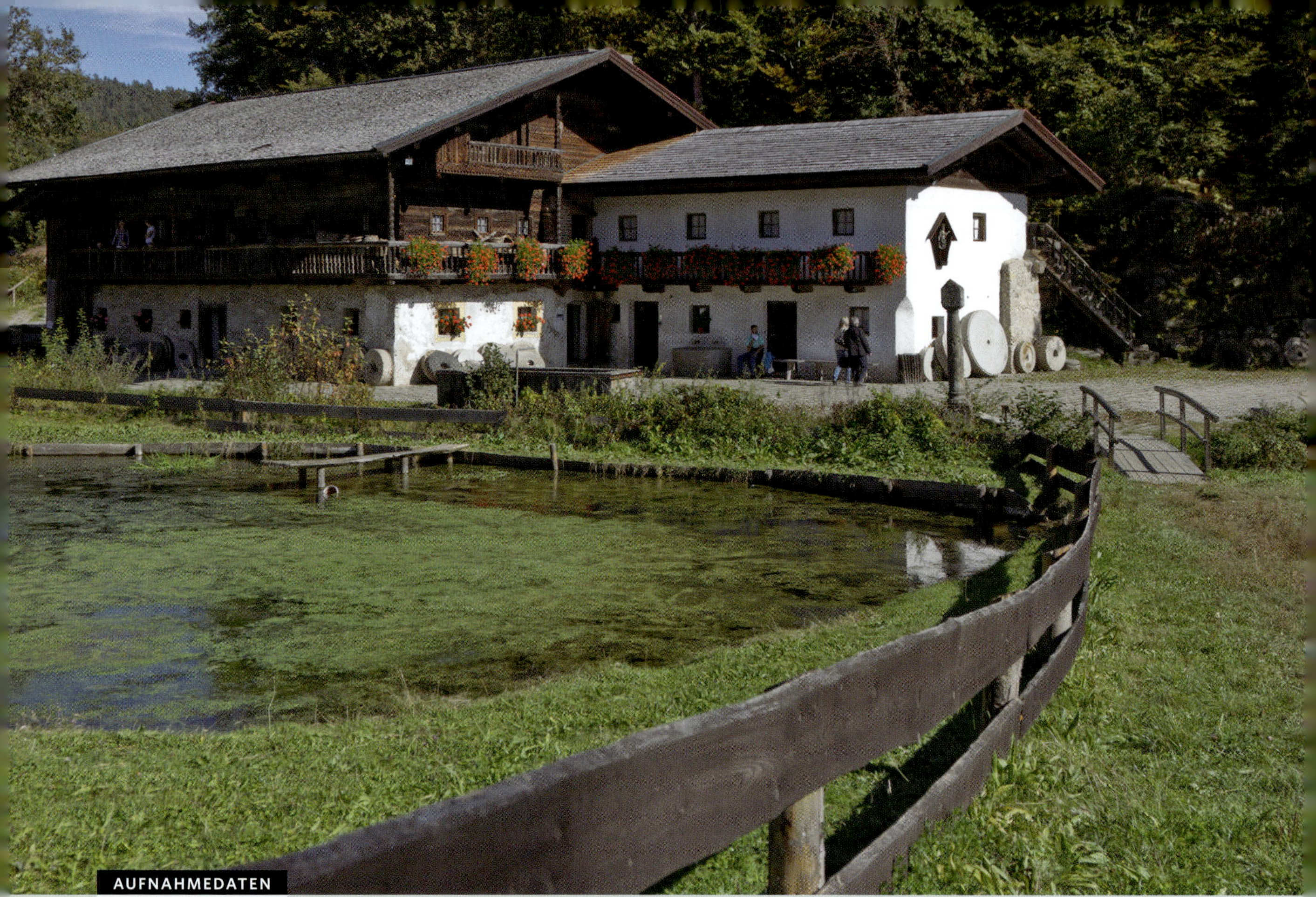

AUFNAHMEDATEN	
Brennweite	24 mm
Belichtung	1/250 s
Blende	f/5,6
ISO	100

Wer sanftes Licht für Architekturaufnahmen bevorzugt, sollte entweder sehr früh am Morgen oder später am Tag vor Sonnenuntergang fotografieren. Die Kontraste sind dann deutlich weniger ausgeprägt als zur Mittagszeit.

3 Architektur und Bauwerke

Ob im Urlaub oder zu Hause – die Fotografie von Gebäuden, architektonischen Besonderheiten und Denkmälern ist immer eine Herausforderung. Und das gleich in verschiedener Hinsicht. Bei der Fahrt zur Arbeit, beim Spazierengehen oder während eines Ausflugs können Sie immer wieder auf lohnende Motive stoßen – es müssen nicht immer die Prachtbauten vergangener Jahrhunderte sein. Sie müssen vor allem einen Blick für außergewöhnliche Details entwickeln, dann erschließen sich atemberaubende Motive von ganz allein.

Das richtige Licht erwischen

■ Wollen Sie ein architektonisches Motiv fotografieren, kommt es darauf an, das richtige Licht zu erwischen. Ein trüber Tag kann interessant für eine im Nebel verschwindende Brücke sein. Ein strahlend blauer Himmel passt ausgezeichnet zu südländischer Architektur. Harte Kontraste, die gut das Typische moderner Bauten unterstreichen, erhalten Sie zur Mittagszeit. Sanfte Lichtstimmungen, etwa für die Silhouette eines Fischerdorfs, herrschen morgens und abends vor. Sie sollten versuchen, zur richtigen Zeit am richtigen Ort zu sein, um für Ihre Fotos das Beste aus einem architektonischen Motiv herauszuholen.

Verschiedene Brennweiten

Für die bewusst gestaltete Gebäudefotografie und die Flexibilität bei der Wahl des Bildausschnitts benötigen Sie verschiedene Brennweiten. Die meisten kompakten Digitalkameras sind mit einem Zoomobjektiv ausgestattet, das die wichtigsten Brennweiten abdeckt. Weil Kompaktkameras in erster Linie für Familienschnappschüsse oder Urlaubsfotos konzipiert sind, beginnt der Brennweitenbereich der Zoomobjektive bei relativ kleinen (Weitwinkel-)Brennweiten, damit Sie möglichst viel auf das Bild bekommen. Je nach Kamera reichen die Werte in den mittleren bis langen Telebereich hinein. Bezogen auf das Kleinbildformat bedeutet das, dass die Brennweiten von Zoomobjektiven bei etwa 28 bis 35 mm beginnen und bei mittleren Zooms bis etwa 100 mm, bei langen Zooms auch bis über 200 mm und mehr reichen.

Kostspieligere Digitalkameras verfügen über Superzoomobjektive, die einen Brennweitenbereich von rund 30 bis 400 mm abdecken können. Bei digitalen Spiegelreflexkameras können Sie Zoomobjektive und Objektive mit fester Brennweite einsetzen. Außerdem haben Sie an einer digitalen SLR-Kamera die Möglichkeit, mit (sehr teuren) Spezialobjektiven für die Gebäudefotografie zu arbeiten, die perspektivische Verzerrungen, sogenannte stürzende Linien, ausgleichen. Für die Gebäudefotografie sind vor allem Weitwinkelobjektive bis hin zu mittleren Telebrennweiten interessant.

Die Menschen im Gegenlicht stellen durch die geschwungenen Körperformen einen starken Kontrast zur Geradlinigkeit des Bauwerks im Hintergrund her.

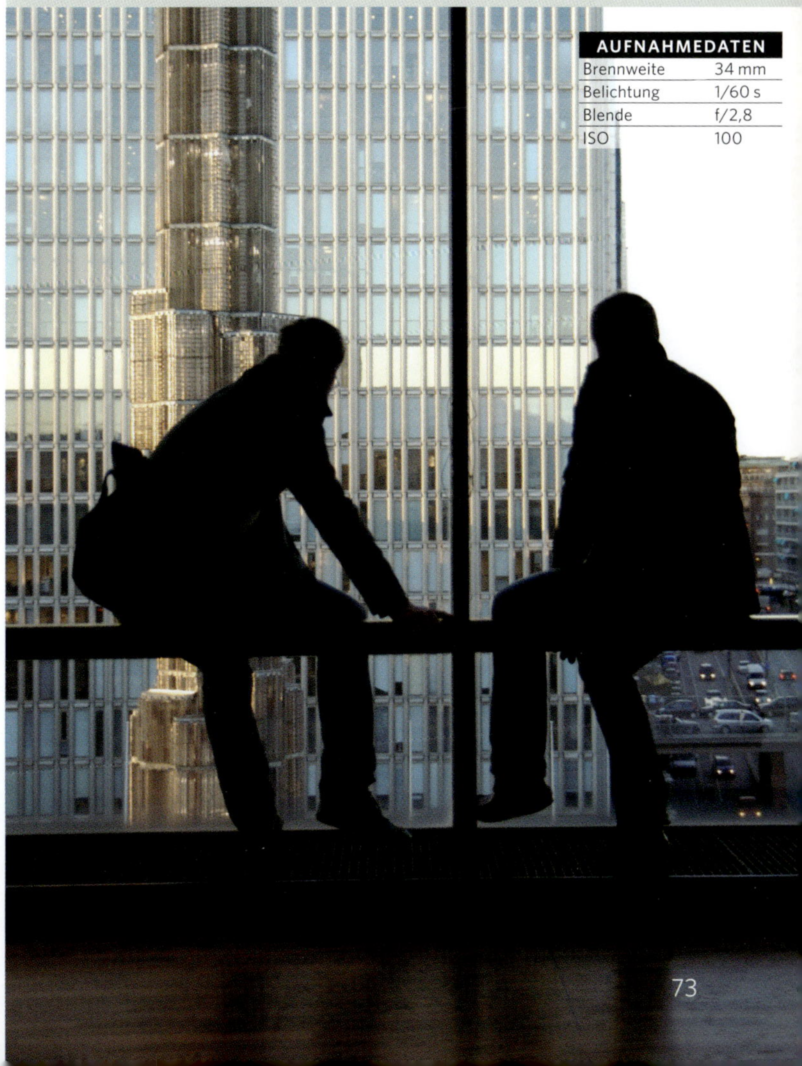

AUFNAHMEDATEN	
Brennweite	34 mm
Belichtung	1/60 s
Blende	f/2,8
ISO	100

Wichtig: häufige Standortwechsel

Zoomobjektive sind ein Hilfsmittel, um bei der Bildgestaltung den Bildausschnitt zu wählen, ohne den Standort wechseln zu müssen. Die Wirkung eines Bildes wird beim Einsatz verschiedener Brennweiten lediglich dadurch beeinflusst, dass mehr oder weniger vom Motiv auf das Bild kommt. Verschiedene Brennweiten haben interessante optische Eigenschaften, die Sie für eine bewusste Bildgestaltung kennen sollten. Vergessen Sie allerdings nie, dass häufige Standortwechsel gerade in der Architekturfotografie essenziell wichtig sind, um den Charakter eines Bauwerks in seiner Gänze zu erfassen.

Ausgedehnte Schärfentiefe mit Weitwinkel

Wenn Sie mit Weitwinkel fotografieren, wollen Sie vermutlich eine Landschaft oder ein Gebäude komplett auf dem Bild haben. In Verbindung mit einer an der Kamera eingestellten kleinen Blende führen Weitwinkelbrennweiten zu ausgedehnter Schärfentiefe.

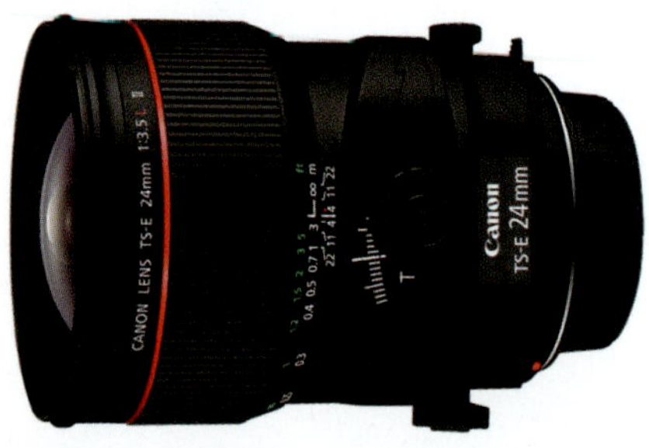

So ein Spezialobjektiv, mit dem man stürzende Linien vermeiden kann (Shiften), ist aufgrund der hohen Anschaffungskosten nur etwas für echte Spezialisten.

Für die Gebäudefotografie bedeutet das, dass Sie auch Nebenmotive in Ihrer Nähe - ein Tor, einen Brunnen oder einen Menschen - in den Bildaufbau einbeziehen können. Dadurch erhält ein Bild räumliche Tiefe. Allerdings bewirkt die Weitwinkelfotografie auch, dass Motive, die sich näher an der Kamera befinden, im Vergleich zu weiter entfernt liegenden, deutlich größer, zuweilen sogar riesig und verzerrt wirken können.

Extrem große Blickwinkel mit Fisheye

Eine spezielle Variante des Weitwinkelobjektivs sind sogenannte Fisheye-Objektive. Diese zeigen einen extrem großen Blickwinkel, je nach Ausführung sogar bis zu 180°. Es gibt Fisheyes, die rechteckige Aufnahmen produzieren und dabei sämtliche Linien, die nicht in der Bildmitte verlaufen, verbiegen. Eine zweite Variante, bei der die Verzerrungen noch deutlicher auftreten, sind Fisheyes, die den Bildbereich kreisrund zeigen und eher für die experimentelle Fotografie geeignet sind. Fisheye-Objektive gibt es sowohl für Spie-

VERZEICHNUNG BEI WEITWINKELFOTOS

Verzeichnung ist ein optischer Fehler, der besonders in der Weitwinkelfotografie auftreten kann. Hierbei werden gerade Linien gebogen gezeigt. Je näher Linien wie beispielsweise Häuserkanten am Bildrand liegen, desto stärker wirkt sich die Verzeichnung aus. Bei der tonnenförmigen Verzeichnung werden Linien nach außen, bei der kissenförmigen nach innen gebogen. Der Grad der Verzeichnung hängt von der Qualität des Objektivs ab und kann mithilfe der Bildbearbeitung korrigiert werden. Wie das geht, erfahren Sie in den Workshops am Ende dieses Kapitels über Architekturfotografie.

gelreflexkameras als auch in Form von Konvertern, die vorne aufs Objektiv geschraubt werden, für digitale Kompaktkameras.

Dokumentarfotos mit Normalbrennweite
In der Kleinbildfotografie erzeugt eine Brennweite von 50 mm den Blickwinkel, den Sie beim Betrachten des Motivs ohne Kamera haben. Ihre Motive werden im Sucher weder vergrößert noch verkleinert gezeigt. Man spricht bei dieser Brennweite von der Normalbrennweite. Sie ist in erster Linie für dokumentarische Aufnahmen geeignet. Gebäude werden „so, wie sie sind" dargestellt, je nach Sensorgröße Ihrer Digitalkamera liegt die Normalbrennweite jedoch bei einem anderen Wert. Ist Ihre Kamera mit einem Zoomobjektiv ausgestattet, probieren Sie durch Verstellen des Zooms aus, wann sich Ihre Sicht mit der der Kamera deckt.

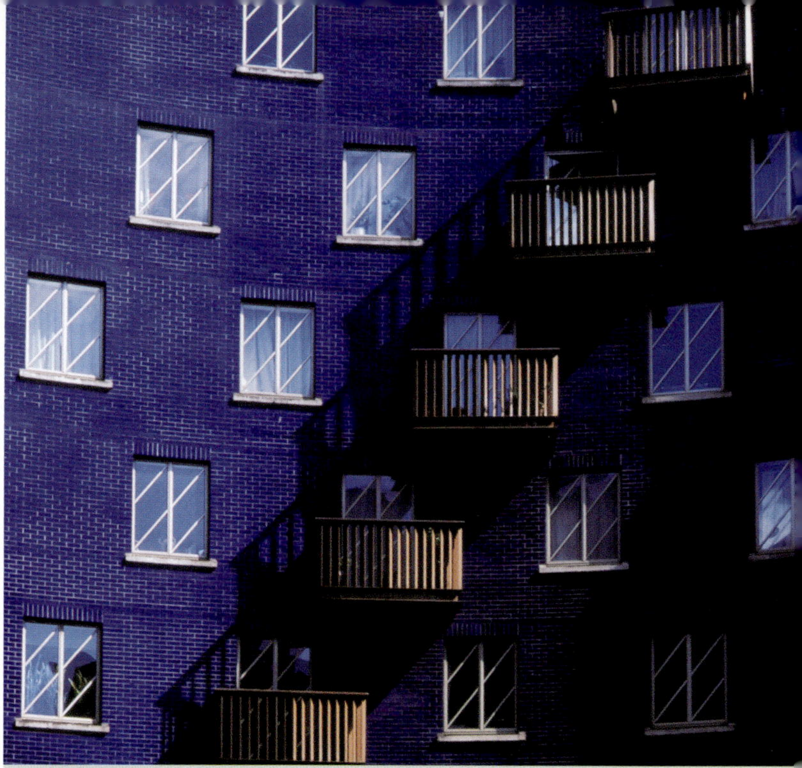

Besondere Formen verdienen besondere Bilder: Der Ausschnitt zeigt dezent, aber deutlich die geschwungenen Wände dieses Gebäudes.

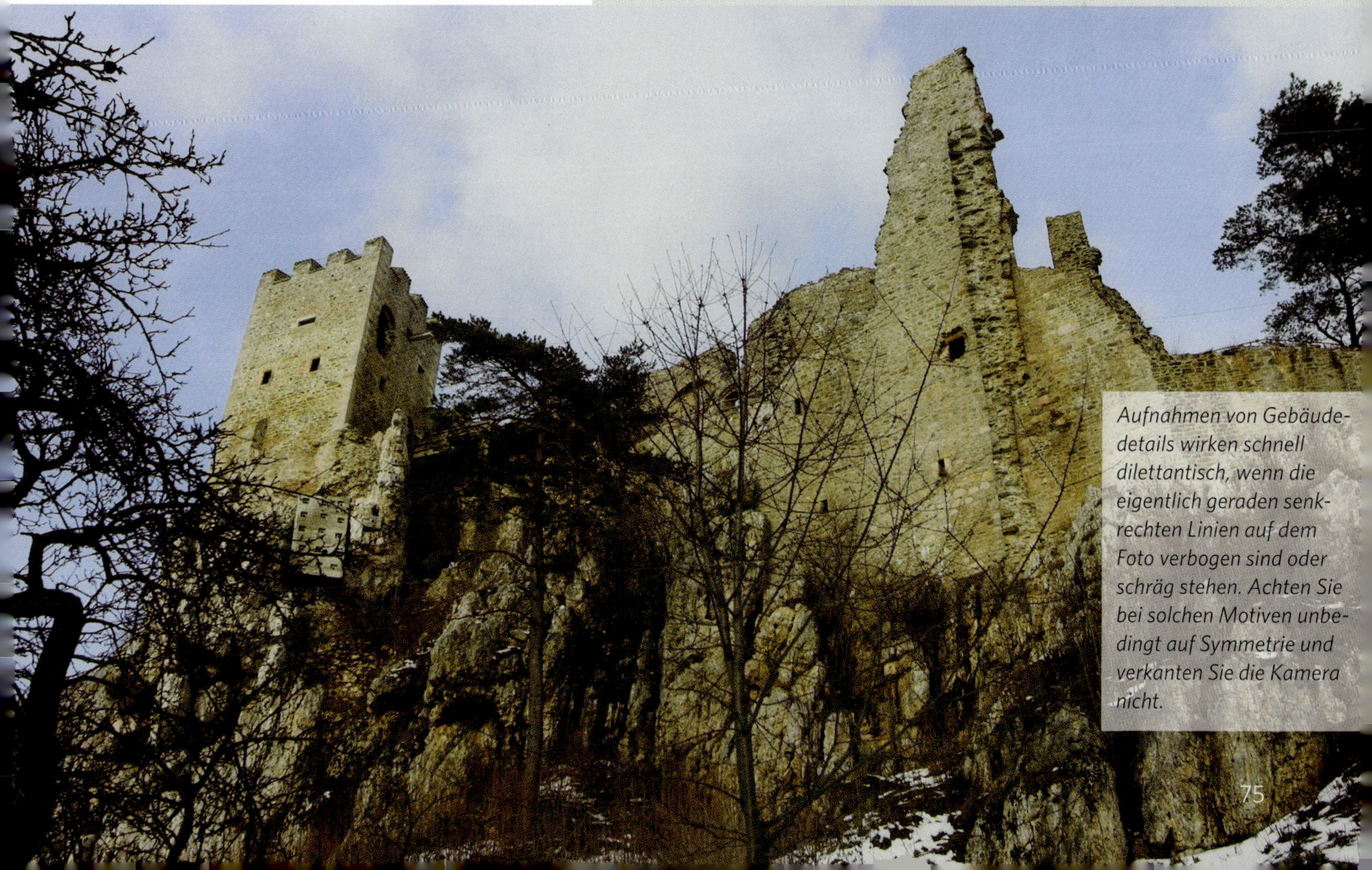

Aufnahmen von Gebäudedetails wirken schnell dilettantisch, wenn die eigentlich geraden senkrechten Linien auf dem Foto verbogen sind oder schräg stehen. Achten Sie bei solchen Motiven unbedingt auf Symmetrie und verkanten Sie die Kamera nicht.

AUFNAHMEDATEN	
Brennweite	24 mm
Belichtung	8 s
Blende	f/22
ISO	100

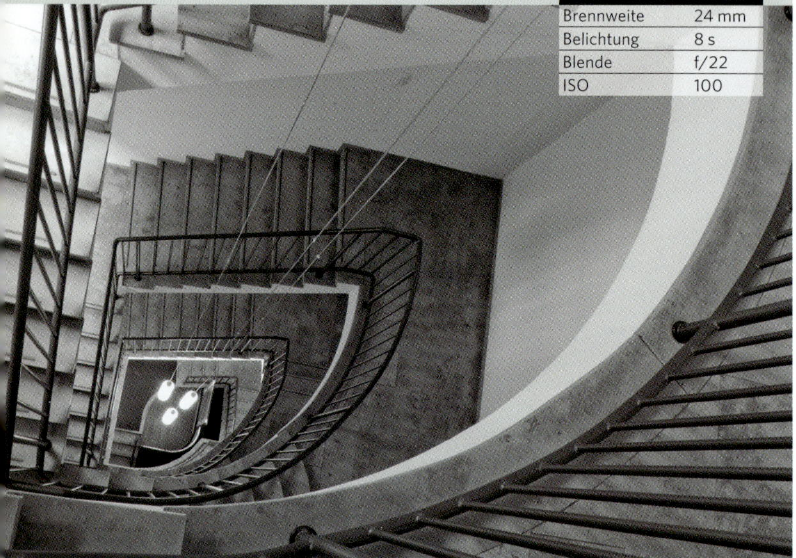

Sich wiederholende Muster und Formen bringen immer Spannung in architektonische Aufnahmen. Das sich auf dem Bild verkleinernde Treppenhaus verdeutlicht eindrucksvoll die Tiefe des Bauwerks.

AUFNAHMEDATEN	
Brennweite	95 mm
Belichtung	1/1250 s
Blende	f/4
ISO	400

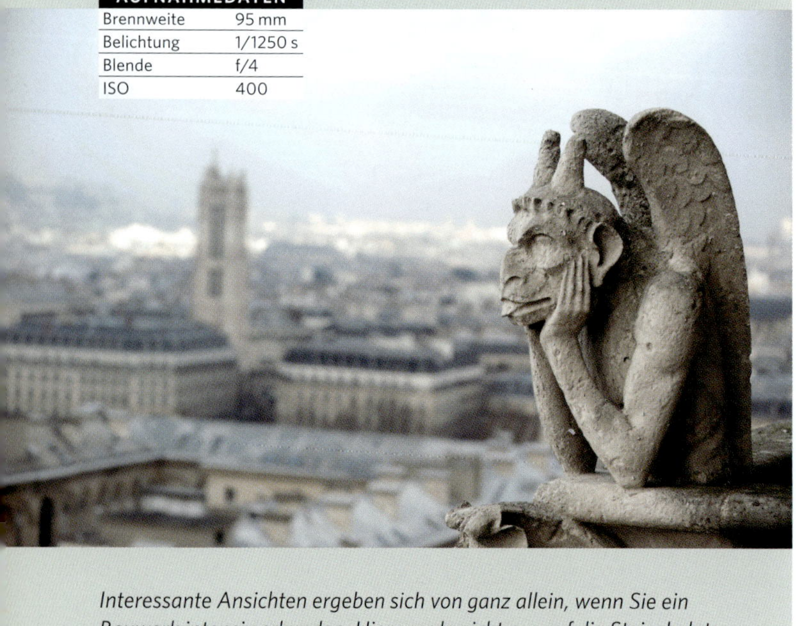

Interessante Ansichten ergeben sich von ganz allein, wenn Sie ein Bauwerk intensiv erkunden. Hier wurde nicht nur auf die Steinskulptur, sondern auch auf den Hintergrund geachtet, der perfekt zur Figur passt.

Motive verdichten mit Telebrennweiten

Fotografieren Sie mit Telebrennweiten (ab ca. 100 mm bezogen auf das Kleinbildformat), entsteht ein Effekt, bei dem die Entfernung hintereinander befindlicher Motive scheinbar verkürzt oder gerafft wird. Auf diese Weise rückt die in einiger Entfernung hinter einem Denkmal aufragende Gebäudefassade nah an das Hauptmotiv im Vordergrund heran. Bei der Verwendung von Weitwinkeleinstellungen entsteht der gegenteilige Effekt: Entfernungen zwischen einzelnen Motiven werden scheinbar vergrößert.

Auf das Bauwerk konzentrieren

Wenn Sie vor einem beeindruckenden Gebäude stehen, nehmen Sie immer auch die gesamte Umgebung wahr: hupende Autos, Menschen im Gespräch, den Geruch eines Cafés oder einer Bäckerei, den Wind, die Hitze eines Sommertags. All diese Eindrücke können Sie nicht mit dem Fotoapparat festhalten, deshalb sollten Sie sich beim Fotografieren voll und ganz auf das Bauwerk konzentrieren.

Gesamtansichten aufnehmen

Beginnen Sie damit, aus einiger Entfernung Gesamtansichten aufzunehmen. Wenn möglich, umrunden Sie Ihr Motiv und probieren verschiedene Perspektiven (von oben, von unten, seitlich) aus. Gibt es Nebenmotive im Vordergrund, die zur Wirkung des Gebäudes beitragen? Ein Denkmal, ein Brunnen oder auch die Straße mit Passanten können interessant sein. Außerdem liefern sie Anhaltspunkte zur Größeneinschätzung des Motivs. Das ist gerade dann wichtig, wenn Sie vor besonders großen oder kleinen Bauwerken stehen.

Teilansichten aufnehmen

Haben Sie bei den ersten Aufnahmen Ansichten entdeckt, die sich für Ausschnitte eignen, machen Sie als Nächstes Fotos von Teilen des Bauwerks. Vermutlich werden Sie auch kleinere Details - Malereien, Reliefs, Intarsien etc. - entdecken, die zu fotografieren sich lohnt. Wechseln Sie hierfür entweder den Standort oder arbeiten Sie mit dem Zoomobjektiv, um Details nah heranzuholen. Achten Sie bei Detailaufnahmen besonders auf den Schattenwurf, denn je nach Sonnenstand kann ein kleines Relief an einer Hauswand ganz unscheinbar, wenige Stunden früher oder später aber hochinteressant wirken. Bei farbigen Details werden Sie oft in der Mittagssonne mit eher blassen Farben oder überstrahlten Flächen zu kämpfen haben. Auch hier bietet sich für kontrastreiche Bilder eine andere Tageszeit an.

Wenn fotografieren nicht erlaubt ist

Bei vielen Gebäuden ist es kein Problem, mit Kamera und Stativ - wichtig für schlecht beleuchtete Räume - auch in den Innenräumen zu arbeiten. In manchen öffentlichen Gebäuden, Museen, Kirchen oder religiösen Bauwerken kann das Fotografieren jedoch verboten oder zumindest unerwünscht sein. Manchmal darf man zwar seine Kamera, nicht aber das Stativ mit nach innen nehmen, weil die Räume zu eng sind oder andere Besucher gestört werden könnten. Werden Sie darum gebeten, das Stativ einzupacken, seien Sie zuvorkommend. Denn meistens geht es auch um versicherungstechnische Fragen. Falls jemand über Ihr Stativ stürzt, kann das den Besitzer des Gebäudes in Schwierigkeiten bringen.

Wenn in einer Kirche gerade nicht viel los ist, dürften Sie keine Probleme bekommen, wenn Sie in Ruhe mit Stativ arbeiten. Sind viele Touristen unterwegs, wird Sie das Personal wahrscheinlich bitten, mit Ihrer Ausrüstung die anderen Besucher nicht zu stören.

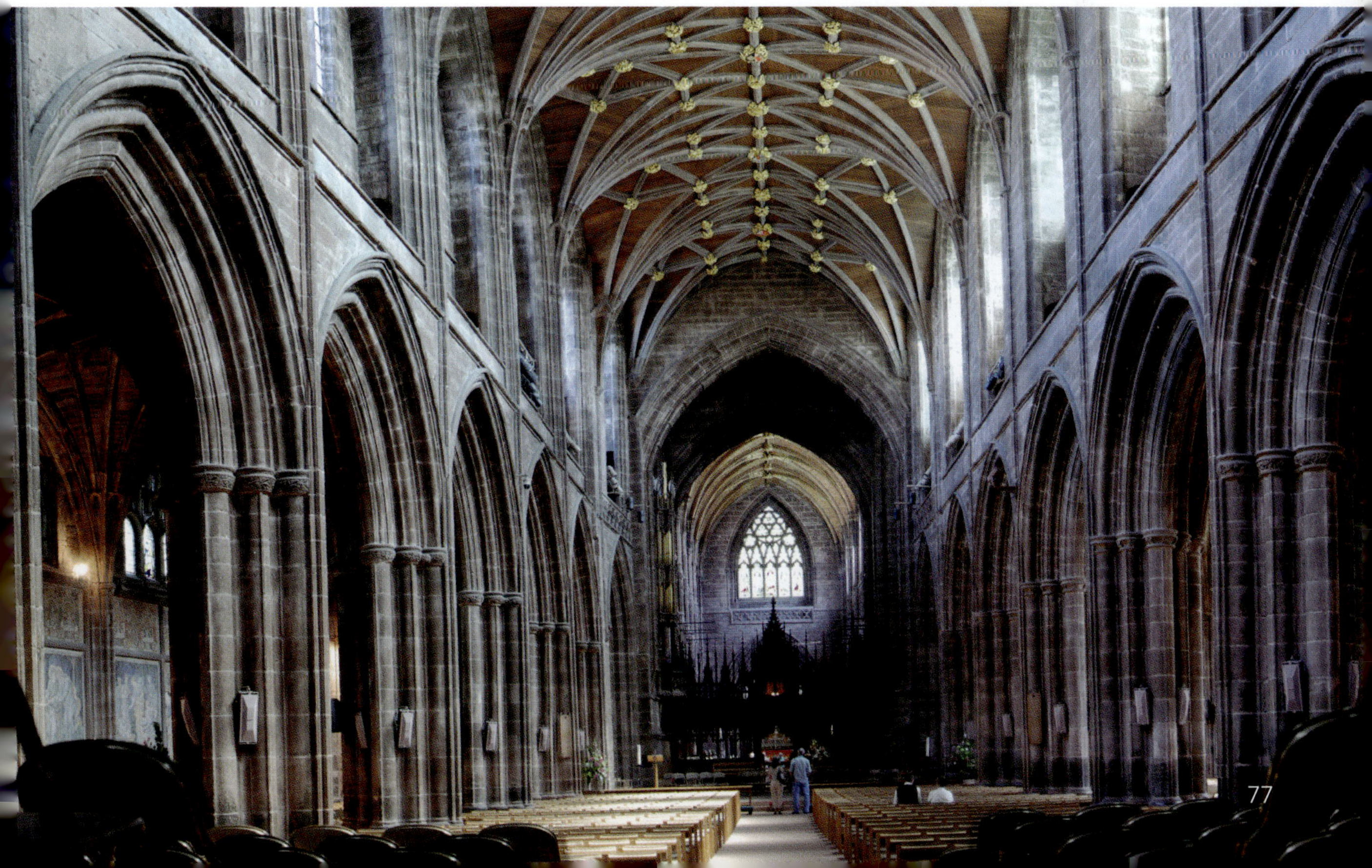

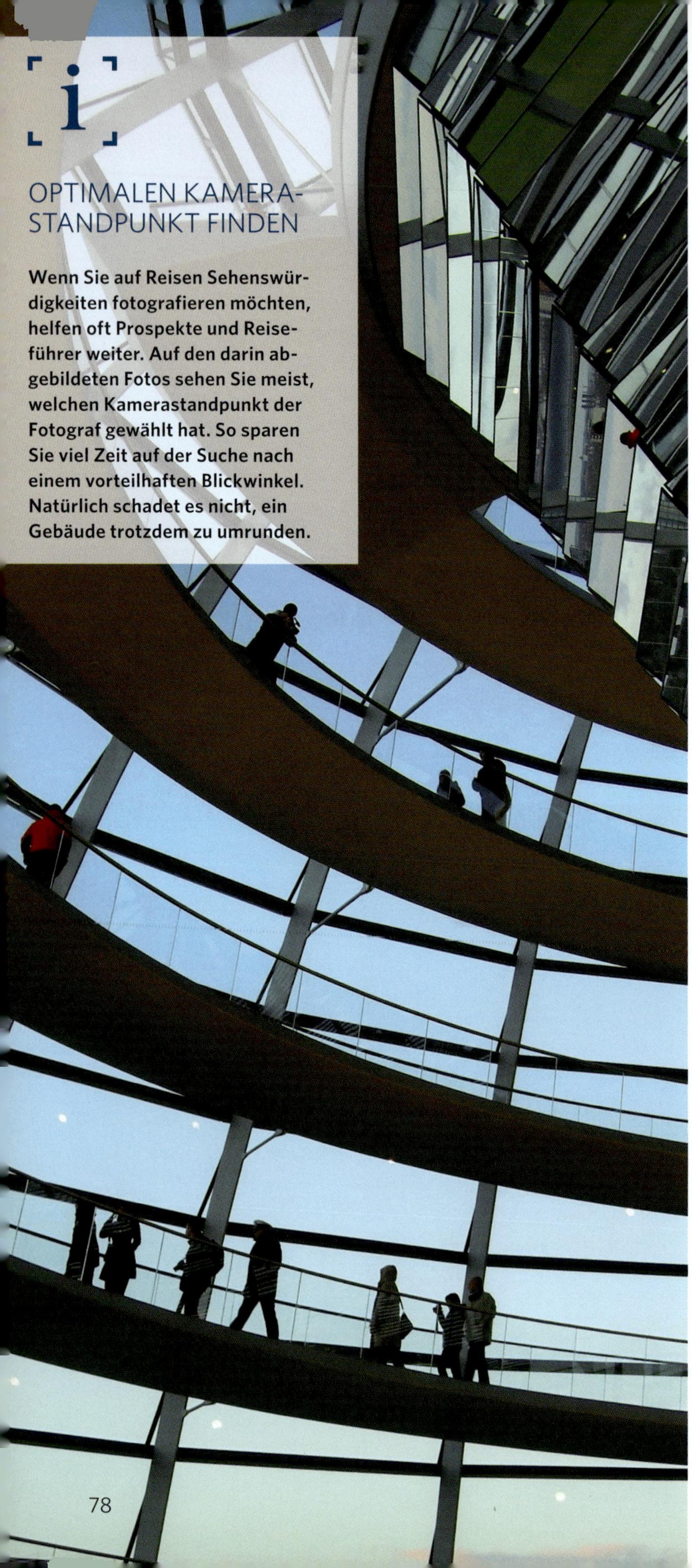

OPTIMALEN KAMERASTANDPUNKT FINDEN

Wenn Sie auf Reisen Sehenswürdigkeiten fotografieren möchten, helfen oft Prospekte und Reiseführer weiter. Auf den darin abgebildeten Fotos sehen Sie meist, welchen Kamerastandpunkt der Fotograf gewählt hat. So sparen Sie viel Zeit auf der Suche nach einem vorteilhaften Blickwinkel. Natürlich schadet es nicht, ein Gebäude trotzdem zu umrunden.

Auch das Fotografieren mit Blitzlicht ist manchmal untersagt, um beispielsweise lichtempfindlichen Wandgemälden keinen Schaden zuzufügen. Versuchen Sie nicht, Verbote zu unterlaufen. Früher büßte man schlimmstenfalls seinen Film ein, heute ist es möglicherweise die teure Speicherkarte. Erkundigen Sie sich auf jeden Fall vorher, ob und auf welche Weise es erlaubt ist, Fotos zu machen. Wenn kein Stativ erlaubt ist, müssen Sie wahrscheinlich mit höherer Empfindlichkeit fotografieren und die Kamera dazu auf einen höheren ISO-Wert stellen. Zwar wird dadurch das Bildrauschen erhöht, Sie erhalten aber zumindest scharfe Bilder, weil die Belichtungszeiten wegen der hohen Sensorempfindlichkeit entsprechend verkürzt werden können und man aus der Hand fotografieren kann.

Belichtung in dunklen Innenräumen

Wenn Ihre Kamera mit einem Bildstabilisator ausgestattet ist, haben Sie eventuell die nötige Belichtungsreserve für dunkle Innenräume. Die zwei bis drei Belichtungsstufen, die der Stabilisator bringen kann, reichen zusammen mit einer etwas höheren Empfindlichkeit möglicherweise schon aus. Je nach Motiv können Sie aber auch über eine Spotmessung, sofern Ihre Kamera über diese Funktion verfügt, vernünftig belichtete Aufnahmen machen. Die Spotmessung bietet sich an, wenn es im Innenraum ein deutlich helleres Motiv gibt, wie man es beispielsweise in Kirchen im Altarraum findet.

Gebäudefotos zur blauen Stunde

Ganz entscheidend für gelungene Architekturfotos ist das Licht - ob es sich nun um das Sonnenlicht oder künstliches Licht von Scheinwerfern, Blitzgeräten oder Feuer handelt. Viele Fotografen sind für Gebäudefotos in der sogenannten blauen Stunde unterwegs, der Zeit kurz vor Sonnenaufgang oder kurz nach Sonnenuntergang. Zu diesen Tageszeiten wirkt das Licht bläulich. Es ist besonders diffus, die Schatten sind sehr weich.

Weil die Lichtmenge zur blauen Stunde relativ gering ist, sind Fotos mit bester Bildqualität und maximaler Schärfentiefe (niedrige Empfindlichkeit, kleine Blende) meist nur mit Stativ möglich. In Kombination z. B. mit Scheinwerfern, die eine Kirche anstrahlen, oder Straßenlaternen, die eine Häuserfront ausleuchten, können atemberaubende Lichtstimmungen entstehen, die Sie so zu keiner anderen Tageszeit vorfinden werden.

Stürzende Linien vermeiden

Der meist ungewollte Effekt der stürzenden Linien, bei dem Gebäude auf Ihren Fotos nach hinten zu kippen scheinen, lässt sich vermeiden, wenn Sie auf Augenhöhe mit dem Motiv stehen, Ihre Kamera absolut waagerecht halten und damit das gesamte Motiv erfassen können. Sobald Sie die Kamera nach oben oder unten kippen, laufen die Kanten eines Gebäudes perspektivisch zusammen. Wenn es nicht möglich ist, einen idealen Standort zum Fotografieren einzunehmen, entfernen Sie sich vom Gebäude und fotografieren mit Telebrennweiten. Hierdurch wird der störende Effekt verringert. Bei Gebäuden, die an Plätzen stehen, ist dies oft möglich, auch

Solche Farbenspiele zur blauen Stunde muss man nur entdecken. Das restliche Licht des Tages und die künstliche Beleuchtung von Gebäuden sind zu dieser Zeit in etwa gleich stark, die Belichtung ist also nicht sehr schwierig.

AUFNAHMEDATEN	
Brennweite	31 mm
Belichtung	8 s
Blende	f/22
ISO	100

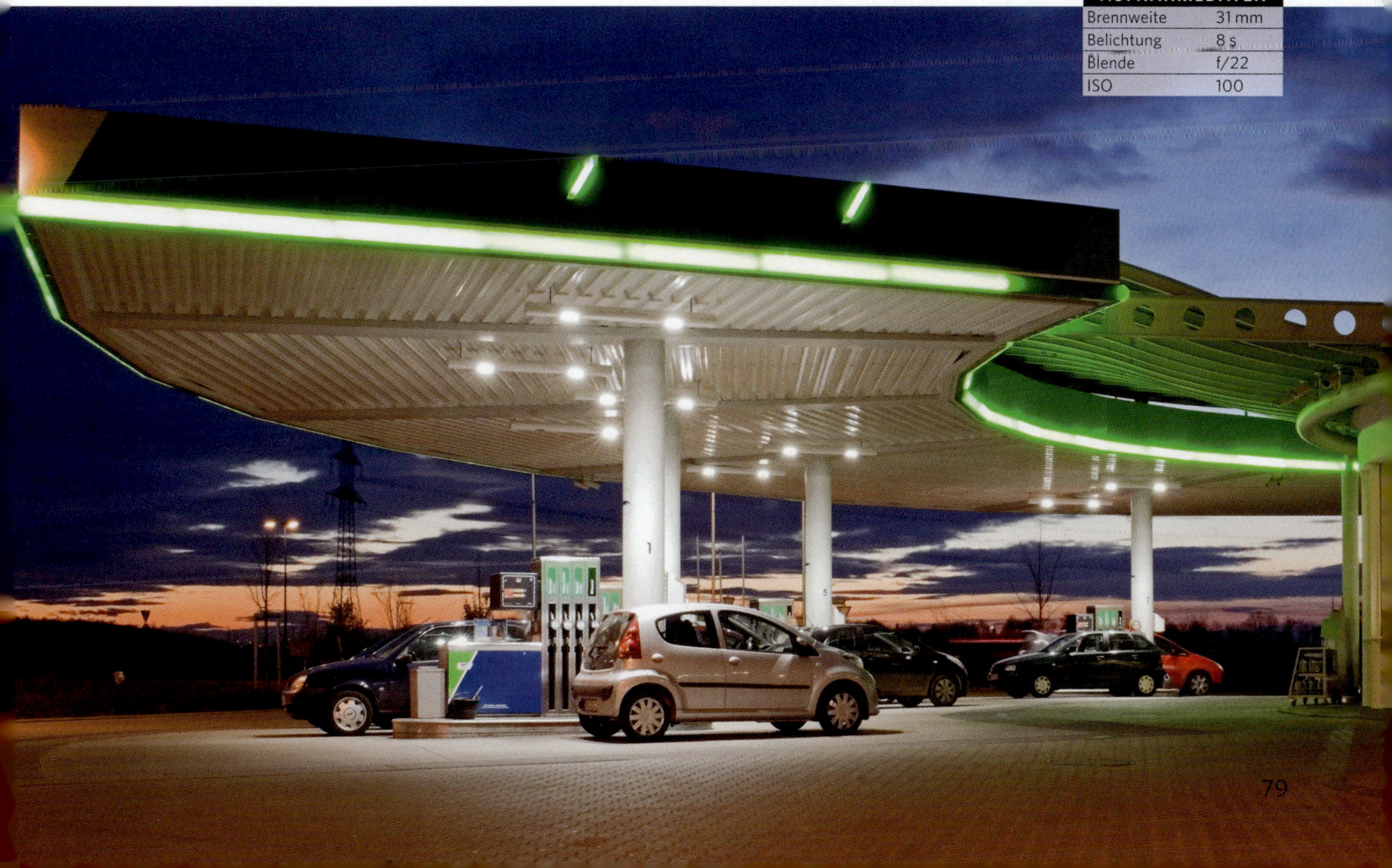

Wenn ein erhöhter Kamerastandpunkt nicht möglich ist, muss man aus der Not eine Tugend machen und stürzende Linien in die Bildkomposition einbeziehen. Den Effekt kann man einsetzen, um die Größe eines Gebäudes zu verdeutlichen.

wenn dann nur mit einer Weitwinkelbrennweite fotografiert werden kann. Ist auch das nicht machbar, weil das Gebäude zum Beispiel mitten in einem Gebäudekomplex steht, bleibt als letzte Möglichkeit die Bildbearbeitung.

Bildgestaltung mit stürzenden Linien

Charakteristisch für Gebäudeaufnahmen aus der Froschperspektive sind die stark stürzenden Linien, die Gebäude deutlich größer wirken lassen. Wenn sich diese Perspektive nicht umgehen lässt, können Sie versuchen, diesen Eindruck aktiv in die Gestaltung Ihrer Bilder mit einzubeziehen. Nehmen Sie dann nicht den einzelnen Wolkenkratzer, sondern die ganze Straßenschlucht ins Bild. Durch die steil aufragenden Fassaden wirkt die Straße schmaler, und die Komposition gewinnt enorm an Dynamik.

Objektivempfehlung

Wer sich für die Fotografie von Bauwerken begeistert, sollte entsprechende Objektive, am besten mit fester Brennweite, wählen.

AUFNAHMEDATEN	
Brennweite	40 mm
Belichtung	1/400 s
Blende	f/4
ISO	100

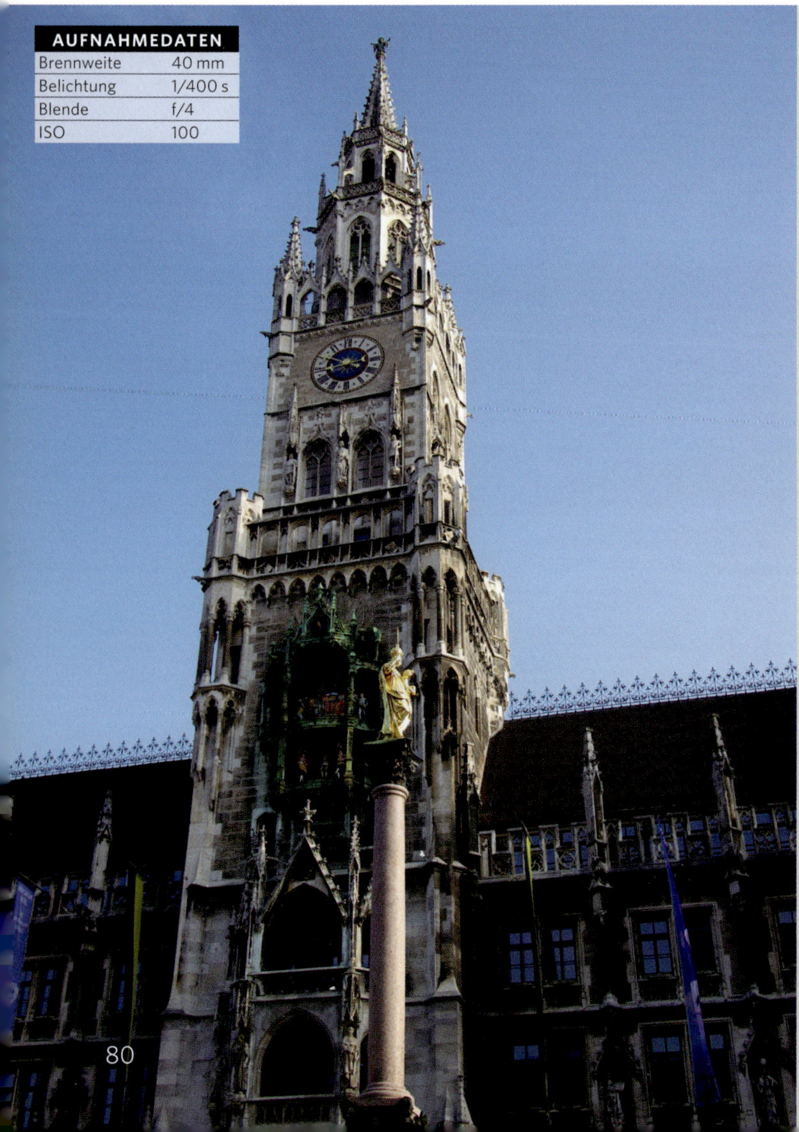

AUFNAHMEDATEN	
Brennweite	7,7 mm
Belichtung	1/100 s
Blende	f/8
ISO	100

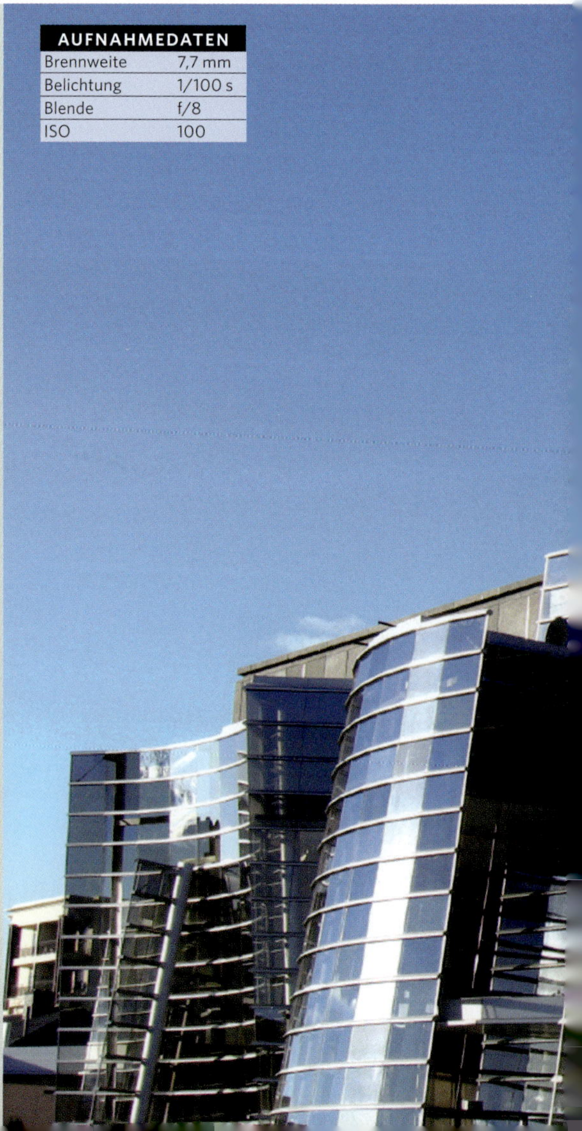

Die Lichtstärke ist zweitrangig, da man in der Regel sowieso mit Stativ arbeitet. Leider sind die am besten für die Architekturfotografie geeigneten Optiken im Vergleich zu normalen Zoomobjektiven sehr teuer. Dafür ist die Bildqualität bei Weitwinkelaufnahmen deutlich besser. Spezielle Weitwinkelobjektive mit fester Brennweite liefern Bilder mit weniger Abbildungsfehlern, wie Unschärfe an den Rändern, Vignettierung, Verzeichnung oder chromatischer Aberration.

OBJEKTIVEMPFEHLUNG	
Architektur mit Weitwinkel	• Fisheye (für besondere Effekte) • Festbrennweite (ca. 15 bis 35 mm) • Tilt-/Shift-Objektive gegen stürzende Linien und zur Steuerung der Schärfentiefe • Weitwinkelzoom (ca. 20 bis 50 mm)
Gebäudedetails	• Festbrennweite (ca. 50 bis 200 mm) • Standardzoom (ca. 30 bis 200 mm)

Stürzende Linien oder abstrakte Architektur? Ohne Orientierungshilfe durch normale Gebäude im Hintergrund ließe sich diese Frage nur schwer beantworten.

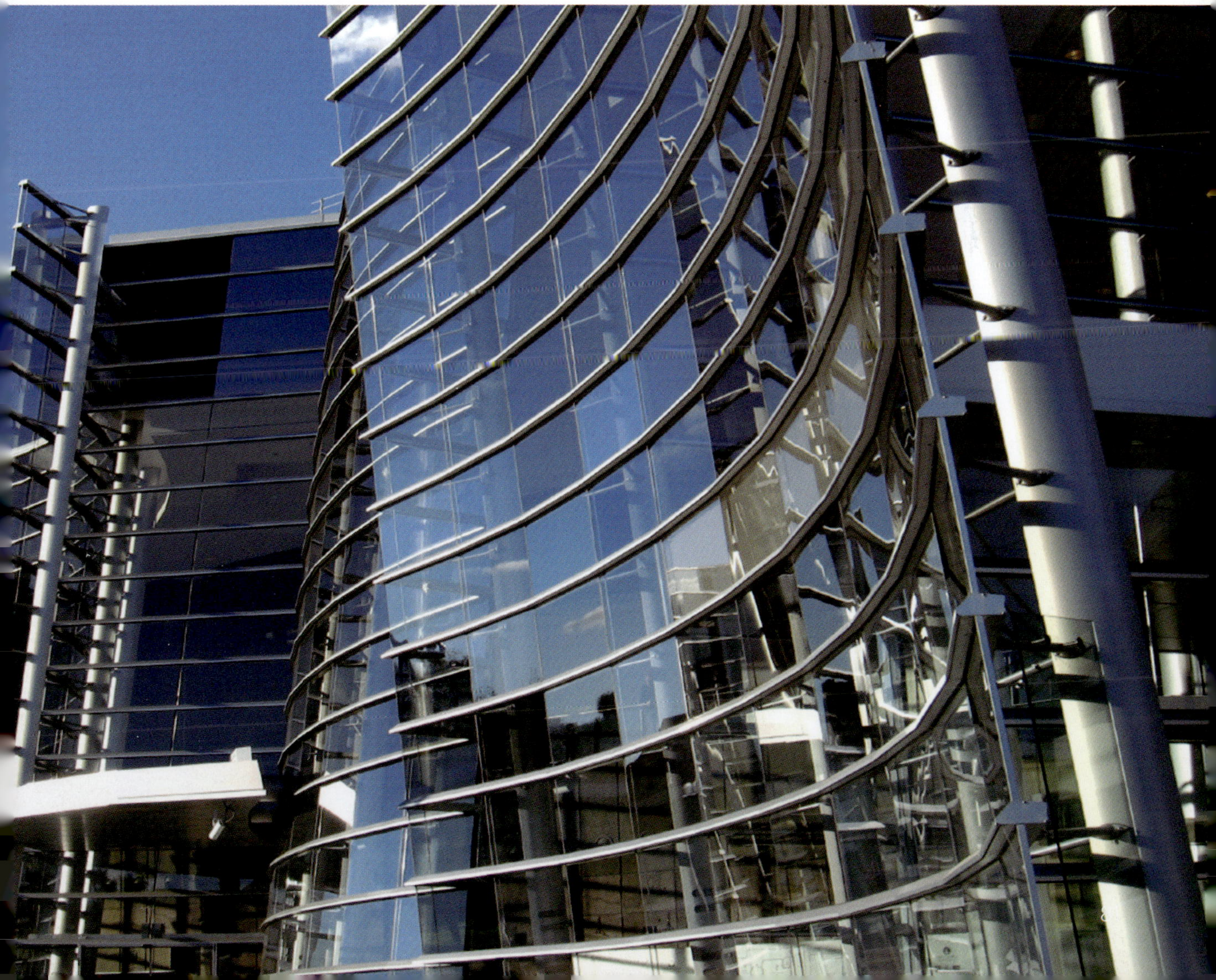

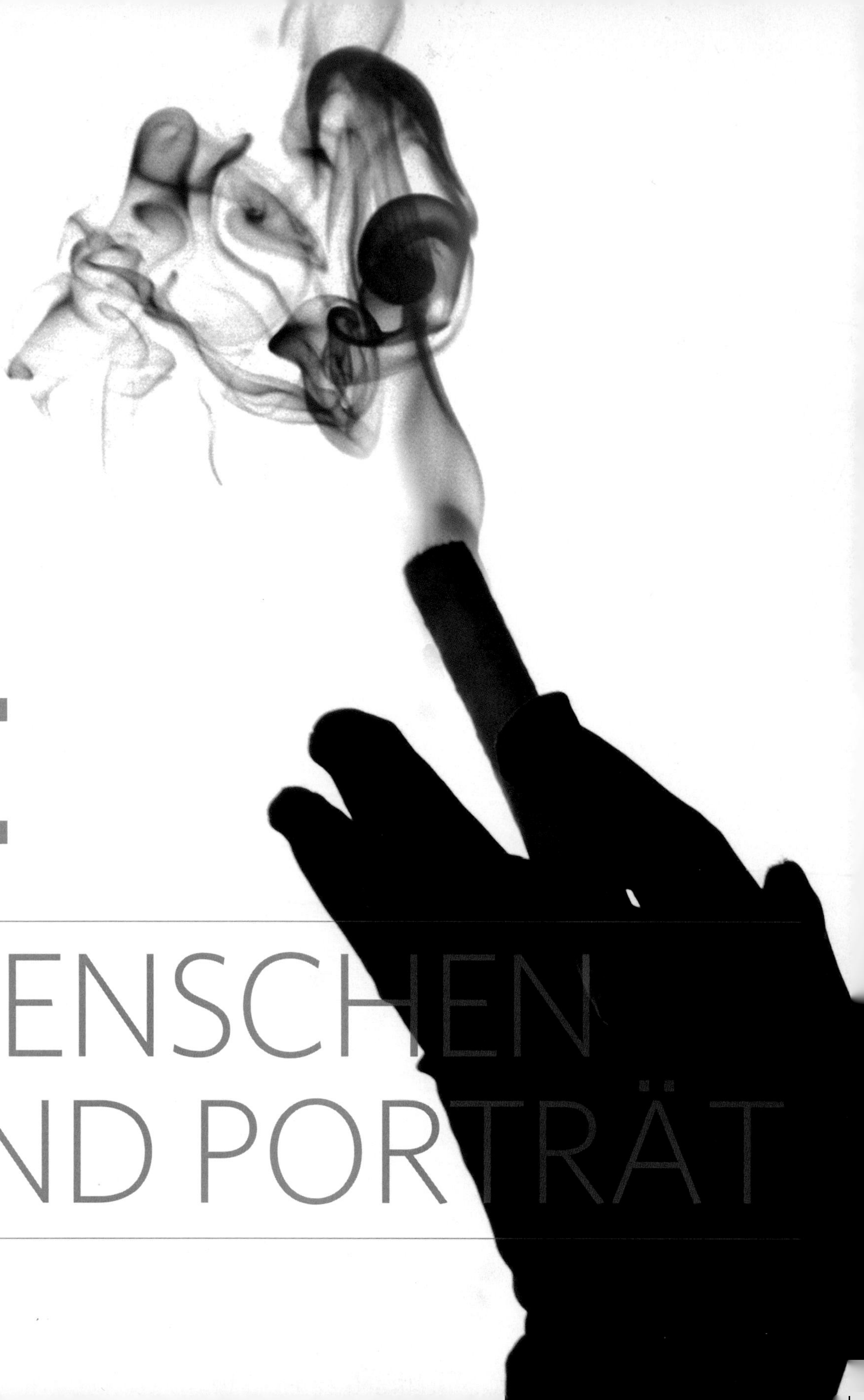

4

MENSCHEN UND PORTRÄT

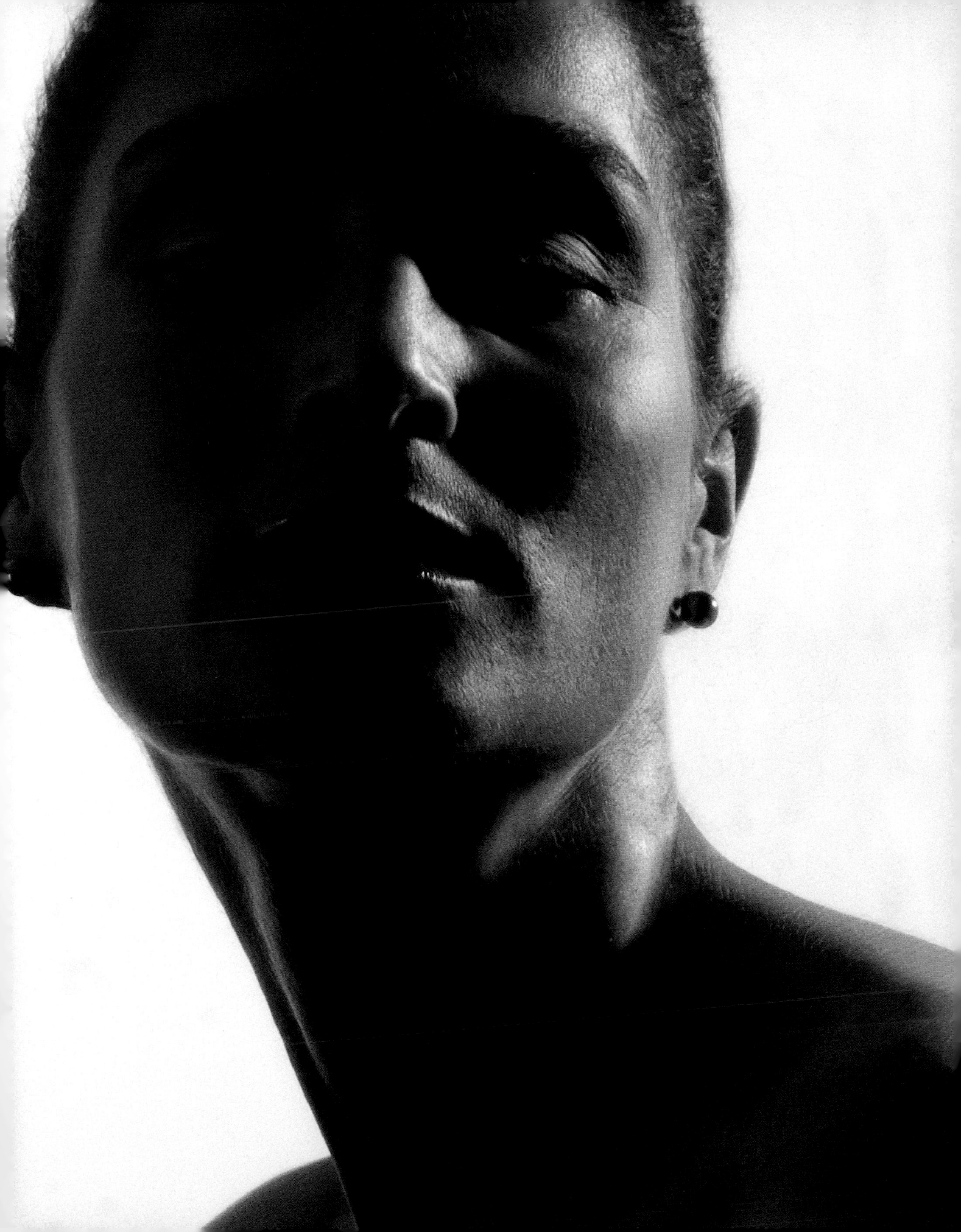

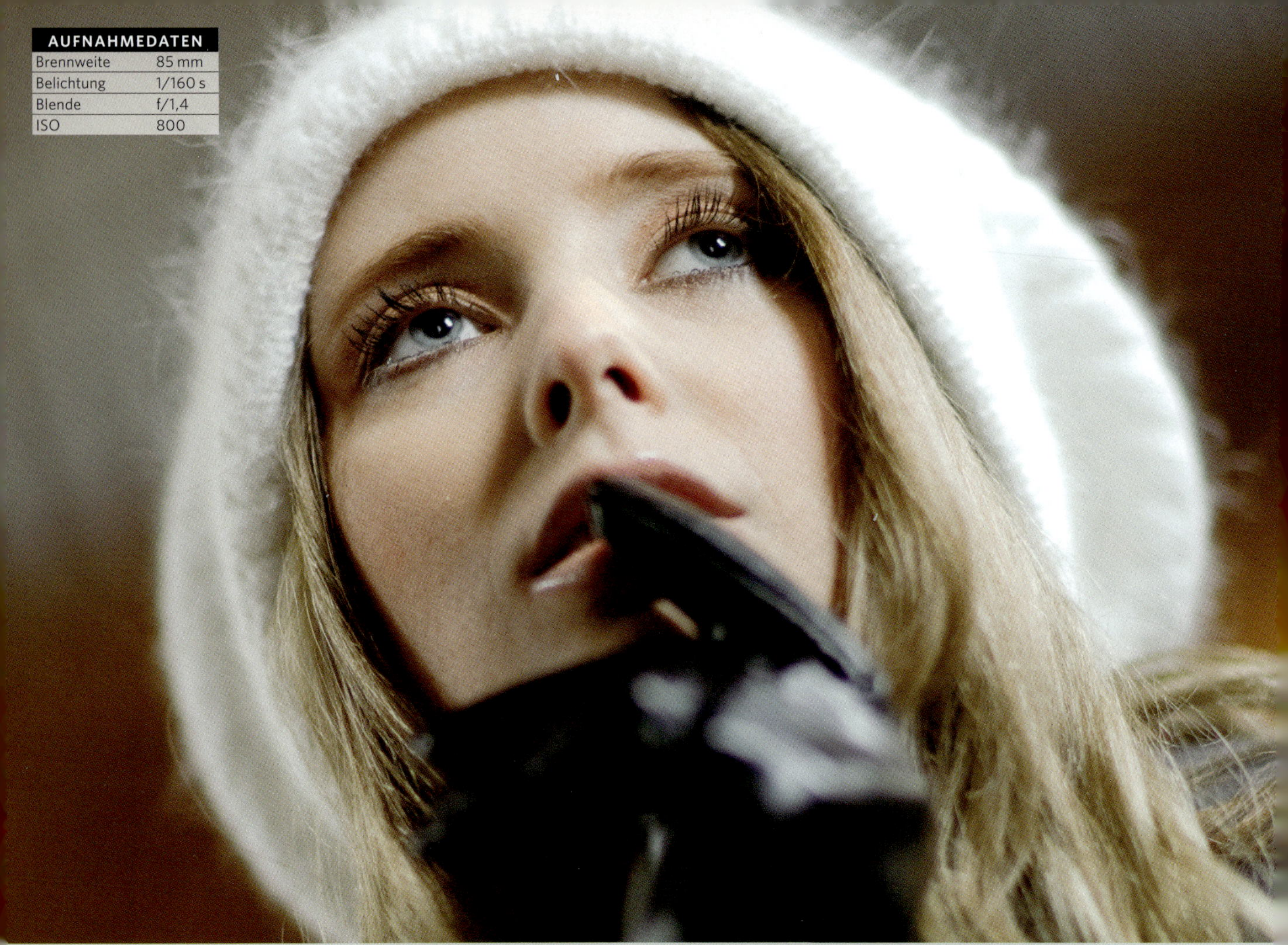

AUFNAHMEDATEN	
Brennweite	85 mm
Belichtung	1/160 s
Blende	f/1,4
ISO	800

Körpersprache, Blick und Licht sind wichtige Gestaltungselemente, wenn man Menschen fotografiert. Die Ausdrucksmöglichkeiten sind dadurch fast grenzenlos.

4 Menschen und Porträt

Nichts sieht man häufiger auf Fotografien als Menschen. Aber Menschen sind oft nur Beiwerk – zufällig im Bild auftauchende Passanten in einem Urlaubsschnappschuss, das Publikum während eines Sportereignisses, Leute im Hintergrund auf einem Partyfoto. Werden Menschen dagegen bewusst als Teil einer gestalteten Aufnahme gesehen, entstehen Porträtfotografien. Porträts findet man in vielen fotografischen Gebieten: Reportage, Studio, Live oder auch Akt – also immer dann, wenn der Fotograf das Besondere eines Menschen zeigen möchte.

Persönlichkeit zeigen

■ In diesem Kapitel liegt der Schwerpunkt nicht auf der Motivsituation, sondern auf dem Porträtierten selbst. Die Bilder sollen nicht nur ein Gesicht, sondern die Persönlichkeit des Menschen abbilden. Porträts können sehr verschieden sein und sehr unterschiedliche Aussagen über die dargestellte Person vermitteln. Der Blick in die Kamera scheint logisch, aber auch der verträumte Blick aus dem Fenster kann Bände sprechen. Und je näher Sie Ihrem Modell mit der Kamera kommen, desto eindringlicher wirken Details, die aus der Entfernung nicht wahrnehmbar sind. Erste Fältchen, lebendige Spitzlichter in den Pupillen, die Zahnlücke des Kleinkinds - versuchen Sie immer, Details zu finden, die etwas aussagen.

Kinder als Einzel- oder Gruppenporträt

Möchten Sie Kinder für das Familienalbum fotografieren, können Sie sie entweder als Gruppe oder einzeln porträtieren. Um die Situation locker zu gestalten, ist es meist sinnvoll, mit Gruppenbildern zu beginnen. Denn wenn sich Kinder vor der Kamera nicht besonders wohlfühlen, nimmt das gemeinsame Agieren (und Quatschmachen) ein wenig die Befangenheit, und sie gewöhnen sich daran, vor der Kamera zu stehen - auch allein. Bei Gruppenbildern ist es für Sie als Fotograf allerdings schwieriger, da Sie auf doppelt oder dreifach so viele Details achten müssen, als wenn nur ein Kind vor der Kamera steht.

Hintergrund und Umgebung planen

Machen Sie sich zunächst Gedanken zu Hintergrund, Umgebung, Lichtaufbau und Pose. Fotografieren Sie im (Heim-)Studio, haben Sie vermutlich bereits einen oder mehrere Hintergründe, die infrage kommen können.

AUFNAHMEDATEN	
Brennweite	47 mm
Belichtung	1/200 s
Blende	f/13
ISO	100

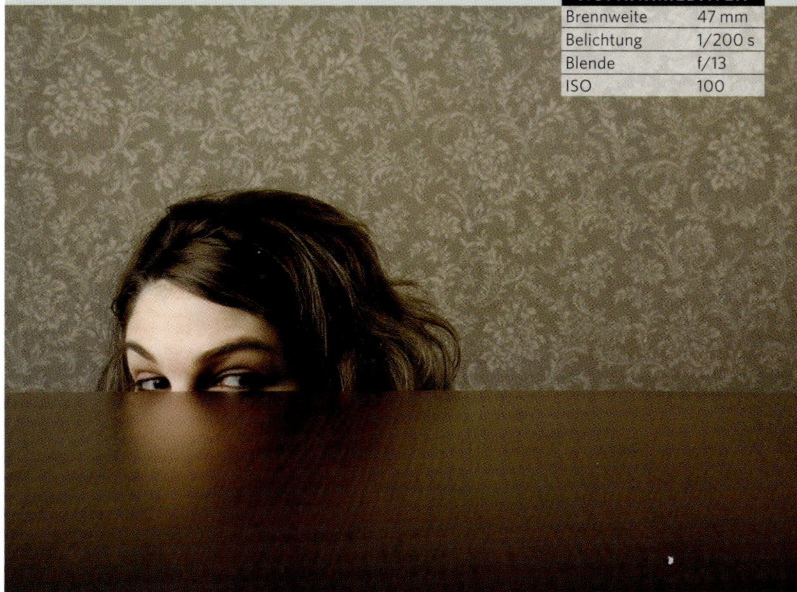

Tisch, Tischkante und Hintergrund sind nach den Regeln des Goldenen Schnitts ausgerichtet. Das unterstützt die witzige Bildidee, den Kopf nur bis zu den Augen sichtbar zu machen und die Dame an der Kamera vorbeisehen zu lassen.

AUFNAHMEDATEN	
Brennweite	87 mm
Belichtung	1/50 s
Blende	f/4,5
ISO	125

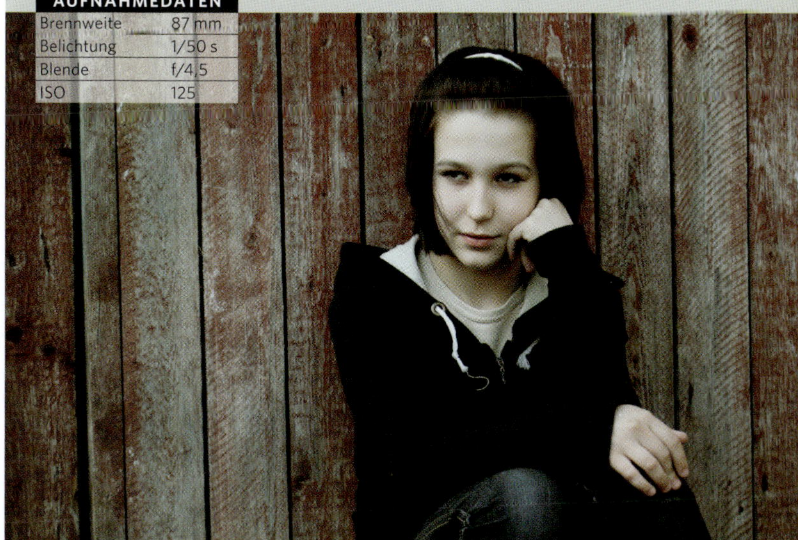

Teenager sehen sich selbst gern in coolen Posen, bei denen sie nicht in die Kamera blicken. Respektieren Sie die Wünsche Ihrer Kinder und fotografieren Sie sie so, wie sie sich sehen möchten. Das kann eine ziemliche Herausforderung sein ...

AUFNAHMEDATEN	
Brennweite	140 mm
Belichtung	1/150 s
Blende	f/5,6
ISO	100

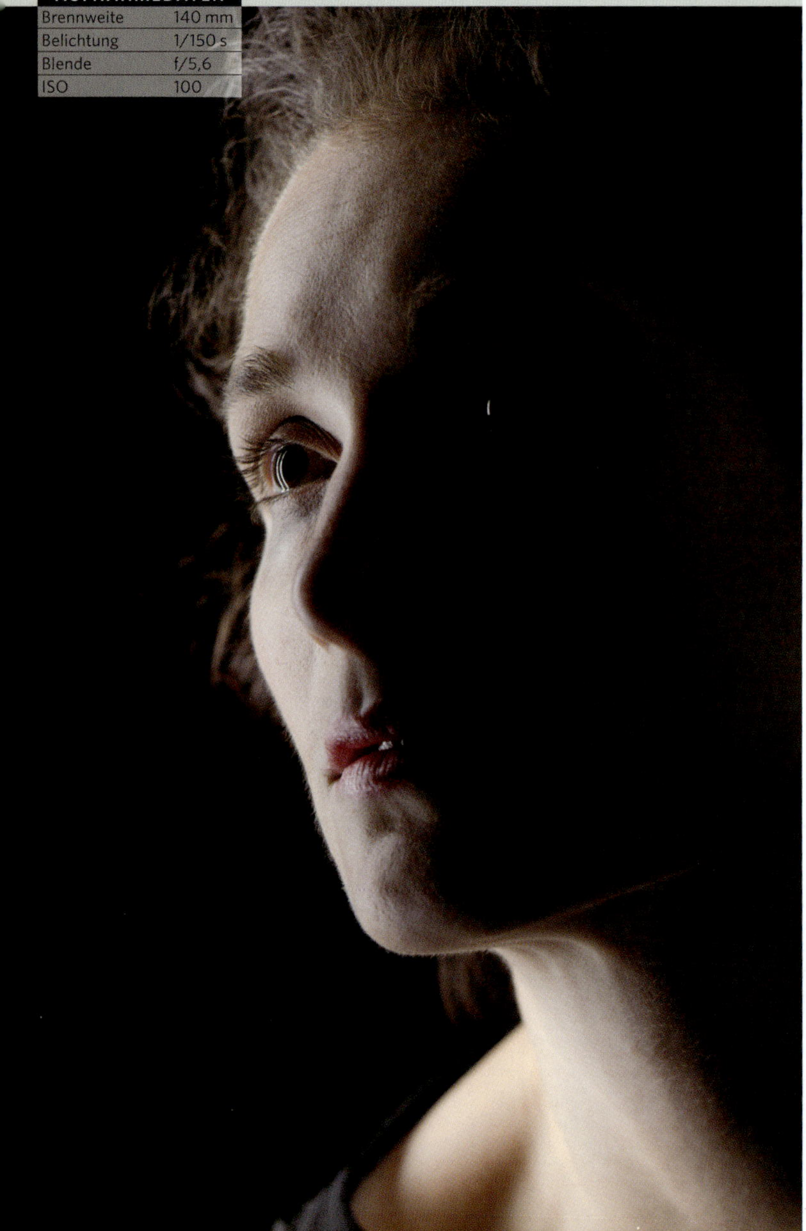

In der Studiofotografie macht man sich zunutze, dass Blitzlicht mit zunehmender Entfernung schnell an Leistung verliert. Ist der schwarze Hintergrund weit genug entfernt, hat das dort ankommende Blitzlicht keinen Effekt mehr, und nur das Modell im Vordergrund wird beleuchtet.

Strukturierte Wände, Stoff- oder Papierhintergründe, die es im Fachhandel in allen möglichen Ausführungen gibt, einfache Laken - suchen Sie einen Hintergrund, der zum Charakter des Modells (und seiner Kleidung) passt. Oder richten Sie, wenn Ihr Modell bestimmte Bekleidung bevorzugt, den Hintergrund danach aus. Arbeiten Sie im Freien oder an einem Ort, an dem Sie keine Studiohintergründe verwenden können, müssen Sie ein wenig kreativ werden und sich bei der Suche nach einem passenden Hintergrund schon vor dem Fotografieren vorstellen, wie die Umgebung im Bild wirken wird.

Klassisches Lichtsetup für Porträts

Abgesehen von Pose und Blick des Modells, steht und fällt die Wirkung eines Porträts mit dem Licht. Das klassische Setup im Porträtstudio besteht aus drei bzw. vier Lichtquellen. Dazu gehören Strahler, Blitzgeräte oder das durch Fenster fallende Sonnenlicht. Aber auch Reflektoren, die das Licht von Strahler oder Blitz zurückwerfen, sind Lichtquellen im weiteren Sinne.

Das wichtigste Licht ist immer das sogenannte Hauptlicht. Alle weiteren Lichter bzw. Reflektoren sind für Nebendetails und den Hintergrund da. Neben dem Hauptlicht kommt meist eine weitere Lichtquelle ins Spiel, die als Aufheller für die Schatten dient. Das kann ein weiteres Blitzgerät oder auch ein Reflektor sein. Die dritte Lichtquelle, die auch aus mehreren einzelnen Beleuchtungsgeräten bestehen kann, sorgt für die Beleuchtung des Hintergrunds. Häufig werden einzelne Strahler oder Studioblitze so aufgestellt, dass Helligkeitsverläufe im Hintergrund erzeugt werden. Aber auch punktförmige oder durch Gobos modifizierte Lichteffekte (z. B. Jalousien- oder Wolkeneffekte) sind möglich.

Wenn ein Porträt besonders plastisch werden soll, kann man noch eine vierte Lichtquelle einsetzen - das Effektlicht. In den Porträtstudios um die Ecke ist diese Art der Lichttechnik noch sehr weit verbreitet.

Klassisches Beispiel für ein Effektlicht: Ein Spot wird von hinten auf die Haare des Modells gerichtet, um einen verträumten, hellen Lichtsaum um den Kopf zu erzeugen und die Haare erstrahlen zu lassen. Da dieser Lichtstil schon sehr lange verwendet wird, wirken Porträts mit Effektlicht ein wenig altmodisch, wenn das Effektlicht zu dominant ist. Dennoch, einen Versuch ist es auf jeden Fall wert, wenn Sie eine Lichtquelle übrig haben. Und schließlich muss man ja nicht unbedingt die Haare betonen, sondern kann auch anderen Bildbereichen mit ein wenig Zusatzlicht zu mehr Aufmerksamkeit verhelfen.

Bildausschnitt bewusst auswählen

Sie müssen sich beim Porträtieren entscheiden, welcher Bildausschnitt den Menschen am besten zeigt. Gerade beim Porträt ist es wichtig, den Bildausschnitt ganz bewusst auszuwählen. Soll es nur der Kopf sein oder Kopf und Schultern? Oder wird schon der ganze Oberkörper mit einbezogen, wodurch dann auch mehr Möglichkeiten gegeben sind, die Umgebung zu zeigen? Welchen Bildausschnitt Sie wählen, hängt zum Großteil davon ab, was Sie mit dem Porträt aussagen möchten.

Umgebung als Gestaltungsmittel einbeziehen

Je mehr Umgebung einbezogen wird, um z. B. einen Handwerker bei der Arbeit zu porträtieren, desto weniger Platz bleibt für

Spontane Schnappschüsse mit lachenden Gesichtern wirken immer. Frau und Kind werden Sie für solche Bilder lieben. Achten Sie darauf, durch die Wahl des Bildausschnitts das Motiv auf das Wesentliche zu reduzieren.

AUFNAHMEDATEN	
Brennweite	85 mm
Belichtung	1/250 s
Blende	f/1,6
ISO	800

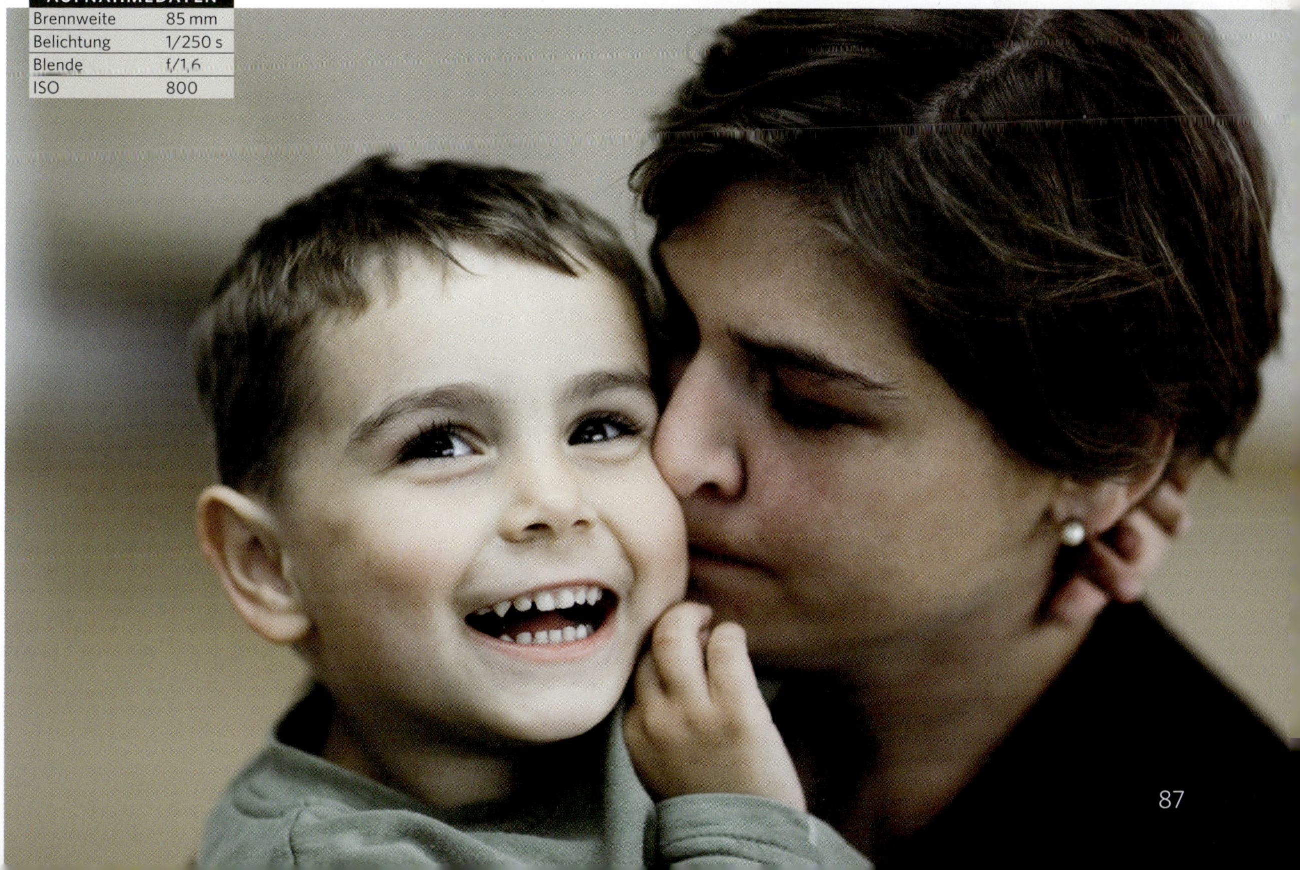

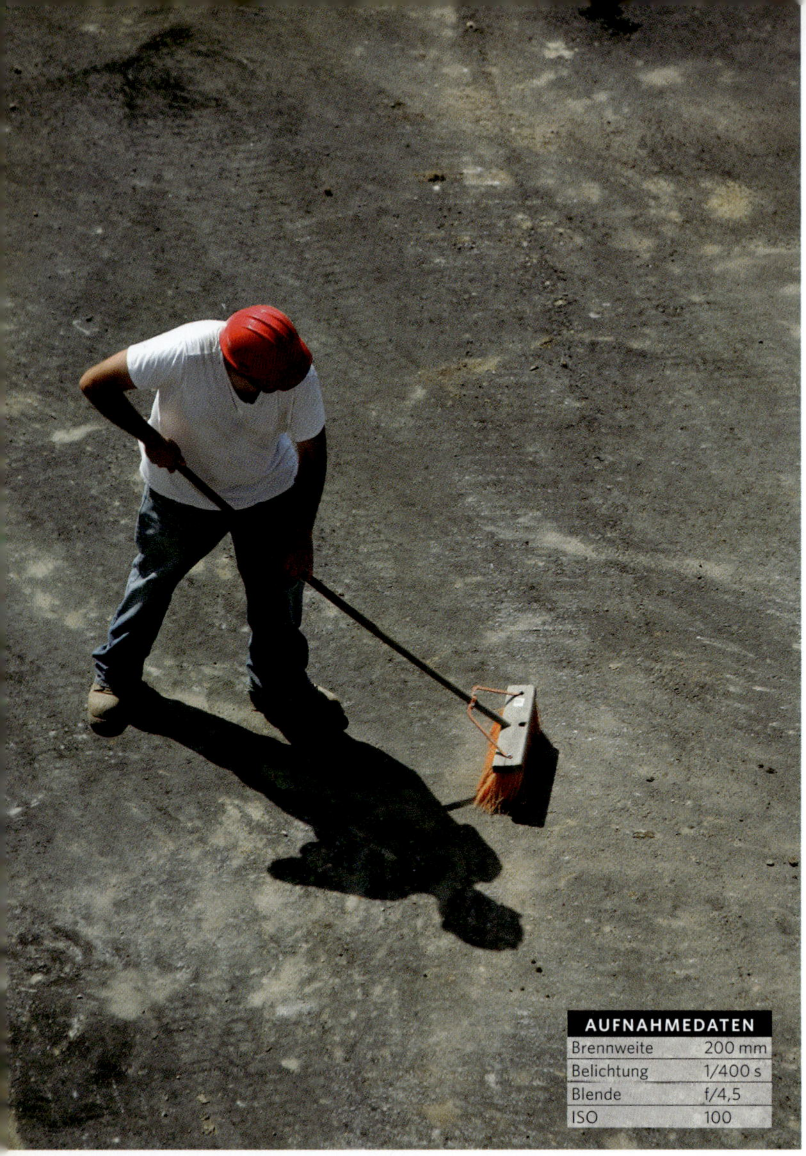

AUFNAHMEDATEN	
Brennweite	200 mm
Belichtung	1/400 s
Blende	f/4,5
ISO	100

Der Mann wurde mit langer Brennweite fotografiert, um einen kleinen Teil der Umgebung, in der er sich bewegt, mit einzubeziehen und die Perspektive zu raffen. Hintergrund und Hauptmotiv rücken durch die lange Brennweite optisch näher zusammen.

den Menschen selbst. Das kann dazu führen, dass nur noch ein Teil des Gesichts und vielleicht noch die Hände zu sehen sind, es ist aber auch denkbar, dass die ganze Person inmitten ihres Betätigungsfelds gezeigt wird.

Mit der Kamera auf Bauchnabelhöhe

Von der Bauchnabelperspektive sprechen Modefotografen, wenn die Kamera ungefähr auf Höhe des Bauchs platziert ist und ein in einiger Entfernung stehendes Modell mit mittlerer Brennweite mit relativ natürlichen Proportionen abgebildet werden kann. Es entsteht weder der für Kameraperspektiven von oben typische Eindruck, das Modell würde zum Betrachter aufblicken (im Extremfall vermittelt das Unterwürfigkeit), noch der für niedrige Kamerapositionen typische, mehr oder weniger herablassende Blick „von oben herab". Natürlich müssen Sie die Kamera nicht bei jedem Porträt auf Bauchnabelhöhe stellen, als grober Anhaltspunkt für die Kamerahöhe sollte jedoch in den meisten Fällen der Oberkörper gelten. Steht die Kamera irgendwo zwischen Augenhöhe und Bauchnabel, kann, was die Perspektive angeht, fast nichts schiefgehen.

Erhöhte und niedrige Perspektive

Obwohl im letzten Absatz davor gewarnt wurde, kann sowohl die erhöhte als auch die niedrige Perspektive in bestimmten Situationen bzw. mit bestimmten Fotomodellen durchaus ihren Reiz haben. Gerade bei Kinderporträts wirkt der Wechsel in eine extreme Perspektive manchmal wahre Wunder. Je kleiner das Modell, desto wirkungsvoller ist eine sehr hohe bzw. sehr niedrige Perspektive. Ein hoher Kamerastandpunkt macht kleine Modelle noch kleiner und erzeugt im Zusammenspiel mit der richtigen Pose bzw. dem passenden Gesichtsausdruck einen Eindruck von Verwundbarkeit oder Zerbrechlichkeit. Andererseits kann ein Kind, das von oben fotografiert wird, mit einer herausfordernden Geste dem Betrachter auch eine Botschaft – „Warte bis ich groß bin!" – vermitteln. Fotografieren Sie von unten nach oben, am besten noch mit Weitwinkelbrennweiten (das gilt übrigens für beide Perspektiven), machen Sie Ihre Modelle zu Riesen. Die Proportionen werden gestreckt, lange Beine wirken noch länger oder je nach Brennweite sogar unnatürlich in die Länge gezogen.

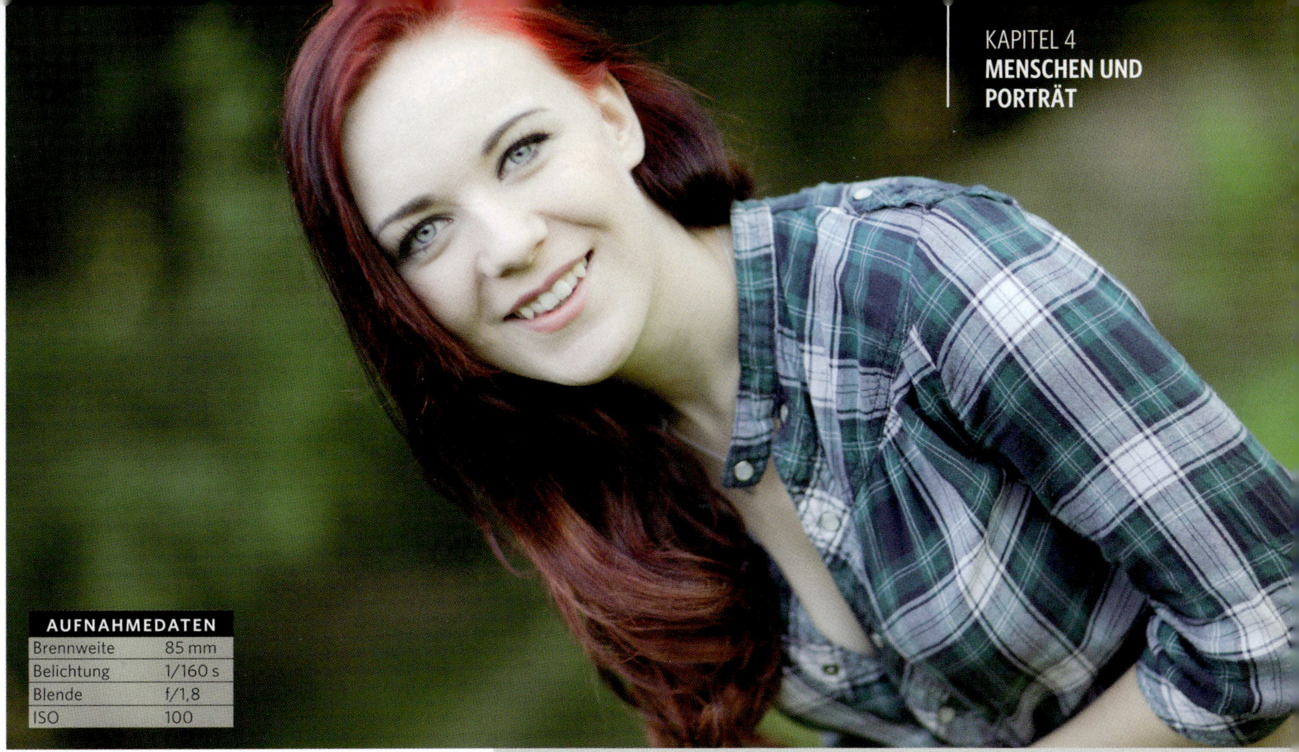

AUFNAHMEDATEN	
Brennweite	85 mm
Belichtung	1/160 s
Blende	f/1,8
ISO	100

Um Menschen bei Porträtfotos vom Hintergrund zu lösen, fotografiert man mit langer Brennweite und weit geöffneter Blende (kleinem Blendenwert).

Schärfentiefe mit kleiner Blende maximieren

Je extremer die Perspektive, desto schwieriger wird es, das ganze Modell von oben bis unten in der Schärfe zu halten. Hier helfen Weitwinkel und kleine Blenden (große Blendenwerte), um die Schärfentiefe zu maximieren. Allerdings laden außergewöhnliche Blickwinkel auch dazu ein, mit der Schärfe zu spielen und sie nur auf einen eng gefassten Bereich zu setzen. Der Kamerablick von oben auf ein Gesicht, in dem lediglich die Ebene der Augen scharf gezeigt wird, akzentuiert den Blick des Modells und macht ihn besonders eindringlich. Eine weit geöffnete Blende (f/2,8 und weniger) hilft, die Schärfentiefe zu minimieren. Gehen Sie außerdem so nah wie möglich an Ihr Modell heran und verwenden Sie die größtmögliche Brennweite, bei der Ihr Motiv noch komplett im Bild ist.

AUFNAHMEDATEN	
Brennweite	50 mm
Belichtung	1/200 s
Blende	f/2,8
ISO	100

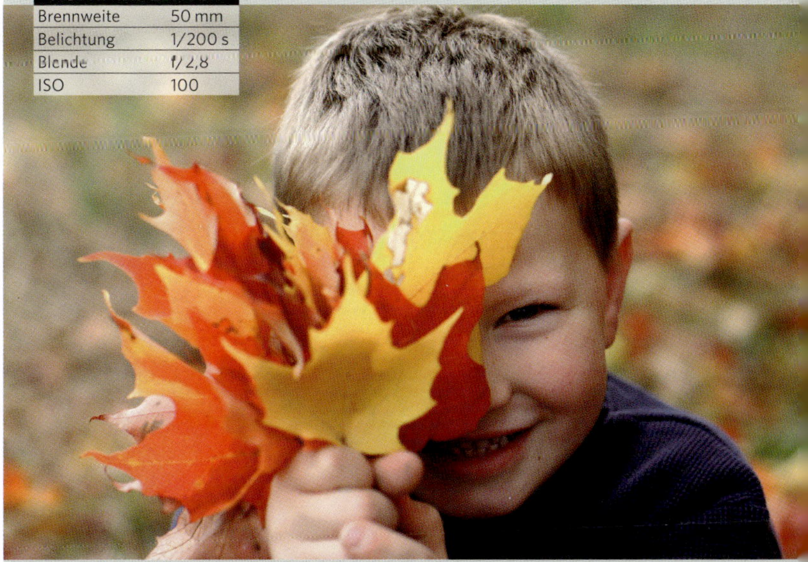

Durch den direkten Blick, der mit ein paar herbstlichen Blättern zum Teil verdeckt wird, wurde ein sympathisches und farbenfrohes Bild fürs Familienalbum geschaffen.

AUFNAHMEDATEN	
Brennweite	85 mm
Belichtung	1/160 s
Blende	f/10
ISO	100

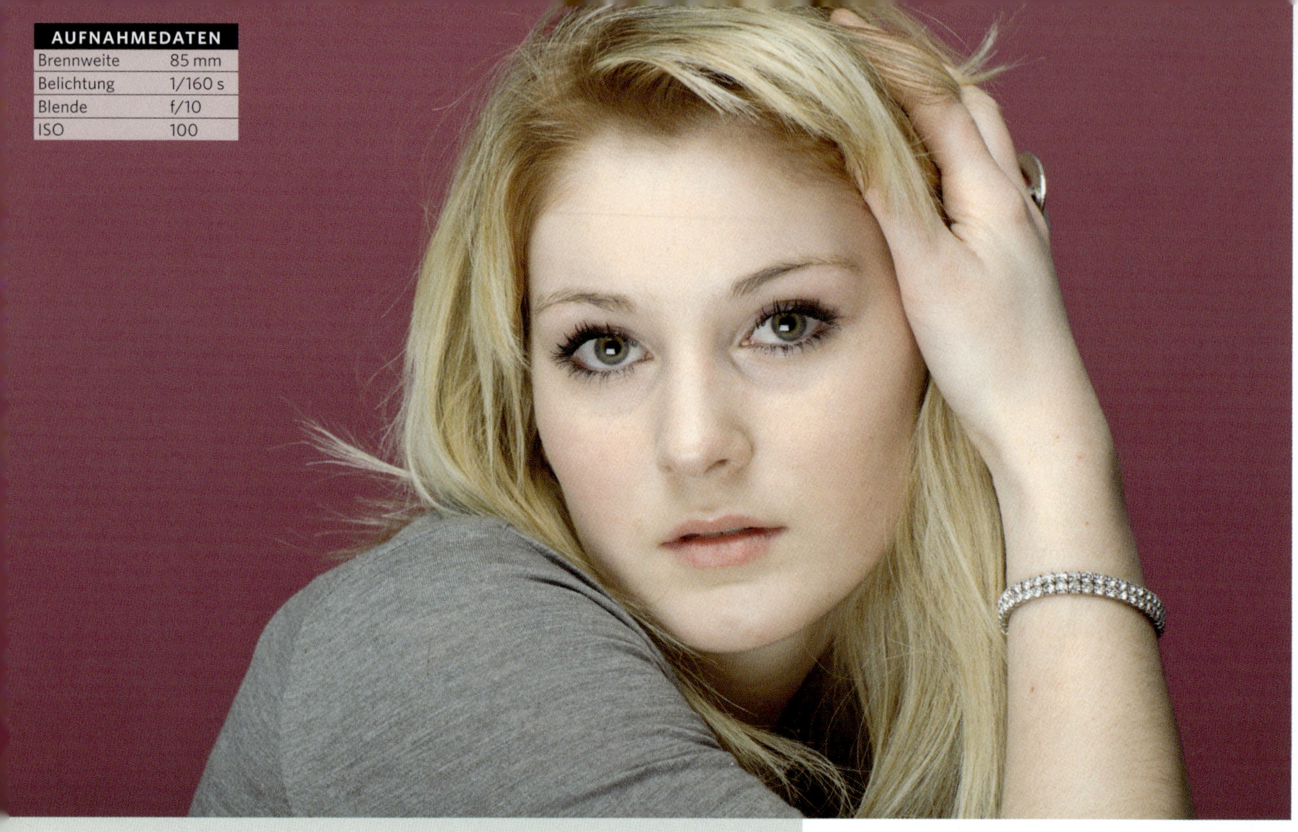

Blickkontakt: Die Kamera auf Augenhöhe und der direkte Blick ins Objektiv machen das Bild persönlich.

AUFNAHMEDATEN	
Brennweite	145 mm
Belichtung	1/125 s
Blende	f/2,8
ISO	100

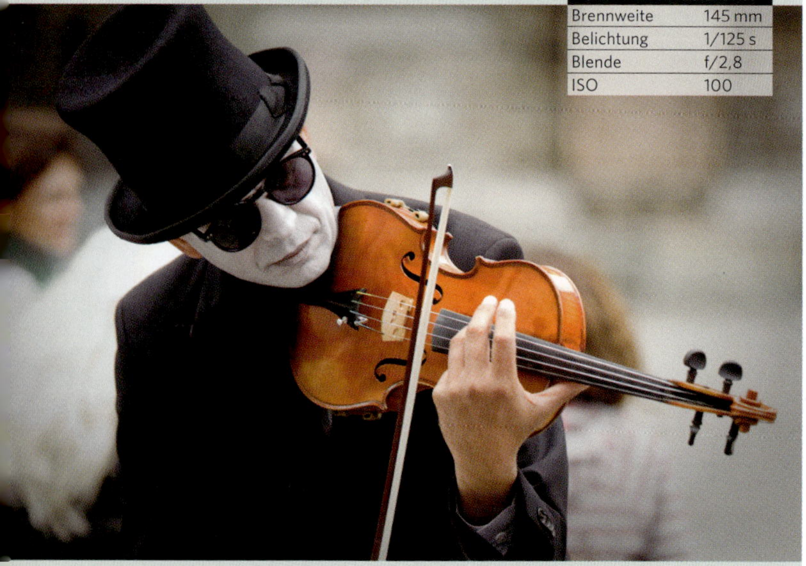

Unbeobachtete Menschen strahlen oft eine ganz besondere Ruhe aus. Versuchen Sie, unbemerkt Fotos zu machen – aber stellen Sie sicher, dass das Modell mit den Fotos dann auch einverstanden ist.

Porträts im Reportagestil

Sind Sie öfter mit der Kamera auf Familienfesten oder Veranstaltungen unterwegs, oder fotografieren Sie im Urlaub vor allem Menschen fremder Kulturen und suchen nach dem Typischen eines Landstrichs oder einer Kultur? Dann arbeiten Sie schon fast wie ein professioneller Reportagefotograf. Der Reportagefotograf ist immer auf der Suche nach dem aussagekräftigen Moment, dem intensiven Blickkontakt, der symbolhaften Situation. Der Profi beherrscht seine Ausrüstung natürlich blind, um ein Höchstmaß an guten Bildern zu bekommen. Allerdings fotografiert er auch mehr und unter erheblich höherem Druck, als Sie es in der Freizeit oder im Urlaub tun.

Auch wenn Sie die Kamera also nicht perfekt beherrschen, sollten Sie sich ab und zu ein wenig Zeit zum Auswählen der richtigen Kameraeinstellungen nehmen, damit Sie genauso packende und lebendige Porträts erschaffen, wie es der Profi tut.

Hektische Situationen im Automatikmodus

Ein paar Worte zur technischen Seite von Reportageporträts: Wenn Sie Ihre Kamera nicht wirklich blind beherrschen und die Einstellungen z. B. für die Belichtungswerte nicht in Sekundenbruchteilen korrekt verändern können, vertrauen Sie am besten einfach der Technik. Stellen Sie die Kamera in den Automatikmodus, in dem Sie sich nicht um die Belichtungsparameter zu kümmern brauchen.

Fotografieren Sie vornehmlich mit Brennweiten von starkem Weitwinkel (ca. 28 mm bezogen auf das Kleinbildformat) bis ca. 50 mm, denn die packende Reportage lebt meist auch vom Einbeziehen der Umgebung. Außerdem lassen sich aus Weitwinkelaufnahmen am PC manchmal interessante Bildteile herausschneiden, die einzelne Elemente besser hervorheben. Zudem wirken Fotos, die mit Weitwinkel- und Normalbrennweite (ca. 50 mm) aufgenommen werden, fast automatisch sehr lebensnah.

Arbeiten Sie immer mit maximaler Auflösung, wenn Sie mit Weitwinkel fotografieren und später Bereiche aus den Fotos herausschneiden wollen. Die meisten Digitalkameras gestatten es, die Auflösung manuell auf einen niedrigeren als den Maximalwert einzustellen. Das hat zwar den Vorteil, dass mehr Bilder auf die Speicherkarte passen, Sie haben jedoch später beim Beschneiden viel weniger Spielraum, weil die Bildqualität nach dem Beschneiden deutlich sinkt und dann für eine Präsentation als Abzug oder im Web nicht mehr ausreicht.

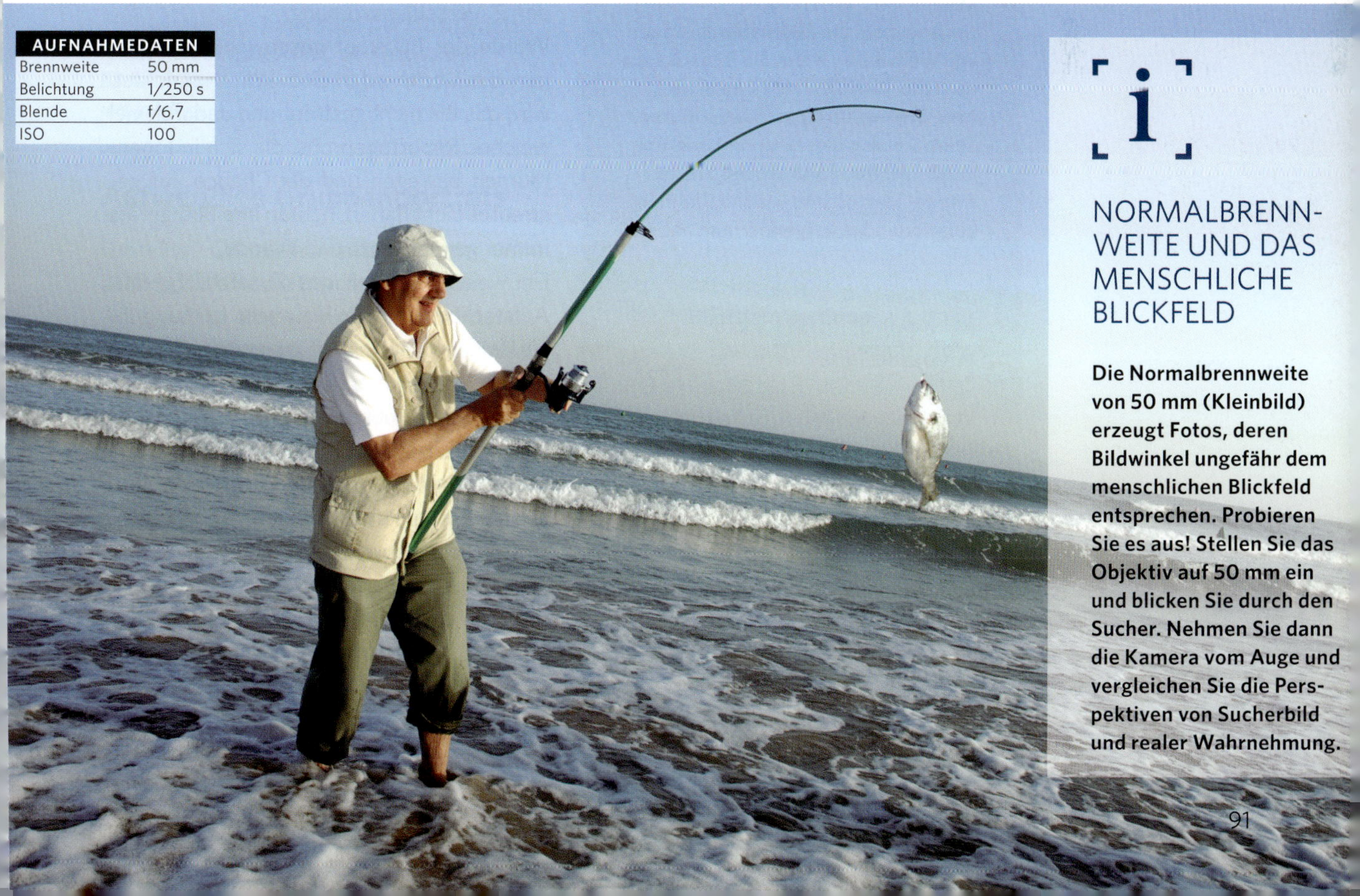

AUFNAHMEDATEN	
Brennweite	50 mm
Belichtung	1/250 s
Blende	f/6,7
ISO	100

NORMALBRENNWEITE UND DAS MENSCHLICHE BLICKFELD

Die Normalbrennweite von 50 mm (Kleinbild) erzeugt Fotos, deren Bildwinkel ungefähr dem menschlichen Blickfeld entsprechen. Probieren Sie es aus! Stellen Sie das Objektiv auf 50 mm ein und blicken Sie durch den Sucher. Nehmen Sie dann die Kamera vom Auge und vergleichen Sie die Perspektiven von Sucherbild und realer Wahrnehmung.

AUFNAHMEDATEN	
Brennweite	31 mm
Belichtung	1/800 s
Blende	f/4
ISO	50

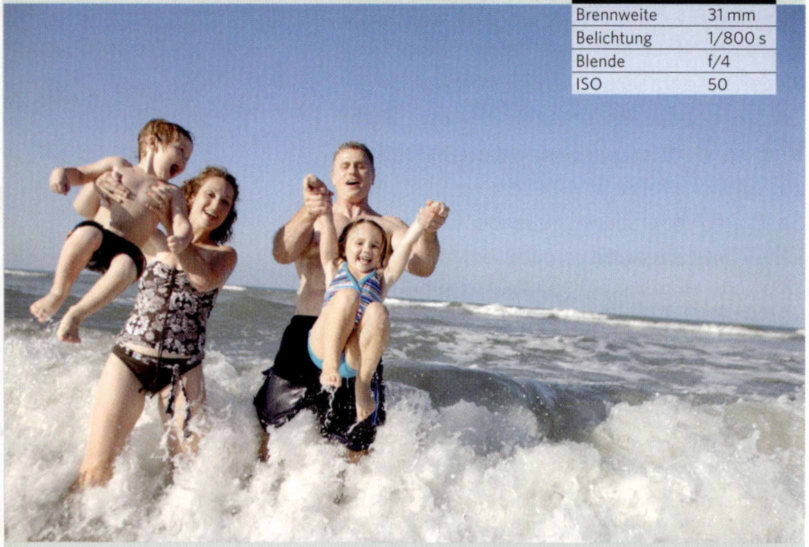

Die Familie wurde ganz bewusst an den Rand des Bildes gerückt, um die Weite des dahinterliegenden Meeres mit einzubeziehen und das Meer damit stärker zu gewichten. Wäre die Familie in der Bildmitte, würde die Aufnahme ziemlich normal wirken.

AUFNAHMEDATEN	
Brennweite	54 mm
Belichtung	1/160 s
Blende	f/3,5
ISO	400

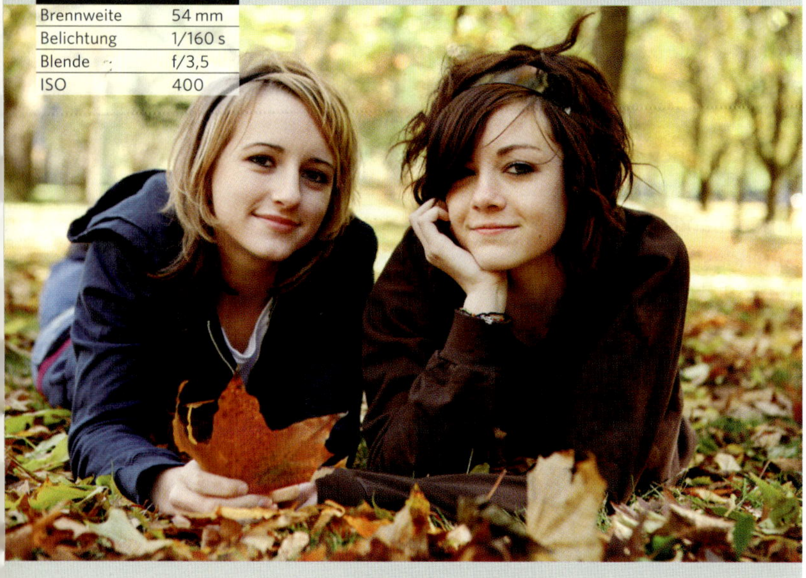

Gruppenporträt im Herbstwald – mit klassischer Porträtbrennweite und offener Blende in ungewöhnlicher Umgebung geschossen.

Perspektive bei Gruppenfotos

Je kleiner die Gruppe ist, die Sie fotografieren, desto eher können Sie auf Perspektive und Bildgestaltung achten. Stehen beispielsweise fünf Menschen in einer Reihe vor einer Wand direkt vor Ihnen, dürften die Fotos ziemlich langweilig werden. Um Tiefe ins Bild zu bekommen, gibt es zwei Möglichkeiten: Sie können Ihren Standort wechseln und schräg von der Seite (auch von oben oder unten) fotografieren, oder Sie können die Leute in der Tiefe gestaffelt aufstellen, damit nicht alle auf einer Linie stehen. Fotografieren Sie z. B. eine Rockband, müssen Sie sich schon etwas einfallen lassen, um die Fotos interessant zu gestalten.

Standortwechsel sind die beste Lösung, um gewohnte Blickwinkel zu vermeiden, das gilt übrigens für fast jedes Fotomotiv. Schräge Blickwinkel haben allerdings einen gravierenden Nachteil: Da die abgebildeten Personen nicht mehr auf einer Ebene stehen, die parallel zur Sensorebene verläuft, werden die Personen, die vor und hinter der fokussierten Ebene stehen, eventuell nicht scharf abgebildet. Für maximale Schärfentiefe sorgen moderate Brennweiten zwischen Weitwinkel und Normalbrennweite sowie kleine Blendenöffnungen ab f/8. Ganz nebenbei sorgt das Abblenden um einen oder zwei Werte auf z. B. f/8 dafür, dass die Bildqualität verbessert wird, denn die allermeisten Objektive erreichen die besten Werte für Schärfe und Kontrast erst mit dieser Einstellung.

Gruppenbilder bei Sonnenlicht

Wenn Sie privat Menschengruppen fotografieren, verfügen Sie vermutlich über ein eingeschränktes Repertoire an Beleuchtungsmitteln. Der integrierte Kamerablitz kommt bei Gruppenaufnahmen praktisch nicht infrage, wenn es sich um Gruppen handelt, die aus mehr als nur einer Handvoll Menschen bestehen. Ein Aufsteckblitz sollte zumindest über eine Weitwinkelstreuscheibe verfügen, damit das Licht über einen möglichst großen Winkel gleichmäßig verteilt abgestrahlt wird. Falls Sie einen Aufsteckblitz mit schwenkbarem Reflektor besitzen und die Decke des Raums, in dem Sie fotografieren, weiß ist, richten Sie den Blitz schräg nach oben gegen die Decke, um harte Schlagschatten durch die Lichtreflexion zu vermeiden.

Am besten lassen sich Gruppenaufnahmen jedoch im Freien bei Sonnenlicht und leicht bedecktem Himmel realisieren. Sind keine Wolken am Himmel, erzeugt die Sonne je nach Tageszeit ziemlich kräftige, harte Schatten auf den Menschen. Fotografieren Sie dann lieber z. B. im Schatten eines Hauses. Ist der Himmel leicht bedeckt, wirkt der Wolkenhimmel wie eine riesige Softbox, die das Licht streut und aufweicht. Die Schatten sind dann viel weicher bzw. sogar kaum noch sichtbar. Sind Sie gezwungen, mit wenig Licht in einem geschlossenen Raum zu fotografieren, versuchen Sie, das vorhandene Licht zu verwenden. Eventuell müssen Sie dann die Empfindlichkeit (ISO) manuell erhöhen, um keine allzu langen Verschlusszeiten zu riskieren. Verschlusszeiten über 1/60 Sekunde sind problematisch, weil die Bewegungen der Menschen zu Verwacklungseffekten führen.

Objektivempfehlung

Wer häufiger gestellte Porträts von Einzelpersonen oder Gruppen macht, sollte sich ernsthaft überlegen, hierfür spezielle Objektive zu kaufen. Gerade bei Einzel- oder Doppelporträts sieht der Betrachter besonders kritisch auf die Aufnahmen und ist in der Lage, auch kleinste Bildfehler wie zum Beispiel Verzerrungen zu entdecken.

OBJEKTIVEMPFEHLUNG

Einzelporträts, kleine Gruppen bis zu fünf Menschen	• 85 mm Festbrennweite • kleines bis mittleres Zoom (ca. 35 bis 100 mm)
Reportageporträts	• lichtstarke Festbrennweite von 28 bis 50 mm • Weitwinkelzoom (ca. 28 bis 50 mm) • Standardzoom (ca. 35 bis 135 mm)
Gruppenporträts	• Festbrennweite Weitwinkel (28 bis 50 mm) • Weitwinkelzoom (ca. 28 bis 80 mm)

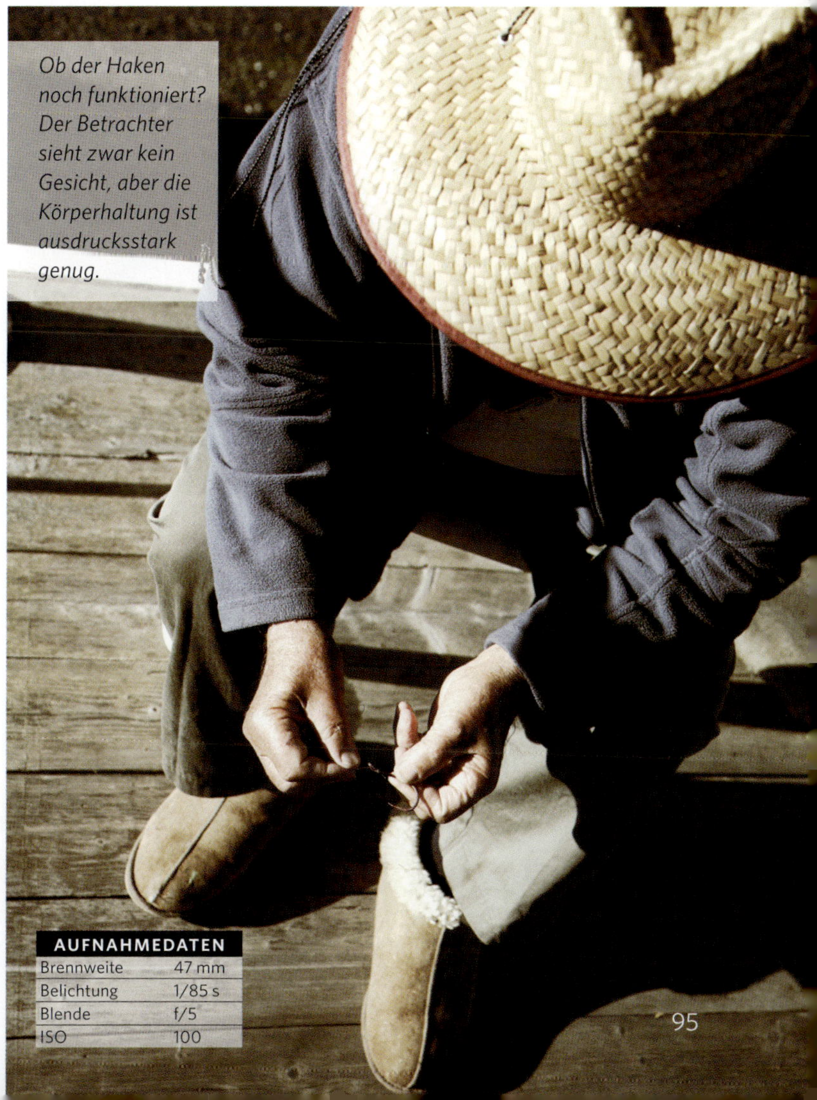

Ob der Haken noch funktioniert? Der Betrachter sieht zwar kein Gesicht, aber die Körperhaltung ist ausdrucksstark genug.

AUFNAHMEDATEN

Brennweite	47 mm
Belichtung	1/85 s
Blende	f/5
ISO	100

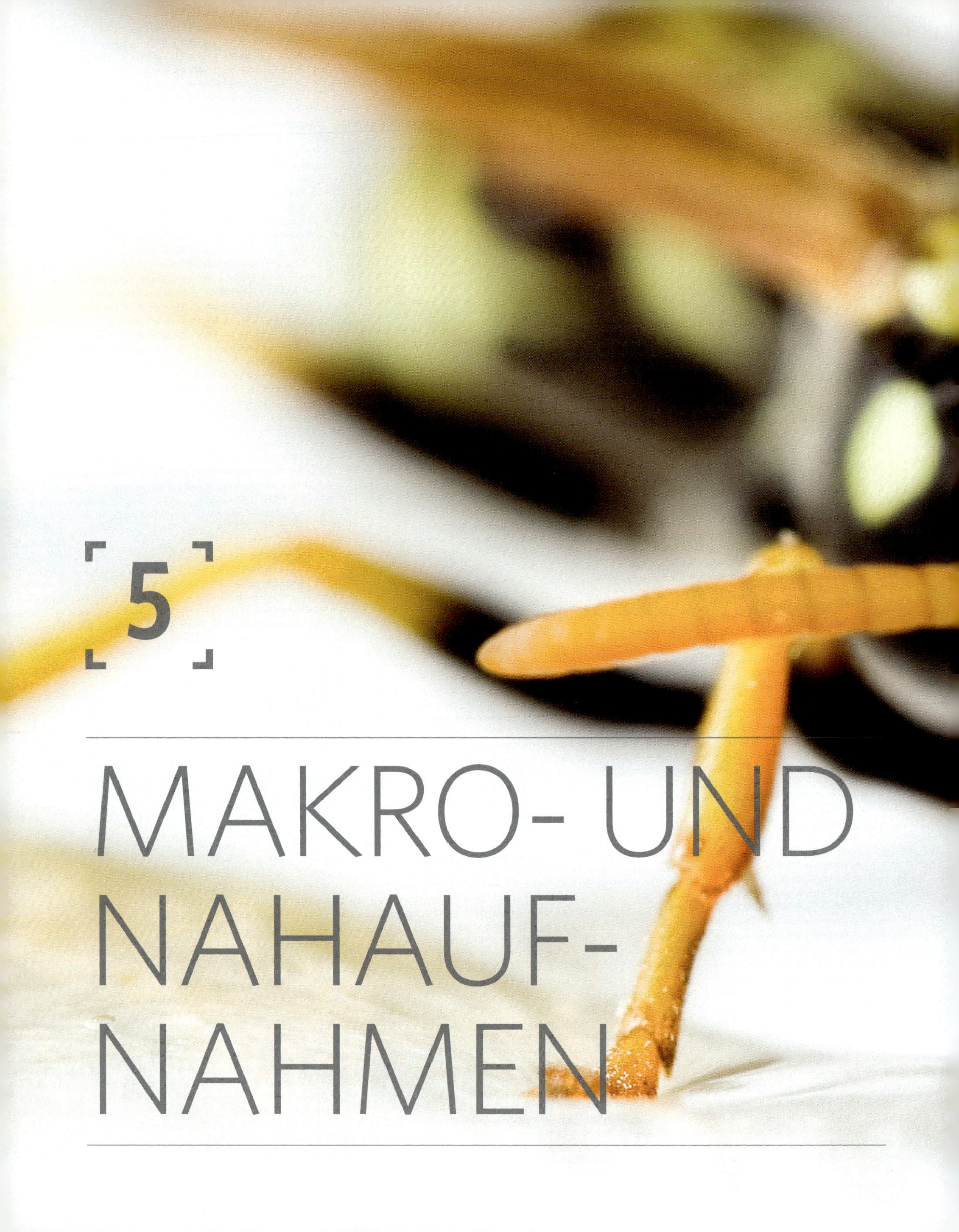

5

MAKRO- UND NAHAUF-NAHMEN

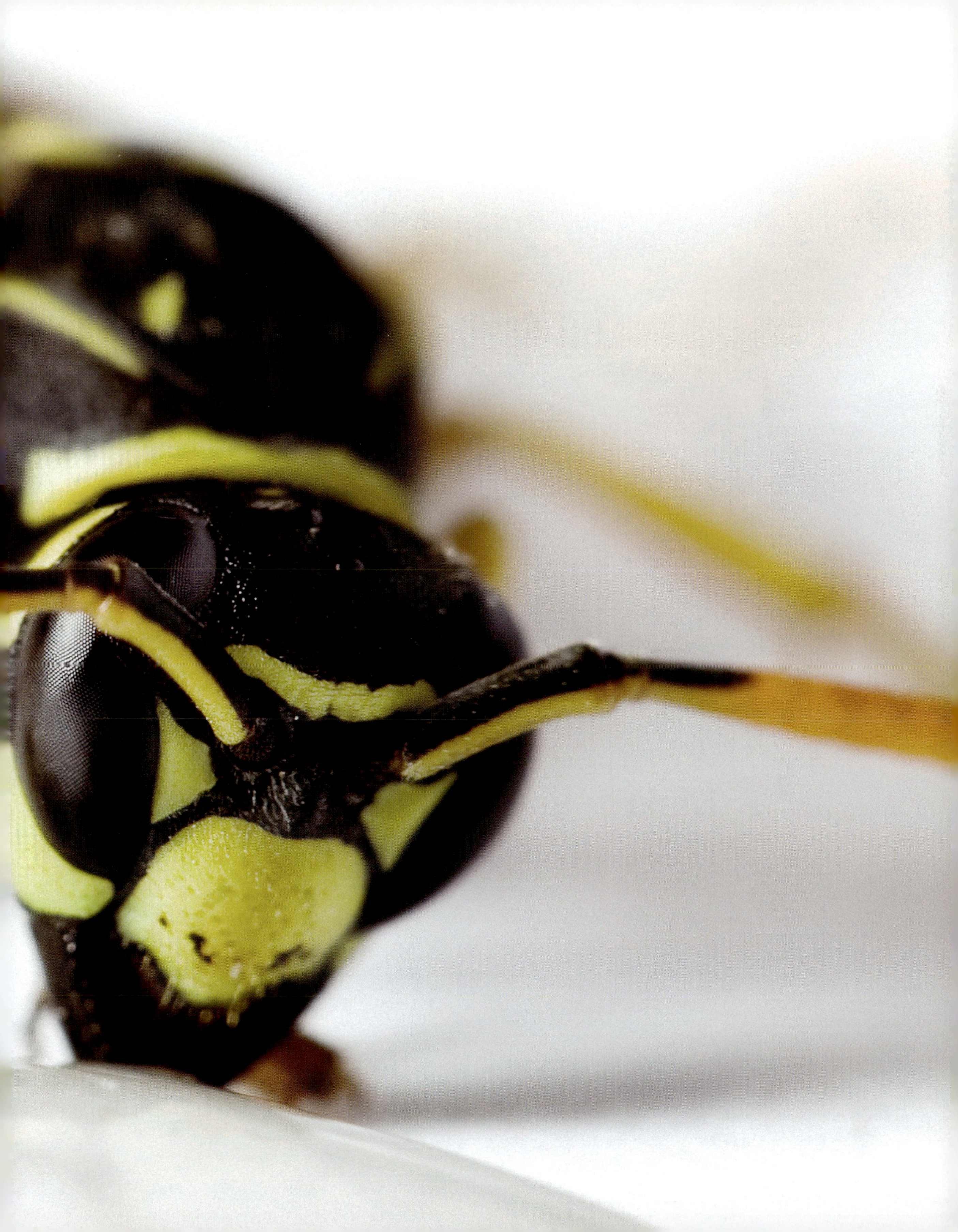

AUFNAHMEDATEN	
Brennweite	150 mm
Belichtung	1/500 s
Blende	f/5,6
ISO	200

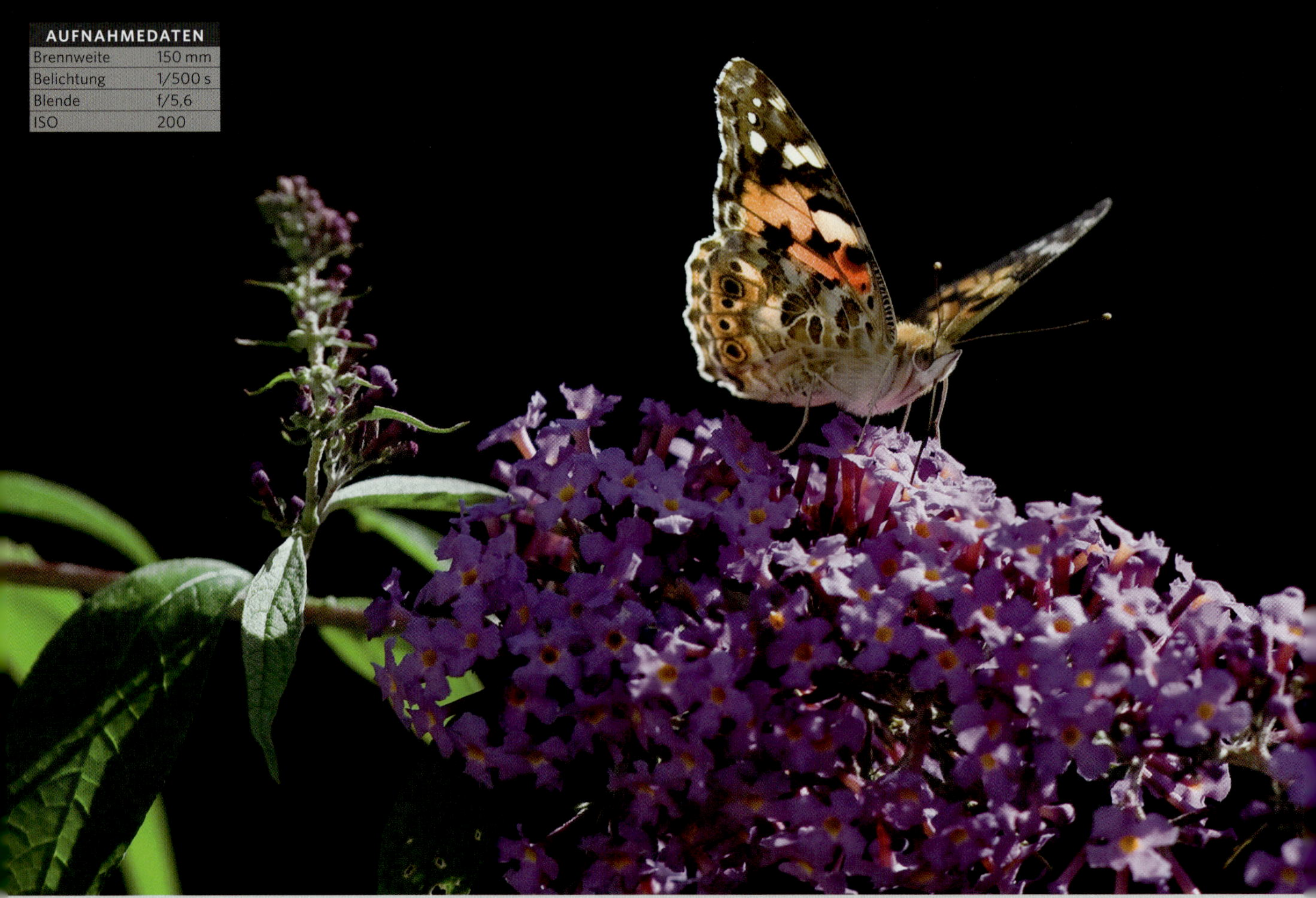

Solche eindrucksvollen Bilder machen Sie bereits mit der Makrofunktion einer Kompaktkamera.

5 Makro- und Nahaufnahmen

Wer schon mal durch ein Mikroskop oder durch eine starke Lupe kleine Motive betrachtet hat, kennt das Gefühl: Scheinbar vertraute Dinge erhalten in der Vergrößerung eine völlig neue Ausdruckskraft. Hier geht es natürlich nicht um Einzeller oder Amöben, die man nur in x-facher Vergrößerung sehen kann. Hier geht es vielmehr um Motive, deren Detailreichtum man mit bloßem Auge nicht oder nur schwer erkennen kann. Aufgrund dieser neuen Faszination an eigentlich längst Bekanntem erfreut sich die Nah- und Makrofotografie so großer Beliebtheit.

■ Bei Nahaufnahmen geht es um die vergrößerte Darstellung von Dingen und Details, die zu klein sind, um sie auf den ersten Blick als lohnendes Fotomotiv zu erkennen, oder die innerhalb eines Bildes eher schmückendes Beiwerk als Hauptmotiv oder Blickfang sind. Die Nahfotografie erschließt neue Welten, wenn plötzlich eine einzelne Blüte mit ihren Blättern und Staubgefäßen ins Zentrum des Blicks rückt. Der in der Nahaufnahme geübte Fotograf hat einen Blick für solche Motive, löst sie mit der Kamera aus ihrem Kontext und stellt ihnen die gesamte Fläche des Bildes zur Verfügung. Sobald die Motive noch kleiner werden, sodass man ihre Details mit bloßem Auge nicht mehr erkennen kann, kommt man von der Nah- zur Makrofotografie. Hier sollten Sie die Möglichkeiten Ihrer Kamera genau kennen.

Winziges im Mittelpunkt

Das ist mit einfachen Kameras und ohne Spezialzubehör nur in einem begrenzten Rahmen möglich, weil für die Objektive von digitalen und analogen Kameras bestimmte physikalische Grenzen gelten und man die Kamera nur bis zu einer gewissen Entfernung an ein Motiv heranbringen kann. Lesen Sie in der Beschreibung Ihrer Kamera bzw. des Objektivs nach, wie klein die Naheinstellgrenze, also die kleinstmögliche Entfernung zum Motiv, ist. Die Nahfotografie ist mit nahezu jeder Digitalkamera ohne besonderes Zubehör machbar. Einfache Makroaufnahmen z. B. von Insekten sind mit einer guten Kompaktkamera meistens auch noch kein Problem, wenn die Kamera über ein Makroaufnahmeprogramm, verdeutlicht durch ein Blumensymbol, verfügt. Möchten Sie aber nicht nur die auf einer Blüte sitzende Fliege, sondern einzelne Facetten ihrer Augen deutlich in den Aufnahmen darstellen, benötigen Sie je nach Kameratyp unterschiedliches Spezialzubehör wie Nahlinsen, Zwischenringe, Spezialobjektive oder Balgengeräte.

AUFNAHMEDATEN	
Brennweite	150 mm
Belichtung	0,8 s
Blende	f/8
ISO	100

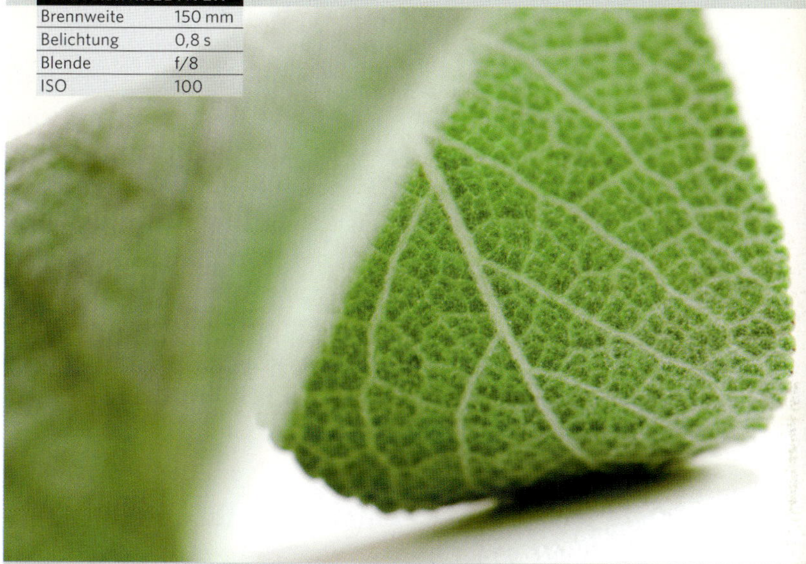

Interessante Strukturen finden sich fast überall. Dieses Salbeiblatt lag unbeachtet in der Küche - mehr braucht man nicht für eine spannende Nahaufnahme.

AUFNAHMEDATEN	
Brennweite	55 mm
Belichtung	1/15 s
Blende	f/5,6
ISO	400

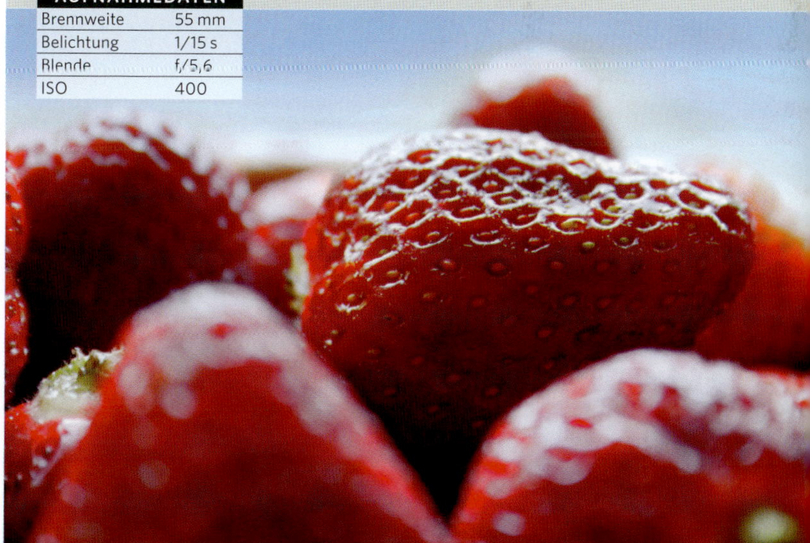

Der Rot-Blau-Farbkontrast lässt sich einfach durch einen hellblauen Hintergrund wie z. B. einen Karton oder Tonpapier herstellen. Durch die knappe Schärfentiefe wird der Blick auf eine einzige Erdbeere gelenkt.

Kreative Makroprojekte

Nah- oder Makroaufnahmen sind reizvolle Blickfänge für die unterschiedlichsten Gelegenheiten. Aus einer Rosenblüte wird schnell ein Motiv für eine Geburtstags- oder Hochzeitskarte. Aus einer Fotosammlung von Strandblumen kann ein Kalender entstehen. Auch ein individueller Desktophintergrund ist mit Makroaufnahmen möglich. Wenn Ihre Kamera über 6 Megapixel oder mehr verfügt, können Sie Ihre gelungensten Makroaufnahmen auch sehr gut als Vergrößerung ausgeben lassen.

Mit einfachen Motiven üben

Was fällt Ihnen zum Stichwort Nahaufnahme ein? Viele denken vermutlich sofort an stimmungsvolle Bilder von traumhaft zarten Blüten, an Schmetterlinge oder auch an Details eines menschlichen Gesichts. Für die ersten Schritte in der Nah- und Makrofotografie sind Blumen und Blüten am besten geeignet. Zunächst strahlen viele Blüten eine ganz natürliche Ästhetik aus. Zudem lassen sie sich in jeder beliebigen Umgebung arrangieren und bewegen sich nicht, wenn nicht gerade der Wind über die Pflanzen hinwegstreicht. Außerdem werden Sie beim Fotografieren sehr schnell die Probleme kennenlernen, die sich aus den unterschiedlichen Formen, den verschiedenen Strukturen und der Tiefenausdehnung ergeben. Sie werden sehen, wie schwierig es sein kann, genügend Schärfentiefe zu erzielen, um eine Blüte in ihrer Dreidimensionalität zu erfassen, eine kunstvolle Beleuchtung zu arrangieren und den richtigen Bildausschnitt für gekonnte

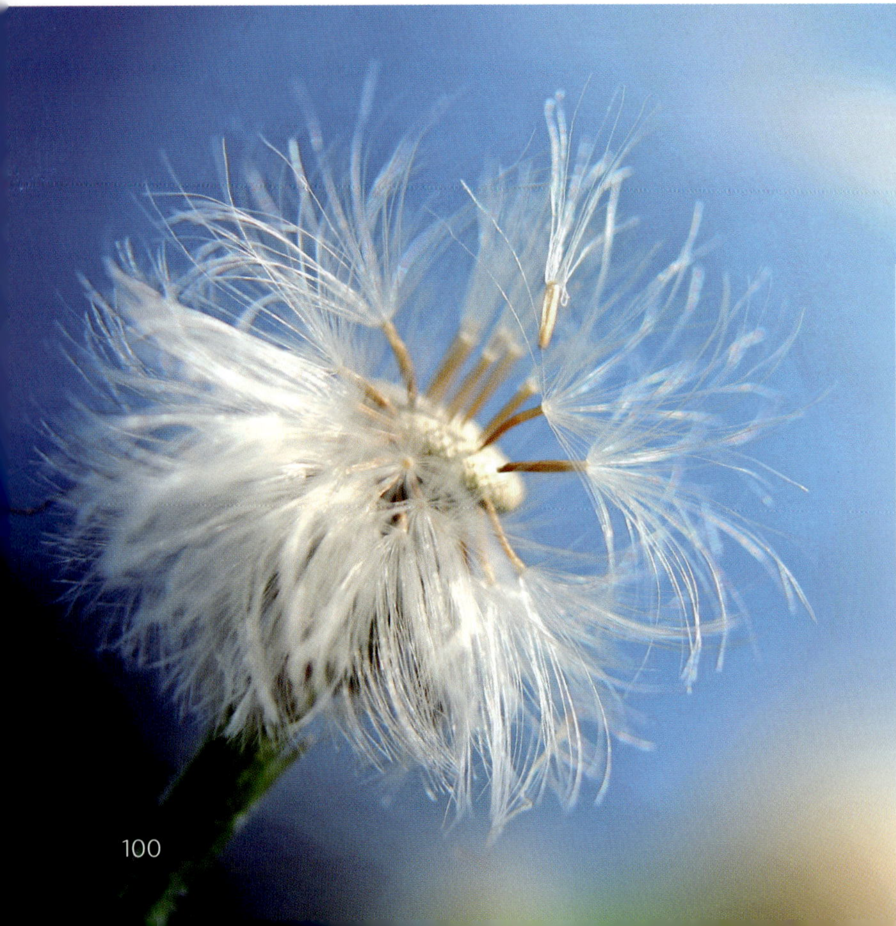

i

REFLEKTOREN GEZIELT EINSETZEN

Ein Reflektor dient nicht nur dazu, Licht zu streuen und die Ausleuchtung weicher zu gestalten. Im Freien ist eine an einem Stativ befestigte Styroporplatte ebenfalls ein guter Windschutz. Je zarter Motive wie z. B. Gartenblumen oder dieser Löwenzahn sind, desto eher führen auch leichte Windstöße zu ungewollter Bewegungsunschärfe.

Gestaltungen auszuwählen. Die Tipps in diesem Kapitel helfen Ihnen jedoch, diese Schwierigkeiten der Nah- und Makrofotografie in den Griff zu bekommen.

Tipps für Nahaufnahmen

Wenn Sie noch keine Erfahrung in der Nahfotografie haben, suchen Sie sich zunächst ein paar geeignete Objekte. Das können Münzen, Miniatureisenbahnen, Früchte oder Blumen sein, bei denen Sie zum Fotografieren nah herangehen müssen. Möchten Sie den Ratschlag befolgen, zunächst mit ein paar Blumen zu üben – selbst nicht so perfekte Fotos exotischer Blüten können als 20-x-30-Ausdruck toll wirken –, wagen Sie sich am besten an größere Blüten. Um einen Blick für Hintergründe, Strukturen und einen vorteilhaften Bildausschnitt zu entwickeln, sind flächige Blüten am besten geeignet.

Stellen Sie Ihre Kamera entweder auf den Automatik- oder, falls vorhanden, auf den Makromodus ein und fotografieren Sie die Blüte zunächst frontal aus relativ geringer Entfernung. Achten Sie darauf, einen passenden Hintergrund zu wählen. In den meisten Fällen beginnt der Makrobereich bei etwa 30 cm. Mit guten Objektiven können Sie auf bis zu 5 cm an Ihr Motiv herangehen. Viele Kameras passen auch die automatische Scharfstellung, den Autofokus, an das Makroprogramm an und bieten Ihnen dann nur im Makrobereich der Kamera eine passende Scharfstellung. Das ist eine gute Hilfe, denn wenn Sie zu weit weg sind, kann die Kamera nicht scharf stellen.

Besser mit Stativ

Sie werden sehen, dass für die Wahl des Bildausschnitts und zum Ruhighalten der Kamera ein Stativ eine große Hilfe ist. Die Gefahr zu verwackeln ist bei Nahaufnahmen sehr hoch, wenn Sie aus der Hand fotografieren – es sei denn, Ihre Kamera bietet einen Bildstabilisator, der das leichte Verwackeln kompensiert. Fotografieren Sie die Blüte frontal, spielt die Schärfentiefe nur eine geringe Rolle, denn die Blüte liegt mehr oder weniger parallel zur Sensorebene. Es kommt hier mehr darauf an, auf Beleuchtung, Bildausschnitt und Hintergrund, falls sichtbar, zu achten. Wenn Sie im Freien arbeiten, liefert die Sonne Licht. Fotografieren Sie drinnen, stellen Sie die Blumen am besten neben ein Fenster. Das einfallende Licht beleuchtet die Blumen so sanft von der Seite. Falls die im Schatten liegende Seite zu dunkel ist, stellen Sie einen Spiegel oder eine weiße Fläche (Karton, Styropor) auf, um das Fensterlicht in die Schatten zu reflektieren.

Problematische Schärfentiefe

Drehen Sie für eine zweite Aufnahmereihe die Blüte so, dass sie nicht mehr parallel zur Sensorebene steht. Sehen Sie sich im Sucher oder auf dem Bildschirm genau an, wo der schärfste Punkt auf der Blüte liegt, und machen Sie ein paar Aufnahmen mit unterschiedlicher Fokussierung. Wenn Ihre Kamera es erlaubt, sollten Sie manuell fokussieren, um z. B. auch auf einen Bereich außerhalb der Bildmitte scharf zu stellen.

AUFNAHMEDATEN	
Brennweite	150 mm
Belichtung	1/100 s
Blende	f/7,1
ISO	100

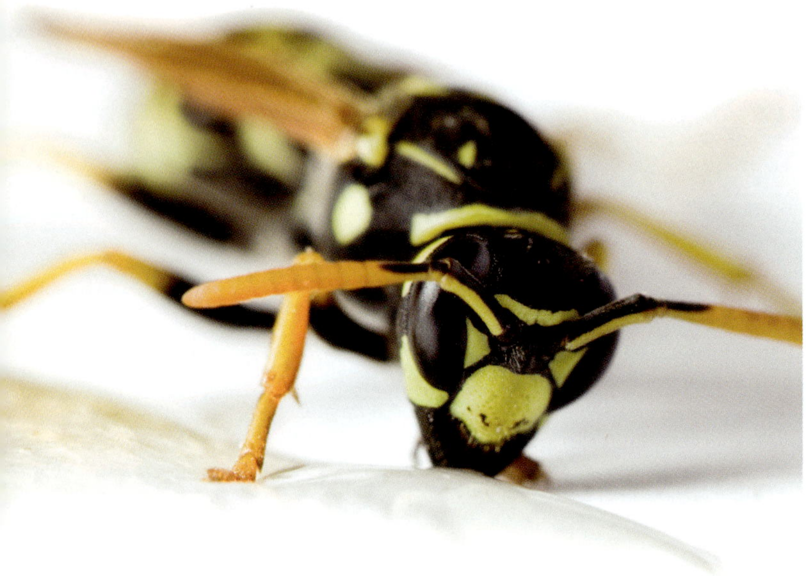

Die bei Nah- und Makroaufnahmen beschränkte Schärfentiefe kann man sehr gut zur Gestaltung einsetzen und räumliche Tiefe in ein Bild bringen. Der Betrachter weiß aus Erfahrung: Was weiter entfernt ist, ist unschärfer.

Bildgestaltung und Ausleuchtung sind die Schlüssel zu einer guten Nahaufnahme. Selbst ein so triviales Motiv wie zwei Blätter können interessant arrangiert werden. Helle Bereiche befinden sich in der Bildmitte, die Blattkante teilt das Motiv im Goldenen Schnitt, das hintere Blatt ist unscharf und bringt Tiefe ins Bild.

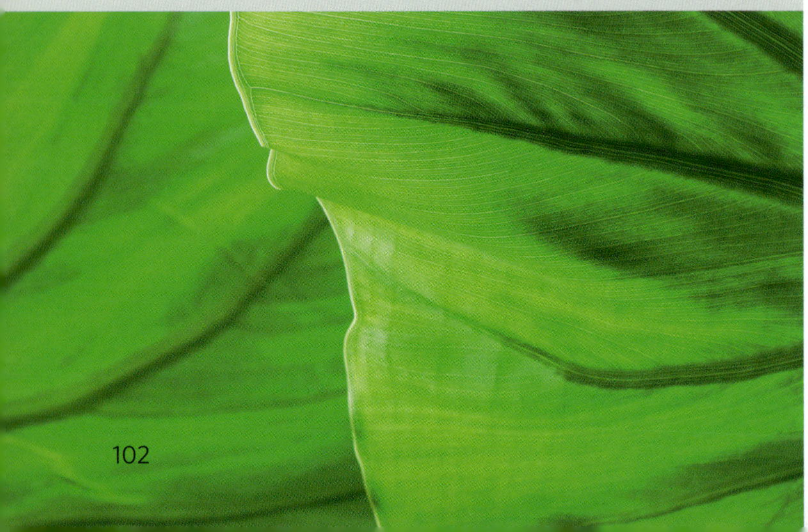

Wenn Sie die Fotos der zweiten Aufnahmereihe am Computer kontrollieren, werden Sie sehen, wie gering die Schärfentiefe bei Nahaufnahmen ist.

Zusätzliche Lichtquelle einsetzen

Haben Sie Ihre Kamera auf das Aufnahmeprogramm für Nah- und Makroaufnahmen gestellt, steuert sie die Werte für Blende und Verschlusszeit mithilfe des internen Belichtungsmessers automatisch. Ist nicht genügend Licht vorhanden, wird je nach Kameramodell auch der Blitz zugeschaltet. Das kann aus ästhetischer Sicht danebengehen, weil der Blitz von vorn die Motive ziemlich abflachen lässt und starke Schlagschatten erzeugt. Besser ist es, mit einer zusätzlichen Lichtquelle zu arbeiten, die das Motiv von der Seite beleuchtet. Schalten Sie dann die Belichtungsautomatik ab und wählen Sie ein manuelles Aufnahmeprogramm, bei dem Sie Blende und Verschlusszeit selbst auswählen müssen.

Motive richtig ausleuchten

Die schönsten Nah- und Makroaufnahmen entstehen, wenn nicht nur das Motiv und die Bildgestaltung, sondern vor allem auch das Licht stimmt. Allein viel Licht von oben oder von der Seite reicht für gute Bilder selten aus. Ein Motiv muss so ausgeleuchtet werden, dass alle Details sichtbar sind, trotzdem aber die Plastizität eines Objekts durch den Wechsel von Licht und Schatten, hellen und dunklen Partien verdeutlicht wird. Winzige Spitzlichter können zusätzlich für Stimmung sorgen. Wenn Sie ein detailreiches und sich in die Tiefe erstreckendes Objekt direkt von oben oder von vorn mit einem Blitz oder einer Lampe anstrahlen, flachen seine Strukturen ab. Die räumliche Tiefe des Objekts lässt sich so nicht in den zweidimensionalen Raum eines Fotos transportieren. Erst Schatten modellieren Oberflächen. Machen Sie Ihre Nah- und Makrofotos also zunächst mit einer schräg seitlich positionierten Lichtquelle. Ob Sie ein Blitzlicht, einen Strahler oder das Tageslicht verwenden, ist dabei zweitrangig. Das Kernproblem bei einer seitlichen Lichtquelle ist, dass die dem Licht abgewandte Seite des Motivs je nach Umgebungshelligkeit im Schatten liegt und Sie die Schatten aufhellen müssen.

Mit Reflektoren aufhellen

Arbeiten Sie in diesem Fall für eine weichere und gleichmäßigere Ausleuchtung mit Reflektoren. Ein Spiegel oder eine mit Alufolie bespannte Fläche wirft das Licht von der gegenüberliegenden Lichtquelle zurück und erhellt so im Schatten liegende Bildteile. Falls Sie das vom Reflektor zurückgeworfene Licht noch weicher gestalten möchten, verwenden Sie anstelle einer glänzenden Fläche eine weiße Styroporplatte oder eine andere weiße Fläche (z. B. ein Blatt Papier).

DIFFUSES LICHT DURCHS NORDFENSTER

Fotografieren Sie im Haus, können Sie das durch ein Nordfenster hereinfallende Licht nutzen. Dieses Licht ist diffus, weil die Sonne nicht direkt ins Fenster scheint. An trüben Tagen ist das Licht besonders weich. Es lässt sich zusätzlich aufweichen, indem Sie das Fenster mit Backpapier verkleiden. In jedem Fall verursacht das Licht eines Nordfensters sehr sanfte Schatten, die bei Nah- und Makromotiven besonders eindrucksvoll wirken.

Motive formatfüllend erwischen

Haben Sie schon einmal versucht, spielende Kinder oder einen herumtollenden Hund zu fotografieren? Immer wenn man sein Motiv gerade in der Schärfe hat, bewegt es sich vom Fleck, und man kann mit dem Scharfstellen von vorn beginnen. Arbeiten Sie mit größeren Motiven, lässt sich die Problematik etwas abschwächen, indem Sie mit Weitwinkel und kleiner Blende für mehr Schärfentiefe arbeiten. Diese Möglichkeiten haben Sie in der Nah- und Makrofotografie praktisch nicht. Hier heißt es, nah heranzugehen und mit längeren Brennweiten zu fotografieren, um kleine und winzige Motive formatfüllend zu erwischen.

Fokuspunkt exakt festlegen

Insekten und andere kleine Lebewesen können sich mit erstaunlicher Geschwindigkeit bewegen. Deshalb sollten Sie den Fokuspunkt, an dem Sie die Tiere fotografieren möchten, zuvor exakt manuell festlegen. Arbeiten Sie hierbei mit Stativ und zusätzlich am besten mit Fernauslöser, um die Kamera beim Auslösen nicht mehr zu berühren. Ebenfalls hilfreich ist ein Einstellschlitten, mit dem die Kamera zum Fokussieren millimetergenau vor- und zurückbewegt werden kann, ohne die Fokussierung an der Kamera verändern zu müssen. Schrauben Sie die Kamera auf ein Stativ und legen Sie mithilfe des Monitors oder Suchers den Bildausschnitt fest. Fokussieren Sie anschließend auf den Punkt, an dem das Motiv festgehalten werden soll. Zur Kontrolle der Belichtungswerte sollten Sie einige Aufnahmen machen und diese anschließend sofort auf dem Display überprüfen. Für große Schärfentiefe empfiehlt es sich, mit kleiner Blende zu arbeiten oder das Makro-/Nahprogramm der Kamera

AUFNAHMEDATEN

Brennweite	135 mm
Belichtung	1/60 s
Blende	f/11
ISO	400

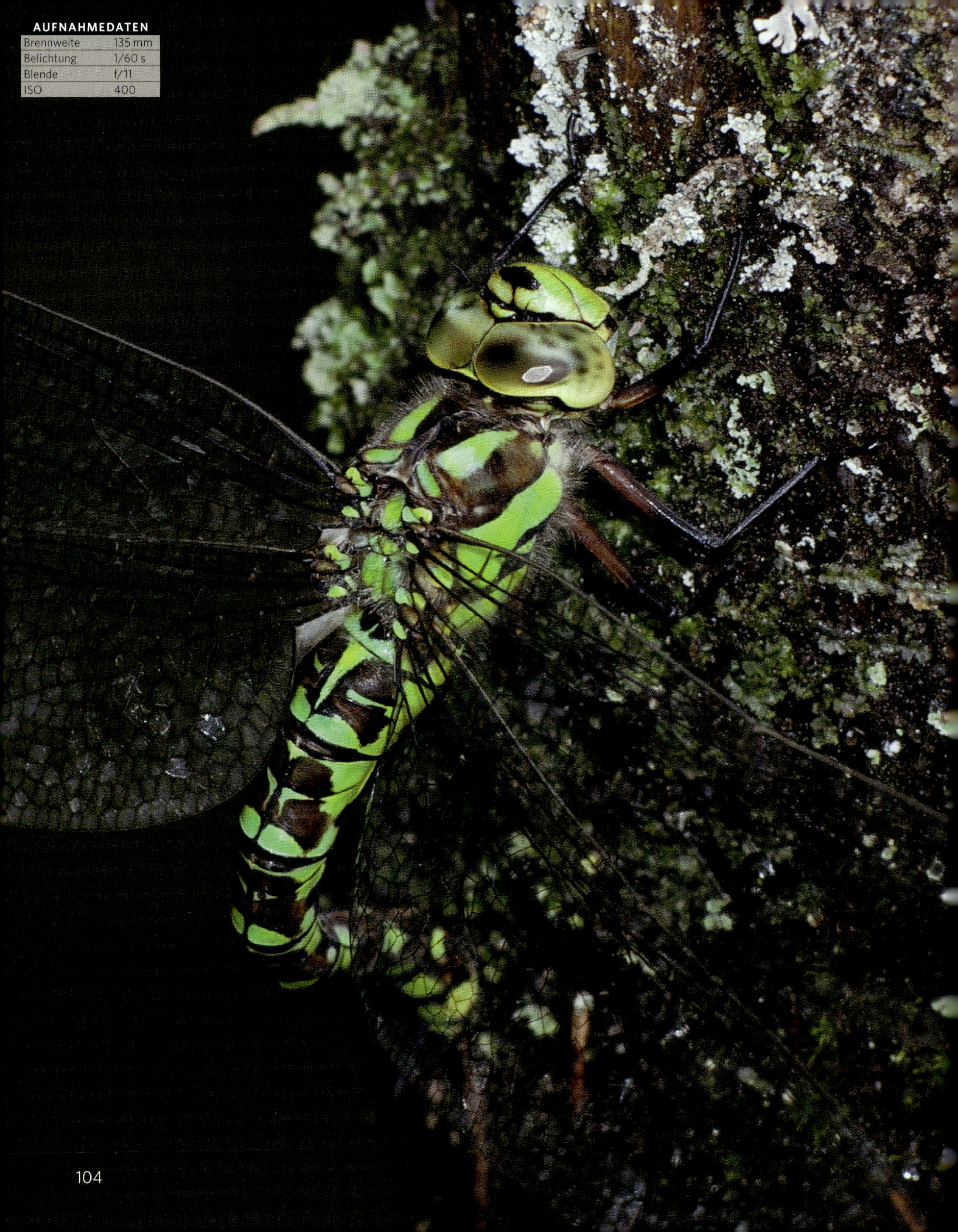

einzustellen. Sind die Aufnahmen zu hell oder zu dunkel, verändern Sie die Belichtung entsprechend.

Ultrakurze Verschlusszeiten

Bei Motiven, die sich schnell bewegen, müssen Sie mit sehr kurzen Verschlusszeiten (1/250 Sekunde und weniger) arbeiten, um die Motive in ihrer Bewegung „einzufrieren". Kurze Verschlusszeiten erfordern relativ weit geöffnete Blenden, um noch genügend Licht auf den Sensor fallen zu lassen. Hierdurch wird die Schärfentiefe wieder reduziert. Ein Kompromiss aus möglichst kurzer Verschlusszeit und kleiner Blende ist also notwendig, um ein Optimum aus der Aufnahme eines Motivs in Bewegung herauszuholen. Abhilfe schafft hier entweder eine geeignete Lichtquelle oder die Erhöhung der Empfindlichkeit (ISO).

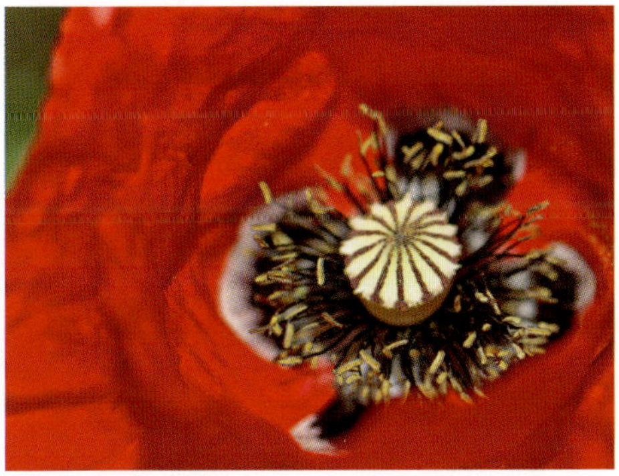

Blüten sind dankbare Motive, mit denen man sehr gut die Schärfentiefe bei unterschiedlichen Blenden und Brennweiten erkunden kann. Diese Erfahrung ist wichtig, um bewusste Entscheidungen bei der Bildgestaltung treffen zu können.

Links: So eine Aufnahme kann man kaum planen. Denn auch wenn man den Fokus zuvor manuell festlegt und auf die Libelle wartet, muss man in den meisten Fällen noch schnell nachjustieren. Machen Sie sich deshalb mit Ihrer Kamera vertraut und lernen Sie, wie man schnell den Fokus manuell anpasst.

Systemzubehör für Nahmotive

Nah- und Makroaufnahmen gelingen in den meisten Fällen nur mit einem Stativ wirklich gut. Mit einem stabilen Dreibeinstativ wird es einfacher, exakt auf das Hauptmotiv zu fokussieren. Weil für maximale Schärfentiefe kleine Blenden nötig sind, die durch relativ lange Verschlusszeiten von der Kameraautomatik kompensiert werden, verhindert ein Stativ - am besten in Kombination mit Fern- oder Selbstauslöser -, dass Sie Ihre Aufnahmen verwackeln.

Mit Nahlinsen ran ans Motiv

Viele digitale Kompaktkameras lassen sich bis auf wenige Zentimeter vor ein Motiv halten, wodurch in Kombination mit einer langen Brennweite für Fotos von nur zentimetergroßen Lebewesen kein Zubehör notwendig ist. Besitzen Sie eine Kamera, die keine solche Annäherung erlaubt, brauchen Sie eine Nahlinse, die ins Filtergewinde des Objektivs geschraubt wird. Hat Ihr Objektiv kein Filtergewinde, fragen Sie Ihren Fachhändler nach einer speziellen Filterhalterung,

i

KONTROLLE DER HELLIGKEITSVERTEILUNG

Das Histogramm ist die zuverlässigste Möglichkeit zur Kontrolle der Helligkeitsverteilung. Es zeigt in einer Grafik, ob die aufgenommenen Tonwerte innerhalb des von der Kamera erfassbaren Helligkeitsspektrums liegen. Ist eine Aufnahme über- oder unterbelichtet, sind Teile der grafischen Darstellung des Histogramms an den Rändern abgeschnitten.

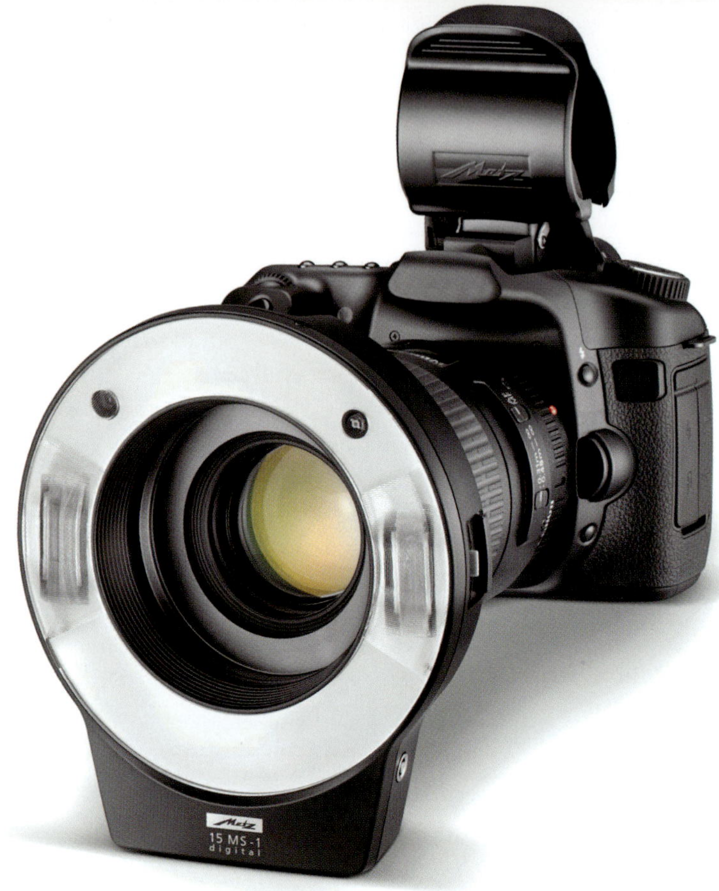

Wer sich sehr intensiv mit der Nah- und Makrofotografie beschäftigt, sollte sich einen speziellen Makro- oder Ringblitz zulegen, um die Ausleuchtung zu perfektionieren. Im Bild ein Modell von Metz, das mit jeder aktuellen Digital-SLR verwendet werden kann.

die am Kameragehäuse angebracht werden kann. Nahlinsen, die relativ günstig im Fachhandel erhältlich sind, wirken wie Vergrößerungsgläser. Sie verringern die mögliche Distanz zwischen Kamera und Motiv. Man erhält Nahlinsen in verschiedenen Stärken, die in Dioptrien angegeben werden. Es lassen sich auch mehrere Nahlinsen miteinander kombinieren. Allerdings wird die Bildqualität durch Farbfehler und Unschärfen deutlich schlechter, je mehr Linsen Sie verwenden. Außerdem kommt es durch die Metallränder der Filter zu Vignettierungen (dunklen Bildecken).

Makrofunktion bei SLR-Objektiven

Besitzer von digitalen Spiegelreflexkameras haben neben den Nahlinsen einige weitere Optionen, um die Ausrüstung zu erweitern. Eine Reihe von Standardzoomobjektiven hat eine zuschaltbare Makrofunktion, um sich den gewünschten Motiven bis auf einige Zentimeter zu nähern. Mit speziellen (und teuren) Makroobjektiven lassen sich Vergrößerungen bis zur Lebensgröße erzielen. Ein Motiv von einem Zentimeter Größe wird also auf einem Sensor in Lebensgröße abgebildet und nimmt auf dem Sensor die gleiche Größe wie in Wirklichkeit ein. Man spricht von einem Abbildungsmaßstab von 1:1. Die Abbildungsqualität von Objektiven, die speziell für Makroaufnahmen konzipiert sind, ist übrigens deutlich besser als die von Allroundoptiken mit zusätzlicher Makrofunktion.

Zwischenringe für SLR-Kameras

Relativ preiswert sind Zwischenringe, die zwischen Kamera und Objektiv montiert werden, aber nur an Spiegelreflexkameras mit Wechselobjektiven verwendet werden können. Zwischenringe sorgen dafür, dass Objektiv und Kamera nach wie vor miteinander kommunizieren und automatische Belichtung und Autofokus wie gewohnt funktionieren. Die Ringe gibt es in verschiedenen Stärken. Je dicker sie sind, desto größer ist der Abbildungsmaßstab. Man kann die Ringe miteinander kombinieren, die Abbildungsqualität wird dadurch jedoch nicht beeinträchtigt. Allerdings schlucken Zwischenringe Licht, wodurch sich die Belichtungszeit verlängert oder größere Blenden benötigt werden.

Balgengeräte und Umkehrringe

Spiegelreflexkameras können für die Nah- und Makrofotografie auch mit Balgengeräten und Umkehrringen ausgerüstet werden. Balgengeräte arbeiten nach dem gleichen Prinzip wie Zwischenringe, man kann die Entfernung zwischen Objektiv und Kamera jedoch stufenlos einstellen. Mit einem Umkehrring, der an einer Seite einen Anschluss für das Objektiv, an der anderen einen Kameraanschluss hat, kann man seine Objektive umgekehrt an einer Kamera anbringen. Das Objektiv wirkt dann wie ein Vergrößerungsglas. Dadurch bleibt die Abbildungsqualität des Objektivs erhalten. Gute Umkehrringe sind so ausgestattet, dass die Kommunikation zwischen Kamera und Objektiv weiterhin möglich ist. Bei einfachen Modellen werden Belichtungswerte und Fokussierung von Hand eingestellt.

Objektivempfehlung

Wer gute Nahaufnahmen machen möchte, braucht auch ein gutes Objektiv. Das heißt nicht, dass man dazu unbedingt mit einer Spiegelreflexkamera arbeiten muss. Auch mit einer guten Kompaktkamera mit vernünftiger Linse kann man großartige Ergebnisse erzielen. Schärfe, Kontraste und Farben müssen passen, was zum großen Teil von der Güte der Gläser abhängt. Wer mit einer SLR fotografiert, sollte für qualitativ herausragende Bilder mit einer speziellen Makrofestbrennweite arbeiten. Je länger die Brennweite, desto größer ist die Distanz, die man zu einem Motiv einhalten kann. Gerade bei Insekten ist die Fluchtdistanz (die Entfernung, ab der die Tiere flüchten) ein wichtiger Faktor. Auch mit einem makrotauglichen Standardzoom kann man gute Aufnahmen zustande bringen. Dennoch, richtig nah heran kommt man nur mit Spezialoptiken bzw. entsprechendem Nahzubehör. Und die Schärfe ist dann ebenfalls deutlich besser.

OBJEKTIVEMPFEHLUNG	
Blüten, große Insekten (Größe ca. 10 cm)	• Makroobjektiv, Festbrennweite (50 bis 200 mm) • Festbrennweite mit Zwischenringen oder Balgen • Standardzoom mit geringer Naheinstellgrenze (50 bis 200 mm) • Standardzoom mit Nahlinse
Kleine Insekten und Strukturen (Größe ca. 5 cm und weniger)	• Makroobjektive, Festbrennweite (80 bis 200 mm) • Festbrennweite mit Zwischenringen oder Balgen • Festbrennweite mit Nahlinse • Standardzoom mit Zwischenringen oder Balgen

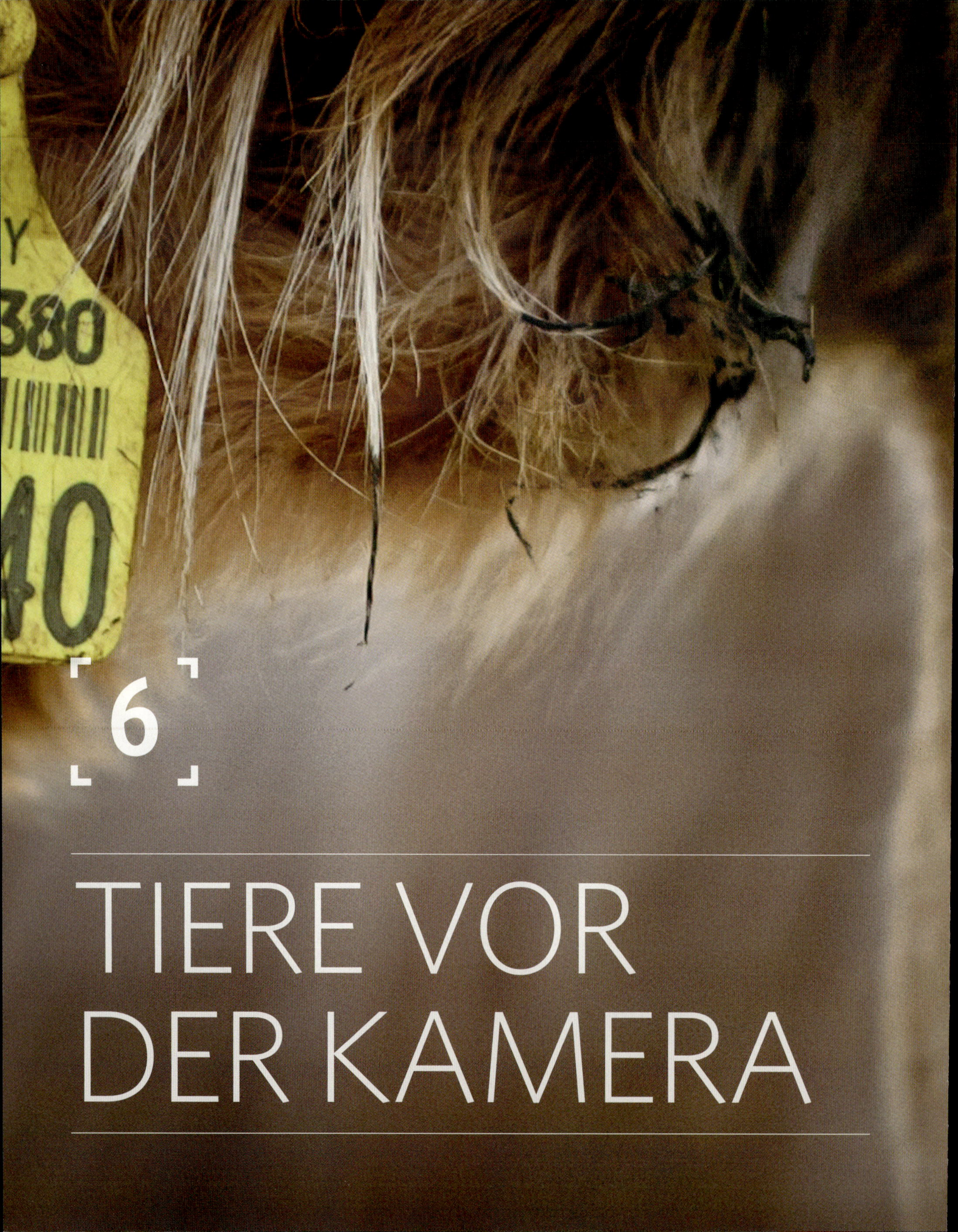

6

TIERE VOR DER KAMERA

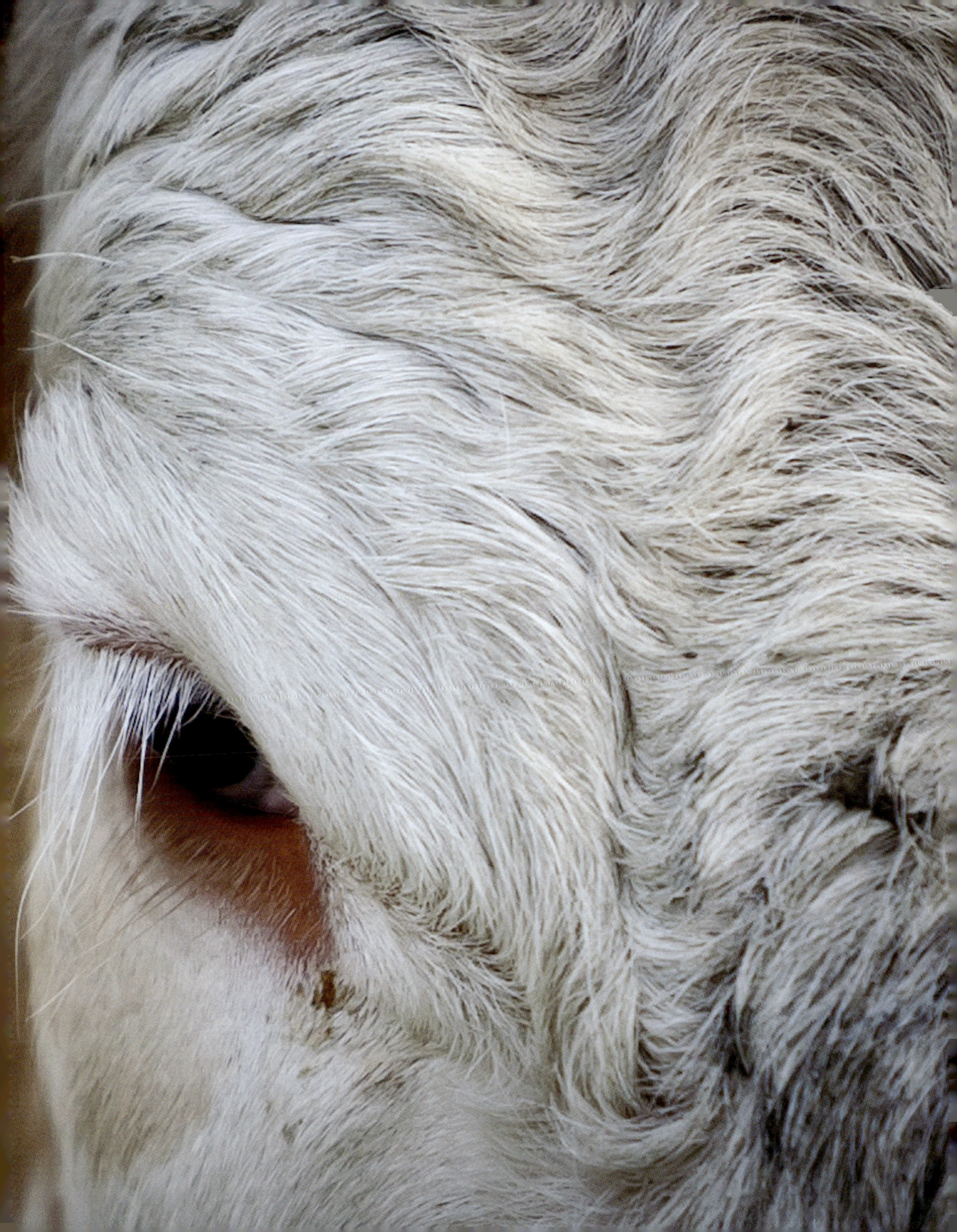

AUFNAHMEDATEN	
Brennweite	70 mm
Belichtung	1/320 s
Blende	f/5,6
ISO	100

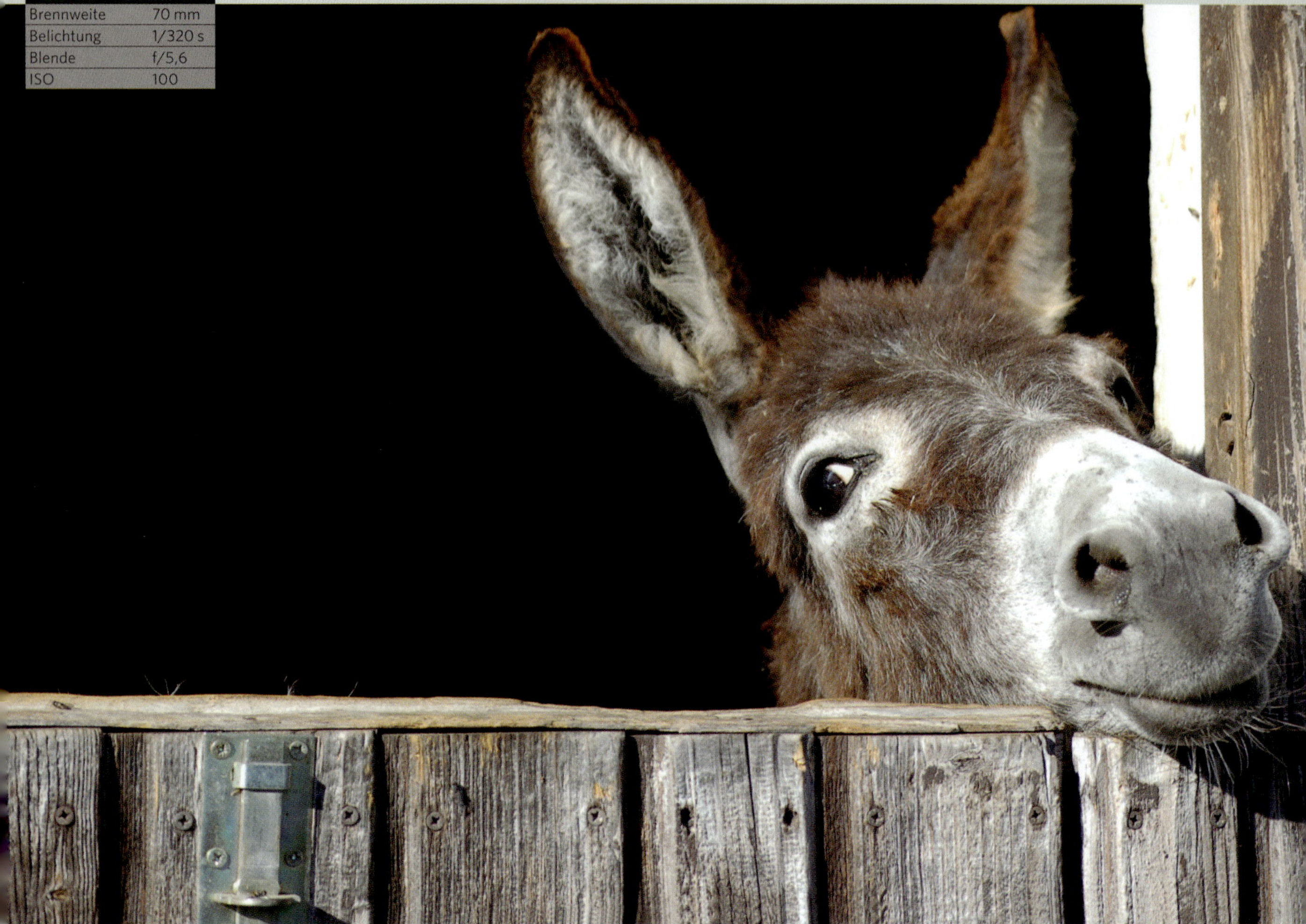

Der Blick in die Kamera, das Auge im Goldenen Schnitt, der Stall als Rahmen im Bild – besser kann ein Tierporträt kaum sein.

6 Tiere vor der Kamera

Tierbilder sind immer ein Blickfang im Portfolio eines Hobbyfotografen – allerdings nur dann, wenn die Aufnahmen wirklich gut geworden sind. Denn da man heute einer wahren Flut an netten Tierbildern im Internet begegnet, müssen die eigenen Fotos schon etwas besser als gefällige Schnappschüsse werden. Wenn Sie schon einmal selbst versucht haben, Ihre Haustiere zu fotografieren, kennen Sie die größten Probleme vermutlich schon. Schnelle Bewegungen, Fluchtreaktionen, zu wenig oder zu viel Licht, ein unpassender Hintergrund, dazu technische Probleme mit dem Autofokus – es gibt viel zu beachten.

Bildgestaltung und Timing

■ Nach den ersten eigenen Versuchen in Sachen Tierfotografie fragt man sich, wie die professionellen Fotografen und Tierfilmer ihre Aufnahmen hinbekommen haben. Fliegende Vögel, springende Raubkatzen und vorbeiflitzende Fische sind der Lohn harter Arbeit von Profis, die viel Zeit und Geld in diesen Bereich der Fotografie stecken. Die tollen Aufnahmen von Wildtieren werden vielfach mit Extrembrennweiten oder versteckten Kameras mit Fernauslöser gemacht. Denn auch die Profis kommen schon aus Sicherheitsgründen nicht bis auf wenige Zentimeter an Löwen, Elefanten oder Krokodile heran. Das bedeutet aber keineswegs, dass gute Tieraufnahmen nur mit einer teuren Ausrüstung und wochenlangen Wanderungen in freier Wildbahn möglich sind.

Tiere in ihrer Umgebung

Es ist natürlich eine Tatsache, dass eine schnelle Spiegelreflexkamera mit Topobjektiven und deren professionelle Bedienung die Ausbeute an zumindest technisch gelungenen Fotos erhöhen kann. Den ästhetischen Wert eines Tierporträts vermag die Qualität der Ausrüstung nicht automatisch zu beeinflussen, denn für Bildgestaltung und Timing sind allein Sie zuständig. Auch die interessante Umgebung – Elefanten vorm Kilimandscharo, aufspritzende Gischt hinter einer Herde von Seekühen – muss für gute Bilder in den Bildaufbau mit einbezogen werden. Deshalb der wichtigste Tipp zu Beginn: Fotografieren Sie die Tiere in ihrer Umgebung und lernen Sie dabei, Ihre Kamera zu beherrschen und auf die Besonderheiten in der Gestaltung von Tierfotografien zu achten.

AUFNAHMEDATEN	
Brennweite	28 mm
Belichtung	1/15 s
Blende	f/3,5
ISO	200

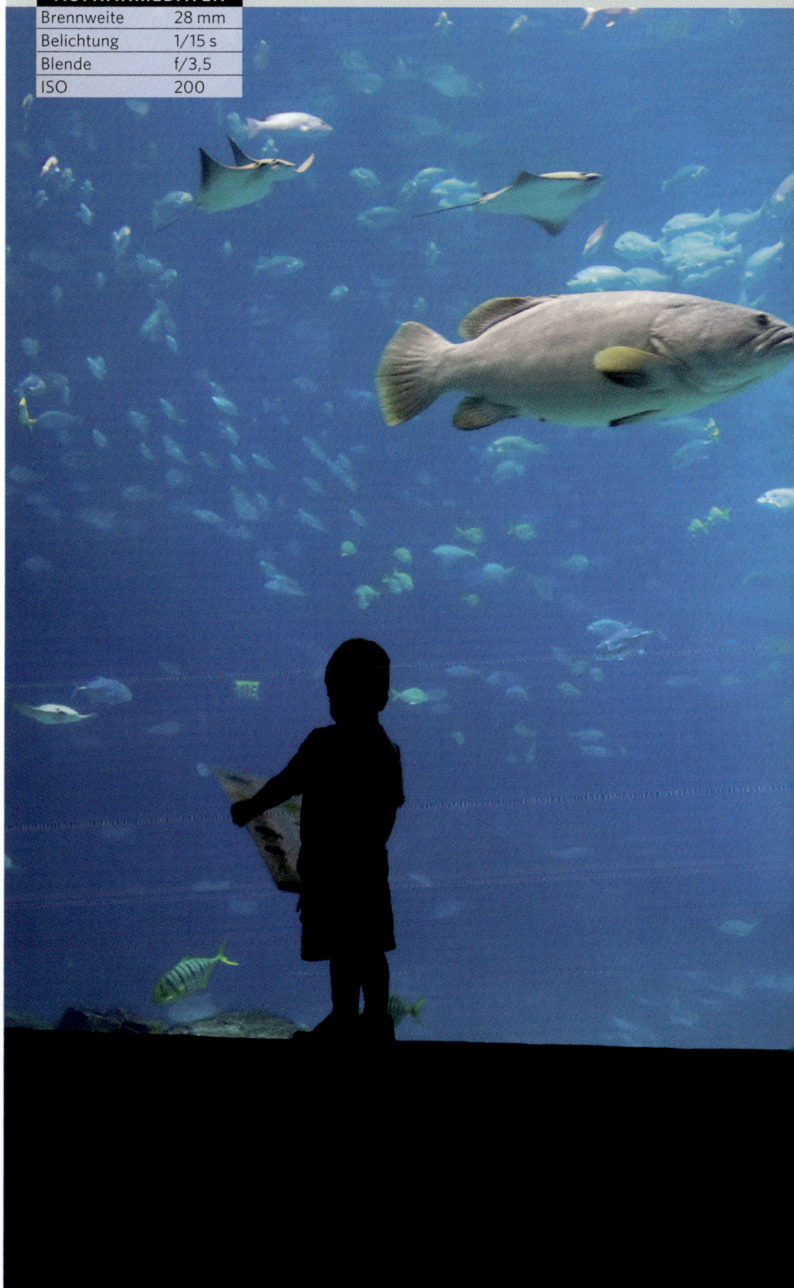

Der Blickfang in der Tiergruppe ist leicht zu erkennen. Der große Fisch ist außerdem das Hauptmotiv, da der kleine Mensch im Vordergrund nur als Silhouette zu erkennen ist. Seine Funktion besteht vor allem darin, die Größe des Fischs zu verdeutlichen.

i

TIERGRUPPEN FOTOGRAFIEREN

Fotografieren Sie Gruppen von Tieren, versuchen Sie, eines der Tiere als Blickfang auszumachen. Das kann z. B. das Tier sein, das als Einziges in die Kamera blickt, den Kopf hebt oder sich farblich von den anderen unterscheidet. Gerade bei relativ unspektakulären Motiven wie einer Herde von Kühen, einem Vogelschwarm oder einem Haufen Ameisen ist es entscheidend, dass Sie dem Betrachter der Bilder einen Anhaltspunkt in Form eines Blickfangs geben.

AUF DIGITALZOOM VERZICHTEN

Verzichten Sie für Tieraufnahmen mit langer Brennweite auf den digitalen Zoom. Die Bildqualität des digitalen Zooms, bei der Bildinformationen nur künstlich vergrößert werden, ist nicht vergleichbar mit der Qualität des echten optischen Zooms. Außerdem kann man Bilder und Bildausschnitte auch später noch am Computer künstlich vergrößern, was bessere Ergebnisse als mit dem Digitalzoom bringt.

Vorzugsweise lange Brennweiten

Mit jeder Art von Digitalkamera lassen sich Tierbilder schießen. Mit einer kleinen Kompaktkamera mit Dreifachzoomobjektiv eine qualitativ hochwertige, formatfüllende Aufnahme eines Löwen in freier Wildbahn zu machen, würde Sie jedoch in Lebensgefahr bringen, da Sie sehr nah an das Tier herangehen müssten. Und die Bildqualität für einen vergrößerten Ausschnitt aus einem Digitalfoto reicht je nach Entfernung zum Motiv gerade mal für Internetbildchen mit niedriger Auflösung.

Wissen um die Fluchtdistanz

Besitzen Sie eine Kamera mit zehn- oder zwölffachem optischem Zoomobjektiv (oder noch größer), mit der Sie Brennweiten zwischen rund 30 und 400 mm (umgerechnet auf das Kleinbildformat) erreichen, sind Sie sehr gut für die meisten Tiermotive zu Hause und im Zoo ausgestattet. Sogar während einer Safari sollten Fotos von Zebras, Elefanten und im Gras liegenden Löwen möglich sein, auch wenn Sie nicht jedes Detail auf den Aufnahmen erkennen werden. Im Tierpark kommen Sie relativ nah an die Tiere heran, die nicht flüchten können und außerdem an den Anblick von Menschen gewöhnt sind. Den Abstand, den Tiere in der freien Natur zwischen sich und dem Menschen tolerieren, nennt man Fluchtdistanz. Das Wissen um die Fluchtdistanz ist sehr wichtig, um zu guten Fotos zu kommen.

Superbrennweite oder Telekonverter

Profis, die mit Spiegelreflexkamera und Wechselobjektiven arbeiten, setzen oft Teleobjektive mit enormen Brennweiten (800 mm und mehr) ein, um die Fluchtdistanz nicht zu unterschreiten. Arbeiten auch Sie mit einer Spiegelreflexkamera, ist der Einstieg in diese Superbrennweiten auf zweierlei Weisen möglich. Entweder kaufen Sie ein entsprechendes Objektiv, was extrem kostspielig ist, oder Sie verwenden zusätzlich zu Ihrem Objektiv mit der längsten Brennweite einen sogenannten Konverter.

Telekonverter für Spiegelreflexsysteme verlängern je nach Ausführung die Brennweite um die Faktoren 1,4 oder 2 oder 3. Motive werden also um den jeweiligen Faktor vergrößert. Zwar kann man Konverter auch kombinieren, die Abbildungsqualität des Objektivs nimmt dann aber spürbar ab. Wie groß der Qualitätsverlust ist, hängt von der Güte des Konverters ab. Zusätzlich zur verringerten Abbildungsqualität benötigen Sie für korrekte Belichtungen mehr Licht, was mit längerer Belichtungszeit oder größeren Blendenöffnungen kompensiert werden muss. Je nach Aufnahmeprogramm geschieht das automatisch oder manuell.

Telekonverter gibt es nicht nur für Spiegelreflexkameras, sondern auch für digitale Kompakte. Eine Kompaktkamera muss allerdings vorn am Objektiv über ein Filtergewinde verfügen, in das der Konverter eingeschraubt wird. In das Gewinde können natürlich auch andere Zubehörteile wie Nahlinsen und Filter geschraubt werden. Am besten fährt man hierbei mit den vom jeweiligen Kamerahersteller empfohlenen Linsen, da sie die Abbildungsqualität nur unmerklich verringern. Billigkonverter, die man immer wieder bei eBay entdeckt, sind üblicherweise sehr schlecht.

Verwackler vermeiden

Neben der mangelnden Schärfe und dem schlechteren Kontrast von Aufnahmen mit Konvertern gibt es ein zweites Problem, das gute Tierfotos aus großer Entfernung schwierig macht. Je länger die Brennweite ist, desto schneller werden Aufnahmen durch Verwackeln unscharf. Wenn Sie weder ein stabiles Stativ einsetzen noch die Kamera irgendwo auflegen können, ist die Wahrscheinlichkeit sehr groß, dass die Fotos unbrauchbar werden. Dazu kommt, dass selbst kleine Bewegungen der Tiere sofort für Unschärfeeffekte sorgen.

Bei einer Weitwinkelaufnahme wäre es möglich, mit einer Verschlusszeit von z. B. 1/30 Sekunde ohne Stativ zu fotografieren. Arbeiten Sie mit einer so langen Verschlusszeit und mit einer Brennweite von 200 mm (bezogen auf das Kleinbildformat) aus der Hand, verwackeln die Aufnahmen garantiert. Auch wenn Ihre Kamera einen Bildstabilisator besitzt, der in der Regel bis zu zwei Belichtungswerte bringt, sind Aufnahmen mit Telebrennweite absolut nicht zu empfehlen.

Faustregel aus der analogen Fotografie

Halten Sie sich trotz des Bildstabilisators an eine Faustregel aus der analogen Fotografie: Für nicht verwackelte Bilder ohne Stativ sollte der umgekehrte Wert der Verschlusszeit in etwa der Brennweite entsprechen. Fotografieren Sie also mit 250 mm

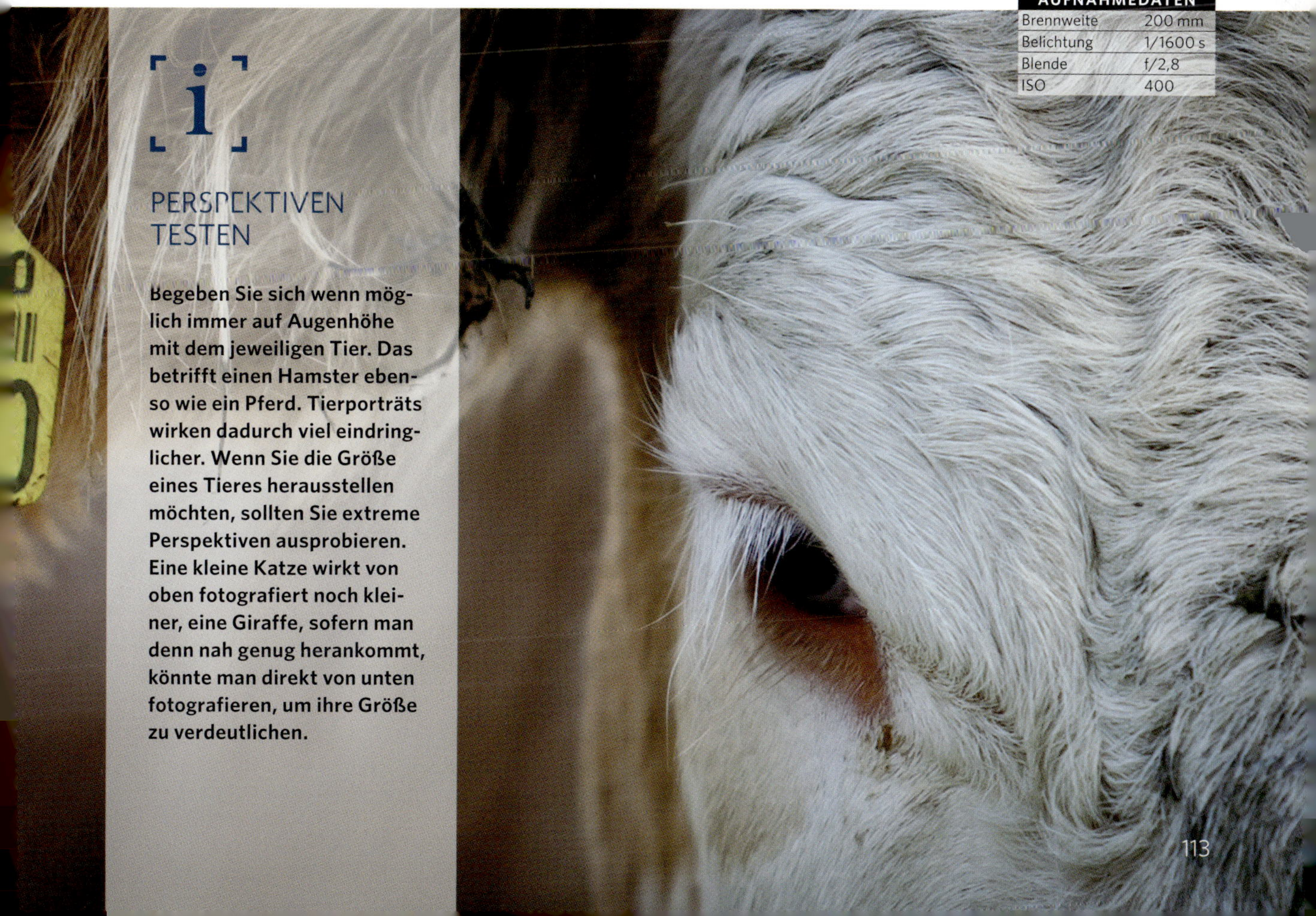

AUFNAHMEDATEN	
Brennweite	200 mm
Belichtung	1/1600 s
Blende	f/2,8
ISO	400

PERSPEKTIVEN TESTEN

Begeben Sie sich wenn möglich immer auf Augenhöhe mit dem jeweiligen Tier. Das betrifft einen Hamster ebenso wie ein Pferd. Tierporträts wirken dadurch viel eindringlicher. Wenn Sie die Größe eines Tieres herausstellen möchten, sollten Sie extreme Perspektiven ausprobieren. Eine kleine Katze wirkt von oben fotografiert noch kleiner, eine Giraffe, sofern man denn nah genug herankommt, könnte man direkt von unten fotografieren, um ihre Größe zu verdeutlichen.

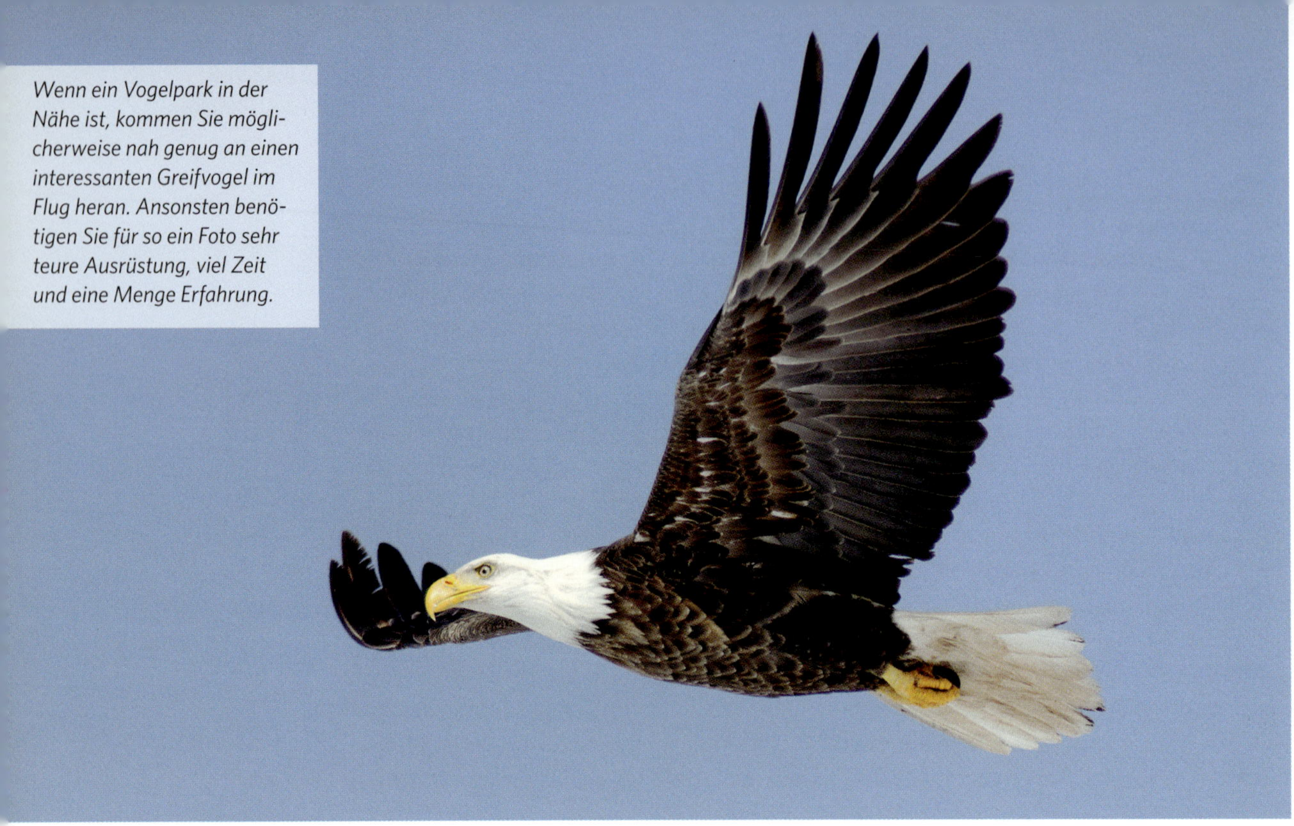

Wenn ein Vogelpark in der Nähe ist, kommen Sie möglicherweise nah genug an einen interessanten Greifvogel im Flug heran. Ansonsten benötigen Sie für so ein Foto sehr teure Ausrüstung, viel Zeit und eine Menge Erfahrung.

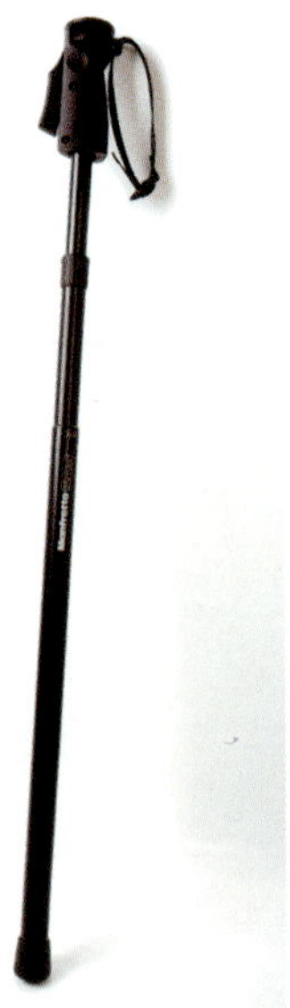

Stative gibt es als Einbein- und Dreibeinmodelle. Für bedächtiges Fotografieren sind Dreibeine besser geeignet. Wenn man oft und schnell den Standort wechseln muss, ist das Einbeinstativ die bessere Wahl.

(bezogen auf das Kleinbildformat), darf die Verschlusszeit höchstens 1/250 Sekunde betragen. Wenn Sie die Verschlusszeit an Ihrer Kamera nicht manuell beeinflussen können, behelfen Sie sich mit dem Aufnahmeprogramm für Sportfotos. Das Sportprogramm setzt bei der Belichtung die Priorität auf kurze Verschlusszeiten und stellt die notwendige passende Blende automatisch dazu ein. Arbeiten Sie mit einer Kamera mit Bildstabilisator, sind in gewissem Rahmen auch längere Verschlusszeiten möglich.

Tierbilder besser mit Stativ

Wenn Sie sich für Tieraufnahmen begeistern und dazu in der Natur unterwegs sind, ist für gestochen scharfe Bilder ein Stativ unverzichtbar. Stative müssen stabil genug sein, um die Digitalkamera sicher und verwacklungsfrei zu tragen. Arbeiten Sie mit einer kompakten und leichten Digitalkamera, genügt schon ein relativ leichtes Stativ, das auch bei längeren Wanderungen kaum behindert. Je schwerer die Ausrüstung ist, desto schwerer muss auch das passende Stativ sein. Sind Sie oft zu Fuß unterwegs und haben eine Spiegelreflexausrüstung mit langen und schweren Teleobjektiven, kann ein entsprechend schweres Stativ schnell zur zusätzlichen Last werden. Es gibt neben den Modellen aus Aluminium auch solche aus Karbon, die bei deutlich reduziertem Gewicht die gleiche Stabilität haben, jedoch sehr teuer sind.

Fern- und Selbstauslöser

Fast genauso wichtig für nicht verwackelte Aufnahmen wie ein Stativ, ist ein Fern- oder Selbstauslöser. Mit einem Fernauslöser – viele Digitalkameras werden heute mit praktischen Infrarotfernauslösern ausgeliefert – haben Sie die perfekte Kontrolle über den richtigen Zeitpunkt des Auslösens. Der auf ein bestimmtes Zeitintervall einstellbare Selbstauslöser ist dagegen hier eher eine Notlösung, vor allem weil die meisten Kameras Blink- oder Piepsignale abgeben, während der Countdown läuft. Das verjagt natürlich jedes scheue Tier sofort.

Schärfer mit Spiegelvorauslösung

Besitzer digitaler Spiegelreflexkameras können die Bildschärfe zusätzlich mithilfe der sogenannten Spiegelvorauslösung optimieren. Ist Ihre Kamera mit dieser Funktion ausgestattet, wird durch einen Druck auf den Auslöser der relativ schwere Spiegel vor dem Sensor weggeklappt. Erst bei einem zweiten Druck wird der Belichtungsvorgang gestartet. Diese Funktion ist sinnvoll, weil der Spiegel beim normalen Wegklappen kurz vor der Aufnahme die Kamera erschüttert, was zu Verwacklungen führen kann.

Problemfall Autofokus

Je nach verwendetem Kameratyp kann der Autofokus zum Problem werden. Je länger die verwendete Brennweite und je dunkler die Umgebung, desto unzuverlässiger stellt die Kamera scharf. Auch feine Strukturen wie Fell und Federn sind mit manchen Autofokussystemen kaum in den Griff zu bekommen. Beim Fotografieren von Tieren in freier Wildbahn können Äste, Grashalme oder Baumstämme, die die Tiere teilweise verdecken, den Autofokus irritieren. Noch schlimmer wirkt sich dieses Problem im Zoo aus,

Die entscheidenden Faktoren für diese Aufnahme sind die starken Linien, die dem Bild Struktur geben, die Farbe Rot als Eyecatcher und die niedrige Kameraperspektive.

AUFNAHMEDATEN	
Brennweite	33 mm
Belichtung	1/160 s
Blende	f/4,5
ISO	100

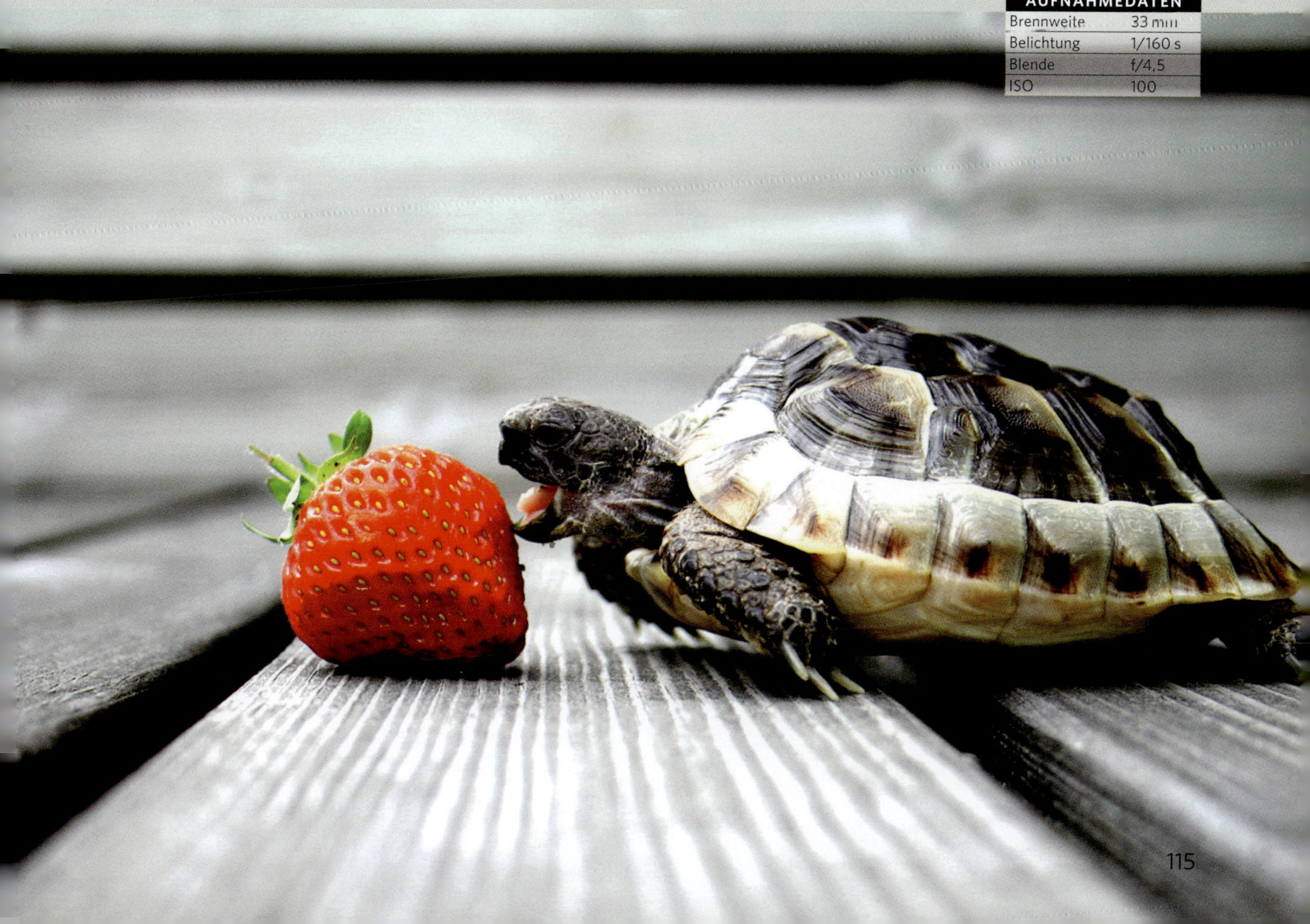

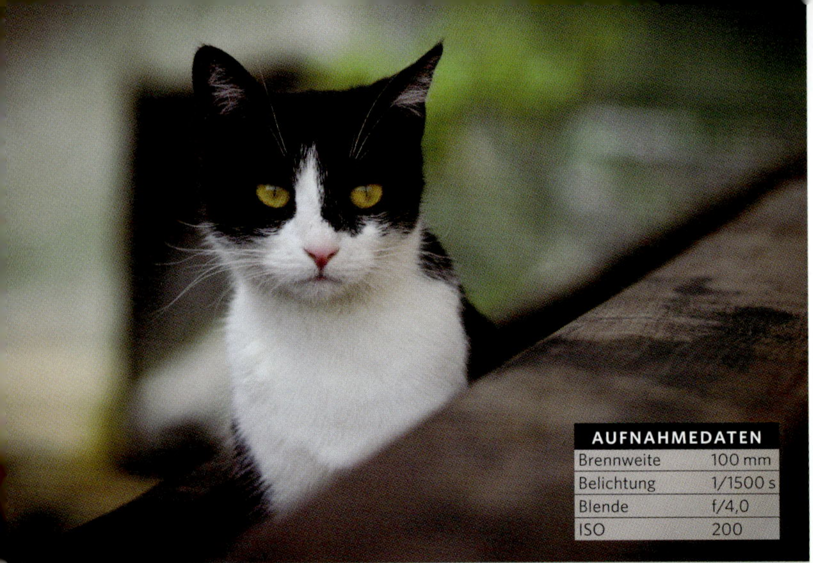

AUFNAHMEDATEN	
Brennweite	100 mm
Belichtung	1/1500 s
Blende	f/4,0
ISO	200

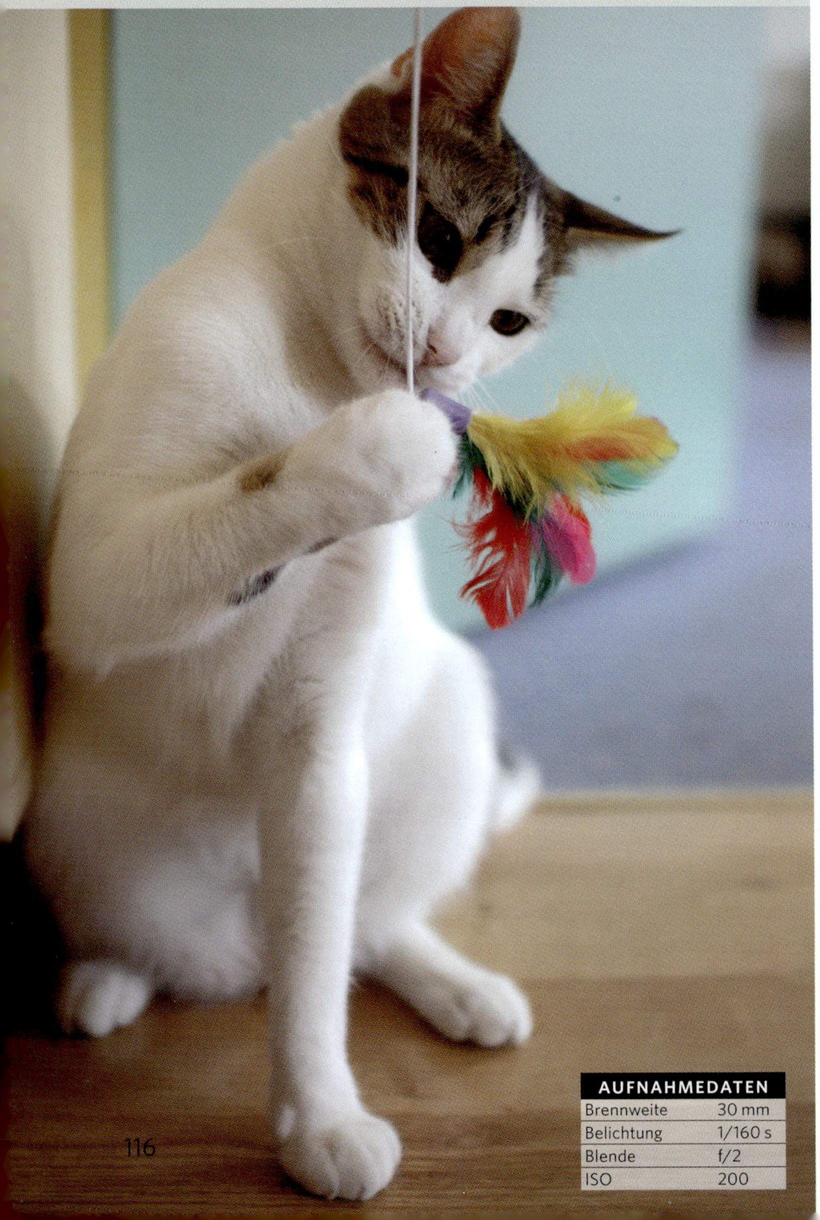

AUFNAHMEDATEN	
Brennweite	30 mm
Belichtung	1/160 s
Blende	f/2
ISO	200

wenn Sie durch Gitterstäbe hindurch fotografieren müssen. Oft hilft dann nur das manuelle Fokussieren. Höherwertige Kameras bieten die Möglichkeit, die Messpunkte für den Autofokus anzeigen zu lassen und passend zu verstellen, um scharfe Aufnahmen zu bekommen.

Gelungene Haustierfotos

Haben Sie ein Haustier? Tolle Tieraufnahmen gelingen auch in Ihrer gewohnten Umgebung. Sie brauchen zunächst nicht mehr als Ihre Digitalkamera, am besten mit einem Zoomobjektiv für mehr Freiraum bei der Bildgestaltung. Beobachten Sie den Tagesablauf Ihres Tieres und schauen Sie sich an, welche Lieblingsplätze es hat. Kommen diese für Fotos infrage? Ist der Hintergrund farblich passend oder vielleicht zu unruhig?
Haben Sie einen Platz gefunden, an dem Sie z. B. Ihre schlafende Katze ablichten möchten, bereiten Sie Unter- und Hintergrund vielleicht mit einer Decke oder anderen Accessoires vor. Stellen Sie am besten die auf ein Stativ geschraubte Kamera schon auf, bevor sich die Katze an ihren Lieblingsplatz begibt. Rücken Sie erst dann mit Ihrer Ausrüstung an, wenn das Tier es sich gerade bequem macht, wird es sich vermutlich gestört fühlen und sofort flüchten.

Oben: Das feine Fell einer kleinen Katze kann den Autofokus irritieren. Wenn die Automatik nicht mitmacht, stellen Sie besser manuell auf die Augen des Tiermotivs scharf.

Unten: Das Hauptproblem bei spielenden Katzen ist natürlich immer der Fokus. Probieren Sie verschiedene Methoden der Fokussierung aus (nachführender bzw. Single-Autofokus oder manuelle Fokussierung) und finden Sie heraus, mit welcher Methode Sie am meisten scharfe Bilder machen.

Leichter als zuweilen recht eigensinnige Katzen sind Hunde zu fotografieren, die sich idealerweise auf Kommando an einen geeigneten Ort setzen. Das kann inmitten der Familie, im Garten oder auch am Waldrand sein. Bei Katzen funktionieren Porträts eher, wenn das Tier auf dem Schoß einer vertrauten Person sitzt.

Hunde in Bewegung fotografieren

Wollen Sie Ihren Hund in Bewegung fotografieren, sollte Ihre Kamera über die Möglichkeit manueller Scharfeinstellung oder einen nachführenden Autofokus verfügen. Der Autofokus von digitalen Kompaktkameras ist meistens etwas zu langsam für einen rennenden Hund. Die Autofokusnachführung, über die manche hochwertige Kameras verfügen, ist da schon besser geeignet. Die Nachführung funktioniert allerdings nur dann gut, wenn sich ein Motiv mit gleichmäßiger Geschwindigkeit bewegt. Für sehr flinke Motive müsste es dann schon eine Kamera der Profiklasse sein, deren Autofokussysteme extrem präzise arbeiten, aber eben auch sehr teuer sind.

Warten auf den richtigen Augenblick

Werfen Sie einen Ball oder Stock, bringt Ihr Hund sein Spielzeug vermutlich zurück. Wenn die Kamera auf einem Stativ sitzt, die richtigen Belichtungswerte oder ein Automatikprogramm – am besten das Sportprogramm – eingestellt ist und auf einen bestimmten Punkt scharf gestellt wurde, den der Hund passieren wird, müssen Sie nur noch im richtigen Augenblick auslösen. Berücksichtigen Sie dabei auch die Auslöseverzögerung Ihrer Kamera. Je nach Modell kann diese Verzögerung zwischen wenigen Hundertstel- und mehreren Zehntelsekunden schwanken.

[i]

PRAKTISCHER BILDSTABILISATOR

Höherwertige Kameras werden zunehmend mit einem System zur Bildstabilisierung ausgerüstet – gut bei Fotos mit langen Brennweiten. Ein Bildstabilisator gleicht leichte Bewegungen der in der Hand gehaltenen Kamera aus, sodass auch mit relativ langen Verschlusszeiten noch unverwackelte Aufnahmen möglich sind. Die Systeme der Kamerahersteller sind unterschiedlich. Bei manchen Systemen sitzt der Bildstabilisator im Kameragehäuse, bei anderen im Objektiv. Im Objektiv befindet sich dann ein bewegliches Linsenelement, das Bewegungen ausgleicht. Bei anderen Modellen ist der Kamerasensor selbst beweglich. Allen Bildstabilisatoren gemeinsam ist, dass sie beim Fotografieren eine Verwacklungsreserve von ca. zwei bis drei Belichtungsstufen bringen. Sie können also eine Aufnahme mit einer Brennweite von 100 mm (bezogen auf das Kleinbildformat) selbst dann noch ohne Stativ scharf fotografieren, wenn die notwendige Verschlusszeit bei 1/15 Sekunde liegt. Da es 1/100 als Belichtungszeit nicht gibt, wäre die nächste Stufe 1/60. Noch eine Stufe weiter liegen Sie bereits bei einer Belichtungszeit von 1/30 Sekunde. Ohne Stabilisator würde die minimale Verschlusszeit für Fotos ohne Stativ bei 1/125 Sekunde liegen. Trotzdem sollten Sie beachten, dass auch leichte Bewegungen schon zu Unschärfe führen, wenn Sie mit 1/30 Sekunde und weniger fotografieren – unabhängig von Brennweite und Bildstabilisator.

KONVERTER AUSPROBIEREN

Wenn Sie sich für Ihre Digitalkamera einen Konverter zum Aufschrauben kaufen möchten, probieren Sie gerade stärkere Konverter (zweifach, dreifach und mehr) besser vor dem Kauf aus. Entscheiden Sie erst nach der Kontrolle einiger Testfotos, ob die Bildqualität Ihren Ansprüchen genügt. Gerade Konverter von Billiganbietern verringern die Bildqualität deutlich.

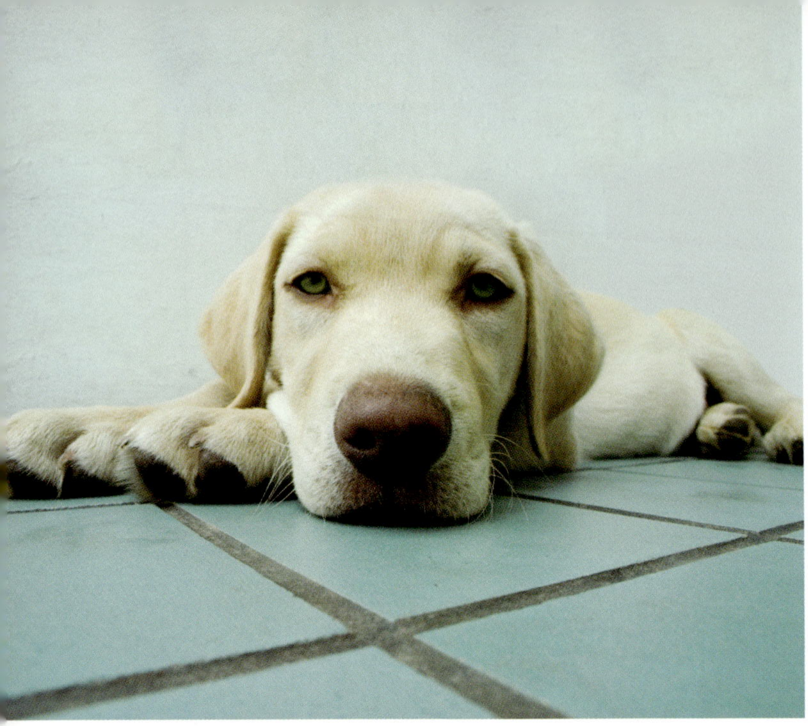

Müde Hunde sind dankbare Motive, bei denen man sich auch mal intensiv Gedanken um die Bildgestaltung machen kann. Hier passen das Muster des Bodens, die kurze Brennweite, die dem Motiv etwas Skurriles verleiht, der Hintergrund und das weiche Licht perfekt zusammen.

Die beschriebenen Vorgehensweisen gelten prinzipiell natürlich auch für die Fotografie von wild lebenden Tieren. Hierbei brauchen Sie aber möglicherweise zusätzlich einen Unterstand, je nach Umgebung und Witterung passendes Zubehör - vom Regenschirm bis zu einem Tarnzelt - und Schutz für Ihre Kamera. Die Tiere sollten sich an Sie oder Ihre Tarnung gewöhnt haben. Die notwendigen Einstellungen an der Kamera sollten schon vorher festgelegt sein, um keine wertvolle Zeit zu verlieren.

Tolle Tierfotos im Zoo

Nach den ersten fotografischen Versuchen an Haustieren und Vögeln am heimischen Futterhäuschen ist ein Zoobesuch eine weitere Möglichkeit für tolle Tierfotos. Sie können Tiere, die Sie nie zu Gesicht bekämen

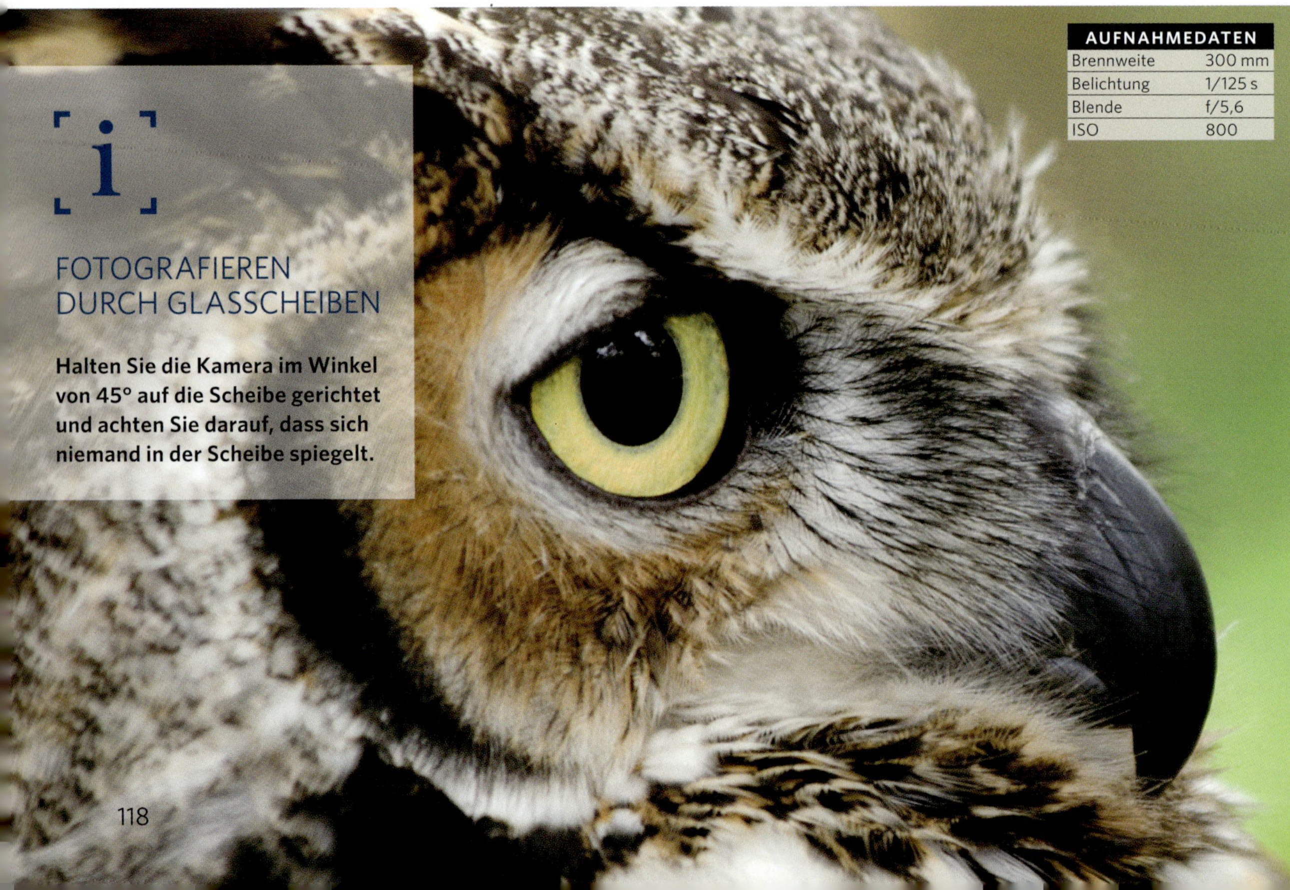

i

FOTOGRAFIEREN DURCH GLASSCHEIBEN

Halten Sie die Kamera im Winkel von 45° auf die Scheibe gerichtet und achten Sie darauf, dass sich niemand in der Scheibe spiegelt.

AUFNAHMEDATEN	
Brennweite	300 mm
Belichtung	1/125 s
Blende	f/5,6
ISO	800

oder die in der Natur zu gefährlich wären, sorglos aus nächster Nähe beobachten und aufnehmen. Nehmen Sie für den Zoobesuch einen Ersatzakku und genügend Speicherkarten mit. Ein Stativ ist wie immer hilfreich, besonders in einem überdachten, abgedunkelten Tiergehege. Der Kamerablitz ist nicht uneingeschränkt nützlich, weil er die dämmrige Stimmung beispielsweise bei den Krokodilen durch Schlagschatten zerstört. Außerdem sind oft Scheiben vor den Innenraumgehegen angebracht, und der Blitz würde dort reflektiert werden.

Bildkontrolle bei hellem Sonnenlicht

Besonders an sonnigen Tagen sollten Sie die Ergebnisse von Freilichtaufnahmen sofort kontrollieren. Die schönste Aufnahme nützt nichts, wenn z. B. das Fell eines Tieres teilweise überstrahlt, das Bild also partiell überbelichtet wird. Das ist auch mithilfe der Bildbearbeitung nicht mehr zu retten. Falls zu starke Kontraste im hellen Sonnenschein eine ausgewogene Belichtung nicht zulassen, stellen Sie die Belichtungswerte manuell so ein, dass die Tiere korrekt wiedergegeben werden. Dazu können Sie entweder im manuellen Modus fotografieren oder die Belichtungskorrekturfunktion der Kamera verwenden und etwas heller oder dunkler aufnehmen. Wie das geht, steht im Kamerahandbuch.

Tiere in Wald und Flur

Obwohl die Faszination für die Tierwelt sicherlich jeweils unterschiedliche Ursachen hat, haben Naturfotografen und Jäger so manche Gemeinsamkeit. Beide müssen sich den Tieren auf besonders vorsichtige

Wildparks sind ein wahres Eldorado für Freude von Tierporträts. Denn dort hat man viel weniger mit Gitterstäben und Absperrungen zu kämpfen als im Zoo. Der hier gezeigte Gepard wurde in einem Nationalpark aufgenommen.

AUFNAHMEDATEN	
Brennweite	105 mm
Belichtung	1/160 s
Blende	f/5,6
ISO	125

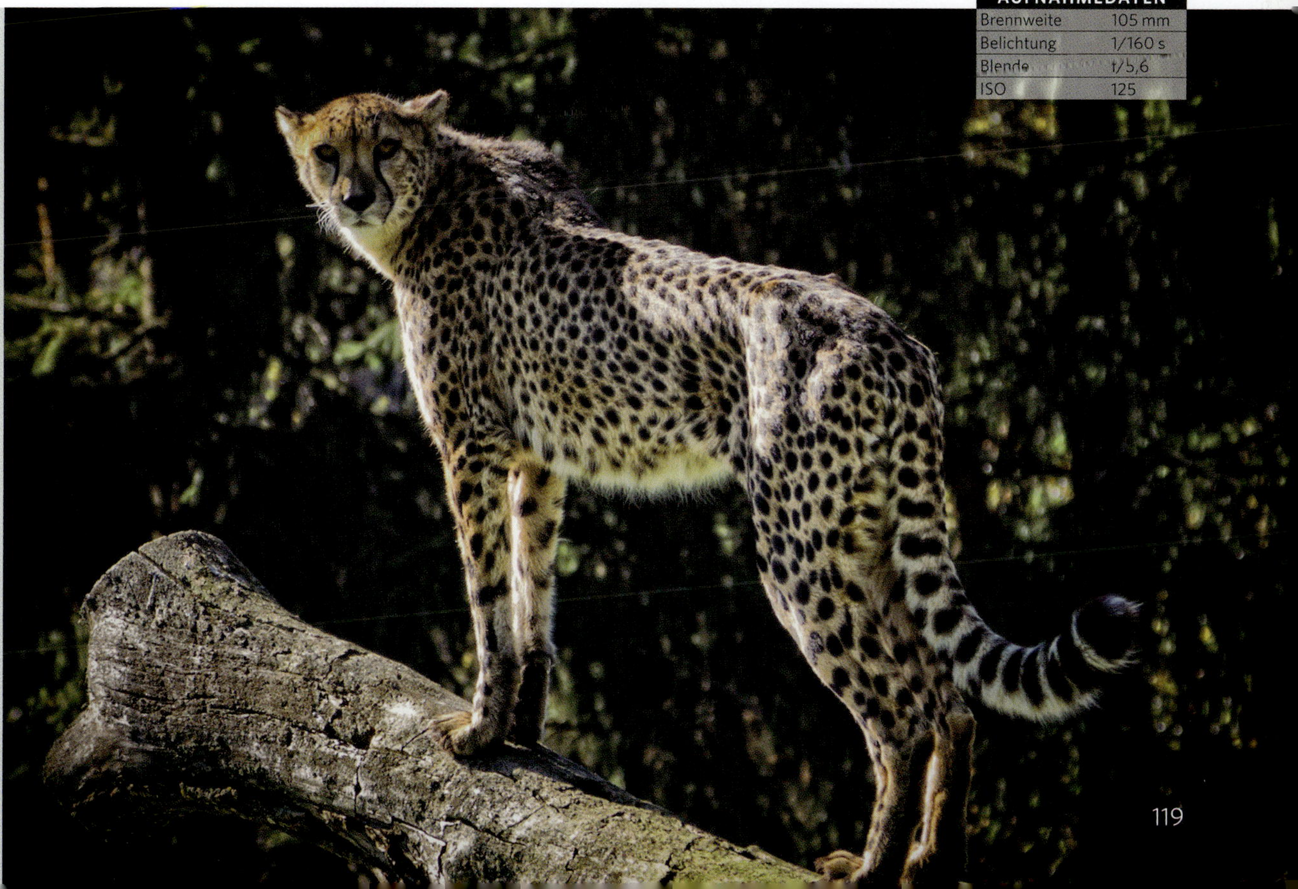

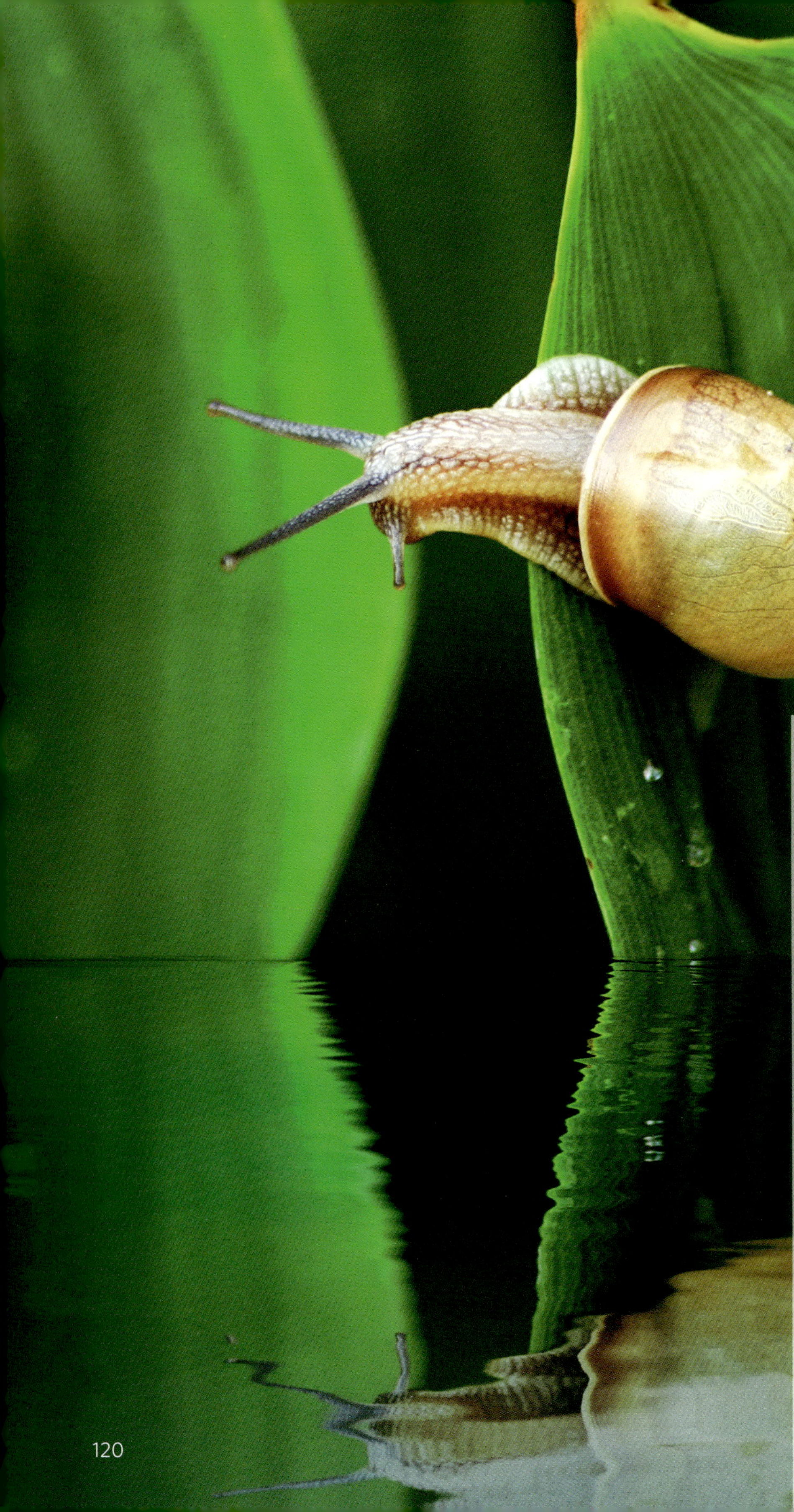

i

GROSSE BLENDE BEI NAHAUFNAHMEN

Stellen Sie bei Nahaufnahmen von Tieren eine große Blende ein, sodass der Hintergrund in Unschärfe verschwimmt und dadurch nicht vom Hauptmotiv ablenkt. Fotografieren Sie am besten mit dem halbautomatischen Belichtungsprogramm Zeitautomatik (Blendenvorwahl, A, Av). Dann können Sie die Blende festlegen, während die Kamera die passende Verschlusszeit beisteuert. Ist nicht genug Licht vorhanden und werden dadurch die Verschlusszeiten zu lang (Verwacklungsgefahr), sollten Sie einen höheren ISO-Wert verwenden oder, falls möglich, die Kamera den ISO-Wert automatisch anpassen lassen. Eine Alternative zur Halbautomatik ist das Porträtprogramm, bei dem die Kamera ebenfalls eine große Blendenöffnung für einen unscharfen Hintergrund und alle anderen Parameter automatisch einstellt.

Weise nähern und genau wissen, wie diese auf ihre Anwesenheit reagieren werden. Von einem Jäger können Sie erfahren, wie man sich vorsichtig an wilde Tiere heranpirscht, die idealen Plätze (z. B. Tränke, Futterstelle) ausmacht und selbst möglichst unsichtbar bleibt. Jäger beobachten Wildtiere von Unterständen und Hochsitzen, ohne sie zu verscheuchen. Kennen Sie einen Jäger, fragen Sie ihn einfach mal, ob er Sie mitnimmt oder ob Sie einen Hochstand verwenden dürfen. Bei den Jägern oder Förstern können Sie auch die bevorzugten Plätze bestimmter Wildtiere erfahren, wenn es Ihnen zu viel Mühe ist, das selbst herauszufinden.

Gut getarnt auf die Lauer legen

Sind Sie zu Fuß im Wald unterwegs, müssen Sie auf alle Geräusche achten und sofort in der Bewegung erstarren, damit Rehe, Füchse oder Fasane Sie nicht sofort wahrnehmen. Diese Art der Pirsch ist für einen Fotografen mit schwerer Ausrüstung allerdings nur bedingt durchführbar. Mit Stativ und Fotorucksack ist es ziemlich schwierig, sich lautlos zu verhalten. Es ist also eindeutig besser, sich an einer Futter- oder Wasserstelle auf die Lauer zu legen und auf das Erscheinen eines Tieres zu warten. Dazu müssen Sie aber erstens gut getarnt sein und zweitens die Windrichtung beachten, damit der unvermeidliche menschliche Geruch nicht zu den Tieren geweht wird und Sie auf diese Weise entdeckt werden.

Bildaufbau und Umgebungslicht

Sie werden feststellen, dass es mit ein wenig Geduld und dem Wissen um die Verhaltensweisen von (Wild-)Tieren gar nicht so schwer ist, sie vor die Kamera zu bekommen. Viel schwieriger ist es, mit den Lebewesen in ihrer natürlichen Umgebung einen kunstvollen Bildaufbau, bei dem das Tier in den Mittelpunkt des Interesses rückt, zu arrangieren und dazu noch das perfekte Umgebungslicht zu erwischen. Das verlangt in der Regel viel Geduld. Diese beiden Faktoren – Bildaufbau und Licht – machen den Unterschied guter und herausragender Tierfotos aus. Nehmen Sie sich also ein wenig mehr Zeit, wenn Sie nicht nur hübsche, sondern beeindruckende Tierbilder schießen möchten, und warten Sie auf den richtigen Augenblick, in dem keine störenden Details vom Tier ablenken und das Licht die richtige Stimmung erzeugt.

i

TARNZELT UND UNTERSTAND

Wildtiere reagieren natürlich sofort auf Veränderungen in ihrer gewohnten Umgebung. Stellen Sie ein Tarnzelt auf oder bauen in der Nähe einer passenden Stelle einen Unterstand, dürfen Sie nicht erwarten, dass die Tiere das ignorieren. Am besten wäre es, die Tarnvorrichtung aufzubauen und mehrere Tage dort stehen zu lassen, damit sich die Tiere daran gewöhnen können. Nach einer Weile können Sie den Unterstand dann nutzen, müssen aber auf jeden Fall immer vor den Tieren da sein.

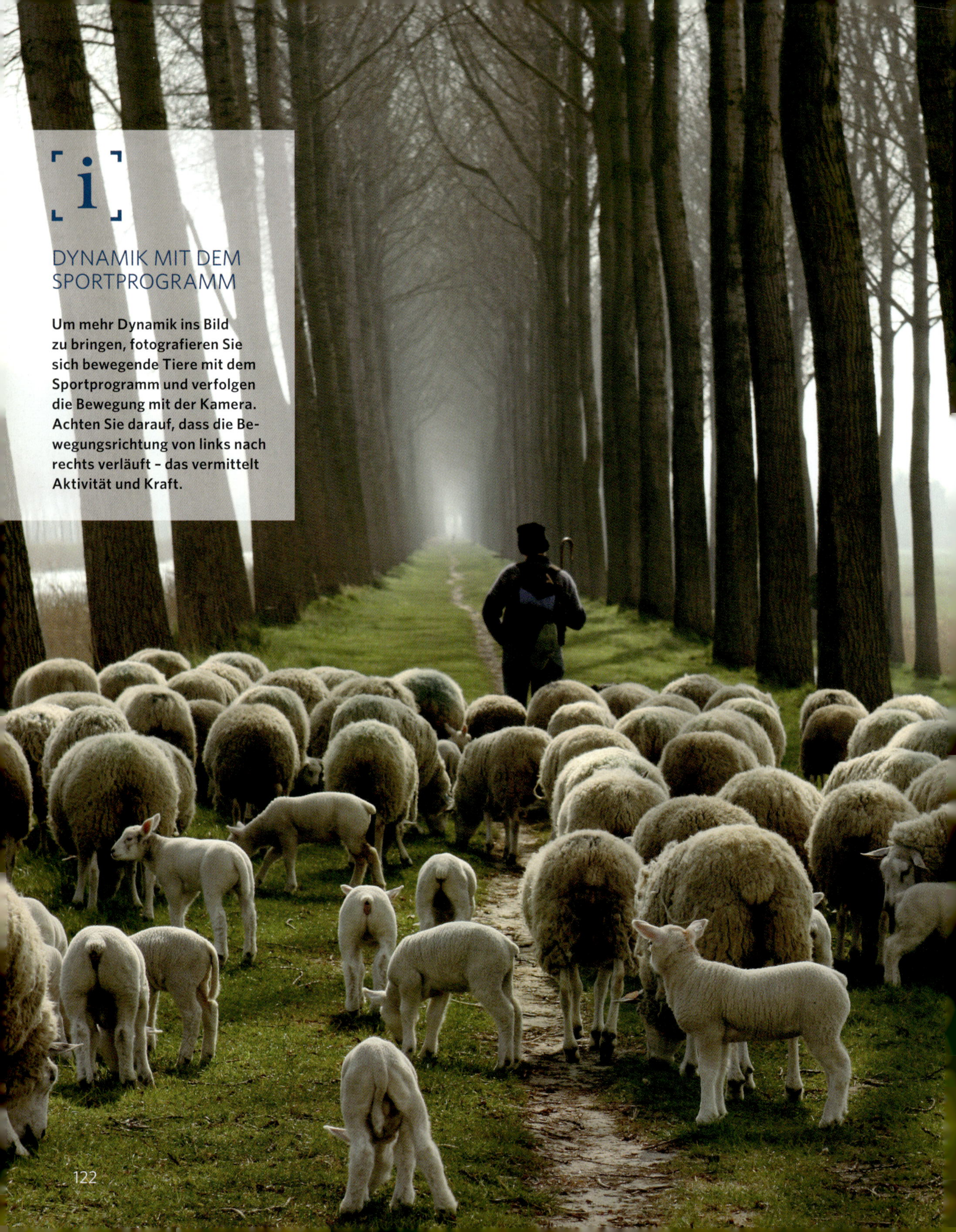

DYNAMIK MIT DEM SPORTPROGRAMM

Um mehr Dynamik ins Bild zu bringen, fotografieren Sie sich bewegende Tiere mit dem Sportprogramm und verfolgen die Bewegung mit der Kamera. Achten Sie darauf, dass die Bewegungsrichtung von links nach rechts verläuft – das vermittelt Aktivität und Kraft.

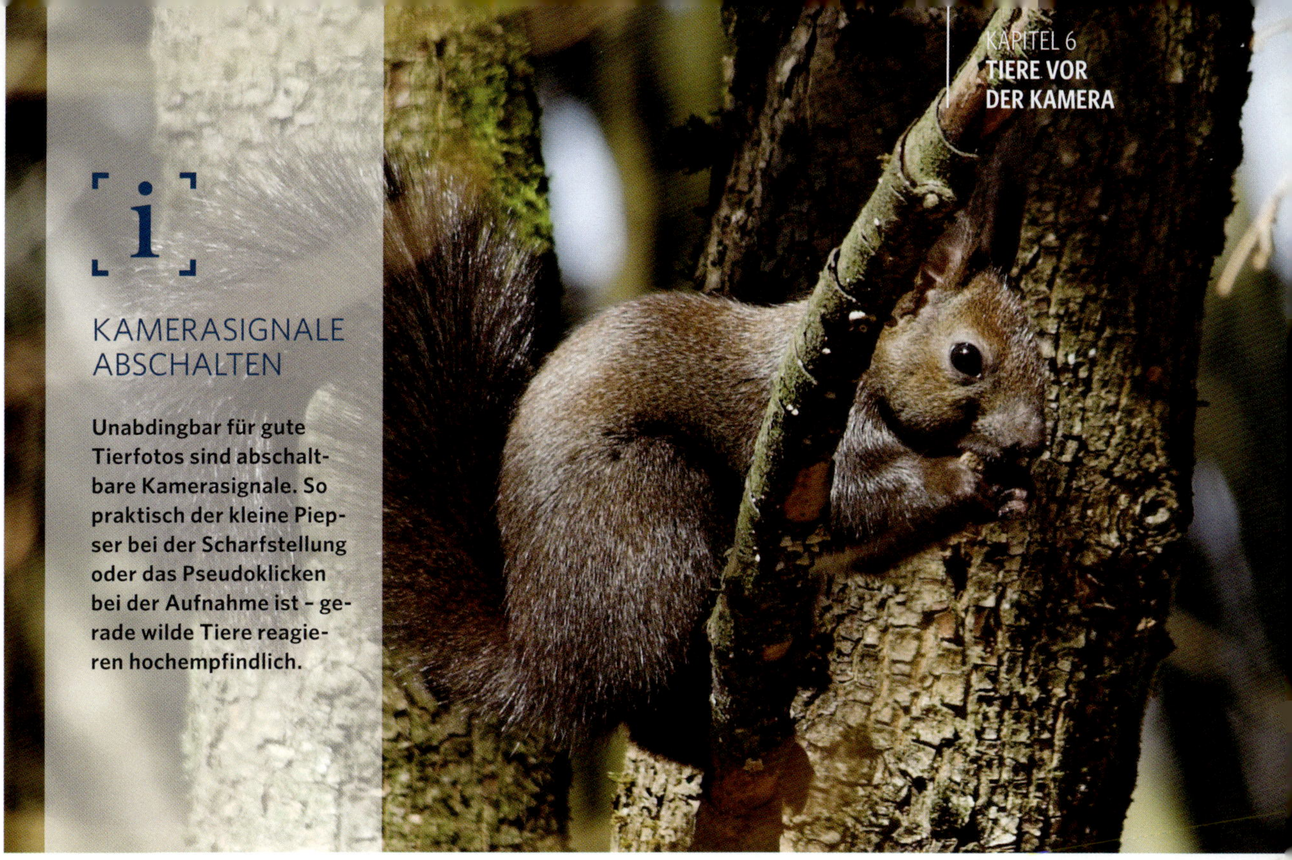

KAMERASIGNALE ABSCHALTEN

Unabdingbar für gute Tierfotos sind abschaltbare Kamerasignale. So praktisch der kleine Piepser bei der Scharfstellung oder das Pseudoklicken bei der Aufnahme ist - gerade wilde Tiere reagieren hochempfindlich.

Objektivempfehlung

Meistens kommt man an Tiere nicht nah genug heran, um sie formatfüllend abzubilden. Wenn man zu weit weg ist, muss man viel unnötigen Rand löschen, was die Auflösung von Digitalfotos dramatisch verringert. Daher sind lange Zoomobjektive und Festbrennweiten das übliche Werkzeug in der Tierfotografie, wobei Festbrennweiten nur dann sinnvoll sind, wenn man einen festen Abstand zum Motiv einhalten will. Und da man authentische Tierbilder oft nur im Zwielicht bzw. unter ungünstigen Lichtverhältnissen hinbekommen kann, sollte die Lichtstärke so groß wie möglich sein. Die Verschlusszeiten können damit kurz genug gehalten werden, um trotz der langen Brennweiten nicht zu verwackeln. Die hohe Lichtstärke und kurze Verschlusszeiten helfen also dabei, bewegte Motive scharf abzubilden.

OBJEKTIVEMPFEHLUNG	
Haustiere	• Standard-/Telezoom (ca. 30 bis 200 mm) • Festbrennweiten mit hoher Lichtstärke (ca. 50 bis 100 mm, ca. f/2,8)
Wildtiere und Zoo	• Telezoom mit hoher Lichtstärke (ca. 30 bis 200 mm, ca. f/2,8) • Telefestbrennweiten mit hoher Lichtstärke (ca. 200 bis 400 mm, ca. f/2,8) • Konverter (1,4- bis 2-fach)

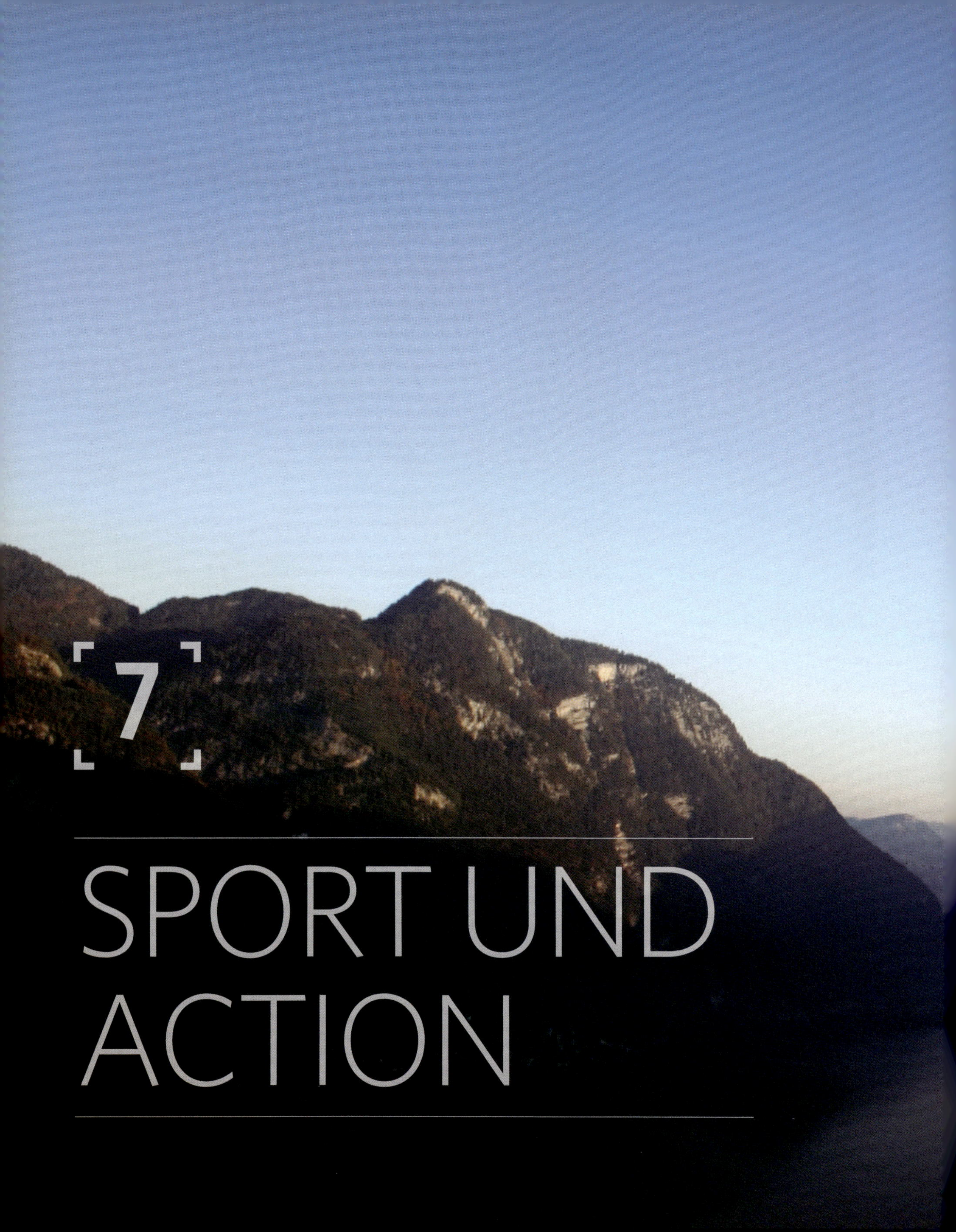

7

SPORT UND ACTION

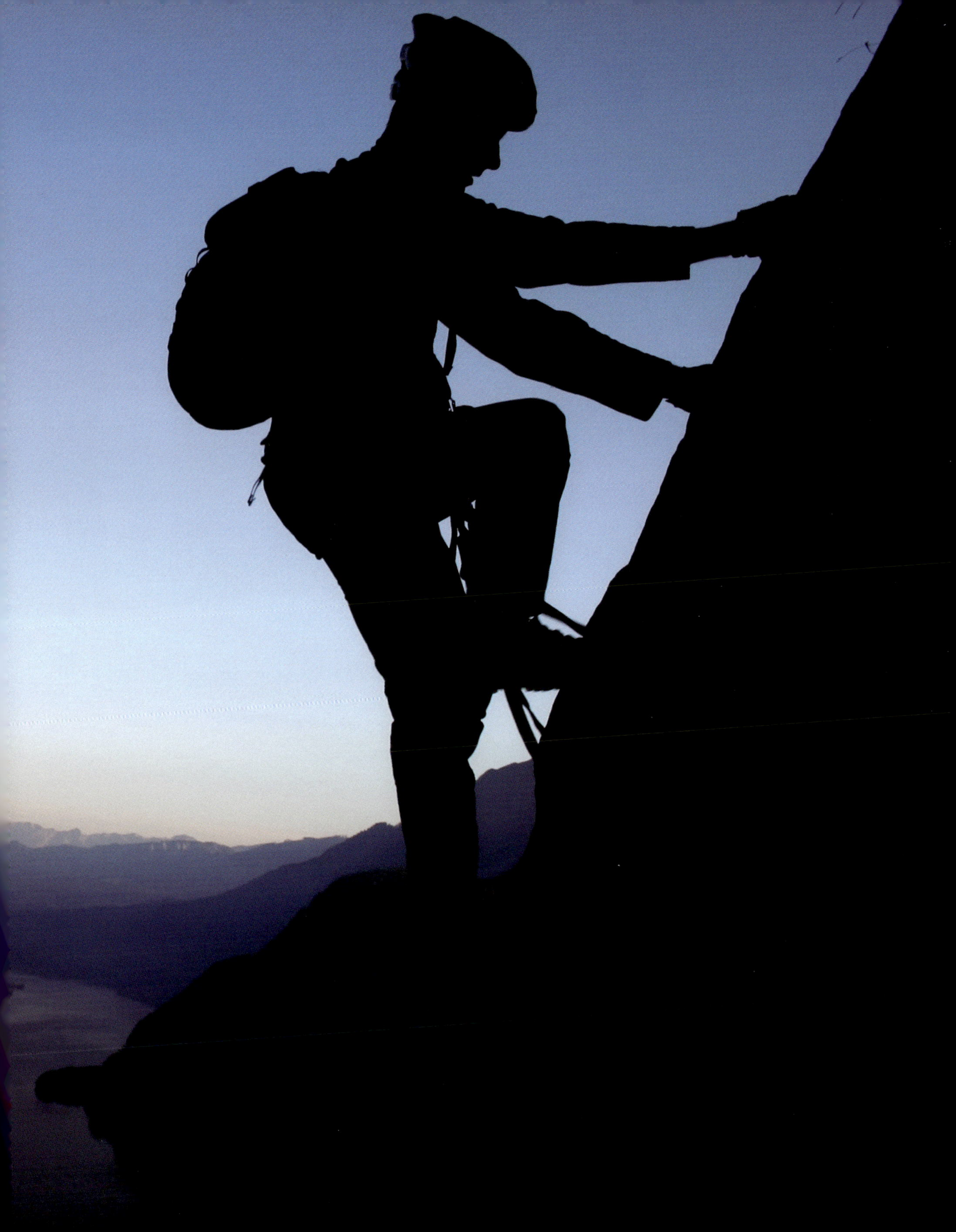

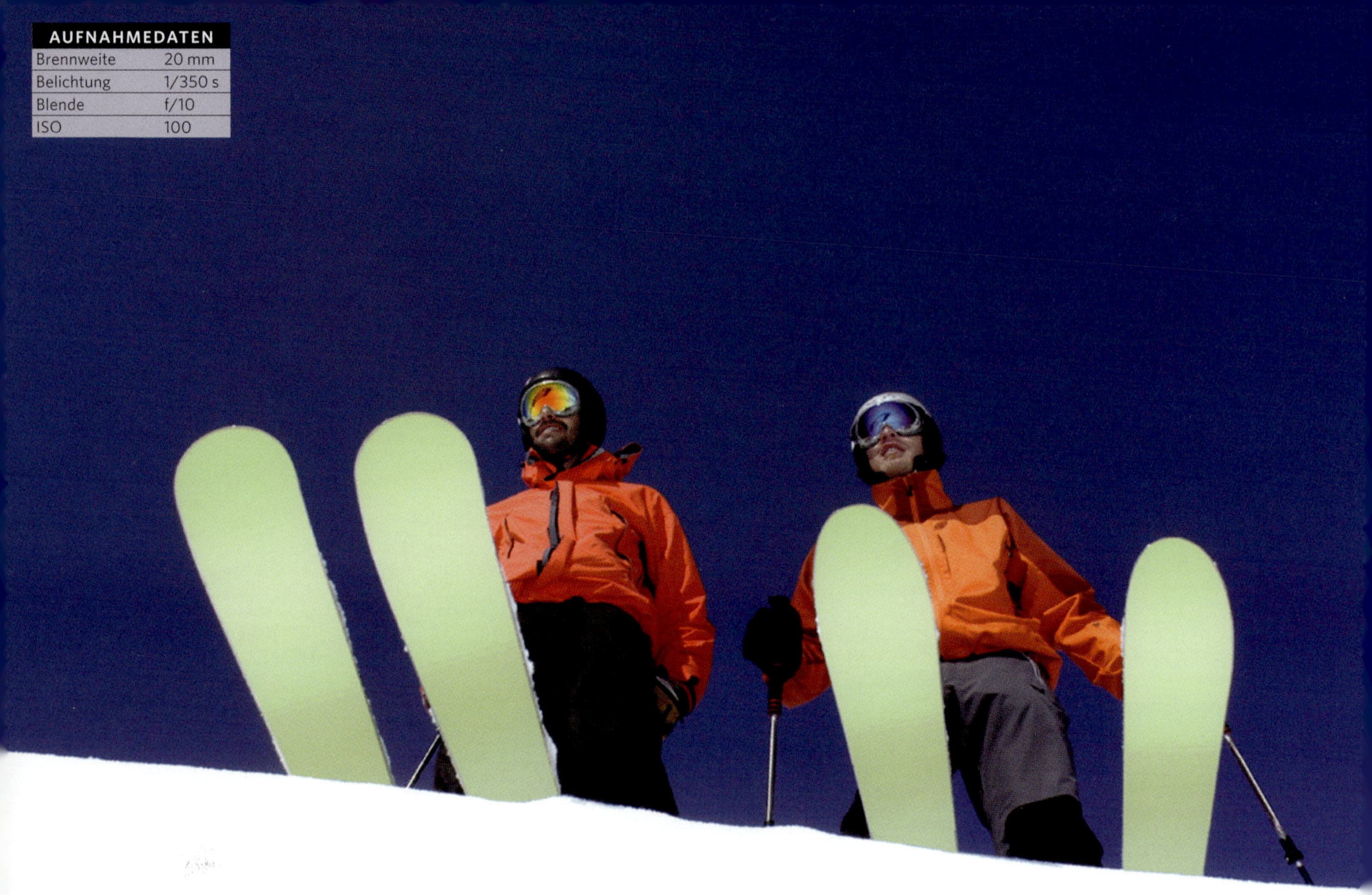

AUFNAHMEDATEN	
Brennweite	20 mm
Belichtung	1/350 s
Blende	f/10
ISO	100

So sieht man Sportler doch eher selten. Obwohl hier noch keine Bewegung zu sehen ist, wartet man als Betrachter praktisch darauf, dass sich die beiden Skifahrer gleich in den Schnee stürzen.

7 Sport und Action

Mit dem Drücken des Auslösers hält Ihre Kamera immer nur einen winzigen Augenblick der Wirklichkeit als Standbild fest. Und dennoch ist es auch mit dem Medium Fotografie möglich, Bewegungen und Dynamik anschaulich darzustellen.

Kamera klarmachen

■ Mit ein paar kleinen Tricks und Kniffen gelingen Ihnen Bilder, die dem Betrachter die Dynamik einer Szene deutlich machen. Manche dafür notwendigen fotografischen Techniken wie das Fotografieren mit längeren Verschlusszeiten beherrscht man relativ schnell. Andere wie das Mitziehen bedürfen einiger Übung, um perfekte Fotos zu machen.

Moduswahlrad auf Sport drehen
Stellen Sie an Ihrer Kamera das Aufnahmeprogramm für Sportfotos ein. Fast jede Digitalkamera bietet ein solches Programm für Fotos von Bewegungen. Dabei wählt die Kamera in Abhängigkeit vom vorhandenen Licht die kürzestmögliche Verschlusszeit, um die Motive in ihrer Bewegung scharf festzuhalten.

Alternativeinstellung Zeitvorwahl
Eine Alternative für Fortgeschrittene ist das Programm Zeitvorwahl (S, T oder Tv). Darin stellen Sie eine Verschlusszeit ein, die für scharfe Bewegungsfotos kurz genug ist, die Kamera steuert Blende und je nach Kameramodell auch die Empfindlichkeit (ISO) automatisch bei. Ein Problem bei einfacheren Kameramodellen kann der Autofokus sein. Besitzt Ihre Kamera keinen nachführenden Autofokus, ist es nicht möglich, ein sich bewegendes Motiv zu verfolgen – der Fokus wird nicht permanent angepasst.

Autofokus und Auslöseverzögerung
Damit Sie das Motiv scharf erwischen, haben Sie verschiedene Möglichkeiten. Hochwertige Kameras mit einem nachführenden Autofokus halten das Hauptmotiv – haben Sie es erst einmal im Sucher – permanent in der Schärfe, solange Sie den Auslöser halb durchgedrückt halten. Nur wenige digitale Kompaktkameras besitzen diese Technologie in zuverlässiger Qualität. Am einfachsten ist es also, den Autofokus abzuschalten und manuell auf einen festen Punkt scharf zu stellen. Erreicht das bewegte Motiv diesen Punkt, drücken Sie den Auslöser. Die Auslöseverzögerung müssen Sie allerdings mit einkalkulieren. Am besten machen Sie mehrere Aufnahmen, damit Sie eine Auswahl haben. Um die Schärfentiefe, also die scharf abgebildete Bildtiefe, zu maximieren, können Sie mit möglichst kurzer Brennweite arbeiten. Dazu müssen Sie relativ nah an Ihr Motiv herankommen, was z. B. bei Sportveranstaltungen nicht immer möglich ist.

Sportfotos im Freien

Fotografieren Sie Sport, Action und Motive in Bewegung unter freiem Himmel bei strahlender Sonne, haben Sie üblicherweise keine Probleme, die Verschlusszeiten kurz genug zu halten, um Bewegungen scharf abzubilden. Aus gestalterischer Sicht kann heller Sonnenschein jedoch schwierig zu handhaben sein, da die Hell-dunkel-Kontraste und damit die Schatten extrem sind. Wenn möglich, sollte man hier mit Aufhellblitz arbeiten, um die tiefen Schatten etwas aufzuhellen. Technisches Problem dabei: Der Blitz funktioniert nur bis zu einer bestimmten Verschlusszeit, der Blitzsynchronzeit. Diese liegt bei den meisten Digitalkameras im Bereich von 1/200 Sekunde.

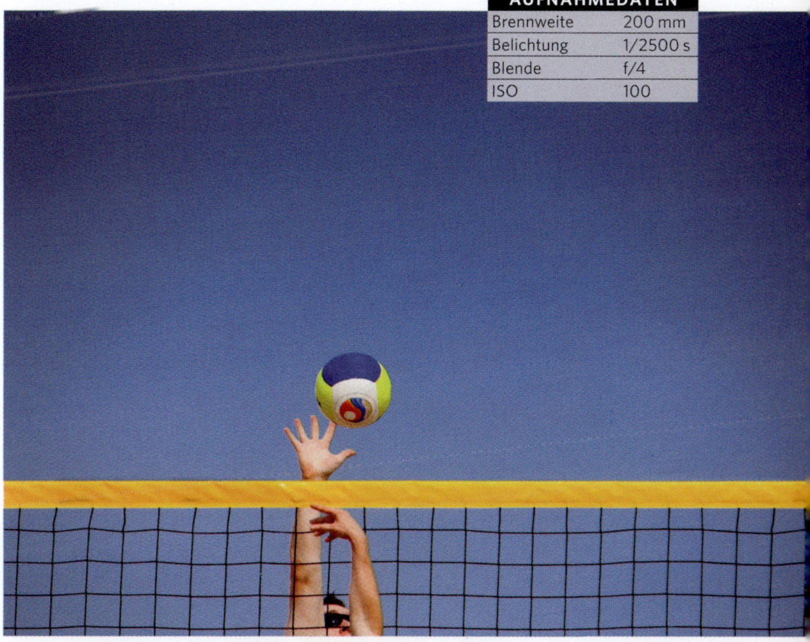

An einem hellen Sommertag kommt es nicht so sehr auf die Ausrüstung (Lichtstärke) an als vielmehr darauf, interessante Perspektiven zu entdecken. Fotografieren Sie mit einer einfachen Kompakten, sollten Sie Outdoor-Sportereignisse in der Nähe zum Üben nutzen.

AUFNAHMEDATEN	
Brennweite	200 mm
Belichtung	1/2500 s
Blende	f/4
ISO	100

Ist die Verschlusszeit kürzer, bekommt man dunkle Ränder im Bild, da der Verschluss der Kamera beim Abfeuern des Blitzes noch nicht ganz geöffnet ist bzw. sich schon wieder schließt und einen Teil des Bildes abschattet. Abhilfe schaffen hier Blitzgeräte mit der Möglichkeit, auf kürzere Verschlusszeiten zu synchronisieren (Kurzzeitsynchronisation). Dann kann man auch z. B. mit 1/1500 Sekunde fotografieren und den Blitz zum Aufhellen verwenden.

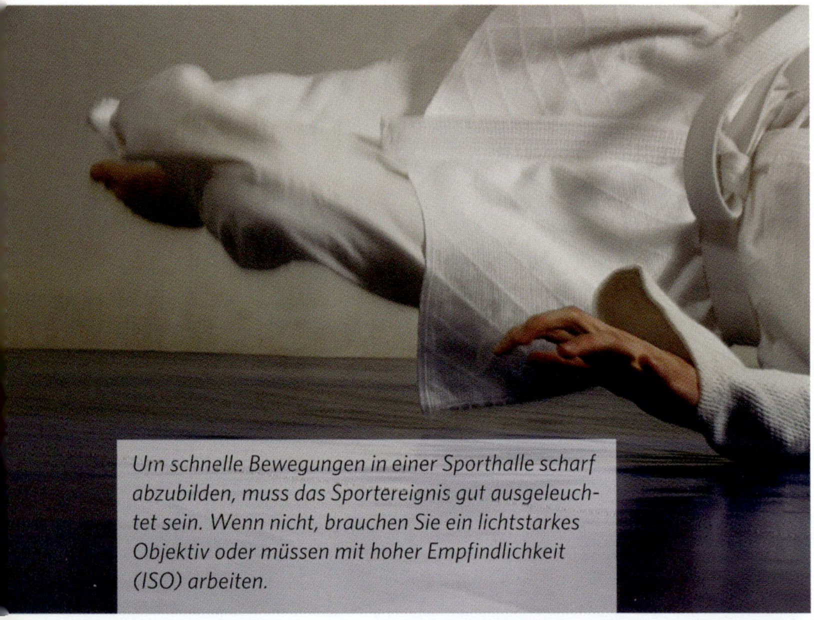

Um schnelle Bewegungen in einer Sporthalle scharf abzubilden, muss das Sportereignis gut ausgeleuchtet sein. Wenn nicht, brauchen Sie ein lichtstarkes Objektiv oder müssen mit hoher Empfindlichkeit (ISO) arbeiten.

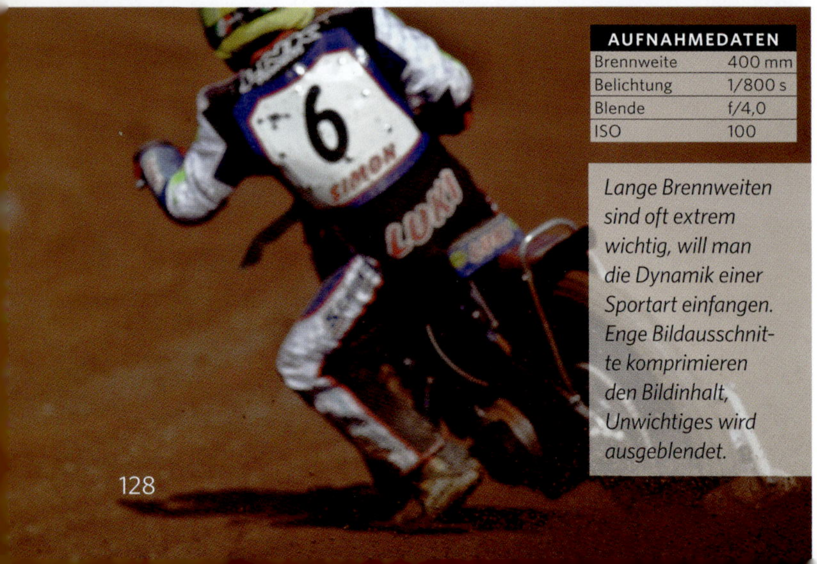

AUFNAHMEDATEN	
Brennweite	400 mm
Belichtung	1/800 s
Blende	f/4,0
ISO	100

Lange Brennweiten sind oft extrem wichtig, will man die Dynamik einer Sportart einfangen. Enge Bildausschnitte komprimieren den Bildinhalt, Unwichtiges wird ausgeblendet.

Schlechtwetteraufnahmen

Wenn es um Schlechtwetteraufnahmen geht, ist vor allem eines wichtig: Schützen Sie die Kameraausrüstung vor Nässe und Dreck. Und achten Sie darauf, nicht selbst unnötig nass zu werden, damit der Spaß an der Sache nicht schon nach einer halben Stunde durch nasse Kleidung getrübt wird. Das Licht an Schlechtwettertagen kann von Vorteil sein, da es wenig Schatten gibt. Sonnenlicht wird durch die Wolken derart verteilt, dass lediglich diffuse Helligkeit die Welt und ihre Motive erreicht. Nachteil dabei: Es kommt nicht allzu viel Licht durch die Wolken, was eine ähnliche Stimmung wie in einer schlecht beleuchteten Sporthalle erzeugen kann.

Probieren Sie deshalb aus, wie kurz die Verschlusszeiten bei maximal geöffneter Blende sein können. Sind sie kurz genug, sollte es beim Einfangen von Bewegungen keine Probleme geben. Sind die Zeiten zu lang, erhöhen Sie die Empfindlichkeit auf z. B. ISO 400 oder noch weiter. Wenn möglich, sollten Sie die Blende noch um mindestens eine volle Stufe schließen (z. B. von der Maximalöffnung f/2,8 auf f/5,6), um die Bildqualität zu verbessern. Praktisch alle Objektive liefern die beste Schärfeleistung erst beim Abblenden um eine oder zwei Stufen.

Sportfotos in Hallen

Fotografieren Sie in Hallen oder Gebäuden bei künstlichem Licht, haben Sie beim Einsatz von Blitzlicht prinzipiell das gleiche Problem mit der Synchronzeit, die nicht unterschritten werden darf. Da aber die Schatten nicht so ausgeprägt sind wie im Licht der Mittagssonne, ist der Blitz zum Aufhellen nicht nötig. Fotografieren Sie stattdessen lieber mit höheren ISO-Werten, um die Verschlusszeiten kurz genug zu halten.

Geeignete Standorte finden

Gute Sport- und Actionfotografie lebt davon, besondere Blickwinkel zu liefern. Einen Fußballer im Lauf mit dem Ball zu fotografieren, ist mit ein wenig Übung kein Problem. Ihn aber in einer außergewöhnlichen Situation aus einer besonderen Perspektive zu erwischen, erfordert Erfahrung und die gezielte Suche nach dem besten Standort. Hinter dem Tor beim Fußball, aus sehr niedriger Perspektive beim Radrennen, auf Kopfhöhe beim Kampfsport - sehen Sie sich an, wie Profifotografen Profisportler zeigen, und versuchen Sie im kleinen Rahmen, diese Stile nachzuahmen. Da es vermutlich in jedem Ort Deutschlands einen Sportverein gibt, sollte es kein Problem sein, beim nächsten Wettkampf die Actionfotografie ein wenig zu üben. Und ganz nebenbei werden Ihre Bilder möglicherweise von den Vereinsmitgliedern gekauft, oder die Lokalzeitung bringt das Material im Rahmen eines Berichts.

Einfrieren bewegter Motive

Dokumentarische Fotos von Bewegungen arbeiten häufig mit dem Einfrieren des Motivs - es entstehen statische Bilder, die einen kurzen Moment festhalten. Um Dynamik und Bewegungsunschärfe ins Bild zu bringen, müssen Sie dagegen mit etwas längeren Verschlusszeiten fotografieren. Die Kunst bei dieser Technik besteht darin, nur gerade so viel Bewegungsunschärfe zu erzeugen, dass das Hauptmotiv möglichst scharf bleibt und nach wie vor erkennbar ist, um was oder wen es sich handelt.

Naher Kamerastandpunkt, die Kamera wird parallel zum Radfahrer bewegt - bei derart actionreichen Motiven sollten Sie mit vielen Fehlversuchen und nur wenigen Treffern rechnen.

KAMERABLITZ ODER AUFSTECKBLITZ?

Um sehr schnelle Bewegungen in der Nähe der Kamera einzufrieren, hilft der integrierte Blitz oder ein Aufsteckblitzgerät. Die Leuchtdauer eines Blitzes ist viel kürzer als die kürzeste Verschlusszeit Ihrer Kamera. Ein sich bewegendes Motiv kann mit Blitzlicht eingefroren werden, weil es nur sehr kurz vom Blitz angestrahlt wird und dieser kurze Lichtausbruch in die längere Verschlusszeit fällt.

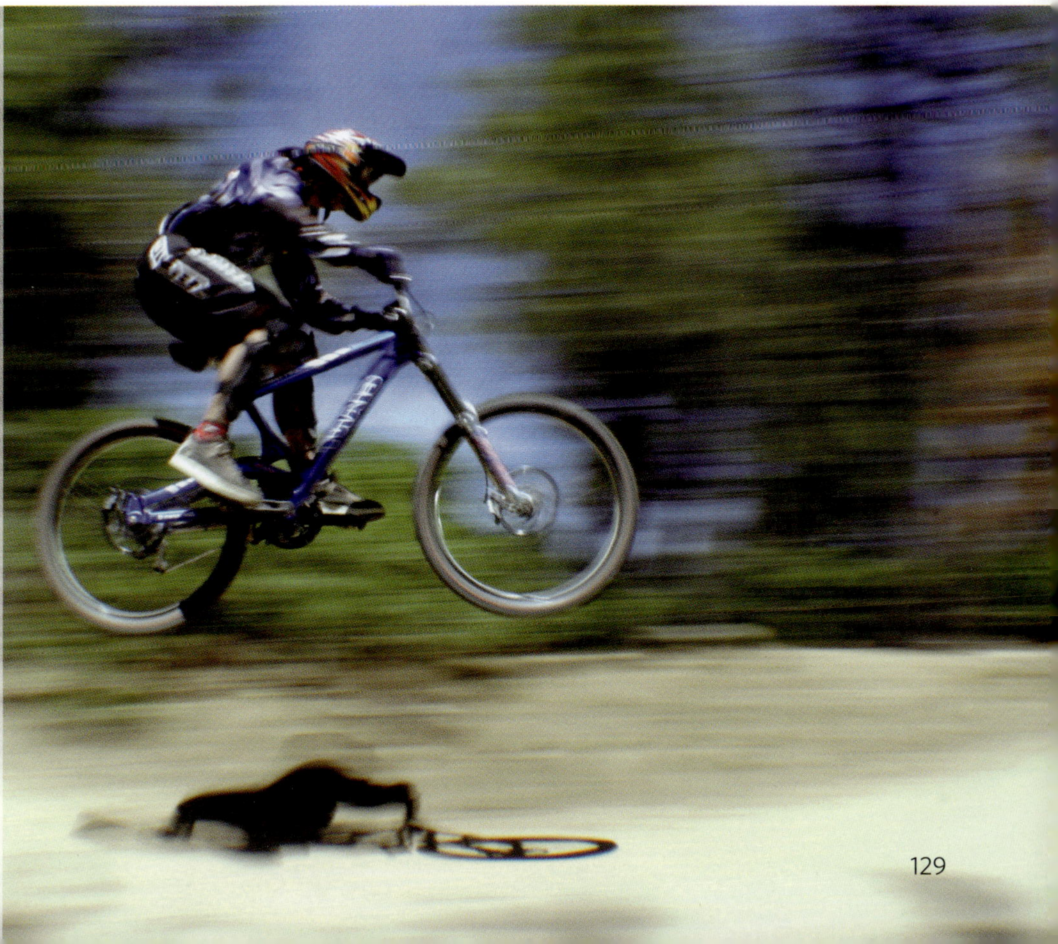

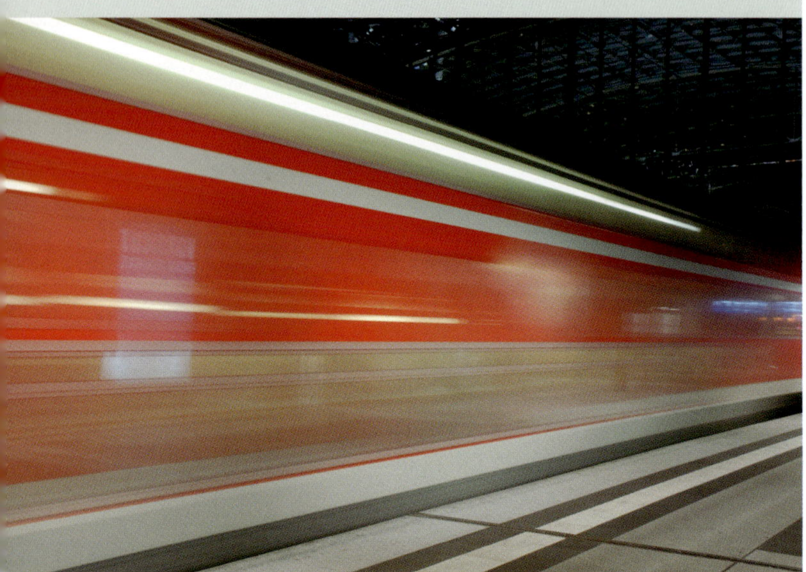

Bewegungsunschärfe erzeugen

Bewegungsunschärfe entsteht meist auf zwei Arten: Entweder stehen Sie und die Kamera still, während das Motiv fährt, läuft oder fliegt, oder Sie bewegen die Kamera, und das Motiv ist bewegungslos. Eine dritte Variante, bei der Sie die Kamera mit dem Motiv mitbewegen, wird als Mitziehen bezeichnet. Um Bewegungsunschärfe zu erzeugen, wird die Kamera auf eine relativ lange Verschlusszeit von z. B. 1/15 Sekunde eingestellt. Wenn mit Ihrer Kamera möglich, verwenden Sie die Blendenautomatik, wobei die Kamera die für korrekte Belichtungen notwendige Blende automatisch zur von Ihnen festgelegten Verschlusszeit regelt.

Aber Vorsicht! Sind die Verschlusszeiten beim Fotografieren in einem schlecht beleuchteten Raum zu kurz, sodass selbst die größte Blende für die korrekte Belichtung nicht ausreicht – die Kamera gibt ein Warnsignal –, müssen Sie eine noch längere Verschlusszeit wählen oder die Empfindlichkeit des Sensors z. B. auf ISO 200, 400 oder mehr erhöhen.

Oben: *Extreme Bewegungsunschärfe durch eine Stativaufnahme mit langer Belichtungszeit von etwa 1/2 Sekunde.*

Unten: *Um die Bewegungsdynamik dieses rasanten Fahrgeschäfts einzufangen, reicht die kurze Verschlusszeit von 1/30 s aus.*

AUFNAHMEDATEN	
Brennweite	15 mm
Belichtung	1/30 s
Blende	f/13
ISO	100

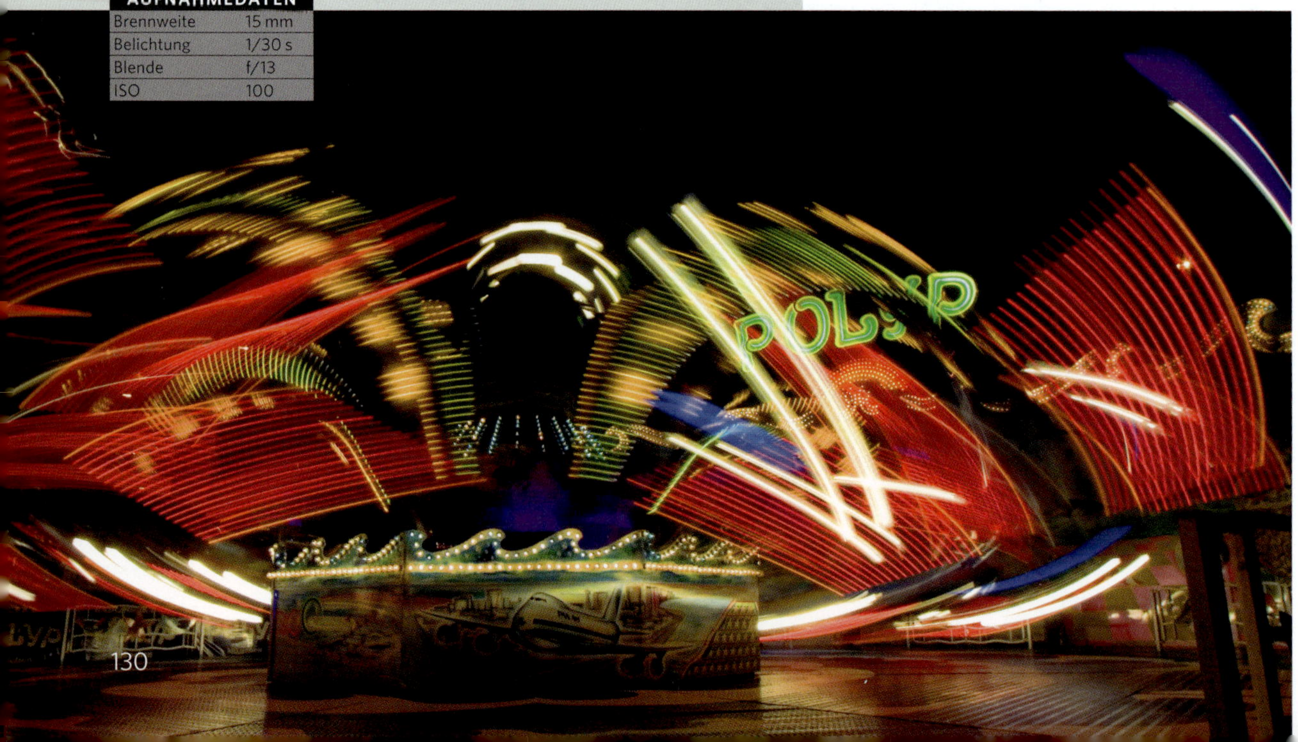

Mehr Dynamik erzeugen

Der Blitz kommt zum Einsatz, wenn das Umgebungslicht nicht ausreicht. Das in Ihre Kamera integrierte Blitzgerät, besser noch ein Zusatzblitz, kann bei richtigem Einsatz auch Dynamik in Ihre Fotos bringen. In Verbindung mit relativ langen Verschlusszeiten, wie sie für die Technik des Mitziehens eingesetzt werden, ermöglicht ein Blitz, das Hauptmotiv inmitten seiner Bewegungsunschärfe in der Bewegung einzufrieren. Das Prinzip dahinter: Der Blitz leuchtet extrem kurz auf, und die ebenso kurze Reflexion des Lichts vom Hauptmotiv wird vom Kamerasensor während der im Vergleich dazu relativ langen Verschlusszeit erfasst. Bewegungsschlieren werden dann sichtbar und im Idealfall auch ein scharfes Hauptmotiv.

Blitzen auf den 2. Verschlussvorhang

Das Problem dabei: Der Blitz wird standardmäßig immer am Anfang der Verschlusszeit ausgelöst. Dadurch entstehen Bewegungsschlieren vor dem Motiv. Mit dem Blitzmodus *Blitzen auf den 2. Verschlussvorhang* wirken Sie dem entgegen. Dabei wird der Blitz erst am Ende der Belichtung gezündet. Das führt dazu, dass die Kamera zunächst die Bewegungsschlieren und am Ende das durch den Blitz kurz angestrahlte Hauptmotiv aufnimmt.

Technik des Mitziehens

Besonders beeindruckende Fotos von bewegten Motiven entstehen mit der fotografischen Technik des Mitziehens. Dabei richten Sie Ihre Kamera auf ein sich bewegendes Motiv und verfolgen es mit einer Drehbewegung Ihres Körpers. Das Motiv sollte ständig in der Mitte des Suchers sein.

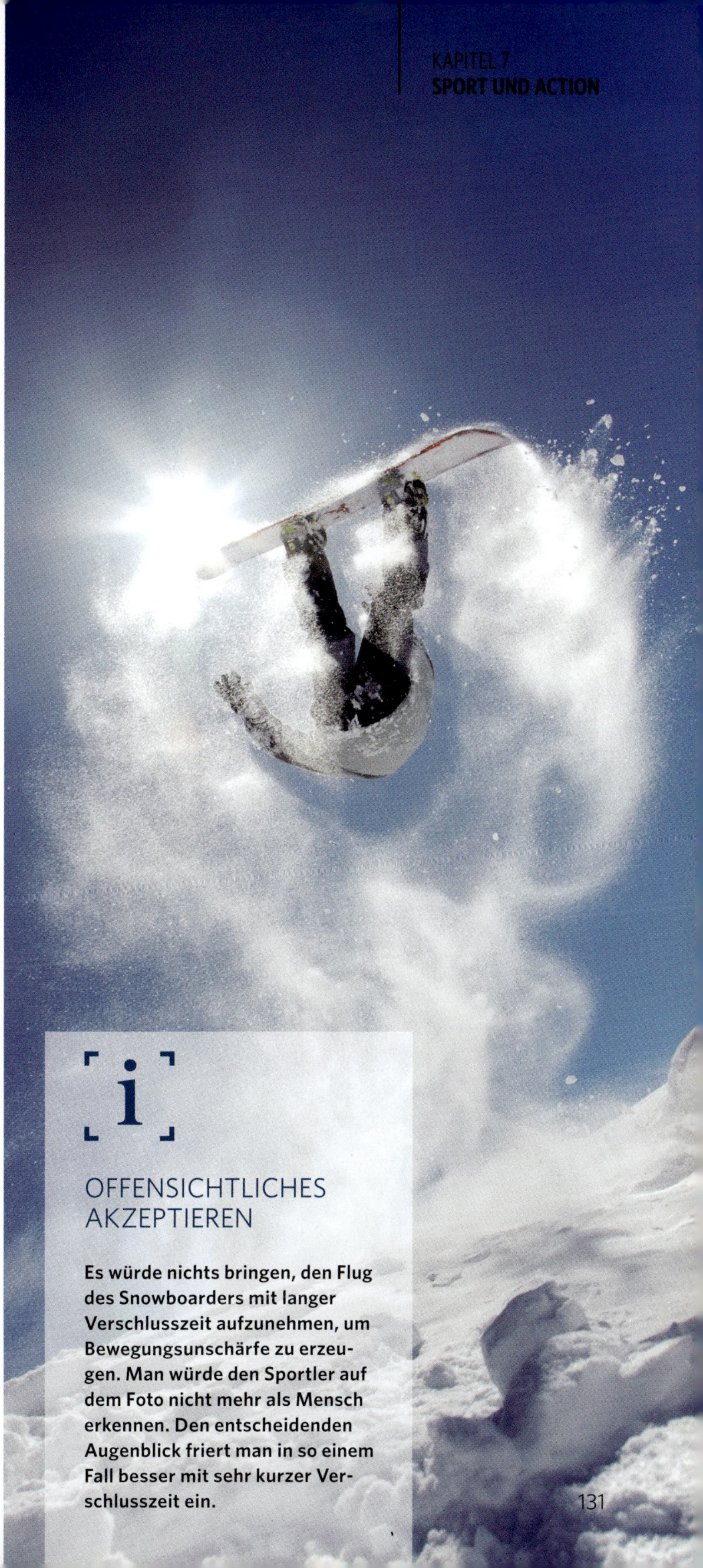

OFFENSICHTLICHES AKZEPTIEREN

Es würde nichts bringen, den Flug des Snowboarders mit langer Verschlusszeit aufzunehmen, um Bewegungsunschärfe zu erzeugen. Man würde den Sportler auf dem Foto nicht mehr als Mensch erkennen. Den entscheidenden Augenblick friert man in so einem Fall besser mit sehr kurzer Verschlusszeit ein.

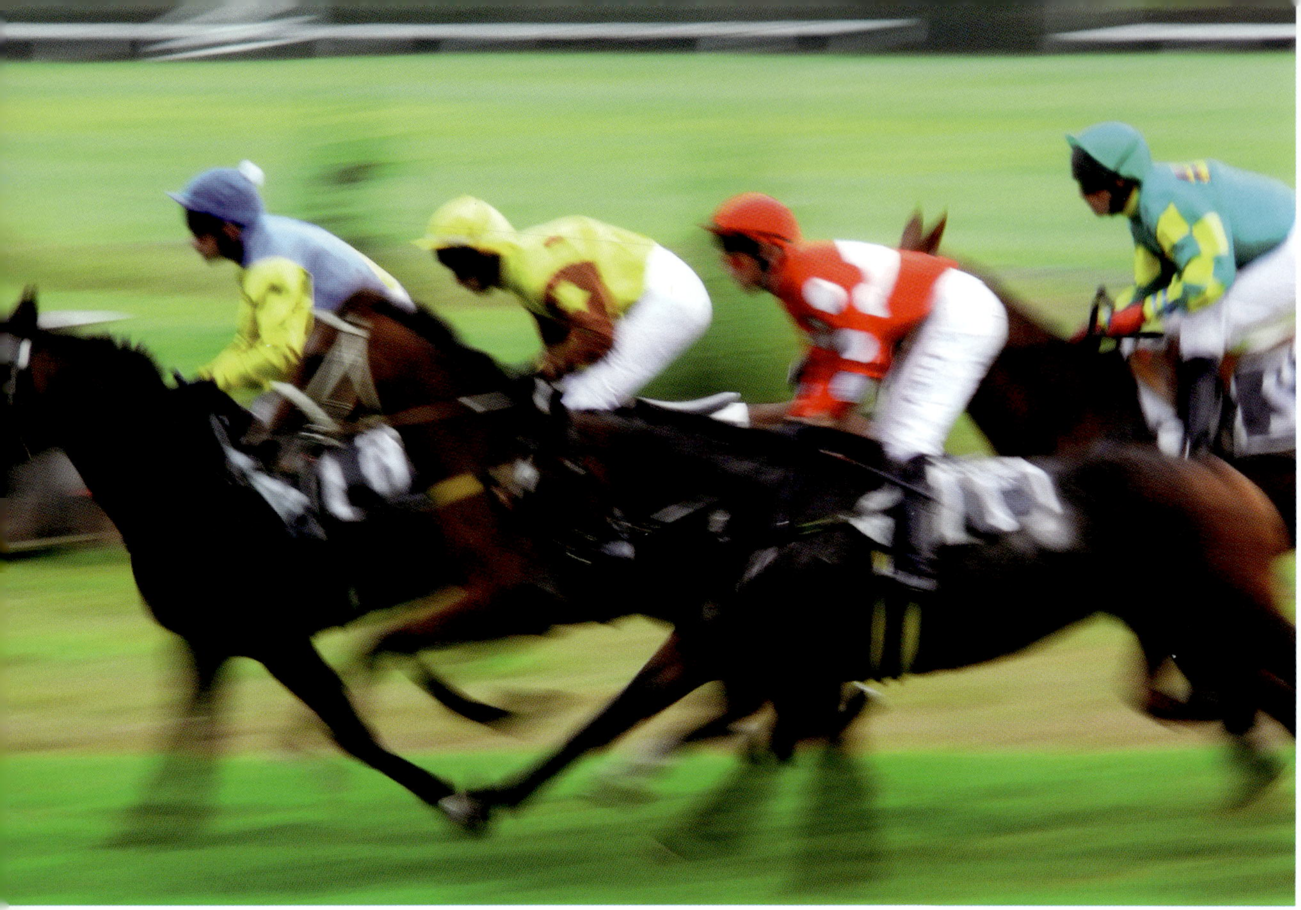

Dynamische Abläufe lassen sich wirkungsvoll auch so einfangen: Kamera ruhig mitziehen und dabei eine lange Belichtungszeit einstellen, etwa 1/15 bis 1/8 Sekunde.

Auch während des Drückens des Auslösers müssen Sie die Kamera weiterhin an die Bewegung des Motivs anpassen und dürfen Ihre Drehung nicht abrupt stoppen. Der Autofokus funktioniert bei dieser Technik nur dann, wenn Ihre Kamera den sogenannten nachführenden Autofokus unterstützt. Fokussieren Sie dazu auf das Hauptmotiv und halten Sie es möglichst in der Mitte des Suchers. Der mittlere Autofokuspunkt ist bei den meisten Kameras der empfindlichste und am ehesten dazu geeignet, ein sich bewegendes Motiv nicht aus der Schärfe zu verlieren.

Verwischter Hintergrund

Optimal sind solche Fotos dann, wenn der Hintergrund verwischt und dadurch die Bewegung deutlich macht, das Hauptmotiv aber möglichst scharf abgebildet wird. Der verwischte Hintergrund entsteht nur dann, wenn Sie keine zu kurzen Verschlusszeiten an der Kamera einstellen. In diesem Fall ist das Sportprogramm ungeeignet, weil es automatisch die kürzestmögliche Verschlusszeit einstellt. Falls Sie die Belichtungswerte manuell regeln können, stellen Sie für Tageslichtaufnahmen Verschlusszeiten von ungefähr 1/30 Sekunde oder weniger ein. Länger als 1/2 Sekunde sollten die Zeiten nicht sein, da es sonst schwierig wird, das Hauptmotiv in der Schärfe zu halten.

Ist es bei Ihrer Kamera nicht möglich, manuell in die Belichtung einzugreifen, verwenden Sie entweder die Automatik und schalten den Blitz ab, oder Sie probieren das Aufnahmeprogramm für Landschaften aus. Es wählt kleine Blenden und dadurch relativ lange Verschlusszeiten aus. Kontrollieren Sie die Fotos gleich am Kameradisplay. Sind die Bewegungseffekte zu ausgeprägt, muss die Verschlusszeit verkürzt werden. Bei zu geringer Wirkung werden die Zeiten verlängert. Erwarten Sie auch nach längerem Üben nicht, dass jedes auf diese Weise geschossene Foto gelingt.

Mitziehen und dabei blitzen

Sie können das Mitziehen und das Blitzen von Bewegung auch miteinander kombinieren. Kurze Verschlusszeiten oder das kurze Aufleuchten des Blitzes frieren Bewegungen ein. Lange Verschlusszeiten und Mitziehen bringen Bewegungsunschärfe ins Bild. Die Kombination aus geblitzter Bewegung und parallel zum Motiv geschwenkter Kamera verstärkt den Eindruck der Dynamik.

Zum richtigen Zeitpunkt auslösen

Zunächst müssen Sie die richtigen Belichtungswerte - lange Verschlusszeit von 1/30 Sekunde oder länger - manuell festlegen und danach auf einen Punkt fokussieren, den das Motiv passieren wird. Alternativ wird der nachführende Autofokus verwendet. Dann sollte der Blitzmodus *Blitzen auf den 2. Verschlussvorhang* eingestellt werden. Um perfekte Fotos zu erhalten, müssen Sie während der Mitziehbewegung kurz vor dem fokussierten Punkt auslösen, damit der Blitz (2. Verschlussvorhang) an exakt der Stelle aufleuchtet, an der sich das Motiv in der Schärfe befindet. Ob Kinder, Haustiere, Sportveranstaltungen oder Straßenverkehr - Gelegenheiten, die genannten Techniken auszuprobieren, gibt es überall in Hülle und Fülle.

Hier fliegen die Bäume auf einen zu. Ein Superweitwinkel schafft Tiefe. Solche Aufnahmen bitte nur mit entsprechender Halterung und Fernauslöser machen!

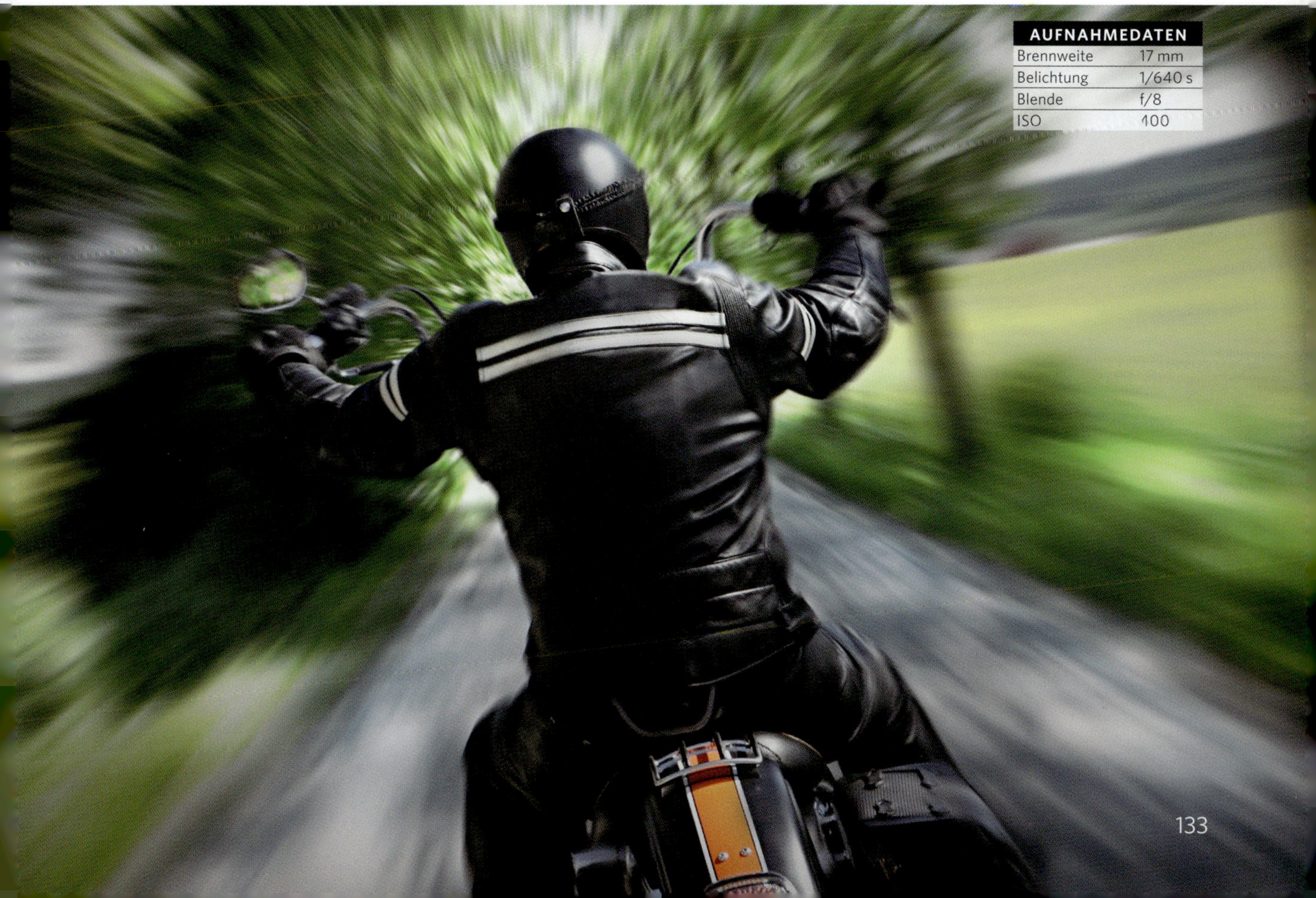

AUFNAHMEDATEN	
Brennweite	17 mm
Belichtung	1/640 s
Blende	f/8
ISO	400

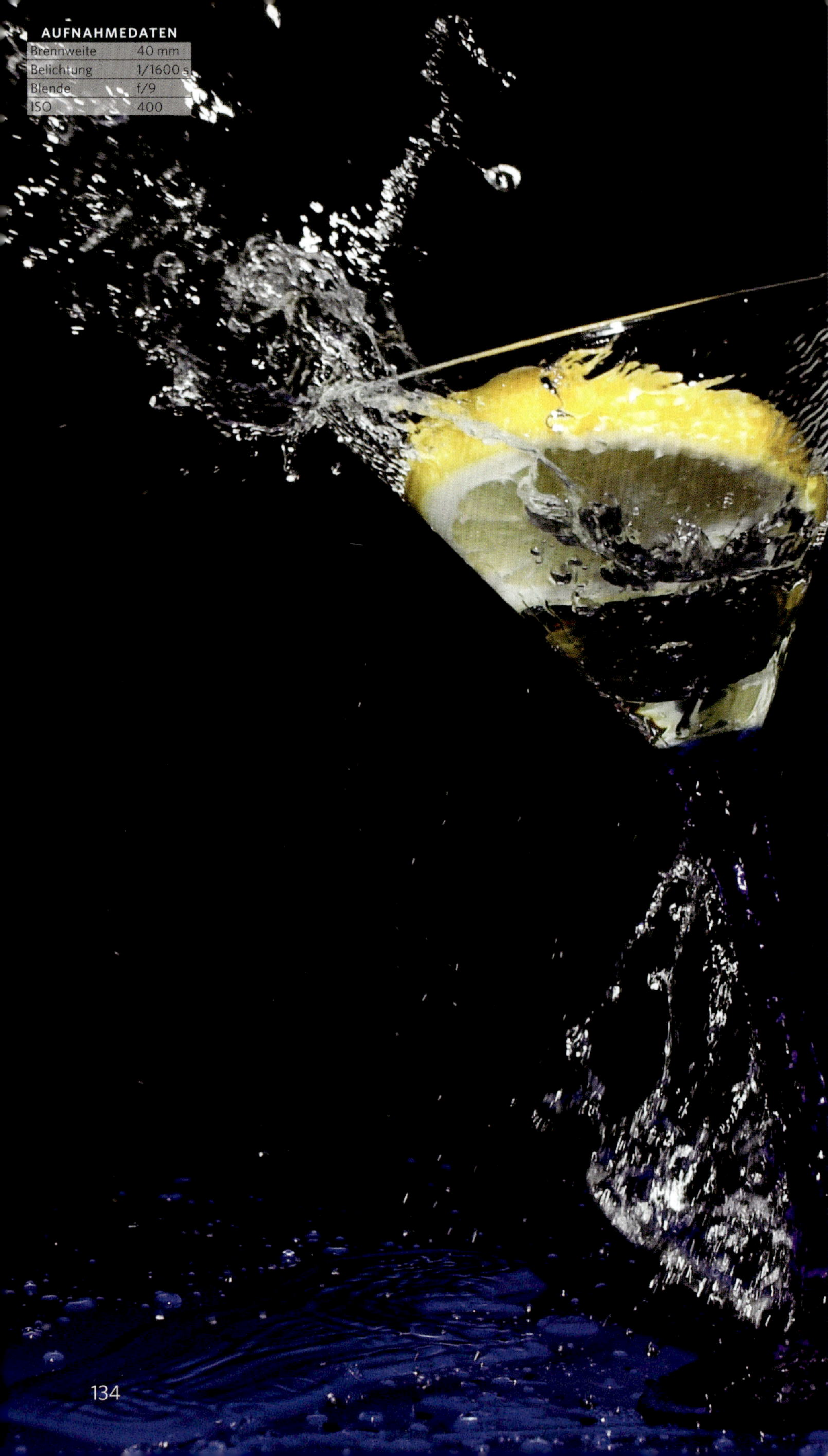

AUFNAHMEDATEN

Brennweite	40 mm
Belichtung	1/1600 s
Blende	f/9
ISO	400

GEFRIERBLITZ

Ein Test mit einer Kamera, an der man Fokus, Blende und Verschlusszeit manuell verändern kann, verdeutlicht die einfrierende Wirkung eines Blitzes. Dunkeln Sie einen Raum komplett ab und stellen Sie ein Gefäß mit Wasser auf, in das Sie später ein kleines Objekt wie eine Münze hineinfallen lassen. Schrauben Sie die Kamera auf ein Stativ und stellen Sie eine Verschlusszeit von 1/30 Sekunde und Blende 11 ein. Fokussieren Sie manuell auf die Mitte des Gefäßes, wo die Münze ins Wasser eintauchen wird. Wählen Sie eine Brennweite, mit der das Eintauchen und das aufspritzende Wasser möglichst komplett erfasst werden. Ein Fernauslöser erleichtert den Versuch, aber auch der auf etwa zehn Sekunden gestellte Selbstauslöser hilft, die Wasserspritzer zu erwischen. Lösen Sie, nachdem Sie das Licht ausgeschaltet haben, mit der einen Hand die Kamera aus und lassen Sie mit der anderen die Münze ins Wasser fallen. Es entsteht ein Foto, das die vom Blitzlicht in der Bewegung eingefrorenen Wasserspritzer zeigt. Vermutlich werden Sie ein paar Versuche benötigen, bis das Timing stimmt. Sind die Fotos über- oder unterbelichtet, verändern Sie die Blende bei den nächsten Aufnahmen entsprechend.

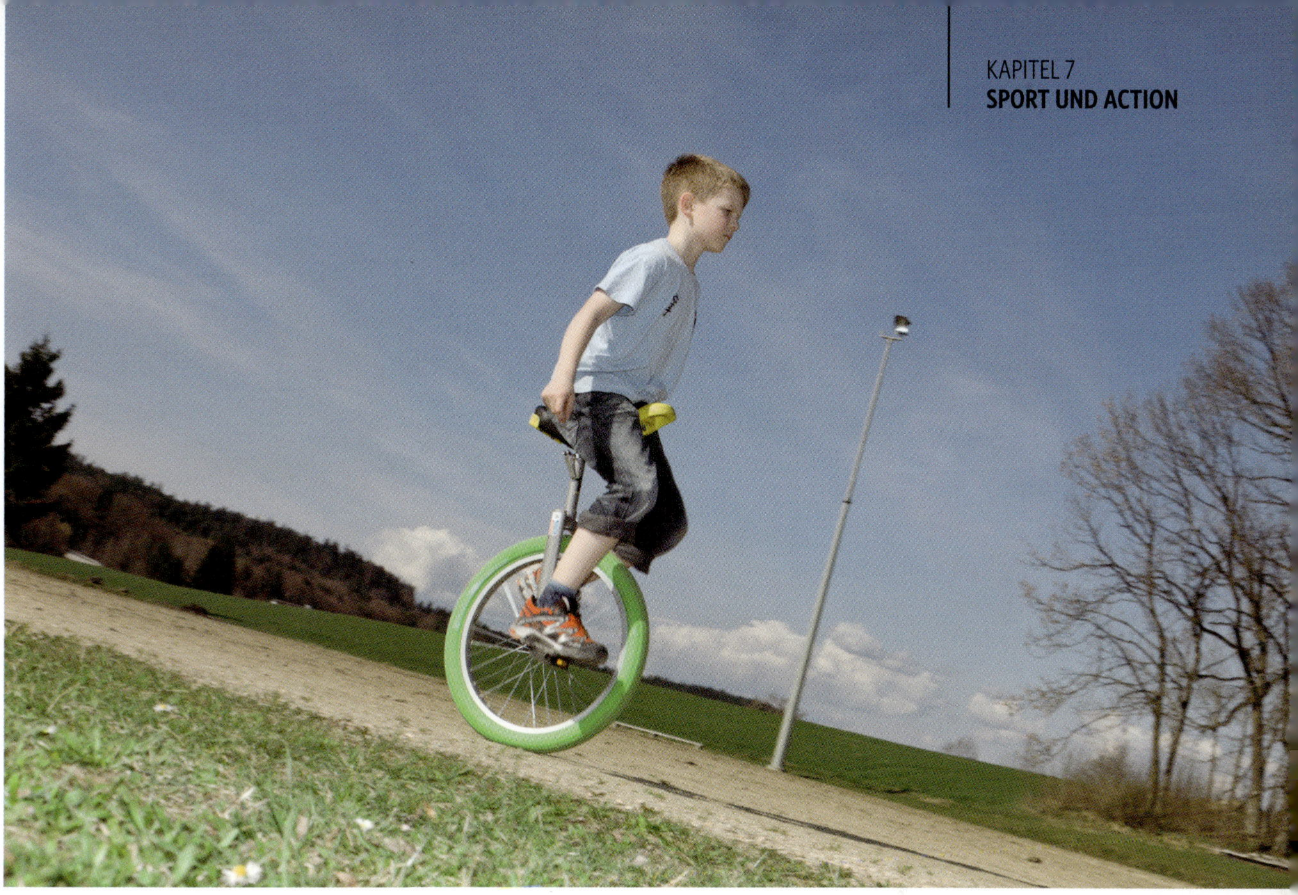

Kritische Bildauswahl

Wer Bewegungen fotografiert, wird immer einen vergleichsweise hohen Anteil an leicht unscharfen Bildern haben. Entweder hat der Autofokus nicht ganz exakt funktioniert, die Verschlusszeit war etwas zu lang, oder die Kamera hat sich bewegt – Faktoren für Fehlversuche gibt es viele. Möchten Sie Ihre Bilder zeigen, müssen Sie extrem kritisch sein. Denn ein Sportfoto, das auf den ersten Blick leicht unscharf wirkt, ist eine schlechte Visitenkarte. Allerdings kann man manche Bilder, die wegen ihrer Unschärfe nicht für den hochwertigen Ausdruck geeignet sind, trotzdem noch im Internet zeigen, da die Auflösung für die Bildschirmpräsentation deutlich reduziert werden muss.

Bewegte Motive haben den Nachteil, dass man sich nicht in Ruhe mit ihnen beschäftigen kann. Man muss die Ausrüstung blind beherrschen bzw. vor den Aufnahmen auf die richtigen Werte eingestellt haben, um sich dann ganz auf den richtigen Moment konzentrieren zu können. Fotografen mit wenig Erfahrung in der Sport- und Actionfotografie sind anfangs natürlich noch am meisten damit beschäftigt, ihre Motive überhaupt in den Kasten zu bekommen. Erst mit zunehmender Erfahrung und geschärftem Blick für weitere Faktoren wie Hintergrund und Lichtrichtung kann man sich über die Bildgestaltung Gedanken machen.

Wenn man die Möglichkeit hat, vor dem entscheidenden Augenblick die Bildgestaltung festzulegen, kann man sich ganz darauf konzentrieren, im richtigen Moment auszulösen. Wäre die Kamera einen Meter höher oder niedriger positioniert gewesen, ergäbe sich eine völlig andere Bildaufteilung.

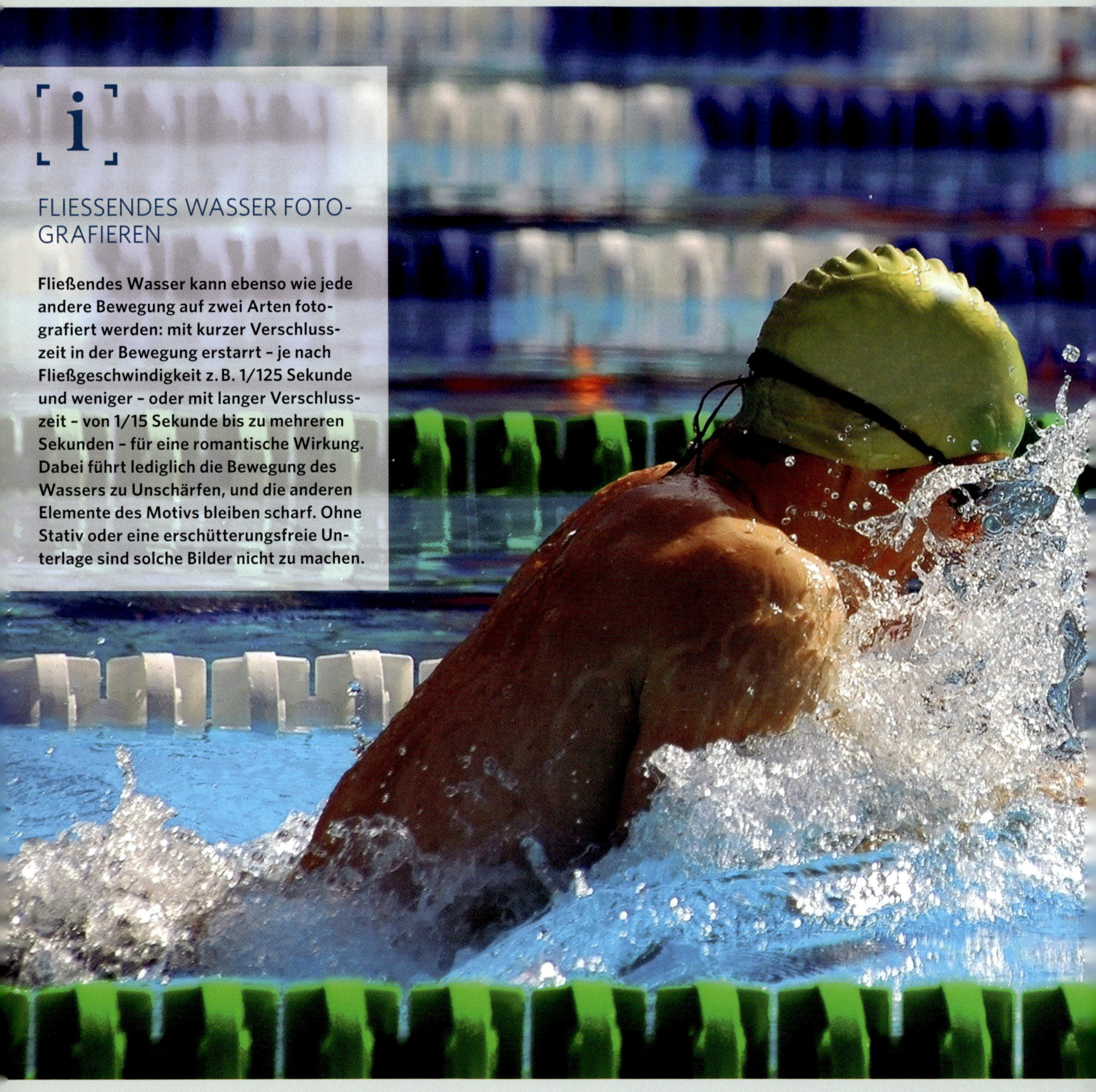

FLIESSENDES WASSER FOTOGRAFIEREN

Fließendes Wasser kann ebenso wie jede andere Bewegung auf zwei Arten fotografiert werden: mit kurzer Verschlusszeit in der Bewegung erstarrt – je nach Fließgeschwindigkeit z. B. 1/125 Sekunde und weniger – oder mit langer Verschlusszeit – von 1/15 Sekunde bis zu mehreren Sekunden – für eine romantische Wirkung. Dabei führt lediglich die Bewegung des Wassers zu Unschärfen, und die anderen Elemente des Motivs bleiben scharf. Ohne Stativ oder eine erschütterungsfreie Unterlage sind solche Bilder nicht zu machen.

AUFNAHMEDATEN	
Brennweite	45 mm
Belichtung	1/200 s
Blende	f/11
ISO	100

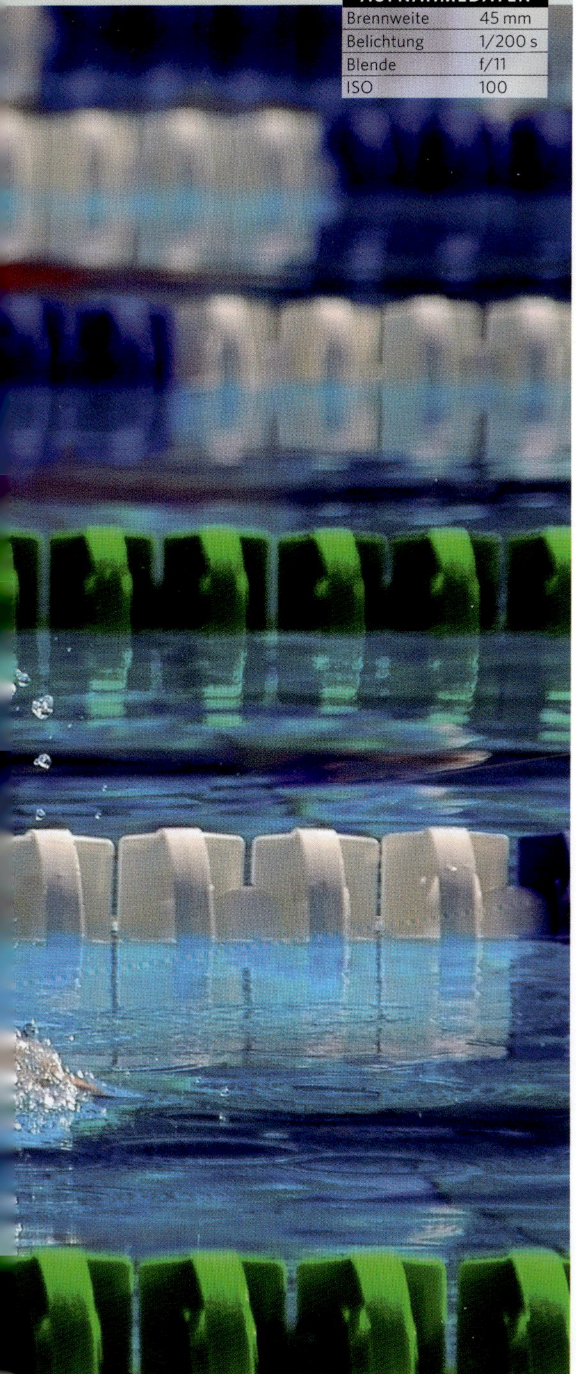

Objektivempfehlung

Ist eine Szene hell beleuchtet, kann man die Verschlusszeiten kurz genug halten, um Bewegungen scharf zu fotografieren. Das klappt dann mit fast jedem halbwegs guten Objektiv mit vernünftiger Autofokusgeschwindigkeit. Für Bilder im privaten Bereich genügt ein gutes Standardzoom. Fotografiert man bei weniger Licht, spielen die Lichtstärke und der Autofokus plötzlich eine wichtige Rolle. Je größer die mögliche Blendenöffnung (Lichtstärke), desto weniger Licht ist für korrekte Belichtungen bei gleicher Verschlusszeit notwendig. Lichtstärken von f/2,8 und weniger sind zu empfehlen. Auch das AF-System sollte so schnell und präzise wie möglich sein. Je weiter entfernt Sie sich vom Ort des Geschehens befinden, desto länger muss die Brennweite des verwendeten Objektivs sein, um die Motive groß ins Bild zu bekommen. Leider steigen die Kosten für Objektive mit zunehmender Brennweite und Lichtstärke rasant, Amateure müssen daher Kompromisse eingehen.

OBJEKTIVEMPFEHLUNG	
Bewegung allgemein	• Standardzoom (ca. 30 bis 100 mm) • lichtstarke Festbrennweite (ca. 50 mm, f/2,8)
Schnelle Bewegungen	• lichtstarkes Standardzoom (ca. 30 bis 100 mm, f/2,8) • lichtstarkes Telezoom (ca. 70 bis 300 mm, f/2,8) • lichtstarke Festbrennweite (ca. 100 bis 400 mm, f/2,8)
Sport	• lichtstarkes Zoom (ca. 50 bis 400 mm, f/2,8) • lichtstarke Festbrennweite (ca. 100 bis 400 mm, f/2,8)

REISE UND DOKUMENTATION

[8]

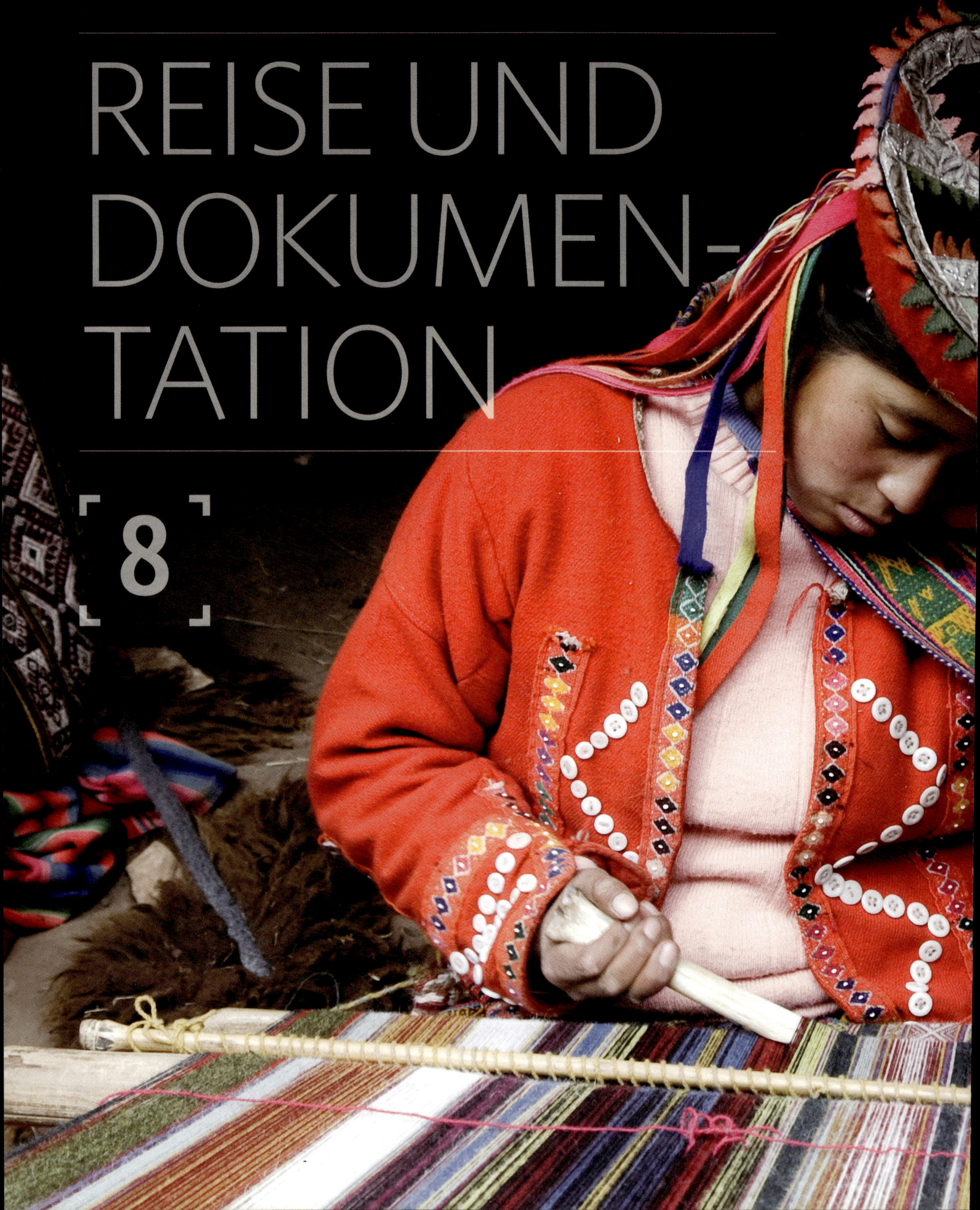

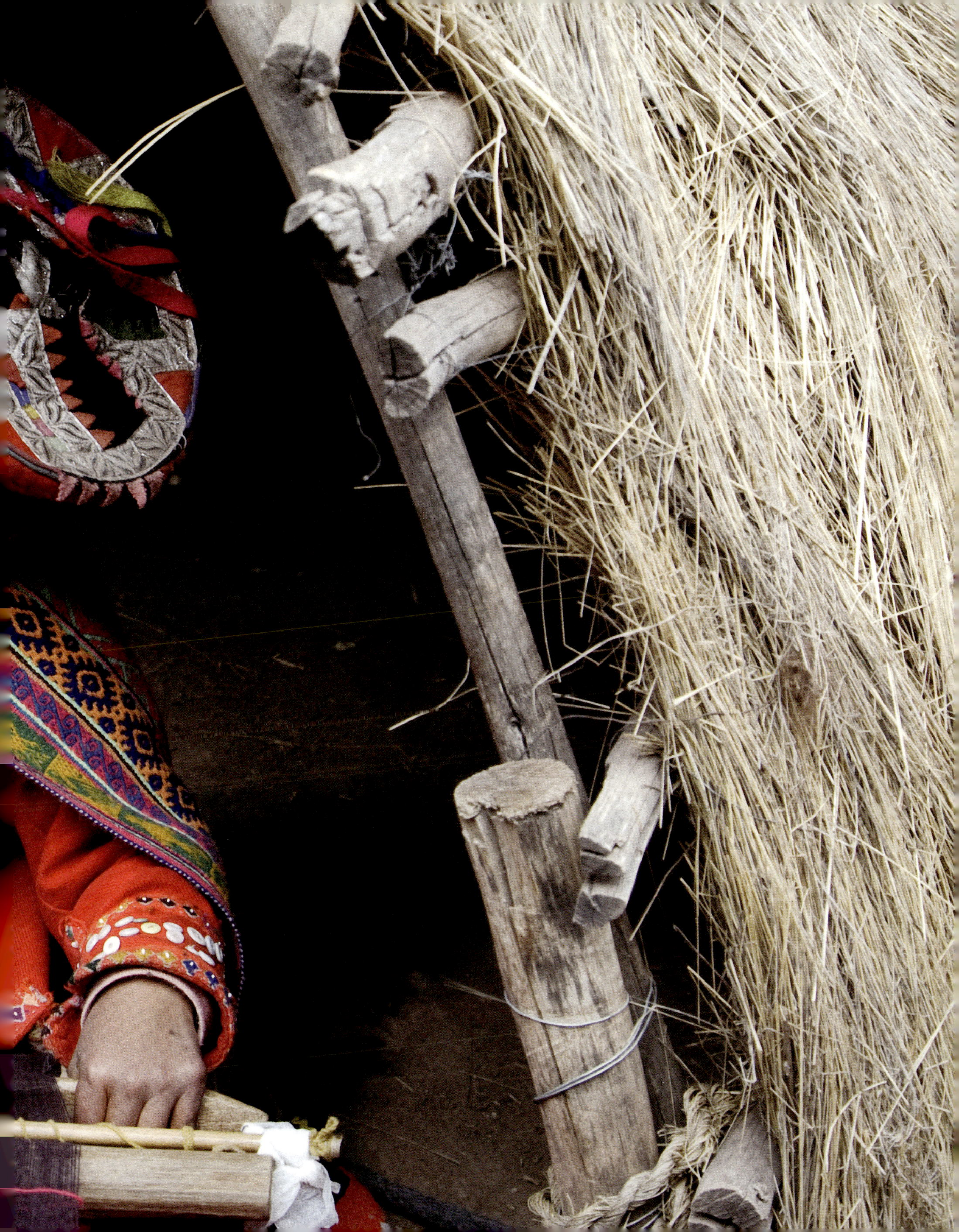

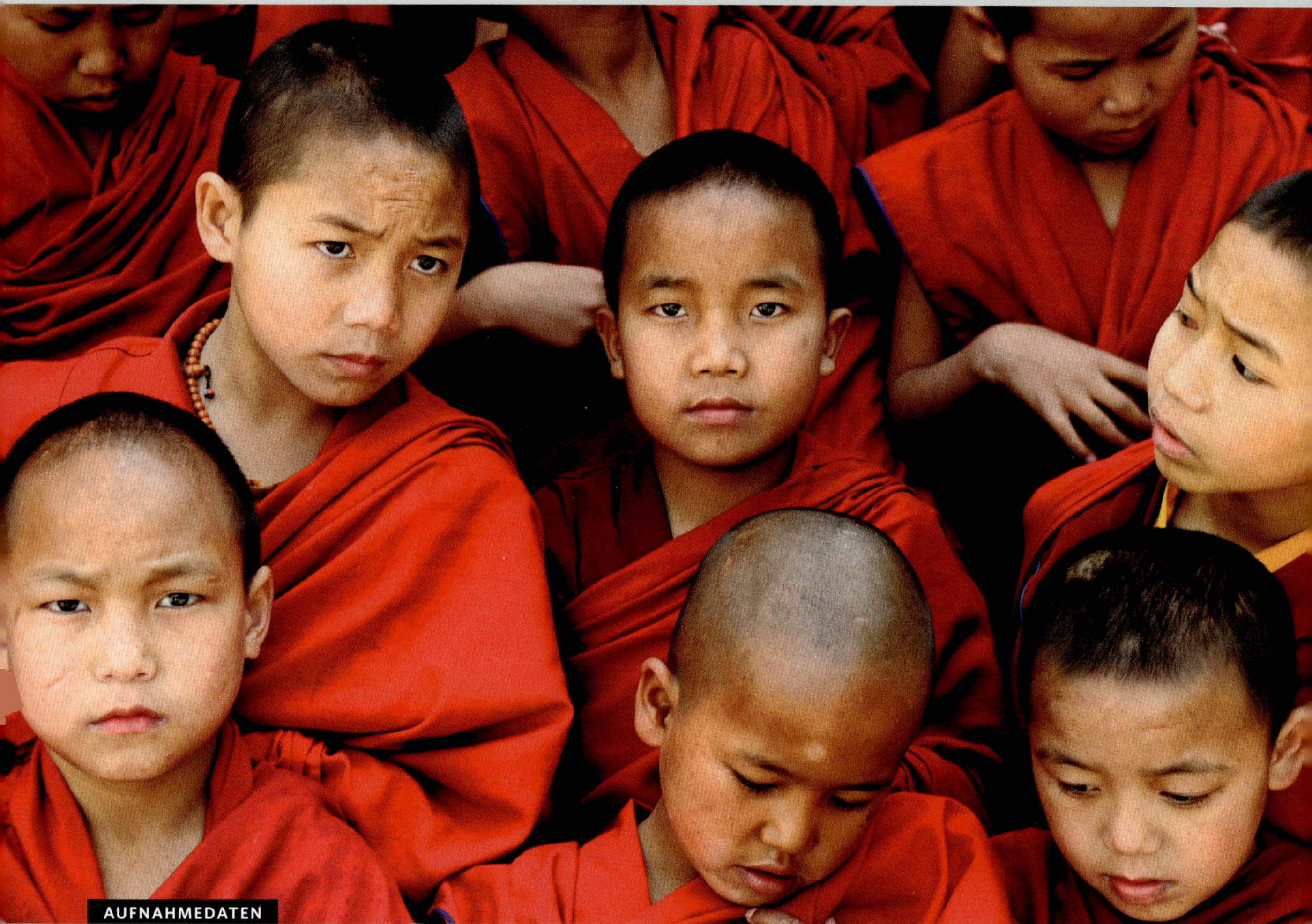

AUFNAHMEDATEN	
Brennweite	45 mm
Belichtung	1/60 s
Blende	f/5
ISO	200

Auf Reisen benötigt man keine umfangreiche Ausrüstung, um mit herausragenden Bildern nach Hause zu kommen. Es kommt vielmehr darauf an, Motive zu entdecken und im richtigen Augenblick den Auslöser zu drücken.

8 Reise und Dokumentation

Wenn Fotografen reisen, entstehen immer auch viele Fotos. Früher war das zum Teil recht kostspielig, denn Filmmaterial und die Filmentwicklung waren nicht gerade billig. Heute hat man neben der Digitalkamera und ein paar Speicherkarten zunächst keine Kosten, egal wie viele Aufnahmen man macht. Und wenn eine Aufnahme nichts wird, weil sie zu hell oder zu dunkel belichtet wurde, macht man das Foto nach kurzer Kontrolle auf dem Display eben noch einmal.

Ausrüstung zusammenstellen

■ Nutzen Sie die Vorteile einer Digitalkamera für die Belichtungs- und Motivkontrolle konsequent aus, werden Sie mit Bildern nach Hause kommen, die das Reiseziel in seiner ganzen Schönheit differenziert widerspiegeln. Bei all den Vorteilen - gehen Sie nicht zu sorglos an Ihre Reisemotive heran. Denn egal ob ein Bild analog oder digital gemacht wird - das ist zunächst ohne Bedeutung dafür, ob es aus gestalterischer Sicht gelungen ist. Vor allem aber gilt: Planen Sie vor der Reise genau, was Sie an Fotoausrüstung wirklich brauchen und was zu Hause bleiben kann. Die Möglichkeiten reichen von der kleinen Kompaktkamera bis zur Spiegelreflexausrüstung mit einigen Objektiven, Stativ und Notebook.

Speicher, Akkus und Ladegerät

Besitzen Sie eine Kompaktkamera mit Zoomobjektiv, benötigen Sie neben der Kamera und einer entsprechenden Tasche lediglich Speicherkarten, dazu einen Ersatzakku und das Ladegerät. Je nach Reiseland müssen Sie auch an einen Adapter für die landesüblichen Steckdosen bzw. ein spezielles Netzteil mit der notwendigen Spannungsstärke denken.

Pol- und Grauverlaufsfilter

Wenn Sie ein Freund von Landschaftsaufnahmen sind, können Sie noch einen Polfilter für knalligere Farben und einen Grauverlaufsfilter zum Abdunkeln des Himmels bei starken Kontrasten mitnehmen. Und planen Sie Tauchgänge, brauchen Sie natürlich entsprechendes Unterwasserzubehör.

Eine Kamera, die man auf Reisen dabeihat, sollte gerade im Weitwinkelbereich gut sein. Denn viele Urlaubsmotive leben davon, dass ein breites Sichtfeld abgebildet wird.

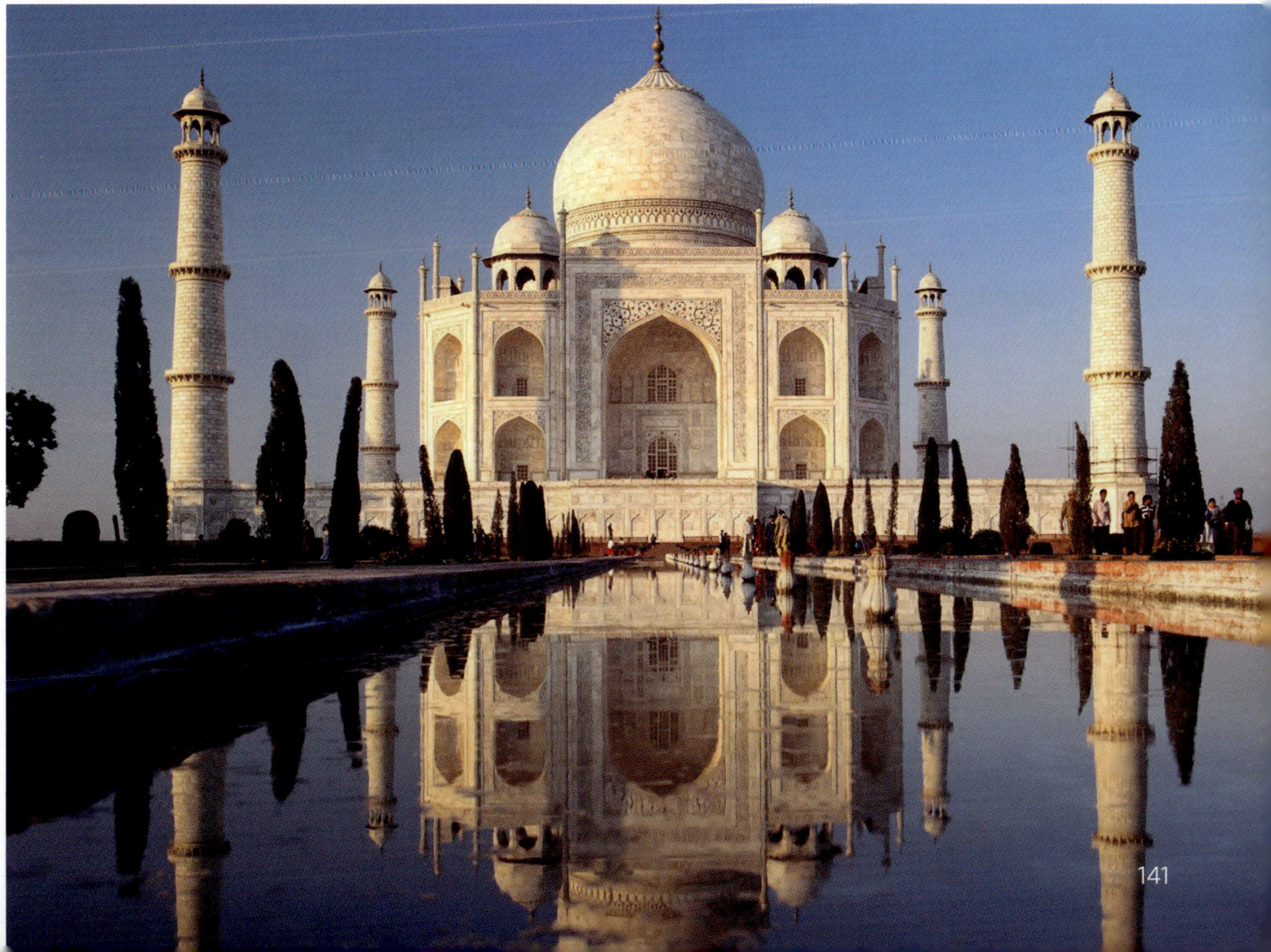

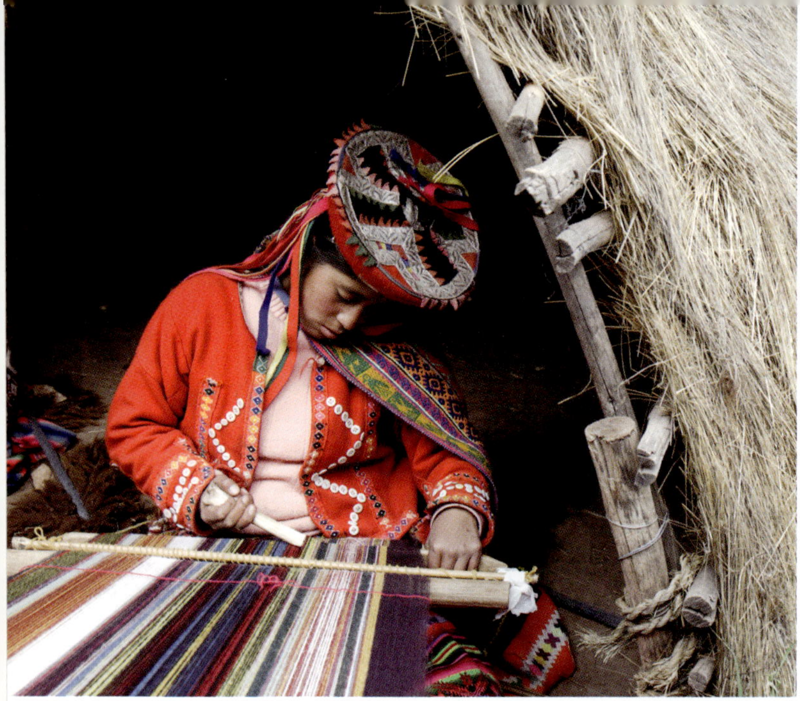

Menschen in landestypischer Kleidung geben immer einen guten Hinweis darauf, in welchem Teil der Welt man sich gerade befindet.

Mit Respekt auf Menschen zugehen

Wenn Sie Land und Leute zeigen möchten, aber wie die meisten Menschen Probleme damit haben, Wildfremde um die Erlaubnis zu bitten, sie fotografieren zu dürfen, fangen Sie mit Kindern an. Kinder sind meistens neugierig und oft viel weniger zurückhaltend, wenn es darum geht, in die Kamera zu grinsen. Ganz nebenbei sagen Kinder in ihrem Auftreten, ihrer Kleidung, ihrer Umgebung und ihrer Spiele eine ganze Menge über die Gegend aus, in der Sie sich gerade befinden.

Bei Kindern gilt natürlich ebenso wie bei Erwachsenen – gehen Sie mit dem nötigen Respekt auf die Menschen zu. Wenn Sie merken, dass das Fotografieren nicht erwünscht ist, packen Sie Ihre Kamera weg. Manchmal ist es nicht möglich, viel Zeit darin zu investieren, die Menschen erst kennenzulernen, bevor Sie sie fotografieren. Verzichten Sie dann lieber auf die Fotos und versuchen Sie nicht, mit Gewalt oder Voyeurismus an ein paar Aufnahmen zu kommen. Sie möchten schließlich auch nicht, dass Sie jemand heimlich fotografiert.

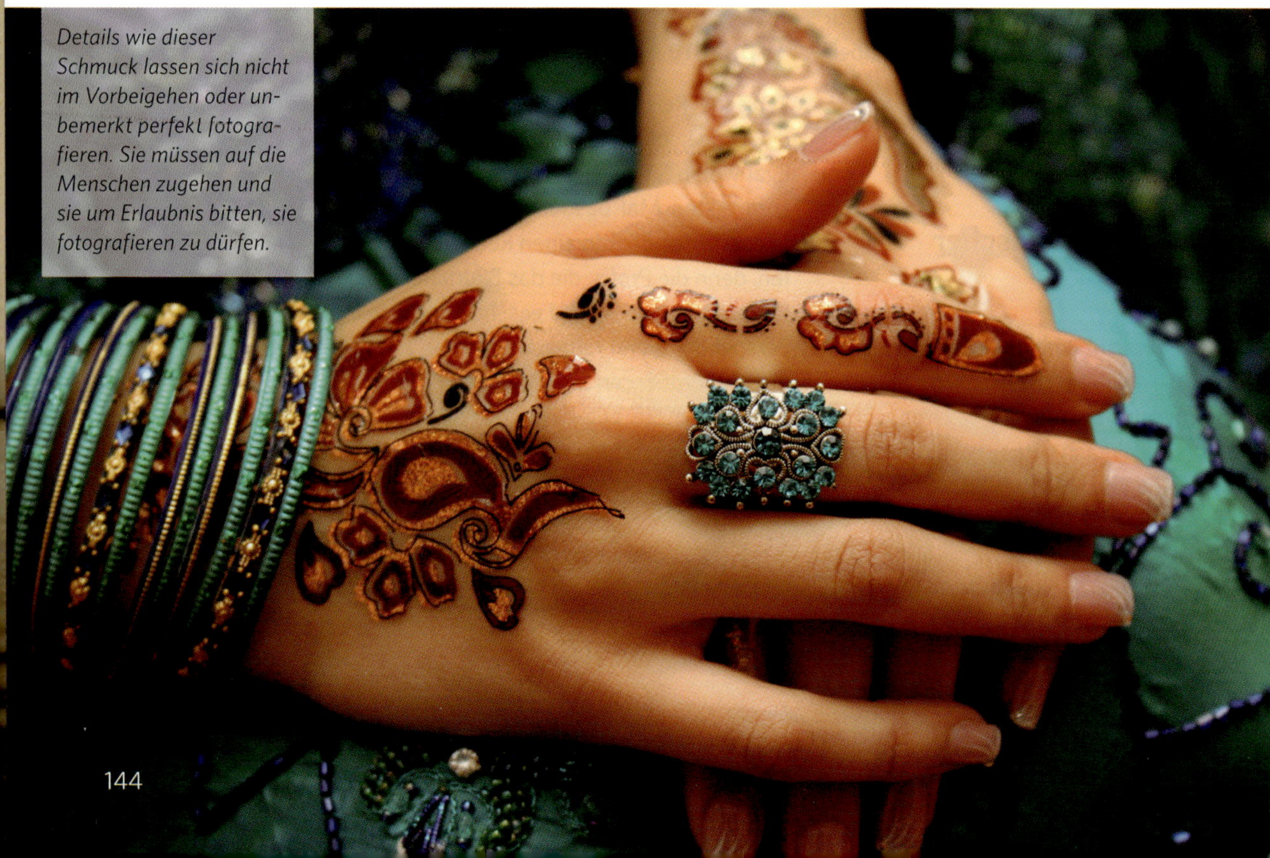

Details wie dieser Schmuck lassen sich nicht im Vorbeigehen oder unbemerkt perfekt fotografieren. Sie müssen auf die Menschen zugehen und sie um Erlaubnis bitten, sie fotografieren zu dürfen.

Fremde Landschaften neu entdecken

Manche typischen Landschaften erkennt man auf den ersten Blick. Wenn Sie sich in einer Gegend befinden, die für ihre Landschaften berühmt ist, packen Sie die Kamera aus, warten Sie auf das richtige Licht - bevorzugt morgens oder abends - und halten Sie die Gegend in Ihren Aufnahmen fest. Wenn möglich, lassen Sie sich ein wenig Zeit beim Erkunden der Landschaft mit ihren typischen Merkmalen. Ein Bauernhof, ein paar Felsen in der Landschaft, ein Lavendelfeld, Sanddünen - jede Landschaft hat ihre eigenen Reize, die zu bestimmten Tageszeiten am besten wirken.

Ungewöhnliche Bauwerke finden

Fremde Länder verbindet man natürlich auch immer mit fremdartiger oder zumindest für unsere Wahrnehmung ungewohnter Architektur. Mal abgesehen vom Eiffelturm, dem Empire State Building oder der Oper von Sydney, die sich immer gut in einer Fotoshow mit Urlaubsbildern machen, sollte man nach typischen Bauwerken suchen, die nicht in jedem Prospekt oder Reiseführer auftauchen - was nicht heißen soll, dass man sich nicht an den besagten Medien orientieren kann. Aber manchmal sind es eben eher Privathäuser oder deren Gärten, die mehr über ein Land aussagen als die üblichen Sehenswürdigkeiten. Einschränkend muss man hier natürlich anmerken, dass nicht jeder private Haus- und Grundbesitzer damit einverstanden ist, sein Anwesen fotografieren zu lassen. Fragen Sie im Zweifel besser nach.

Fotografieren auf lokalen Events

Auf der ganzen Welt feiern die Menschen. Aber sie feiern auf ganz unterschiedliche Weise. Ob es sich um religiöse oder eher folkloristische Feste handelt, hängt von der

Die meisten Menschen neigen dazu, Motive wie ein historisches Gebäude oder wie hier einen verfallenen Tempel als Einheit zu betrachten. Blickt man über das Offensichtliche hinaus, findet man oft weitere Nebenmotive, die die Bildkomposition abrunden.

AUFNAHMEDATEN	
Brennweite	96 mm
Belichtung	1/250 s
Blende	f/3,2
ISO	400

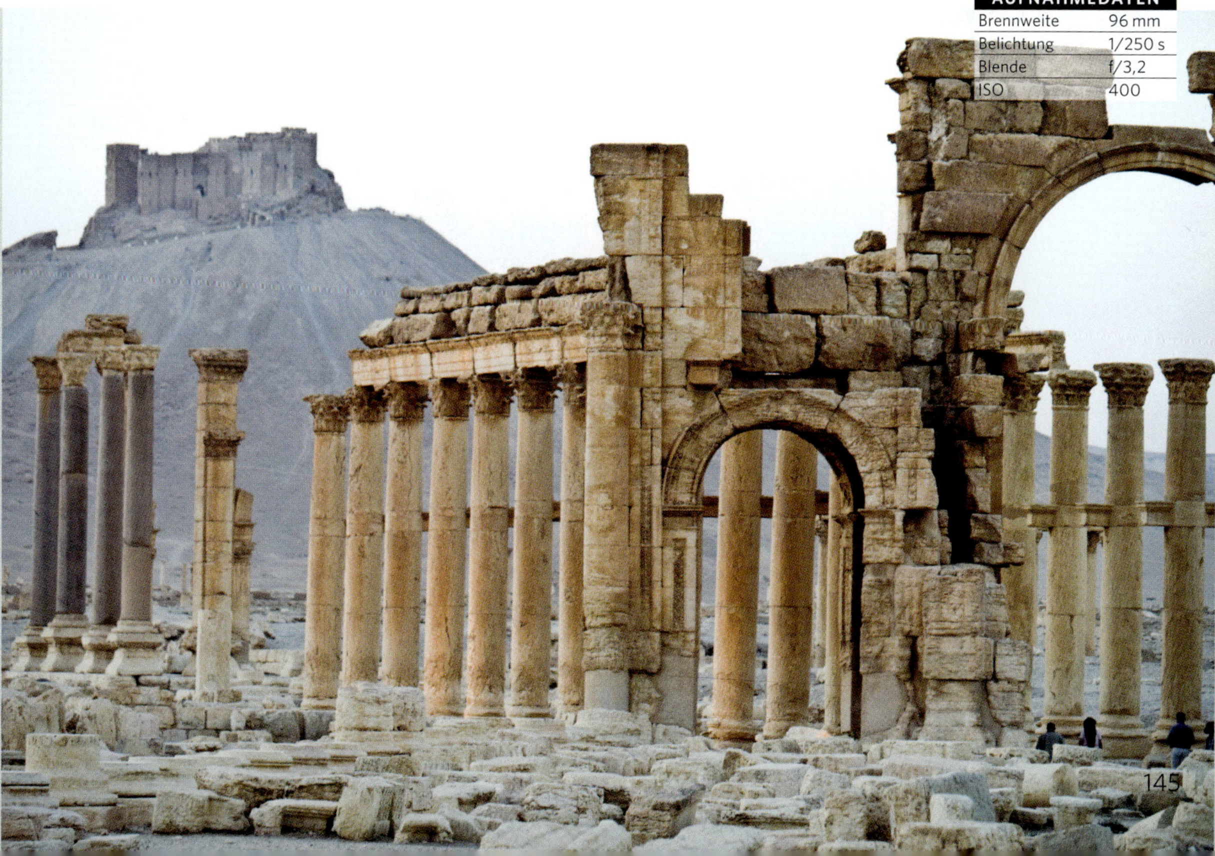

Es dürfte nicht viele Menschen geben, die mit der Chinesischen Mauer nichts anfangen können. Interessant wird das eigentlich bekannte Motiv durch extreme Schärfentiefe und die ungewöhnliche Perspektive.

jeweiligen Kultur ab. Ob es statthaft ist, zu fotografieren, ebenfalls. Aber in der Regel haben die Menschen bei öffentlichen Veranstaltungen kein Problem damit, wenn Sie den Fotoapparat zücken. Musik, Tanz, Bewegung – halten Sie fest, was Sie für typisch halten. Probieren Sie vor allem auch mal sehr kurze Brennweiten aus. Dann müssen Sie zwar sehr nah an die Menschen und Motive herangehen, um sie groß ins Bild zu bringen, der Effekt kann aber beeindruckend sein, weil das Hauptmotiv das Bild sehr stark dominiert, während der Hintergrund trotzdem noch erkennbar und scharf ist. Wechseln Sie auch die Perspektiven und fotografieren Sie in Bodennähe. Erwischen Sie in die Kamera lachende Menschen, können solche Aufnahmen enorm lebensnah wirken.

Authentisch wirkende Reisebilder

Wenn Sie authentisch wirkende Bilder anstreben, verzichten Sie wenn möglich auf den Blitz. Fotografieren Sie stattdessen lieber mit höheren ISO-Werten. Das dadurch entstehende Bildrauschen kann einem Foto einen gewissen künstlerischen Touch verleihen, wenn die Aufnahme ansonsten gut belichtet und sinnvoll gestaltet ist. Legen Sie Wert auf möglichst rauschfreie Bilder, muss bei zu wenig Umgebungslicht der Blitz zugeschaltet werden.

Zusätzliches Blitzlicht wohldosiert

Ein wenig zusätzliches Blitzlicht kann bewirken, dass Farben, z. B. von Trachten oder Kostümen, intensiviert werden, außerdem lässt der Blitz, wenn er nicht zu kräftig ausfällt, kleine Spitzlichter in den Augen der Menschen erscheinen, was die Gesichter

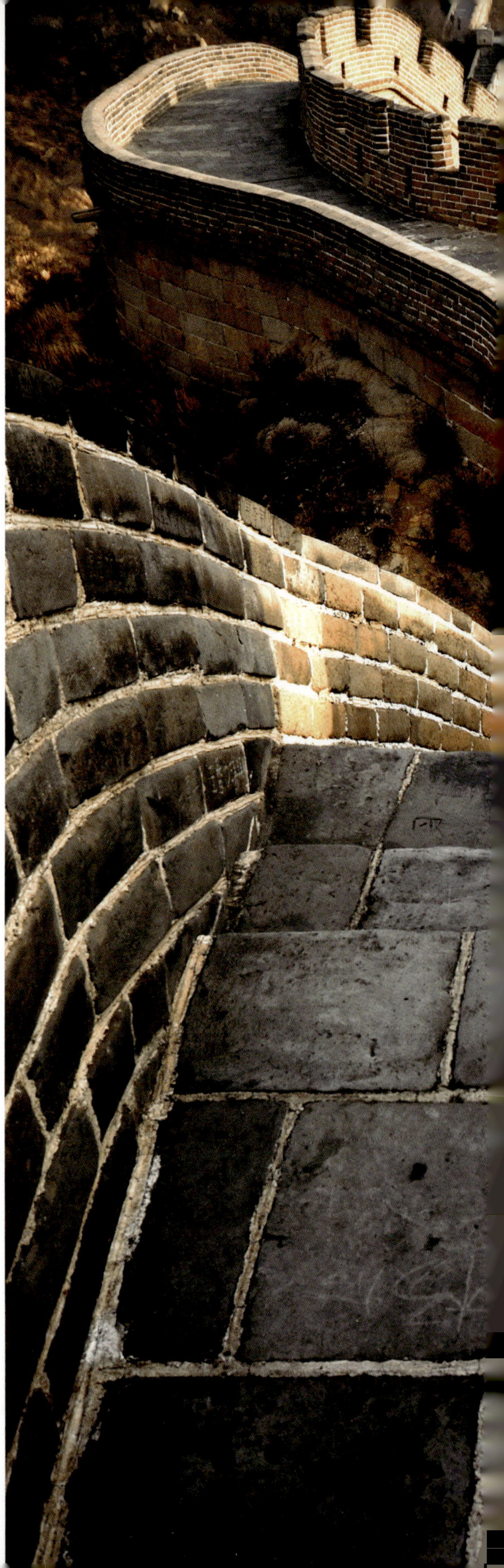

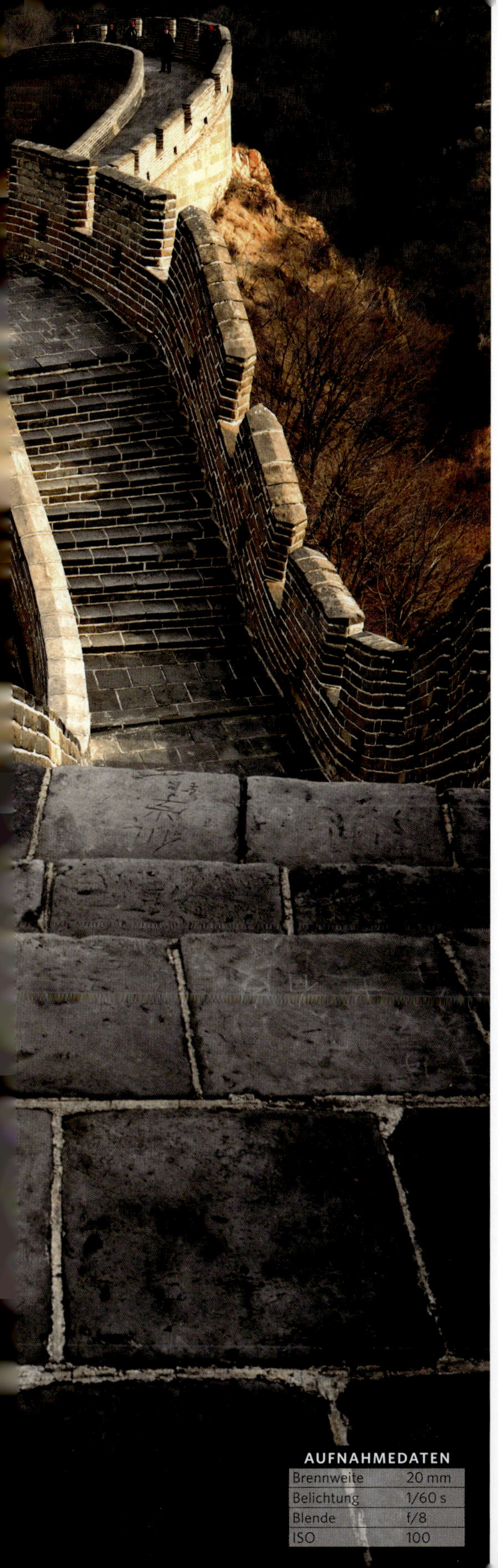

AUFNAHMEDATEN

Brennweite	20 mm
Belichtung	1/60 s
Blende	f/8
ISO	100

deutlich lebendiger wirken lässt. Die Kunst beim Blitzen besteht darin, dass der Betrachter der Bilder den Einsatz des Zusatzlichts nicht sofort erkennt.

Ungewöhnliche Blickwinkel suchen
Hier der allerwichtigste Tipp für die Reisefotografie: Gehen Sie um die Motive herum, suchen Sie ungewöhnliche Blickwinkel und variieren Sie die Brennweite. Nur so entdecken Sie Dinge, die andere Fotografen beim Knipsen im Vorbeigehen garantiert übersehen.

Objektivempfehlung

Auf Reisen geht es darum, keine Gelegenheit zu verpassen. Am sichersten fotografiert man daher mit einem Zoomobjektiv mit großem Brennweitenbereich. Das gilt sowohl für eine Kompaktkamera als auch für die Spiegelreflexausrüstung. Je länger der Zoombereich, desto problematischer kann jedoch die Darstellungsqualität werden. Für hohe Bildqualität sind daher etwas kürzere Standardzooms besser geeignet als die Megazoomoptiken mit zehnfachem oder noch größerem Brennweitenbereich. Wer mit einer Spiegelreflexkamera unterwegs ist, kann für weite Landschaften oder Architektur noch zusätzlich eine Weitwinkelfestbrennweite mitnehmen.

OBJEKTIVEMPFEHLUNG	
Reiseschnappschüsse	• Standardzoom (ca. 30 bis 120 mm) • Megazoom (ca. 30 bis 400 mm) • Normalobjektiv mit hoher Lichtstärke (50 mm, f/1,8)
Landschaften, Architektur, Menschen	• Standardzoom (ca. 30 bis 120 mm) • Megazoom (ca. 30 bis 400 mm) • Festbrennweiten je nach Einsatzzweck

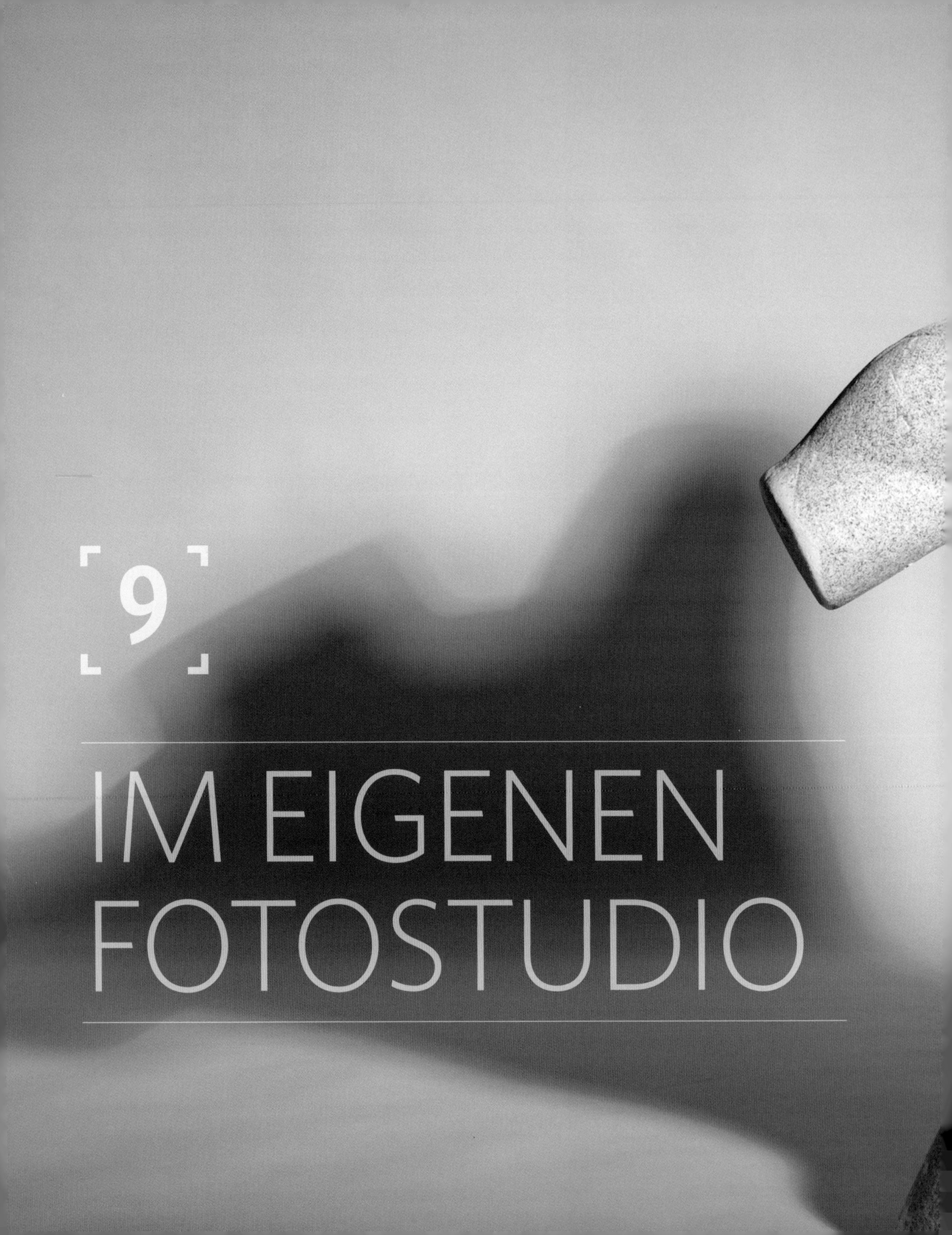

9

IM EIGENEN FOTOSTUDIO

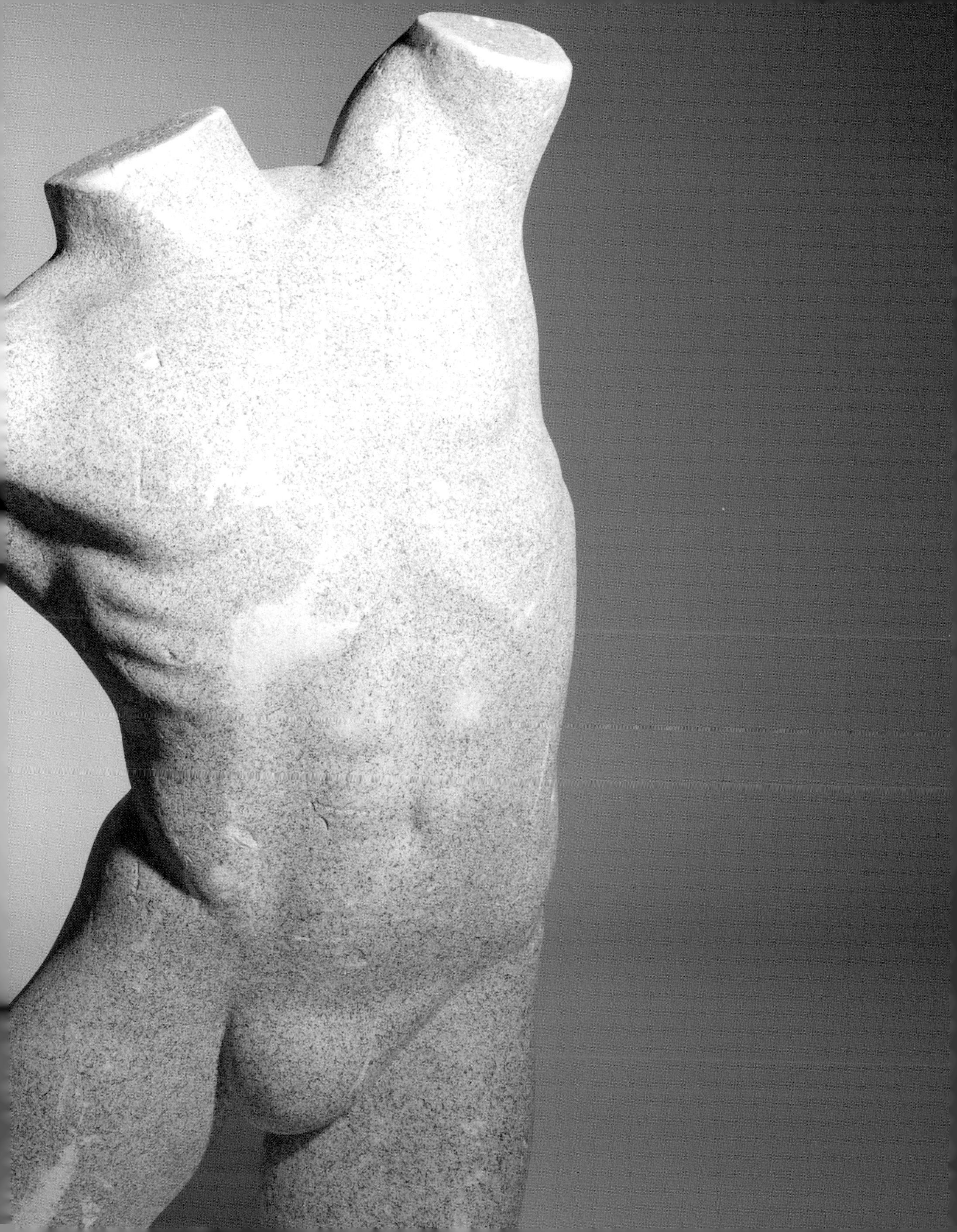

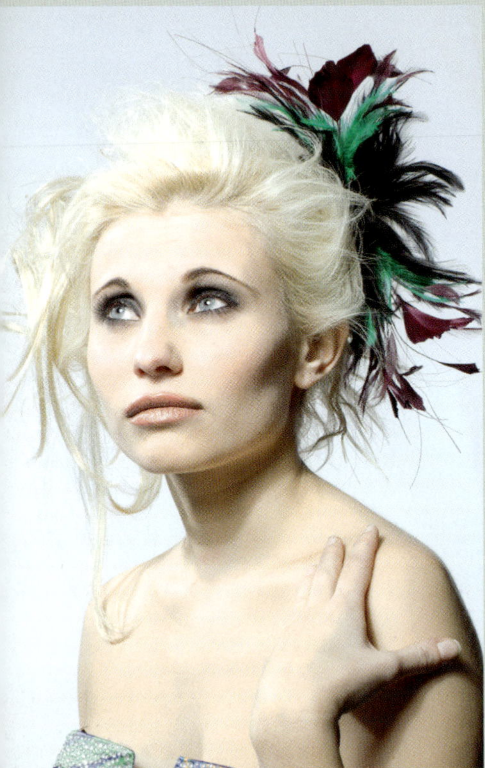

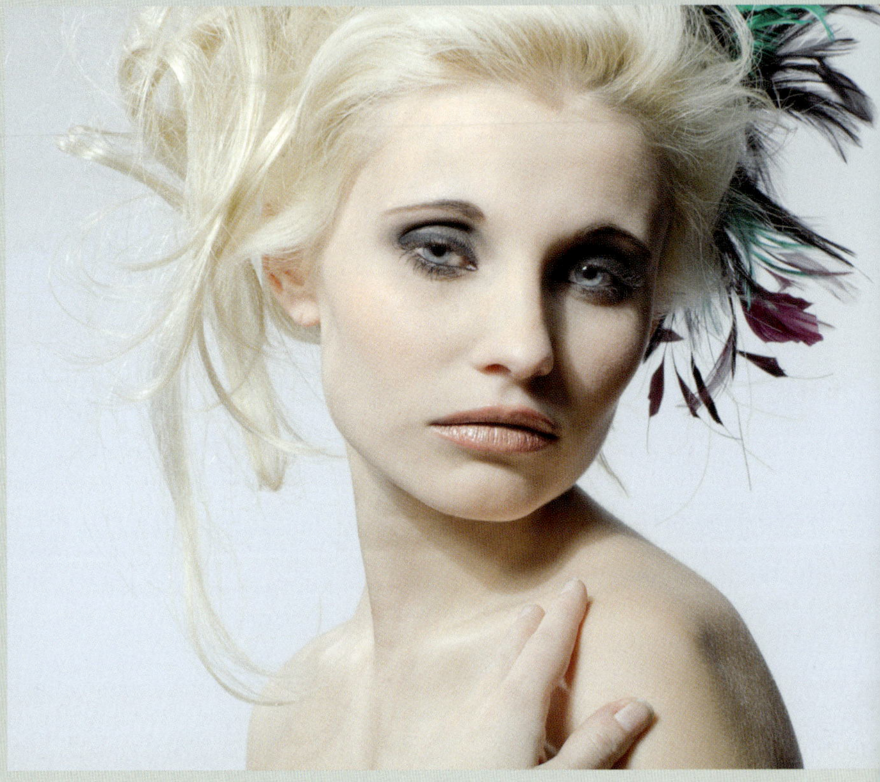

Gleiches Setup, nur der Kopf wurde für intensivere Schatten leicht gedreht – um verschiedene Lichtstimmungen zu erzeugen, genügt es oft, einfach nur die Pose leicht zu variieren.

9 Im eigenen Fotostudio

Oft hört und liest man, dass man nur mit mindestens vier Blitzgeräten und einer großen Auswahl an Lichtformern, Hintergründen aus Karton und Stoff, Windmaschine und etlichem Zubehör tolle Fotos im Studio machen kann. Richtig ist, dass eine umfangreiche Ausstattung die Variationsmöglichkeiten in Bezug auf das Lichtsetup steigert. Eine einzige Lichtquelle samt Stativ und Auslöser ist aber trotzdem für etliche Bildstile z. B. in der Porträtfotografie völlig ausreichend.

Erst das Motiv, dann die Technik

■ Ein Fehler, den viele Amateurfotografen zu Beginn ihrer Karriere machen, ist, dass sie sich durch die technischen Daten der Ausrüstung von deren Sinn ablenken lassen und sich mehr für ihre Blitzgeräte, Kameras, Objektive und Hintergründe begeistern als für das Motiv. Machen Sie es besser und verwenden Sie immer nur das Equipment, das für eine Aufnahme und die Umsetzung einer Bildidee wirklich nötig ist. Sie werden früher oder später an einen Punkt kommen, an dem Sie zusätzliche Ausstattung benötigen. Erweitern Sie Ihre Lichtanlage und das Studiozubehör nach und nach um genau die Dinge, die Ihnen die praktische Arbeit wirklich erleichtern.

Ausrüstung gleich Aufrüstung

Ihre Ausrüstung sollte mit den Aufgaben wachsen. Machen Sie gern Porträts Ihrer Familie im Freien, reicht eine Kamera mit halbwegs lichtstarkem Objektiv, am besten mit leichter Telebrennweite. Hilfreich ist noch ein Aufsteckblitzgerät, um ein wenig Fülllicht in die Schatten zu bekommen. Die meisten Kompaktkameras sind für professionell wirkende Porträts ausreichend, bauartbedingt ist aber die Schärfentiefe in den Fotos im Vergleich zu SLR-Bildern viel größer. Der im Vergleich kleinere Sensor der Kompakten erzeugt durch den kleineren Abbildungsmaßstab größere Schärfentiefe. Das heißt, der Hintergrund wird bei gleichem Abstand

Drei Blitzgeräte mit Stativen und Lichtformern, ein weißer Hintergrund und eine Reflexwand – das ist schon die gehobene Studioausstattung.

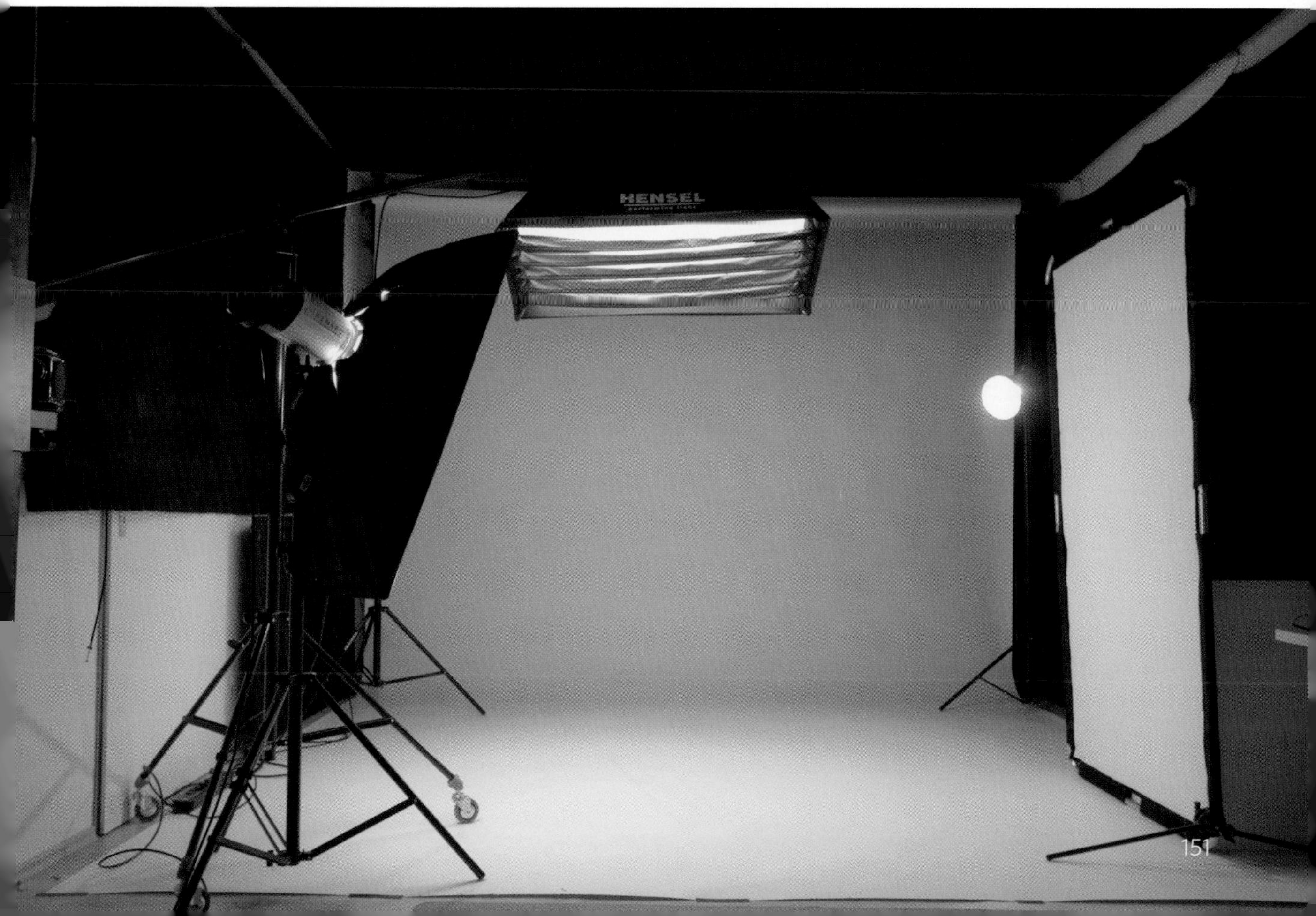

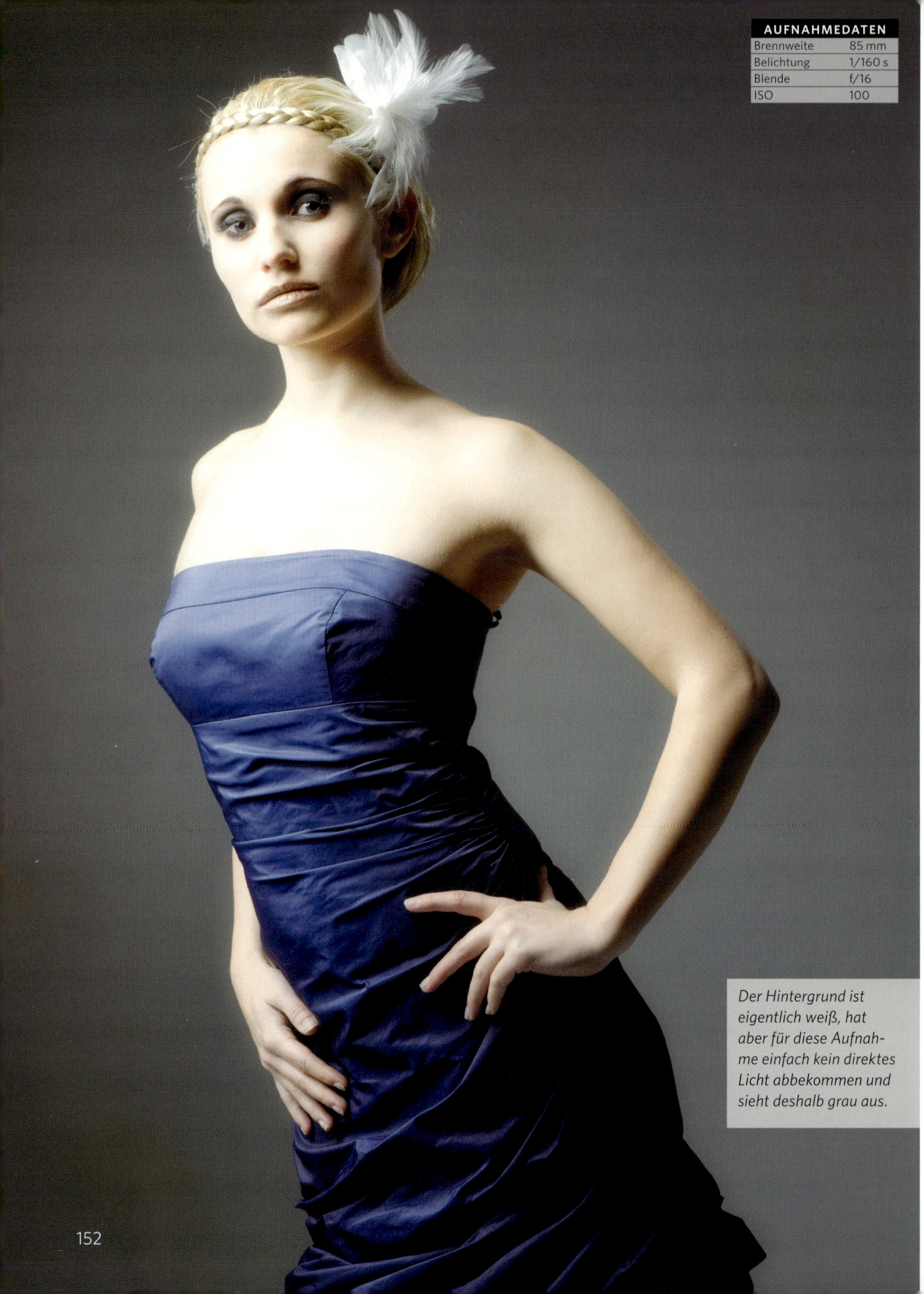

AUFNAHMEDATEN	
Brennweite	85 mm
Belichtung	1/160 s
Blende	f/16
ISO	100

Der Hintergrund ist eigentlich weiß, hat aber für diese Aufnahme einfach kein direktes Licht abbekommen und sieht deshalb grau aus.

zwischen Kamera und Motiv deutlich schärfer sein, als würden Sie das Porträt mit einer Spiegelreflexkamera fotografieren, die einen deutlich größeren Sensor hat.

Wenn Sie sich für die Porträtfotografie begeistern und im eigenen Studio arbeiten wollen, werden Sie um eine FourThirds- oder DSLR-Kamera nicht herumkommen. Erst damit erschließen Sie sich die kreativen Möglichkeiten durch die exakte und bewusste Gestaltung der Schärfentiefe. Im Studio brauchen Sie, wenn Sie nicht gerade

i

BAUSTRAHLER SIND PROBLEMATISCH

Immer wieder hört und liest man, dass man sich Blitzgeräte fürs Heimstudio sparen und stattdessen einfach mit billigen Baustrahlern arbeiten könne. Diese haben allerdings ein paar gravierende Nachteile. Erstens werden sie extrem heiß, was die Verwendung von Farbfolien oder Lichtformern (Transparentpapier) gefährlich werden lässt. Zweitens haben sie keine Anschlüsse für Softboxen, Reflektoren oder andere Standardlichtformer. Drittens ist das Spektrum des Baustrahlerlichts im Vergleich zu Blitzgeräten oder Tageslicht extrem eingeschränkt. Das heißt, das Baustrahlerlicht ist vor allem rot, andere Wellenlängen z. B. im Blaubereich fehlen völlig. Der durch Baustrahler verursachte Rotstich lässt sich zwar durch einen Weißabgleich beheben, sind im Motiv jedoch satte Farben wie Blau oder Grün, werden diese Flächen eher matt und wenig gesättigt, weil eben die entsprechenden Wellenlängen fehlen.

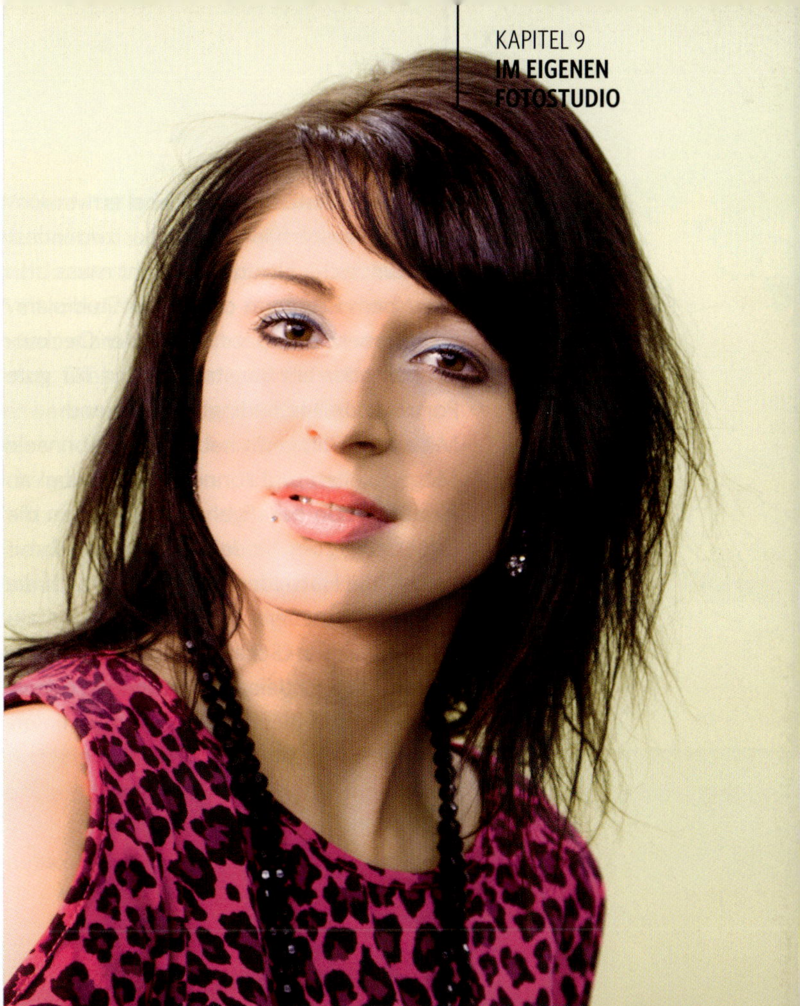

Das Licht von Baustrahlern führt zu Farbstichen und schlecht ausdifferenzierten Farben. Wenn Sie trotzdem Versuche mit Baustrahlern machen, sollten Sie eine Graukarte für den Weißabgleich verwenden.

In Verbindung mit einem hellen Hintergrund und relativ offener Blende (geringe Schärfentiefe) versetzen Sie Ihre Porträts in eine sanfte bis romantische Stimmung.

Harte Schatten und Kontraste

Verwenden Sie dagegen eine harte Lichtquelle wie z.B. einen Spot oder einen Tubus, werden die Schatten und Kontraste sehr hart. Je nachdem, ob Sie in dunkler oder heller Umgebung arbeiten, wird die dem Licht abgewandte Seite des Motivs völlig im Dunkeln verschwinden oder zumindest deutlich weniger Zeichnung haben als die beleuchtete Seite. Kommt der Spot direkt von vorn, kann die Wirkung eines Theaterspots erzeugt werden. Besonders vor dunklem Hintergrund, auf dem der Lichtkegel klar erkennbar ist, kann ein Spot toll wirken. Gesichter werden mit einem Spot strahlend hell ausgeleuchtet.

Eine einzige große Softbox genügte hier, um eine sehr weiche Stimmung zu erzeugen. Das Licht der großen Softbox (nur Einstelllicht) wurde von den weißen Wänden gestreut.

[i]

HINTERGRUND CLEVER AUSLEUCHTEN

Ein Kurztipp für Experimente mit nur einer Lichtquelle: Wollen Sie, dass der Hintergrund ein wenig Licht abbekommt, können Sie die Hauptlichtquelle so positionieren, dass das Licht sowohl Modell als auch Hintergrund trifft. Das funktioniert natürlich nicht nur mit einer Lichtquelle, man kann ebenso eine zweite Lampe für eine Lichtkante an Gesicht und Körper hinter dem Modell aufstellen und einen Reflektor verwenden, der Licht auf den Hintergrund streut.

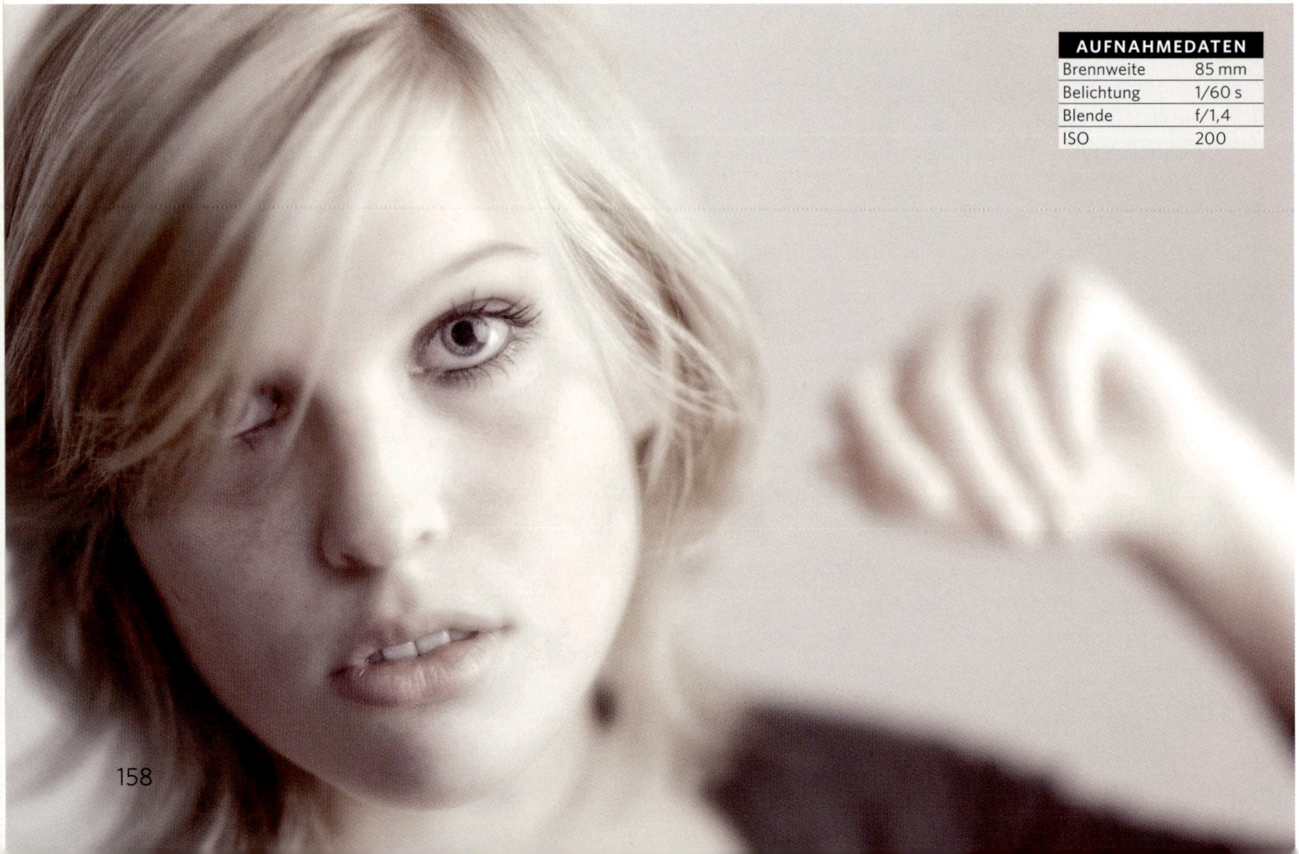

AUFNAHMEDATEN	
Brennweite	85 mm
Belichtung	1/60 s
Blende	f/1,4
ISO	200

Zu harte Schatten abmildern

Werden Schatten z. B. beim Einsatz eines Spots zu hart, kann man die Kontraste mit einem Aufheller (Reflektor) abmildern. Reflektoren kann man an einem speziellen Stativ befestigen, flexibler sind Sie mit einem Assistenten. Eine weitere Alternative sind Reflektoren mit Griff, die Sie selbst halten können. Dabei ist der Abstand zum Motiv jedoch ziemlich eingeschränkt. Reflektoren gibt es mit verschiedenen Beschichtungen. Eine weiße Oberfläche wirft das Hauptlicht neutral zurück, Silber erzeugt eher kühle Farben, Gold dagegen warme Farbtöne. Wie Sie sich denken können, ist die Frage nach Art und Farbe eines Reflektors zum Aufhellen fast ebenso wichtig wie die Frage der Hauptlichtquelle.

Fragen zur Bildgestaltung

Bei der Arbeit mit einer einzigen Lichtquelle müssen Sie sich mit weiteren Fragen zur Bildgestaltung auseinandersetzen.

Entfernung des Motivs zum Hintergrund?

Je kleiner der Abstand zum Hintergrund, desto mehr sieht man vom Schatten, der durch das Hauptlicht erzeugt wird. Ein Abstand von ca. zwei Metern sollte reichen, damit kein Schatten auf dem Hintergrund zu sehen ist.

Beschaffenheit des Hintergrunds?

Soll der Hintergrund vom Blitzlicht mit angestrahlt werden? Wenn nicht, ist es vielleicht möglich, das Hauptlicht mit einer schwarzen Fläche gegen den Hintergrund abzuschirmen? Aus welcher Höhe kommt das Blitzlicht?

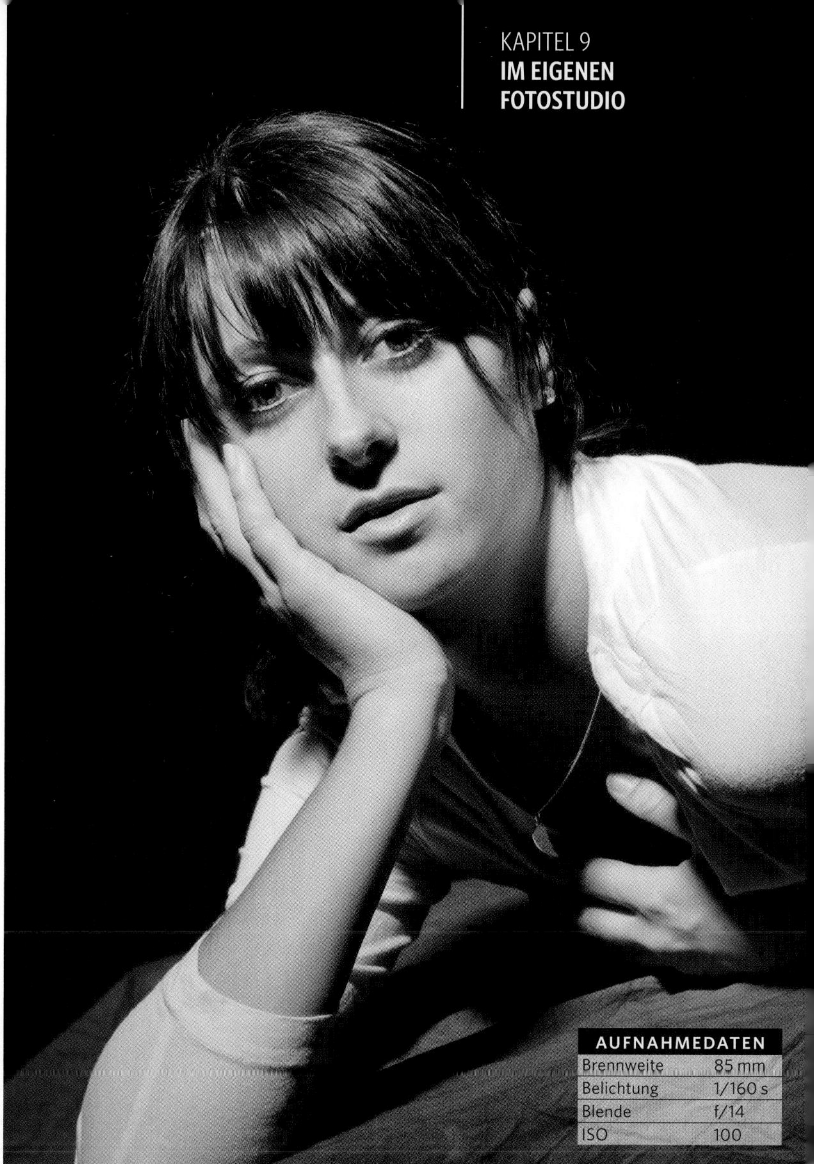

AUFNAHMEDATEN	
Brennweite	85 mm
Belichtung	1/160 s
Blende	f/14
ISO	100

Theatralischer geht's kaum: Eine einzelne Lichtquelle (ein Beauty-Dish) von schräg oben reicht, um dramatische Licht-Schatten-Effekte zu erzeugen.

Welche Lichtrichtung?

Licht von unten sieht in der Porträtfotografie dramatisch bis kitschig aus, Licht von oben schattet die Augen und den unteren Kinnbereich stark ab. Seitliches Licht erzeugt harte Kontraste, Licht von hinten macht aus einem Motiv einen dunklen Schattenriss.

GÜNSTIGE RINGBLITZE FÜR NAHPORTRÄTS

Man sieht solche Bilder immer wieder - Porträts mit ringförmigen Lichtern in den Augen. Für so etwas braucht man keinen sündhaft teuren Studioringblitz, man kann auch mit einem im Vergleich günstigeren Makro-LED-Ringlicht fotografieren. So ein Ringlicht kostet je nach Ausführung unter 100 Euro und liefert relativ kühles Licht bei verhältnismäßig geringer Leistung. Man muss also mit offener Blende und/oder hoher Empfindlichkeit (ISO) fotografieren, um genügend kurze Verschlusszeiten zu haben. Netter Nebeneffekt der offenen Blende ist die geringe Schärfentiefe, allerdings sollte man mehrere Aufnahmen machen, da die begrenzte Schärfentiefe schnell dazu führen kann, dass die Fokusebene von den Augen auf die Nasenspitze rutscht. Kleines Problem bei den LED-Ringlichtern: Man muss mit relativ kurzer Brennweite (ca. 50 mm im Kleinbildformat) fotografieren, da bei längeren Brennweiten der Ringeffekt nicht mehr zu sehen ist - die Lichtquelle wird in den Augen dann zu einem Punkt.

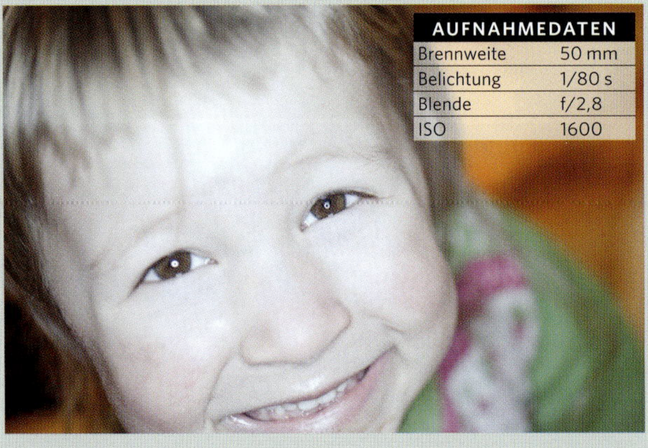

AUFNAHMEDATEN	
Brennweite	50 mm
Belichtung	1/80 s
Blende	f/2,8
ISO	1600

Der Lichtreflex in den Augen, der durch ein Ringlicht erzeugt wird, kann ein Porträt interessanter machen.

Mit offener Blende arbeiten?

Weiterhin müssen Sie entscheiden, ob Sie mit offener Blende für wenig Schärfentiefe arbeiten möchten. Kann die Lichtleistung so weit reduziert werden, dass die Bilder trotz Offenblende nicht überstrahlen? Falls nicht, benötigen Sie eventuell einen ND-Filter (Neutraldichte- bzw. Graufilter) für das Objektiv, der die Lichtmenge reduziert, die durchs Objektiv fällt.

Welche Brennweite?

Und schließlich müssen Sie sich noch für eine Brennweite zwischen Tele-/Porträtbrennweite und Weitwinkel (überzogene Proportionen) entscheiden. Sind diese Fragen beantwortet, können Sie schließlich damit anfangen, Ihr Motiv zu arrangieren.

Low-Key-Aufnahmen

Von einer Low-Key-Aufnahme spricht man, wenn der Schwerpunkt der Tonwertverteilung eines Bildes auf den Tiefen liegt. Das heißt, das Bild ist in erster Linie dunkel bis schwarz, die wenigen Lichter und Mitteltöne sind aber trotzdem vorhanden und gut definiert. Ein Low-Key-Bild ist also nicht nur einfach dunkel oder unterbelichtet, sondern deckt das gesamte verfügbare Tonwertspektrum ab. Um so etwas zu realisieren, genügt eine einzige Lichtquelle, die aber sehr bewusst platziert und gesteuert werden muss. Verwenden Sie z. B. einen Blitz mit schmalem Striplight von der Seite in einem ansonsten völlig dunklen Raum, wird lediglich die dem Blitz zugewandte Motivseite ausgeleuchtet. Die Kunst besteht nun darin, das Licht erstens der Bildidee entsprechend zu platzieren und zweitens Blitzleistung und Blende so aufeinander abzustimmen, dass die hellen Bildbereiche nicht überstrahlen bzw. der Hintergrund so dunkel wie möglich wird.

Einsatz mehrerer Lichtquellen

Während man die Möglichkeiten erkundet, die man mit einer Lichtquelle im Studio hat, ergeben sich zwangsläufig schon Situationen, in denen eine zweite, dritte oder vierte Lichtquelle ganz praktisch wäre. Der Hintergrund ist zu dunkel, die Schatten zu tief, ein wenig Farbe könnte nicht schaden – da hilft nur mehr Equipment weiter. Mit jeder zusätzlichen Lichtquelle verdoppeln sich allerdings auch die Probleme bzw. die Möglichkeiten. Jede Lichtquelle erzeugt einen eigenen Schatten. Sind Abstand zum Motiv und Lichtleistung zweier Blitzgeräte sehr ähnlich, entstehen ähnlich dominante Schatten. Das kann in manchen Fällen ganz reizvoll sein, z. B. wenn man in der Porträtfotografie mit zwei seitlichen Lichtern arbeitet (Zangenlicht) und dadurch einen Schatten erzeugt, der exakt durch die Mitte von Kopf und Körper läuft.

Einschätzung der Lichtsituation

Geht es aber um eher natürliche Ganzkörperporträts, können zwei entgegengesetzt verlaufende Schatten auf dem Boden irritierend aussehen. Die Lösung des Problems besteht also darin, die Lichtleistung der Blitzgeräte aufeinander abzustimmen. Wer einen Blitzbelichtungsmesser hat, kann die Blitzgeräte einzeln ausmessen. Da wir uns aber im digitalen Zeitalter befinden, sterben Belichtungsmesser in den Amateurstudios

Ein Licht (Softbox) von oben, ein kleiner Spot auf den Hintergrund – der Rest bei dieser Low-Key-Aufnahme ist Bildbearbeitung.

AUFNAHMEDATEN	
Brennweite	85 mm
Belichtung	1/160 s
Blende	f/13
ISO	100

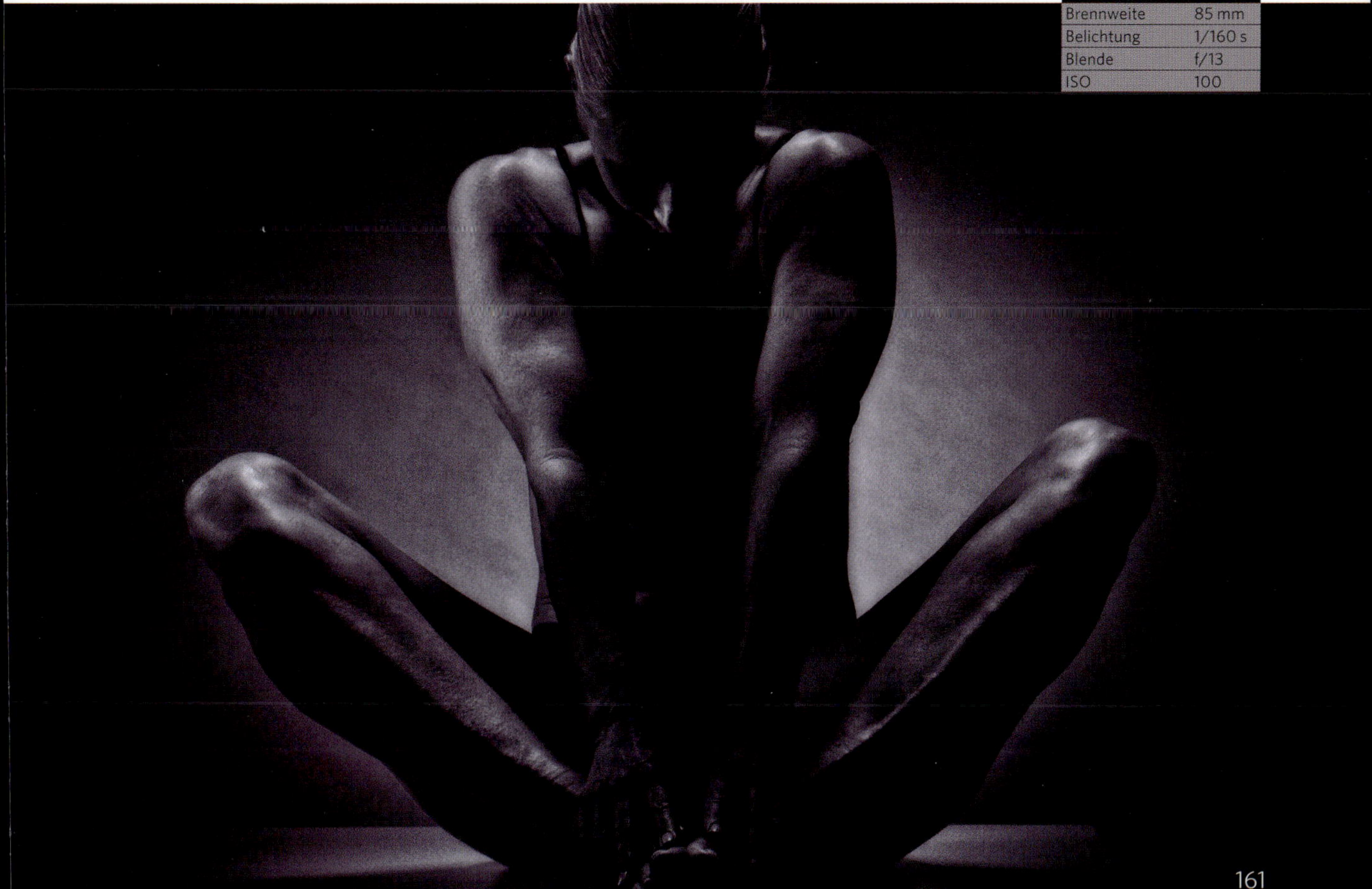

aus, und man macht lieber ein paar Probeaufnahmen. Sehr hilfreich zur Einschätzung der Lichtsituation im Studio ist es, wenn man seine Bilder nicht nur auf dem Display der Kamera, sondern gleich am Computerbildschirm kontrolliert.

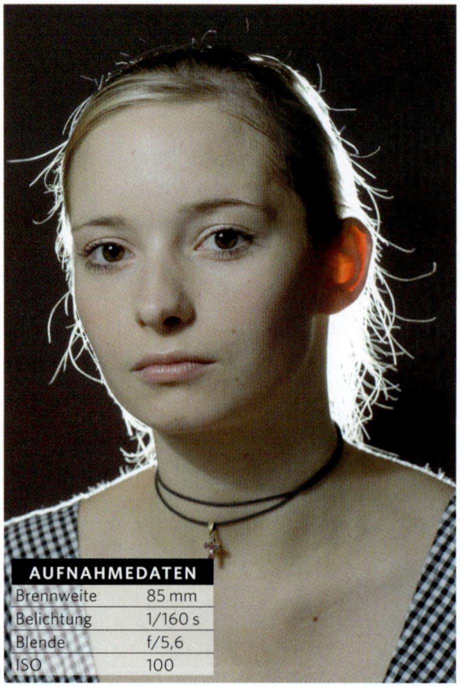

AUFNAHMEDATEN	
Brennweite	85 mm
Belichtung	1/160 s
Blende	f/5,6
ISO	100

Das Effektlicht von hinten auf die Haare war deutlich zu hell. Dank Kameravorschau ein sofort erkennbarer Fehler, den man direkt beheben kann.

Die wichtigste Grundregel

Das Hauptlicht allein sollte bereits zu einer prinzipiell gut ausgeleuchteten Aufnahme führen. Alle weiteren Lichter sollen den Gesamteindruck unterstützen, aber nicht grundlegend verändern. Müssen Schatten aufgehellt werden, kann man dazu ein zweites Blitzgerät mit deutlich geringerer Leistung als das Hauptblitzgerät verwenden. Soll der Hintergrund heller oder farbiger werden, kommt ein drittes Blitzgerät mit entsprechendem Aufsatz zum Einsatz. Ein Spot erzeugt einen Lichtkegel, Farbfolien vor dem Blitz färben den Hintergrund ein. Das Hintergrundlicht kann frontal und direkt oder seitlich als Streiflicht aufgestellt werden, um den Hell-dunkel-Verlauf zu steuern. Eine vierte Lichtquelle könnte man dazu benutzen, um Kopf und Körper von hinten oder oben zu beleuchten, damit sich die Form besser vom Hintergrund absetzt.

High-Key-Aufnahmen

Fotos mit Schwerpunkt auf den hellen Tonwerten nennt man High-Key-Aufnahmen. Solche Bilder sind nicht einfach nur hell oder überbelichtet. Es gibt in High-Key-Aufnahmen durchaus Schatten und dunklere Bildpartien, aber eben nur sehr dezent. Helle Bereiche, z. B. auf Haut, Kleidung oder Haaren, haben Zeichnung, man erkennt also Strukturen und Details. Die Strukturen in den wenigen Schatten sind ebenso sichtbar. Für High-Key-Bilder benötigt man üblicherweise mehr als nur eine Lichtquelle. Der Hintergrund ist in High-Key-Aufnahmen hell bis weiß und wird im Studio mit einer oder mehreren Lampen ausgeleuchtet. Die Leistung wird so angepasst, dass der Hintergrund etwa eine Blende heller ausgeleuchtet wird als das Modell im Vordergrund.

Für Gesicht oder Körper kommen eine oder mehrere weiche Lichtquellen (Softboxen, Reflex- oder Durchlichtschirme) zum Einsatz. Das hilft dabei, die dunkleren Bereiche im Bild grundsätzlich aufzuhellen. Wie viele Blitzgeräte mit welcher Leistung nötig sind, um eine gute Ausgangsbasis für die fast unvermeidliche Bildbearbeitung herzustellen, ist nicht zu beantworten. Je größer die Fläche, die ausgeleuchtet werden muss, desto eher wird man zwei oder drei Lampen benötigen. Für ein Gesicht genügt vielleicht schon eine große Oktogonal-Softbox direkt von vorn, einen ganzen Körper wird man mit großen Striplights oder mehreren kleineren Softboxen ausleuchten müssen.

Objektivempfehlung

Im Studio kann man mit so ziemlich jedem Objektivtyp (Zoom, Makro, Festbrennweite, Fisheye) fotografieren. Wenig sinnvoll sind lediglich Supertelebrennweiten, die man an Spiegelreflexkameras anschließen kann. Ansonsten kommen je nach Thema und Bildidee vom extremen Weitwinkel bis zur Telebrennweite mit bis ca. 300 mm alle Zooms und Festbrennweiten an Kompaktkameras oder DSLRs infrage. Klassische Porträts macht man üblicherweise mit leichten Telebrennweiten um 100 mm (Kleinbildäquivalent), um Menschen größer und schlanker wirken zu lassen, sind auch kürzere Brennweiten um 50 mm möglich.

Möchten Sie Details zeigen, kann ein Makroobjektiv zwischen 50 und 150 mm die besten Ergebnisse liefern, aber auch mit einem normalen Zoom kommt man in der Regel nah genug an Körperdetails heran, um aussagekräftige Bilder zu erzeugen. Überhaupt dürfte ein gutes Zoomobjektiv für den Anfang die sinnvollste Investition sein, da man so sehr flexibel mit Perspektiven und Brennweiten spielen kann. Achten Sie nur darauf, dass die Qualität des Objektivs den Ansprüchen an die Studiofotografie genügt. Wer hier spart, wird mit unscharfen und flauen Bildern bestraft.

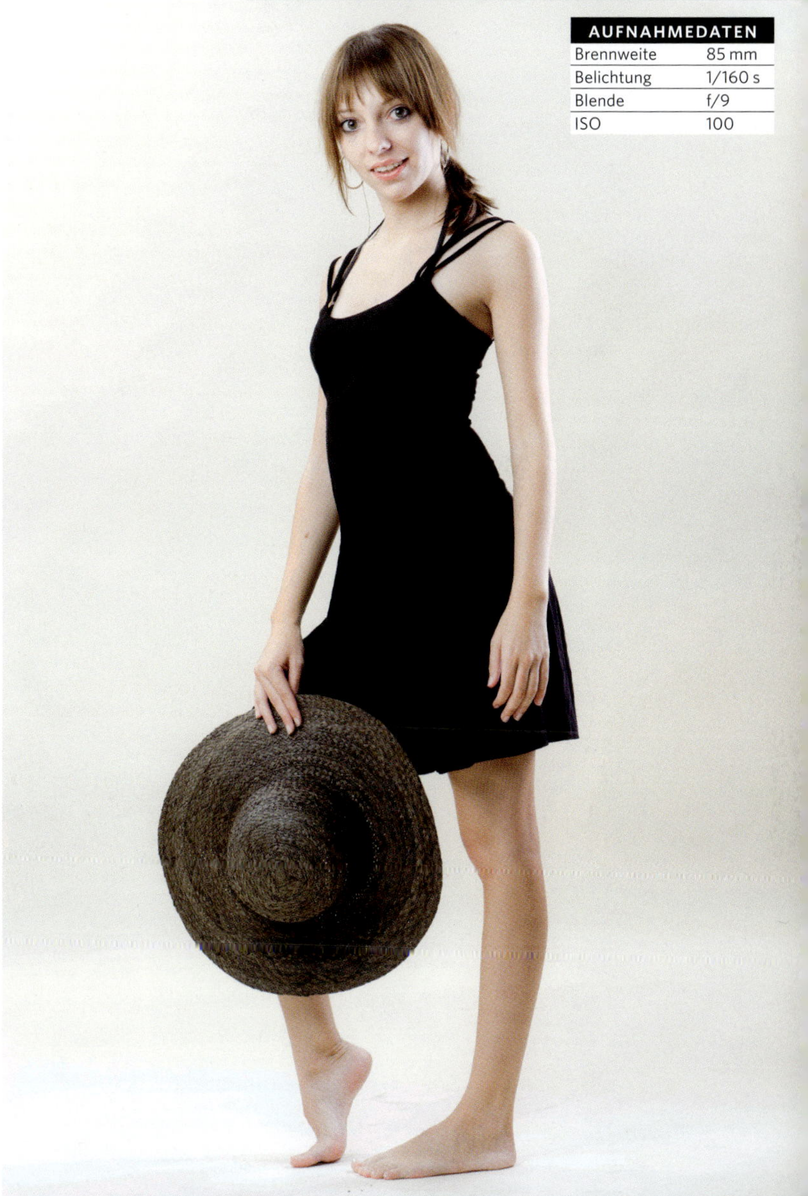

AUFNAHMEDATEN	
Brennweite	85 mm
Belichtung	1/160 s
Blende	f/9
ISO	100

High-Key-Bilder leben von sehr viel Licht und hellem Hintergrund. Wenn Sie den Effekt noch verstärken möchten, sollte Ihr Modell ausschließlich weiße Kleidung tragen.

OBJEKTIVEMPFEHLUNG	
Klassische Porträts	• Standardzoom (ca. 30 bis 135 mm) • Festbrennweite (ca. 30 bis 150 mm)
Kreative Fotografie, Ganzkörper	• Standardzoom (ca. 30 bis 100 mm) • Festbrennweite (ca. 30 bis 150 mm) • Makroobjektiv (Festbrennweite) (ca. 50 bis 150 mm)

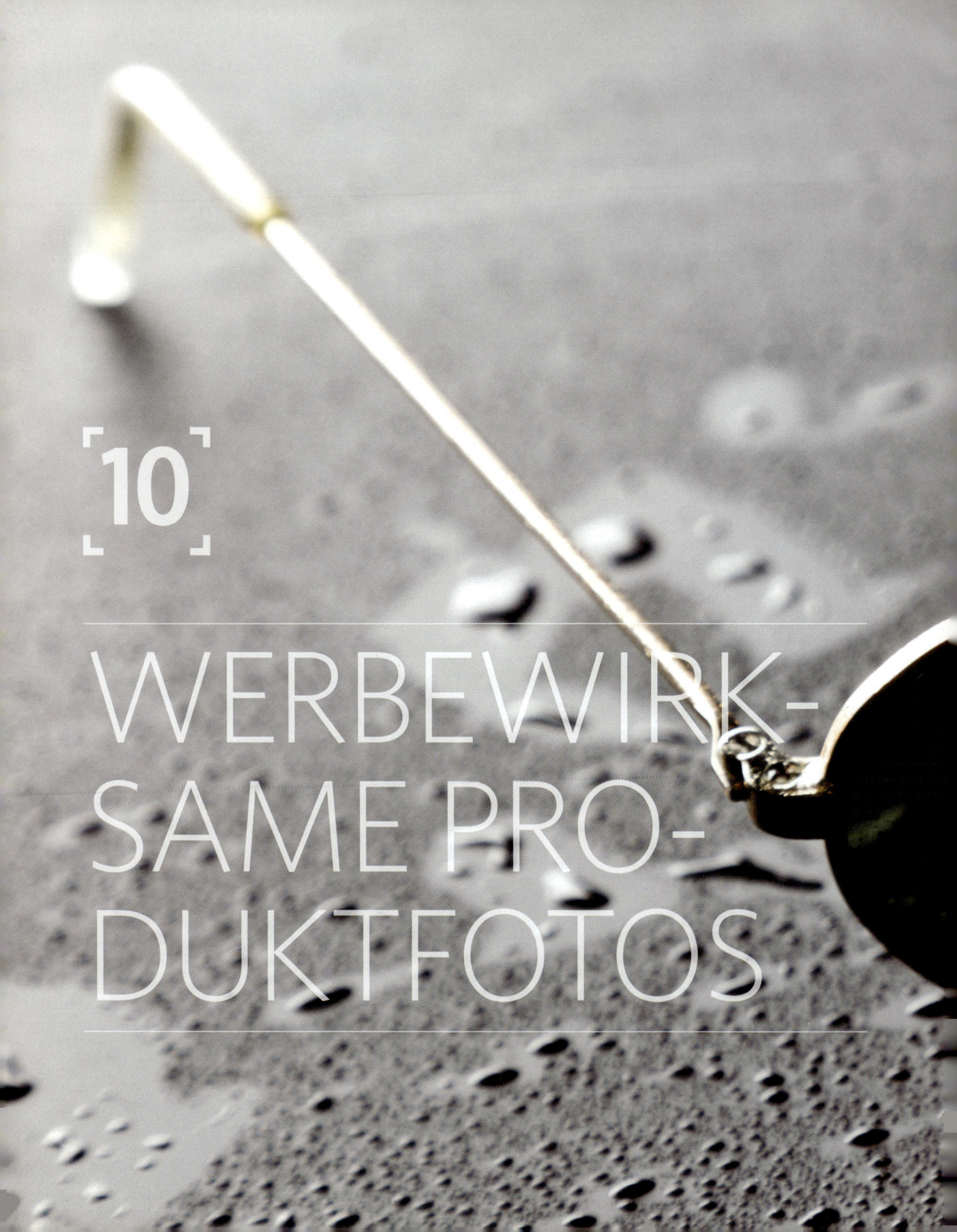

10

WERBEWIRKSAME PRODUKTFOTOS

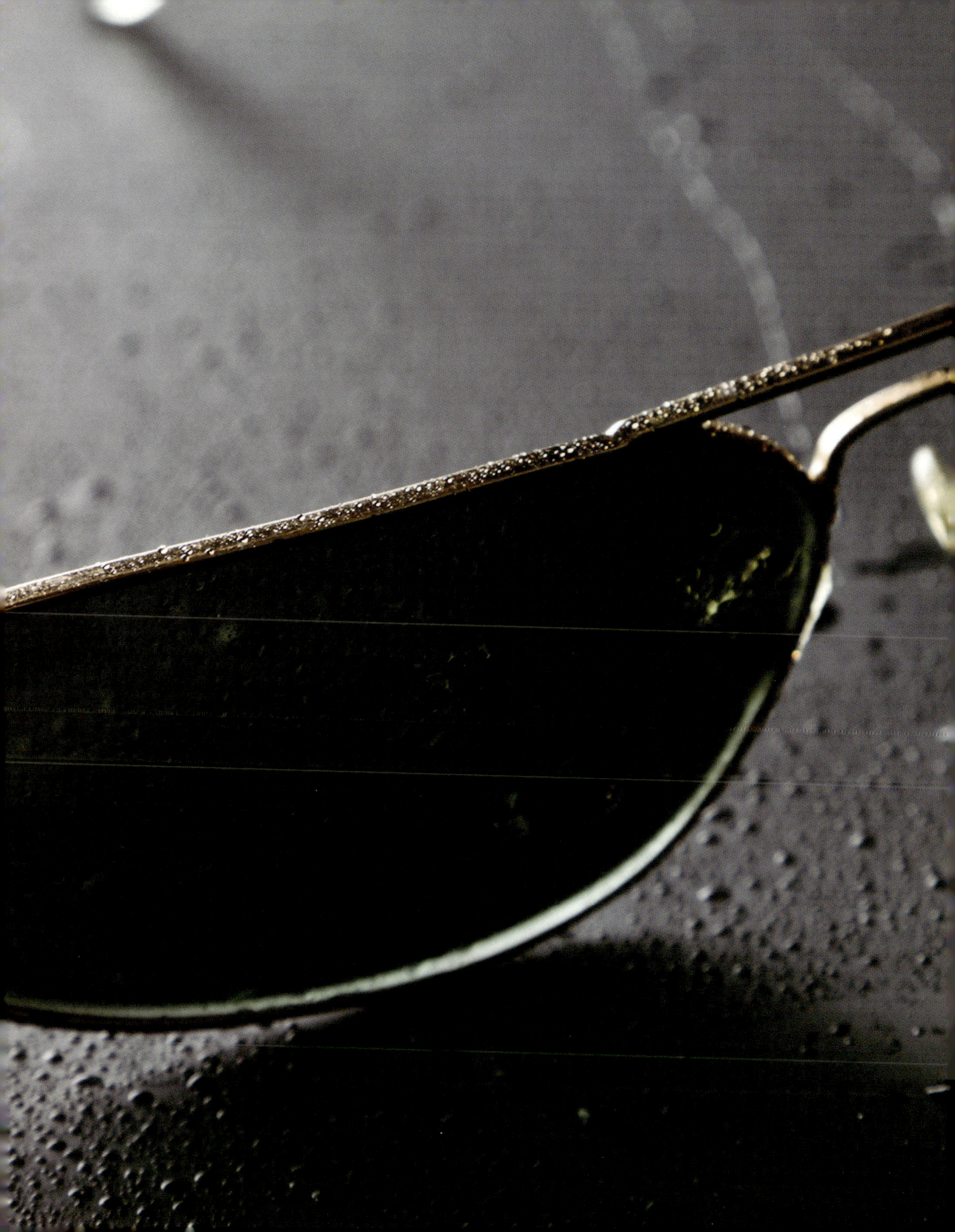

AUFNAHMEDATEN	
Brennweite	105 mm
Belichtung	1/160 s
Blende	f/20
ISO	100

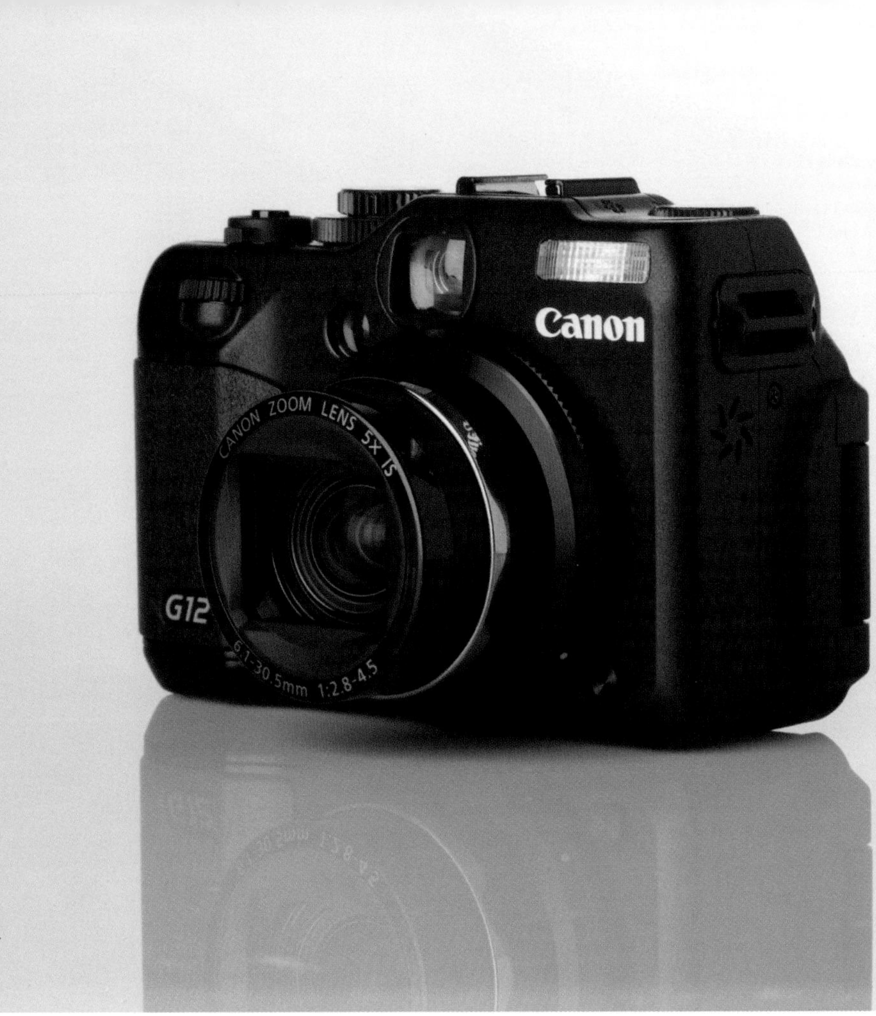

Eine weiße Kunststoffplatte aus dem Baumarkt, ein Blitzgerät mit Softbox und ein Reflektor - mehr als das und ein wenig fotografisches Know-how braucht man nicht für gute Produktbilder.

10 Werbewirksame Produktfotos

Haben Sie schon mal bei eBay eingekauft? Dann kennen die unzureichende Bildqualität vieler Angebote. Dabei wäre es eigentlich ganz einfach, durch halbwegs professionelle Produktfotos mehr Geld aus einer Auktion herauszuholen. Gute Produktfotografie ist immer auch eine Frage der Sorgfalt. Sie brauchen noch nicht einmal ein komplett ausgestattetes Studio, was natürlich nicht heißt, dass für die Produkt- und Werbefotografie eine günstige Grundausstattung für das Heimstudio nicht hilfreich wäre. Mit relativ kleinem Budget und ein wenig Studioequipment wie zwei Blitzgeräten, einem Aufnahmetisch bzw. gleichmäßigen Hintergründen und ein wenig Knetgummi klappt die Produktfotografie von Anfang an. Und zwar sowohl für die private wie auch für die geschäftliche Produktfotografie.

Die kleine Fotoecke zu Hause

■ Wenn Sie irgendwo im Haus oder der Wohnung einen Platz haben, in der Sie eine kleine Fotoecke aufbauen können, ist die Grundlage für vernünftige Bilder bereits geschaffen. Denn viele schlechte Produktbilder im Internet erkennt man sofort daran, dass sie mal eben auf dem Küchentisch aufgenommen wurden. Stellen Sie also an einem passenden Platz einen Tisch auf, der ausreichend groß ist. Idealerweise ist der Tisch weiß, ebenso die Wand, an der der Tisch steht. Zusätzlich benötigen Sie ein wenig Beleuchtung. Vorausgesetzt, es sind genügend Fenster vorhanden, könnte man viele Motive zwar auch mit Tageslicht fotografieren, mit künstlichen Lichtquellen und ein wenig Übung sind Sie aber flexibler und unabhängiger vom Sonnenstand.

Zwei einfache Schreibtischlampen mit schwenkbarer Lampenfassung an einem langen Ausleger sind für den Anfang durchaus ausreichend. Setzen Sie allerdings Standardglühbirnen ein, werden Ihre Bilder farbstichig werden. Ein Farbstich lässt sich zwar durch den manuellen Weißabgleich einer Digitalkamera ganz gut in den Griff bekommen, dennoch sollten Sie bedenken, dass das Spektrum von einfachen Glühlampen im Vergleich zu Tageslicht (oder Blitzlicht) eingeschränkt ist, was zu einer schlechteren Farbwiedergabe führt.

Links und unten: Mit zwei Lichtquellen, einem Aufnahmetisch und einem Stück Styropor kann man absolut professionelle Ergebnisse erzielen.

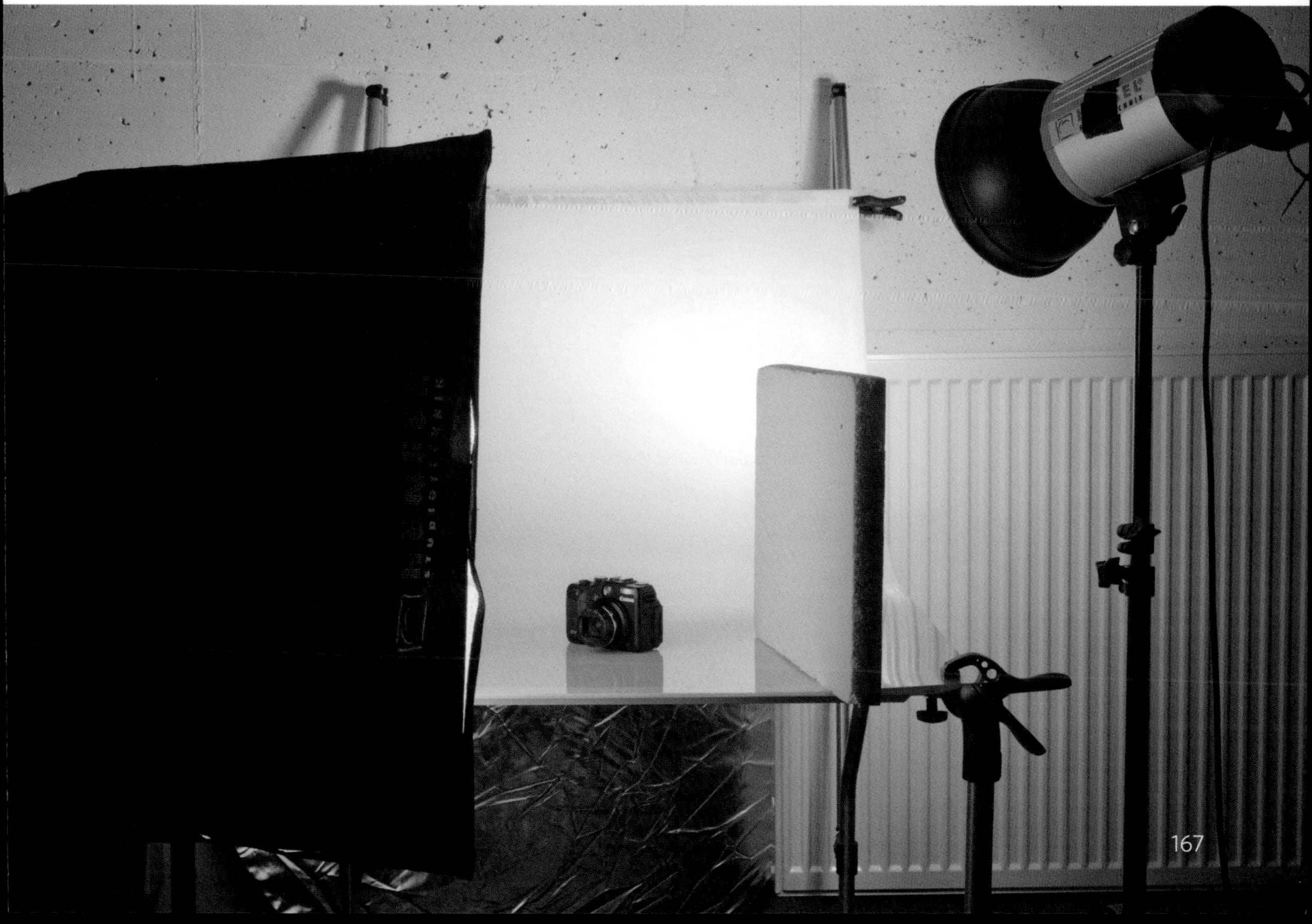

Konkret fehlen dem Licht von einfachen Glühbirnen oder Halogenlampen viele Wellenlängen im sichtbaren Licht. Diese fehlenden Wellenlängen sind dann auf einer Produktaufnahme auch nicht sichtbar. Für die einfache Produktfotografie ist das aber zunächst zu vernachlässigen. Wenn Sie trotzdem auf hohe Farbtreue Wert legen, besorgen Sie sich im Elektro- oder Fotofachhandel Leuchtmittel mit hohem CRI (Farbwiedergabeindex) von mindestens 85. Solche Lampen emittieren ein mehr oder weniger komplettes Spektrum an sichtbaren Farben.

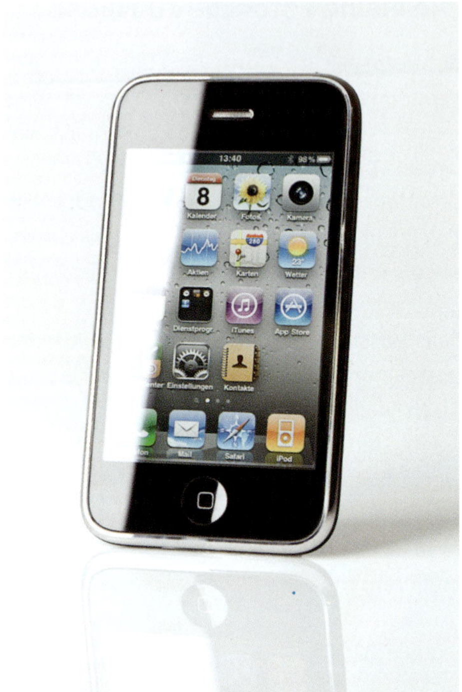

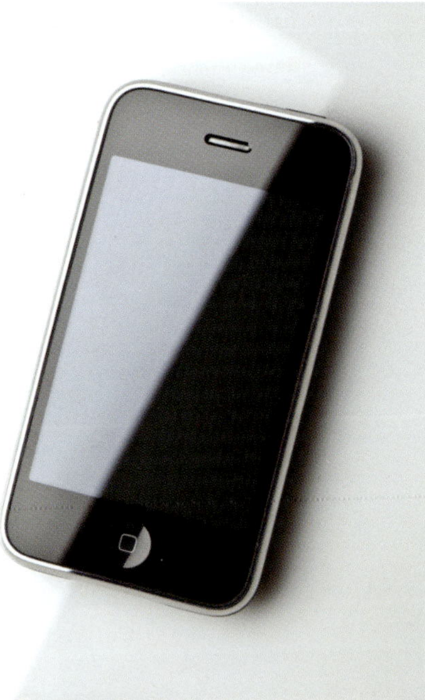

Ein Produkt einfach hinzulegen, ist eine Möglichkeit, es aber für eine Spiegelung mit etwas Knetgummi aufzustellen, sieht schon interessanter aus. Der Bildschirminhalt des iPhones ist übrigens nur mit langer Verschlusszeit (1/2 Sekunde) darstellbar.

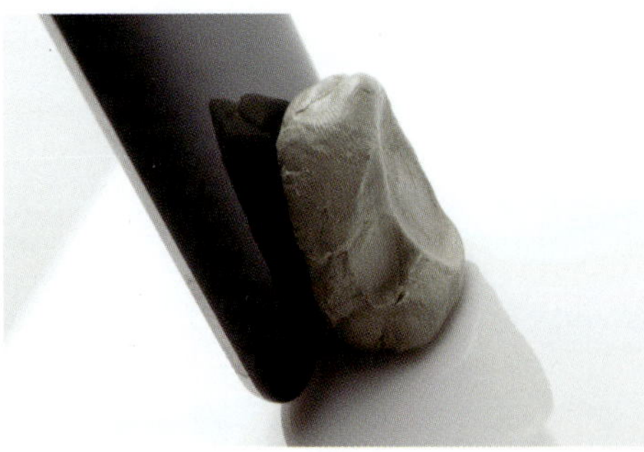

i

AUF SORGFALT KOMMT ES AN

In der Produktfotografie kommt es immer auf Sorgfalt an. Flecken, Staub und Kratzer stören. Natürlich darf man keine eklatanten Schwächen oder Fehler eines Produkts kaschieren, Staub und Fingerabdrücke sollte man aber auf jeden Fall vermeiden. Ein Tipp aus der Erfahrung: Ein Gerät vor der Aufnahme zu putzen oder auf Hochglanz zu polieren, dauert nur halb so lang wie eine professionelle Staubretusche.

Extrem wichtig: der Hintergrund

Für den Hintergrund bzw. Untergrund kommen Kunststoff, Karton oder verschiedene Stoffe infrage. Welche Farben Sie verwenden und ob Unter- und Hintergrund unterschiedliche Farben haben, müssen Sie vom Motiv abhängig machen. Nicht viel falsch machen kann man in der Produktfotografie mit weißem Hintergrund, der entweder matt oder glänzend sein kann. Auf einer Hochglanzfolie oder einem weißen Untergrund, auf dem eine Glasplatte liegt, erzeugt das fotografierte Produkt eine Spiegelung. Gerade technische Geräte wie Handys oder Computerteile lassen sich so sehr interessant zeigen. Aus gestalterischer Sicht herausfordernd kann die Kante zwischen Wand und Tisch werden. Wenn Sie mehr oder weniger von oben fotografieren, wird man sie nicht sehen. Fotografieren Sie frontaler, kann die Kante dagegen stören, wenn sie quasi durch das Motiv hindurch verläuft.

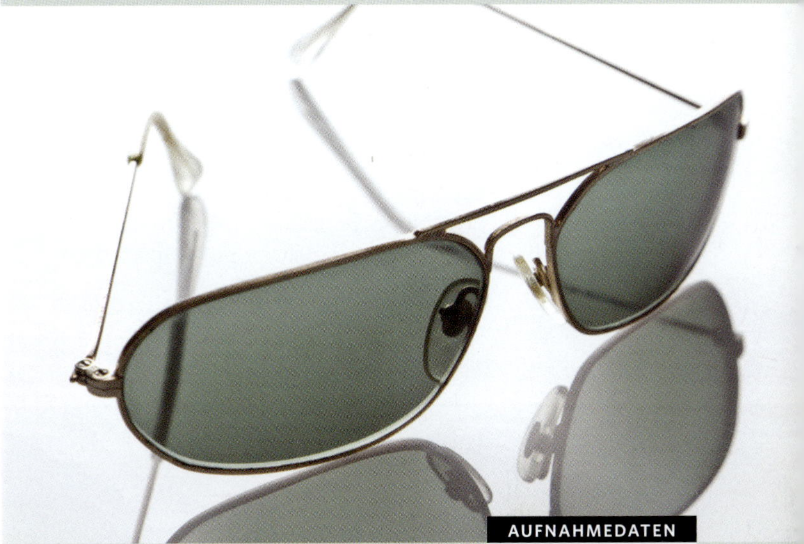

Eine einfache weiße Kunststoffplatte genügt, um Spiegelungen zu erzeugen. Alternativ kann man auch einen Spiegel oder glänzenden Kunststoff verwenden.

AUFNAHMEDATEN	
Brennweite	105 mm
Belichtung	1/125 s
Blende	f/14
ISO	100

TABLE-TOP

Im Zusammenhang mit Stillleben und Produktfotografie fällt auch oft die Bezeichnung Table-Top-Fotografie. Table-Top bezeichnet lediglich eine besondere Form des Aufnahmetischs. Table-Tops, deren Größen variieren, werden von unterschiedlichen Herstellern angeboten. Es gibt Tische für Objekte, die zwischen wenigen Zentimetern und bis zu rund einem Meter groß sind. Je nach Größe und Ausstattung mit integrierter Beleuchtung oder Lampenfassungen können diese Tische bis zu mehrere Hundert Euro kosten.

Horizont als Gestaltungsmittel

Es gibt zwei Möglichkeiten: Entweder setzen Sie den „Horizont" als Gestaltungsmittel ein und rücken z. B. den Tisch etwas von der Wand weg – dadurch entsteht eine interessant aussehende Schattenkante. Oder Sie verwenden eine Hohlkehle, also ein gebogenes Stück Karton oder Kunststoff, das von der Wand nach vorn bis zur Tischkante verläuft. Wenn Sie die Aufnahmesituation weich ausleuchten, ist im Hintergrund keine Kante zu sehen, und Sie bekommen, wenn Sie die Beleuchtung leicht nach vorn richten bzw. nach hinten mit einem Stück schwarzem Karton abschatten, sogar einen Helligkeitsverlauf.

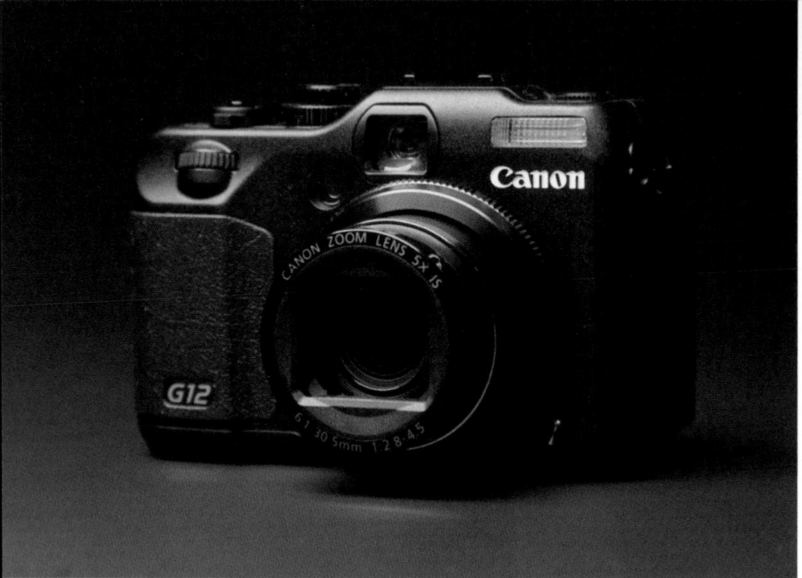

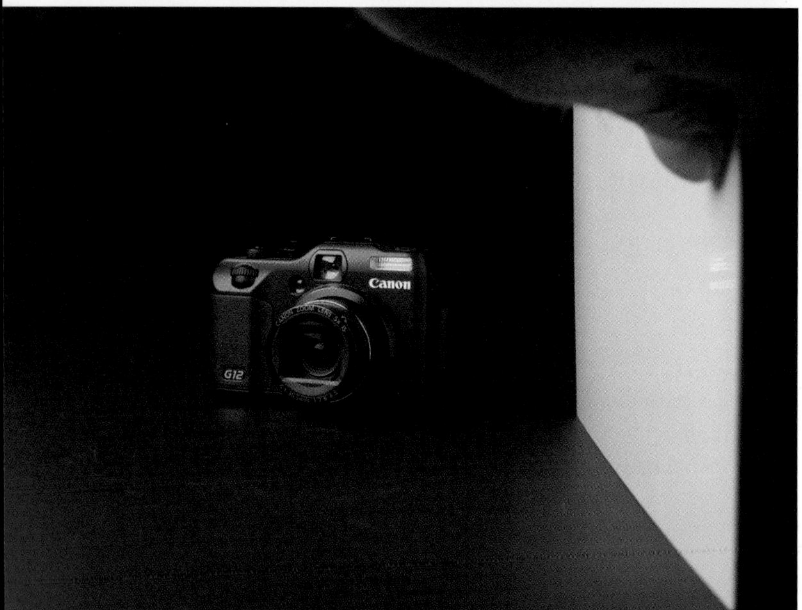

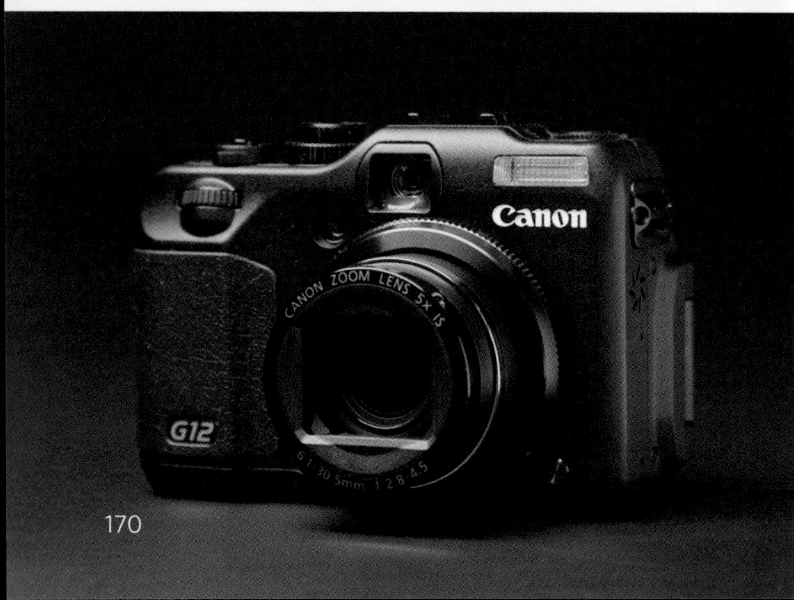

Lichtverlauf beeinflussen

Grundsätzlich gibt es hier drei Arten der Lichtformung, die Sie bewusst einsetzen sollten. Man kann Licht weicher gestalten, reflektieren oder abschatten. Hinzu kommt noch, dass man Licht mit farbigen Folien einfärben kann. Für weicheres Licht lässt sich Transparentpapier, Milchglas oder Ähnliches einsetzen, das vor die Lichtquelle gestellt wird. Das harte Licht z. B. einer einfachen Glühlampe wird durch eine teiltransparente Fläche diffus gestreut, die Licht-Schatten-Verläufe werden weicher. Nachteil dabei: Diffusionsflächen schlucken Licht, Sie müssen also damit rechnen, dass die Verschlusszeiten länger werden. Das aber sollte eigentlich kein Problem sein, da man Produkte sowieso vom Stativ aus fotografieren sollte. Fotografieren Sie aus der Hand, müssen Sie alternativ zur längeren Verschlusszeit die Empfindlichkeit (ISO) erhöhen.

Aufhellen und abschatten

Oft ist es notwendig, die Schattenseite eines Produkts dezent aufzuhellen, da die Kontraste ansonsten zu extrem werden. Wenn man nicht gleich mit mehreren Lampen oder Blitzgeräten arbeiten möchte, bieten sich hier einfache Reflektoren an. Sie können mit kleinen Spiegeln, mit Styropor oder mit Karton, der mit Alufolie bespannt ist, arbeiten. Diese Technik der Aufhellung ist in der Produktfotografie extrem wichtig. Der große Vorteil von Reflektoren besteht unter anderem darin, dass man sich nicht um die Leistungsjustierung eines zusätzlichen Blitzgeräts kümmern muss.

Links: Eine kleine weiße Fläche genügt, um Licht in die Schattenseite eines Produkts zu bringen. Fotografiert wurde mit einer Lichtquelle (Blitz/ Softbox) von links.

Es kann durchaus schwierig werden, zwei Blitzgeräte so aufeinander abzustimmen, dass eine natürliche Lichtstimmung entsteht. Die vom Reflektor zurückgeworfene Lichtmenge steuert man einfach dadurch, dass man dessen Entfernung zum Objekt variiert. Gleiches gilt für den Lichtschlucker, von einigen Fotografen politisch völlig unkorrekt „Neger" genannt. „Abnegern" bedeutet somit, die Schatten z. B. eines sehr hellen Produkts zu verstärken. Sie verwenden dazu einfach eine schwarze Fläche, den „Neger". So einen Lichtschlucker kann man sich ebenfalls leicht selbst bauen. Schwarzer Samt ist ideal, aber auch Molton oder Karton sind als Lichtschlucker brauchbar.

Studioequipment ja oder nein?

Fotografieren Sie häufiger Produkte? Und haben Sie einen Platz, an dem Sie sich ein kleineres Studio einrichten können? Dann ist eine umfangreichere Ausrüstung sicher nur eine Frage der Zeit und des Budgets. Am entbehrlichsten ist wohl noch ein spezieller Aufnahmetisch für die Produktfotografie. So einen Tisch kann man eigentlich nur für Produktfotos verwenden. Geht es bei Ihren Fotoprojekten aber in erster Linie um Produkte, sollten Sie die Investition in einen guten Aufnahmetisch auf jeden Fall in Betracht ziehen. Außerdem sinnvoll sind zwei oder drei Blitzgeräte oder alternativ dazu Fotolampen (Dauerlicht).

Beides hat Vor- und Nachteile, Stillleben und Produkte lassen sich besser mit Dauerlicht ausleuchten, da man zu jedem Zeitpunkt sieht, was man später auch auf seinen Bildern haben wird. Blitzlicht erzeugt dagegen nicht so viel Wärme, spart Strom und bietet – ein Einstelllicht vorausgesetzt – ebenfalls die Möglichkeit, Licht-Schatten-Verläufe vor der Aufnahme zu kontrollieren. Allerdings haben Anfänger oft Probleme damit, mehrere Blitzgeräte so aufeinander abzustimmen, dass eine ausgewogene Lichtsituation entsteht. Hier ist Experimentierfreude gefragt – oder ein Handbelichtungsmesser, mit dem man die Leistung der einzelnen Beleuchtungskörper ausmisst.

AUSRÜSTUNG FÜR PRODUKTFOTOS
Licht und Zubehör (Blitz oder Dauerlicht)
ein bis drei Blitzgeräte mit mindestens 250 Ws
alternativ zwei Fotolampen
Stative
Auslöser (Blitzlicht)
Normalreflektoren oder Reflexschirme
Softboxen und/oder weitere Lichtformer
Farbfilterfolien
Hintergrund
Tisch oder ebene, stabile Platte, strukturlos, weiß
Karton oder biegsamer Kunststoffhintergrund für Hohlkehle
eventuell Aufnahmetisch mit integrierter Beleuchtung
Hintergründe in verschiedenen Farben und Materialien (Stoff, Kunststoff, Holz etc.)
Zubehör
Reflektoren (Spiegel, Styropor)
Lichtschlucker (schwarzer Karton, Samt, Molton)
Knetmasse
Belichtungsmesser
Klammern/Klemmen
kleinere Kartons/Schachteln (als Podest verwendbar)

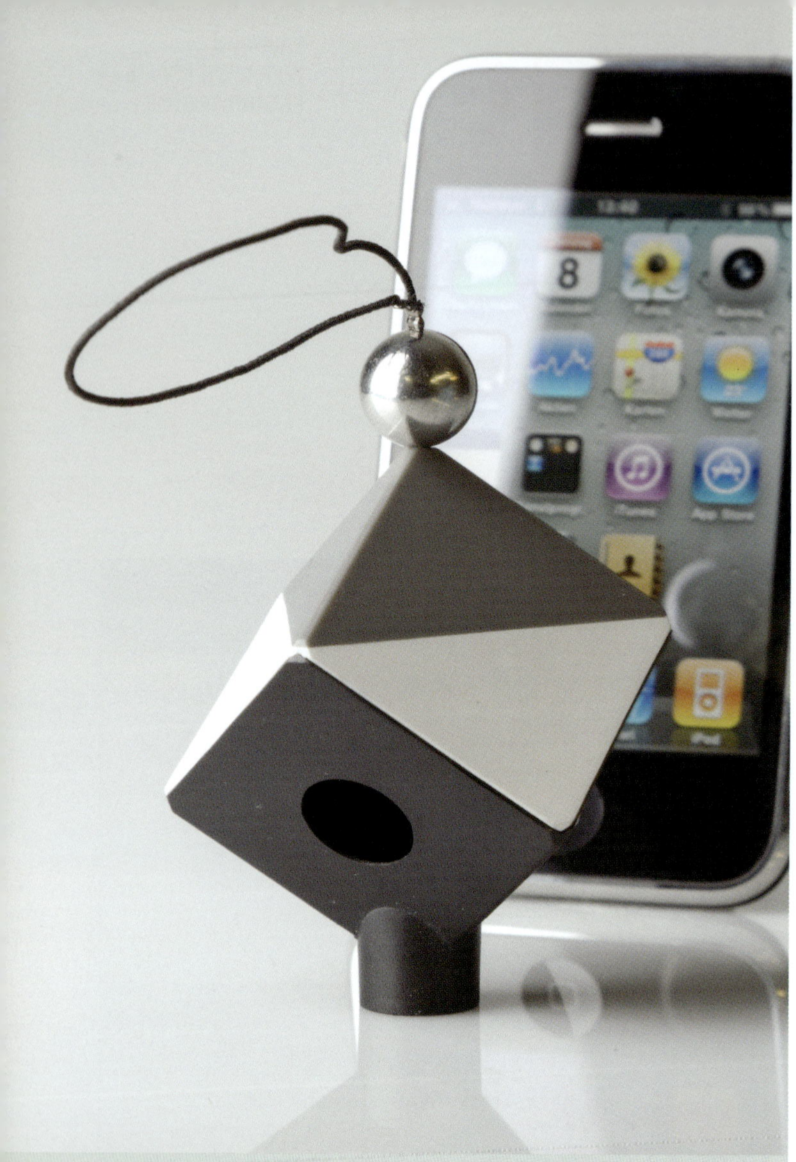

Der Spyder CUBE (www.datacolor.eu) ist in der Produkt- und Table-Top-Fotografie sehr hilfreich, weil man mit ihm den Weißabgleich sowie die Belichtung kontrollieren kann.

Einfache Grundausstattung

Im Fachhandel gibt es häufig Set-Angebote, die speziell auf die Bedürfnisse in der Produktfotografie abgestimmt sind. Zwei Dauerlichtgeräte oder alternativ zwei Blitzgeräte samt verschiedenen Lichtformern (Softboxen, Reflektoren etc.), Auslösekabel, Stative und Tragetasche sollten es schon sein. Die Teile des Sets sind aufeinander abgestimmt, und eine Erweiterung um zusätzliche Blitze/Lampen ist später in der Regel auch möglich. Mit einer solchen Ausrüstung sind Sie natürlich nicht auf die Produktfotografie festgelegt. Auch Porträts und Stillleben sind machbar. Wenn Sie sich auf die Produktfotografie spezialisieren möchten, weil Sie z. B. den Onlineverkauf gewerbsmäßig betreiben, sollten Sie sich eher bei speziellen Lösungen umsehen.

i

WICHTIG: EIN STATIV!

Viele Fotoeinsteiger denken beim Stichwort Stativ weniger an gut gestaltete Bilder und eine Hilfe gegen Verwackeln als vielmehr an das Gewicht, das man zusätzlich zur Kamera mitschleppen muss. Da man Stillleben und Produktfotos aber nicht im Vorbeigehen knipst, sollten Sie sich unbedingt ein zu Ihrer Kamera passendes Stativ zulegen. Denn fotografieren Sie mit einem Stativ, können Sie die Blickrichtung und damit auch den exakten Bildausschnitt sorgfältig festlegen. Ihre Fotografien werden dadurch fast automatisch besser. Besitzen Sie eine schwere Spiegelreflexkamera, benötigen Sie sowieso ein Stativ, da die Kamerahalterungen von speziellen Table-Tops für das Gewicht solcher Kameras nicht geeignet sind und das Fotografieren aus der Hand wegen des Gewichts der Ausrüstung auf Dauer nicht möglich ist. Ein Stativ ist vor allem auch deshalb ratsam, weil für die Objektfotografie für maximale Schärfentiefe kleine Blenden notwendig sind. Diese wiederum machen längere Verschlusszeiten notwendig, wenn Sie mit dem Licht von Glühlampen oder mit Fotolampen arbeiten.

Hier gibt es sogenannte Studios-in-a-Box, die wie ein Koffer aufgeklappt werden. Darin befindet sich eine kleine Hohlkehle, ein oder zwei Leuchtkörper lassen sich am Rand anbringen. Neben diesen sehr einfachen Geräten gibt es Lichtzelte und Lichtwürfel. Diese aus durchscheinenden weißen Materialien hergestellten Aufnahmeplattformen dienen dazu, das von außen gesetzte Licht so zu streuen, dass das im Inneren platzierte Produkt gleichmäßig hell und mit wenig Schatten ausgeleuchtet wird. Lichtzelte und -würfel gibt es in verschiedenen Größen, man kann bei einigen Modellen mit Objekten arbeiten, die über einen Meter groß sind. Kleinere Modelle gibt es für rund 50 Euro, größere schlagen mit rund 250 Euro zu Buche.

Die richtige Kamera

Gute Kompaktkameras von Canon, Nikon, Olympus, Panasonic und so weiter sind für einfache Produktaufnahmen gut geeignet, wegen des kleinen Sensors haben Kompakte in der Produktfotografie sogar einen Vorteil gegenüber DSLR- und FourThirds-Kameras. Die Schärfentiefe ist bei Kompakten bei gleicher Blende größer, Produkte werden also einfacher in ihrer gesamten Tiefe scharf gezeigt. Mit einer FourThirds- oder einer DSLR-Kamera kann es sehr schwierig werden, wenn Sie ein Objekt von vorn bis hinten scharf zeigen möchten. Mit dem Nahaufnahmeprogramm oder dem Makromodus einer Kompakten kommen Sie nah genug auch an kleinere Dinge heran. Weiterer Vorteil von Kompakten: Weil die kleinen Knipser sehr leicht sind, benötigen Sie kein schweres und teures Stativ. Haben Sie eine FourThirds- oder eine DSLR-Kamera, benötigen Sie je nach Größe des zu fotografierenden Objekts eventuell ein spezielles Makroobjektiv. Alles bis zu der Größe einer

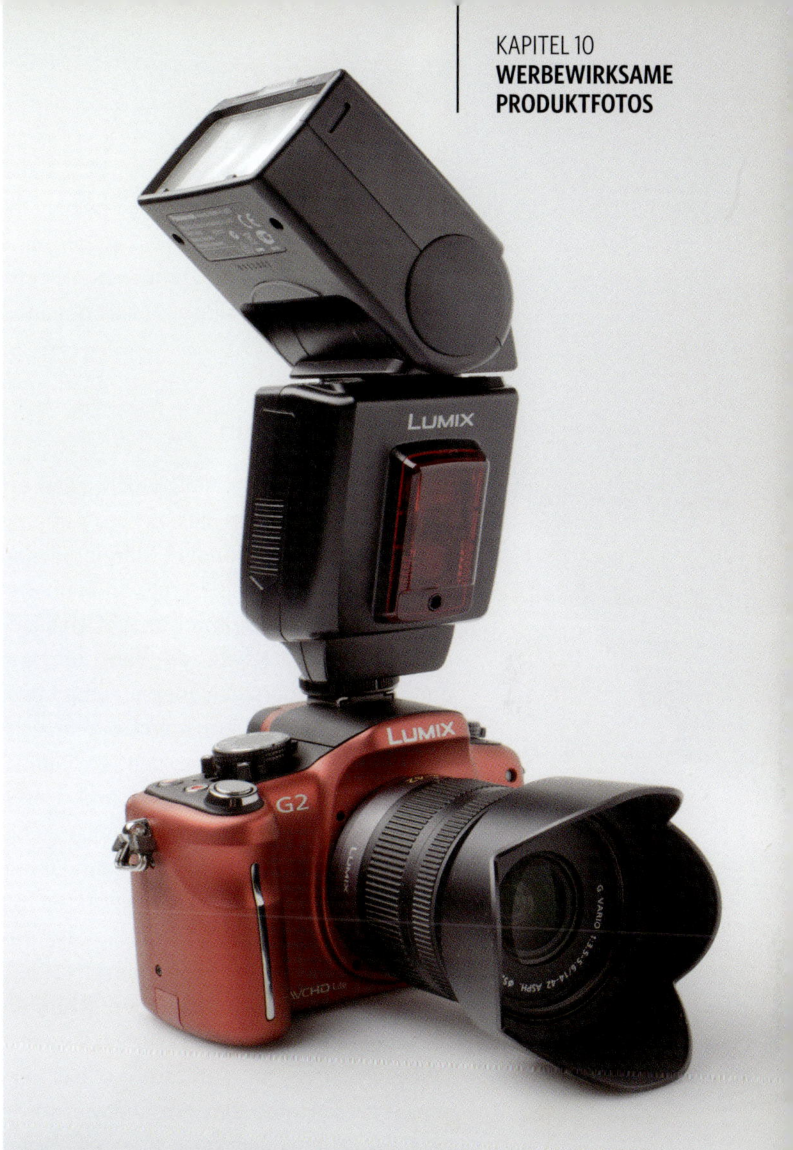

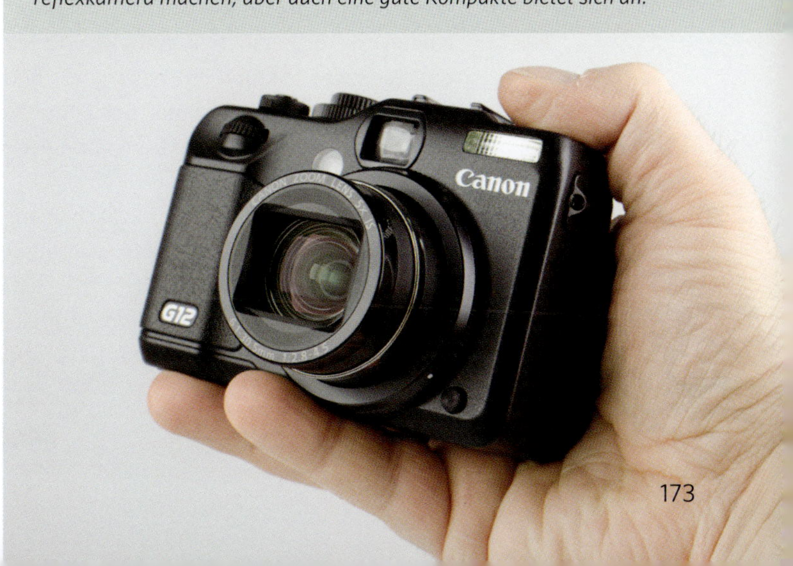

Produktaufnahmen lassen sich mit einer Four-Thirds- oder einer Spiegelreflexkamera machen, aber auch eine gute Kompakte bietet sich an.

Zigarettenschachtel ist mit normalen Objektiven zu schaffen, soll es dagegen eine Uhr oder ein kleines Schmuckstück sein, ist Nahzubehör (Nahlinse, Makroobjektiv) sinnvoll.

Kleine Helferlein

Für die Produktfotografie braucht man oft ein paar Kleinigkeiten, die das Fotografieren sehr erleichtern. Besonders hilfreich, wenn es um exakte Positionierung von kleineren Motiven geht: Knetgummi. Es gibt im Fachhandel spezielle Knete, die sehr zäh und dadurch besonders geeignet ist, Objekte in Position zu halten. Wenn man Objekte nicht einfach irgendwo ablegen, sondern aufgestellt zeigen will, genügt ein Stück Knete auf der Rückseite, und man kann Dinge bis zur Größe eines Telefons auf einem Untergrund fixieren. Auch bei Gegenständen mit gebogener Rückseite hilft die Knete, das Motiv nicht umkippen oder rollen zu lassen. Weiterhin hilfreich sind die oben schon erwähnten kleinen Spiegel (Reflexflächen), Styroporplatten für sanftere Reflexionen, schwarze Kartons zum Abschatten sowie eine Grau- bzw. Farbkarte oder ein Grauwürfel für den Weißabgleich und die korrekte Farbwiedergabe. Da es in der Produktfotografie auch auf Sauberkeit ankommt, sollten Sie sich einen Blasebalg und ein antistatisches Staubtuch besorgen. Eine glänzende Oberfläche später per Bildbearbeitung zu reinigen, kann extrem nervig sein (ein Erfahrungswert).

Kleine und große Klammern, Wäscheklammern, Farbfolien für Farbeffekte, glänzende Kunststofffolien (Plastiktischdecken), eine durchsichtige Nylonschnur zum Aufhängen von Gegenständen und Kartons bzw. Schachteln (als Podest verwendbar) vervollständigen das Sammelsurium an kleinen Helfern. Nicht unbedingt nötig, weil auch etwas teurer, ist ein Handbelichtungsmesser. Gerade für Blitzlichtaufnahmen ist es aber sehr praktisch, wenn man durch ein paar Messungen zwei oder mehr Lichtquellen aufeinander abstimmen kann.

Die Kamera einstellen

Schlechte Produktfotos sind meistens an ein paar einfachen Merkmalen zu erkennen. Das Motiv wird auf einen farbigen und strukturierten Tisch gelegt, die Kamera wird auf Automatik gestellt und die Aufnahme von schräg oben gemacht. Farbstichige und verwackelte oder überblitzte Bilder sind die Resultate. Was den Aufnahmetisch angeht, haben Sie weiter oben schon genug Informationen erhalten, um es besser zu machen.

In Bezug auf die Kameraautomatik muss man zwei Situationen unterscheiden. Fotografieren Sie mit Dauerlicht (Studiolampen), kann man es durchaus mit der Vollautomatik oder dem Motivprogramm für Nahaufnahmen ausprobieren. Denn das Dauerlicht beleuchtet Ihr Motiv ja permanent, und Sie bekommen genau das aufs Foto, was Sie sehen. Arbeiten Sie mit Studioblitzlicht, müssen Sie auf die Automatik verzichten, denn die Kamera stellt die Belichtungswerte nur auf das vorhandene Licht ein. Sie müssen also wissen, wie Sie im manuellen Modus die Belichtungswerte (Blende, Verschlusszeit), die Empfindlichkeit (ISO) und den Weißabgleich einstellen.

Verwenden Sie einen niedrigen ISO-Wert für minimales Bildrauschen. Stellen Sie dann eine kleine Blendenöffnung (einen großen Wert) ein, die genügend Schärfentiefe erzeugt, um

Ihr Motiv von vorn bis hinten scharf zu zeigen. Egal mit welchem Kamerasystem Sie arbeiten; eine kleine Blende wie f/8 oder f/11 ist bestens geeignet für den ersten Versuch. Wichtig bei der Arbeit mit Blitzlicht: Achten Sie auf die Synchronzeit, damit es nicht zu Abschattungen an den Bildrändern kommt. Sie dürfen die Synchronzeit der Kamera, die meistens um 1/200 Sekunde liegt, nicht unterschreiten. Ist das erste Testbild zu dunkel, müssen Sie die Blitzleistung erhöhen. Bei zu hellen Bildern wird die Leistung reduziert. Beim Fotografieren mit Dauerlicht wird die Verschlusszeit variiert, um die Bilder heller oder dunkler zu gestalten. Je kürzer die Zeit, desto dunkler werden die Aufnahmen.

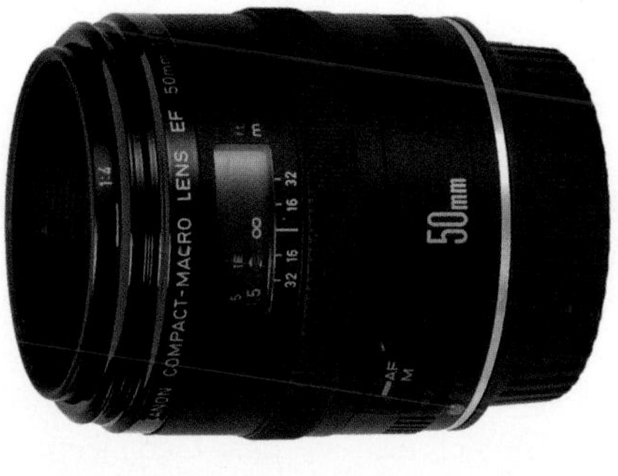

Wenn Sie sehr kleine Objekte mit geringem Abstand fotografieren möchten, benötigen Sie möglicherweise ein spezielles Makroobjektiv, wie hier das 50-mm-Kompaktmakro von Canon.

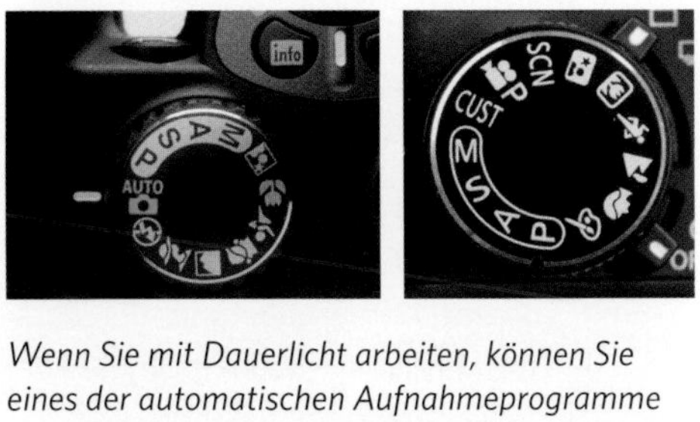

Wenn Sie mit Dauerlicht arbeiten, können Sie eines der automatischen Aufnahmeprogramme verwenden. Verwenden Sie Blitzlicht, müssen Sie die Kamera manuell einstellen.

Auf die Farben achten

Produkte, die mit einem Katalogbild beworben werden sollen, müssen in der klassischen Produktfotografie so realistisch wie möglich wiedergegeben werden. Vor allem bei den Farben kann es jedoch zu Verschiebungen kommen, wenn man nicht auf den korrekten Weißabgleich achtet. Gerade bei Motiven mit sehr gesättigten, reinen Farben funktioniert der automatische Weißabgleich oft nicht optimal.

Zwar wird bei einem eBay-Foto niemand erwarten, dass Sie Industriestandards zur Farbwiedergabe einhalten. Wenn die Farben z. B. eines Kleidungsstücks aber vollkommen anders als in der Realität aussehen, sollten Sie eine Graukarte oder ein anderes Hilfsmittel für den Weißabgleich einsetzen. Fotografieren Sie mit Studioblitzlicht, können Sie die entsprechende Voreinstellung an der Kamera festlegen. Jede Digitalkamera hat eine Weißabgleichsvoreinstellung für Blitzlicht.

Bei Dauerlicht sind eine Graukarte und der manuelle Weißabgleich besser. Die Graukarte wird dazu in eines der Bilder gehalten und dient bei der Farbkorrektur am Computer als Referenz. Diese Alternative ist sinnvoll, wenn Sie die Bilder nicht mehr am Computer bearbeiten. Wie Sie den manuellen Weißabgleich einsetzen können, ist von Kamera zu Kamera verschieden. Erklärt wird das Vorgehen aber in jedem Fall im Kamerahandbuch.

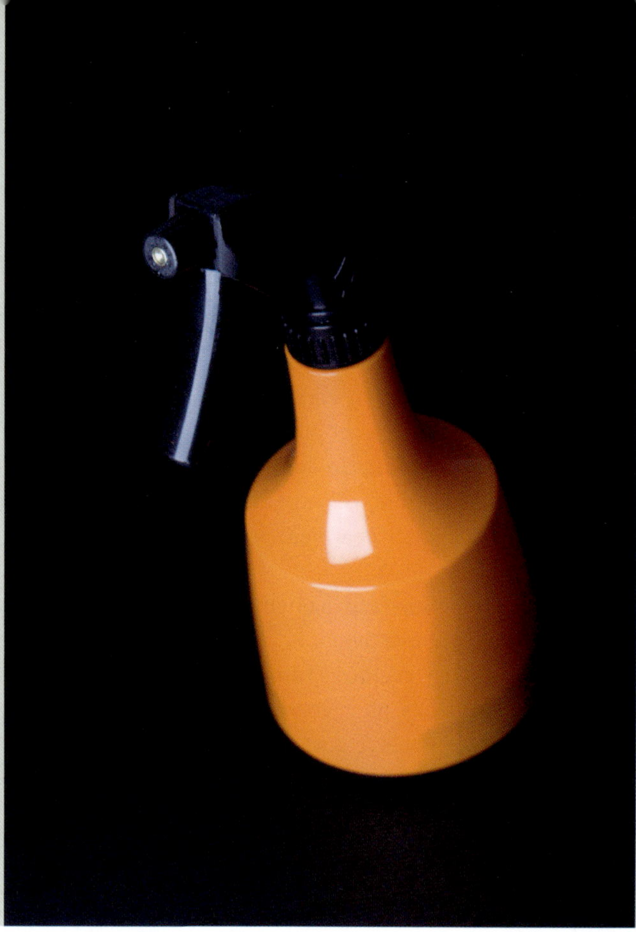

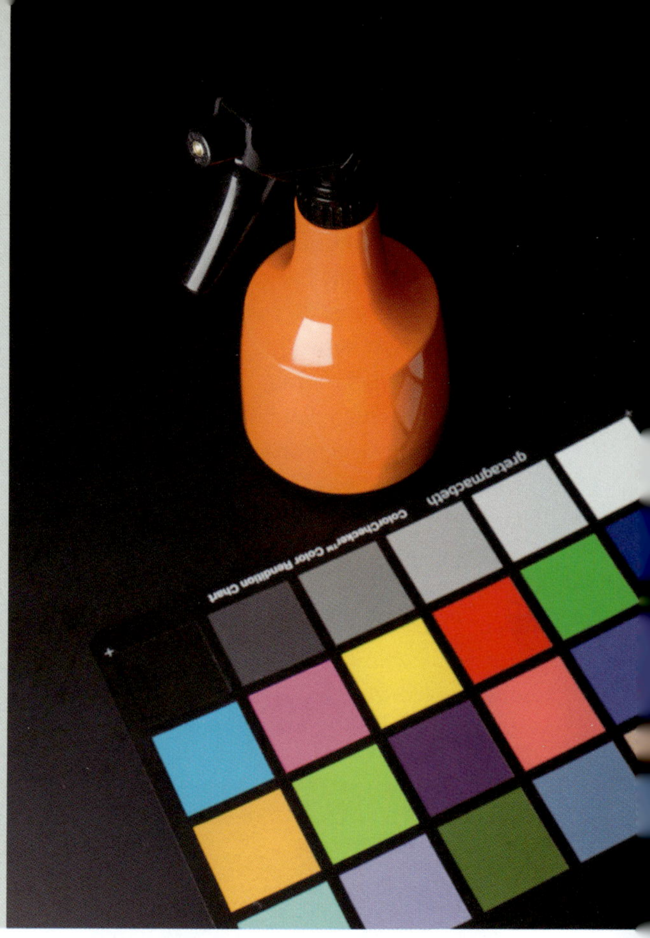

Fotografieren Sie ein Produkt mit satten Farben, kann der Weißabgleich der Digitalkamera durcheinanderkommen. Da hilft nur eine Graukarte oder – wie hier – eine Farbkarte, um den Farbstich zu korrigieren.

Interessante Bildgestaltung

Produkt aufstellen, ausleuchten, Foto machen – wenn es so einfach wäre, gäbe es keine spezialisierten Werbe- und Produktfotografen. Natürlich stellt sich immer die Frage, welchen Aufwand man betreiben möchte oder sollte, um ein Produkt an den Mann und die Frau zu bringen. Die Antwort auf die Frage ist eigentlich ganz einfach: Je wertvoller ein Produkt, desto hochwertiger muss auch die Fotografie sein. Wertvoll bedeutet hier nicht nur, welchen materiellen Wert ein Produkt hat. Immerhin verkaufen sich auch Gebrauchtwagen für mehrere Tausend Euro über simple Fotos in Kfz-Börsen im Internet. Allerdings sollte man sich nicht darüber wundern, dass sich ein eigentlich beeindruckendes und qualitativ hochwertiges Produkt nicht verkauft, wenn die (Foto-)Präsentation den potenziellen Kunden abschreckt. Machen Sie sich also ein paar Gedanken über die passende Bildgestaltung. Grundsätzlich gibt es immer eine Handvoll Fragen, die man zunächst beantworten muss:

- Aus welcher Perspektive sieht das Motiv am besten aus?
- Ist ein erhöhter oder ein niedriger Kamerastandpunkt sinnvoller?
- Welche Brennweite ist die beste? Kurze Brennweiten verzerren in Verbindung mit kurzem Kameraabstand die Perspektiven, können ein kleines Objekt aber auch größer erscheinen lassen.
- Welches Licht passt am besten?

- Soll ein einfarbiger Hintergrund dafür sorgen, dass der Blick des Betrachters nicht abgelenkt wird, oder stellt man z. B. ein Möbelstück besser in eine realistische Umgebung?

Jede Frage und jede Entscheidung verändert den Stil eines Fotos ganz entscheidend. Eine Art Kochrezept für alle Objekte, die man online verkaufen will, gibt es dementsprechend nicht. Es ist aber in jedem Fall hilfreich, gerade bei hochwertigen Produkten mehrere Varianten (Perspektive, Licht, Hintergrund etc.) schnell auszuprobieren und sich dann für die beste Inszenierung zu entscheiden.

Die Lichtsituation war immer die gleiche, lediglich der Kamerastandpunkt wurde verändert, sodass das Licht einmal von links vorn, einmal von hinten (Gegenlicht) kam. Welche Aufnahme letztendlich verwendet wird, ist Geschmackssache.

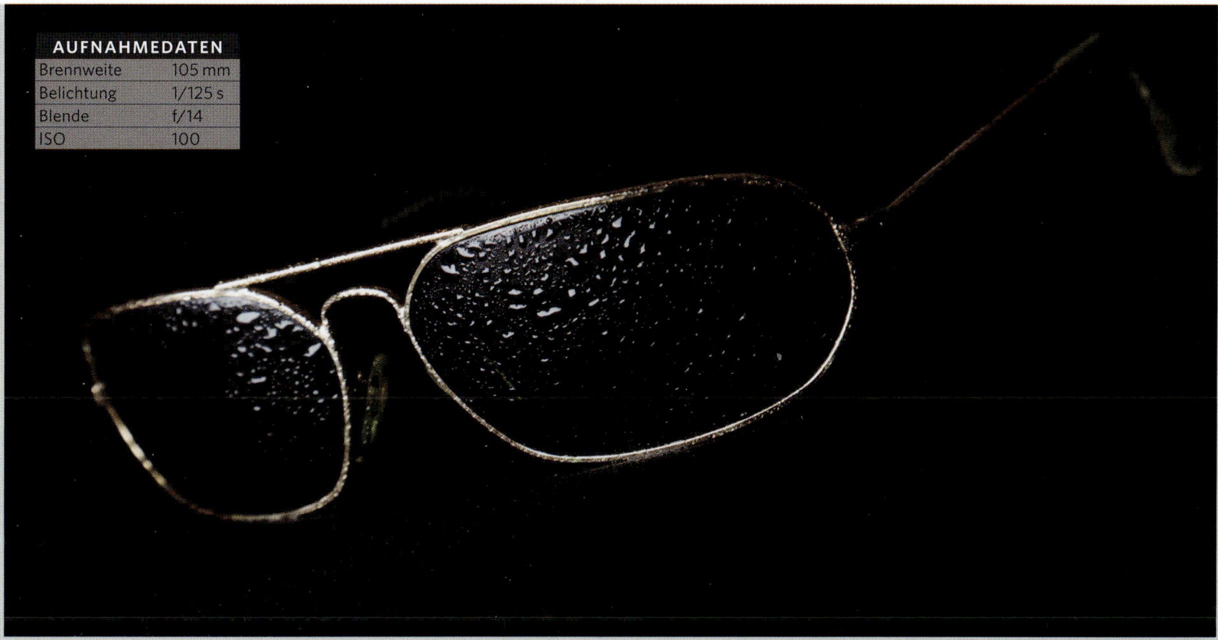

AUFNAHMEDATEN	
Brennweite	105 mm
Belichtung	1/125 s
Blende	f/14
ISO	100

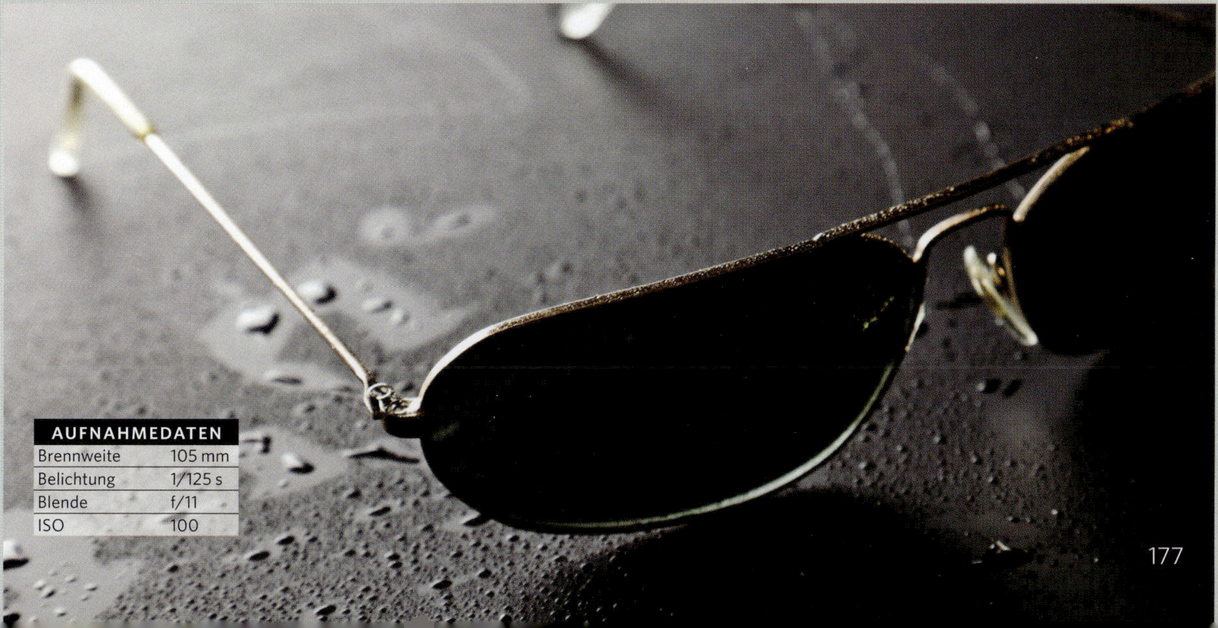

AUFNAHMEDATEN	
Brennweite	105 mm
Belichtung	1/125 s
Blende	f/11
ISO	100

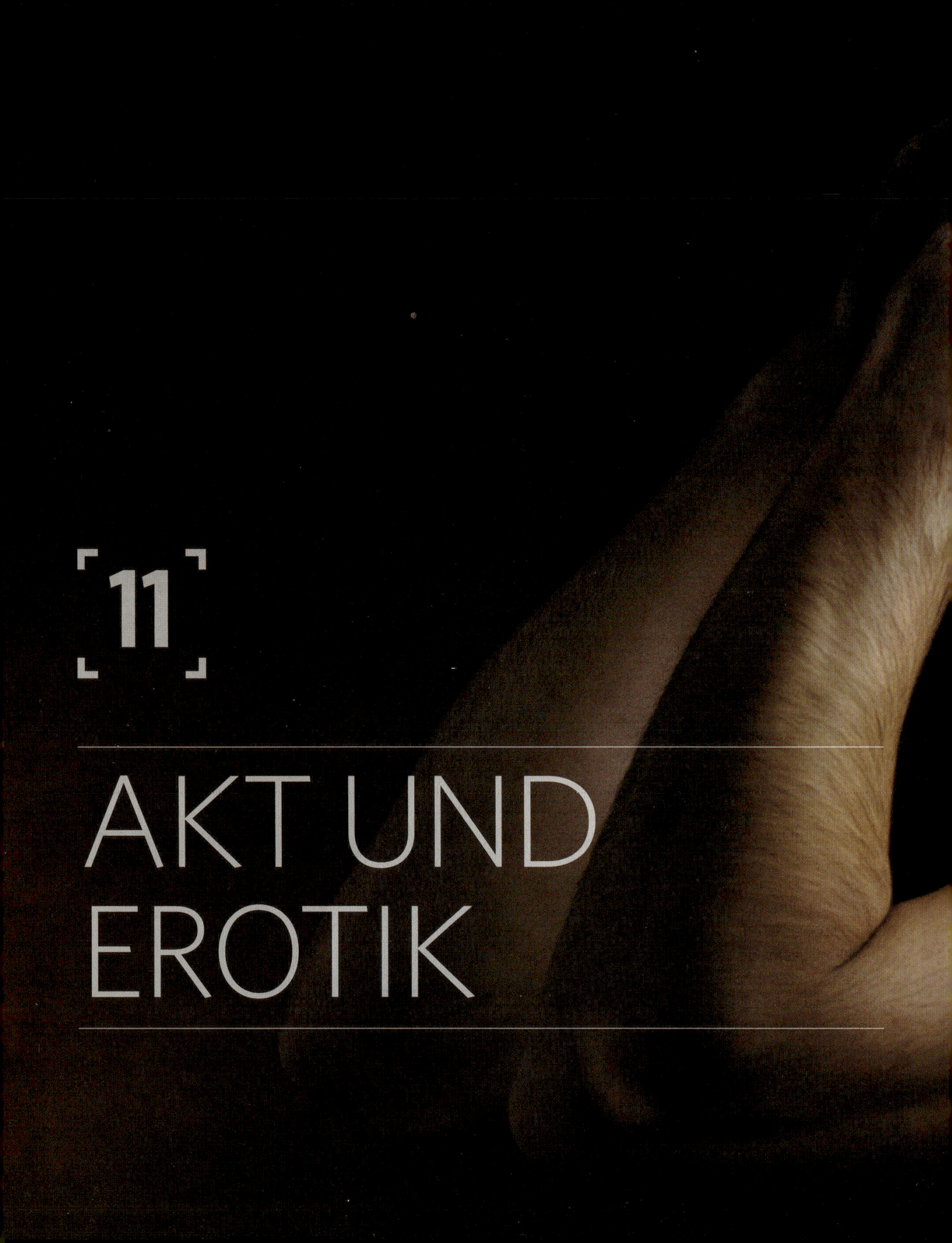

11

AKT UND EROTIK

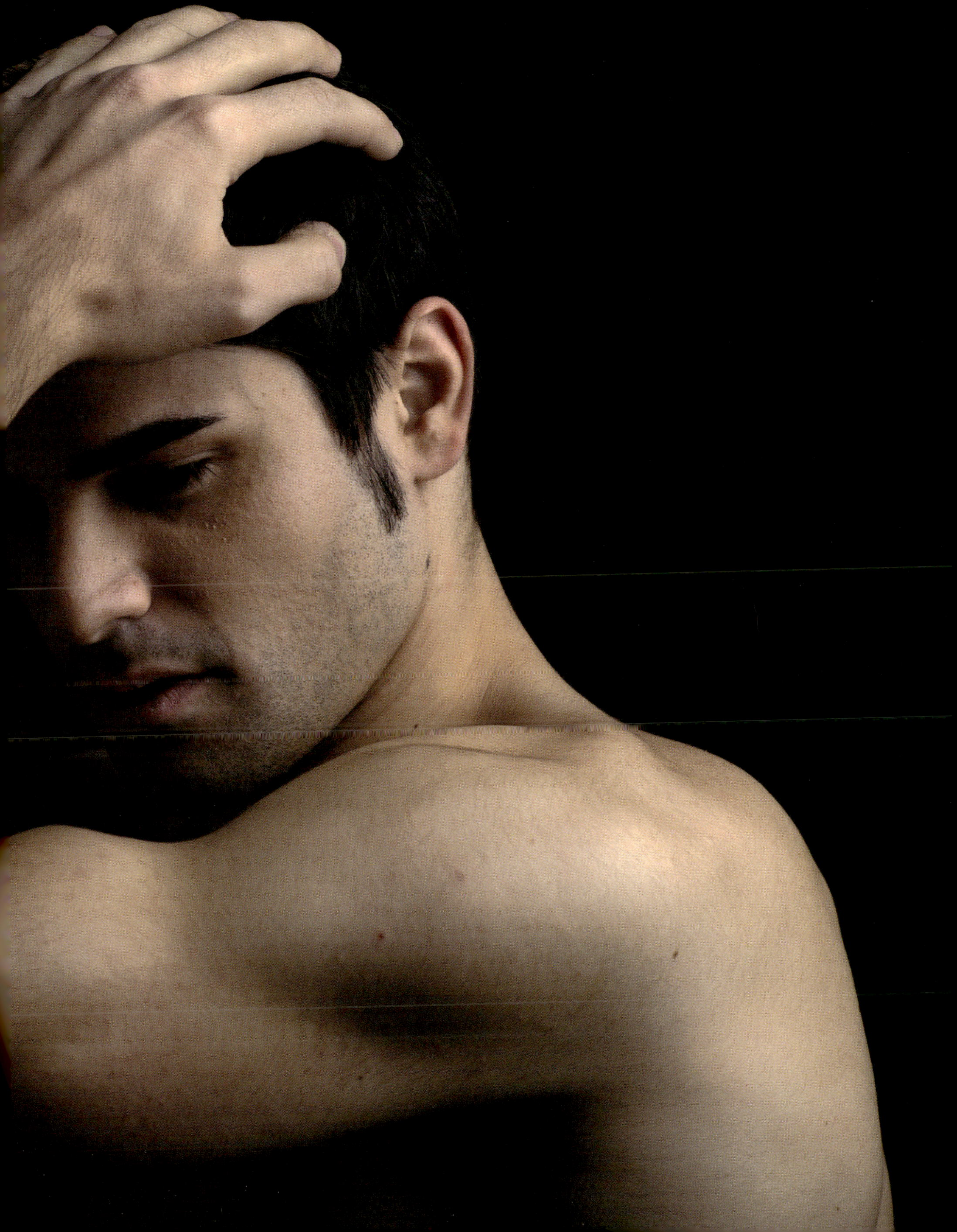

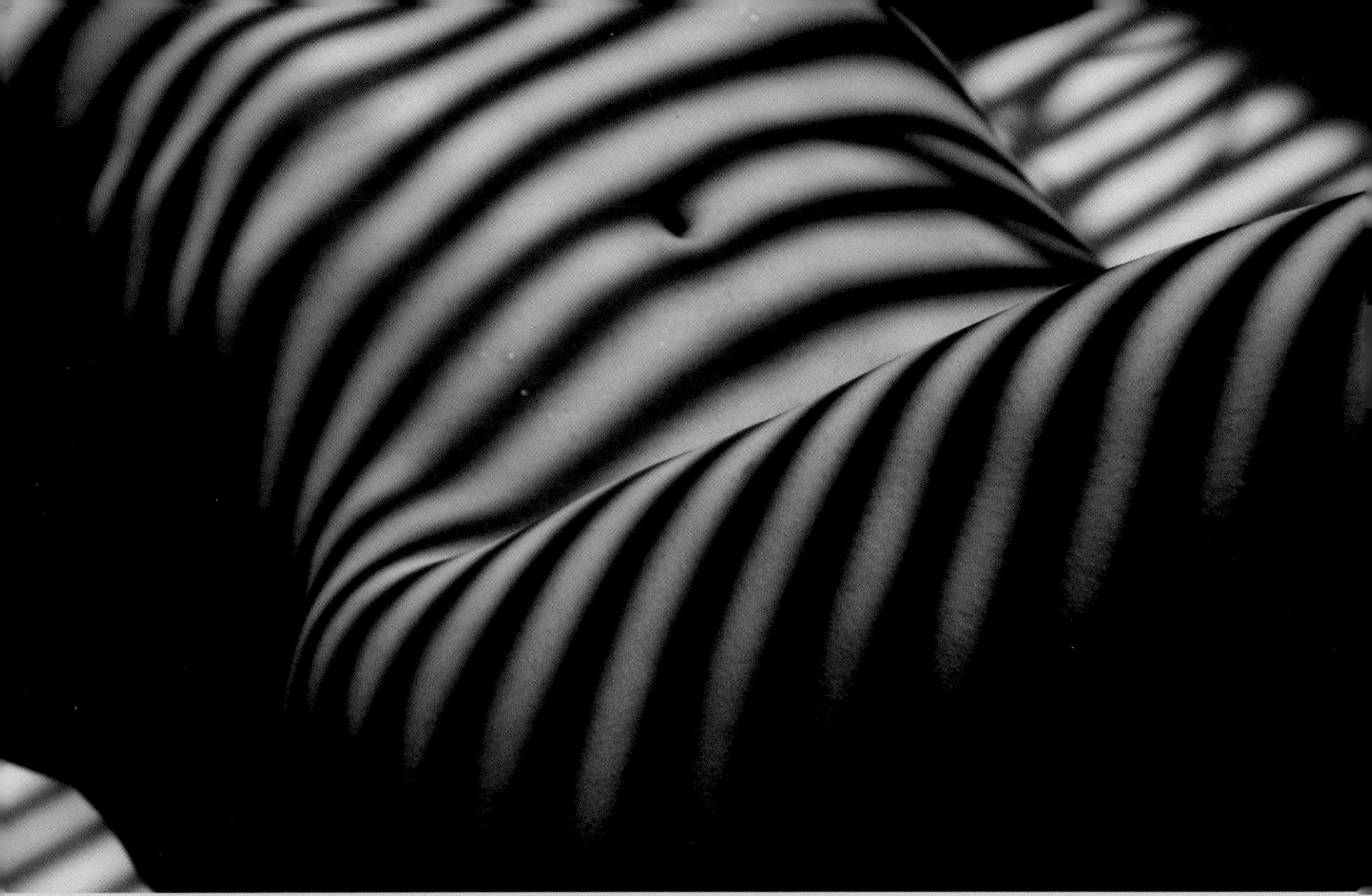

Ein Klassiker in der Lichtgestaltung: Der Jalousieneffekt moduliert Körper sehr sanft. Solche Aufnahmen wirken meist am besten in Schwarz-Weiß.

11 Akt und Erotik

Was macht die Faszination der Aktfotografie wirklich aus? Außenstehende und in der Aktfotografie unerfahrene Fotografen denken häufig, es gäbe knisternde Erotik oder enthemmende Spannung zwischen Fotograf und Modell. Je mehr Erotik am Set, desto besser die Bilder. Weit gefehlt! Die Aktfotografie ist sowohl für das Modell als auch den Fotografen eine der anstrengendsten, kompliziertesten und vor allem anspruchsvollsten Aufgaben, denen man sich stellen kann.

■ Eines vorweg: Verwechseln Sie Akt nicht mit Soft- oder Hardcore! Die Pornografie wird zwar heute immer öfter von Künstlern als Projektionsfläche für ihre gesellschaftliche Auseinandersetzung verwendet – mit der klassischen Aktfotografie hat das jedoch nicht das Geringste zu tun, auch wenn manche Fotografen Pornografie mit dem

AUFNAHMEDATEN	
Brennweite	108 mm
Belichtung	1/160 s
Blende	f/11
ISO	100

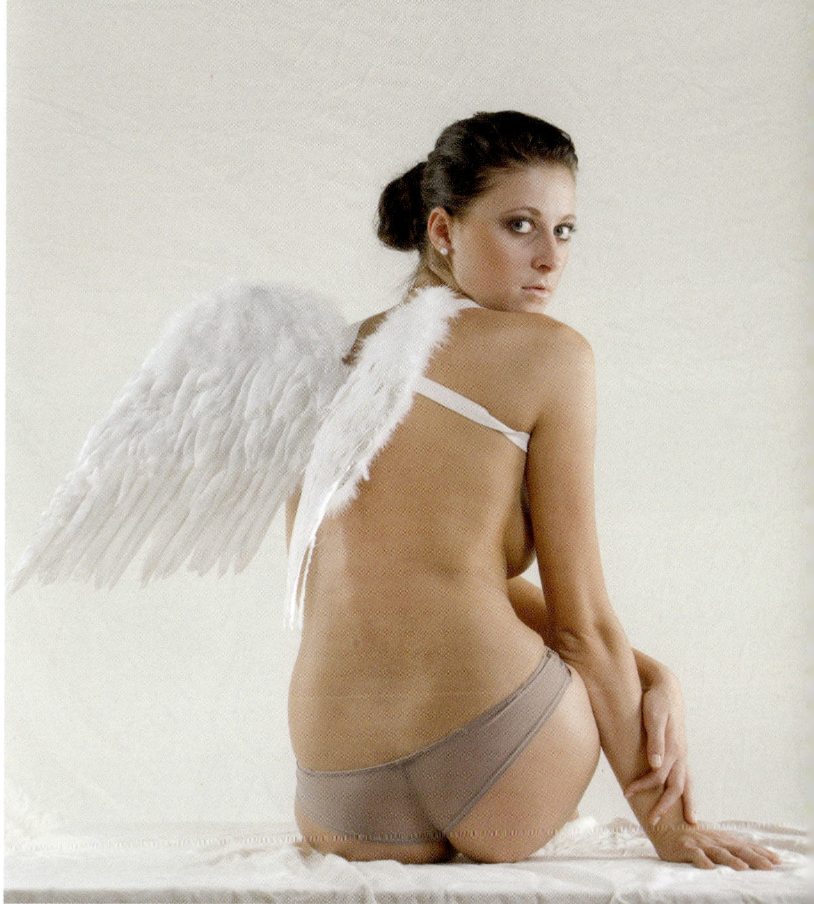

Begriff Porn-Art (Porno-Kunst) verbrämen. Dieses Kapitel befasst sich ausschließlich mit den fotografischen und künstlerischen Aspekten des Akts. Von der Körperstudie, bei der man mit Kamera und Licht umzugehen lernt, bis zum bewusst gestalteten Bild des Körpers, erfahren Sie alles, was Sie über diesen fein verzweigten Bereich der Fotografie wissen sollten. Gerade in der Aktfotografie ist Erfahrung ein entscheidender Faktor für die Qualität Ihrer Bilder. Das gilt sowohl für den Umgang mit der Technik als auch für den souveränen Umgang mit Ihren Modellen.

Akribisch genaue Vorplanung

Wenn Sie vor der Aufgabe stehen, Aktfotos zu schießen, sollten Sie sich akribisch auf die Session vorbereiten. Denn auch während der Fotositzung entstehende spontane Ideen lassen sich viel leichter umsetzen, wenn der konzeptionelle und zeitliche Rahmen schon vorab festgelegt ist. Die Vorbereitungen fangen bei der Wahl von Umgebung, Utensilien und Bekleidung an und hören beim Lichtsetup noch lange nicht auf. Für den Anfang gibt es einige grundlegende Dinge, an die Sie vor einem Akt-Fotoshooting unbedingt denken sollten: Falls Ihr Modell vollkommen unbekleidet vor der Kamera agieren soll, weisen Sie es darauf hin, schon einige Stunden vor dem Termin keine enge Kleidung zu tragen. Denn die Druckstellen von Kleidungsnähten sind noch lange nach dem Entkleiden zu sehen. Die Retusche solcher Druckstellen am Computer ist zwar grundsätzlich möglich, doch je weniger Detailstörungen die Fotos haben, desto weniger müssen Sie nacharbeiten, und desto natürlicher und professioneller werden die Bilder aussehen.

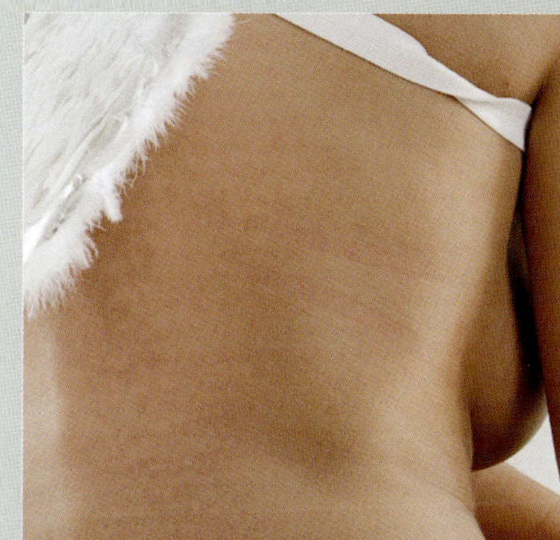

Gefährliche Ansicht: Weisen Sie das Modell darauf hin, vor dem Shooting keine enge Kleidung zu tragen, die Druckstellen sind nämlich sehr lange zu sehen.

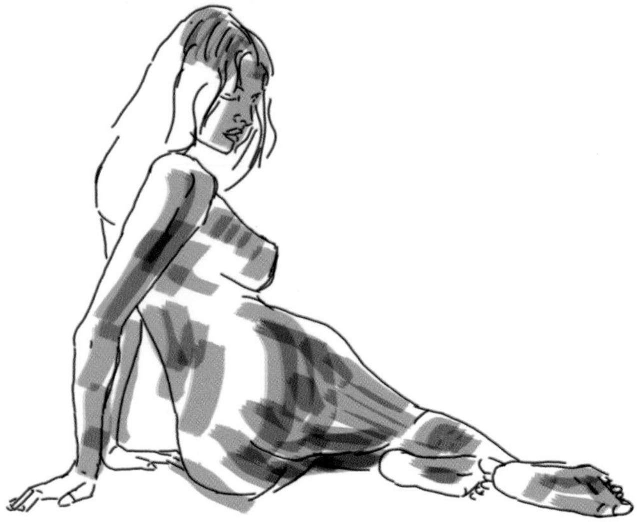

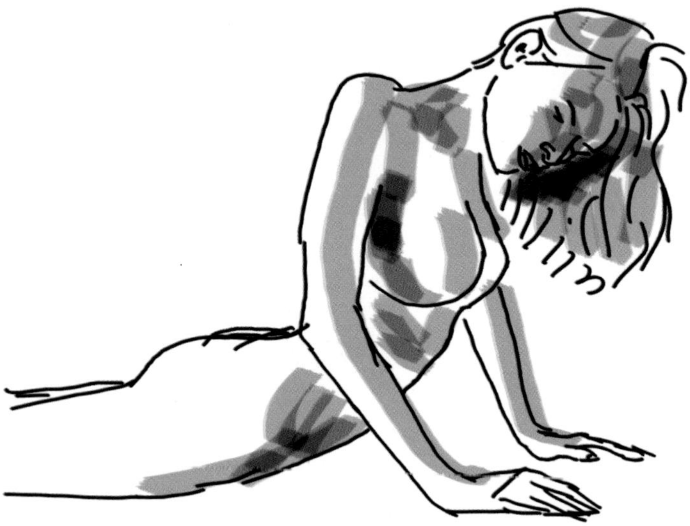

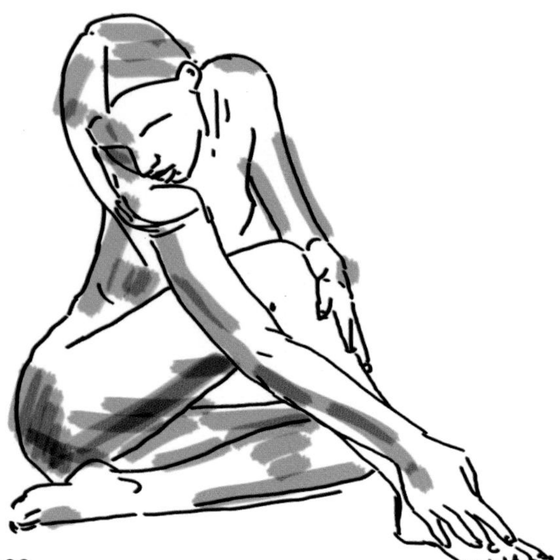

Dass sich Ihr Modell zu jedem Zeitpunkt des Fotoshootings wohlfühlen sollte, versteht sich von selbst. Tragen Sie dazu bei, indem Sie einen Raum oder Platz zur Verfügung stellen, an dem sich das Modell ungestört umziehen kann, nicht friert und so weit wie möglich vor neugierigen Blicken geschützt ist. Schaffen Sie eine entspannte Atmosphäre. Falls Sie nicht im Studio arbeiten, sollten ein Paravent ebenso wie ein Bademantel oder eine warme Decke vorhanden sein. Außerdem ist ein Platz wünschenswert, an dem man sich zwischenzeitlich ungezwungen ausruhen kann.

Die Chemie muss stimmen

Wie sich Modell und Fotograf verstehen, bestimmt ganz entscheidend, welche Stimmung während der Fotosession vorherrscht. Je professioneller Fotograf und Modell sind, desto mehr kann man sich auf die Arbeit konzentrieren und persönliche Aspekte ausschalten. Bei Amateuren sollte die Chemie dagegen umso mehr stimmen, da auf den Fotos ein schlechtes Zusammenspiel oder Unsicherheiten stets zu sehen sind. Was immer hilft, wenn man sehr wenig Erfahrung im Umgang mit Aktmodellen hat, ist die genaue Vorbereitung auf die Sitzung, damit man einen roten Faden hat, an dem man sich orientieren kann.

Posings grob skizzieren

Zumindest ein grober Ablaufplan und einige Entwürfe oder Skizzen der angestrebten Bilder sind enorm hilfreich und geben Sicherheit. Wie eng Sie sich ans eigene Konzept halten, bleibt natürlich Ihnen und der im Laufe der Session entstehenden Stimmung überlassen. Wirken Sie unsicher und wissen nicht

Links: Wenn Sie vor dem Shooting Skizzen für die Bildkomposition anfertigen, tut sich das Modell leichter, die gewünschten Posen einzustudieren.

genau, wie Sie Ihr Modell instruieren sollen, dürfte die Session für Sie und das Aktmodell zu einer eher unangenehmen Erfahrung werden. Aber: Nervosität und Unsicherheit auf beiden Seiten sind gerade bei Anfängern völlig normal, versuchen Sie jedoch, durch eine präzise Vorbereitung die Situation so gut wie möglich in den Griff zu bekommen.

Fertigen Sie als Vorbereitung einige Skizzen zum Posing oder zur Lichtführung an und suchen Sie sich dazu Anregungen aus Büchern oder im Internet. Schauen Sie sich Fotos anderer Fotografen an und studieren Sie die gezeigten Posen und die Beleuchtung. Machen Sie sich Zeichnungen oder Kopien von den Bildern, die Ihnen gefallen, und zeigen Sie die Skizzen Ihrem Modell. Auf diese Weise lassen sich leicht exakte Anweisungen geben, und Sie machen keinen unsicheren Eindruck. Und noch ein Tipp, der meistens zur Entspannung der Situation beiträgt: Machen Sie die Posen vor, auch wenn Sie sich dabei nicht ganz wohlfühlen. Dadurch können Sie sich besser in die (unbekleidete) Haut des Modells hineinversetzen und sehen auch gleich, ob die gewünschte Pose nicht doch vielleicht etwas zu extrem ist.

Erfahrenes Modell für unerfahrenen Fotografen

Haben Sie keine oder wenig Erfahrung in der Aktfotografie, versuchen Sie, zu Anfang mit einem erfahrenen Modell zu arbeiten. Zwar kann es passieren, dass das Modell dann mehr oder weniger die Regie übernimmt und die Sitzung nach eigenen Vorstellungen gestaltet, aber auch wenn Sie nicht hundertprozentig zufrieden sind mit den Fotos: Sie profitieren zumindest insofern, als Sie wertvolle Erfahrung sammeln. Haben Sie dann bereits einige Shootings hinter sich und wissen, was Sie wollen, sind Sie besser in der Lage, auch einem unerfahrenen Modell exakt zu vermitteln, welche Ziele Sie mit dem Fotoshooting verfolgen.

Das richtige Licht

Bedenken Sie, dass gute Aufnahmen nicht zwangsläufig von umfangreicher oder teurer Ausrüstung abhängig sind. Gerade professionelle Aktfotografen verwenden häufig ein absolutes Minimum an Lichtquellen und Lichtformern. Je umfangreicher die Ausrüstung

Der direkte Blick in die Kamera vermittelt in der Aktfotografie Selbstbewusstsein. Die vom Licht abgewandte Seite kann bei Bedarf mit einem Reflektor dezent aufgehellt werden.

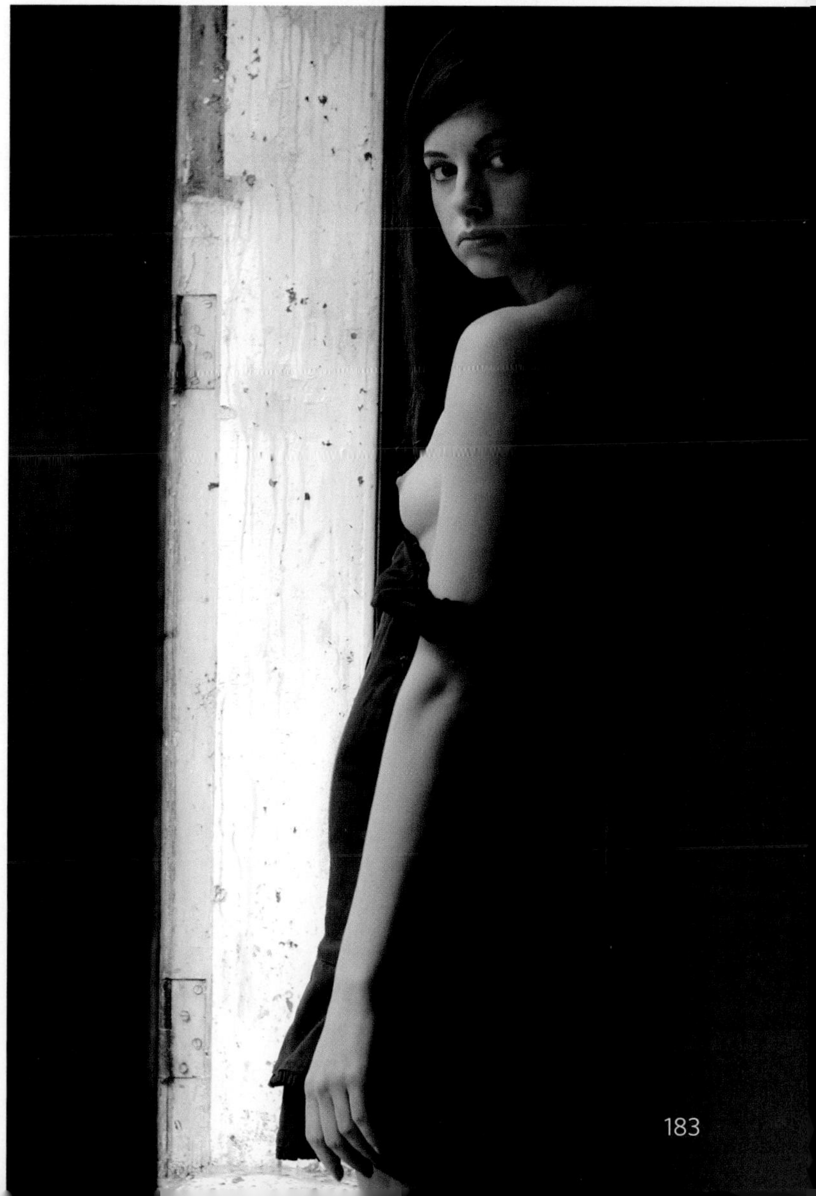

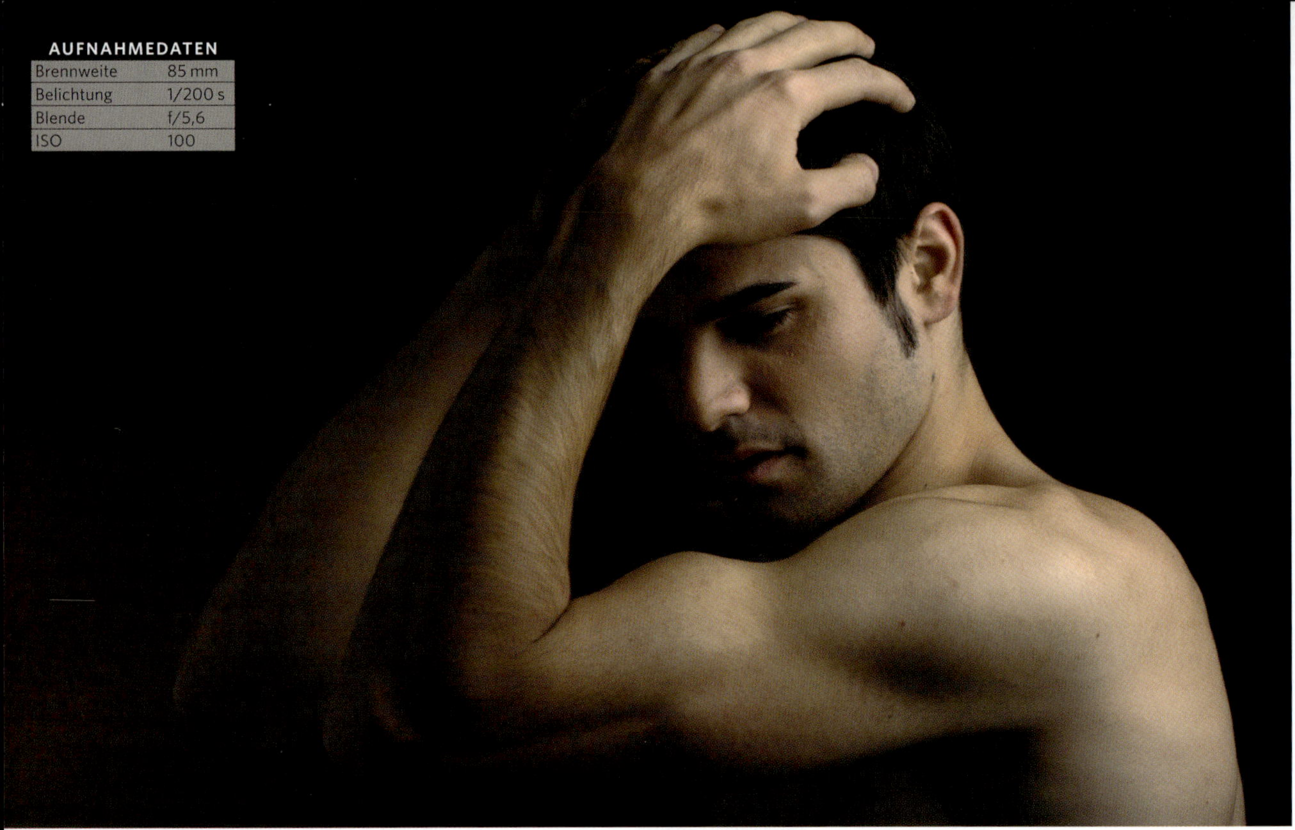

AUFNAHMEDATEN

Brennweite	85 mm
Belichtung	1/200 s
Blende	f/5,6
ISO	100

Für männliche Aktaufnahmen kann man durchaus auch sehr hartes Licht verwenden, das kräftige Schatten erzeugt. Dadurch werden die Körperformen extrem plastisch.

ist, desto exakter müssen Sie die Aufnahme planen und wissen, wie Sie das Equipment einsetzen. Einfach alle vorhandenen Leuchten aufzustellen und draufloszufotografieren, führt nie zu den Ergebnissen, die Sie und Ihr Modell sich vorstellen. Fangen Sie also mit einem möglichst einfachen Aufbau an und fotografieren Sie z. B. nur mit dem Licht, das durch ein von Gardinen verdecktes Fenster fällt.

Mehrere Hintergründe ausprobieren

Welche Utensilien, Stoffe und Bekleidungsstücke infrage kommen, hängt von Ihrer Kreativität und Ihren Vorstellungen von den fertigen Bildern ab. Ein großes weißes Laken ist beispielsweise enorm hilfreich, wenn man ein Aktmodell in freier Landschaft auf Flächen positioniert, die in etwa die gleiche Helligkeit wie Haut haben. Das weiße Laken dient gerade bei Schwarz-Weiß-Aufnahmen einerseits dazu, den Körper von der Umgebung zu isolieren, und andererseits dazu, das Bild zu gestalten.

Rechts: Wäsche, Dessous und andere Accessoires tragen zur Bildwirkung bei, wenn sie mit Bedacht eingesetzt werden. Das nasse Kleid passt sehr gut zur gefliesten Wand und verhüllt mehr, als es zeigt.

Gestaltungsmittel Kleidung

Die meisten Menschen denken beim Thema Aktaufnahmen vermutlich sofort an die Darstellung vollkommen nackter Körper. Viele Aktstudien und -fotos zeigen im Gegenteil durchaus Kleidungsstücke, Tücher oder sonstige Utensilien, die die Bildgestaltung um den dargestellten Körper vervollkommnen. Bekleidung, Stoff, Gürtel etc. können einerseits für die Bildaussage und Komposition wichtig sein, andererseits erfüllen sie manchmal einen zweiten, oft unterschätzten Zweck: Sie geben dem unerfahrenen Modell ein wenig mehr Sicherheit beim unbefangenen Agieren vor der Kamera. Sie sollten Ihrem Modell bei der Planung der Aufnahmen diese Option unbedingt eröffnen. Denn wenn die ersten Aufnahmen mit mehr oder weniger verhülltem Körper klappen, wird es später einfacher, auch Fotos zu realisieren, die völlige Nacktheit erfordern.

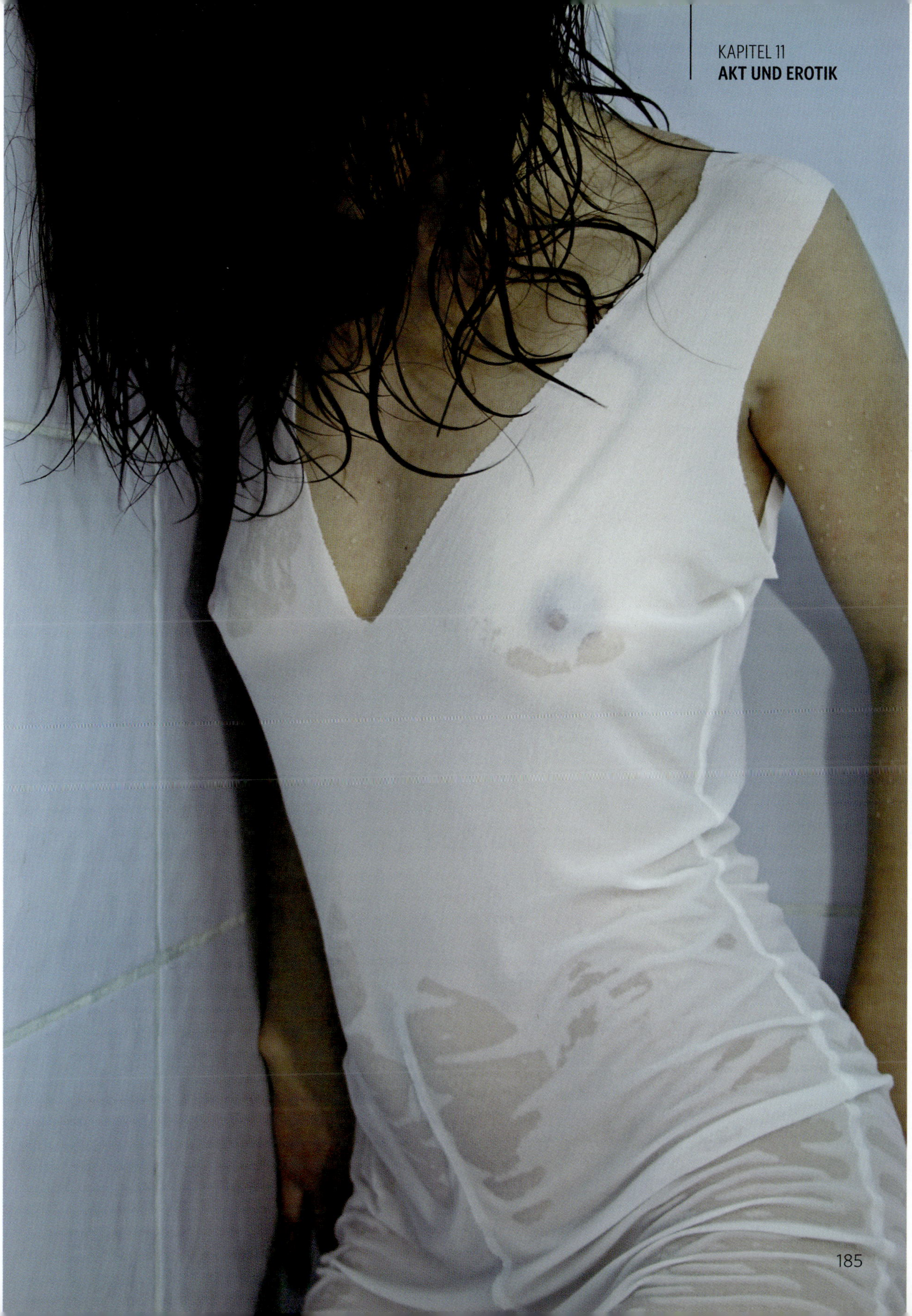

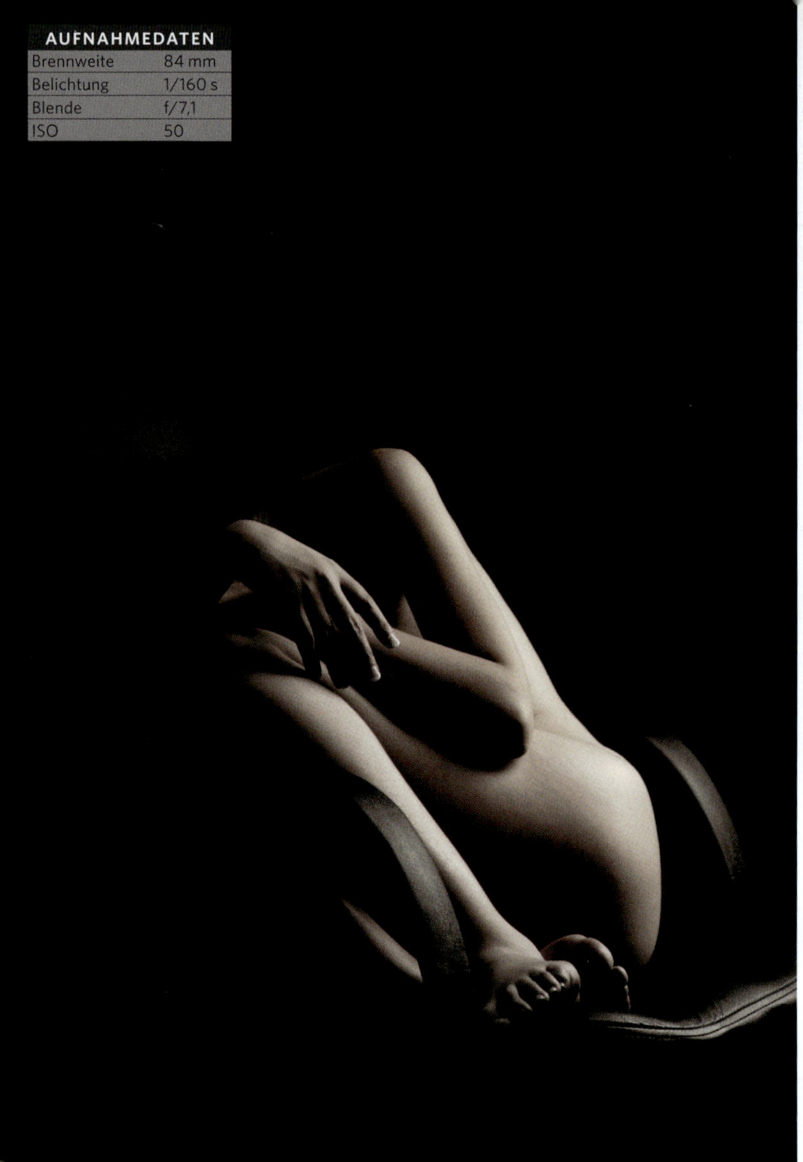

AUFNAHMEDATEN	
Brennweite	84 mm
Belichtung	1/160 s
Blende	f/7,1
ISO	50

Oben: Hier ist das Licht der eigentliche Star. Und das, obwohl – oder gerade weil – nur eine Lichtquelle eingesetzt wurde.

Wäsche und Accessoires

Um einen Hauch von Erotik ins Bild zu bekommen, sind Wäsche und Dessous wichtige Utensilien. Wenn das Modell den Vorschlag macht, eigene Wäsche zu verwenden, in der es sich wohlfühlt, kann das die Atmosphäre entspannen. Reden Sie mit Ihrem Modell, ob so etwas infrage kommt, da Wäsche schließlich eine sehr persönliche Sache ist. Wenn Sie sich näher mit der Aktfotografie beschäftigen möchten, sollten Sie auf jeden Fall einige Tücher, Schals, Stoffbahnen, Hüte, Sonnenbrillen, Gürtel oder ähnliche Dinge besorgen, um sich einen kleinen Fundus aufzubauen. Denn wenn eine Fotositzung einmal ins Stocken gerät, hilft es oft, einfach neue Utensilien ins Spiel zu bringen. Außerdem vermitteln Sie dem Modell durch die spontane Entscheidung für ein neues Accessoire Erfahrung und bringen damit Ruhe in die Sitzung.

Studio oder freie Natur?

Eine grundsätzliche Überlegung bei der Planung von Aktaufnahmen dreht sich um die Örtlichkeit. Wo möchten Sie Ihre Vorstellungen umsetzen und das Modell zeigen? Die meisten Amateure arbeiten im Heim- oder Mietstudio. Hier kann man sich in aller Ruhe mit den Problemen des Aktshootings auseinandersetzen. Neben dem Studio kommen aber noch mehr oder weniger öffentliche Orte infrage.

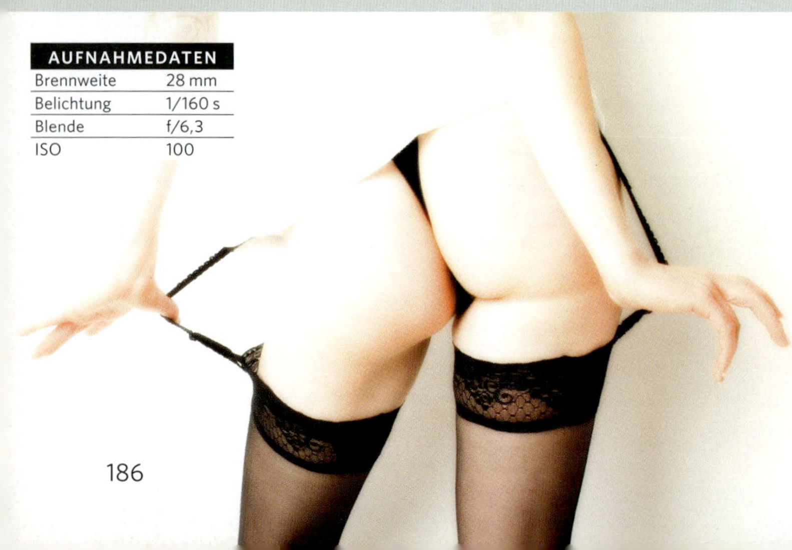

AUFNAHMEDATEN	
Brennweite	28 mm
Belichtung	1/160 s
Blende	f/6,3
ISO	100

Unten: High-Key-Aufnahmen erhalten durch einen Weichzeichnungseffekt oft einen – bei aller Verruchtheit – besonders romantischen Touch. Der hier gezeigte Weichzeichnungseffekt wurde nachträglich per Computer generiert.

Ob Sie eher das Studio oder doch die freie Natur bzw. z. B. eine architektonisch interessante Location wählen, hängt von mehreren Faktoren ab:

- Ist das Modell bereit, in der Öffentlichkeit zu arbeiten?
- Die Arbeit außerhalb des Studios erzeugt bei Modell und Fotograf umso mehr Druck, je öffentlicher die Location ist. Es sind Erfahrung und Souveränität nötig, wenn man beim Fotografieren bzw. Posieren beobachtet wird.
- Welche Lichtquellen sind nötig – natürliches Licht und/oder künstliche Lichtquellen, die einen Stromanschluss benötigen?
- Brauchen Sie Genehmigungen für bestimmte Örtlichkeiten?

In den meisten Fällen werden Sie mit Ihrem Modell ein Vorgespräch führen, bei dem beide Seiten klarstellen, was man sich von der Fotositzung erhofft und wo fotografiert werden soll. Gerade bei unerfahrenen Modellen ist hier eine Menge Fingerspitzengefühl nötig, wenn Sie Ihr Gegenüber nicht vorschnell durch Vorstellungen abschrecken wollen, die für den Anfang nicht zu realisieren sind.

In freier Natur

An Aktfotos, die im Freien entstanden sind, scheiden sich häufig die Geister. Ob eine in freier Natur auf einem Stein im vertrockneten Flussbett drapierte Nymphe ästhetisch ist oder einfach nur kitschig, entscheidet letztlich der Betrachter. Wenn Modell und Fotograf jedoch Spaß an der Sache haben und diese Art des Motivs umsetzen wollen, spricht nichts dagegen, es zu versuchen.

Machen Sie Aktaufnahmen in freier Natur, so suchen Sie sich Formen, die zu den Rundungen des Aktmodells passen. Die sanften Linien von Frau und Baumstamm bilden einen guten Kontrast zu den schroffen Felsen.

AUFNAHMEDATEN	
Brennweite	240 mm
Belichtung	1/125 s
Blende	f/6,7
ISO	400

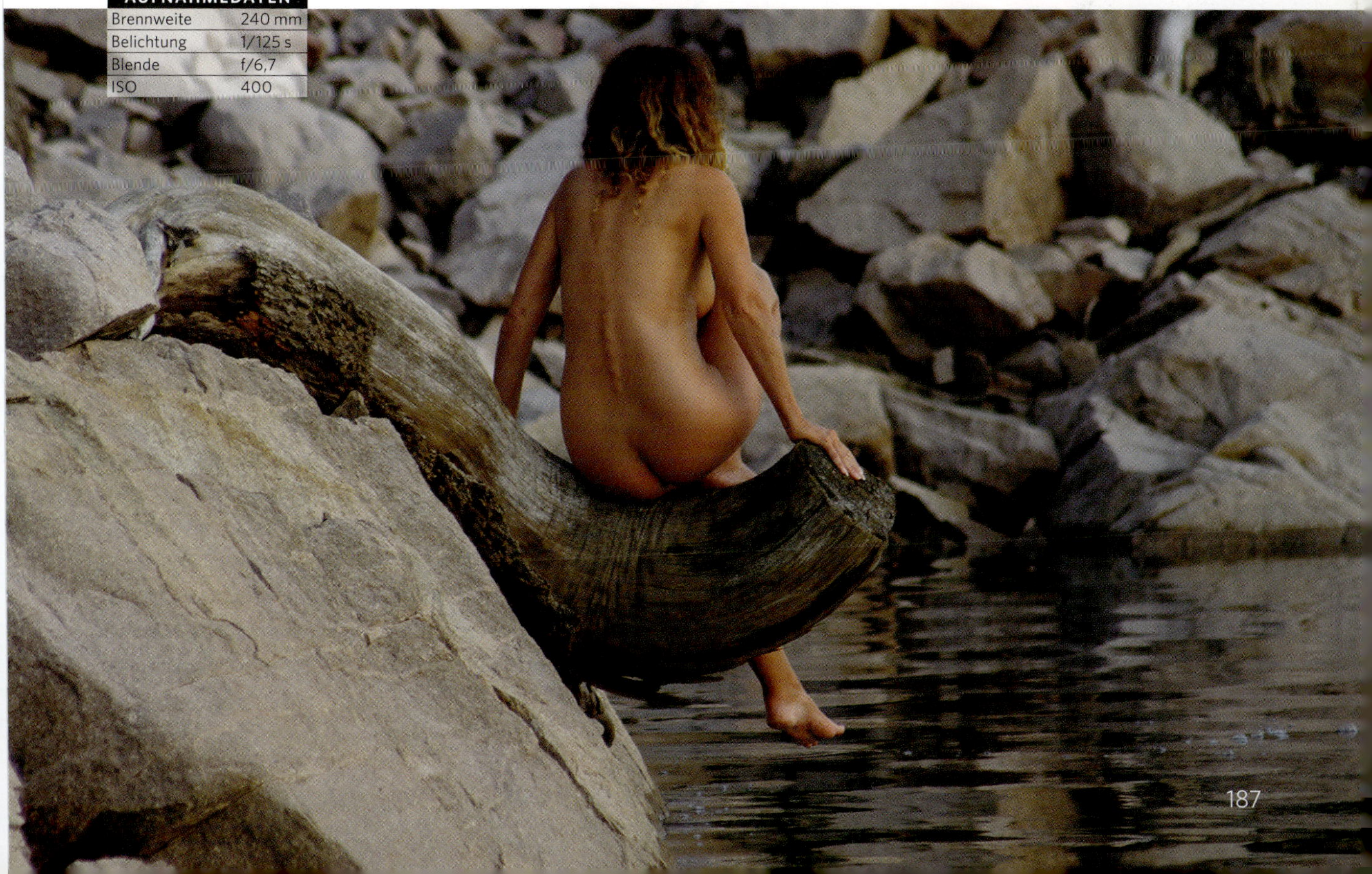

verwendet. Für harte Schatten eignen sich dagegen einfache Blitz- oder Studiolampen mit Standardreflektoren, Wabengittern oder einem Tubus, der das Licht bündelt. Ebenso kommen Spots infrage, die noch stärker gebündeltes Licht liefern und mit sogenannten Gobos ausgerüstet werden können. Gobos sind schwarze Metallmasken, die vorn an den Spot montiert werden und auf der angestrahlten Fläche Muster wie z. B. den berühmten Jalousieneffekt erzeugen.

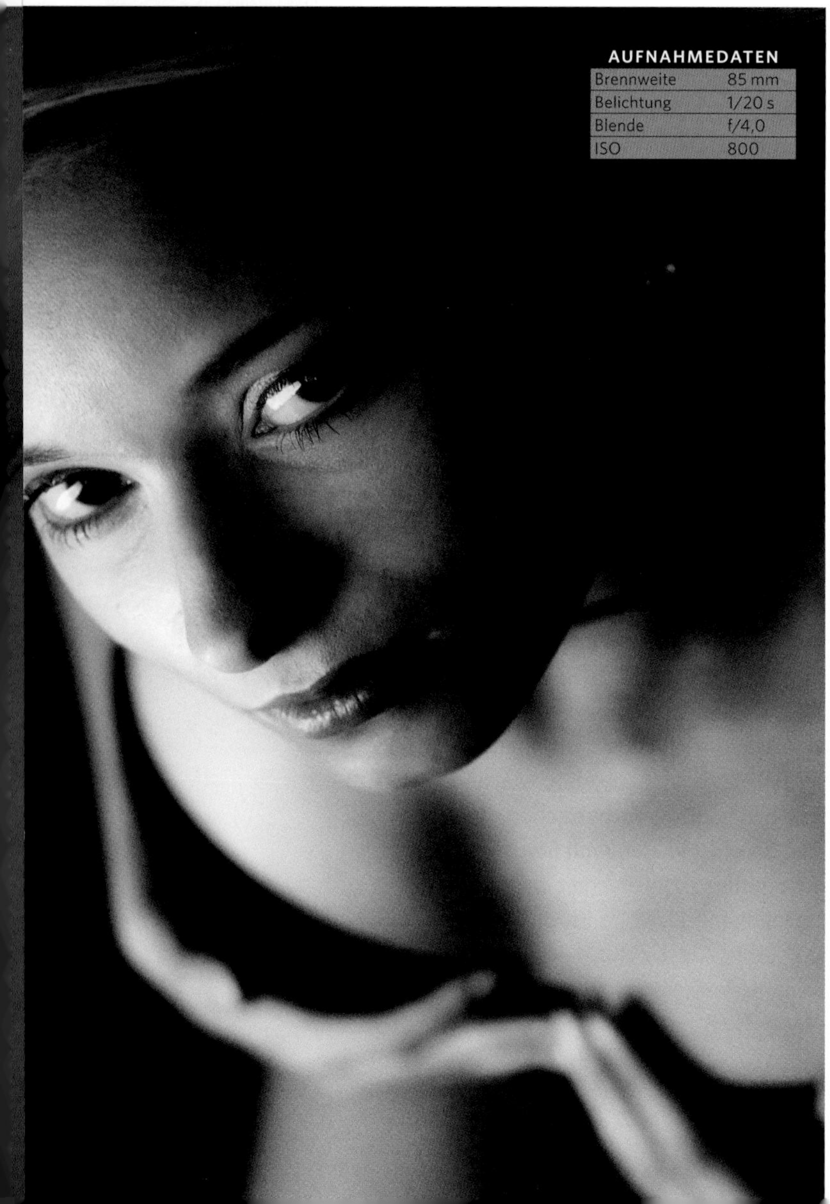

Wenn Sie es schaffen, die Fantasie des Betrachters wie hier z. B. durch Unschärfe anzuregen, haben Sie die wichtigste Aufgabe in der Aktfotografie erfüllt. Explizite Darstellungen menschlicher Geschlechtsorgane sieht man zwar auch im Genre Akt immer häufiger, ob solche Bilder aber auf Dauer interessant bleiben, sei dahingestellt.

Licht und Pose im Einklang

Um ein Gefühl für Beleuchtung und Posing in der Aktfotografie zu bekommen, sollten Sie von einem einfachen Beleuchtungsaufbau ausgehen und damit experimentieren. Probieren Sie verschiedene Positionen der Lichtquelle und verschiedene Posen und Bildausschnitte aus. Vergleichen Sie die fertigen Aufnahmen am Monitor. Machen Sie sich Notizen zu den einzelnen Einstellungen (Lichtsetup und Posing), um eine besonders gelungene Aufnahme später wiederholen zu können.

Einfaches Lichtsetup für Akt und Porträt

Arbeiten Sie mit einem Studioblitz oder einer Studiolampe (Dauerlicht), wird die Lichtquelle häufig leicht erhöht und im 45°-Winkel vom Modell aus gesehen aufgestellt, um den natürlichen Einfall von Sonnenlicht anzudeuten. Dies ist eines der grundlegenden Lichtsetups für Porträt- und Aktfotos. Natürlich spricht nichts dagegen, gleich mit seitlicher Beleuchtung (90°) oder sogar hartem Licht von oben zu beginnen. Die Ergebnisse wären ziemlich dramatisch. Um ein Gefühl für die Aktfotografie und das Setzen von Licht zu entwickeln – so nennt man das Aufstellen und Ausrichten der Lichtquellen –, sollten Sie aber besser mit einfachen und leichter zu beherrschenden Lichtführungen anfangen.

Mit einer Lichtquelle arbeiten

Wenn Sie erst am Anfang Ihrer Karriere als Aktfotograf stehen, benötigen Sie bei Aktaufnahmen nicht gleich ein voll eingerichtetes Studio. Im Gegenteil: Versuchen Sie, die Aufnahmen anderer Aktfotografen im Hinblick auf Lichtquellen und Lichtführung zu analysieren. Sie werden feststellen, dass besonders eindringliche Bilder oft mit nur

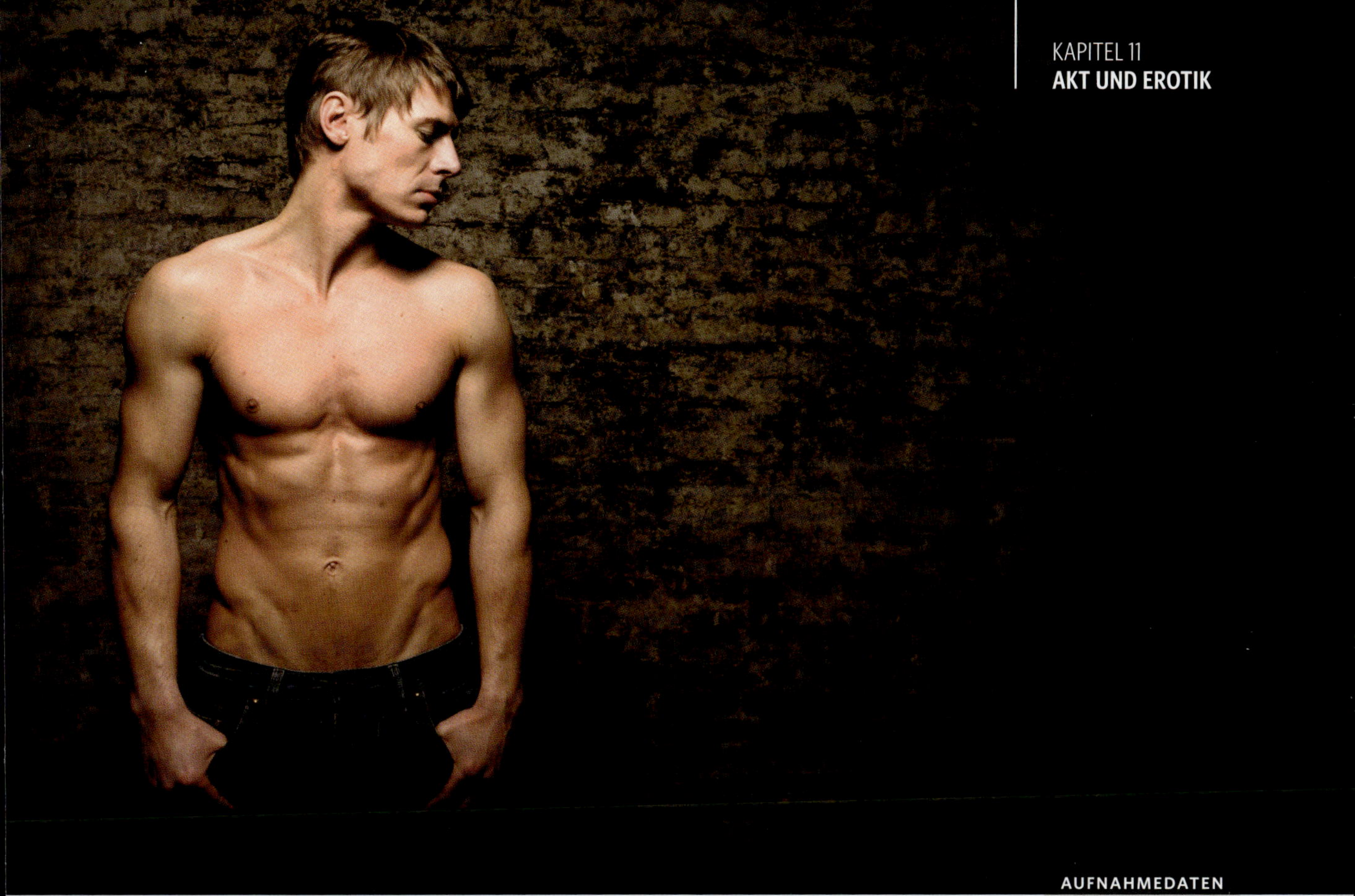

AUFNAHMEDATEN

Brennweite	34 mm
Belichtung	1/125 s
Blende	f/13
ISO	100

Nur mit akribischer Vorbereitung gelingen solch stimmungsvolle Aktaufnahmen. Beachten Sie hier auch den Einsatz des Goldenen Schnitts.

einer einzigen Lichtquelle, die noch nicht einmal künstlich sein muss, aufgenommen wurden. Kleiner Tipp zur Lichtanalyse: Achten Sie vor allem auf die Augen des Modells. Die häufig in den Augen zu sehenden Spitzlichter geben einen deutlichen Hinweis darauf, von wo welches Licht kam. Weitere Indikatoren für den Einsatz von Licht sind die Intensität, Richtung und Kantenschärfe von Schatten.

Mehrere Lichtquellen einsetzen

Ein üblicher – wenn nicht sogar klassischer – Beleuchtungsaufbau für Akt- und Porträtfotografie im Studio besteht aus drei Lichtquellen: Hauptlicht, Hintergrundlicht und Effektlicht. Dazu wird in vielen Fällen ein Aufhelllicht verwendet, um Details in Schatten sichtbar zu machen. Das Aufhelllicht kann entweder ein auf niedrige Leistung gestelltes Studiolicht oder ein Reflektor sein. Wie viele Lichtquellen den Hintergrund beleuchten, hängt vom Stil des Bildes ab.

Low-Key-Aufnahmen

Für viele Low-Key-Aufnahmen, bei denen die dunklen Tonwerte und Schatten dominieren, genügt ein seitliches Fenster, eine seitlich positionierte Softbox oder ein seitlicher Strahler als Lichtquelle. Ist Ihr Modell, wie häufig in der Aktfotografie, vor einem schwarzen Hintergrund platziert und wurde gegenüber der Lichtquelle (Strahler, Fenster oder Softbox etc.) noch ein Reflektor aufgestellt, der die Schatten ein wenig aufhellt, entstehen bei richtiger Belichtung und gekonntem Posing perfekte Aktfotos. Der Körper wird durch die Übergänge zwischen Licht und Schatten je nach Intensität des Lichts sanft modelliert.

High-Key-Aufnahmen

Das Gegenteil von Low-Key ist High-Key. Hier liegt die Betonung auf hellen Tonwerten. Die Modelle werden in viel Licht eingebettet, der Hintergrund ist meistens strahlend weiß. Wichtig bei High-Key-Aufnahmen ist, dass trotz der Menge an Licht die vorhandenen Schattenpartien noch definiert sind. Es geht also nicht um eine simple Überbelichtung, sondern darum, das gesamte Tonwertspektrum von Schwarz bis Weiß differenziert zu erfassen.

Ein immer gültiges „Lichtrezept“ für gelungene Aktaufnahmen im Studio gibt es nicht. Nur die persönliche Erfahrung hilft Ihnen, immer bessere Aktaufnahmen zu machen. Probieren Sie daher stets neue Lichtaufbauten aus, es gibt kaum gestalterische Grenzen.

Ist Ihre Frau oder Freundin schwanger, zücken Sie so oft es geht die Kamera und probieren Sie sowohl High-Key als auch Low-Key aus.

AUFNAHMEDATEN	
Brennweite	145 mm
Belichtung	1/200 s
Blende	f/10
ISO	50

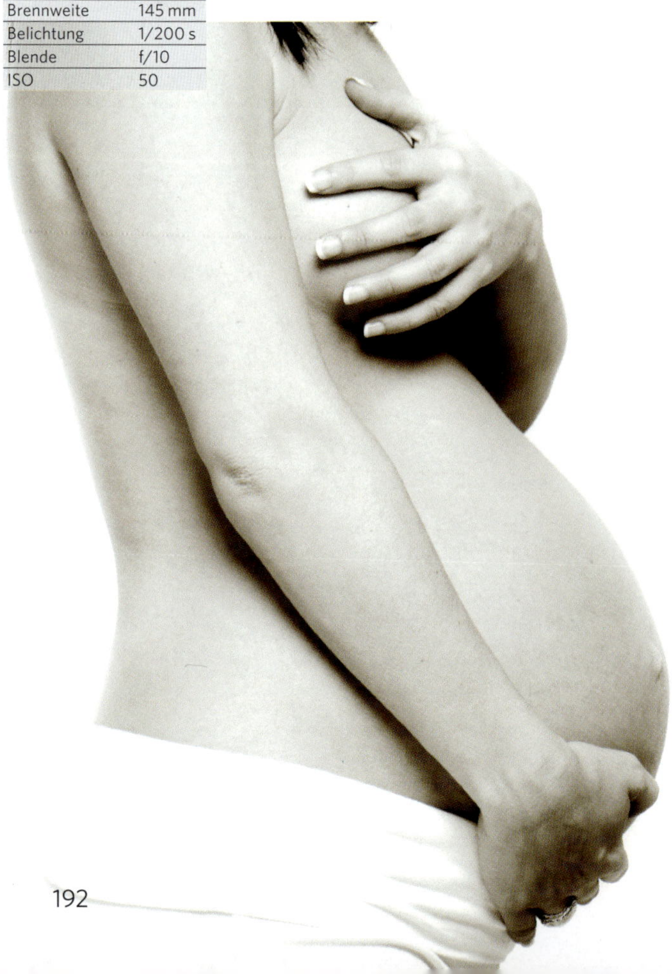

Szenen gekonnt arrangieren

Die Kunst in der Aktfotografie zeigt sich im gekonnten Arrangement von Szene, Modell und Licht, aber auch darin, wie man die Bilder gestaltet. Gestaltung meint hier den Aufbau des Fotos, der sich über Linienführungen, Flächen und Farben erschließt. Es ist kaum möglich, an dieser Stelle eine Abhandlung über künstlerisches Gestalten zu liefern. Möchten Sie dazu mehr erfahren, stöbern Sie ein wenig in der Kunstliteratur, wo sich ganze Werke mit nichts anderem als der Bildgestaltung beschäftigen. Hier soll es lediglich um einige grundlegende Herangehensweisen gehen, die Sie auf den Weg bringen können, Erfahrungen in der bewussten Bildgestaltung zu sammeln.

Brennweiten bei Ganzkörperaufnahmen

Sitzt oder steht Ihr Modell in Pose, beginnen Sie mit Aufnahmen des ganzen Körpers. Versuchen Sie zunächst, aus der Bauchnabelperspektive zu fotografieren. Das bedeutet, Sie halten die Kamera ungefähr auf gleicher Höhe mit dem Modell. Fotografieren Sie von oben, wirkt das Modell schnell unterwürfig oder zerbrechlich, der Blick von unten lässt es dominant und stark erscheinen.

Verwenden Sie zu Beginn mittlere Brennweiten (85 bis 105 mm bezogen auf das Kleinbildformat, das entspricht 50 bis 65 mm bei den meisten Digitalkameras). Diese Brennweiten sorgen auch bei relativ geschlossenen Blenden (um f/5,6) schon für eine recht begrenzte Schärfentiefe, was den Hintergrund sanft in Unschärfe verschwimmen lässt. Außerdem werden bei diesen Brennweiten die Proportionen des menschlichen Körpers ein wenig gerafft, die Abbildung z. B. des Gesichts wird dadurch sehr schmeichelhaft.

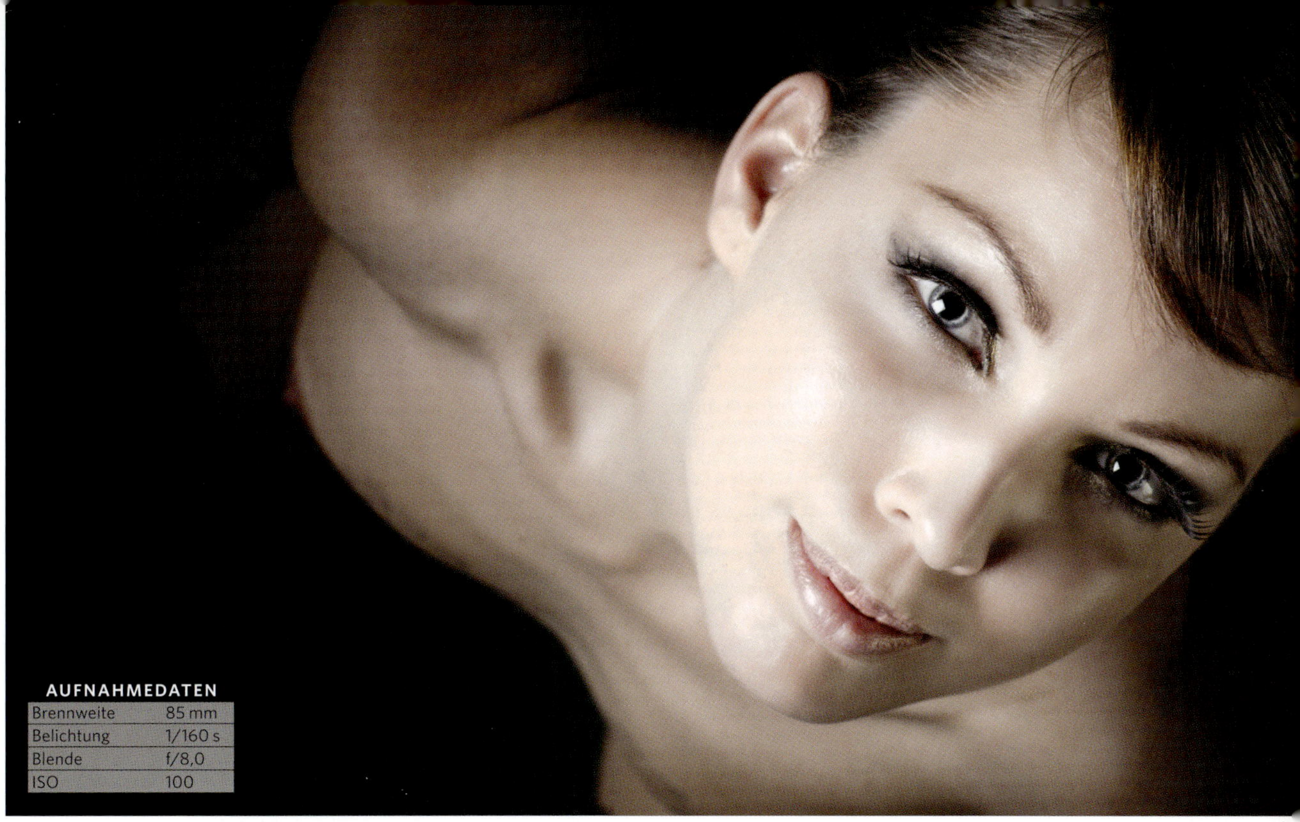

AUFNAHMEDATEN

Brennweite	85 mm
Belichtung	1/160 s
Blende	f/8,0
ISO	100

Haben Sie nicht genügend Platz, um den nötigen Abstand zum Modell zu halten, reduzieren Sie die Brennweiten. Aber beachten Sie, dass Weitwinkeleinstellungen schnell zu Verzerrungen führen. Versuchen Sie dann, die Linien im Bild zu unterstützen, indem Sie z. B. die Beine des Modells links unten im Aufbau platzieren und nach rechts ins Bild hineinlaufen lassen. Der Blick des Betrachters wird von diesen Führungslinien ins Bild hineingezogen.

Brennweiten testen

Machen Sie einen kleinen Versuch, um die Wirkung von verschiedenen Brennweiten in der Aktfotografie zu testen. Stellen Sie an Ihrer Kamera eine lange Brennweite ein, und fotografieren Sie Ihr Modell aus der Entfernung. Nähern Sie sich anschließend dem Modell, und fotografieren Sie mit immer kleineren Brennweiten. Achten Sie darauf, dass das Modell bei jedem neuen Foto gleich groß im Sucher erscheint, der Abbildungsmaßstab also gleich bleibt. Sie werden bei der Kontrolle der Fotos schnell erkennen, wie unvorteilhaft Weitwinkelbrennweiten sein können und wie schmeichelhaft Bilder mit mittlerer bis langer Brennweite wirken.

Den ganzen Körper einbeziehen

Achten Sie beim Posing für Ganzkörperaufnahmen auf Spannung erzeugende Durchbrüche und Dreiecksformen. Was martialisch klingt, ist in der Praxis ganz einfach: Wird z. B. der Arm angewinkelt und liegt die Hand auf der Hüfte des Modells, entsteht ein dreieckiger Durchbruch zwischen seitlichem Oberkörper und Arm. Ein kontrastierender Hintergrund betont diese Form, die Spannung ins Bild bringt. Versuchen Sie, Dreiecksformen für die Bildgestaltung zu nutzen. Die Spitzen dieser Dreiecke fungieren als Wegweiser und führen den Blick durch das Bild.

Perfekte Haare, stilsicheres Make-up, ausgewogene Beleuchtung – für Glamourfotos in der Aktfotografie braucht man eine Menge Know-how, Planung und professionelle Unterstützung durch eine Visagistin. Gestaltet wurde hier wieder mit viel Unschärfe, was den Blick auf das verträumte Gesicht lenkt.

Bodyparts und Detailstudien

In der Aktfotografie geht es nicht ausschließlich um Ganzkörperdarstellungen, auch die Details des menschlichen Körpers sind ein lohnendes Feld der fotografischen Auseinandersetzung. Sogar im Design von Sportwagen oder Gebrauchsgegenständen aus Haushalt und Wohnung tauchen immer wieder Formen auf, die deutlich an den menschlichen Körper erinnern. Erforschen Sie diese Formen und Linien beim Fotografieren, verwenden Sie hartes, gerichtetes Licht, um Hell-dunkel-Verläufe und damit Plastizität zu erzeugen. Aber achten Sie auch auf die verschiedenen Strukturen von Haut und Haaren, die der Körper bietet. Nahaufnahmen menschlicher Haut können ähnlich wie Fotos von Pflanzenblättern sehr fesselnd sein – übrigens auch in Kombination mit besagten Pflanzenblättern.

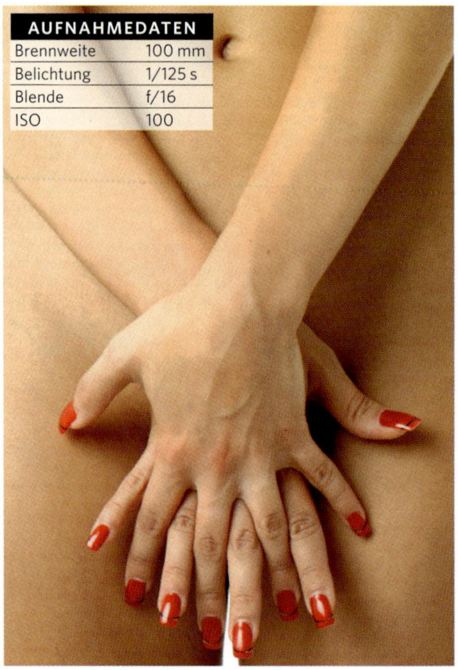

Ein ungeschriebenes Gesetz: Für ästhetische Aktfotos sind weder Supermodels noch makellose Körper notwendig.

Auch bei den Details gilt wie beim Ganzkörperakt: Arbeiten Sie zunächst mit mittleren und langen Brennweiten, um Proportionen nicht wie in der Weitwinkelfotografie zu überzeichnen. Mittlere und lange Brennweiten haben außerdem den Vorteil, dass Sie Ihrem Modell nicht zu sehr auf die Pelle rücken müssen. Wenn Sie nicht mit Studioblitzlicht und kurzen Verschlusszeiten fotografieren können, ist ein Stativ bei Detailaufnahmen sehr hilfreich. Denn auch die Bildgestaltung, auf die es bei Details besonders ankommt, ist mit einer auf einem Stativ fixierten Kamera einfacher.

Modelle sind keine Supermodels

Zum Abschluss noch ein paar Worte zum Aktmodell selbst. In den allermeisten Fällen arbeiten Amateurfotografen mit weiblichen Modellen. Das hängt vermutlich damit zusammen, dass erstens die meisten Fotografen Männer sind und zweitens Bilder von unbekleideten Frauen auf Männer einfach anziehender wirken als Aktfotos des eigenen Geschlechts. Und viele Fotografen dürften auch einfach neugierig auf die ungewohnte und spannende Situation sein, eine unbekleidete Frau vor der Kamera zu haben. Jegliche falsche Vorstellung von knisternder Erotik ist allerdings definitiv fehl am Platz und behindert nur die Arbeit.

Modelle aus dem Bekanntenkreis

Wenn der Partner oder die Partnerin dazu bereit ist und Spaß an der Sache hat, machen Sie Ihre ersten Versuche mit einer Ihnen bekannten Person, wie immer sie auch aussehen mag. Denn eines ist ganz klar: Für eine ästhetische Aktfotografie sind definitiv keine Supermodels, junge Frauen mit makellosen Körpern oder Modellathleten notwendig. In Aktkursen von Kunsthochschulen oder bei der VHS wird man selten Aktmodelle sehen, die gängigen Schönheitsidealen entsprechen.

Aussehen des Modells

Auf das Aussehen Ihres Modells kommt es nicht an, vor allem dann nicht, wenn Sie gerade erst anfangen, die Aktfotografie zu erkunden. Um sich ein Bild von einer besonders eigenen Ästhetik zu machen (die nicht sicher jedermanns Sache ist), besuchen Sie einmal die Internetseite des berühmten tschechischen Fotografen Jan Saudek unter *www.saudek.com*. Sie sehen dort alles andere als Menschen, die irgendwelchen Schönheitsidealen entsprechen. Dennoch sind die Aufnahmen eindringlich, beeindruckend gestaltet und zum Teil von einem gewissen Witz, der so mit „schönen" Modellen nicht realisierbar wäre.

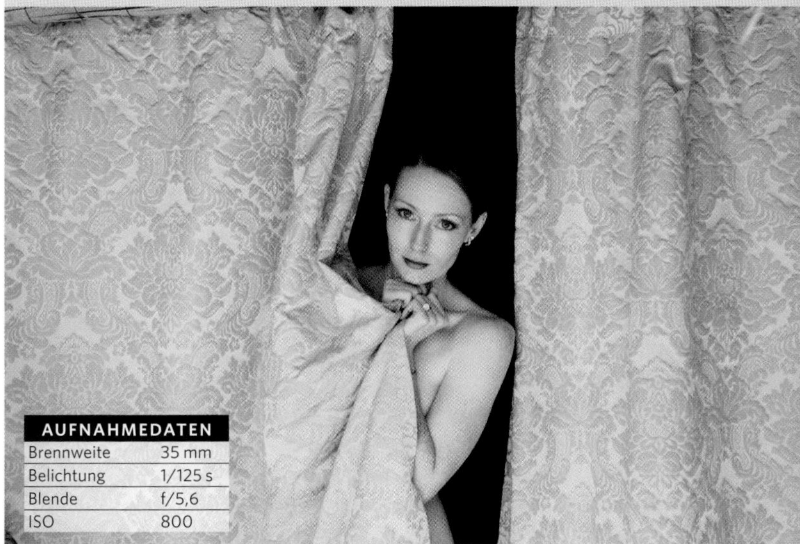

AUFNAHMEDATEN	
Brennweite	35 mm
Belichtung	1/125 s
Blende	f/5,6
ISO	800

Die Dame ist offenbar größtenteils nackt, der Reiz des Motivs ist aber gerade die Verhüllung durch den markant gemusterten Stoff. Der Körper der Frau setzt sich durch den pechschwarzen Hintergrund ausgezeichnet vom Hintergrund ab.

Objektivempfehlung

Für die Aktfotografie kommt prinzipiell fast jedes Objektiv infrage. Da aber gerade Aktaufnahmen meist ziemlich kritisch begutachtet werden, sollten Sie möglichst Ihr bestes Objektiv dazu verwenden, nackte Haut zu fotografieren. Bewährt haben sich in der Spiegelreflexfotografie vor allem Festbrennweiten mit 85 mm. Sie bieten hervorragende Bildqualität und schmeicheln durch die leichte Telebrennweite den Körperproportionen. Und noch ein Tipp bezüglich der Bildqualität: Blenden Sie um eine oder zwei Stufen ab, um das Beste aus dem Objektiv herauszuholen. Hat Ihre Linse z. B. eine Lichtstärke von 1:2,8, arbeiten Sie mit f/5,6 oder f/8, um eine maximale Abbildungsleistung zu erzielen.

OBJEKTIVEMPFEHLUNG	
Ganzkörperakt im Studio: bis zu fünf Menschen	• Festbrennweite (ca. 85 mm) • Standardzoom (ca. 50 bis 100 mm) • Weitwinkelbrennweiten sind nur für bewusste Verzerrungen und Experimente sinnvoll
Bodyparts und Detailaufnahmen	• Festbrennweiten (ca. 50 bis 100 mm) • Standardzoom (ca. 50 bis 100 mm)
Akt und Landschaft	• Standardzoom • Festbrennweiten von Weitwinkel bis zu leichtem Tele

THEATER UND KONZERT

12

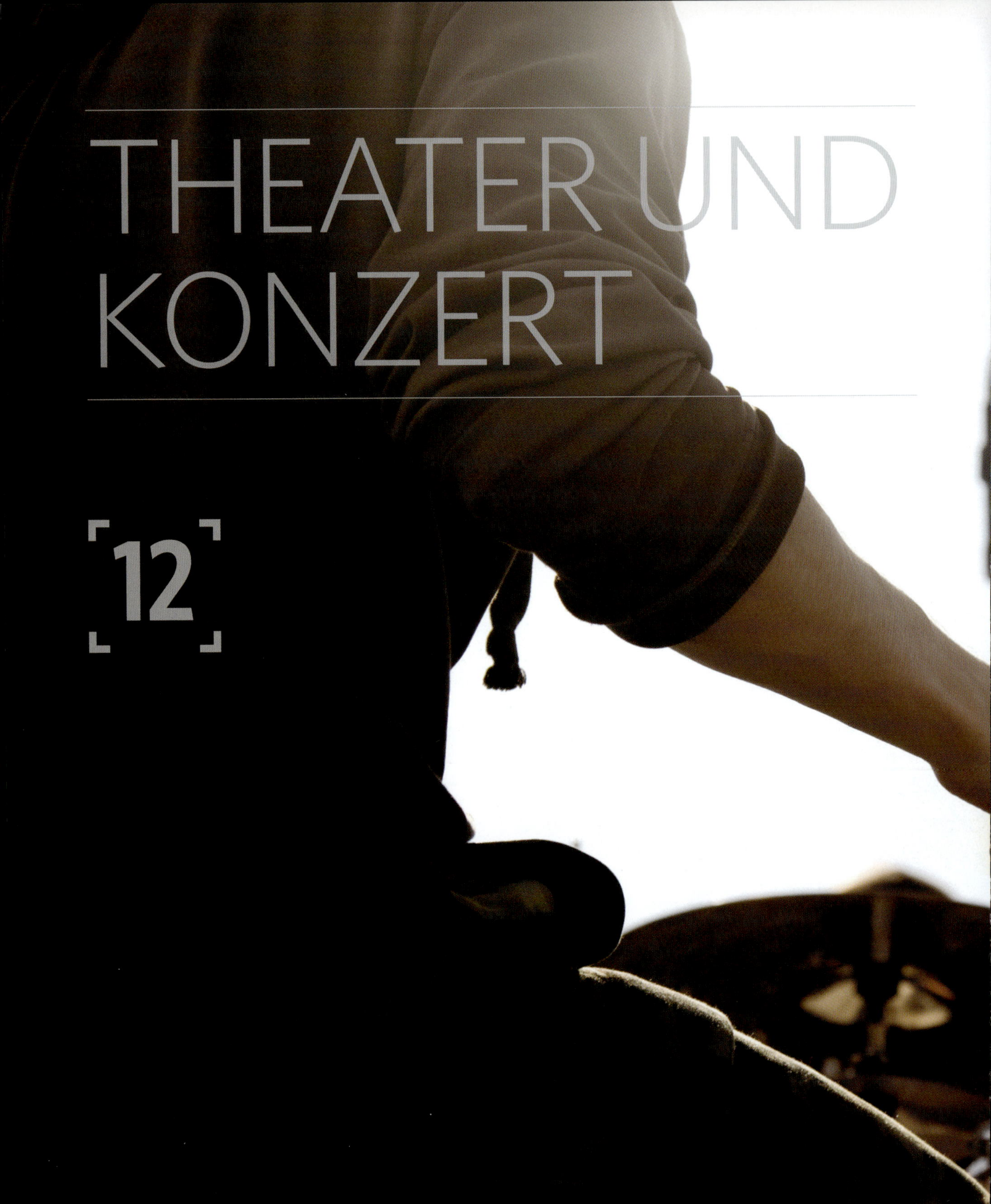

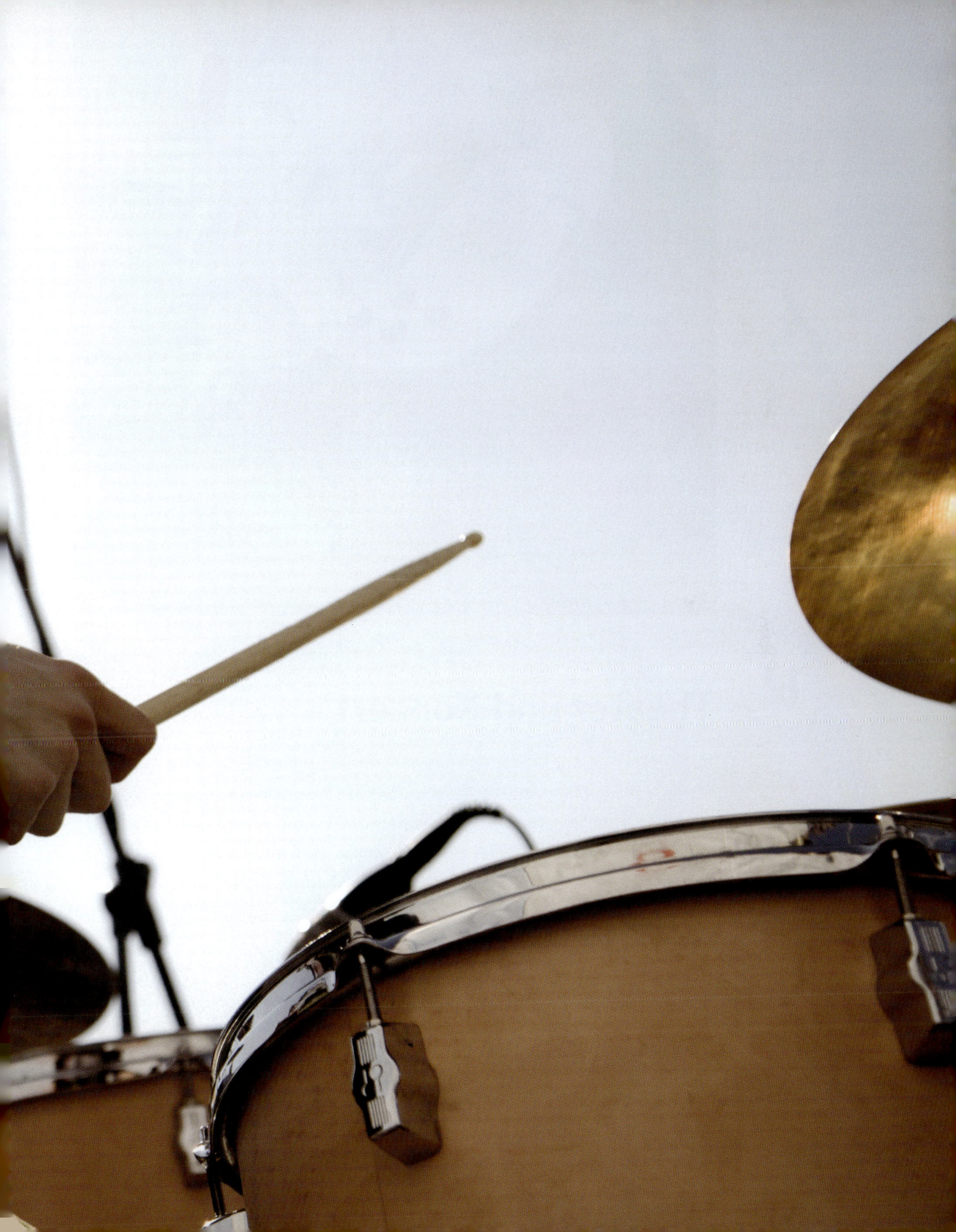

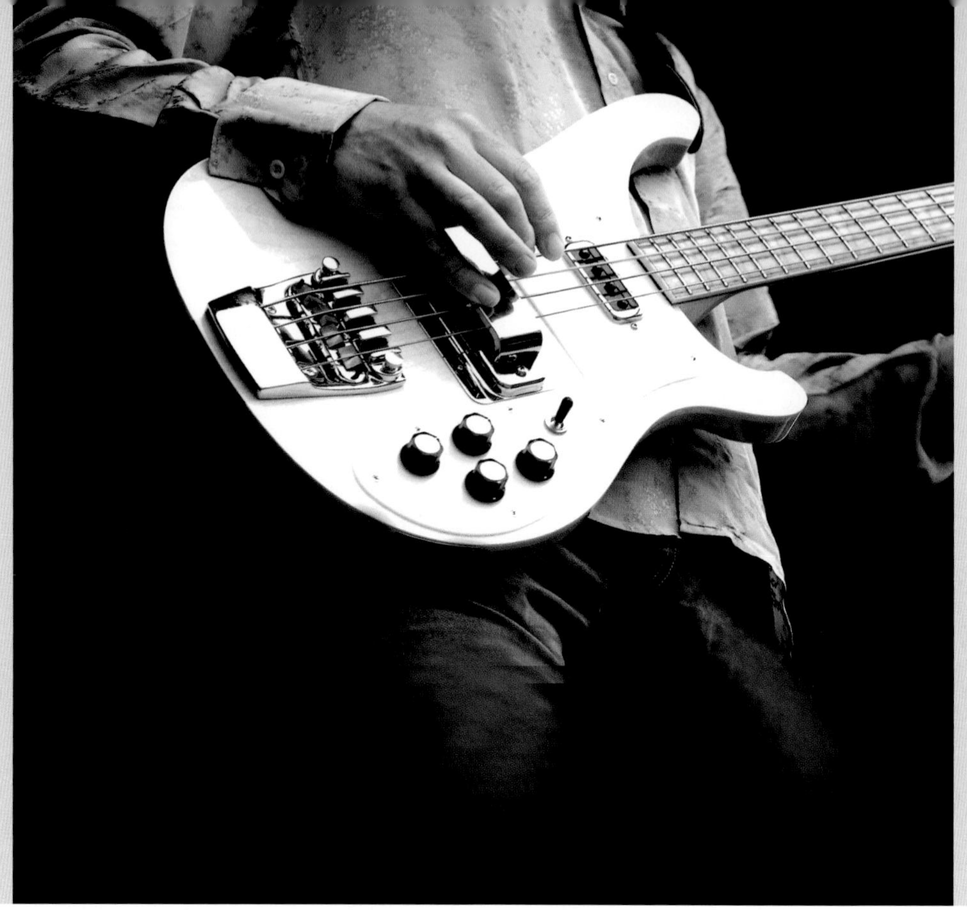

Haben Sie Glück und kommen nah genug an die Musiker eines Rockkonzerts heran, sollten Sie sich nicht nur auf die Gesichter konzentrieren, sondern auch auf interessante Details und besondere Bildausschnitte achten.

12 Theater und Konzert

Ob Theater, Oper, Klassik- oder Rockkonzert – Bühnenauftritte sind fotografisch eine echte Herausforderung. Das größte Problem dabei sind die Lichtverhältnisse. Rock- und Popkonzerte in der Halle finden meist bei geringer Grundbeleuchtung statt, damit die ständig wechselnden Lichteffekte richtig zur Geltung kommen. Theateraufführungen sind deutlich einfacher zu fotografieren, da das Licht nur ab und zu wechselt. Dieses Kapitel zeigt, auf was Sie bei der Bildgestaltung besonders achten müssen und wie Sie Ihre Kamera einstellen sollten.

■ Licht ist der entscheidende Faktor für die Live-Fotografie von Konzerten & Co. Im Theater finden Sie meist so konstante Verhältnisse, dass Sie Ihre Kamera in Ruhe auf einen bestimmten Menschen oder interessanten Punkt ausrichten, die Belichtung messen und sich dann ganz auf die Bildgestaltung konzentrieren können. Wenn jedoch Lichtstärke und -farbe häufig wechseln, wird es sehr anspruchsvoll. Hier brauchen Sie maximale Kontrolle über Ihre Kamera und ein lichtstarkes Objektiv.

Herausforderung Live-Events

Nur wer seine Kamera beherrscht und weiß, wo ihre Grenzen liegen, kann erfolgreich Live-Events fotografieren. Man muss wissen, wie man die Fokussierung optimiert, die Belichtungswerte schnell verändert, welche Sensorempfindlichkeit (ISO) noch sinnvoll ist und wie man die Farben richtig hinbekommt.

Richtige Belichtungsmessung

Für professionelle und interessante Fotos muss die Belichtung stimmen, die in halbdunkler Umgebung oder auch draußen in der Dämmerung nicht immer ganz leicht zu bewerkstelligen ist. Dunkler Himmel kann dazu führen, dass der Belichtungsmesser irritiert wird und viel zu helle Fotos produziert. Grelle Scheinwerfer, die in die Kameraoptik strahlen, bewirken eventuell genau das Gegenteil - die Aufnahmen werden zu dunkel.

Auf den Belichtungsmesser der Kamera kann man sich eigentlich nur verlassen, wenn man mit der Spotmessung arbeitet, bei der nur ein sehr kleiner Bereich des Sucherbildes zur Belichtungsmessung herangezogen wird. Richtet man die Kamera bzw. den Spotmessbereich auf ein Motiv mit mittlerer Helligkeit (Gesichter sind hier sehr hilfreich), ermittelt die Kamera in der Regel die Belichtungswerte korrekt.

So lässt sich natürlich nicht sorglos drauflosfotografieren. Nicht jede Kamera verfügt über eine Spotmessung, außerdem erfordert der zuverlässige Umgang mit den verschiedenen Belichtungsmessmethoden einige Erfahrung. Aber da wir uns mittlerweile im digitalen Zeitalter befinden und ein verunglücktes Bild höchstens am Selbstwertgefühl und nicht am Geldbeutel kratzt, machen Sie einfach ein paar Testaufnahmen im manuellen Modus. Stellen Sie zunächst als Blende f/5,6 und für die Verschlusszeit 1/60 Sekunde ein. Ein Druck auf den Auslöser lässt den ersten Versuch zur Kontrolle auf dem Display erscheinen. Wenn das Bild zu dunkel ist, öffnen Sie die Blende (z. B. auf f/4 oder f/2,8) oder verlängern die Verschlusszeit auf 1/30 Sekunde oder noch weiter. Am sinnvollsten ist es unter diesen Umständen aber, zunächst den Wert für die Empfindlichkeit (ISO) zu erhöhen. Mehr dazu weiter unten.

Bei ständig wechselnden Lichtverhältnissen muss man wissen, wie man die Belichtungswerte seiner Kamera schnell verändert.

AUFNAHMEDATEN	
Brennweite	28 mm
Belichtung	1/80 s
Blende	f/2,8
ISO	400

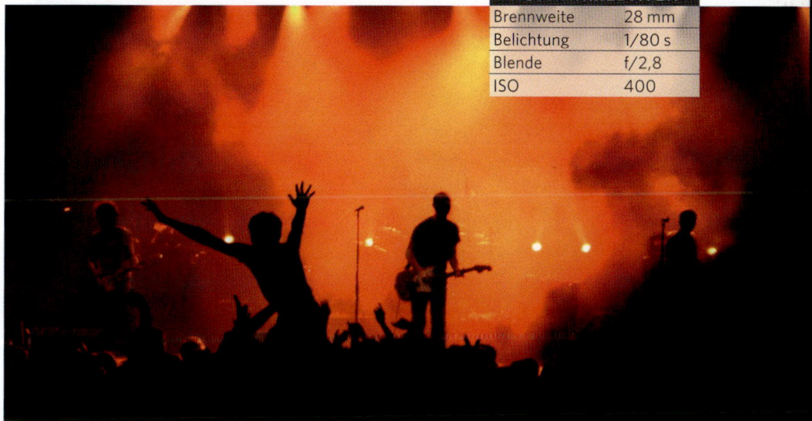

PROGRAMMVERSCHIEBUNG NUTZEN

Bietet Ihre Kamera das Belichtungsprogramm Programmverschiebung (meist mit P bezeichnet), verwenden Sie dieses halbautomatische Programm für Experimente mit Lichtwischeffekten. Die Kamera ermittelt die notwendigen Belichtungswerte automatisch, Sie können die Werte trotzdem manuell verändern. Dabei werden Verschlusszeit und Blende parallel verschoben, sodass die Belichtung immer korrekt bleibt.

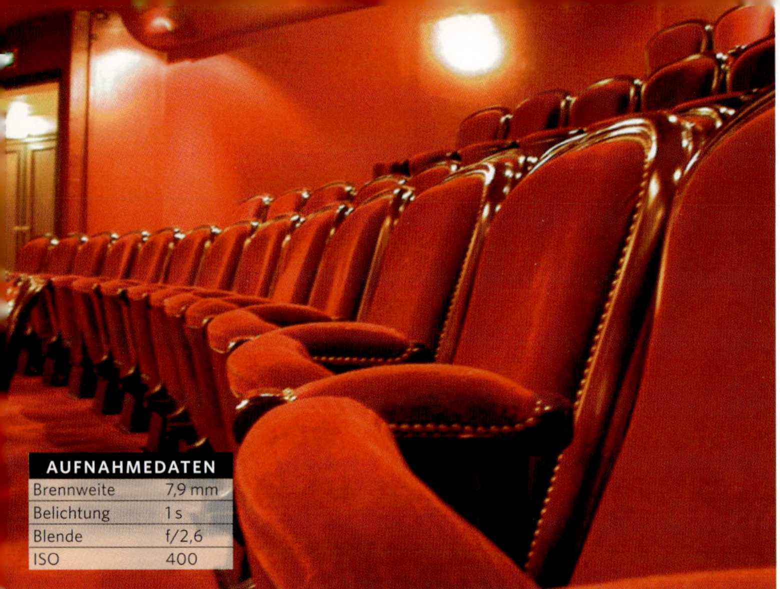

AUFNAHMEDATEN	
Brennweite	7,9 mm
Belichtung	1 s
Blende	f/2,6
ISO	400

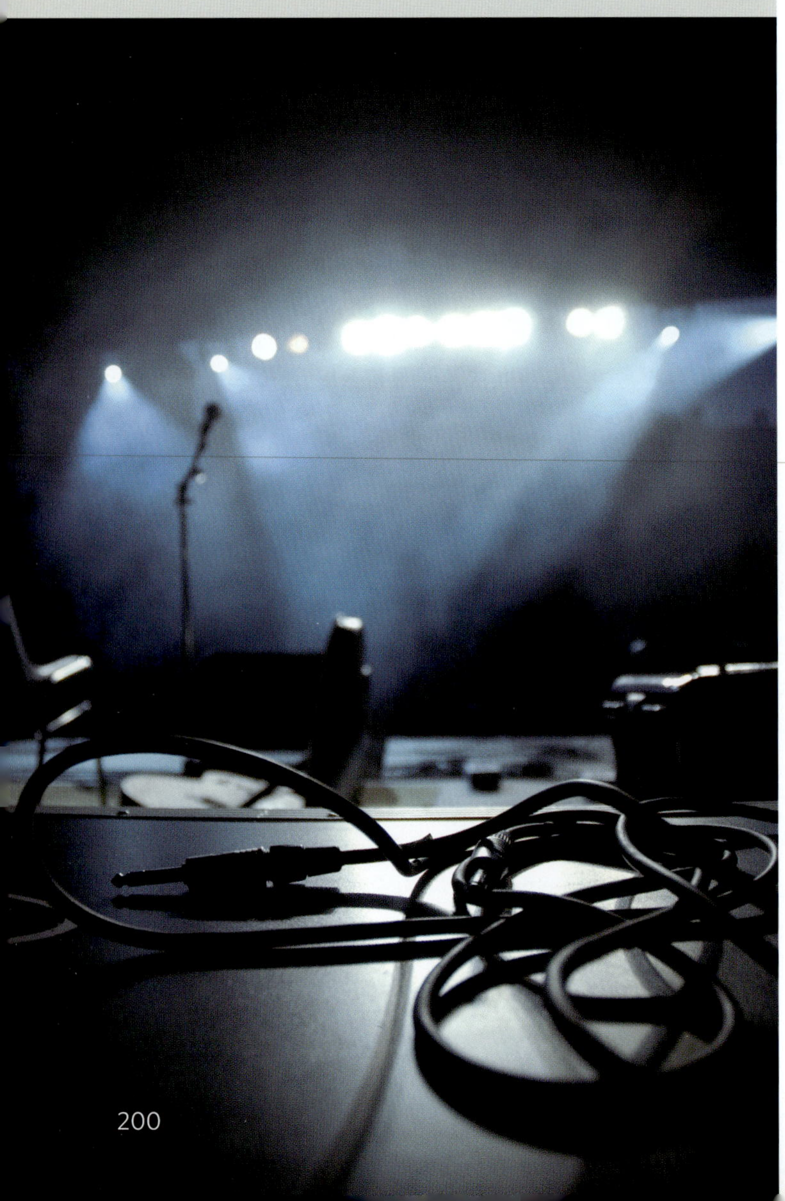

Lange Verschlusszeiten sind natürlich nur sinnvoll, wenn Sie mit Stativ arbeiten oder für Mitzieheffekte den Blitz einsetzen. Tasten Sie sich auf diese Weise an die korrekten Belichtungswerte heran. Kontrollieren Sie wenn möglich die Bilder immer auch über die Tonwertverteilung, die das Histogramm verdeutlicht.

Weißabgleich vor der Bühne

Auf einer bunt beleuchteten Bühne ist es natürlich ziemlich aussichtslos, die Farben exakt zu reproduzieren. Immerhin sind es ja oft die Lichtfarben, die den Reiz von Theater- oder Konzertszenen ausmachen. Problematisch wird die Farbwiedergabe nur, wenn Gesichter und Haut mit weißem Licht angestrahlt werden und man das als Betrachter auch erkennt. Denn Menschen reagieren auf falsche Hautfarben relativ empfindlich. Wenn Sie also mit langer Brennweite einzelne Künstler aus dem Umfeld lösen, achten Sie darauf, dass die Hauttöne weitgehend korrekt wiedergegeben werden. Üblicherweise sollten Sie sich hier auf den automatischen Weißabgleich der Kamera verlassen und, wenn nötig, die Farben der Bilder am Computer nachjustieren. Denn bei so unterschiedlichen Lichtquellen, wie sie eine Bühne beleuchten, ist es nahezu aussichtslos, den manuellen Weißabgleich oder eine der verfügbaren Voreinstellungen zu nutzen.

Oben: Auch diese in warmes Licht getauchten Stuhlreihen sagen etwas über das Flair einer Veranstaltung und das gespannte Warten auf den ersten Vorhang aus.

Unten: Wenn es möglich ist, begeben Sie sich vor oder nach einem Konzert an Standorte, die der normale Konzertbesucher nicht erreichen kann. Diese Detailaufnahme zeigt den Blick von der Bühne in Richtung Zuschauer und spielt gekonnt mit extrem kurzer Schärfentiefe.

Mehr Licht mit hoher Empfindlichkeit

Neben der Lichtstärke eines Objektivs, also der maximalen Blendenöffnung, spielt die mögliche Empfindlichkeit des Sensors eine entscheidende Rolle dabei, ob Bilder bei wenig Licht noch scharf werden. Je höher die mögliche Empfindlichkeit (ISO) ist, desto eher können Sie mit kurzen Verschlusszeiten arbeiten, um bewegte Motive ohne Bewegungsunschärfe zu erwischen. Das Problem dabei: Je höher die Empfindlichkeit, desto stärker wird das Bildrauschen. Daher der dringende Rat: Probieren Sie sämtliche Empfindlichkeitsstufen Ihrer Kamera aus, um einen Eindruck zu gewinnen, ab wann Sie das Rauschen als zu störend empfinden.

Und lassen Sie sich nicht durch Werbebotschaften verlocken, die besagen, dass diese oder jene Kamera exorbitante ISO-Werte schaffe. Denn ein ISO-Wert von z. B. 3.200 sagt noch nichts darüber aus, wie stark das Bildrauschen ist und ob die aufgenommenen Fotos überhaupt verwendbar sind. Deshalb: immer erst ausprobieren!

Ein aktuelles Beispiel: Die Profikamera Canon EOS 5D Mark II bietet maximale ISO-Werte von 12.800 und sogar 25.600. Allerdings weist der Hersteller Canon deutlich darauf hin, dass man zwar mit diesen Werten fotografieren kann, um überhaupt scharfe Aufnahmen zu erzielen, man wird aber auch darauf vorbereitet, dass das Bildrauschen dann überdeutlich zu sehen ist.

Immer sinnvoll: ein Stativ

Wer im Dunkeln bzw. bei wenig Licht fotografiert, benötigt für 99 % seiner Motive ein Stativ. Wenn die Umgebung nicht völlig verwackeln soll, muss die Kamera irgendwie fixiert werden. Universell einsetzbar ist ein Dreibeinstativ. Damit kann die Kamera fast beliebig positioniert werden. Interessant sind auch die relativ jungen, flexiblen Stativkonstruktionen mit dem Namen Gorillapod von der Firma Joby. Diese Kamerahalterungen haben biegsame Arme, die man z. B. um das nächste Treppengeländer „wickeln" kann. Die Kamera wird so einfach an einem starren Objekt fixiert und kann durch die Flexibilität der Stativarme im Sinne des Bildaufbaus beliebig gedreht werden. Großer Vorteil dieser Stative: Sie sind relativ klein, leicht zu transportieren und in Kombination mit einer handlichen Kompaktkamera eine große Hilfe – wenn man geeignete Möglichkeiten findet, das Stativ irgendwo zu befestigen.

Wird ein Künstler mit farbigem Licht angestrahlt, ist der Weißabgleich nicht so wichtig. Wird er mit weißem Licht beleuchtet, sollten Sie auf die Wiedergabe der Hautfarbe achten und das Bild bei Bedarf am Computer nachbearbeiten.

AUFNAHMEDATEN	
Brennweite	135 mm
Belichtung	1/125 s
Blende	f/2,8

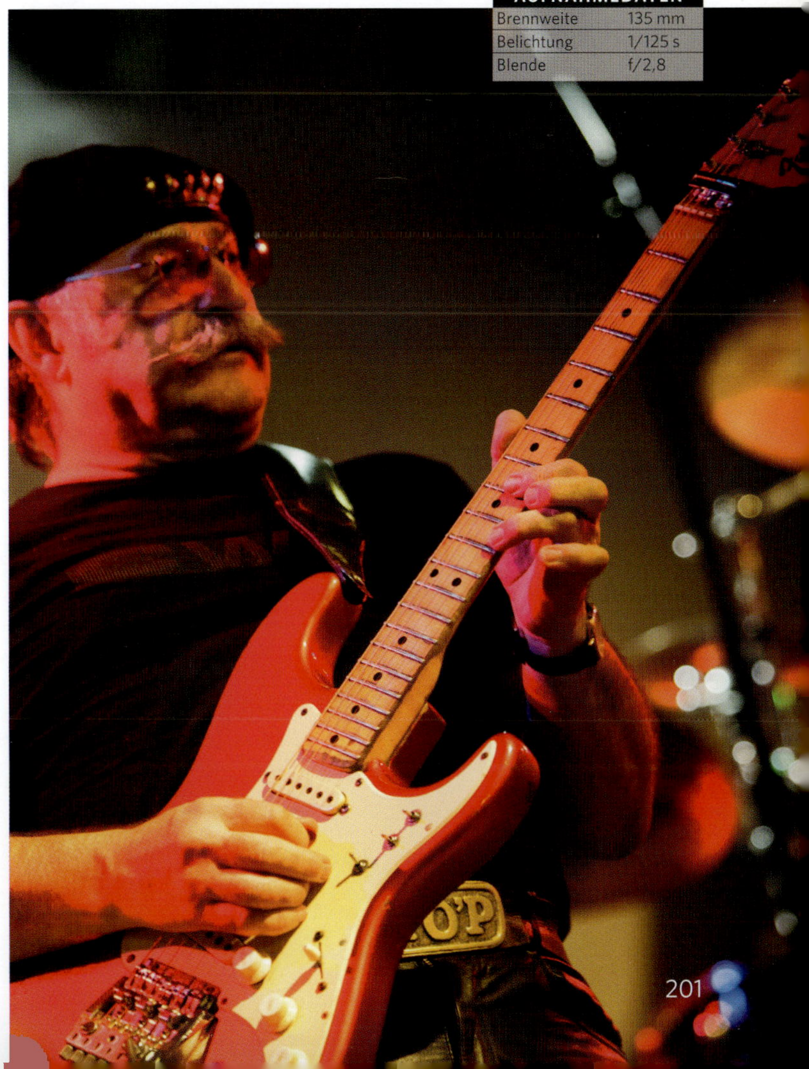

Theater und Klassikkonzerte

Wenn Sie sich im Kino schon einmal über eine raschelnde Chipstüte geärgert haben, sollten Sie, bevor Sie zum Fotografieren ins Theater oder ins Konzert gehen, die Geräusche Ihrer Kamera kennenlernen. Denn wenn Ihre Kamera bei jedem Auslösen einen Laut von sich gibt, werden Sie vermutlich schnell des Saals verwiesen oder ernten zumindest böse Blicke Ihrer Sitznachbarn.

▼ *Die in blaues Licht getauchte Szenerie wurde von der Kamera sehr gut erfasst. Die Farben hier zu neutralisieren, würde die Lichtstimmung zerstören.*

Piep- und Auslösetöne abschalten

Besitzen Sie eine Kompaktkamera, können Sie Pieptöne (z. B. beim Fokussieren) oder simulierte Auslösetöne leicht abschalten. Im Kameramenü befindet sich praktisch immer ein Eintrag, mit dem sich die Signale der Kamera steuern bzw. abschalten lassen. Fotografieren Sie mit einer Spiegelreflexkamera, können das Aufklappen des Spiegels und das Spannen des Verschlusses zum Problem werden. Denn diese Geräusche lassen sich im Gegensatz zu Pieptönen nicht abstellen. Es gibt zwar bei einigen Kameras die Möglichkeit, das Spiegelschlagen

AUFNAHMEDATEN	
Brennweite	160 mm
Belichtung	1/160 s
Blende	f/2,8
ISO	3200

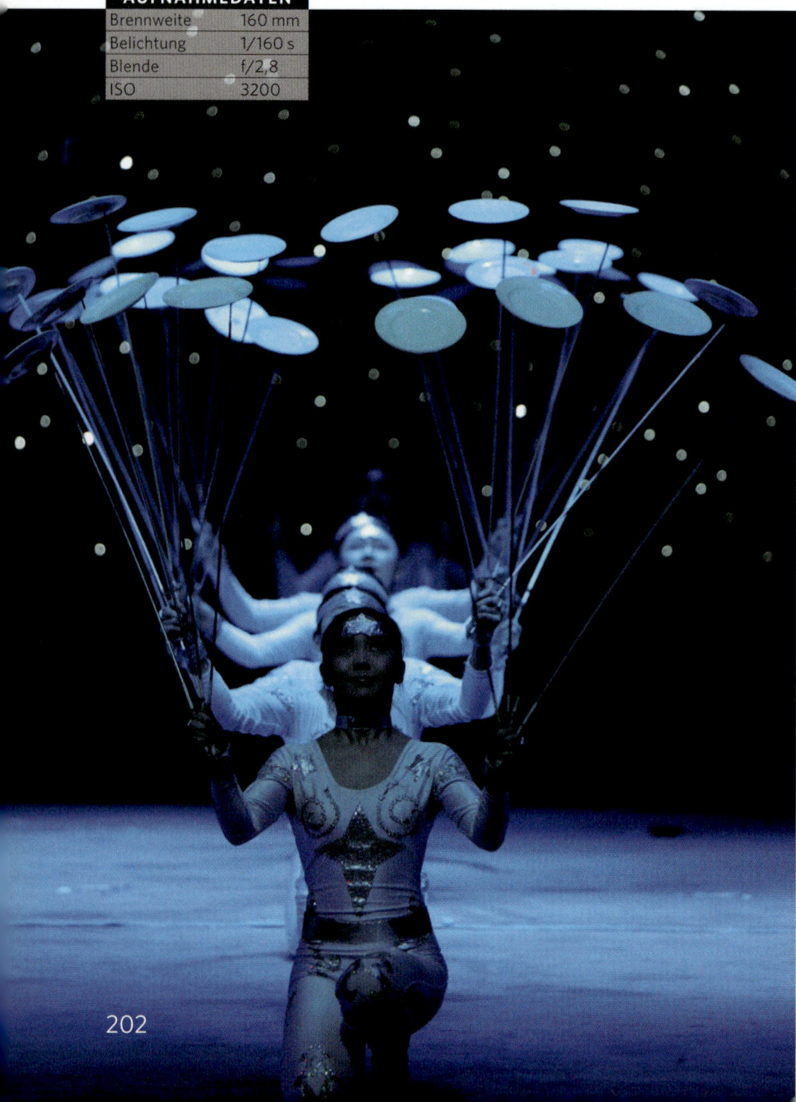

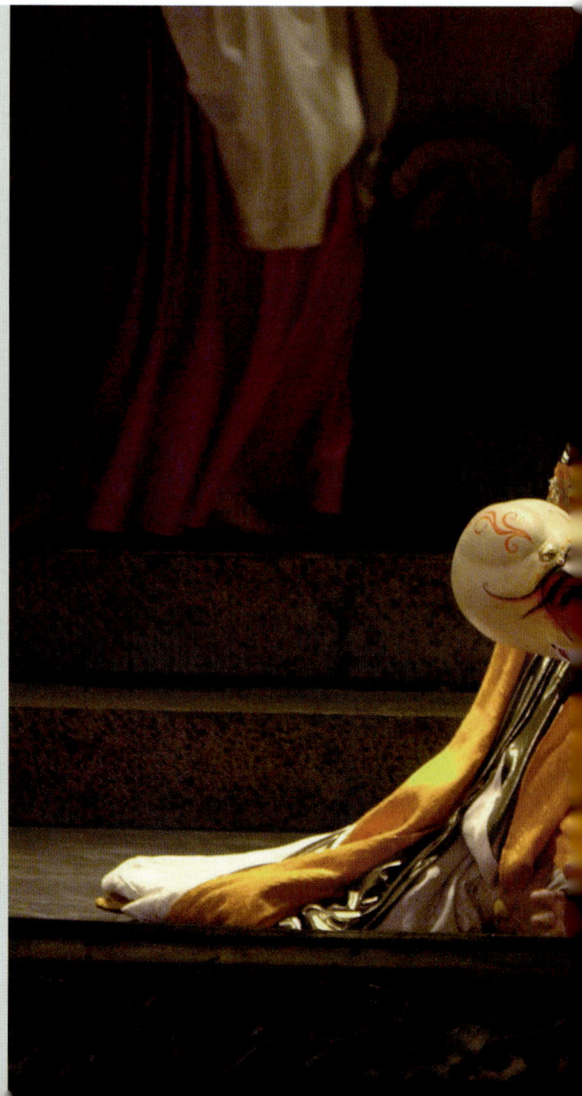

und Spannen des Verschlusses zu verlangsamen, unüberhörbare Geräusche machen die Geräte aber dennoch.

Blitzlicht ist im Theater tabu

Ein weiteres Problem bei Theateraufführungen und Konzerten: Üblicherweise ist das Blitzen verboten oder zumindest nicht erwünscht. Denn gerade in der heutigen Zeit, da man eine kleine Kompaktkamera immer dabeihaben kann, nimmt die Blitzerei zum Teil Ausmaße an, die von Schauspielern und Zuschauern auch beim besten Willen nicht zu ignorieren sind.

Hoher ISO-Wert und lange Verschlusszeit

Wenn Sie auf den Blitz verzichten, haben Sie immer noch die Möglichkeit, die Empfindlichkeit zu erhöhen, die Blende maximal zu öffnen und die Verschlusszeit zu verlängern. Gerade bei der Verschlusszeit sind natürlich Grenzen gesetzt, weil zu lange Zeiten die Bilder verwischen lassen. Hinzu kommt, dass die Verschlusszeiten umso kürzer sein müssen, je länger die verwendete Brennweite ist. Und das Fotografieren von Künstlern auf Bühnen mit langen Brennweiten ist durchaus üblich, da man ja nicht immer in der ersten Reihe sitzen kann.

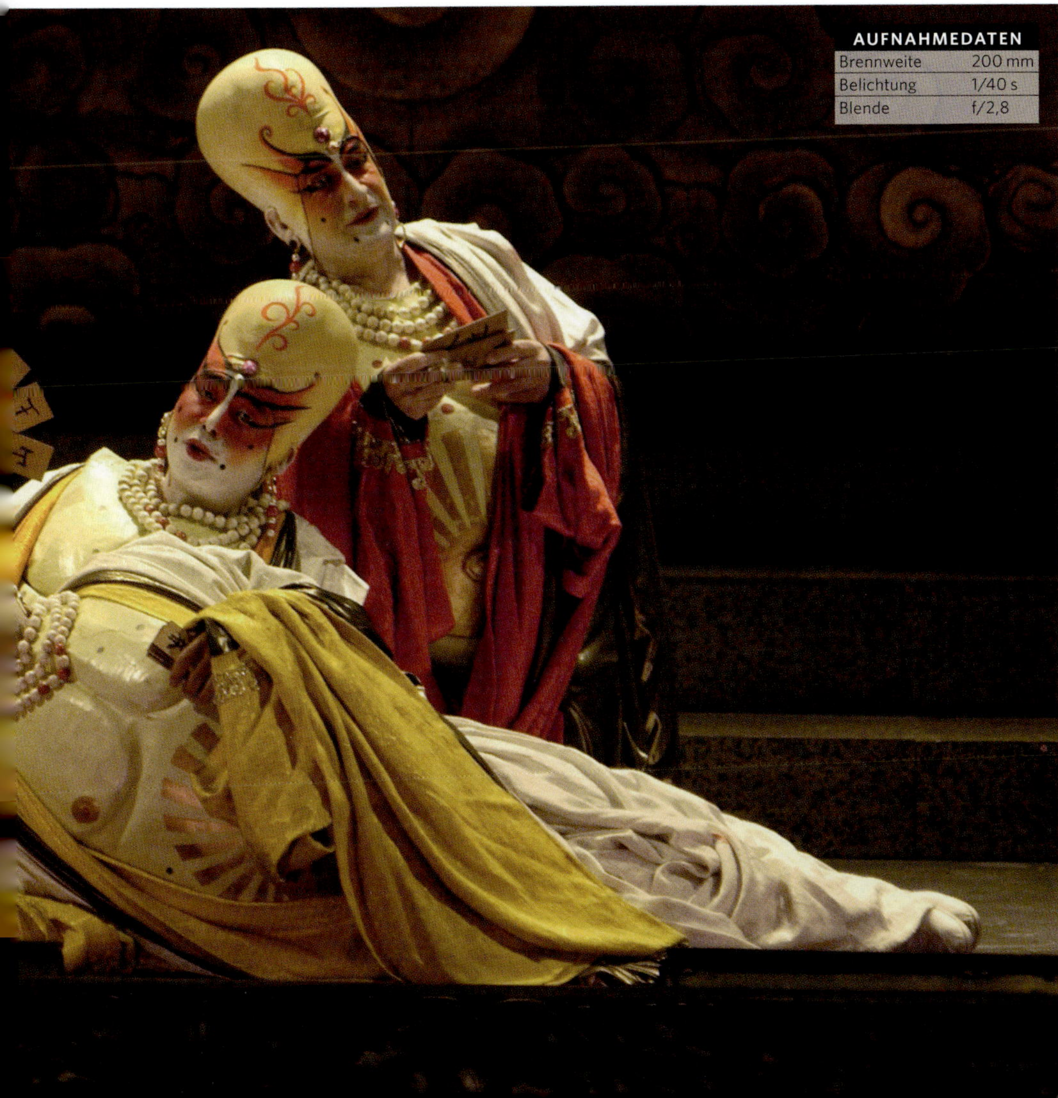

AUFNAHMEDATEN	
Brennweite	200 mm
Belichtung	1/40 s
Blende	f/2,8

Wenn man solche knappen Bildausschnitte hinbekommen möchte, muss man entweder mit langer Brennweite arbeiten oder die Bilder später am Computer beschneiden – was die Auflösung und mögliche Druckgröße reduziert.

Rock- und Popkonzerte

Im Rock- und Popbusiness geht es meistens etwas schriller, schneller und bunter zu als bei Theater- und Konzertveranstaltungen. Schnelle Licht- und Farbwechsel sind normal, der Bühnenhintergrund ist meistens ziemlich dunkel. Das kann ein großer Vorteil sein, da der Hintergrund dann nicht vom Hauptgeschehen ablenkt. Nachteil der dunklen Umgebung: Man muss sich wiederum Gedanken um die richtige ISO-Empfindlichkeit machen, oft mit hohen ISO-Werten fotografieren und deshalb mit Bildrauschen leben. Die Infos zu Belichtung, Fokussierung und Weißabgleich gelten gleichermaßen für Theater und Konzert wie für Rockkonzerte. Wechselnde Lichtverhältnisse und Bewegungen machen es erforderlich, dass Sie die Funktionen Ihrer Kamera genau kennen und die Belichtungswerte schnell verändern können – falls Sie überhaupt fotografieren dürfen.

Fotografieren verboten

Bei Megaevents großer internationaler Künstler dürften Sie mit Ihrer Kamera in den wenigsten Fällen durch die Kartenkontrolle kommen – außer Sie sind als Pressefotograf akkreditiert. Und wenn man Sie als privaten Fotografen doch durchlässt, sind Sie möglicherweise nicht nah genug am Geschehen, um wirklich gute Bilder der Künstler zu machen. Mit jedem Meter Abstand zur Bühne brauchen Sie längere Brennweiten, die die Gefahr zu verwackeln erhöhen. Und ganz nebenbei: Wenn Sie im Abstand von 30 oder 40 Metern fotografieren, ist es schier unmöglich, mit normaler Kameraausrüstung formatfüllende Porträts zu schaffen. Beschränken Sie sich dann lieber auf Bilder, die besondere Augenblicke und das gesamte Bühnengeschehen erfassen, bevor Sie mit größtmöglicher Telebrennweite arbeiten und alle Fotos verwackelt sind.

Bilder von Rockkonzerten leben von Farben und Bewegungen. Je näher man an das Geschehen herankommt, desto besser.

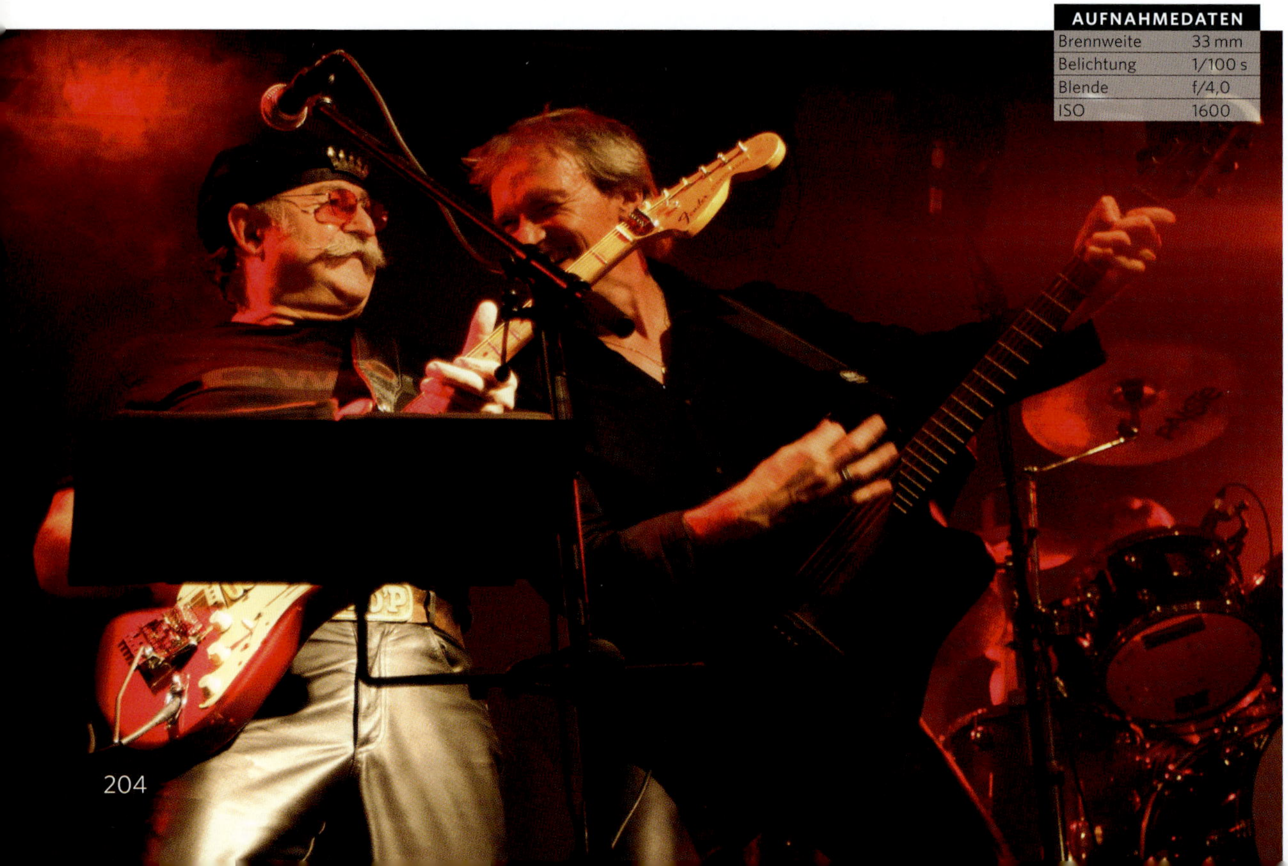

AUFNAHMEDATEN	
Brennweite	33 mm
Belichtung	1/100 s
Blende	f/4,0
ISO	1600

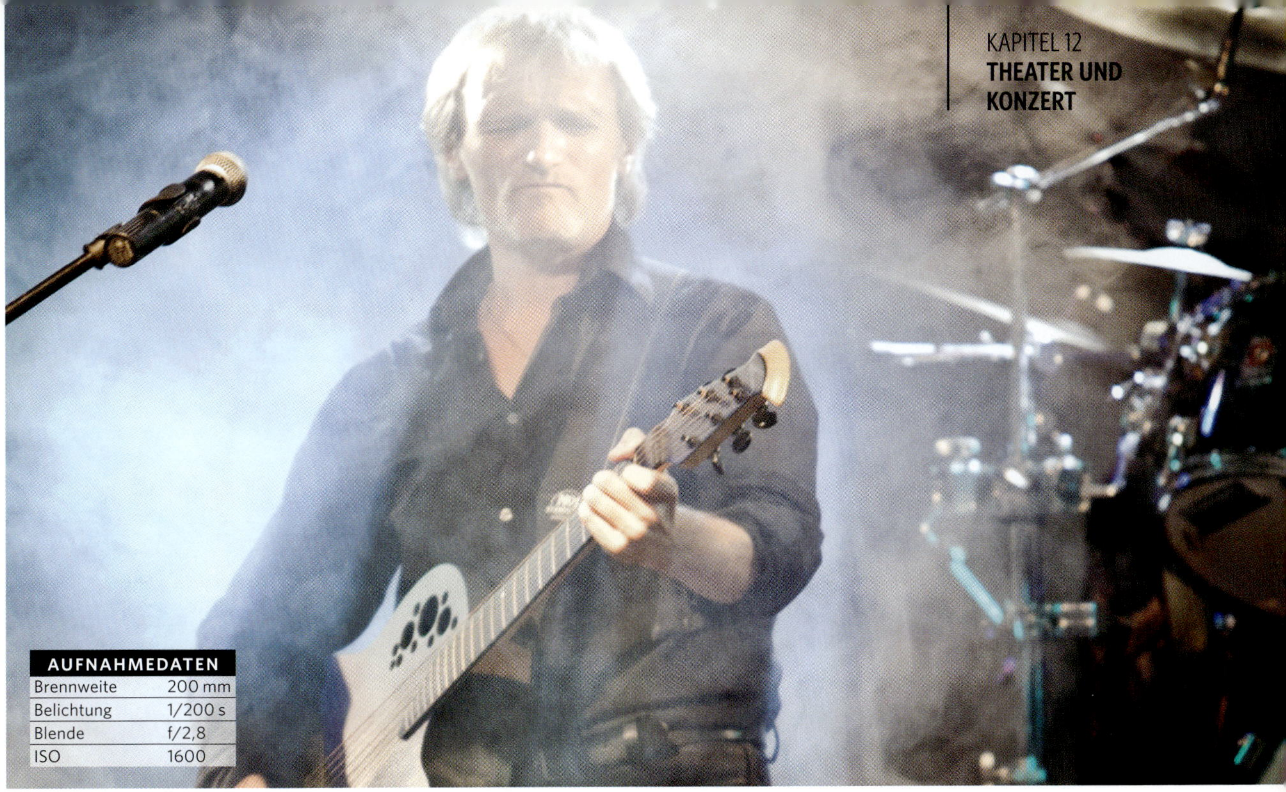

AUFNAHMEDATEN	
Brennweite	200 mm
Belichtung	1/200 s
Blende	f/2,8
ISO	1600

Bilder von Rockkonzerten leben von Farben und Bewegungen. Je näher man an das Geschehen herankommt, desto besser.

i

HISTOGRAMM ZUR BELICHTUNGSKONTROLLE

Das Histogramm zeigt die Tonwertverteilung, also die Verteilung von hellen und dunklen Pixeln im Bild. Im Idealfall sollte das Histogramm weder nach links (Tiefen) noch nach rechts (Lichter) ausbrechen, da dieses Ausbrechen bedeutet, dass Bildteile unter- bzw. überbelichtet sind.

Objektivempfehlung

Findet eine Aufführung, welcher Art auch immer, im Freien bei Sonnenschein statt, ist die Lichtstärke des Objektivs nicht entscheidend. Fotografieren Sie in Innenräumen, ist jedes bisschen Mehr an Blendenöffnung hilfreich. Gerade wenn Sie mit langen Brennweiten arbeiten, um Künstler und Szenen groß ins Bild zu bekommen, sollte das Objektiv möglichst lichtstark sein, um die Gefahr für verwackelte Bilder zu minimieren.

Gehen Sie so nah wie möglich heran und probieren Sie knappe Bildausschnitte aus. Denn gerade diese Perspektiven und inhaltlichen Verdichtungen sind es, die ein Eventfoto zu etwas Besonderem machen können.

OBJEKTIVEMPFEHLUNG	
Veranstaltungen Indoor	• lichtstarkes Telezoom oder Festbrennweite (ca. 75 bis 300 mm, f/2,8) • lichtstarkes Standardzoom (ca. 35 bis 100 mm, f/2,8) • lichtstarkes Normalobjektiv (50 mm, f/1,8 bis f/2,8)
Veranstaltungen Outdoor	• Standardzoom (ca. 35 bis 100 mm, f/4 bis f/5,6) • Telezoom (ca. 100 bis 300 mm, f/4 bis f/5,6) • Festbrennweite Tele (ca. 200 bis 300 mm, f/2,8 bis f/4)

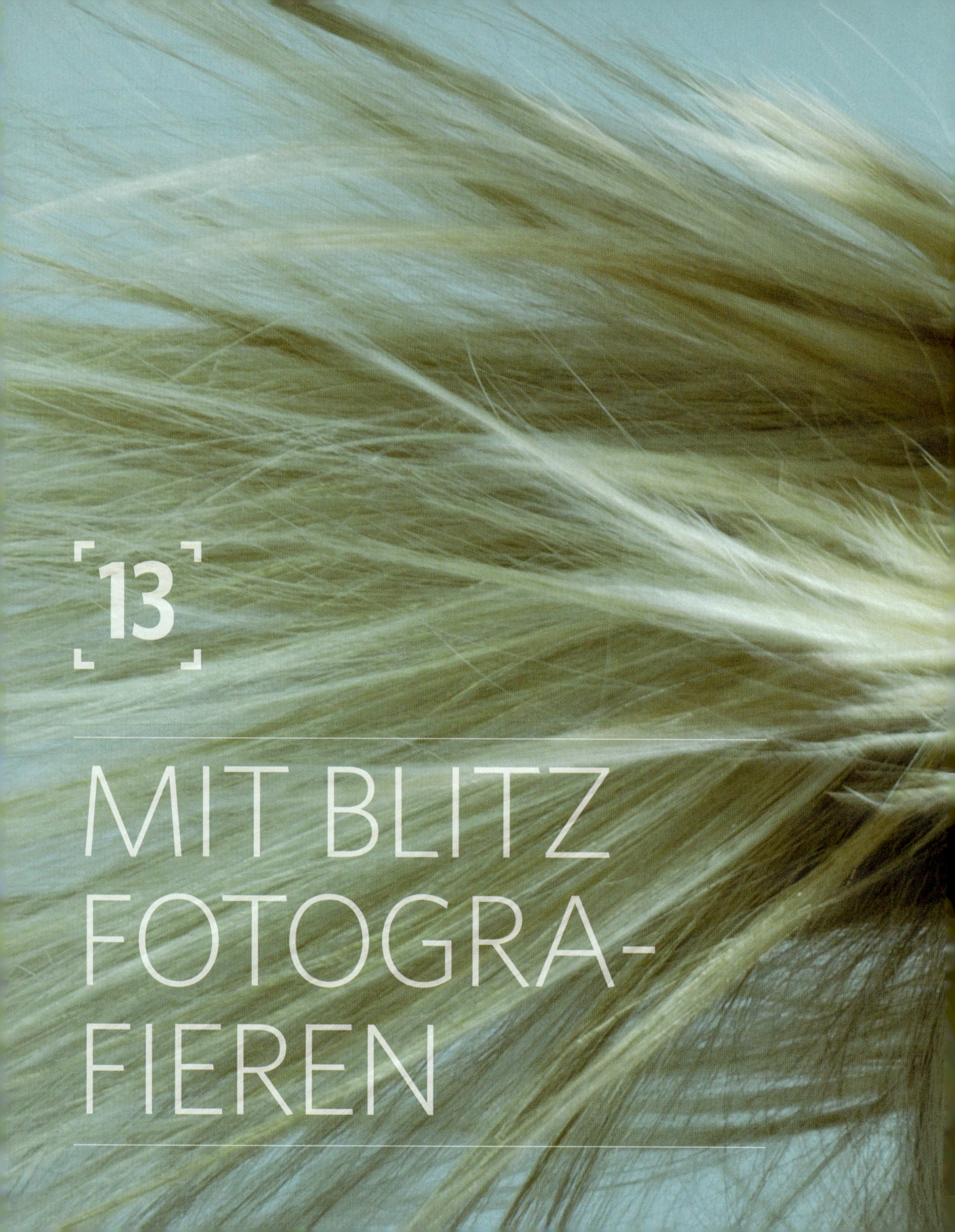

13

MIT BLITZ FOTOGRAFIEREN

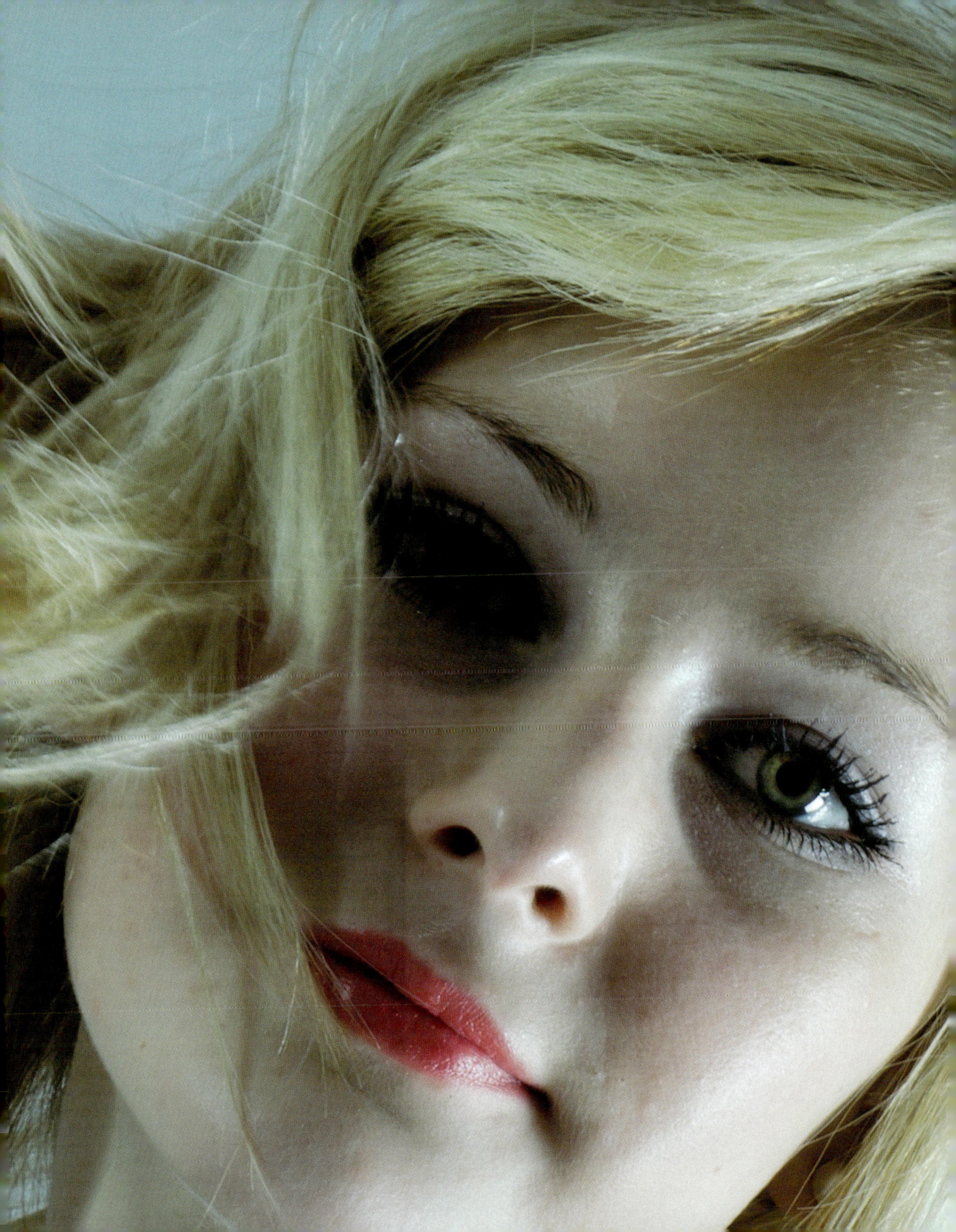

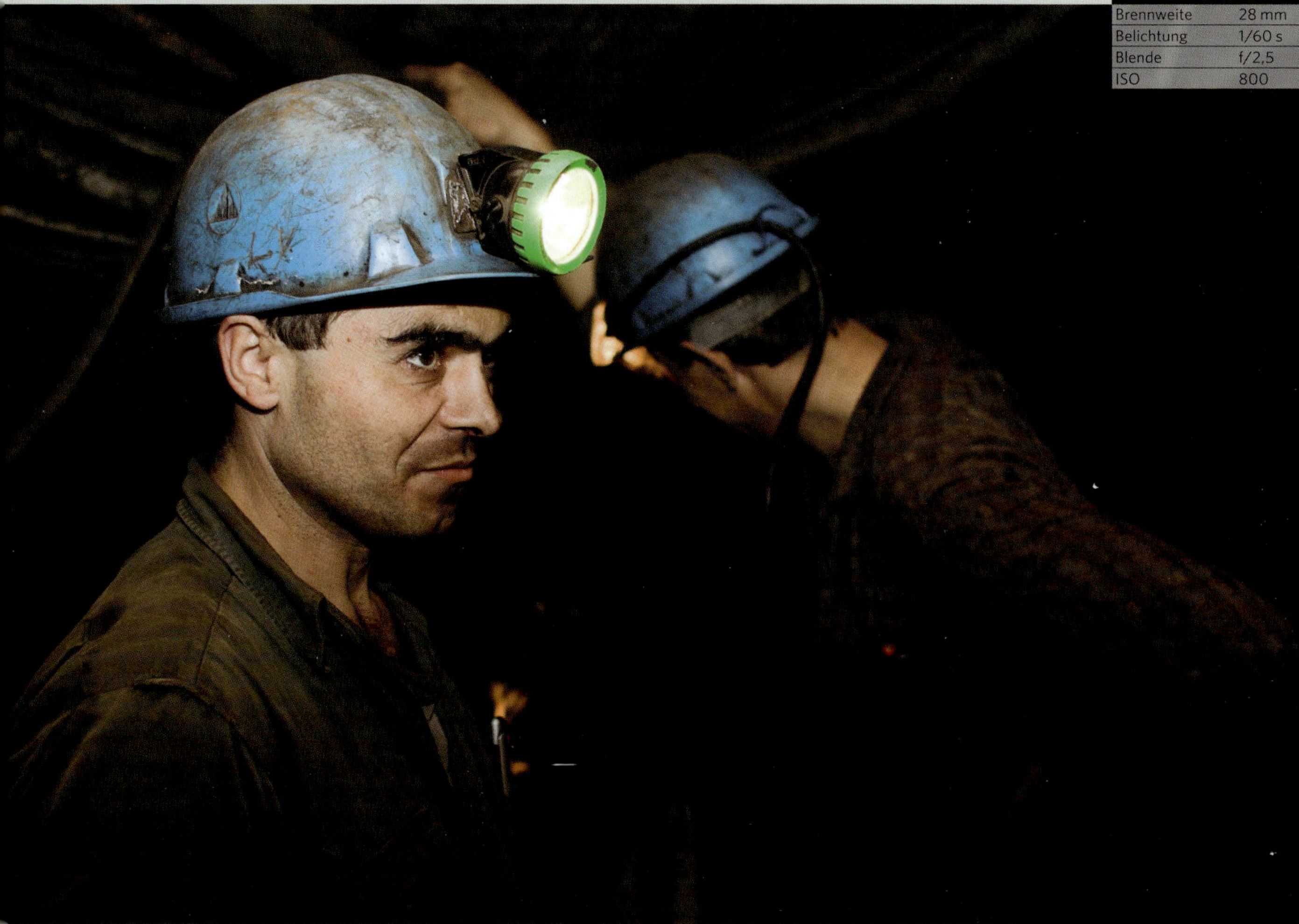

AUFNAHMEDATEN	
Brennweite	28 mm
Belichtung	1/60 s
Blende	f/2,5
ISO	800

Menschen bei der Arbeit: Dieses Bild im Reportagestil wurde mit Blitz unter Tage geschossen.

13 Mit Blitz fotografieren

Zur Ausstattung fast jeder Digitalkamera zählt ein integriertes Blitzgerät, das jedoch meist eine relativ geringe Leistung hat. Die Blitzgeräte sind in der Nähe des Suchers im Gehäuse integriert und ständig einsatzbereit. Bei besser ausgestatteten Digitalkameras muss der Blitz, der sich meist oberhalb des Suchers befindet, erst ausgeklappt werden. Ein integriertes Blitzgerät kann, wenn es richtig eingesetzt wird, Aufnahmen enorm verbessern.

Blitzlicht: Segen und Fluch

■ Der Blitz hilft dabei, eine zu dunkle Szene auszuleuchten. Er kann außerdem tiefe Schatten aufhellen, Farben zum Leuchten bringen und für effektvolle Bewegungsfotos eingesetzt werden. Er kann aber auch den berüchtigten Rote-Augen-Effekt verursachen. Digitalkameras verfügen deshalb über eine Blitzfunktion, die die Entstehung roter Augen verhindern hilft. Ein kleiner, im Gehäuse der Kamera angebrachter Blitz ist gut für Schnappschüsse von nicht allzu weit entfernten Motiven. Die maximale Reichweite beträgt bei diesen Blitzen ohne Teleeinstellung meistens rund vier bis sechs Meter. Wird der Blitz falsch eingesetzt, sieht man das den Fotos im besten Fall an, im schlechtesten Fall sind die Bilder unbrauchbar. Personen, die besonders nah vor der Kamera stehen, können vom Blitz leicht überbelichtet werden. Auch kräftige Schlagschatten, die einen vor einer hellen Wand stehenden Menschen hässlich umrahmen, sieht man beim Einsatz von Blitzgeräten häufiger. Blitzlicht ist also Segen und Fluch zugleich. Es kommt darauf an, ob Sie mit Blitz und Digitalkamera umgehen können und wissen, welche Blitzfunktion und Blitzstärke zu welchem Zeitpunkt sinnvoll ist.

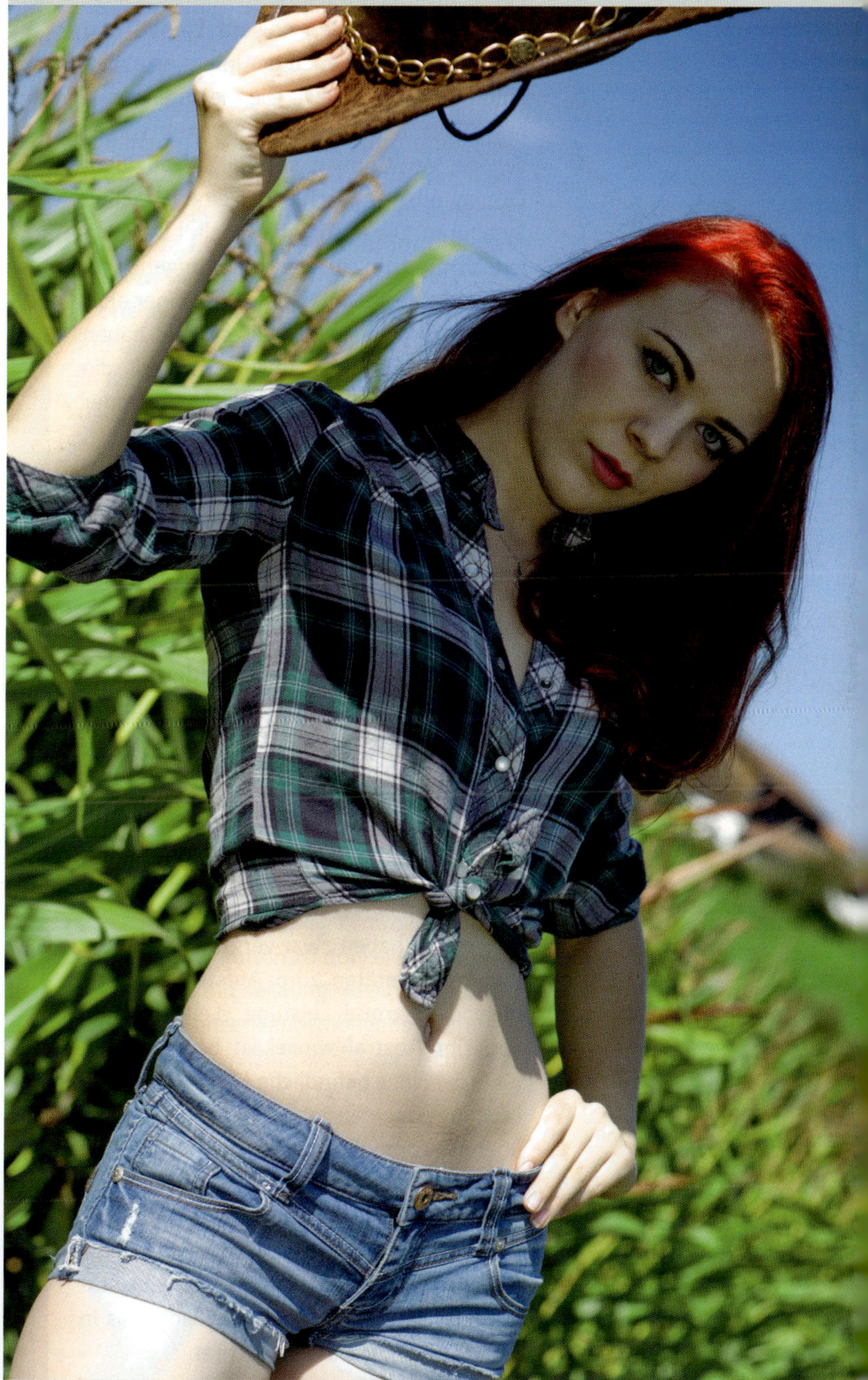

Bei dieser Außenaufnahme wurde die Blitzleistung reduziert, um eine ausgewogene Kombination aus natürlicher und Blitzbeleuchtung zu erzielen. Hätte der Blitz mit voller Leistung abgestrahlt, wäre eine flache Aufnahme entstanden.

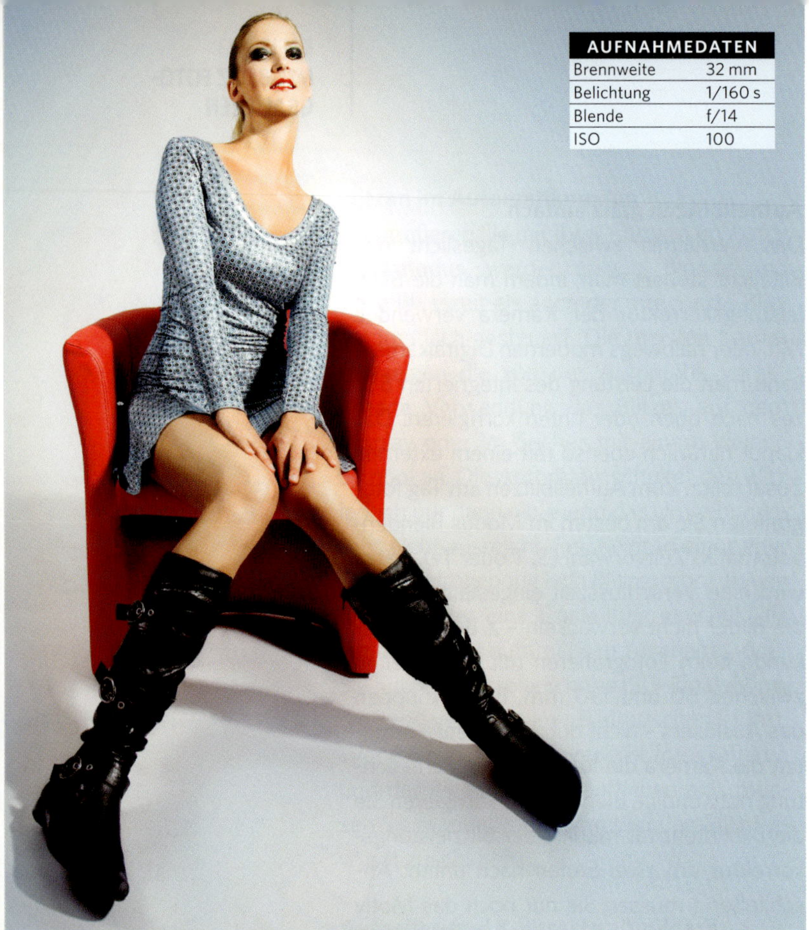

AUFNAHMEDATEN	
Brennweite	32 mm
Belichtung	1/160 s
Blende	f/14
ISO	100

i

TIPPS ZUM EINSATZ VON BLITZLICHT

Blitzen Sie niemals, wenn eine Person oder ein Tier nur wenige Zentimeter vor Ihrer Kamera steht. Das Blitzlicht kann die Augen ernsthaft schädigen. Blitzlichtfotos in dunkler Umgebung gelingen besser, wenn unterschiedliche Motive möglichst gleich weit von Ihrer Kamera entfernt sind. Je größer die Entfernungsunterschiede sind, desto deutlicher wird der Unterschied in der Helligkeit einzelner Motive. Besitzen Sie eine Superzoomkamera mit großem Brennweitenbereich, sollten Sie nicht zu viel vom internen Blitzgerät erwarten, wenn Sie mit maximaler Teleeinstellung fotografieren. Blitzgeräte haben nur eine begrenzte Reichweite. Es hat wenig Sinn, eine 20 Meter entfernte Person im Dunkeln mit Blitzlicht zu fotografieren, auch wenn die Brennweite ausreichen mag, um den Menschen nahe heranzuholen. Integrierte Kamerablitzgeräte verbrauchen eine Menge Strom. Je mehr Sie das Blitzgerät einsetzen, desto schneller geht die Energie des Akkus zur Neige. Achten Sie darauf, dass der Blitz nur ausgelöst wird, wenn es in der Situation auch wirklich sinnvoll ist. Stellen Sie im Notfall an der Kamera den Blitz ganz ab.

Problem Tunneleffekt

Beim Blitzen hat man immer mit einem je nach Motiv mehr oder weniger großen Problem zu kämpfen, das man als Tunneleffekt bezeichnen kann. Die Lichtstärke nimmt mit zunehmender Entfernung exponentiell ab. Von der Lichtmenge, die auf ein nur einen Meter entferntes Objekt trifft, kommt in doppelter Entfernung nur noch ein Viertel an. Der Kamerablitz wird also ein in Blitzreichweite befindliches Hauptmotiv richtig ausleuchten, weiter hinten stehende Objekte aber nur noch unzureichend.

Berechnen der Blitzreichweite

Die Leitzahl (LZ) von kamerainternen Blitzen liegt meistens ungefähr bei 12 bis 14. Damit lassen sich bei einer Sensorempfindlichkeit von ISO 100 und Blende f/2,8 Motive in einer Entfernung von bis zu etwa vier Metern noch gut beleuchten. Die Leitzahl für Blitze bezieht sich immer auf die Empfindlichkeit von ISO 100. Je höher die Empfindlichkeit (z. B. ISO 200, 400 und mehr) eingestellt ist, desto weiter reicht auch die Blitzleistung, weil mit höherer Empfindlichkeit weniger Licht für korrekt belichtete Bilder notwendig ist. Jede Verdopplung der Empfindlichkeit erbringt etwa die 1,4-fache Blitzreichweite. Um annäherungsweise herauszufinden, wie weit Ihr Blitz bei eingestellter Empfindlichkeit von ISO 100 reicht, können Sie folgende Formel verwenden:

Motivabstand = Leitzahl : Blende

Arbeiten Sie z. B. mit einem Aufsteckblitz mit der Leitzahl 45, könnten Sie bei ISO 100 mit Blende f/2,8 Motive in einer Entfernung von ca. 16 Metern beleuchten (Motivabstand = 45 : 2,8). Je kleiner die Blende (großer Blendenwert) ist, desto geringer wird der Blitzabstand. Bei Blende 8 betrüge

Blitzlicht: Segen und Fluch

■ Der Blitz hilft dabei, eine zu dunkle Szene auszuleuchten. Er kann außerdem tiefe Schatten aufhellen, Farben zum Leuchten bringen und für effektvolle Bewegungsfotos eingesetzt werden. Er kann aber auch den berüchtigten Rote-Augen-Effekt verursachen. Digitalkameras verfügen deshalb über eine Blitzfunktion, die die Entstehung roter Augen verhindern hilft. Ein kleiner, im Gehäuse der Kamera angebrachter Blitz ist gut für Schnappschüsse von nicht allzu weit entfernten Motiven. Die maximale Reichweite beträgt bei diesen Blitzen ohne Teleeinstellung meistens rund vier bis sechs Meter. Wird der Blitz falsch eingesetzt, sieht man das den Fotos im besten Fall an, im schlechtesten Fall sind die Bilder unbrauchbar. Personen, die besonders nah vor der Kamera stehen, können vom Blitz leicht überbelichtet werden. Auch kräftige Schlagschatten, die einen vor einer hellen Wand stehenden Menschen hässlich umrahmen, sieht man beim Einsatz von Blitzgeräten häufiger. Blitzlicht ist also Segen und Fluch zugleich. Es kommt darauf an, ob Sie mit Blitz und Digitalkamera umgehen können und wissen, welche Blitzfunktion und Blitzstärke zu welchem Zeitpunkt sinnvoll ist.

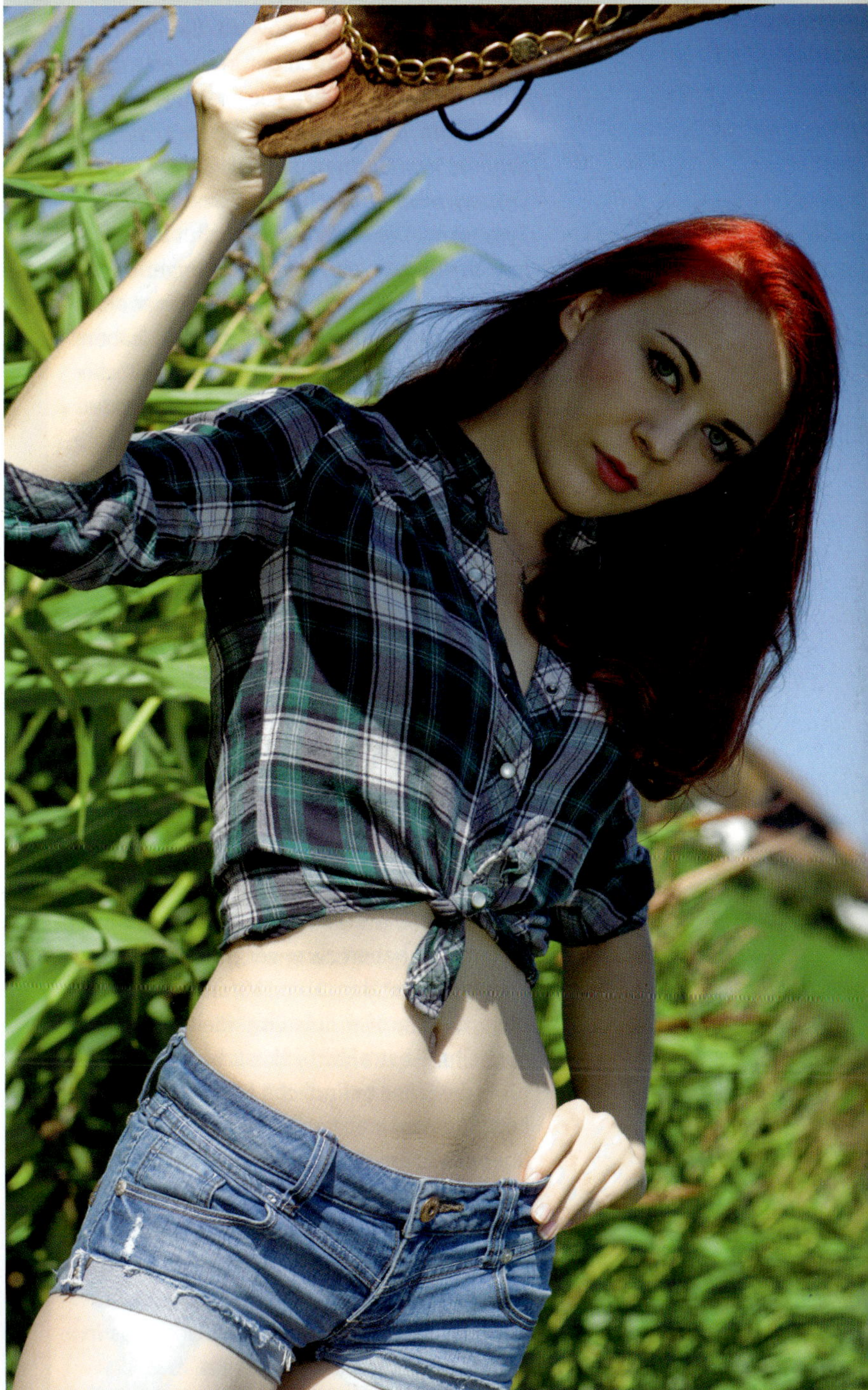

Bei dieser Außenaufnahme wurde die Blitzleistung reduziert, um eine ausgewogene Kombination aus natürlicher und Blitzbeleuchtung zu erzielen. Hätte der Blitz mit voller Leistung abgestrahlt, wäre eine flache Aufnahme entstanden.

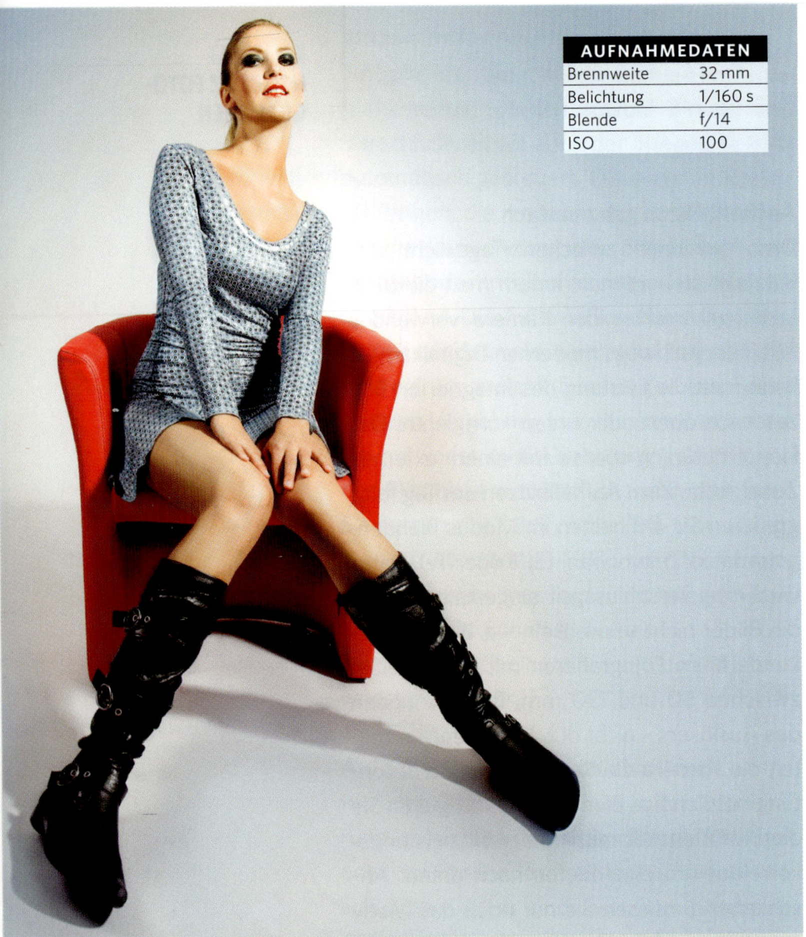

AUFNAHMEDATEN	
Brennweite	32 mm
Belichtung	1/160 s
Blende	f/14
ISO	100

TIPPS ZUM EINSATZ VON BLITZLICHT

Blitzen Sie niemals, wenn eine Person oder ein Tier nur wenige Zentimeter vor Ihrer Kamera steht. Das Blitzlicht kann die Augen ernsthaft schädigen. Blitzlichtfotos in dunkler Umgebung gelingen besser, wenn unterschiedliche Motive möglichst gleich weit von Ihrer Kamera entfernt sind. Je größer die Entfernungsunterschiede sind, desto deutlicher wird der Unterschied in der Helligkeit einzelner Motive. Besitzen Sie eine Superzoomkamera mit großem Brennweitenbereich, sollten Sie nicht zu viel vom internen Blitzgerät erwarten, wenn Sie mit maximaler Teleeinstellung fotografieren. Blitzgeräte haben nur eine begrenzte Reichweite. Es hat wenig Sinn, eine 20 Meter entfernte Person im Dunkeln mit Blitzlicht zu fotografieren, auch wenn die Brennweite ausreichen mag, um den Menschen nahe heranzuholen. Integrierte Kamerablitzgeräte verbrauchen eine Menge Strom. Je mehr Sie das Blitzgerät einsetzen, desto schneller geht die Energie des Akkus zur Neige. Achten Sie darauf, dass der Blitz nur ausgelöst wird, wenn es in der Situation auch wirklich sinnvoll ist. Stellen Sie im Notfall an der Kamera den Blitz ganz ab.

Problem Tunneleffekt

Beim Blitzen hat man immer mit einem je nach Motiv mehr oder weniger großen Problem zu kämpfen, das man als Tunneleffekt bezeichnen kann. Die Lichtstärke nimmt mit zunehmender Entfernung exponentiell ab. Von der Lichtmenge, die auf ein nur einen Meter entferntes Objekt trifft, kommt in doppelter Entfernung nur noch ein Viertel an. Der Kamerablitz wird also ein in Blitzreichweite befindliches Hauptmotiv richtig ausleuchten, weiter hinten stehende Objekte aber nur noch unzureichend.

Berechnen der Blitzreichweite

Die Leitzahl (LZ) von kamerainternen Blitzen liegt meistens ungefähr bei 12 bis 14. Damit lassen sich bei einer Sensorempfindlichkeit von ISO 100 und Blende f/2,8 Motive in einer Entfernung von bis zu etwa vier Metern noch gut beleuchten. Die Leitzahl für Blitze bezieht sich immer auf die Empfindlichkeit von ISO 100. Je höher die Empfindlichkeit (z. B. ISO 200, 400 und mehr) eingestellt ist, desto weiter reicht auch die Blitzleistung, weil mit höherer Empfindlichkeit weniger Licht für korrekt belichtete Bilder notwendig ist. Jede Verdopplung der Empfindlichkeit erbringt etwa die 1,4-fache Blitzreichweite. Um annäherungsweise herauszufinden, wie weit Ihr Blitz bei eingestellter Empfindlichkeit von ISO 100 reicht, können Sie folgende Formel verwenden:

Motivabstand = Leitzahl : Blende

Arbeiten Sie z. B. mit einem Aufsteckblitz mit der Leitzahl 45, könnten Sie bei ISO 100 mit Blende f/2,8 Motive in einer Entfernung von ca. 16 Metern beleuchten (Motivabstand = 45 : 2,8). Je kleiner die Blende (großer Blendenwert) ist, desto geringer wird der Blitzabstand. Bei Blende 8 betrüge die Reichweite eines Blitzes mit Leitzahl 45 bei ISO 100 nur noch etwa 5,6 Meter (Motivabstand = 45 : 8).

Fotografieren mit Aufsteckblitz

Kleine, in die Digitalkamera integrierte Blitzgeräte sind aufgrund ihrer Leitzahl und ihres Abstrahlwinkels nur zum Ausleuchten der unmittelbaren Umgebung geeignet. Außerdem benötigen die Blitze eine Menge Strom und belasten den Akku der Kamera. Weiterhin sind die Blitzfolgezeiten eingebauter Blitze meist relativ lang. Unter Blitzfolgezeit versteht man die Zeit, die das Blitzgerät zum Wiederaufladen benötigt, um den nächsten Lichtblitz abfeuern zu können. Solche technischen Einschränkungen lassen sich umgehen, indem Sie Ihre Kamera mit einem Aufsteckblitzgerät erweitern.

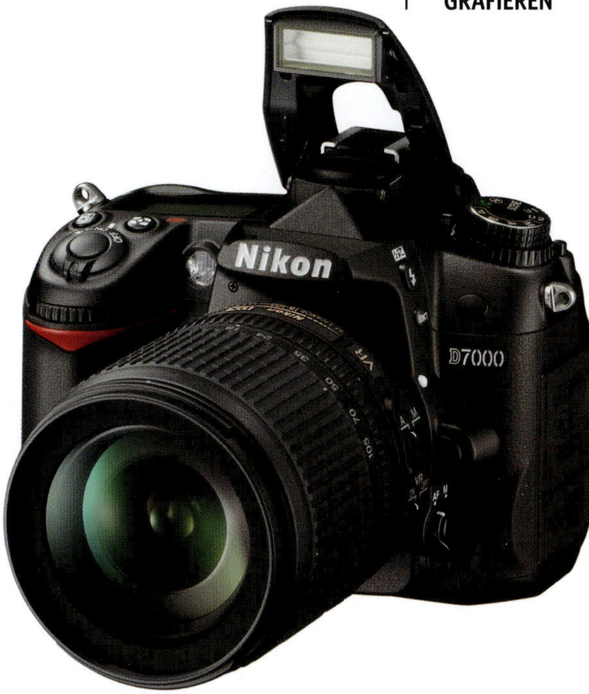

Je höher ein Aufklappblitz aus dem Kameragehäuse herausklappt, desto geringer ist die Gefahr für den gefürchteten Rote-Augen-Effekt. Außerdem ist der Blitz dann besser für Nahaufnahmen geeignet, da das Objektiv keinen ungewollten Schatten verursacht.

AUFNAHMEDATEN	
Brennweite	17 mm
Belichtung	1/200 s
Blende	f/10
ISO	200

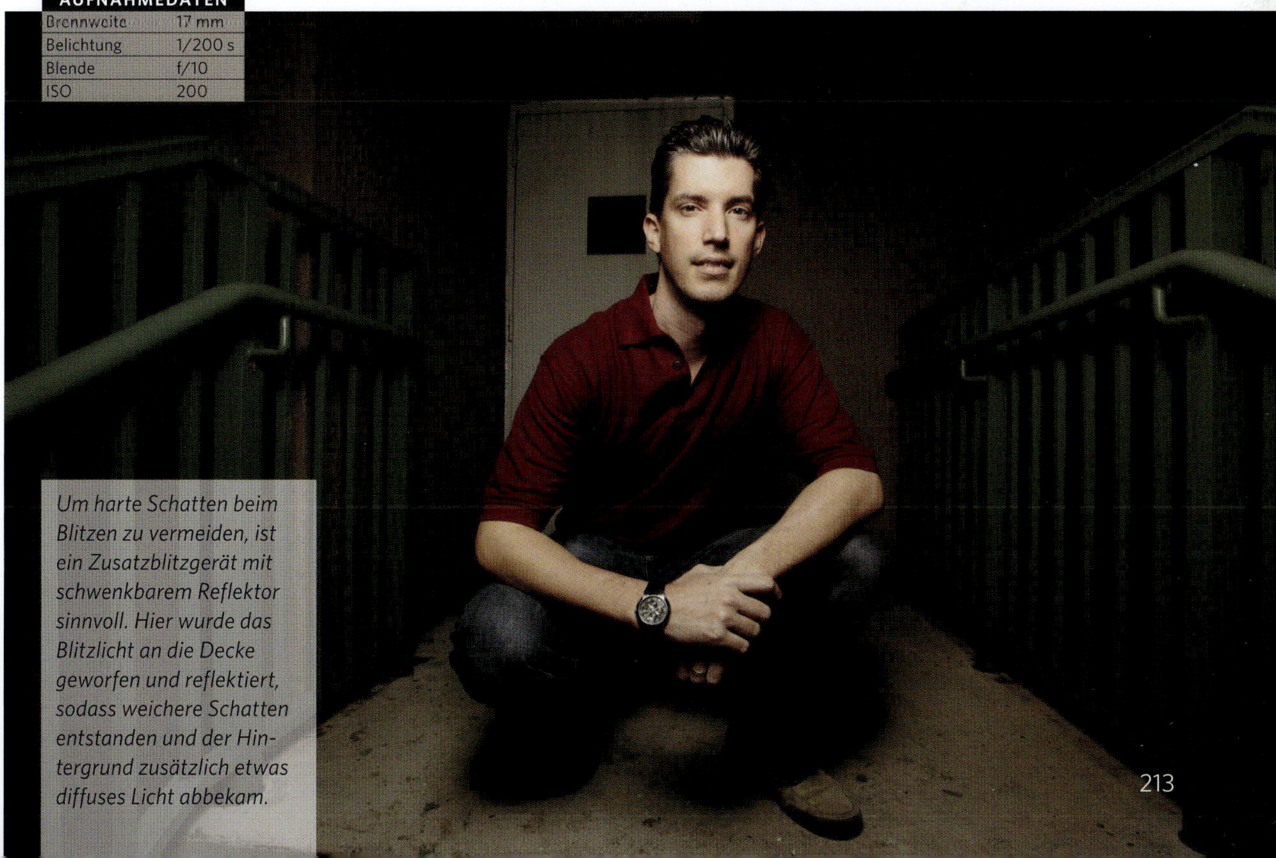

Um harte Schatten beim Blitzen zu vermeiden, ist ein Zusatzblitzgerät mit schwenkbarem Reflektor sinnvoll. Hier wurde das Blitzlicht an die Decke geworfen und reflektiert, sodass weichere Schatten entstanden und der Hintergrund zusätzlich etwas diffuses Licht abbekam.

Infrage kommen Aufsteckblitze, die auf den Blitzschuh oberhalb des Suchers gesteckt werden, oder Zweitblitze, die mit einem Servoauslöser ausgestattet sind. Im Servoauslöser sitzt eine Fotozelle, die auf den Lichtimpuls des kamerainternen Blitzes reagiert. Sobald der Kamerablitz aufleuchtet, wird gleichzeitig der Zusatzblitz ausgelöst. Das geschieht ohne wahrnehmbare Zeitverzögerung. Zusatzblitze gibt es mit unterschiedlichen Leitzahlen. Je nachdem, für welche Zwecke Sie ein Blitzgerät benötigen, genügen Geräte mit Leitzahlen von 20 bis etwa 50. Blitze mit einer noch stärkeren Leistung sind eher etwas für Reportageprofis oder auch für Naturfotografen, die Tiere aus einer größeren Entfernung aufnehmen und auf weit reichendes Blitzlicht angewiesen sind.

Auf die Kamera abgestimmte Blitze

Sowohl von den großen Kameraherstellern wie Canon, Olympus und Nikon als auch von Fremdherstellern werden Blitzgeräte angeboten. Sehr einfache Blitze werden an die Kamera angeschlossen und strahlen bei jedem Auslösen ihre volle Leistung ab.

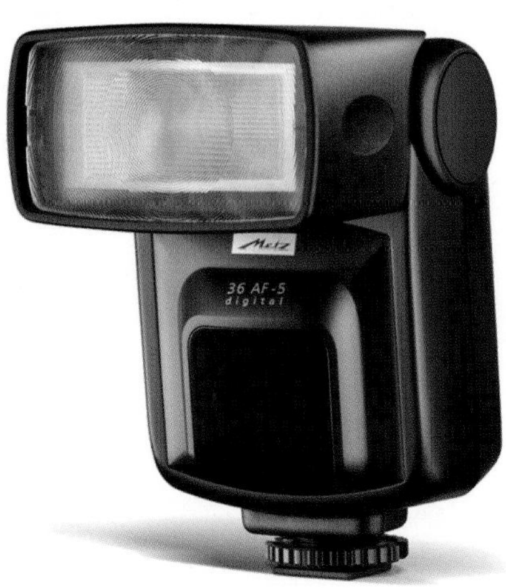

Für möglichst großen Komfort beim Blitzen sollten Sie sich einen Blitz zulegen, der optimal auf Ihre Kamera abgestimmt ist. Allerdings ist die Kommunikation zwischen Kamera und Blitzgerät nur dann optimal, wenn der Blitzschuh mehr als nur einen großen Mittenkontakt besitzt. Je nach Kameramodell ist der Blitzschuh mit zusätzlichen Kontakten ausgestattet.

Zweitblitz mit Servoauslöser

Hat Ihre Kamera keinen Blitzschuh, muss ein Zweitblitz mit Servoauslöser angeschafft werden, sofern ein Anschluss dafür vorhanden ist. Die von der Kamera unterstützten Blitzfunktionen werden dann ebenso vom Blitzgerät verstanden, und Sie können z. B. automatisch zum Aufhellen blitzen, den Rote-Augen-Effekt unterdrücken oder die Blitzleistung manuell korrigieren. Solche systemkonformen Geräte sind etwas kostspieliger als einfache Modelle. Wenn Sie jedoch viel mit Blitz arbeiten, lohnt sich die Anschaffung, und die Ausbeute an gut belichteten Bildern ist größer.

Mehr Spielraum mit Schwenkreflektor

Aufsteckblitze bieten mehr Licht aufgrund ihrer höheren Leistungsfähigkeit (höheren Leitzahl), schnellere Blitzfolgezeiten durch bessere Stromversorgung (von der Kamera unabhängige Akkus) und lassen mehr Spielraum für kreatives und professionelleres Blitzen. Wichtig sind hierbei auch sogenannte

LInks: Nicht nur die großen Kamerahersteller bieten für ihre Digitalkameras passende Blitzgeräte an. Der hier gezeigte Metz mecablitz 36 AF-5 digital passt je nach Ausführung auf die Kameras von Canon, Nikon, Olympus etc.

Schwenkreflektoren. Der Blitzkopf besserer Aufsteckblitze lässt sich nach oben klappen. Bei einigen professionelleren Modellen kann der Reflektor auch zur Seite geschwenkt werden. Dadurch können Sie Ihre Fotomotive indirekt beleuchten, was drei Vorteile hat:

- Geblitzte Motive wirken durch die indirekte Beleuchtung weniger wie typische Blitzfotos.
- Das Blitzlicht wird von Wänden oder der Decke reflektiert, was zu einer bedeutend weicheren Ausleuchtung führt - die vom Blitzlicht verursachten Schatten sind nicht so hart.
- Rote Augen sind praktisch ausgeschlossen, weil der Blitz nicht direkt in die Augen abstrahlt.

Beachten Sie, dass durch das Schwenken oder Kippen des Blitzes dessen Reichweite nicht mehr ganz so groß ist, weil das Licht einen längeren Weg bis zum Motiv zurücklegen muss. Außerdem erhalten Ihre Fotos einen ungewollten Farbstich, wenn der Blitz gegen farbige Wände oder Decken gerichtet wird. Gegenüber integrierten Blitzen haben die Aufsteckblitzgeräte einen Vorteil in Sachen Kreativität: Sie können mit Farbfiltern erweitert werden. Dabei wird vor dem Reflektor des Blitzes ein farbiger Filter angebracht, der das abgestrahlte Licht einfärbt - für Experimente eine tolle und einfach zu realisierende Methode.

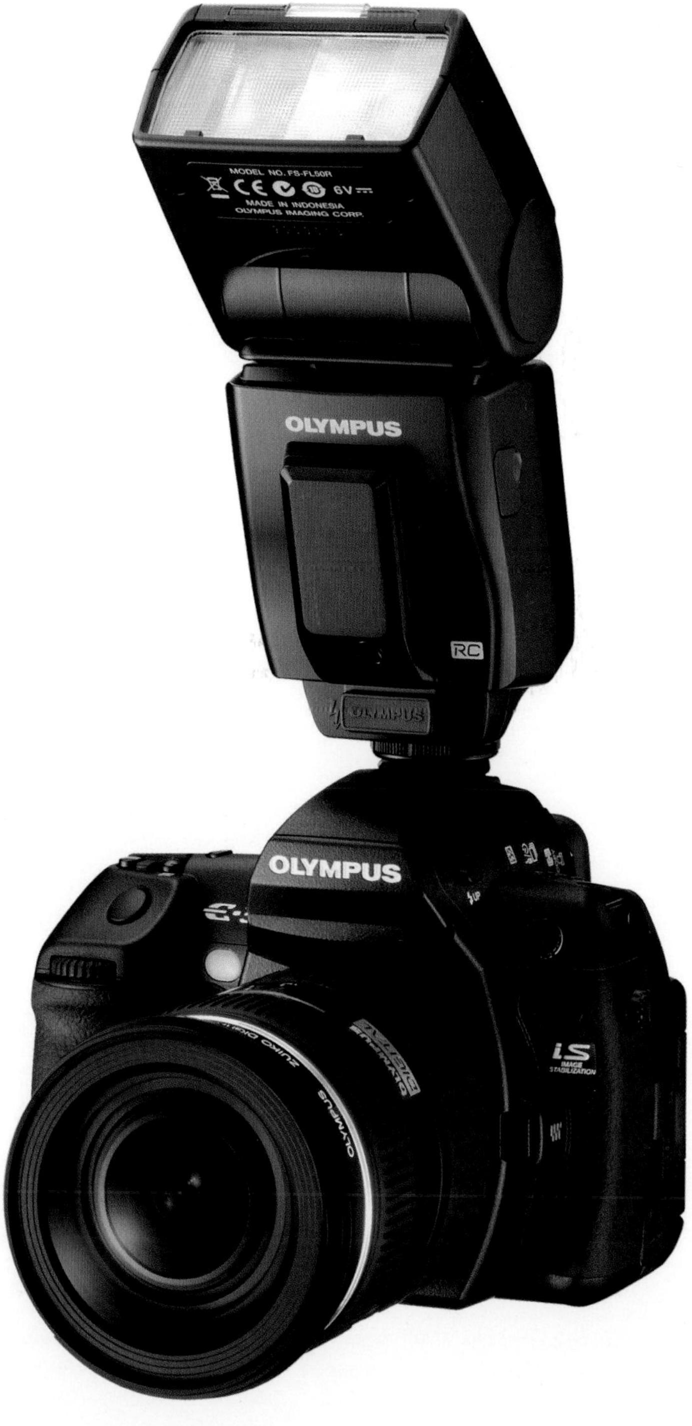

Rechts: Die meisten Zusatzblitze lassen sich auf den Blitzschuh einer Kamera aufstecken. Der Reflektor einfacher Modelle ist fest. Hochwertigere Geräte besitzen Reflektoren, die nach oben und seitlich verdreht werden können, um das Blitzlicht indirekt auf ein Motiv fallen zu lassen.

Blitzleistung manuell dosieren

Wie viel Blitzlicht für die richtige Belichtung einer Szene nötig ist, steuert bei integrierten und bei systemkonformen Blitzgeräten die Kamera. An vielen Kompaktkameras und digitalen Spiegelreflexkameras lässt sich jedoch die Blitzleistung manuell verstellen, was insbesondere für das Blitzen zum Aufhellen von großer Bedeutung ist. Diese Blitztechnik kommt immer dann zum Einsatz, wenn tiefe Schatten nur so weit aufgehellt werden sollen, dass das Blitzlicht auf den Aufnahmen gerade nicht zu sehen ist. Der natürliche Beleuchtungscharakter einer Szene soll vom Blitzlicht nicht überlagert werden, sondern möglichst erhalten bleiben.

Reduzieren Sie die Blitzleistung um zwei Stufen, wird nur noch ein Viertel der Lichtmenge abgegeben, die die Kamera ohne Leistungsreduktion in die Szene werfen würde. Wenn Sie die Aufnahme gleich am Display kontrollieren und feststellen, dass der Blitz noch immer zu deutlich beispielsweise durch Schlagschatten oder ein sehr flach wirkendes Motiv verraten wird, machen Sie ein neues Bild mit nochmals veränderter Blitzleistung. Das aus Blitz, Plus- und Minuszeichen bestehende Symbol bezeichnet normalerweise im Einstellmenü einer Kamera die Funktion zur manuellen Veränderung der Blitzleistung. Besser ausgestattete Kameras haben zusätzlich einen Schalter zur Blitzleistungskorrektur am Gehäuse.

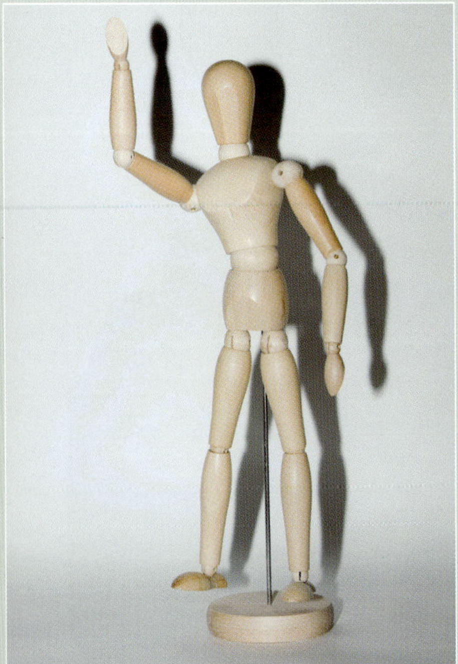

Ein frontal vor dem Motiv ausgelöster Blitz führt unweigerlich zu Schlagschatten. Solche Schatten verraten den Einsatz des Blitzes und sehen auf den meisten Bildern nicht gut aus.

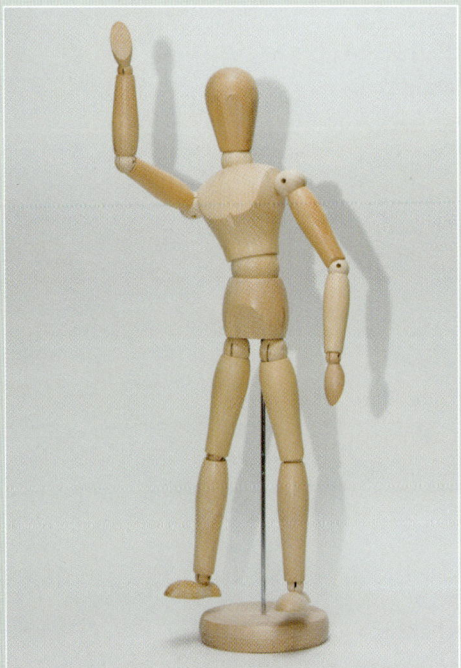

Diese Aufnahme wurde mit einem Aufsteckblitz gemacht. Der Reflektor wurde dabei um 45° nach oben geneigt, wodurch die Puppe sowohl frontales als auch Deckenlicht abbekam.

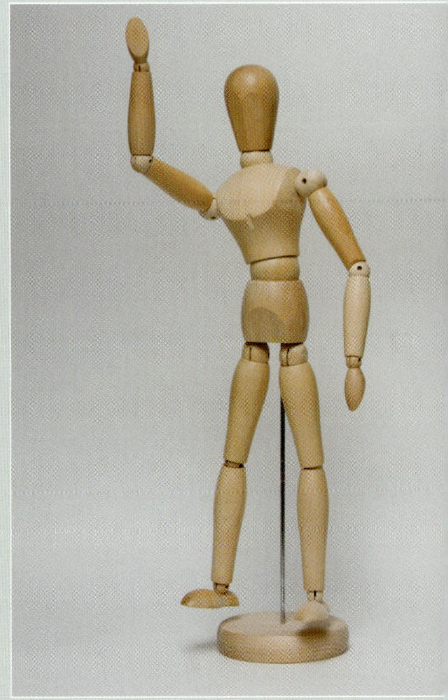

Der Schwenkreflektor wurde bei dieser Abbildung gegen die Decke gerichtet. So erhielt die Figur weiches, von oben gestreutes Licht, und es entstand kein Schlagschatten.

Blitzen mit Automatikfunktionen

Kameras mit integriertem Blitz bieten einige Funktionen, mit denen sich Blitzlichtaufnahmen leichter perfekt realisieren lassen. Die drei immer verfügbaren Funktionen sind die Rote-Augen-Reduktion, die Blitzsynchronisation mit langen Verschlusszeiten (wird oft als Slow-Sync bezeichnet) und das *Blitzen auf den 2. Verschlussvorhang.*

i

VERHÄLTNIS BLITZ- ZU UMGEBUNGSLICHT

Als Faustregel gilt, dass bei Tageslichtaufnahmen das Verhältnis von Blitz- zu Umgebungslicht ungefähr 1 zu 4 sein sollte. Um nun die Blitzleistung entsprechend zu reduzieren, müssen Sie an Ihrer Digitalkamera entweder im Einstellmenü oder über einen Schalter am Gehäuse einen anderen Wert einstellen.

MASTER-SLAVE-BLITZEN

Besitzen Sie bereits ein Zusatzblitzgerät und möchten es auch für Aufnahmen im Studio verwenden, können Sie Ihre Ausrüstung eventuell durch ein oder mehrere weitere Blitzgeräte erweitern. Einige Modelle lassen sich im Master-Slave-Modus betreiben. Dabei dient eines der Blitzgeräte als Steuerung (Master) für die anderen Blitze (Slave).

Rote-Augen-Reduktion

Stellen Sie die Blitzfunktion zur Rote-Augen-Reduktion über das Kameramenü ein, werden durch einen Vorblitz oder das Aufleuchten eines Zusatzlichts die Pupillen der Porträtierten dazu bewegt, sich zu schließen. Die gefürchteten roten Augen treten immer dann auf, wenn in dunkler oder wenig beleuchteter Umgebung fotografiert wird, die Pupillen der Person wegen der Dunkelheit weit geöffnet sind und das Licht direkt von vorn auf die Pupillen trifft. Je nach Kameramodell sind die Techniken zum Reduzieren des Effekts unterschiedlich. Von manchen Kameras werden mehrere kurze Vorblitze abgefeuert, andere senden einen kontinuierlichen Lichtstrahl über eine kleine Zusatzlampe am Gehäuse aus. Welche Methode auch immer zum Einsatz kommt, die Gefahr roter Augen wird in jedem Fall reduziert, kann aber nicht hundertprozentig ausgeschlossen werden.

Blitzen bei Nachtaufnahmen

Die Blitzsynchronisation mit langen Verschlusszeiten ist dann gefragt, wenn Sie bei geringer Beleuchtung nicht nur das Hauptmotiv, sondern auch den Hintergrund richtig belichtet abbilden möchten. Fotografieren Sie mit einer kurzen Verschlusszeit, beispielsweise 1/125 Sekunde, mit Blitz, wird alles in der Nähe durch den Blitz aufgehellt. Ein dunkler Hintergrund, z.B. ein abendliches Strandpanorama, bleibt bei einer so kurzen Verschlusszeit dunkel. Stellen Sie an der Kamera manuell eine längere Verschlusszeit ein oder verwenden Sie das Nachtprogramm, wird durch die lange Verschlusszeit der Hintergrund richtig belichtet, während der Vordergrund vom Blitz aufgehellt wird. Wegen der längeren Verschlusszeit benötigen Sie in solchen Situationen ein Stativ und

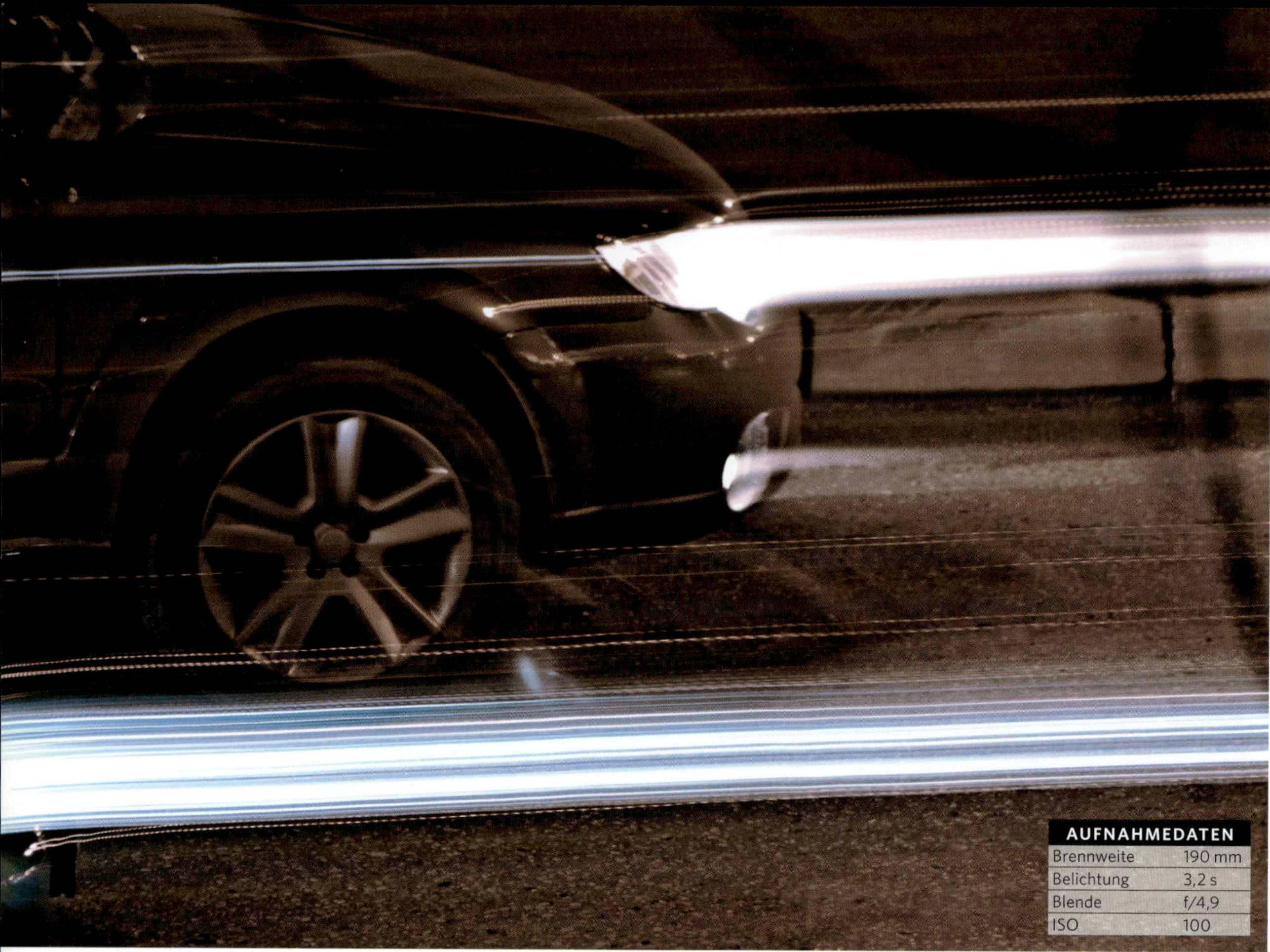

AUFNAHMEDATEN	
Brennweite	190 mm
Belichtung	3,2 s
Blende	f/4,9
ISO	100

Durch den Blitz auf den 1. Verschlussvorhang nimmt die Kamera das fahrende Auto am Anfang des Belichtungsvorgangs auf. Die Schlieren der Scheinwerfer entstehen erst danach. Die Lichtstrahlen scheinen dem Auto also vorauszueilen. Das Blitzen auf den 2. Verschlussvorhang hätte zum umgekehrten Effekt geführt.

sollten die zu fotografierenden Personen außerdem bitten, sich während der Aufnahme nicht zu bewegen, um nicht in Bewegungsunschärfe zu verschwimmen.

Blitzen auf 2. Verschlussvorhang

Beim Blitzen auf den 2. Verschlussvorhang geht es ebenfalls um lange Verschlusszeiten bei schlechter Beleuchtung. Fotografieren Sie ein sich bewegendes Motiv mit langer Verschlusszeit im Dunkeln mit Blitz, wird der Blitz normalerweise am Anfang der Belichtungszeit abgefeuert. Der Beginn der Bewegung wird also vom Blitz aufgehellt, die weitere durch unscharfe Schlieren gezeigte Bewegung wird ebenfalls noch von der Kamera erfasst. Dabei entstehen die Schlieren jedoch vor dem sich bewegenden Objekt, eilen ihm also voraus. Das wirkt sehr unnatürlich, denn man würde logischerweise erwarten, dass die Schlieren dem Objekt folgen. Um den Effekt zu erzielen, dass ein sich in der Bewegung befindliches Objekt von den Schlieren verfolgt wird, stellen Sie die Blitzfunktion für die Synchronisation auf den 2. Verschlussvorhang ein. Dann wird der Blitz erst am Ende der Belichtungszeit gezündet.

Objektivempfehlung

Im Zusammenhang mit Blitzlichtaufnahmen kann man eigentlich keine Empfehlung für das eine oder andere Objektiv geben. Lediglich die Brennweite des Objektivs ist ein Faktor, den man beachten muss – allerdings nur dann, wenn man mit einem Zusatzblitzgerät arbeitet. Die integrierten Blitze von Kompaktkameras sind immer auf das eingebaute Objektiv abgestimmt. Ist die Brennweite des Objektivs zu kurz, kann es passieren, dass der Abstrahlwinkel des Blitzgeräts nicht groß genug ist, um die Bildränder einer extremen Weitwinkelaufnahme gut auszuleuchten. Hier hilft dann entweder eine Weitwinkelstreuscheibe, die vor den Blitzreflektor geklemmt wird, oder Sie fotografieren mit etwas längerer Brennweite. Problematisch wird Blitzlichtfotografie auch dann, wenn Sie mit zu langer Brennweite arbeiten und die Leistung des Blitzes einfach nicht ausreicht, um weit entfernte Motive vernünftig auszuleuchten. Die meisten Blitzgeräte arbeiten zuverlässig in einem Brennweitenbereich zwischen ca. 20 und 100 mm. Ist die Brennweite länger, sollten Sie mit Testaufnahmen herausfinden, ob die Blitzleistung ausreicht.

OBJEKTIVEMPFEHLUNG	
Weitwinkelaufnahmen	• Zoomobjektiv (ca. 24 bis 50 mm) • Festbrennweite (minimale Brennweite abhängig vom Blitzgerät)
Teleaufnahmen	• Zoomobjektiv, Festbrennweite (maximale Brennweite abhängig vom Blitzgerät)

Trotz der kurzen Verschlusszeit ist der fliegende Ball durch seine Bewegung unscharf. Durch das Blitzlicht wird er aber zum Teil scharf gezeigt.

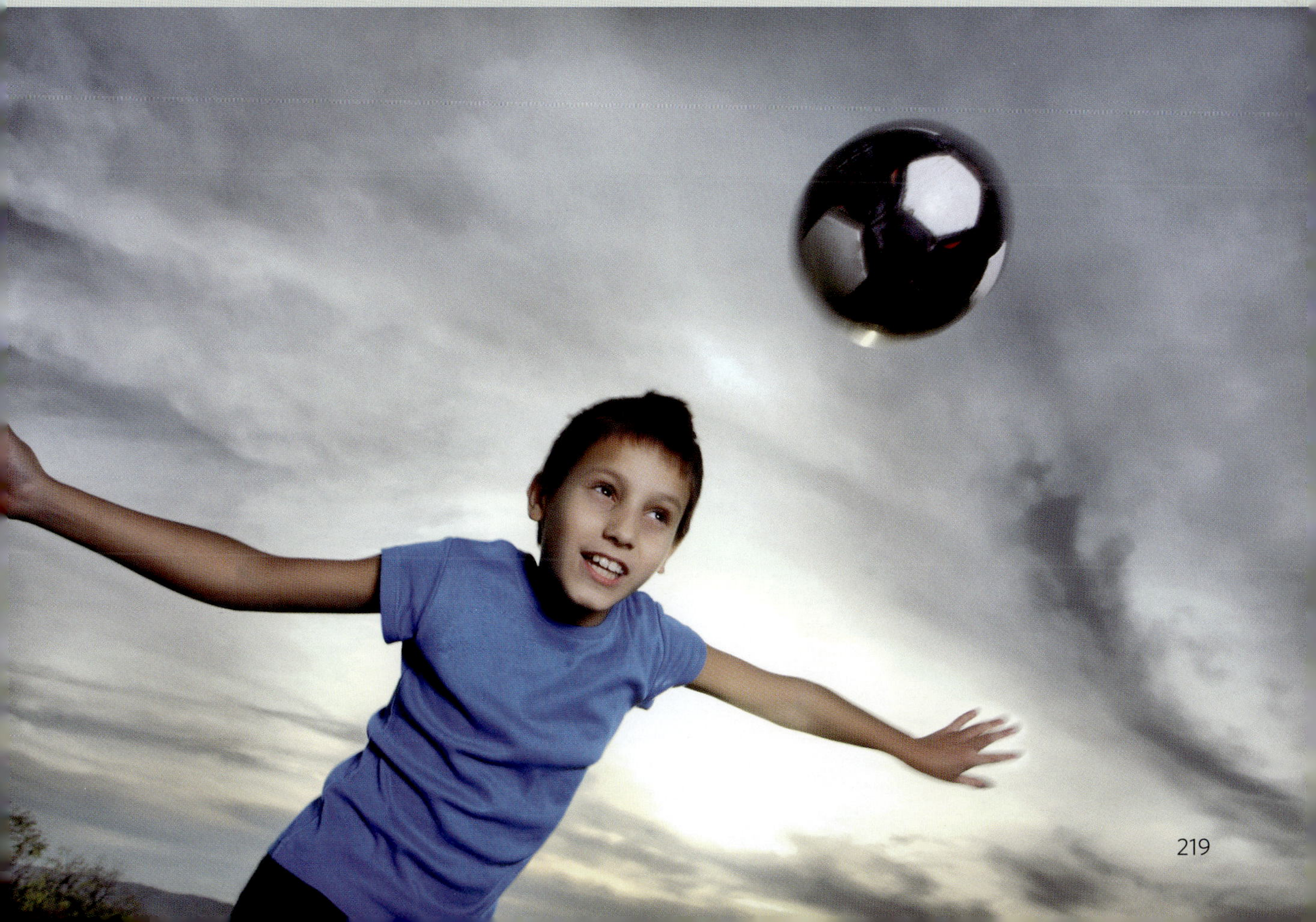

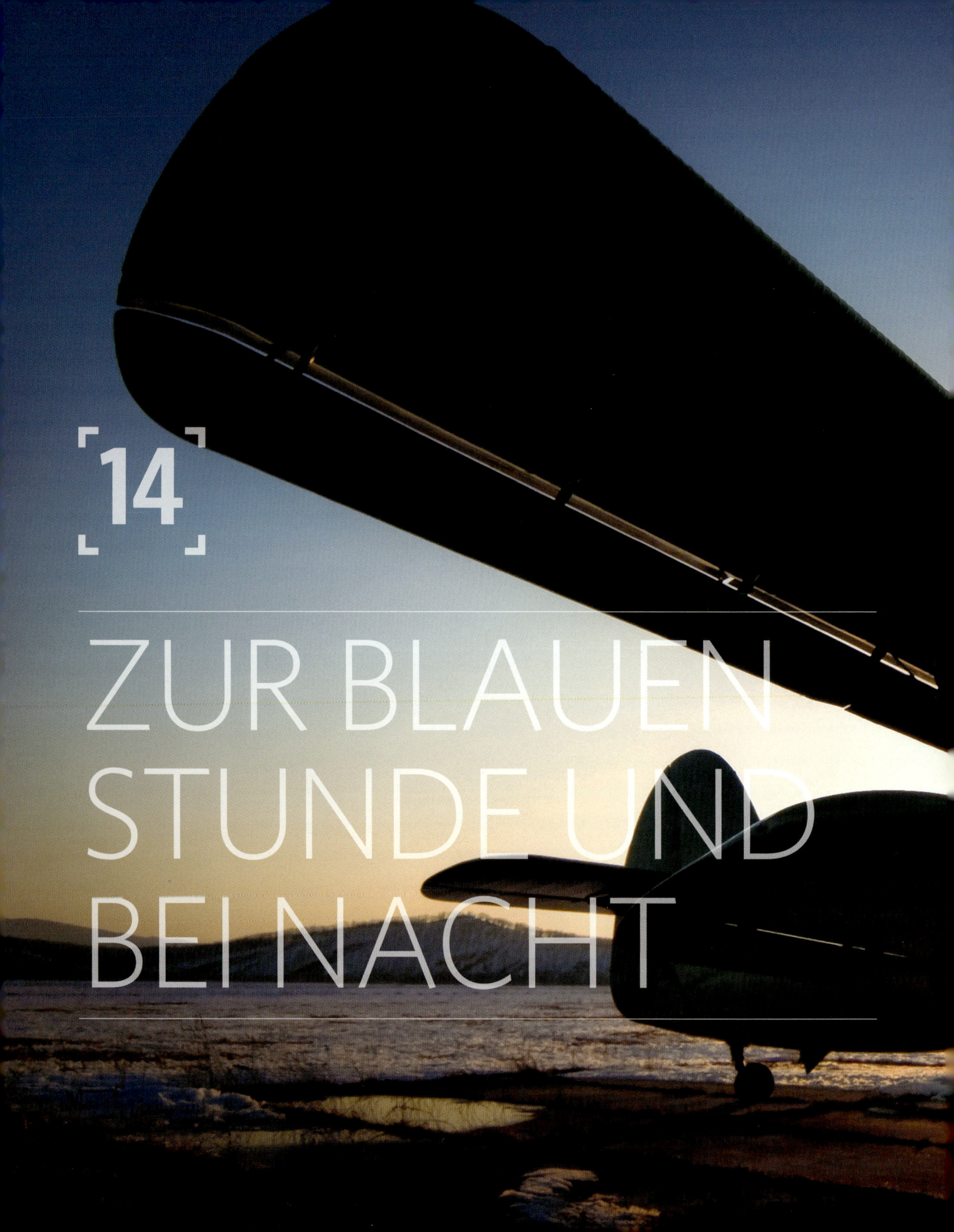

14

ZUR BLAUEN STUNDE UND BEI NACHT

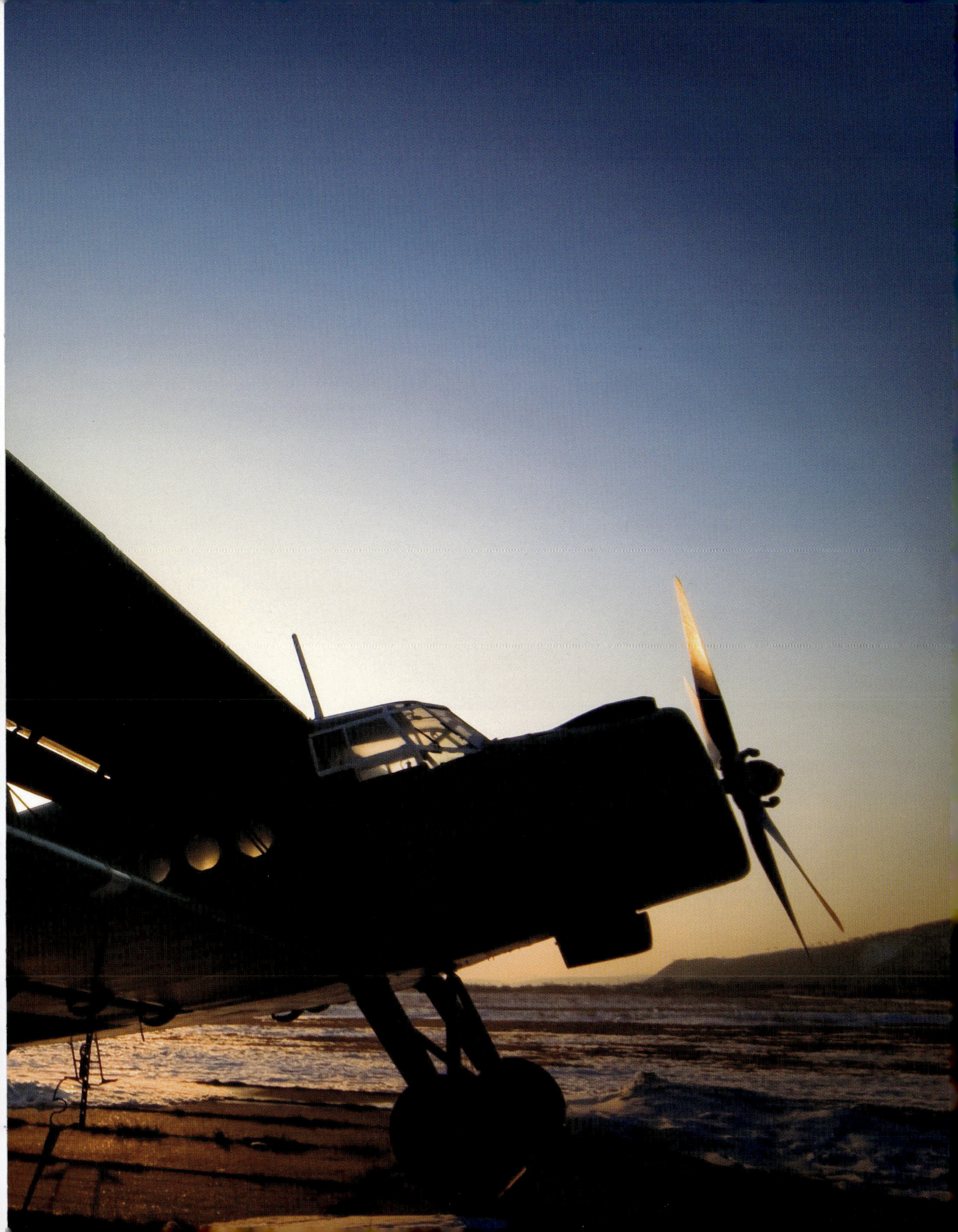

Ausgedehnte Schärfentiefe

Wie bei den meisten Landschafts- und Architekturaufnahmen gilt auch zur Blauen Stunde: Die Fotos müssen ausgedehnte Schärfentiefe zeigen. Vom Vordergrund bis zum Horizont sollte also alles scharf zu sehen sein. Ausnahmen gibt es natürlich, wobei ausgedehnte Schärfentiefe aber trotzdem für die meisten Motive ein sinnvolles Gestaltungselement ist. Für maximale Schärfentiefe braucht man kleine Blendenöffnungen, man muss also mit Blende f/11, f/16 oder noch kleineren Öffnungen arbeiten. Das bedeutet aber auch, dass die Verschlusszeiten aufgrund der rapide abnehmenden Stärke des Tageslichts ziemlich lang werden können. Zeiten von 2 Sekunden und mehr bei ISO 100 sind durchaus zu erwarten.

Sie benötigen also ein stabiles Stativ, da man bei solchen Verschlusszeiten auch mit modernem Bildstabilisator keine scharfe Aufnahme aus der Hand zustande bringen wird. Abgesehen davon hilft ein Stativ beim Festlegen des Bildausschnitts, weil man sich damit viel besser auf das Ausrichten der Kamera und die Wahl der richtigen Brennweite konzentrieren kann. Um verwackelte Bilder auch wirklich auszuschließen, sollte man die Kamera am besten mit Fernauslöser betätigen und – falls möglich – bei einer Spiegelreflexkamera stets die Spiegelvorauslösung verwenden.

Empfindlichkeit und Bildrauschen

Man kann starkes Bildrauschen, das durch hohe ISO-Werte ausgelöst wird, mit ein wenig Weichzeichnen recht stimmungsvoll in der Available-Light-Fotografie einsetzen. Allerdings passt das am ehesten zu Schwarz-Weiß-Aufnahmen und ganz besonders zu

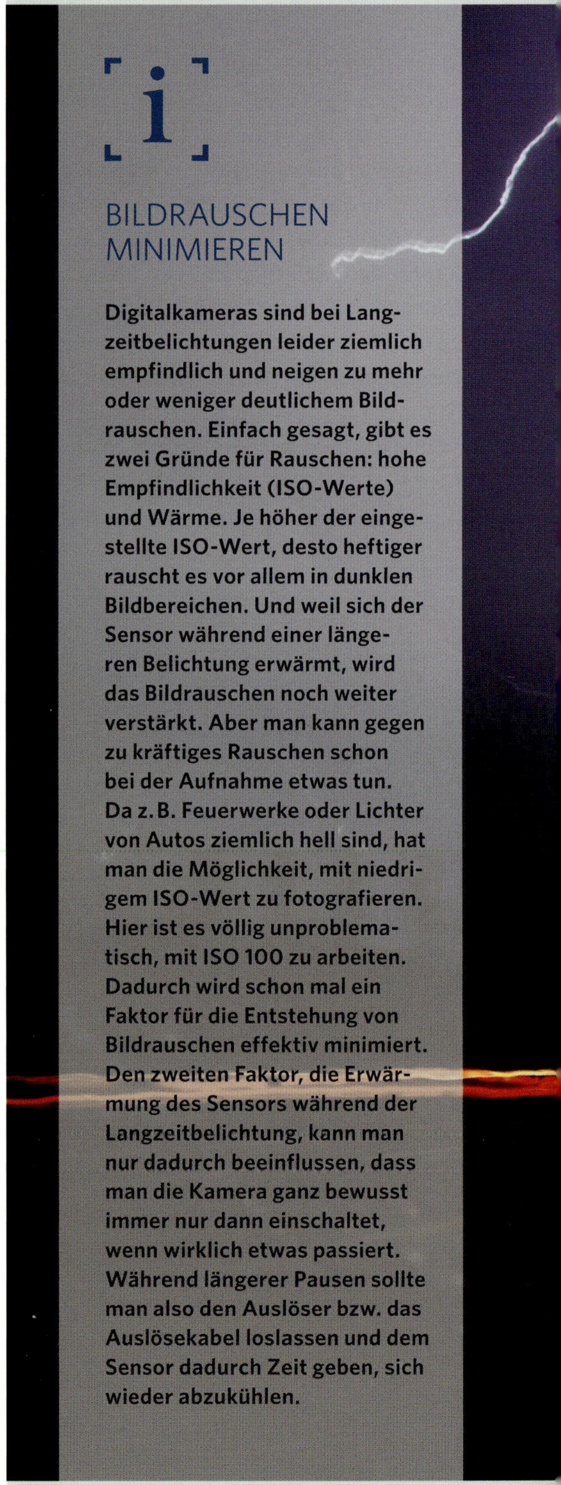

i BILDRAUSCHEN MINIMIEREN

Digitalkameras sind bei Langzeitbelichtungen leider ziemlich empfindlich und neigen zu mehr oder weniger deutlichem Bildrauschen. Einfach gesagt, gibt es zwei Gründe für Rauschen: hohe Empfindlichkeit (ISO-Werte) und Wärme. Je höher der eingestellte ISO-Wert, desto heftiger rauscht es vor allem in dunklen Bildbereichen. Und weil sich der Sensor während einer längeren Belichtung erwärmt, wird das Bildrauschen noch weiter verstärkt. Aber man kann gegen zu kräftiges Rauschen schon bei der Aufnahme etwas tun.
Da z. B. Feuerwerke oder Lichter von Autos ziemlich hell sind, hat man die Möglichkeit, mit niedrigem ISO-Wert zu fotografieren. Hier ist es völlig unproblematisch, mit ISO 100 zu arbeiten. Dadurch wird schon mal ein Faktor für die Entstehung von Bildrauschen effektiv minimiert. Den zweiten Faktor, die Erwärmung des Sensors während der Langzeitbelichtung, kann man nur dadurch beeinflussen, dass man die Kamera ganz bewusst immer nur dann einschaltet, wenn wirklich etwas passiert. Während längerer Pausen sollte man also den Auslöser bzw. das Auslösekabel loslassen und dem Sensor dadurch Zeit geben, sich wieder abzukühlen.

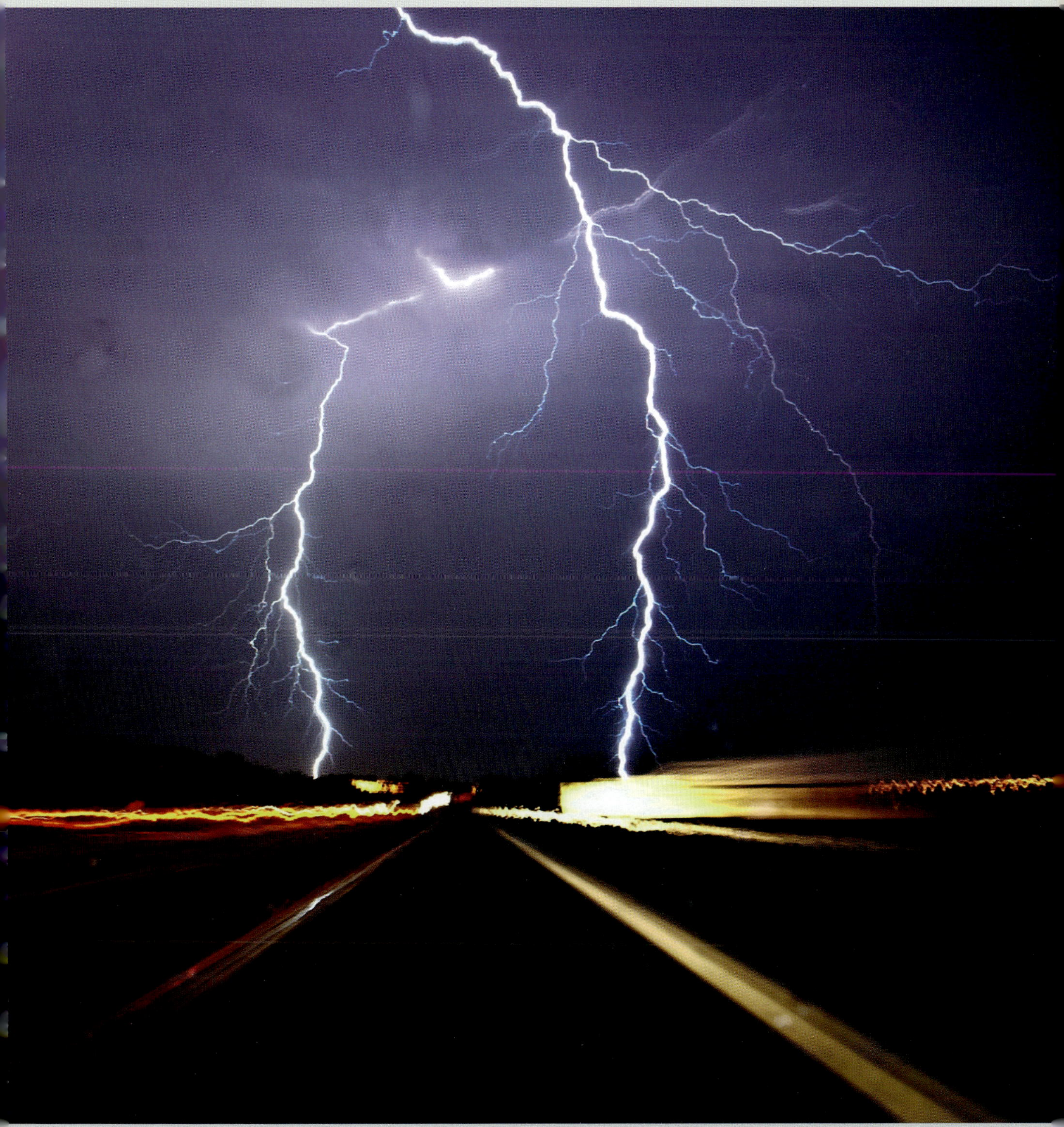

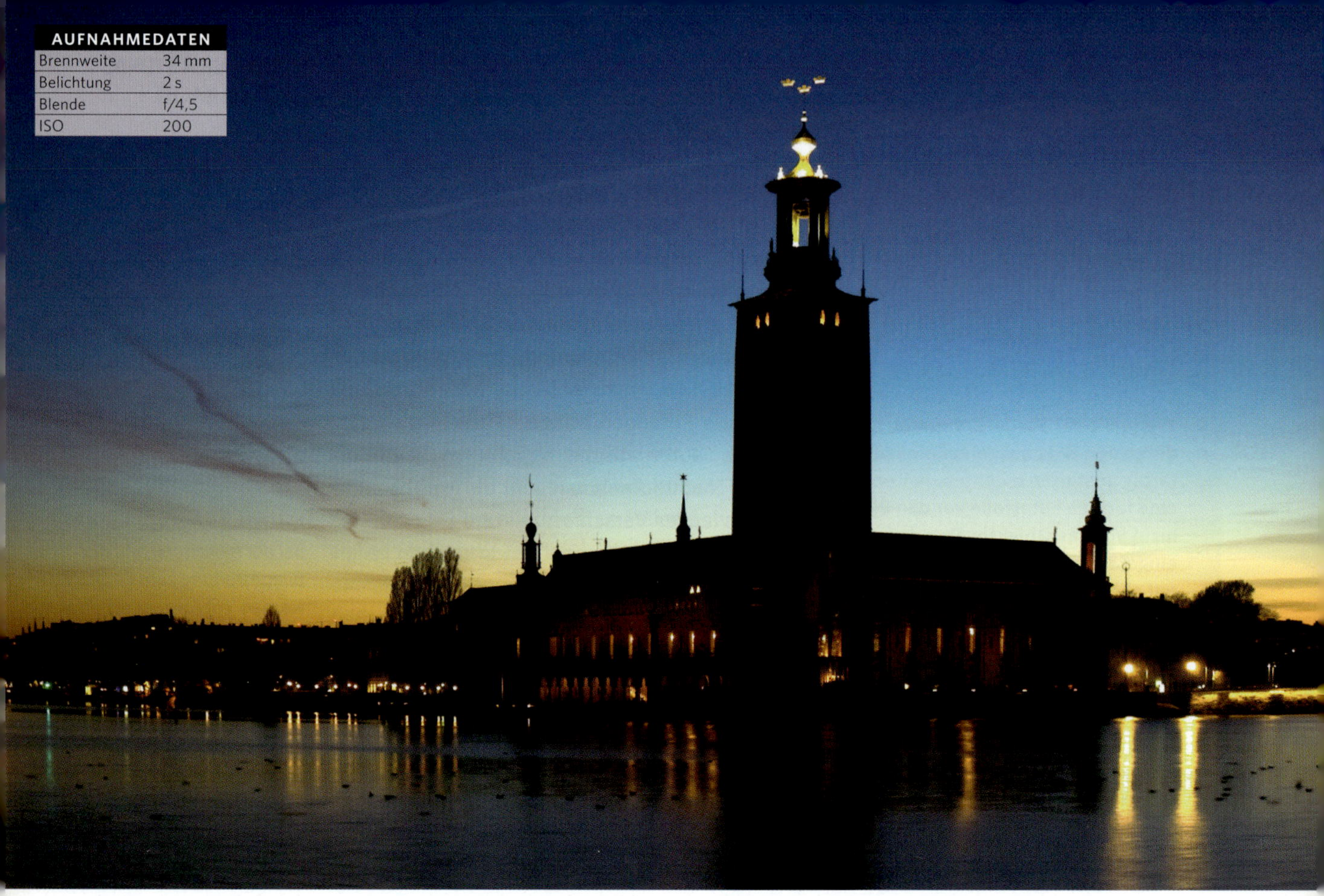

AUFNAHMEDATEN	
Brennweite	34 mm
Belichtung	2 s
Blende	f/4,5
ISO	200

Spiegelungen von Lichtquellen im Wasser wirken bei niedrigem Kamerastandpunkt besonders intensiv. Die Linie der Wasseroberfläche lässt sich sehr gut zur Bildaufteilung einsetzen, wobei hier Drittel-Regel und Goldener Schnitt ignoriert wurden, um den hohen Turm nicht abzuschneiden.

Kombination Dämmerung und Flutlicht

Sehenswürdigkeiten wie Kirchen, Denkmäler oder große Brücken werden nachts meistens mit Flutlicht angestrahlt. Dieses allein bewirkt in vielen Fällen keine besonders stimmungsvollen Ansichten auf Fotos. Erst die Kombination aus Flutlicht und dem Licht der Dämmerung ist ideal. Ein paar von der untergegangenen Sonne beschienene Wolken geben einen tollen Hintergrund ab. Die Belichtung solcher Motive kann knifflig sein. Hier ist die Spotmessung hilfreich, bei der nur ein kleiner Motivbereich, z. B. der gleichmäßig beleuchtete Teil einer Häuserfront, für die Belichtungswerte vermessen wird.

Flutlichtmotive am Tag erkunden

Sind Sie im Urlaub und möchten eine bestimmte Sehenswürdigkeit mit Flutlicht in der Nacht fotografieren, erkunden Sie tagsüber den geeigneten Standort. Begeben Sie sich dann mit Stativ und Kamera bei Sonnenuntergang dorthin. Der richtige Zeitpunkt ist entscheidend. Fotografieren Sie zu früh, überlagert das Tageslicht das künstliche Licht. Warten Sie zu lange, bleibt nur noch das Flutlicht, und die Umgebung versinkt in der nächtlichen Schwärze. Machen Sie am besten während der gesamten Blauen Stunde direkt nach Sonnenuntergang ständig Fotos und kontrollieren Sie sie auf dem Display. Dann sehen Sie einerseits, ob die Belichtungswerte stimmen, und können andererseits abschätzen, wann das Verhältnis Tageslicht – Flutlicht am wirkungsvollsten ist.

Prächtige Feuerwerke einfangen

Ohne Stativ lässt sich ein Feuerwerk nicht fotografieren. Der Grund sind lange Verschlusszeiten, die nötig sind, um mehr als eine kleine Explosion aufs Bild zu bekommen. Würde man mit kurzen Verschlusszeiten (z. B. 1/60 Sekunde oder weniger) arbeiten, damit Fotos ohne Verwackeln aus der Hand möglich sind, hätte man vom Feuerwerk bestenfalls ein paar Lichtpunkte erwischt. Aufnahmen eines Feuerwerks wirken aber erst durch die Lichtstreifen, die durch die explodierenden Raketen erzeugt werden. Um eine einzelne Rakete und ihren Lichtstreifen zu fotografieren, ist schon eine relativ lange Verschlusszeit von mindestens 1/2 Sekunde notwendig. Ohne Stativ würde so eine Aufnahme mit Sicherheit verwackeln. Zur Not kann man sich auch mit einer festen Unterlage behelfen, auf die man die Kamera legt.

Optimal ist das aber nicht, weil die Möglichkeiten bei der Wahl des passenden Bildausschnitts sehr beschränkt sind. Erst mit Stativ samt Dreiwegeneiger kann man die Kamera exakt auf das Feuerwerk ausrichten. Wichtig dabei: Das Stativ muss für die Kamera geeignet sein. Das heißt, ein leichtes Kunststoffstativ hält eine schwere Spiegelreflexkamera niemals ruhig. Jeder Windhauch lässt die Konstruktion schwingen. Je schwerer die Kamera samt Objektiv ist, desto stabiler muss das Stativ sein.

Form, Farbe und Beleuchtung – über den richtigen Bildausschnitt kann man sich auch schon tagsüber Gedanken machen. Interessant wird das Motiv aber erst durch die künstliche Beleuchtung.

AUFNAHMEDATEN	
Brennweite	17 mm
Belichtung	8 s
Blende	f/11
ISO	100

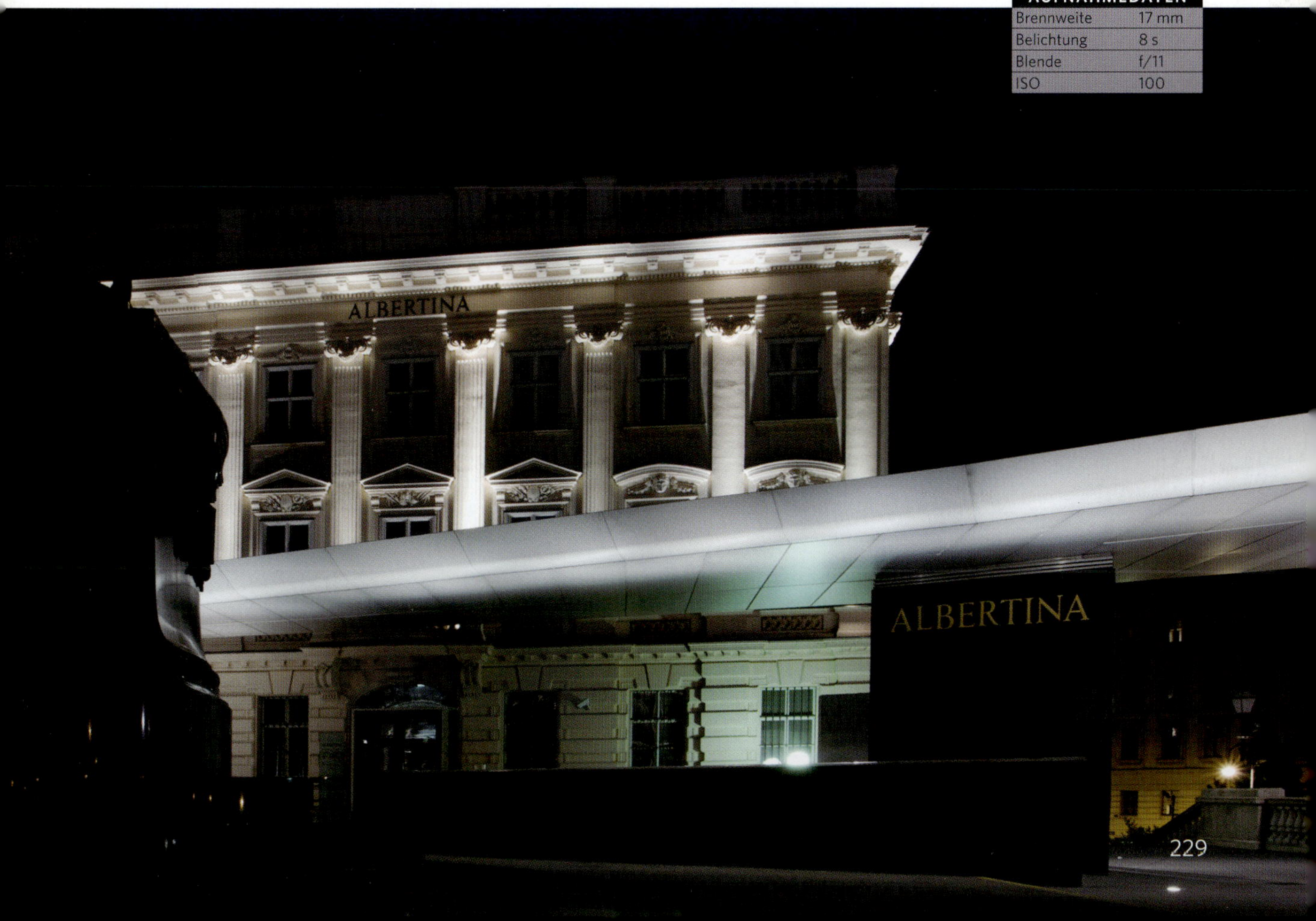

[i]

ERSCHÜTTERUNGEN UND WIND

Bei Langzeitbelichtungen reagiert die relativ schwere Konstruktion aus Kamera und Stativ besonders empfindlich auf Erschütterungen, die über den Boden übertragen werden. Man sollte sich und die Kamera also auf einen möglichst harten Untergrund wie Beton oder Steinplatten stellen. Ebenfalls geeignet sind Kiesböden. Schlecht ist alles, was beim Begehen mitschwingt, beispielsweise Bretter- oder Blechböden, wie sie rund um Karussells verlegt werden. Nicht ganz so wichtig ist der Untergrund, wenn neben den Feuerwerkskaskaden keine statischen Motive (Gebäude etc.) im Bild sind, leichte Verwacklungen fallen dann nicht auf. Sobald die Bilder aber durch Gebäude oder Landschaftselemente interessanter gestaltet werden, ist absolute Wackelfreiheit Pflicht. Auch der Wind kann problematisch werden. Ein bisschen Wind schadet nicht, im Gegenteil, er vertreibt den Qualm der aufsteigenden Raketen. Zu viel Wind wiederum ist schlecht, weil er das Stativ in Bewegung versetzt. Falls es zu windig ist, sollte man sich als Windschutz vors Stativ stellen. Um das Stativ zusätzlich zu stabilisieren, kann man außerdem noch die Kameraausrüstung innen an die Streben hängen.

Feuerwerksfotos richtig belichten

Belichtungstechnisch gesehen, sind Feuerwerke völlig unkompliziert. Man stellt die Kamera auf den manuellen Modus, in dem man ISO-Wert, Verschlusszeit und Blende manuell festlegt. Eine Automatik – Blenden- oder Zeitautomatik – bringt nichts, da die Kamera sich bei der Belichtungsmessung von der dunklen Umgebung und der plötzlich auftretenden Helligkeit der Raketen verwirren lässt.

Man verwendet entweder die Langzeitbelichtung, oft als „Modus B“ oder „Bulb“ bezeichnet, und hält den Verschluss per Fernauslöser von Hand so lange offen, wie man will, oder man wählt eine lange Verschlusszeit von mehr als 10 Sekunden vor. Die

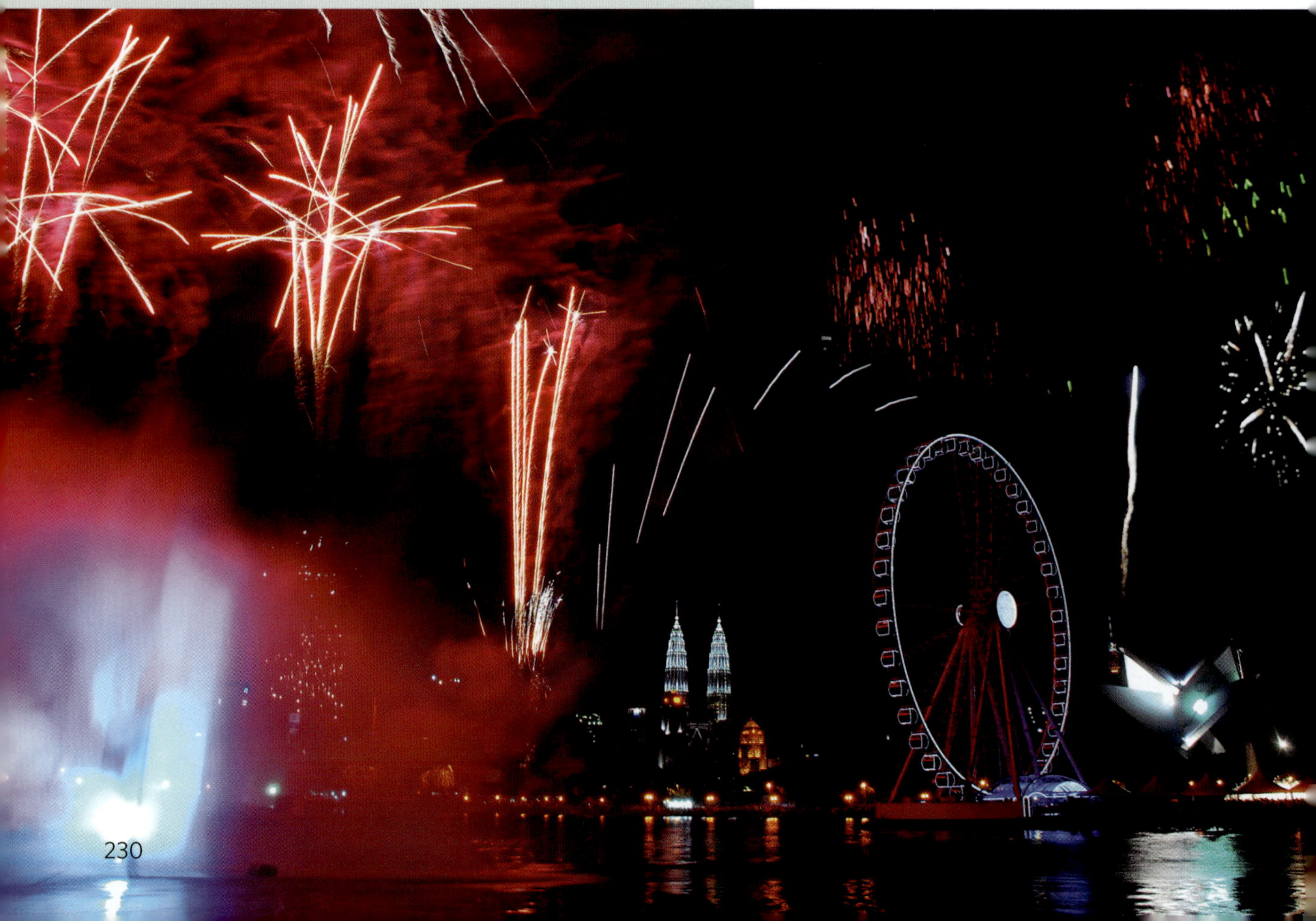

Empfindlichkeit wird auf ISO 100 voreingestellt oder auf den niedrigsten verfügbaren Wert, um Bildrauschen zu minimieren. Zum Schluss stellt man noch den Blendenwert auf f/11. Je nach Helligkeit der Umgebung kann man mit der Blende noch ein wenig variieren. Je heller die Umgebung (z. B. durch Licht von Straßenlaternen), desto höher kann der Blendenwert sein. Es ist in jedem Fall vernünftig, nach den ersten Aufnahmen die Bilder kurz am Monitor zu kontrollieren, um den Einfluss des Umgebungslichts bei der Langzeitbelichtung abschätzen zu können. Ist die Umgebung zu hell, muss man auf Blende f/16 umstellen oder, was besser ist, die Belichtungszeiten verkürzen.

Wie lang ist lang?

Einfache digitale Kompaktkameras schaffen als maximale Belichtungszeit oft nur eine Sekunde, was für die ersten Versuche ausreichen mag. Weil das Aufsteigen der Raketen und die nachfolgenden Explosionen aber auch mehrere Sekunden dauern können, werden die Ergebnisse langer Belichtungszeiten entsprechend eindrucksvoller. Mit besseren Kameras kann man auch mal bis zu 30 Sekunden belichten. Bei einigen Modellen und bei Spiegelreflexkameras bleibt der Verschluss beim ständigen Drücken des Auslösers oder des Fernauslösers beliebig lang geöffnet. Der Fernauslöser ist übrigens die bessere Lösung, weil man die Kamera nicht berühren muss. Beim Drücken des Auslösers bewegt man die Kamera immer leicht, und die Bilder verwackeln.

Schwarzer Karton wirkt Wunder

Falls die Kamera Langzeitbelichtungen, bei denen man den Verschluss beliebig lang offen halten kann, beherrscht, sollte man einen schwarzen Karton in der Größe A4 dabeihaben. Wenn Sie den Karton vors Objektiv halten, sobald eine kleine Pause zwischen den Kaskaden eintritt, vermeiden Sie den Einfall von nächtlichem Streulicht z. B. durch Scheinwerfer oder Straßenlaternen. Achten Sie darauf, die Kamera währenddessen nicht zu berühren.
Man kann also ganz bequem auf die nächste Feuerwerkskaskade warten, um noch mehr Lichtspuren aufs Bild zu bekommen. Durch den vor das Objektiv gehaltenen schwarzen Karton ist es viel einfacher, sich auf die Bildgestaltung zu konzentrieren. Vor allem bei kleineren Feuerwerken, wenn nicht ständig eine große Menge an Raketen in den Himmel schießt, kann man so bei einer Belichtungszeit von beispielsweise 30 Sekunden und länger selbst entscheiden, wann genügend Explosionen auf dem Bild sind.

Tipps zur Bildbearbeitung

Es geht um Farben, es geht um Farbverläufe, und es geht um Kontraste – zur Blauen Stunde und danach bzw. davor aufgenommene Bilder haben meistens einen ganz eigenen Look. Ansatzpunkt für die Bildoptimierung sind – abgesehen von üblichen Retuschen (Flecken, störende Bildelemente, Bildbeschnitt etc.) – vor allem die Tonwert- und Kontrastoptimierung sowie Farbkorrekturen und -optimierungen. Denn auch wenn der automatische Weißabgleich und die automatische Belichtung immer besser geworden sind, kann es durchaus passieren, dass Bilder zu hell, dunkel oder flau werden oder die Farben nicht wirklich stimmig sind. Eine standardisierte Vorgehensweise gibt es natürlich nicht. Die Fotos sind einfach zu verschieden und erfordern ganz unterschiedliche Herangehensweisen.

Ein paar Tipps gibt es aber dennoch:

- Vorsicht bei sanften Farbverläufen! Bei zu starken Farbkorrekturen kann es passieren, dass Farbabrisse entstehen, die sich dann wie Kanten oder Stufen durch einen vorher gleichmäßigen Verlauf ziehen.
- Ist ein Bild zu dunkel geraten, behalten Sie bei der Korrektur vor allem die Tiefen (Schatten) im Blick. Denn gerade in dunklen Bildbereichen taucht bei einer allgemeinen Aufhellung schnell heftiges Bildrauschen auf.
- Wird ein Bild nach der Verarbeitung als JPEG-Datei gespeichert, achten Sie auf hohe Qualität bei niedriger Komprimierung. Farb- und Helligkeitsverläufe reagieren sehr empfindlich auf zu starke Komprimierung und können plötzlich wieder die schon oben genannten Stufen aufweisen. Am besten speichern Sie eine Kopie des Originals und kontrollieren sofort das bearbeitete Bild. Sind die Verläufe unsauber, speichern Sie lieber noch einmal mit geringerer Komprimierung oder verwenden gleich das verlustfreie TIF-Format.
- Für optimale Bildqualität arbeiten Sie am besten mit RAW-Dateien. Zwar ist der Aufwand dann deutlich größer, weil die RAW-Dateien zunächst mit einem geeigneten Programm entwickelt werden müssen, die Bildqualität ist aber gerade bei größeren Abzügen oder Ausdrucken weitaus besser als bei einem JPEG-Foto, das vor dem Ausdruck noch optimiert werden musste. Verwendet man für den Druck ein perfekt belichtetes JPEG-Bild mit minimaler Komprimierung, sind die Qualitätsunterschiede zu RAW im Druck kaum zu bemerken.

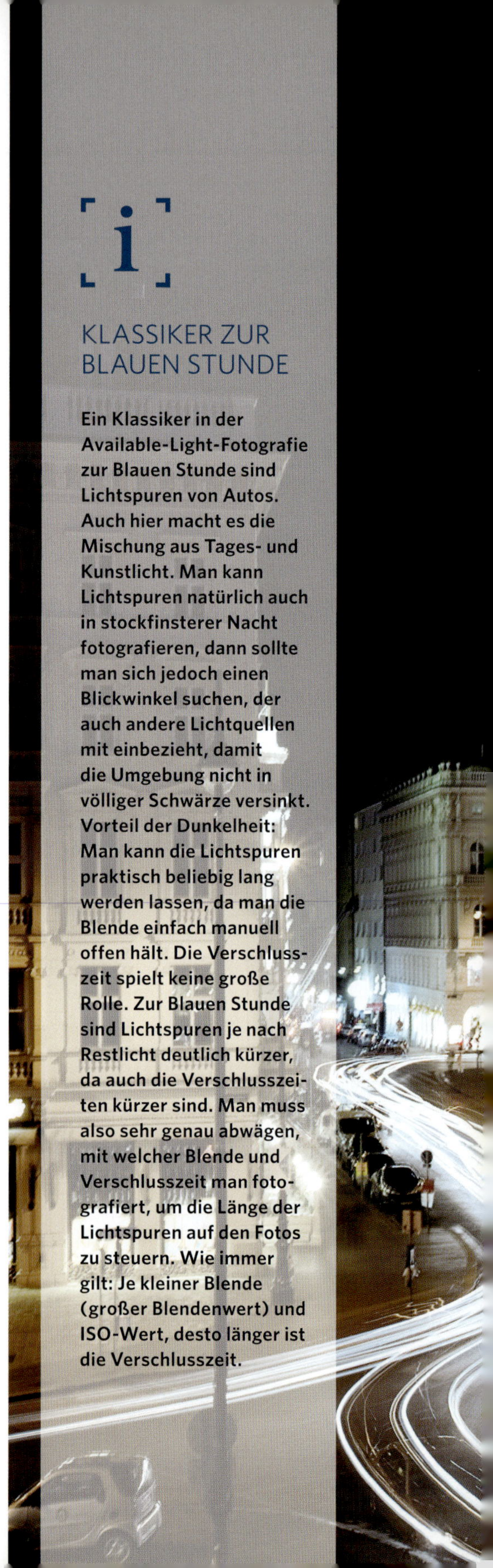

KLASSIKER ZUR BLAUEN STUNDE

Ein Klassiker in der Available-Light-Fotografie zur Blauen Stunde sind Lichtspuren von Autos. Auch hier macht es die Mischung aus Tages- und Kunstlicht. Man kann Lichtspuren natürlich auch in stockfinsterer Nacht fotografieren, dann sollte man sich jedoch einen Blickwinkel suchen, der auch andere Lichtquellen mit einbezieht, damit die Umgebung nicht in völliger Schwärze versinkt. Vorteil der Dunkelheit: Man kann die Lichtspuren praktisch beliebig lang werden lassen, da man die Blende einfach manuell offen hält. Die Verschlusszeit spielt keine große Rolle. Zur Blauen Stunde sind Lichtspuren je nach Restlicht deutlich kürzer, da auch die Verschlusszeiten kürzer sind. Man muss also sehr genau abwägen, mit welcher Blende und Verschlusszeit man fotografiert, um die Länge der Lichtspuren auf den Fotos zu steuern. Wie immer gilt: Je kleiner Blende (großer Blendenwert) und ISO-Wert, desto länger ist die Verschlusszeit.

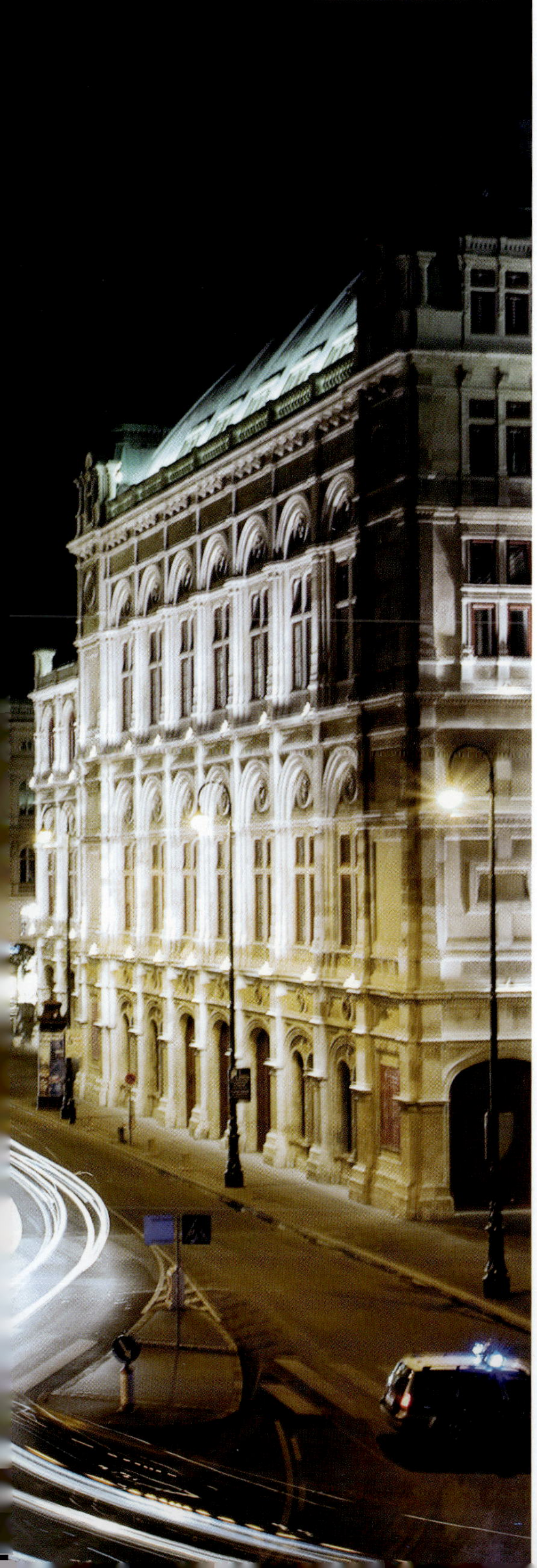

AUFNAHMEDATEN

Brennweite	40 mm
Belichtung	25 s
Blende	f/22
ISO	100

Objektivempfehlung

Um abends und nachts gute Fotos zu schießen, ist die Wahl des Objektivs zweitrangig. Hohe Lichtstärke ist nicht unbedingt nötig, da man die meisten abendlichen Motive sowieso mit Stativ fotografieren muss. Für die Bildgestaltung sinnvoll ist in den meisten Fällen ein Zoomobjektiv mit moderatem Brennweitenbereich. Dann hat man genug Spielraum, um von Landschaften und Häuserschluchten bis zu nächtlichen Details oder Porträts vor einer Lichterkulisse alles einfangen zu können. Für reportageartige Bilder, die auch mal mit hoher Empfindlichkeit z. B. in Schwarz-Weiß gezeigt werden, ist ein besonders lichtstarkes Objektiv mit fester Brennweite vernünftig. Reportageprofis arbeiten häufig mit leichten bis mittleren Weitwinkelbrennweiten mit Lichtstärken von weniger als 1:2. Fotos, die mit einem solchen Objektiv ohne Blitz gemacht werden, wirken oft sehr authentisch und dokumentarisch.

OBJEKTIVEMPFEHLUNG	
Blaue Stunde und Dämmerung	• Zoomobjektiv (ca. 35 bis 100 mm)
Architektur und Landschaften	• Zoomobjektiv (ca. 35 bis 100 mm) • Festbrennweite (ca. 35 bis 50 mm)
Porträts und Reportage	• Zoomobjektiv (ca. 35 bis 100 mm) • lichtstarke Festbrennweite (ca. 30 bis 70 mm)

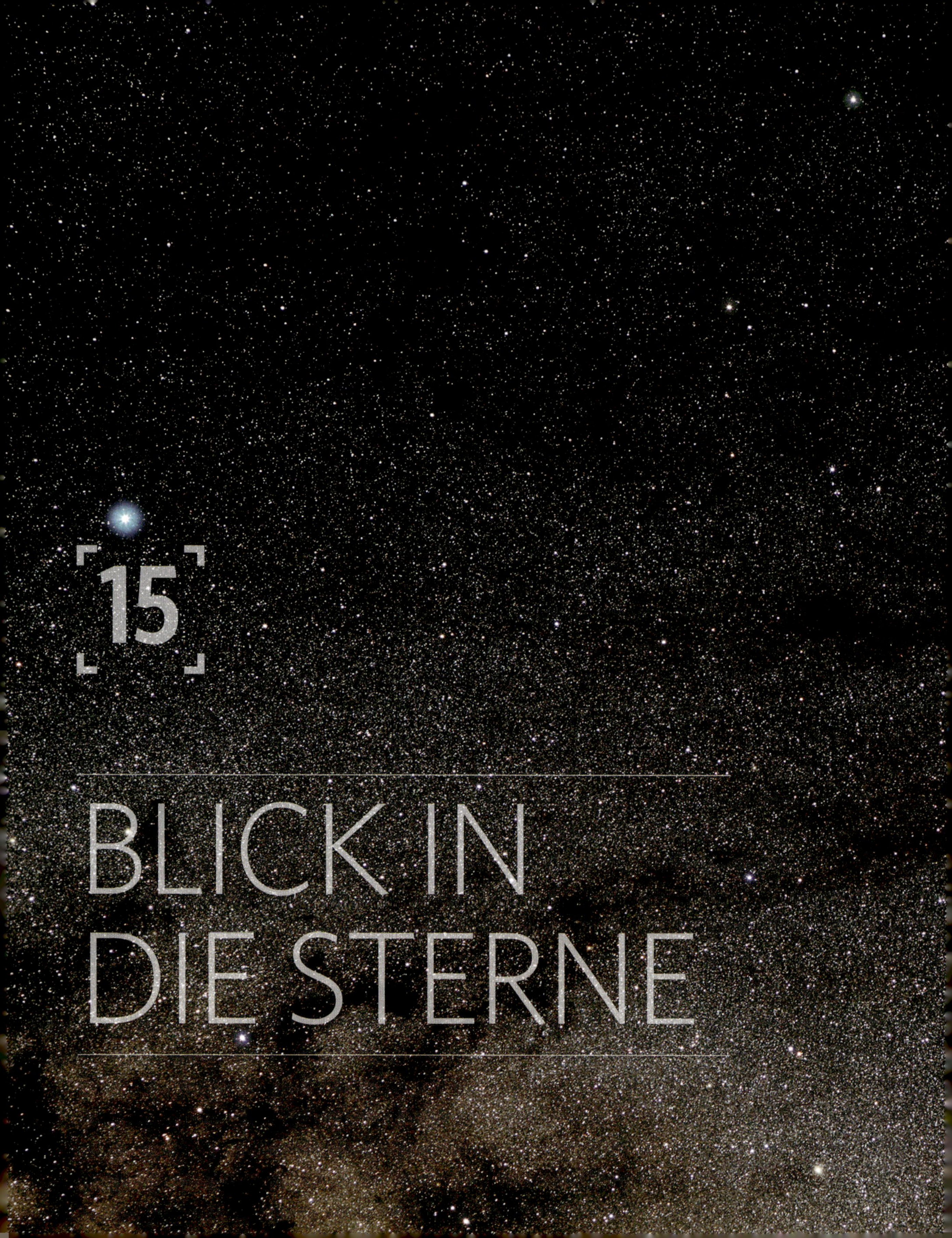

15

BLICK IN DIE STERNE

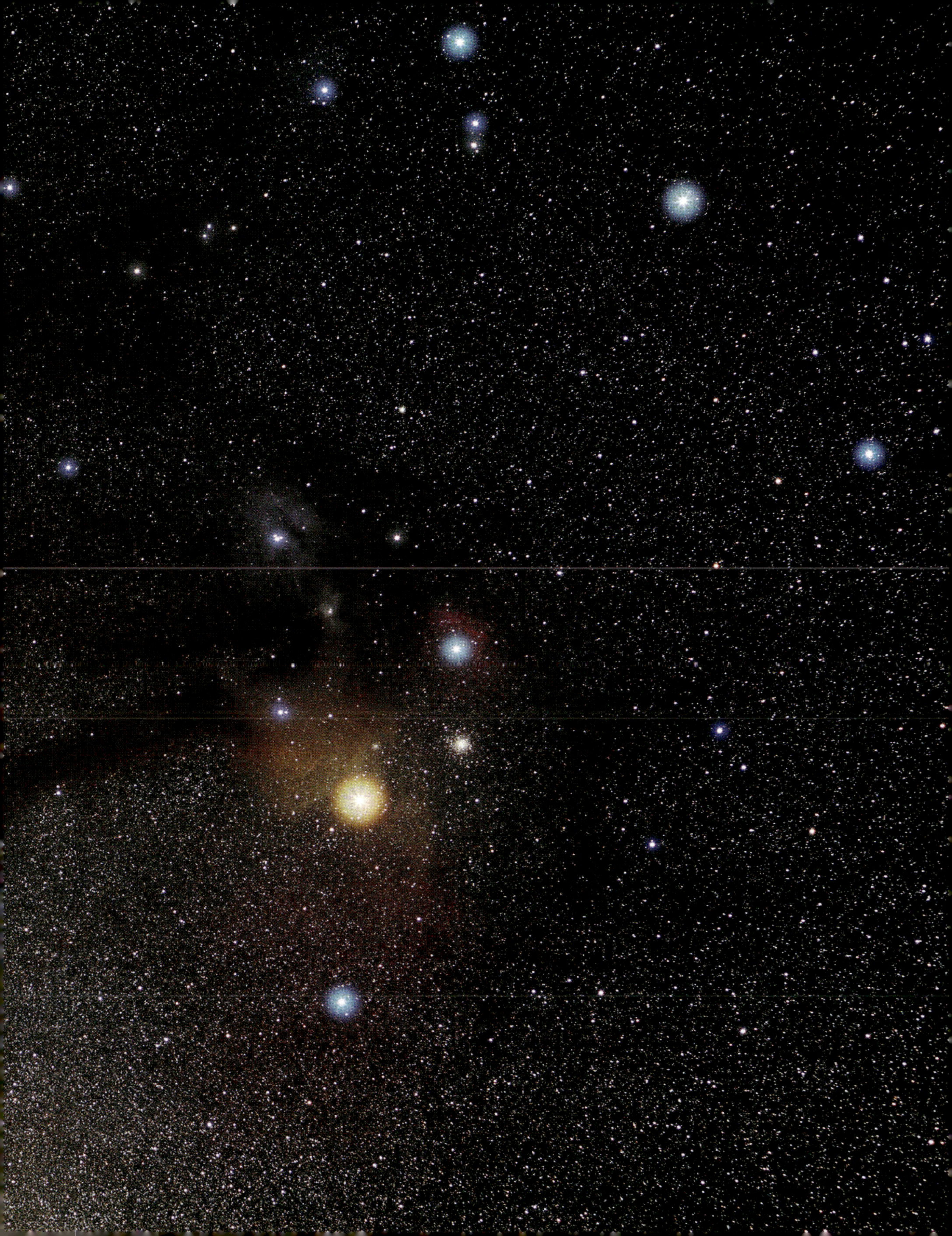

AUFNAHMEDATEN	
Brennweite	16 mm Fisheye
Belichtung	15 min
Blende	f/4
ISO	100

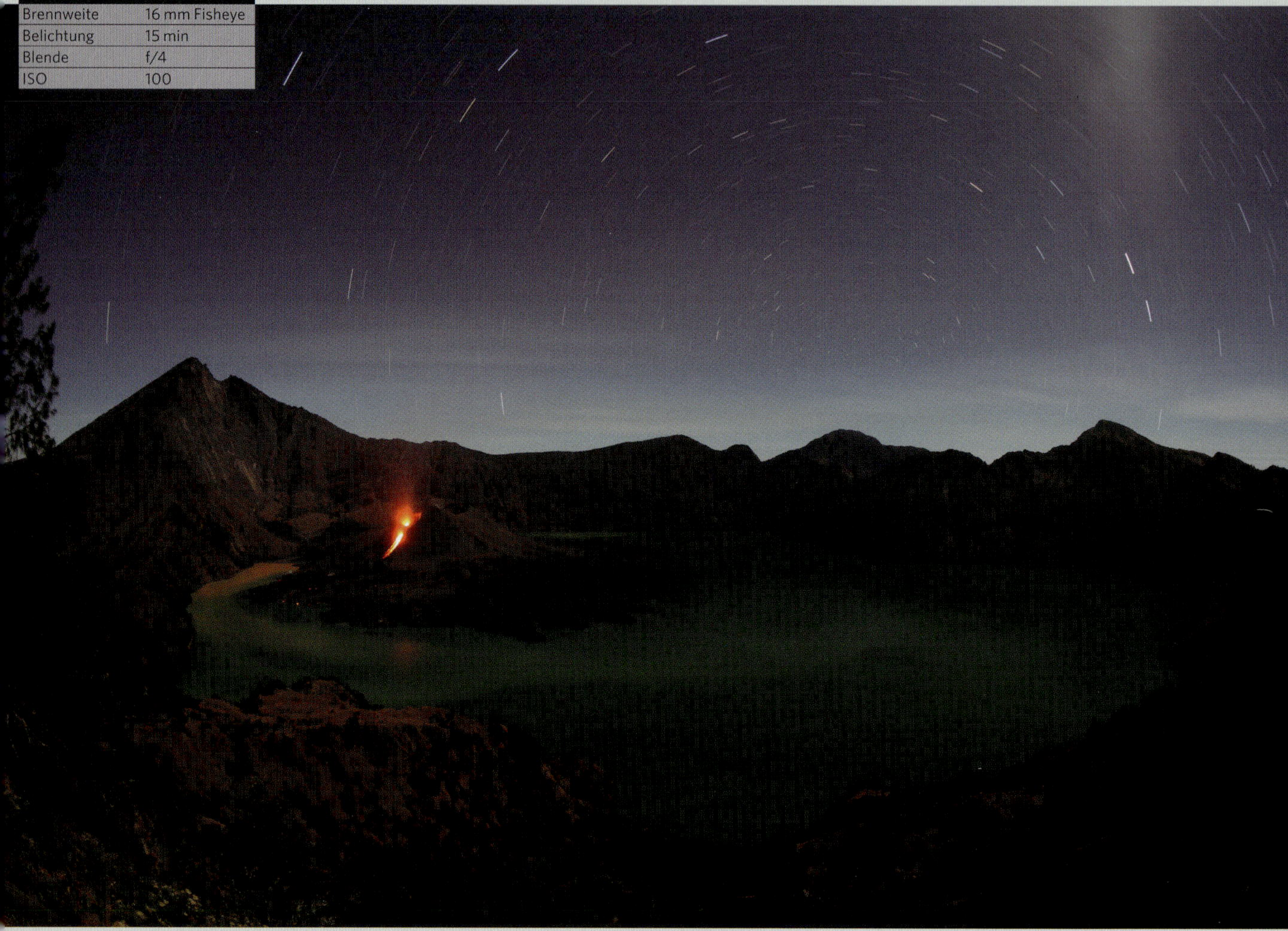

Südlicher Sternhimmel mit Milchstraße, Poldrehaufnahme um den Himmelssüdpol, Lombok, Indonesien, Caldera des Rinjani-Vulkans, 28.08.2009 23:00h.

15 Blick in die Sterne

Wer hat nicht schon mal einen unglaublich schönen Sternenhimmel oder einen Mondaufgang gesehen, den es sich im Bild festzuhalten gelohnt hätte? Diese sogenannte Astrofotografie ist eine der schwierigsten fotografischen Disziplinen überhaupt, denn das Licht der Himmelsobjekte ist relativ schwach, und die Himmelsobjekte stehen nicht still! Sonne, Mond, Planeten und Sterne ziehen infolge der Erddrehung in festgelegten Bahnen über den Himmel, und ihre Bewegungen sind schneller, als man glaubt, sodass es spezielle Techniken braucht, ein scharfes Bild zu erhalten.

Voraussetzungen für die Astrofotografie

■ Voraussetzungen sind eine digitale Spiegelreflexkamera mit hoher ISO-Einstellung und rauscharmem Sensor, ein Stativ, ein Drahtauslöser sowie Objektive mit möglichst kleiner Blendenzahl. Kennt man noch die wichtigsten Zusammenhänge und Grundlagen, lassen sich mit einfachen Mitteln sehr stimmungsvolle Fotos gewinnen. Etwas mehr Technik erlaubt sehr beeindruckende Fotos vom tiefen Universum. Generell ist es in der Astrofotografie notwendig, die Automatik der Kamera auszuschalten und mit rein manueller Einstellung (Einstellung M) zu arbeiten. Belichtungsautomatik oder gar Motivprogramme sind nicht auf die speziellen Lichtverhältnisse abgestimmt, es würden überbelichtete, verrauschte und verwackelte Bilder entstehen. Besser ist es, sich genug Zeit zu nehmen, um Belichtungsserien mit verschiedenen ISO-Einstellungen zu testen, dadurch entwickelt sich ein Gefühl für die richtigen Werte.

In der frühen Dämmerung

Ausschließlich in der frühen Dämmerung hilft manchmal die Kameraautomatik dabei, gute Anhaltspunkte für die Werte erster Fotos zu erhalten. Gewöhnliche astronomische Objekte zu dieser Tageszeit sind Sonne und Mond. Ein- oder zweimal im Jahr gesellt sich ein Planet zum Sonnenauf- oder -untergang hinzu. Ganz selten steht ein Besucher aus dem äußeren Sonnensystem, ein Komet, knapp über dem Horizont im roten Abend- oder Morgenhimmel. Informationen über solche besonderen Himmelsereignisse finden sich im Internet auf Webseiten für Amateurastronomen wie z. B. *astronomie.de*.

Komet McNaught am Abendhimmel, 09.01.2007 17:37h.

AUFNAHMEDATEN	
Brennweite	600 mm
Belichtung	1/2 s
Blende	f/4
ISO	200

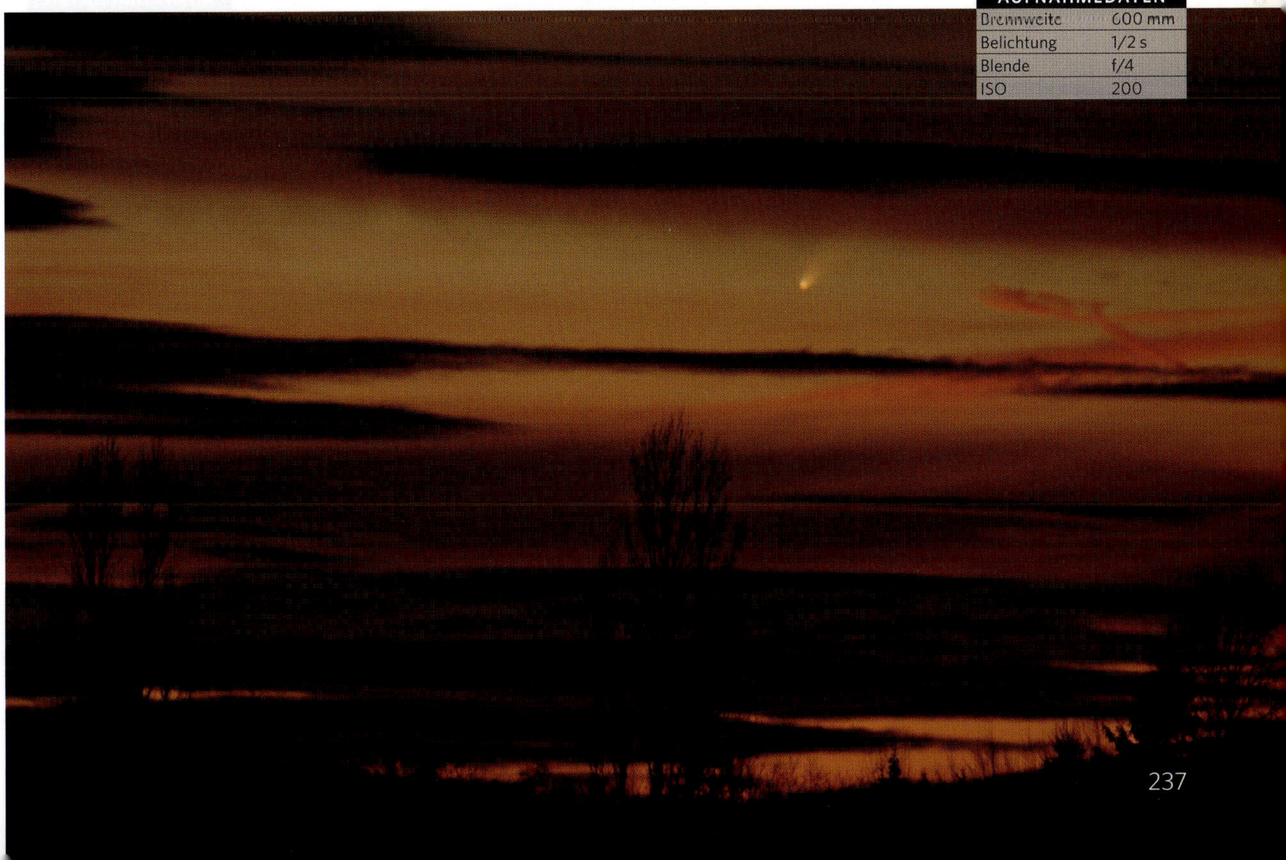

Oben: Totale Mondfinsternis, 09.01.2001, Komposit aus sieben Einzelaufnahmen.

Unten: Totale Sonnenfinsternis, Konya, Türkei, HDR aus sechs Einzelbildern, 29.03.2006.

Die Hutmethode

Ein alter Trick, wenn man keinen Selbst- oder Fernauslöser zur Hand hat: die Hutmethode. Man stellt die Kamera auf einige Sekunden Belichtungszeit (4 bis 15 Sekunden), hält einen Hut oder eine Zeitschrift vor die Optik, ohne diese damit zu berühren, und drückt dann den Auslöser. Etwa 2 bis 3 Sekunden dauert es, bis die Vibrationen abgeklungen sind. Dann zieht man den Hut oder das Heft für die gewünschte Belichtungszeit vor der Optik weg. Dieser Trick funktioniert besonders bei sehr langen Teleskopbrennweiten, bei denen selbst der Schlitzverschluss der Kamera eine zu hohe Vibration erzeugt.

Stimmungsvoll wirken Fotos des Mondes mit Erdlicht aber auch bei geringerer Brennweite, wenn eine schöne Landschaftskulisse mit einbezogen werden kann.

Finsternisse

Wenn sich der Mond im Schatten der Erde verfinstert (Mondfinsternis) oder sich vor die Sonne schiebt (Sonnenfinsternis), ist das für Astrofotografen ein Pflichttermin. Von einem festen Standort aus wird man im Laufe seines Lebens wesentlich mehr Mondfinsternisse als Sonnenfinsternisse zu sehen bekommen, das liegt vor allem an der Geometrie der Bahnen von Sonne und Mond. Finsternisse vergehen erfahrungsgemäß viel zu schnell für Experimente, deshalb sollte man schon Wochen im Voraus mit der Ausrüstung experimentieren und sich einen Ablaufplan (Belichtungszeiten, Brennweiten, Objektivwechsel) überlegen, der während des Ereignisses abgearbeitet werden kann.

Die Mondfinsternis

Wenn der Vollmond in den Schatten der Erde gleitet, spricht man von einer Mondfinsternis. Der Mond wird dabei noch vom roten Licht erleuchtet, das die Erdatmosphäre in den Schatten der Erde reflektiert. Fast jedes Jahr ist eine Mondfinsternis zu sehen. Im Gegensatz zur totalen Sonnenfinsternis lässt sie sich von der kompletten dem Mond zugewandten Erdseite beobachten und nicht nur in einem schmalen, eingegrenzten Gebiet. Für das bloße Auge nimmt der Mond einen Farbton an, der von Hellorange bis Dunkelbraun variieren kann. Mehrere Sekunden lange Belichtungen sind erforderlich. Ohne Nachführung mit Stativ empfiehlt sich daher eine Beschränkung auf etwa 200 bis 300 mm Brennweite.

Ein schönes, scharfes und durchgezeichnetes Bild, das man etwas beschneidet, ist besser als ein verzogenes, verwackeltes und zu dunkles langbrennweitiges Bild. Mit einer Serie von Einzelaufnahmen lässt sich am Computer der gesamte Finsternisverlauf als Reihenaufnahme zusammensetzen.

Die Sonnenfinsternis

Bei einer Sonnenfinsternis schiebt sich der Mond vor die Sonne. Dies geschieht nur sehr selten. Die fotografierbaren Effekte sind dramatisch. Bei der partiellen Sonnenfinsternis bzw. in der partiellen Phase einer totalen Sonnenfinsternis, wenn die Sonne noch nicht komplett vom Mond verdeckt ist, muss unbedingt ein Filter vor die Optik gesetzt werden, um das grelle Sonnenlicht um mindestens den Faktor 10.000 bis 100.000 abzuschwächen.

Die unkomplizierteste Montage und beste Filterung ermöglicht eine Sonnenfilterfolie, wie sie bei jedem Astrohändler im Internet erhältlich ist. Diese Folie kann man in kleine Stücke zerteilen und mit Klebeband oder Pappfassung stabil vor der jeweiligen Optik befestigen. Jedoch ist darauf zu achten, dass der Filter während der totalen Phase schnell abgenommen und danach wieder aufgesetzt werden kann.

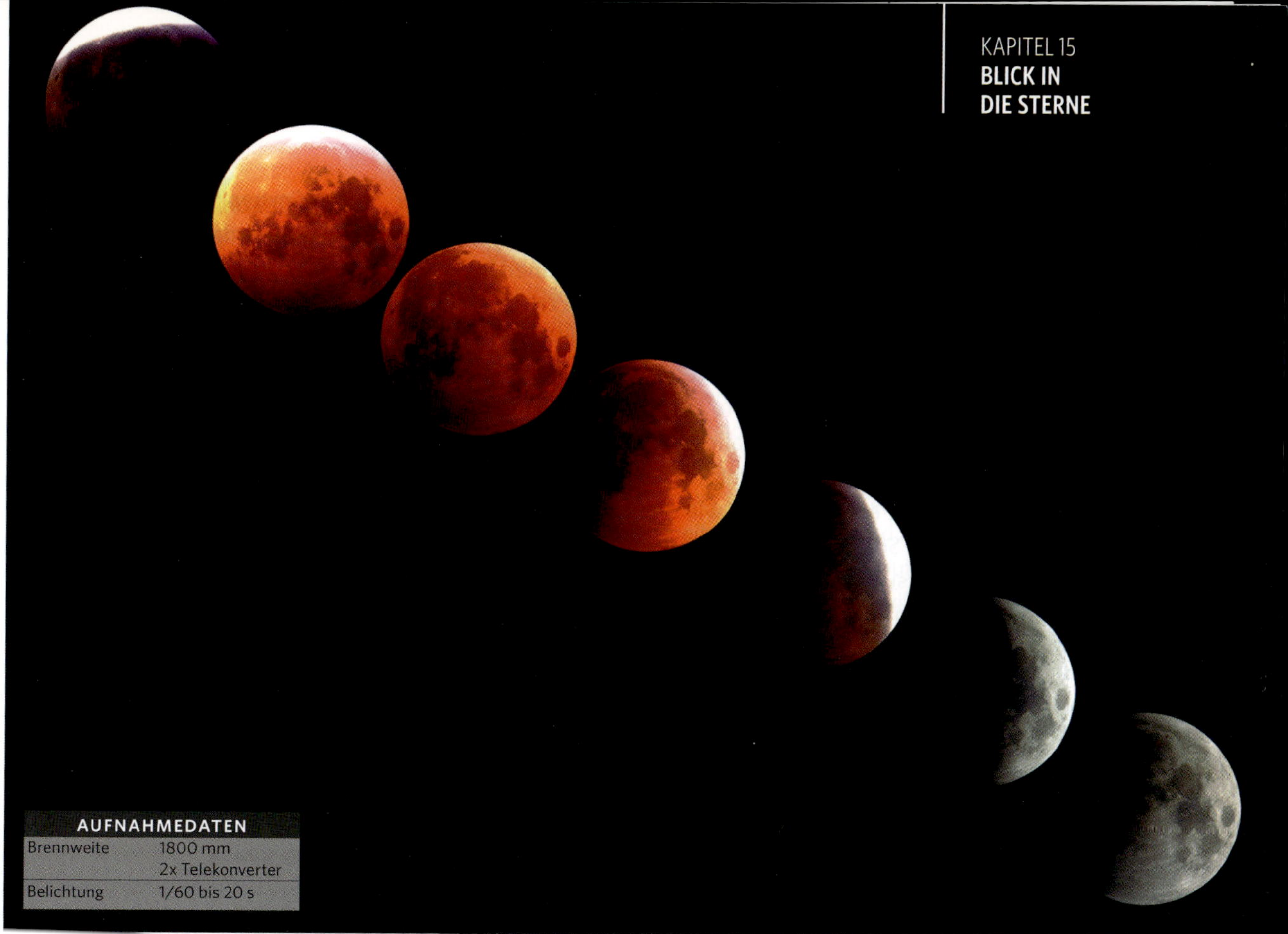

AUFNAHMEDATEN	
Brennweite	1800 mm 2x Telekonverter
Belichtung	1/60 bis 20 s

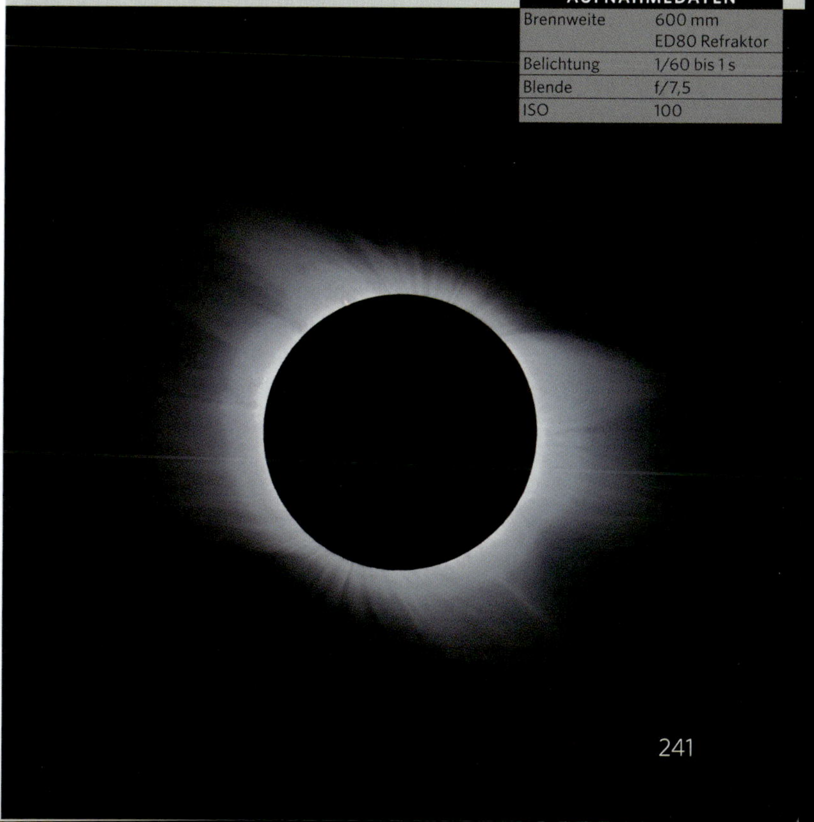

AUFNAHMEDATEN	
Brennweite	600 mm ED80 Refraktor
Belichtung	1/60 bis 1 s
Blende	f/7,5
ISO	100

WARNUNG!

Der direkte Blick in die Sonne ist gefährlich – für das Auge und für die Kameraausrüstung. Auch alte Hausmittel wie rußgeschwärzte Scheiben oder unbelichteter Schwarz-Weiß-Film sowie Schweißgläser sind unbrauchbar, denn sie lassen zu viel schädliches UV- und IR-Licht durch, das man zwar nicht sieht und spürt, aber es zerstört die Augen und die Ausrüstung.

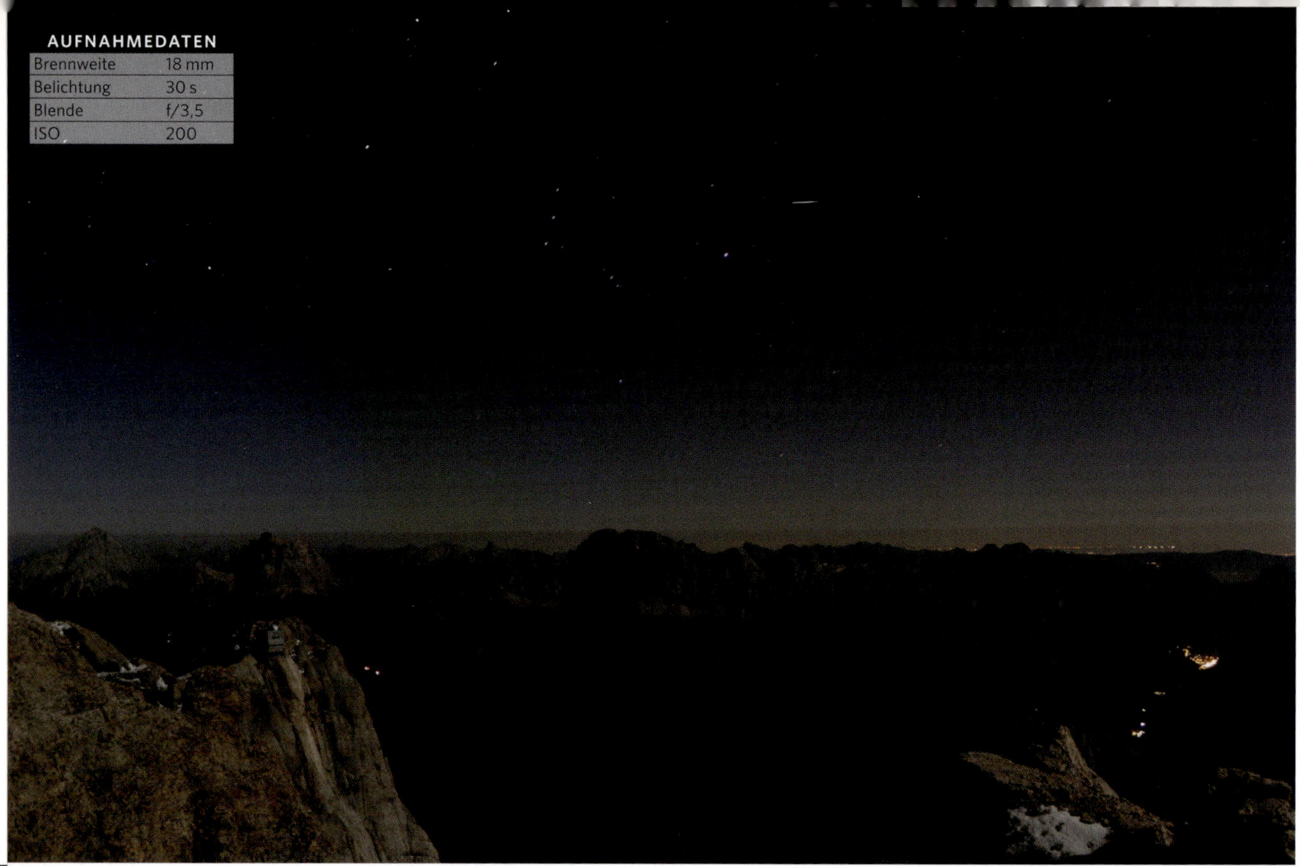

AUFNAHMEDATEN

Brennweite	18 mm
Belichtung	30 s
Blende	f/3,5
ISO	200

Sternbild Orion über den Dolomiten, Marmolada-Gipfel, Südtirol, 22.09.2010 2:20h.

Balance zwischen ISO und Blende

Die Empfindlichkeit (ISO) der Kamera sollte bei Sternfeldaufnahmen mit Landschaft im Vordergrund nicht zu hoch eingestellt werden, weil gerade bei den Landschaftsdetails das Bildrauschen stört. Dämmerungs- und Mondlicht, das die Landschaft beleuchtet, macht es einfacher, dieses Problem zu überdecken. ISO 400 bis ISO 800 reichen bei einem Objektiv mit Blende 1,4 bis 2,8 in der Regel aus. Denkbar ist auch das Stacken (Aufaddieren) mehrerer Bilder. Wendet man diese Summierung nur auf den Landschaftsteil an, bleiben die Sterne punktförmig. Auch ein Rauschfilter, wie er in fast jedem Bildbearbeitungsprogramm zu finden ist, bringt oft eine Verbesserung. Leider sind diese Tools nicht auf die Astrofotografie optimiert und zerstören viele schwache Sterne. Auch eine zu starke Nachschärfung wirkt bei Sternen schnell unnatürlich.

Am besten geeignet zum Einbinden terrestrischer Motive ist ein möglichst gutes Weitwinkelobjektiv. Zum einen wird erst dadurch das Abbilden ganzer Sternbilder zusammen mit der Landschaft möglich, zum anderen erlaubt die kurze Brennweite eine längere Belichtungszeit, ohne dass unschöne Strichspuren entstehen.

Blick in die Milchstraße

Mit der beschriebenen Technik zur Fotografie der Sterne lässt sich sehr weit in den Weltraum vordringen. In einer mondarmen Nacht sind sogar die Sternwolken der Milchstraße, unserer Heimatgalaxis, abzubilden. Dieses schwache, milchige Band am Himmel besteht aus vielen Milliarden von Sternen, von denen jeder eine Sonne ist wie unsere Sonne. Die Sterne der Milchstraße sind allerdings so weit von der Erde entfernt, dass das

Licht bis zu uns mehrere Zehntausend Jahre unterwegs ist. Sie können mit einem Foto der Milchstraße also Licht konservieren, das ausgesandt wurde, als unsere Vorfahren noch in Höhlen gewohnt haben. Dadurch wird Ihre Kamera zu einer Zeitmaschine - Sie blicken zurück in die Zeit.

Zum Vergleich: Das Licht vom Mond zur Erde ist nur eine Sekunde auf der Reise. Von der Sonne bis zu uns benötigt ein Lichtstrahl etwa acht Minuten.

Für Fotos der Milchstraße empfiehlt sich ein starkes Weitwinkelobjektiv, am besten ein Fisheye mit voller Öffnung. Es ermöglicht eine lange Belichtungszeit von 30 Sekunden und mehr ohne Strichspuren sowie eine für die Sternwolken und Dunkelnebel unserer Heimatgalaxie ausreichende Flächenhelligkeitsempfindlichkeit. Sehr schön sind auf solchen Fotos auch zahlreiche Sternbilder im Gesamtzusammenhang darstellbar.

Sternstrichspuren als Stilmittel

Will man komplette Sternbilder sichtbar machen, stört die Erddrehung, sie zieht die einzelnen Sterne zu kurzen Strichen auseinander. Allerdings lässt sich dieser Effekt auch nutzen, um Fotos mit einer völlig anderen Ästhetik zu gewinnen. Wenn man die Belichtungszeit extrem in die Länge zieht, entstehen völlig neue Phänomene. Der Himmelsnordpol oder -südpol wird als zentraler Punkt deutlich, alle Sterne scheinen sich um diesen herum zu bewegen. Mehrstündige Belichtungszeiten lassen die unzähligen Stern-

Südlicher Sternhimmel mit Milchstraße, darunter Fish-River Canyon, Namibia, 06.06.2010 5:15h.

AUFNAHMEDATEN	
Brennweite	16 mm Fisheye
Belichtung	60 s
Blende	f/2,8
ISO	800

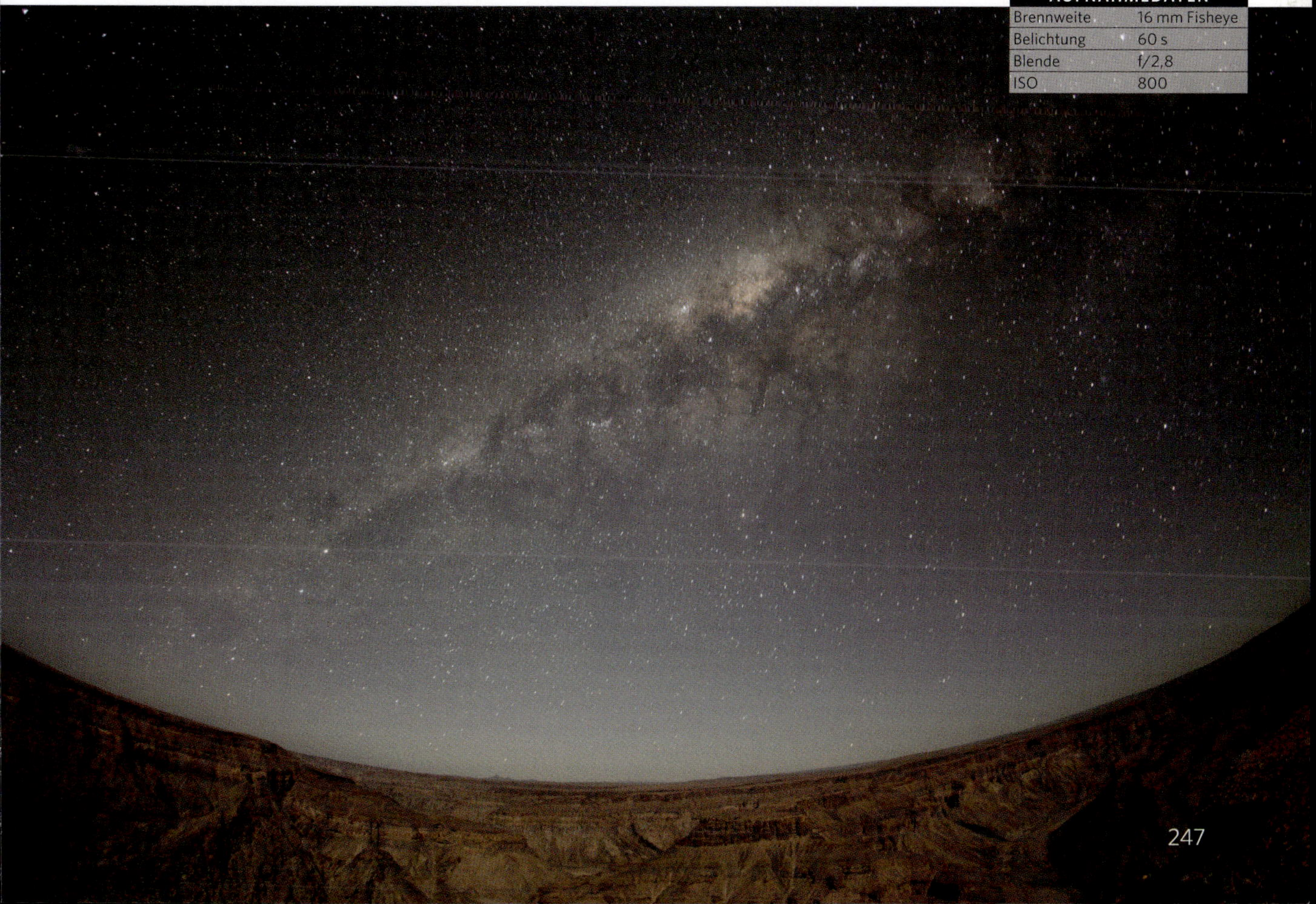

strichspuren wie einen Lichtstrudel erscheinen. Solche Fotos vermitteln ein Gefühl für die Erdrotation, wie es sonst kaum möglich ist. In Kombination mit einer interessanten Landschaft oder anderen Objekten entstehen verblüffende Fotos. Leider ist diese Art der Langzeitfotografie einer der wenigen Bereiche, in denen die alte Emulsionsfotografie entscheidende Vorteile hatte.

Nachteil der Digitaltechnik

Bei der alten Technik mit chemischem Film war es kein Problem, stundenlang den mechanischen Verschluss einer Kamera zu öffnen und den Film dem schwachen Glimmen des Nachthimmels auszusetzen. Bei der Digitalkamera hingegen erwärmt sich mit zunehmender Belichtungszeit der Sensor immer stärker, es entsteht durch Dunkelstrom ein unschönes Bildrauschen (Verstärkerglühen), und der Akku quittiert schon nach kurzer Zeit den Dienst. Belichtungszeiten über 15 Minuten sind daher schwer zu realisieren, es hilft nur das Aufaddieren mehrerer Fotos. Auf jeden Fall empfiehlt es sich, die kamerainterne Langzeitbelichtungsrauschunterdrückung zu aktivieren. Damit erzeugt die Kamera selbsttätig ein Dunkelbild, das vom vorherigen Bild abgezogen wird. Auf diese Weise verschwinden die meisten bei solchen langen Belichtungszeiten entstehenden Bildstörungen (Hot-Pixel, Bildrauschen). Will man jedoch sogenannte Poldrehaufnahmen mit mehrstündigen Belichtungszeiten erzeugen, benötigt man eine ausgefeiltere Technik. Belichtet man einfach nur mehrere Stunden durch, erhält man ein völlig unbrauchbares Bild. Daher empfiehlt sich die Aufnahme einer Bildserie aus zahlreichen Einzelaufnahmen mit je 5 bis 15 Minuten. Das nötige Dunkelbild sollte mit aufgesetztem Objektivdeckel selbst angefertigt werden,

Poldrehaufnahme um den Himmelsnordpol in der algerischen Sahara, Tadrart-Gebiet.

11 Einzelbilder zu je 15 min kombiniert (= 165 min Belichtung), 06.01.2011.

AUFNAHMEDATEN	
Brennweite	24 mm
Belichtung	165 min
Blende	f/4
ISO	800

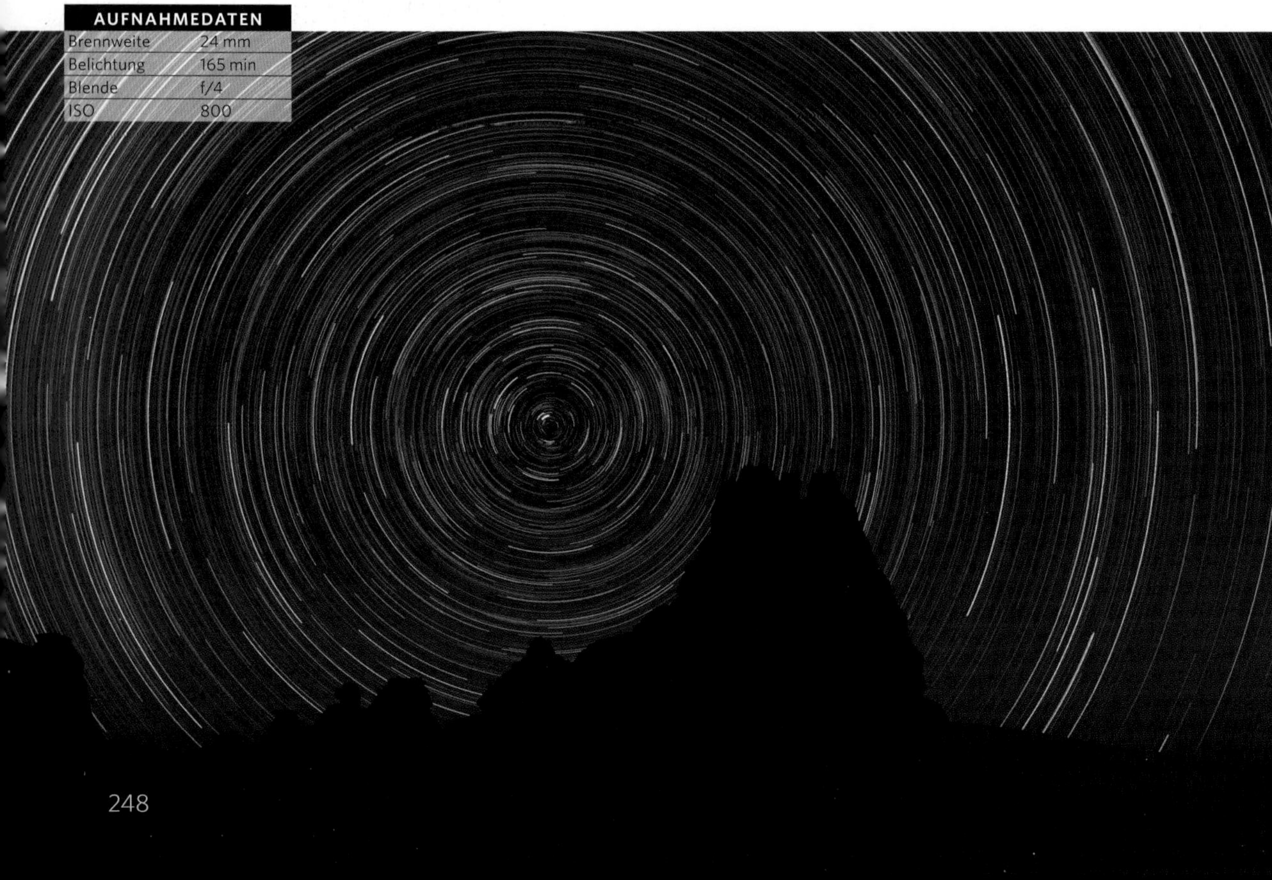

weil jeweils Bild auf Bild ohne Verzögerung aufzunehmen ist. Ansonsten gäbe es störende Unterbrechungen der Sternbogen beim späteren Zusammenfügen der Einzelbilder. Eine solche Bildserie kann dann in einem Bildbearbeitungsprogramm zu einem einzigen Gesamtbild vereint werden. Hier helfen Techniken wie Stacking, aufhellende Überlagerung und Dunkelbildabzug.

Extreme Belichtungszeiten

Aufnahmen mit sehr langen Belichtungszeiten unterm Nachthimmel benötigen etwas mehr Vorbereitung. Taubildung ist ein nicht zu unterschätzendes Problem, dem man mit einer Heizmanschette (erhältlich im Astrofachhandel) begegnen kann. Ein vollständig geladener Akku, die Sicherheit, dass niemand mit einer Lichtquelle während der Nacht ins Bild tritt bzw. die Kamera stiehlt und natürlich ein stabiles, wolkenfreies Wetter ohne Niederschlag sind weitere Voraussetzungen für das Gelingen solcher Projekte mit mehreren Stunden Gesamtbelichtungszeit.

Wichtig bei diesen Aufnahmen ist eine angepasste ISO-Blende-Kombination. Stimmt diese Kombination nicht, ist nach der langen Aufnahmezeit das Bild verloren und kaum wiederholbar. Es lässt sich eine Art Vorschau auf das zu erwartende Bilderegebnis erzeugen, indem man den höchsten ISO-Wert der Kamera, z. B. 12800, einstellt und ca. eine bis zwei Minuten belichtet. Wenn das Ergebnis ansprechend wirkt, gewinnt man weitere Fotos, wobei man die Empfindlichkeit (ISO) stufenweise herunterdreht und die Reduzierung der Empfindlichkeit durch eine höhere Belichtungszeit ausgleicht. So lässt sich problemlos auf etliche Stunden extrapolieren.

Poldrehaufnahme des nördlichen Sternhimmels am Äquator, Gipfelkrater Ol Doinyo Lengai, 05.07.2004, 21:14h.

AUFNAHMEDATEN	
Brennweite	28 mm
Belichtung	8 Bilder je 5 min
Blende	f/2
ISO	200

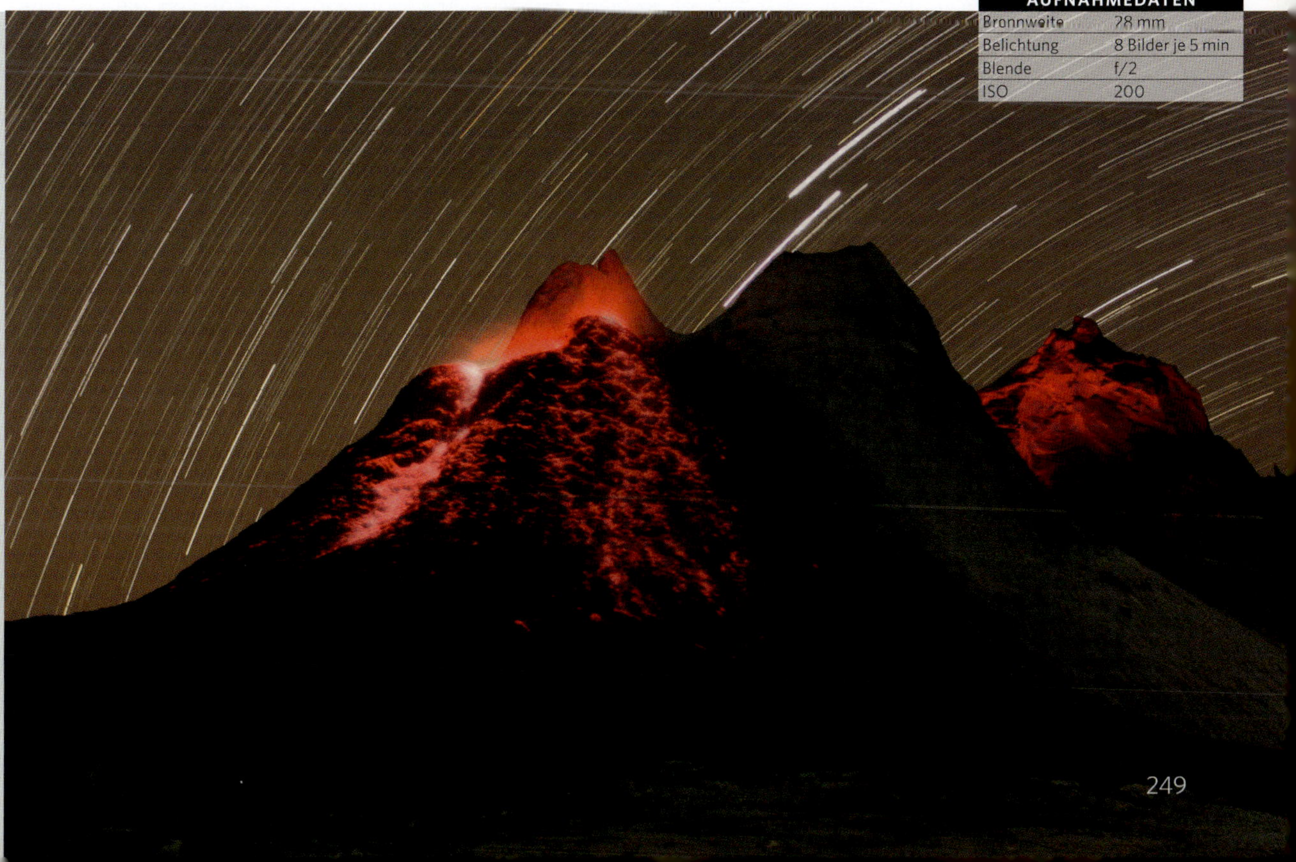

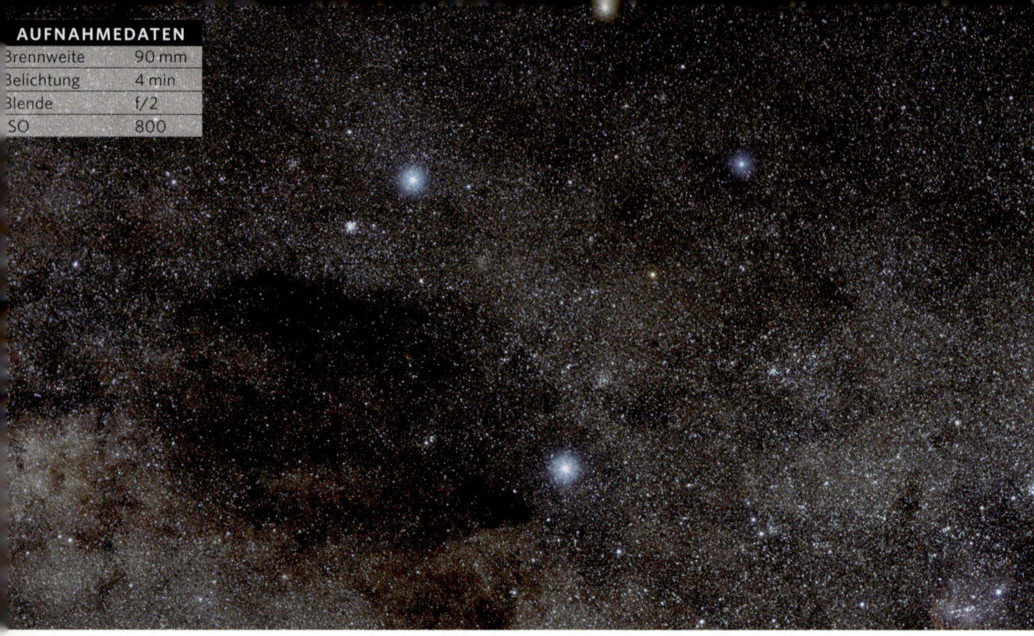

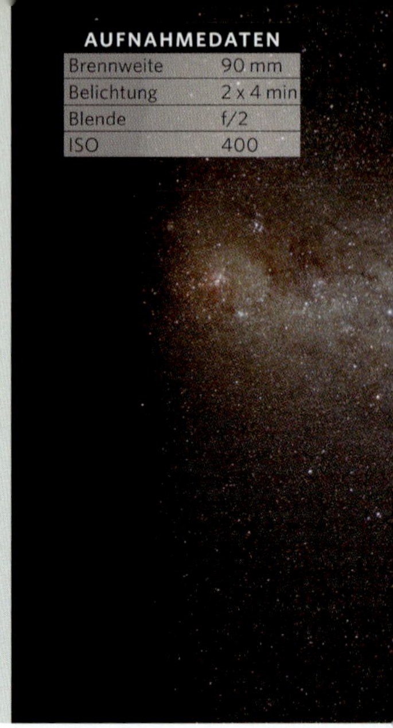

Links: Kreuz des Südens, Namibia, 18.06.2010.

Mitte: Sternfeld um Antares im Skorpion, Namibia, 14.06.2010 2:55h.

Man darf immer auf Überraschungen hoffen wie z. B. auf Sternschnuppen oder Satelliten, die während der Bildaufnahme durch das Bildfeld ziehen. Oft erhalten die Fotos durch solche unvorhergesehenen Zufälle einen zusätzlichen Reiz. Für extrem lang belichtete Aufnahmen bieten sich im Urlaub, in der offenen Landschaft, in einer Wüste oder auf Bergen optimale Gelegenheiten.

Motorischer Ausgleich der Erdrotation

Es gibt ein technisches Hilfsmittel gegen die störende Erdrotation, die parallaktische Montierung. Darunter versteht man ein motorisiertes Stativ, das sich mit einer Achse genau auf einen der Himmelspole ausrichten lässt. Um diese Achse rotiert die Kamera während der Aufnahme mithilfe eines Motors entgegen der Erdbewegung. Für kurze Brennweiten reicht schon ein kleines und leichtes Modell, will man jedoch mit langen Teleobjektiven oder einem Fernrohr arbeiten, sollte eine tragfähigere Variante mit zusätzlicher manueller oder automatischer Kontroll- und Korrekturmöglichkeit der Nachführung angeschafft werden.

Arbeiten mit parallaktischer Montierung

Sobald man keine Sorgen mehr haben muss, dass sich die Sterne schon nach wenigen Sekunden bis Minuten als Striche abbilden, eröffnen sich viele neue Möglichkeiten. Man kann das Objektiv für eine bessere Abbildung abblenden. Auch die Vignettierung, eine Abdunklung in den Bildecken, die fast jedes Objektiv aufweist, verbessert sich beim Abblenden deutlich. Natürlich kann die Vignettierung per automatischer Bildkorrektur bzw. in der Bildbearbeitung behoben werden, jedoch führt das zu verstärktem Bildrauschen in den Ecken.

Bei den langen Belichtungszeiten, die parallaktische Montierungen ermöglichen, werden viel schwächere Sterne erkennbar, und es treten nun auch Nebel und Sternhaufen optimal auf den Fotos hervor. Bedenkenlos kann eine etwas längere Brennweite zum Einsatz kommen, es erschließen sich zunehmend mehr Details des Universums.

Üblicherweise empfehlen sich mit DSLR-Kameras Belichtungszeiten zwischen zwei und zehn Minuten, längere Belichtungszeiten führen zu mehr Bildstörungen durch Erwärmung des Kamerasensors. Um möglichst detaillierte und rauschfreie Bilder zu erhalten, ist das Aufnehmen von Bildserien von

Unten: Das Teleskop Celestron Omni XLT 102 auf einer parallaktischen Montierung. Damit ist der Einstieg in die Astrofotografie mit motorischer Nachführung möglich. Daten der Optik: 100 mm Öffnung, 1000 mm Brennweite. Der Preis liegt inklusive Motorset bei ca. 600 Euro.

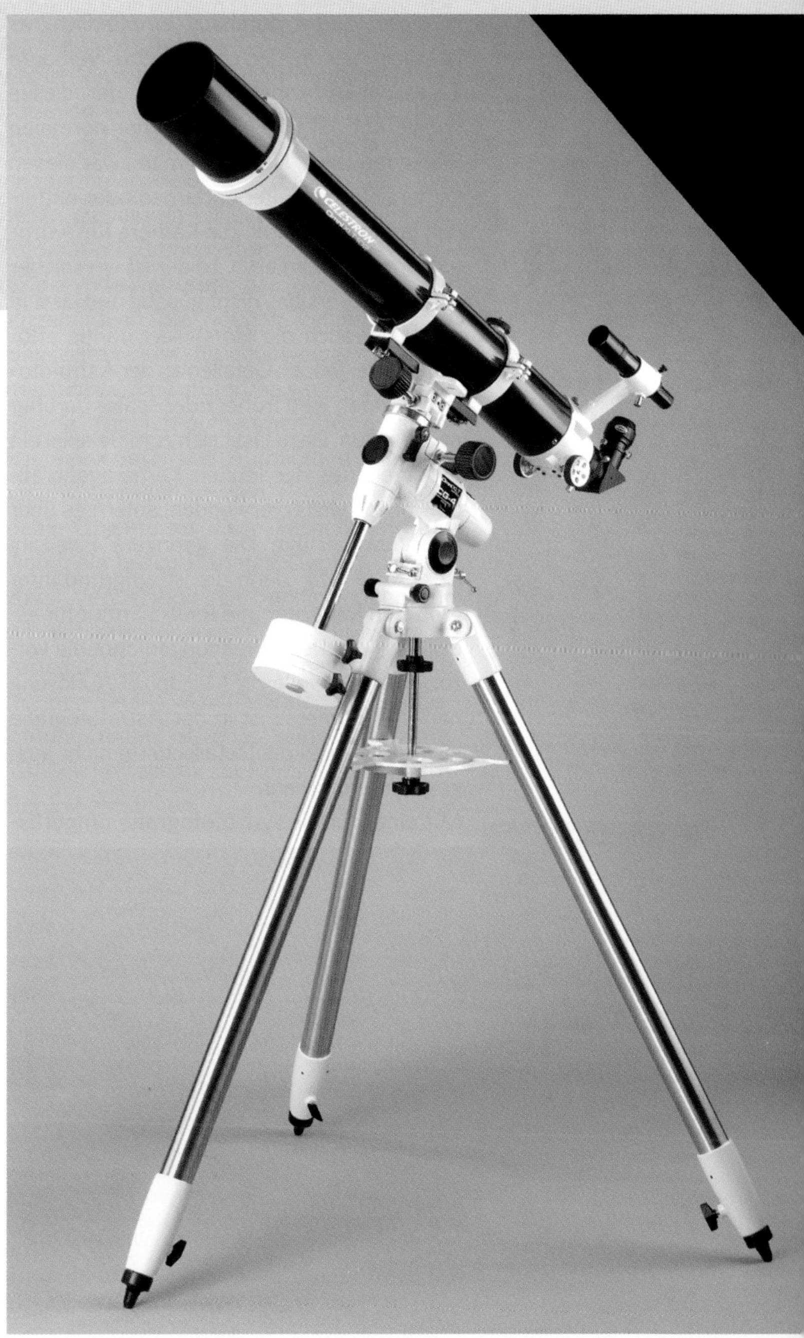

ca. vier Einzelbildern bis zu mehreren Hundert Aufnahmen üblich. Diese werden nachträglich am Computer mit entsprechenden Bildbearbeitungsprogrammen summiert. Bei kurzen Brennweiten und hohen Lichtstärken des Objektivs reicht oft schon eine einzige Belichtung bei nicht zu hoher Empfindlichkeit (ISO). Generell empfiehlt sich der Abzug von selbst gefertigten Dunkelbildern oder zumindest der kamerainternen Dunkelbilder (Langzeitrauschunterdrückung), ansonsten bauen sich zu viele störende Hot-Pixel auf.

Optimierte Kameras für die Astrofotografie

Je tiefer man in die Astrofotografie einsteigt, umso mehr wird man mit einem grundsätzlichen Problem bei der Verwendung von DSLR-Kameras für Astroaufnahmen konfrontiert. Alle DSLR-Kameras sind nur in einem für Tageslicht optimierten Spektralbereich empfindlich. Nun leuchten aber fast alle Gasnebel im All in einer diskreten Wellenlänge, nämlich dem tiefen Rot der Wasserstofflinie, bei 656 nm. Speziell für die Astrofotografie gebaute Spezialkameras sind daher in diesem Spektralbereich besonders empfindlich. Gerade mit zunehmender Brennweite und damit höherer Detailauflösung gewinnen in-

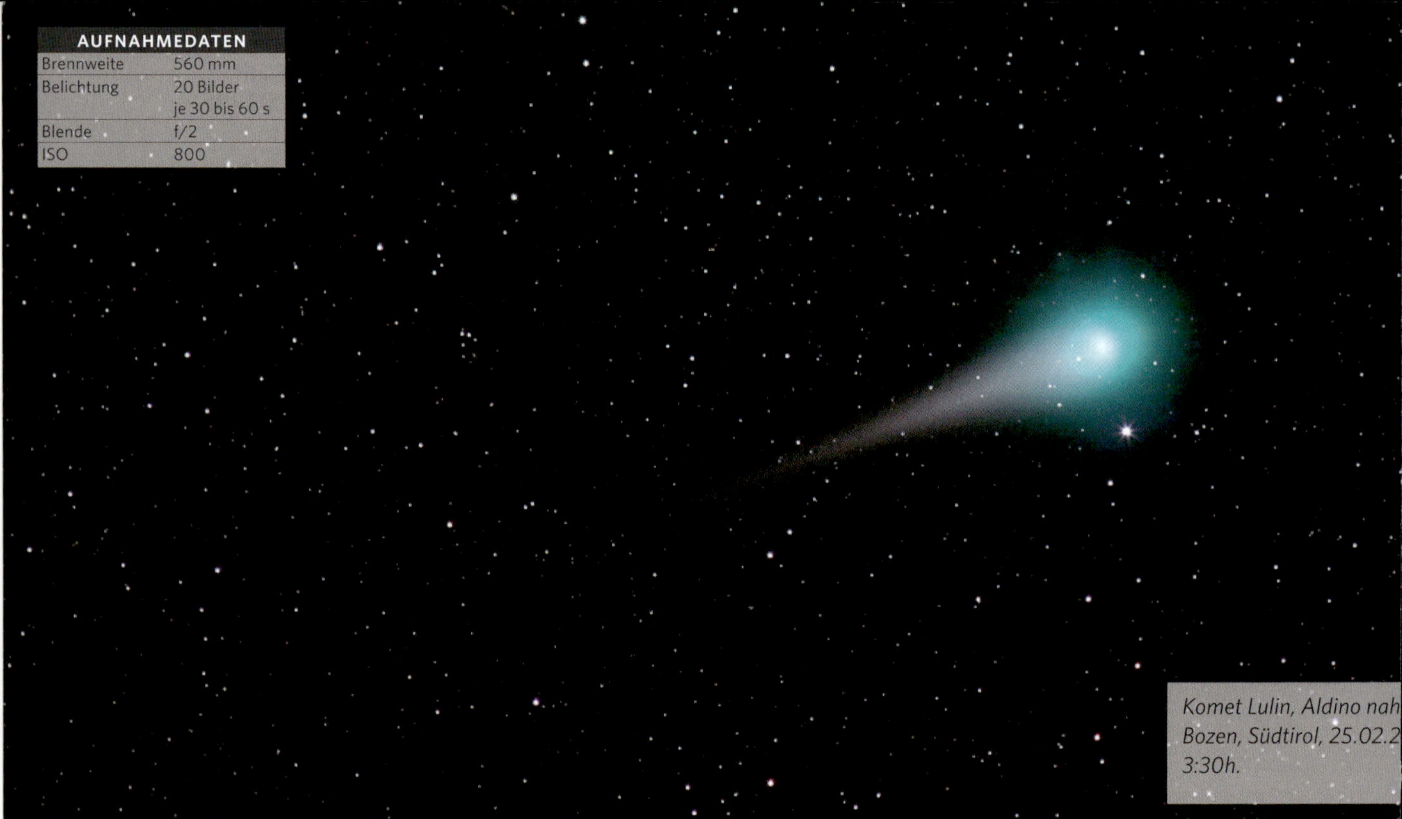

AUFNAHMEDATEN	
Brennweite	560 mm
Belichtung	20 Bilder je 30 bis 60 s
Blende	f/2
ISO	800

Komet Lulin, Aldino nah Bozen, Südtirol, 25.02.2 3:30h.

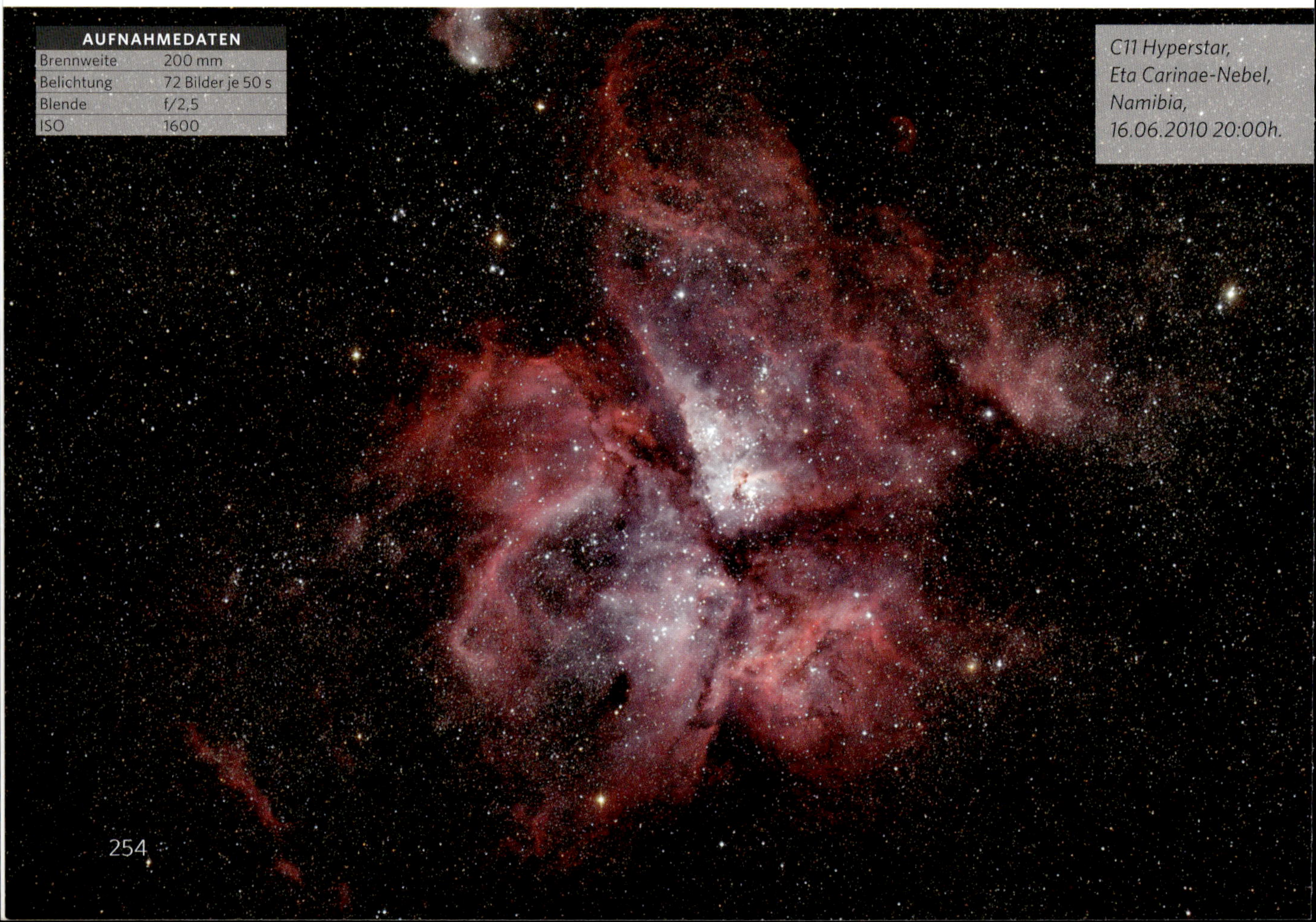

AUFNAHMEDATEN	
Brennweite	200 mm
Belichtung	72 Bilder je 50 s
Blende	f/2,5
ISO	1600

C11 Hyperstar, Eta Carinae-Nebel, Namibia, 16.06.2010 20:00h.

Fortgeschrittene Astrofotografie

Wie schon bei der Fotografie mit langen Teleobjektiven angedeutet, verlassen wir hier das Gebiet der spontanen, einfachen Himmelsfotografie und betreten das Feld der nahezu beliebig vertiefbaren reinen Astrofotografie. Es geht dem Fotografen hier nicht mehr um die Einbringung terrestrischer Motive und das Festhalten momentaner Stimmungen, sondern um die Erfassung feinster und schwächster Details in der Tiefe des Universums.

Im Bereich kleinerer Brennweiten und höherer Lichtstärken gelingt es zwar noch erstaunlich gut, mit der derzeitigen DSLR-Technik eindrucksvolle Ergebnisse zu erzielen, wesentlich effizienter arbeiten allerdings sogenannte Astro-CCD-Kameras. Diese verfügen über eine stabile Kühlung zur maximalen Rauschreduzierung, AD-Wandler mit einer vielfach höheren Grauwertauflösung für schwächste Details, monochrome Sensoren für die präzisere und erweiterte Erfassung verschiedener Spektralbereiche in diskreten Emissionslinien, integrierte Autoguider zur ständigen Fehlerkorrektur und viele weitere technische Finessen.

Mit der Technik, die heute dem interessierten Amateur zur Verfügung steht, sind Fotos mit deutlich besserer Qualität möglich als die, die vor ein bis zwei Jahrzehnten noch mit den viele Millionen Dollar teuren US-Großteleskopen erzeugt wurden. Man macht unsichtbare Objekte sichtbar, dringt mit der Kamera tief in Raum und Zeit ein, sieht die unglaublichen Strukturen, die die Natur erschaffen hat, und beschäftigt sich zwangsläufig mit der Frage nach dem Ursprung der Erde und ihrem Platz im Weltraum. Nicht zuletzt dadurch ist die Astrofotografie ein Hobby, das an Faszination kaum zu überbieten ist.

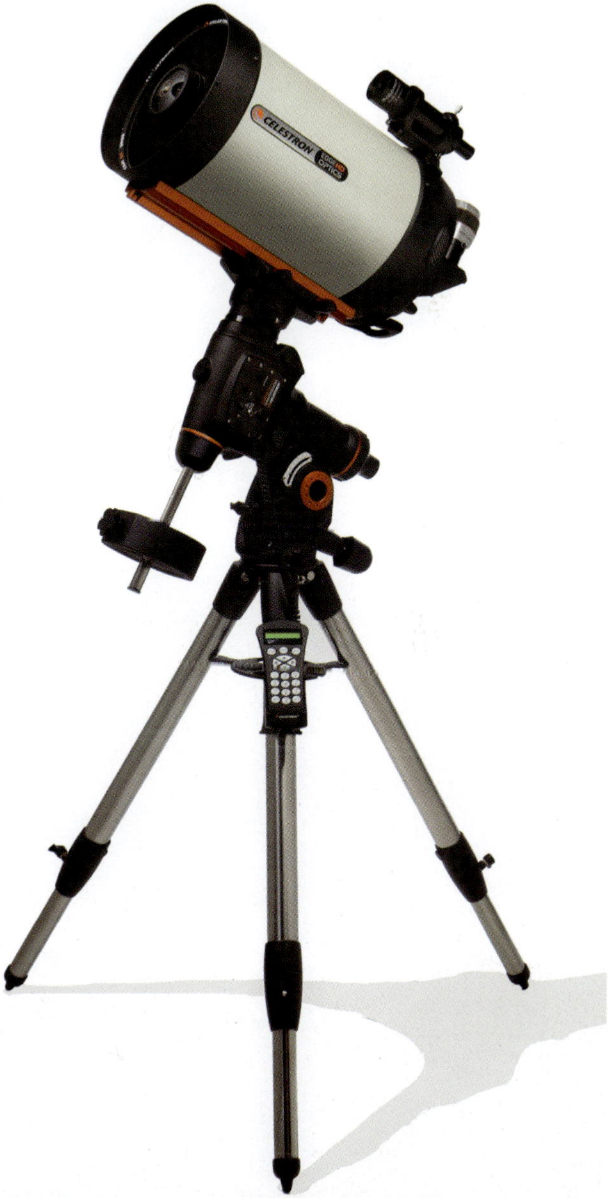

Für fortgeschrittene Astrofotografen bieten sich größere Optiken an, zum Beispiel ein Celestron Edge HD 1100 (275 mm Öffnung, 2.750 mm Brennweite). Mit motorisierter parallaktischer Montierung liegt der Preis bei ca. 4.000 Euro.

16

PANORAMEN UND GIGAPIXELBILDER

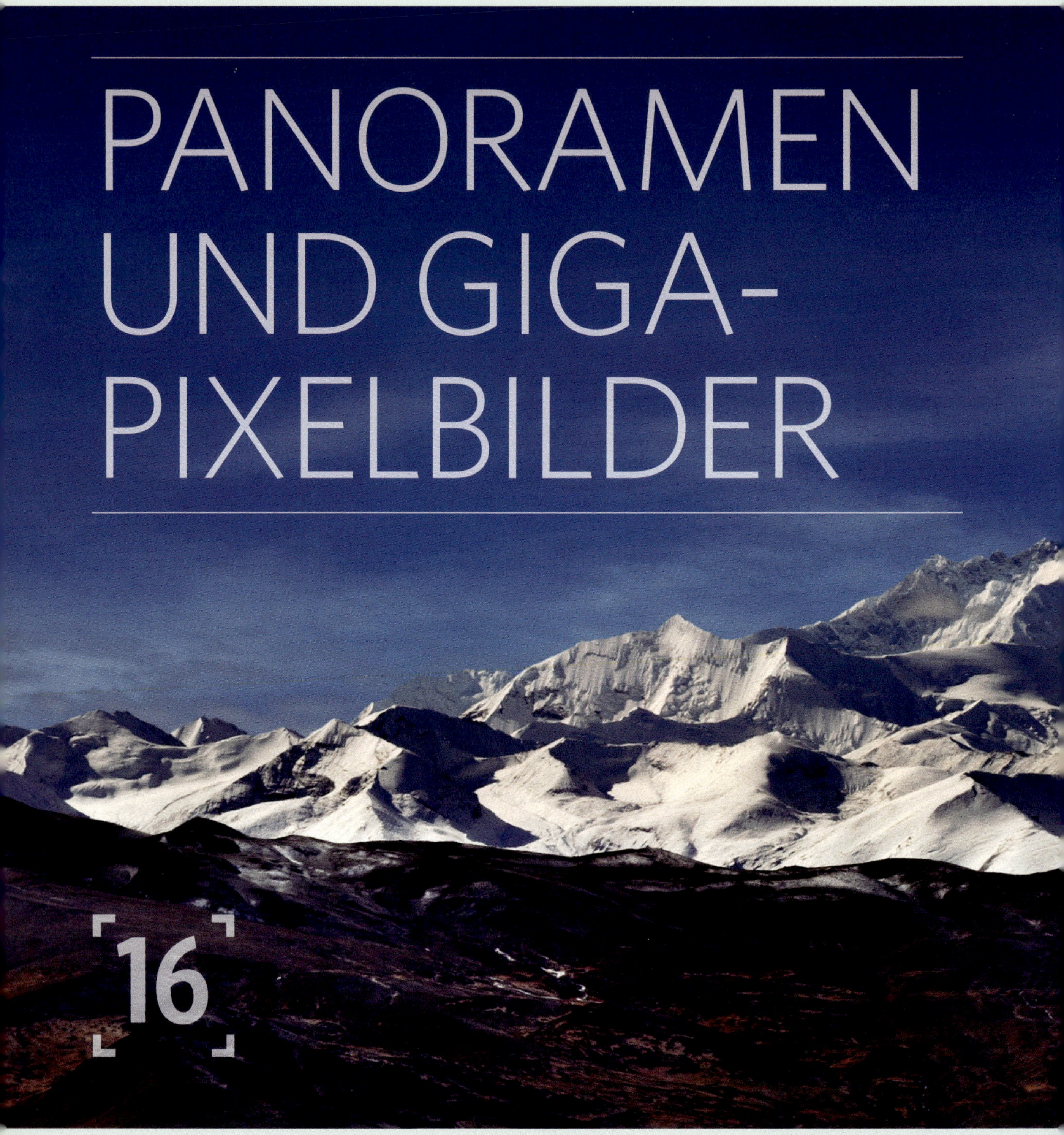

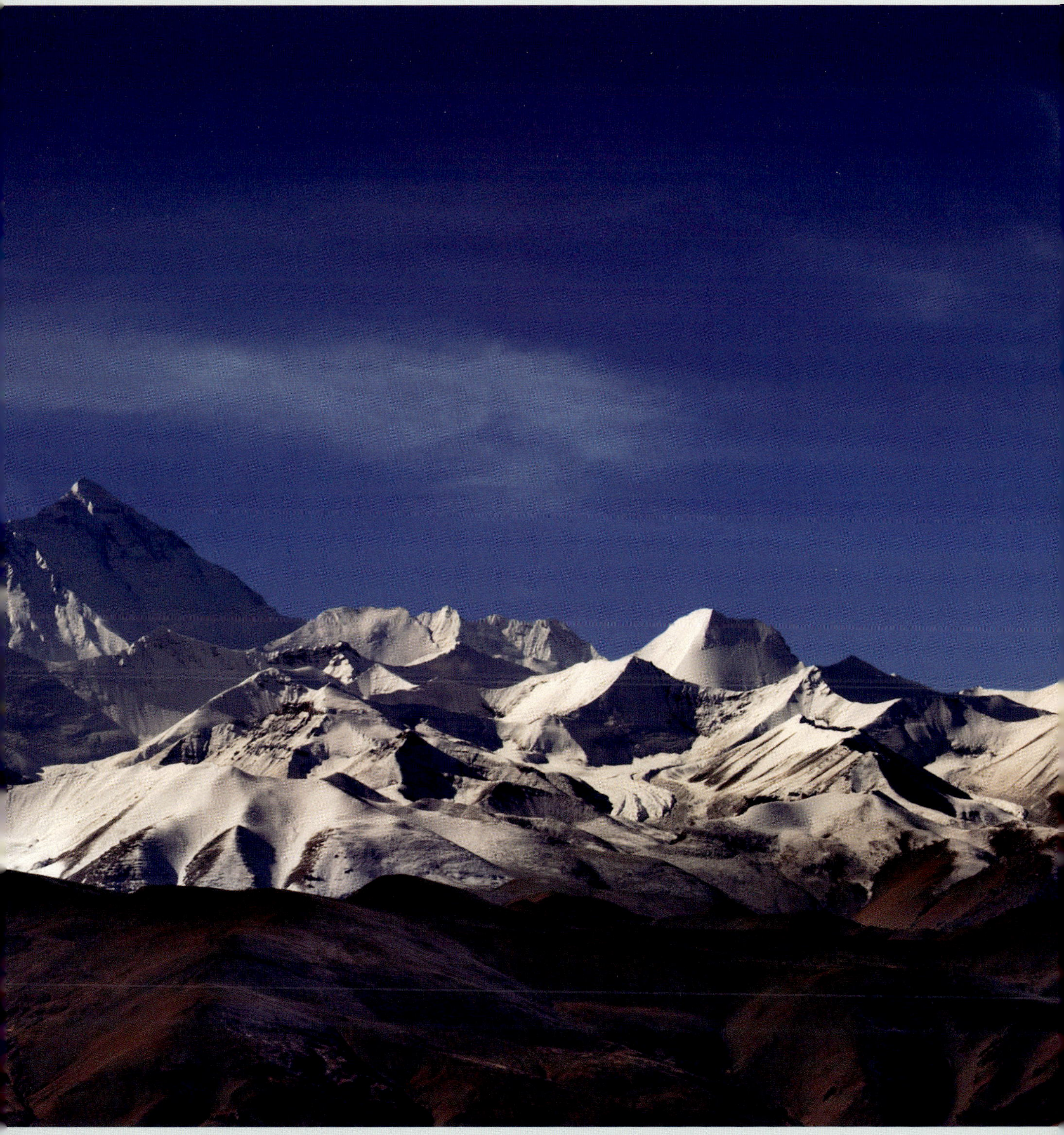

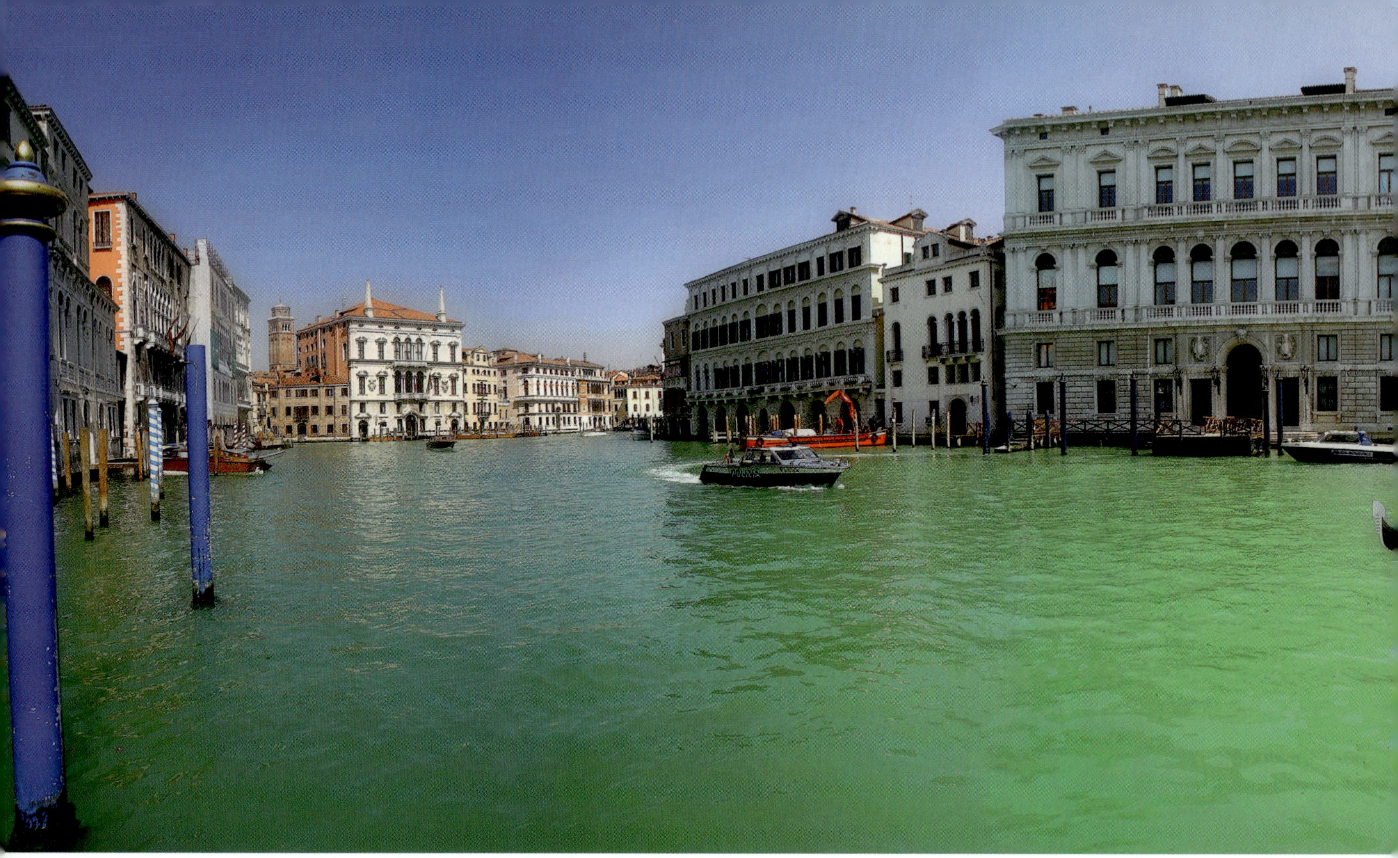

16 Panoramen und Gigapixelbilder

Die Panoramafotografie hat eine jahrzehntelange Tradition. Professionelle Landschaftsfotografen arbeiteten sehr häufig mit speziellen Panoramakameras mit analogem Filmmaterial, denn der Markt für Kalender mit hochwertigen Aufnahmen im ungewöhnlichen Panoramaformat ist stetig gewachsen. Heute kann man jedoch mit praktisch jeder Digitalkamera mit ein wenig Aufwand nahezu die gleiche Auflösung erzielen wie mit teuren Analogkameras. Es geht letztlich nur darum, ein Motiv mit mehreren Aufnahmen abzubilden und diese Einzelbilder später am Computer zusammenzusetzen. Worauf man bei digitalen Panoramen achten muss, erfahren Sie hier.

Perfekte Ausgangsbilder

■ Die Qualität analoger Panoramaaufnahmen im Kleinbild- und Mittelformat ist im Vergleich zu digitalen Aufnahmen nicht mehr wirklich besser. Erschwingliche One-Shot-Digitalkameras für dieses fotografische Spezialgebiet sind zwar noch nicht zu bekommen, dennoch hat die Panoramafotografie gerade wegen der digitalen Verarbeitungsmöglichkeiten in den letzten Jahren einen immer höheren Stellenwert erreicht.

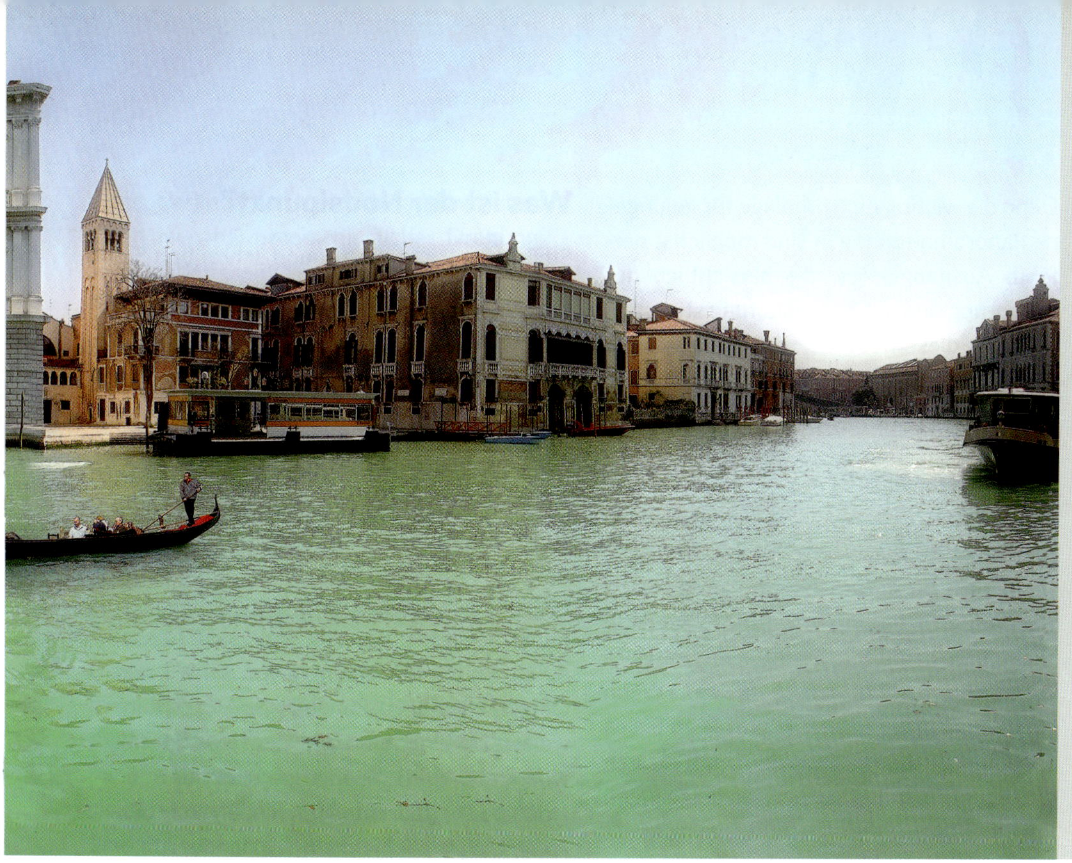

Sind bewegte Elemente wie hier das Wasser im Bild, muss man bei der Panoramamontage sehr akkurat vorgehen. Kanten zwischen den Einzelbildern würden ansonsten den Eindruck eines perfekten Panoramas zunichte machen.

Denn was man mit einigen ganz gezielt gestalteten Bildern machen kann, die speziell zur Panoramamontage aufgenommen wurden, ist ganz erstaunlich. Unabhängig von Filmgröße oder teurer Spezialkamera lassen sich mit einer Digitalkamera theoretisch Panoramaaufnahmen in jeder beliebigen Dimension aufnehmen, wie die aktuellen Gigapixelbilder beweisen, über die Sie weiter unten mehr erfahren.

Es kommt lediglich auf die Anzahl der Aufnahmen und die korrekte Ausrichtung der Kamera an, um die Bilder weitgehend problemlos montieren zu können. Dann erreichen Sie Detailauflösungen, von denen man mit analogen Kameras nur träumen kann. Erfahren Sie jetzt, worauf Sie beim Fotografieren eines weiten Panoramamotivs achten müssen, um sich die Arbeit am Computer so einfach wie möglich zu machen.

Sind Gebäude zu breit, um sie mit einer einzigen Aufnahme abzubilden, hilft ein Panorama. Dieses Foto wurde aus zwei Aufnahmen zusammengesetzt.

AUFNAHMEDATEN	
Brennweite	17 mm
Belichtung	1/80 s
Blende	f/11
ISO	100

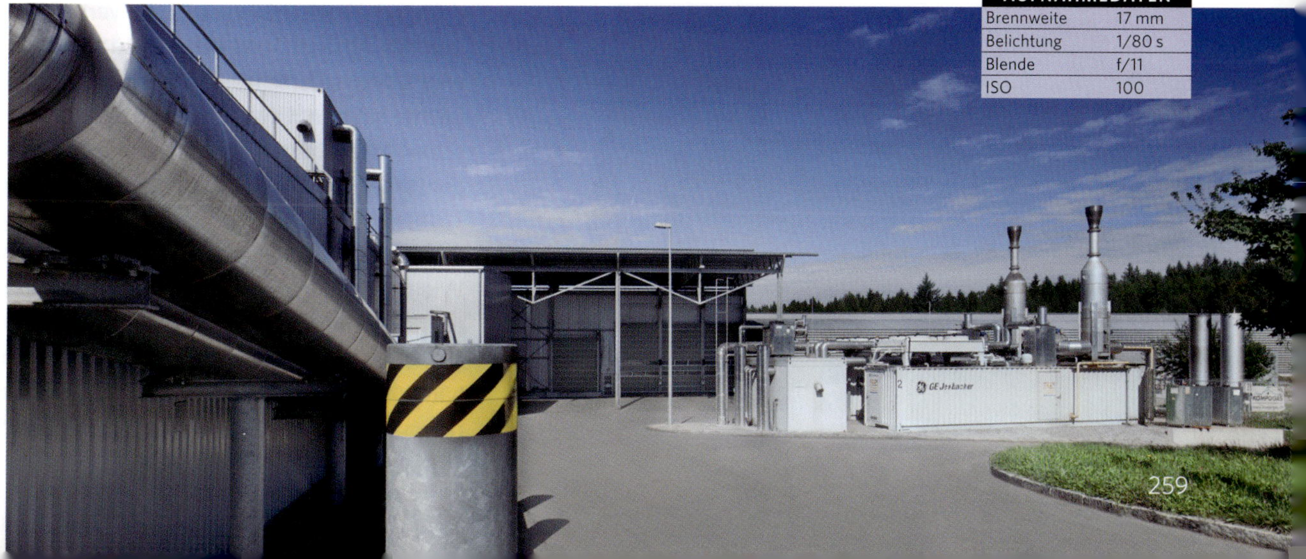

Montage der Einzelbilder

Die Montage von Einzelaufnahmen eines Panoramamotivs kann man sich schwer oder leicht machen. Es gibt eine Reihe von kleinen und größeren Programmen, die auf die Panoramamontage spezialisiert sind, meistens sind solche Programme sogar Digitalkameras beigelegt. Sehen Sie auf der CD-ROM nach, die Sie mit Ihrer Digitalkamera bekommen haben. Diese Spezialprogramme sind üblicherweise so ausgelegt, dass man lediglich die Einzelbilder öffnen, die Fotos der Reihe nach ausrichten und den Montageprozess starten muss. Vollautomatisch bekommt man nach einigen Sekunden sein Panorama geliefert. Bei sauber fotografierten Einzelbildern ist dieser einfache Weg sicher der beste. Man spart Zeit, und die Ergebnisse sind absolut professionell. Sind die Aufnahmen jedoch nicht optimal nach den oben beschriebenen Gesichtspunkten für perfektes Panoramamaterial gemacht worden, hilft nur die manuelle Montage.

Manuelle Panoramabildmontage

Grundsätzlich läuft eine manuelle Montage in Photoshop, Photoshop Elements oder einem anderen Bildbearbeitungsprogramm, das die Ebenentechnik unterstützt, folgendermaßen ab:

Sämtliche Bilder des Panoramas werden geöffnet, und anhand der Größe der Einzelbilder wird abgeschätzt, wie breit (oder hoch) die endgültige Montage werden wird. Danach legt man eine neue leere Datei an und fügt die Einzelbilder nacheinander in neuen Ebenen in diese leere Datei ein. Die Bilder werden dann mit Werkzeugen zum Verschieben, Drehen und Verzerren möglichst perfekt ausgerichtet. Dieser Teil der Panoramamontage ist am wichtigsten und zum Teil enorm aufwendig. Für den besseren Überblick werden immer nur zwei Ebenen eingeblendet, wobei die Transparenz der oberen (auszurichtenden) Ebene erhöht wird, damit die untere Ebene durchscheint.

Sind alle Einzelbilder ausgerichtet, werden die harten Kanten an den Übergängen entweder mit einem Radiergummiwerkzeug mit weichkantiger Pinselspitze gelöscht oder – je nach den Möglichkeiten des Programms – mit einer halbtransparenten Maske abgedeckt. Sind keine harten Übergänge mehr zu sehen, wird die Panoramadatei auf eine Ebene reduziert.

Unten: Die Teilbelichtungen eines Panoramas müssen mit gleichen Kameraparametern vorgenommen werden. Deshalb ist es nicht sinnvoll, sich auf Automatikfunktionen zu verlassen. Blende, Verschlusszeit, ISO und Weißabgleich sollten manuell eingestellt werden.

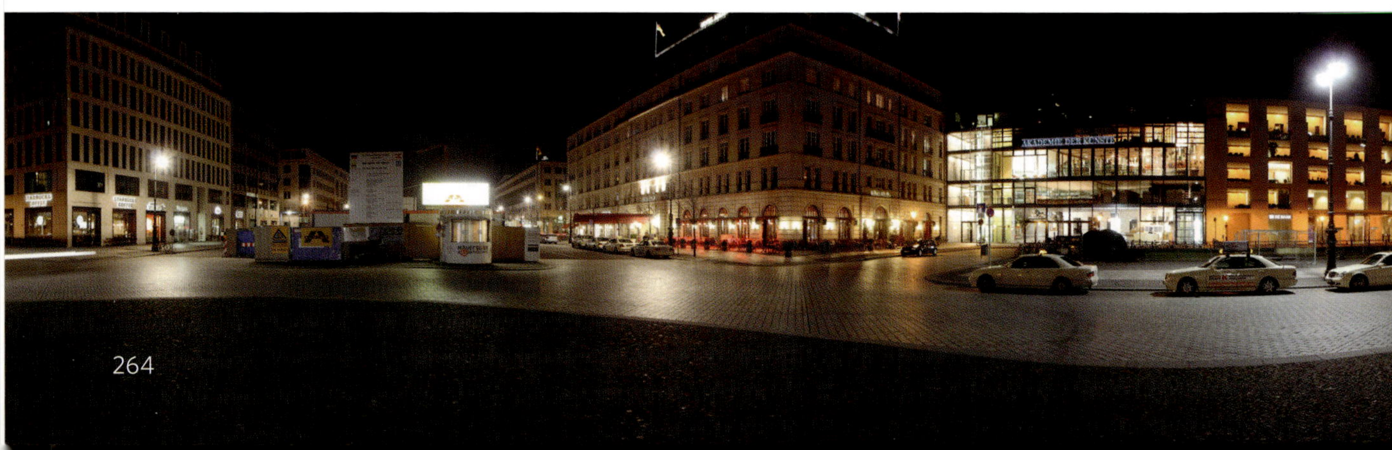

i

UNECHTE PANORAMEN

Die meisten Menschen denken beim Betrachten ihrer Fotos nie darüber nach, das Format der Bilder durch Beschneiden zu verändern. Logisch, denn beim Beschneiden gehen schließlich Informationen verloren. Probieren Sie trotzdem bei einer gelungenen Landschaftsaufnahme einmal aus, das Motiv oben und unten abzuschneiden, um so eine künstliche Panoramaaufnahme zu erzeugen. Öffnen Sie ein entsprechendes Bild bzw. eine Kopie davon in Ihrem Programm zur Bildbearbeitung und schneiden Sie es mit dem dafür vorgesehenen Werkzeug aus. Sie werden erstaunt sein, wie anders (und interessant, weil ungewöhnlich) eine schlichte Landschaftsaufnahme plötzlich wirkt. Der Nachteil dieser Vorgehensweise liegt natürlich darin, dass einige Informationen durch das Beschneiden verloren gehen und sich dadurch die mögliche Ausgabegröße verringert. Denn je geringer die Auflösung, desto kleiner sind die möglichen Fotoabzüge in guter Qualität.

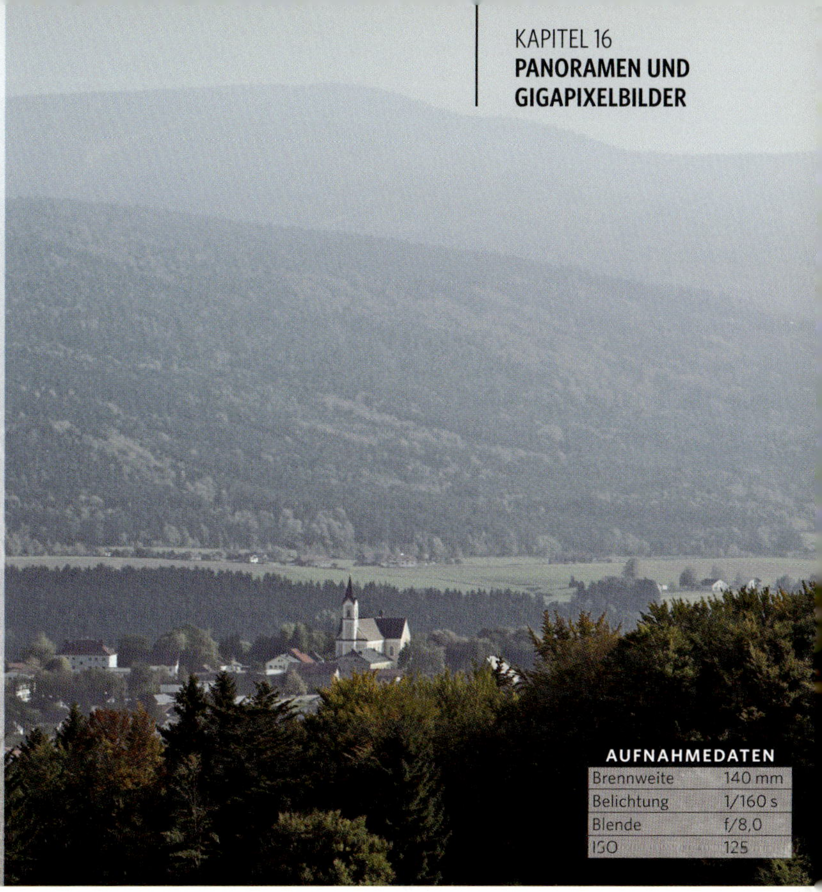

AUFNAHMEDATEN

Brennweite	140 mm
Belichtung	1/160 s
Blende	f/8,0
ISO	125

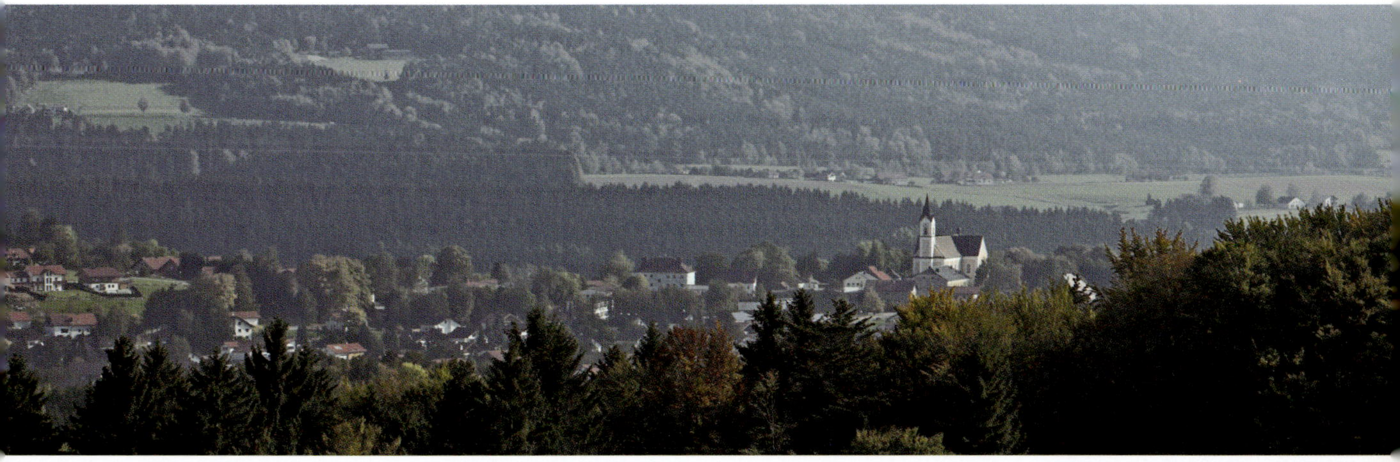

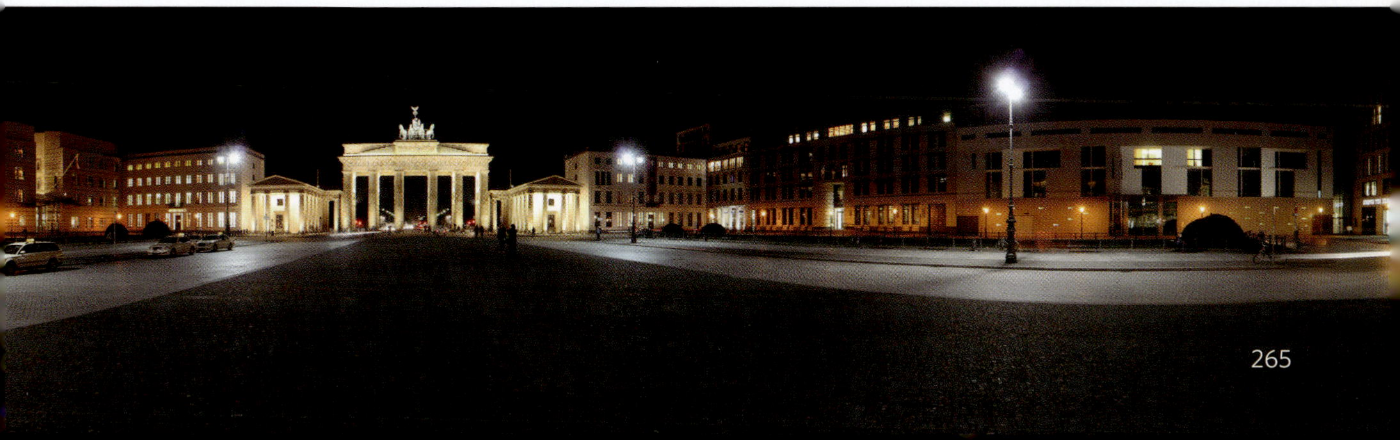

Zubehör für die Panoramafotografie

Entwickelt sich die Panoramafotografie von einem anfänglichen Interesse zur Leidenschaft, benötigen Sie gutes Equipment, um zumindest technisch perfekte Aufnahmen umzusetzen. Auch hier ist ein Stativ, das dem Gewicht der Kamera samt Objektiv entspricht, Grundvoraussetzung. Im Datenblatt oder in der Beschreibung eines Stativmodells steht immer, für welches Maximalgewicht es geeignet ist. Falls Ihnen ein Stativ ohne diese Information angeboten wird – Finger weg. Denn sobald Sie eine Drei-Kilogramm-Spiegelreflexausrüstung auf ein simples Alustativ schrauben, das nur für Kompaktkameras ausgelegt ist, wird der kleinste Windhauch die Konstruktion in Bewegung versetzen.

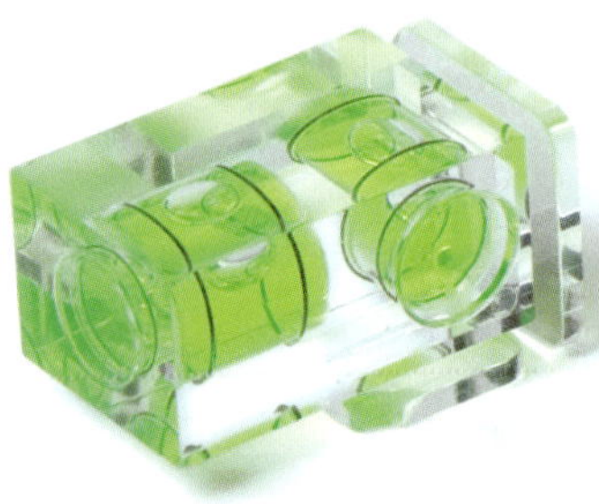

Sehr hilfreich, wenn das Stativ keine eingebaute Wasserwaage (Libelle) besitzt: Die kleine Wasserwaage kann man auf den Zubehörschuh (falls vorhanden) der Digitalkamera aufstecken und so das gesamte System exakt ausrichten.

Spezieller Panoramastativkopf

Zusätzlich zum Stativ benötigen Sie einen Panoramakopf, mit dem sich die Kamera auf den Nodalpunkt ausrichten lässt. Diese speziellen Stativköpfe sind relativ teuer, die Investition lohnt sich aber für Fotografen, die sich sehr intensiv mit Panoramen beschäftigen. Stativ und Panoramakopf müssen sich waagerecht ausrichten lassen, integrierte kleine Wasserwaagen sind dafür natürlich hilfreich. Ansonsten besorgen Sie sich eine kleine Aufsteckwasserwaage aus dem Fachhandel.

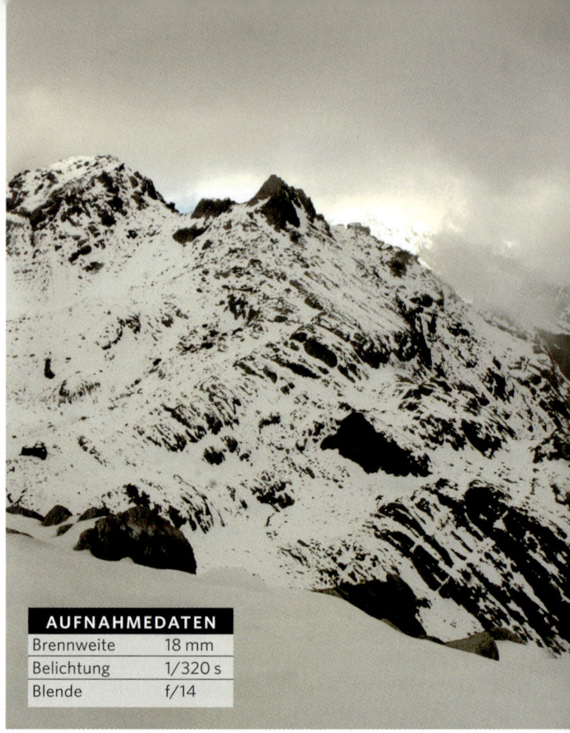

Ein gutes Weitwinkelobjektiv

Arbeiten Sie mit einer Spiegelreflexkamera, sollten Sie über den Kauf eines guten Weitwinkelobjektivs mit Festbrennweite oder sogar ein Fisheye nachdenken. Je kleiner die Brennweite, desto weniger Aufnahmen benötigen Sie für ein Panorama, und desto schneller und zuverlässiger klappt die Montage. Allerdings sollte das Objektiv dann wirklich gut und Schärfe- sowie Kontrastleistung auch in den Bildecken sollten optimal sein. Besitzen Sie eine DSLR-Kamera mit einem Sensor, der kleiner als das Kleinbildformat ist (Crop-Faktor z. B. 1,5 bei Nikon, 1,6 bei Canon oder 2 bei FourThirds-Kameras), ist der Blickwinkel eines Objektivs nicht ganz so groß. Multiplizieren Sie in dem Fall die Brennweite des Objektivs mit dem Crop-Faktor der Kamera, um zu erfahren, welche die tatsächlich nutzbare Brennweite des Objektivs ist.

STATIV MIT WASSERWAAGE

Arbeiten Sie häufiger mit Stativ und begeistern sich außerdem für Architektur- und Landschaftsfotografie, sollten Sie sich auf jeden Fall ein Stativ mit Wasserwaage gönnen. Das erleichtert die Ausrichtung der Kamera wirklich ungemein.

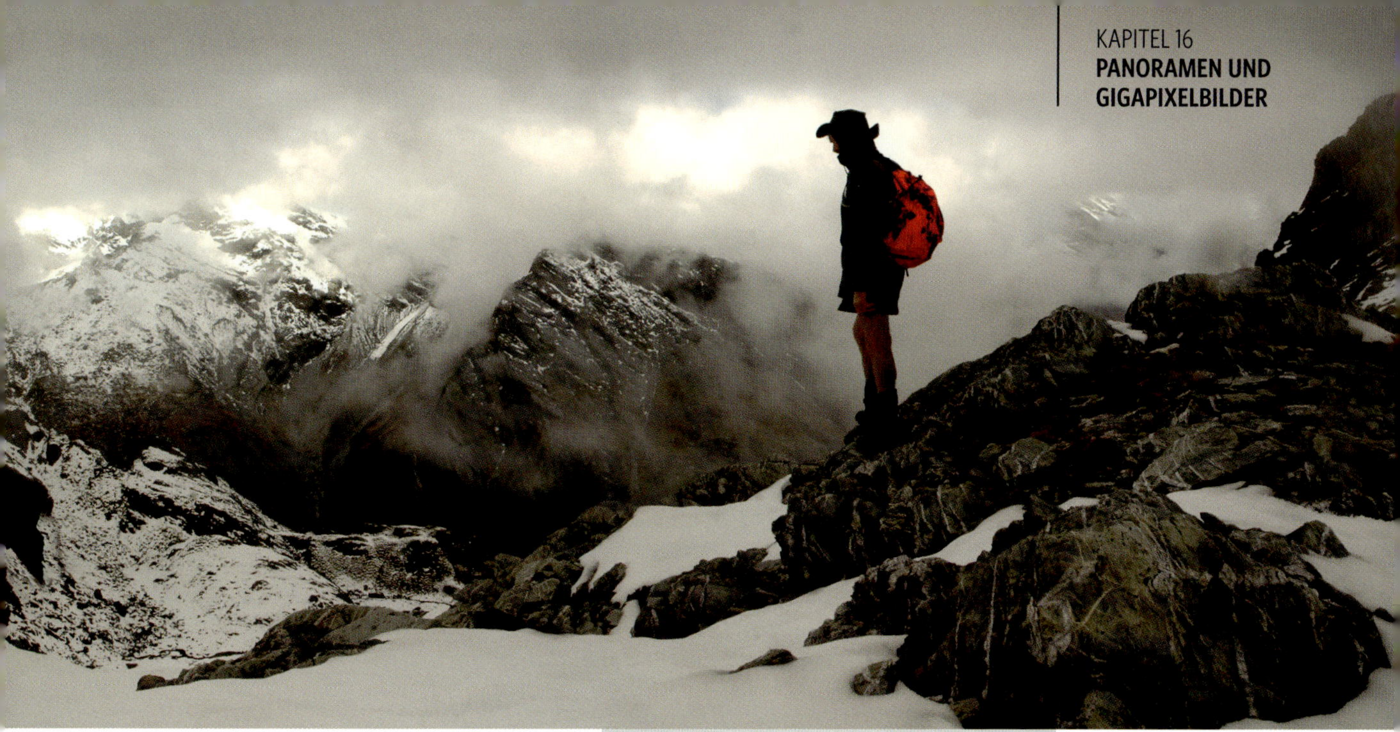

Fernauslöser

Um die Kamera bei den Aufnahmen nicht berühren zu müssen, sollten Sie sich einen Fernauslöser besorgen. Das kann entweder ein Kabel- oder ein Funk-/IR-Auslöser sein, der zum jeweiligen Kameramodell kompatibel ist.

Grauverlaufsfilter

Nicht ganz so wichtig, für die ernsthafte Panoramafotografie aber hilfreich kann ein Grauverlaufsfilter sein, mit dem man bei Bedarf den Himmel abdunkeln kann. Der Filter wird vor das Objektiv geschraubt bzw. in eine Halterung gesteckt (je nach Filtersystem), das mildert den Kontrast zwischen Himmel und Erde ab. Gerade bei Aufnahmen mit sehr hellem Himmel kann es sonst passieren, dass der mögliche Dynamikumfang des Sensors nicht ausreicht.

i

SCHATTEN UND GEISTERBILDER

Achten Sie beim Fotografieren auf Ihren eigenen Schatten und den der Kamera oder des Stativs. Ein deutlicher Schlagschatten lässt sich zwar zur Not retuschieren, der Aufwand ist aber meistens recht hoch. Gleiches gilt für die geisterhaften Erscheinungen von Menschen, die durchs Bild laufen. Gerade bei längeren Belichtungszeiten sind oft schemenhaft die Silhouetten der Menschen zu erkennen, die durchs Foto huschen. Fotografieren Sie mit kürzeren Verschlusszeiten, achten Sie darauf, dass, wenn schon Menschen mit aufgenommen werden, sie nur jeweils auf einem der Teilfotos zu sehen sind. Und schließlich sollten Sie noch darauf achten, dass diese Menschen nicht am Bildrand abgeschnitten werden.

Prinzipiell ist es immer möglich, verschiedene Varianten eines Panoramas zu schießen, um die Bildwirkung später bei der Montage zu beurteilen. Diese Aufnahme hätte man auch ohne den Bergsteiger machen können. Ob das Panorama genauso intensiv gewirkt hätte, sei dahingestellt.

Superlative: Gigapixelbilder

Begeistern Sie sich für Panoramen? Und haben Sie vielleicht selbst schon erste Versuche mit der Montage mehrerer Einzelbilder zu einer größeren Ansicht hinter sich? Wenn Sie sich im Internet über die Erstellung von Panoramen informiert haben, sind Sie vermutlich auch schon mal über sogenannte Gigapixelbilder gestolpert. Die Anforderungen an exaktes Fotografieren und Montieren sind ungleich höher als bei einem normalen Panorama – eine echte Herausforderung.

Mehr als Mega

Wie der Name Gigapixel schon sagt, handelt es sich bei solchen Bildern um Darstellungen mit enormer Auflösung in der Größenordnung von Gigapixeln. Zum Vergleich: Die besten digitalen Spiegelreflexkameras bringen es heute auf rund 20 Megapixel, also den 50sten Teil eines Gigapixels. Da man bei Panoramen immer mit Überlappungen der Einzelbilder arbeiten muss, benötigen Sie also auf jeden Fall weit mehr als

[i]

SPHÄRISCHE PANORAMEN

Eine Besonderheit sind 360°-Panoramen, bei denen man ein Motiv betrachtet, als würde man sich selbst mittendrin befinden. Für solche Aufnahmen wird das Stativ schrittweise um 360° gedreht. Soll die 360°-Ansicht perfekt sein, kommen noch Aufnahmen für den Himmel (Zenit) und den Boden (Nadir) hinzu, um ein sphärisches Panorama mit einem Blickwinkel von 360° horizontal und 180° vertikal zu erzeugen. Mit jeder guten Panoramasoftware kann man dann drehbare Panoramen berechnen, die der Betrachter mit einem speziellen Viewer (Betrachtungsprogramm) frei drehen und in allen Richtungen betrachten kann.

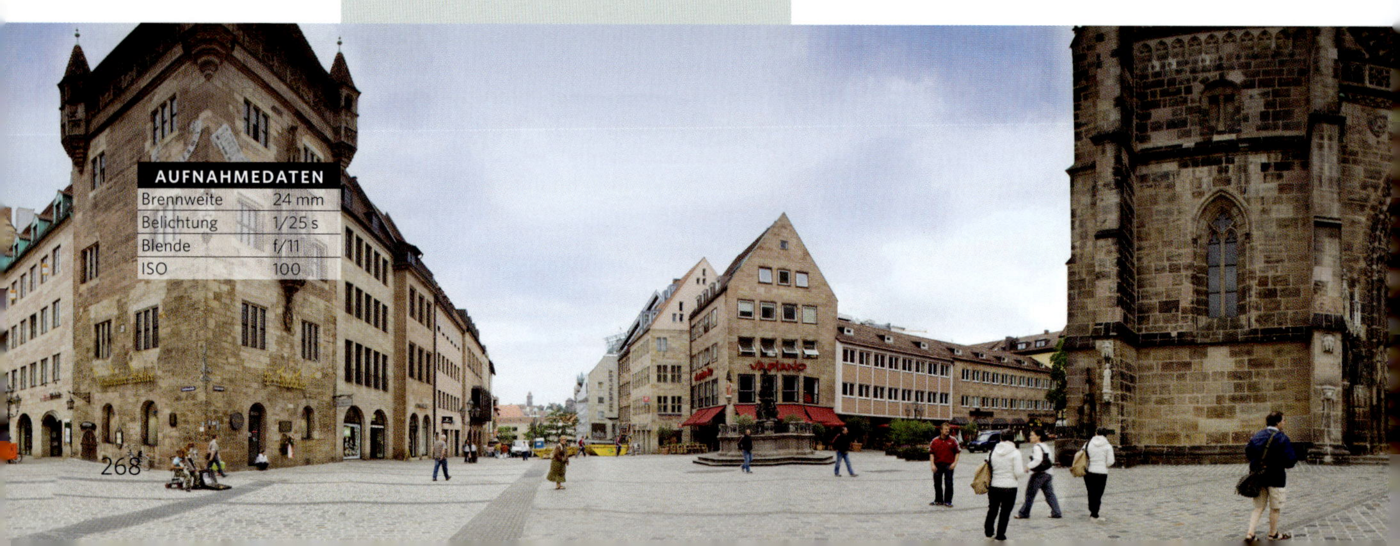

Für einen Rundumblick von 360° sind etliche Bilder notwendig, die perfekt aufeinander abgestimmt sein müssen. Je einfacher die Lichtsituation ist und je weniger Menschen oder bewegte Objekte zu sehen sind, desto problemloser klappt auch die Montage.

AUFNAHMEDATEN	
Brennweite	24 mm
Belichtung	1/25 s
Blende	f/11
ISO	100

50 Fotos, damit nach der Montage eine Gigapixelaufnahme herauskommt. Jedes Einzelbild für sich hat die native Auflösung der Digitalkamera, mit der die Bilder gemacht werden. Ein Bild hat also z. B. 10 Megapixel. Beim Zusammensetzen gehen ca. 25 bis 40 % durch die notwendigen Überlappungen verloren. Würde man nun ein Mehrreihenpanorama mit beispielsweise 20 x 10 Aufnahmen machen, hätte man Ausgangsmaterial von 2.000 Megapixeln – sprich 2 Gigapixeln. Abzüglich der Überlappungen blieben immer noch mehr als 1.000 Megapixel übrig. Aufgrund der hohen Auflösung kann man dann von einer Gesamtansicht ausgehend extrem weit ins Bild hineinzoomen und Details betrachten, die man auf einem normalen Foto niemals wahrnehmen könnte.

So ist es z. B. möglich, ausgehend von einer Stadtansicht einzelne Häuser zu vergrößern, danach Fassadendetails, einzelne Fenster und schließlich sogar – je nach Auflösung – den Raum hinter einem Fenster.

Zur Info:

8 x 20 Fotos

= 160 Aufnahmen á 21 Megapixel

= 3,36 Gigapixel Rohmaterial - 30% Überlappungen

= ca. 2,3 Gigapixel

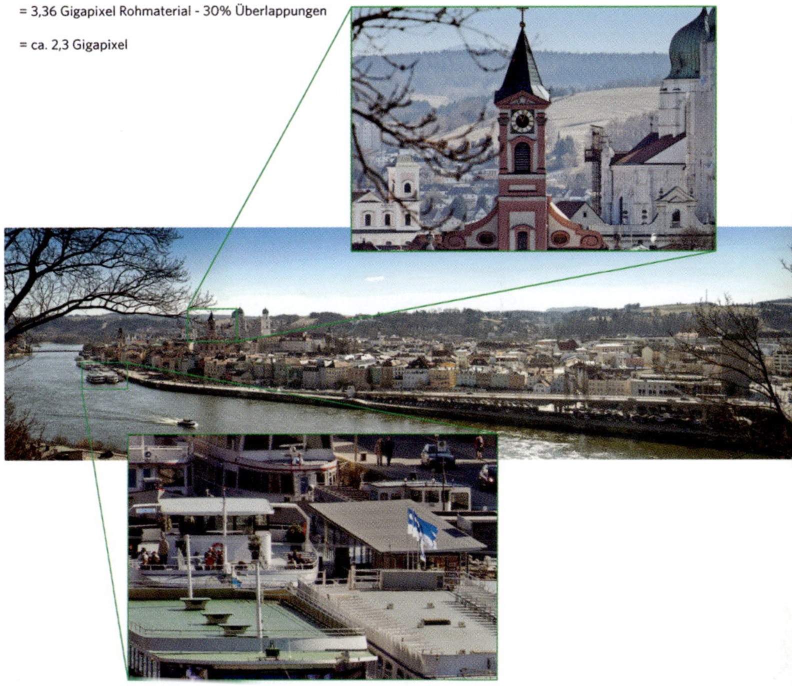

Bildausschnitt oben: *So sieht ein Zwei-Gigapixel-Bild aus, das mit einer 400-mm-Brennweite aufgenommen wurde und aus ca. 160 Einzelbildern besteht. Würde man das Bild in Originalgröße in Fotoqualität drucken, hätte es eine Breite von ca. fünf Metern.*

Bildausschnitt unten: *Dieser nochmals um 200 % am Computer vergrößerte Ausschnitt zeigt, was mit einem Gigapixelbild möglich ist. Nimmt man Abstriche bei der Qualität in Kauf, könnte man das oben gezeigte Bild auch in einer Breite von 20 Metern ausdrucken. Wer Gigapixelbilder macht, produziert eben Superlative.*

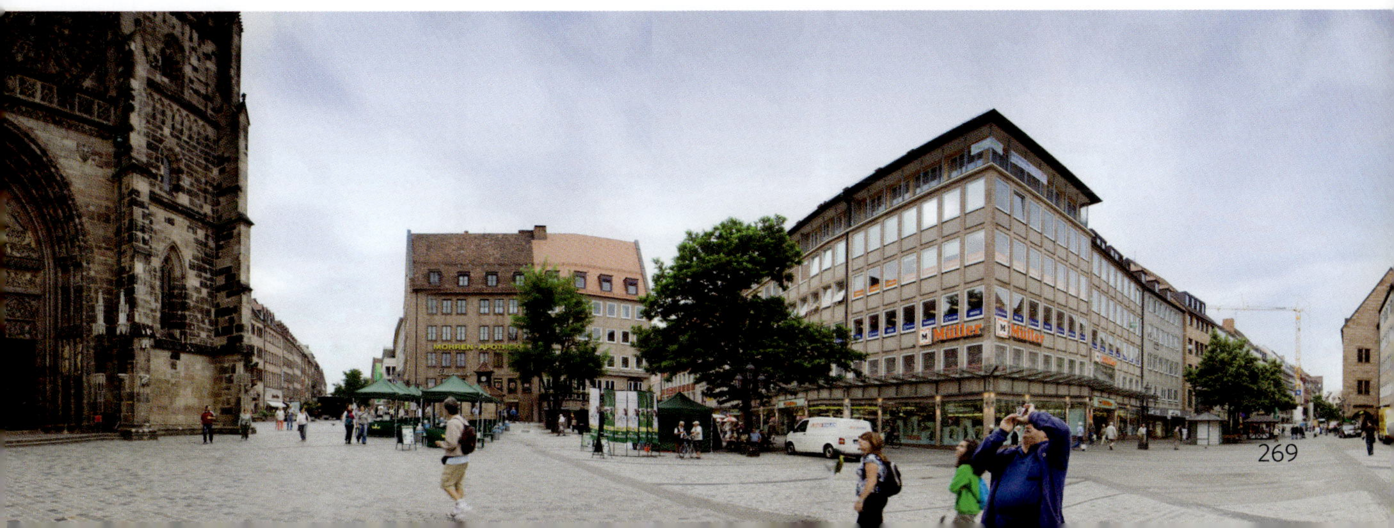

Basis für Gigapixelbilder

Für Gigapixelbilder werden wie bei einem normalen Panorama Digitalfotos zusammengesetzt, allerdings ist die Anzahl der Einzelaufnahmen wie oben erwähnt viel größer. Fotografieren Sie z. B. eine Stadtansicht, wird diese nicht mit nur einer einzigen Bilderreihe erfasst. Für ein Gigapixelbild benötigt man vielmehr mehrere Reihen von Einzelbildern. Das größte Problem neben der schieren Rechenpower beim automatischen Zusammensetzen der Bilder ist die Sorgfalt, mit der man die Einzelbilder schießt.

Während es noch relativ einfach ist, die Bilder einer einzigen Reihe horizontal exakt ausgerichtet zu schießen, wird es bei mehreren Reihen schon schwieriger. Denn am leichtesten macht man es der Computersoftware, die die Bilder zusammenfügt, wenn die in mehreren Reihen übereinanderliegenden Bilder auch exakt übereinander angeordnet sind. Das durch das Drehen der Kamera auf einem Stativ von Hand hinzubekommen, ist praktisch nicht möglich.

Ein Panoramakopf mit Gradeinteilung hilft zwar beim schrittweisen Drehen der Kamera, wirklich exakt gelingen die Einzelbilder aber nur mit einem speziellen Motorkopf, der elektronisch gesteuert wird. Leider sind solche Geräte nicht ganz billig, am günstigsten fährt man mit dem Merlin-Panoramakopf von Teleskop Austria für rund 600 Euro. Man kann aber auch ca. 3.800 Euro für Technik Made in Germany ausgeben, wenn man sich für den Rodeon VR Head der Firma Dr. Clauss Bild- und Datentechnik entscheidet.

Brennweite, Blende, Verschlusszeit

Um im Gigapixelbild später den Aha-Effekt durch die Möglichkeit, kleinste Details zu betrachten, zu erzeugen, müssen Sie mit langer Brennweite fotografieren. 200 mm sind schon ganz gut, besser wären aber 400 mm (bezogen auf das Kleinbildformat). Wegen der langen Brennweite muss die Kamera absolut ruhig auf einem Stativ stehen und sollte beim Auslösen auf keinen Fall berührt werden. Jede verwackelte Aufnahme bringt später die Gigapixelsoftware aus dem Tritt, sodass diese die Bilder dann möglicherweise falsch zusammensetzt.

Arbeiten Sie mit einer Kompaktkamera mit Superzoomobjektiv, sollten Sie, bevor Sie den Aufwand einer Gigapixelaufnahme betreiben, unbedingt die Bildqualität bei maximaler Brennweite überprüfen. Denn oft sind

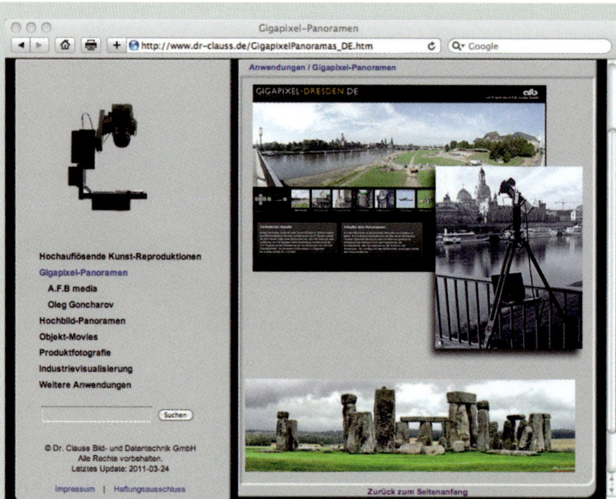

Wenn Sie sich beruflich für die Gigapixelfotografie interessieren, finden Sie hier die passende Hardware Made in Germany: www.dr-clauss.de

die Bilder, die man mit der maximalen Brennweite solcher Superzooms macht, matschig, vignettiert (dunkle Bildecken), kissenförmig verzerrt und kontrastarm. Gerade Vignettierung und Verzerrung können bei der Montage zum Problem werden, da die Software durch die Bildfehler behindert wird.

Blende und Verschlusszeit müssen bei den Aufnahmen wie bei einem normalen Panorama auch immer den gleichen Wert behalten. Die Belichtung und die Schärfentiefe müssen also in jedem Bild gleich bleiben. Für die Praxis bedeutet dies, dass Sie an einem Tag bzw. zu einer Tageszeit fotografieren sollten, in der das Motiv halbwegs ausgewogen beleuchtet ist und die Kontraste nicht zu stark werden.

Die Sonne sollte entweder direkt hinter Ihnen stehen oder zumindest schräg von hinten einfallen. Gegenlicht in einem Bereich des Bildes kann die Möglichkeiten der Kontrasterfassung Ihrer Kamera überfordern. Sie müssten für korrekte Belichtung also im Bereich des Gegenlichts die Belichtung anpassen, was die Montage der Einzelbilder erschweren würde.

Problem Bildbetrachter

Man kann sich leicht vorstellen, dass ein Foto mit den oben beschriebenen Ausmaßen als Datei enorm groß wird. Das bedeutet einerseits, dass schon die Verarbeitung der Einzelbilder sehr viel Rechenpower erfordert sowie ein entsprechendes Programm wie z. B. AutoPano Giga der Firma KOLOR (*www.kolor.com*), andererseits kann man so ein Gigapixelbild auch nicht einfach mal eben aus dem Internet laden und in seiner vollen Größe betrachten. Um ein Gigapixelbild anzusehen, ist spezielle Software nötig, die als Teil eines Internetbrowsers wie Mozilla Firefox, Apple Safari oder Internet Explorer arbeitet. Ruft man im Internet ein Gigapixelbild auf, wird die Aufnahme immer nur teilweise geladen. Das Betrachtungsprogramm, der Viewer, greift stets ausschließlich den Teil des Bildes ab, den Sie gerade vergrößern und im Detail ansehen möchten.

Ein interessantes von Microsoft entwickeltes Programm zum Verarbeiten und Betrachten von Gigapixelbildern heißt HD View. Weitere Informationen dazu finden Sie im Internet, wenn Sie nach dem Stichwort „HD View" suchen. Das Programm gibt es als Plug-in für das Bildbearbeitungsprogramm Adobe Photoshop. Man kann mit HD View die fertigen Gigapixelbilder so umwandeln, dass sie sich auf eine Homepage übertragen lassen, um sie via Internet zu präsentieren.

Objektivempfehlung

Je erstklassiger und detaillierter ein Panorama sein soll, desto besser muss das verwendete Objektiv sein. Da man die Einzelbilder eines Panoramas immer mit der gleichen Brennweite aufnehmen muss, bietet es sich an, mit einer hochwertigen Festbrennweite zwischen 30 und 70 mm zu fotografieren – vorausgesetzt, man besitzt eine Spiegelreflexkamera. Wer mit einer digitalen Kompaktkamera Panoramen fotografiert, sollte ausprobieren, bei welcher Brennweite die Kamera die besten Bilder liefert, und diese Brennweite dann auch verwenden.

OBJEKTIVEMPFEHLUNG	
Einreihige, einfache Panoramen	• Zoomobjektiv (ca. 30 bis 100 mm) • Festbrennweite (ca. 30 bis 70 mm)
Mehrreihige Panoramen, Gigapixelbilder	• Festbrennweite (ca. 50 bis 200 mm)
360°-Panoramen	• Festbrennweite (ca. 20 bis 50 mm) • Fisheye (ca. 8 bis 15 mm)

DOPPELTE MOTIVE

Menschen, die durchs Bild laufen, fahrende Autos oder Fahrräder, Schiffe und Flugzeuge können in einem Gigapixelbild schnell doppelt oder mehrfach auftauchen. Durch die schiere Größe des Gigapixelbildes fällt so etwas zwar in den seltensten Fällen auf, wenn Ihnen bei der Montage trotzdem mal ein Motiv auffällt, sollten Sie es am Ende der Bearbeitung retuschieren. Arbeiten Sie mit längeren Belichtungszeiten, sind oft schemenhaft die Silhouetten von Menschen oder bewegten Motiven zu erkennen. Da Gigapixelbilder aber mit sehr langen Brennweiten geschossen werden, verbieten sich lange Belichtungszeiten eigentlich sowieso. Die Verwacklungsgefahr wäre einfach zu groß.

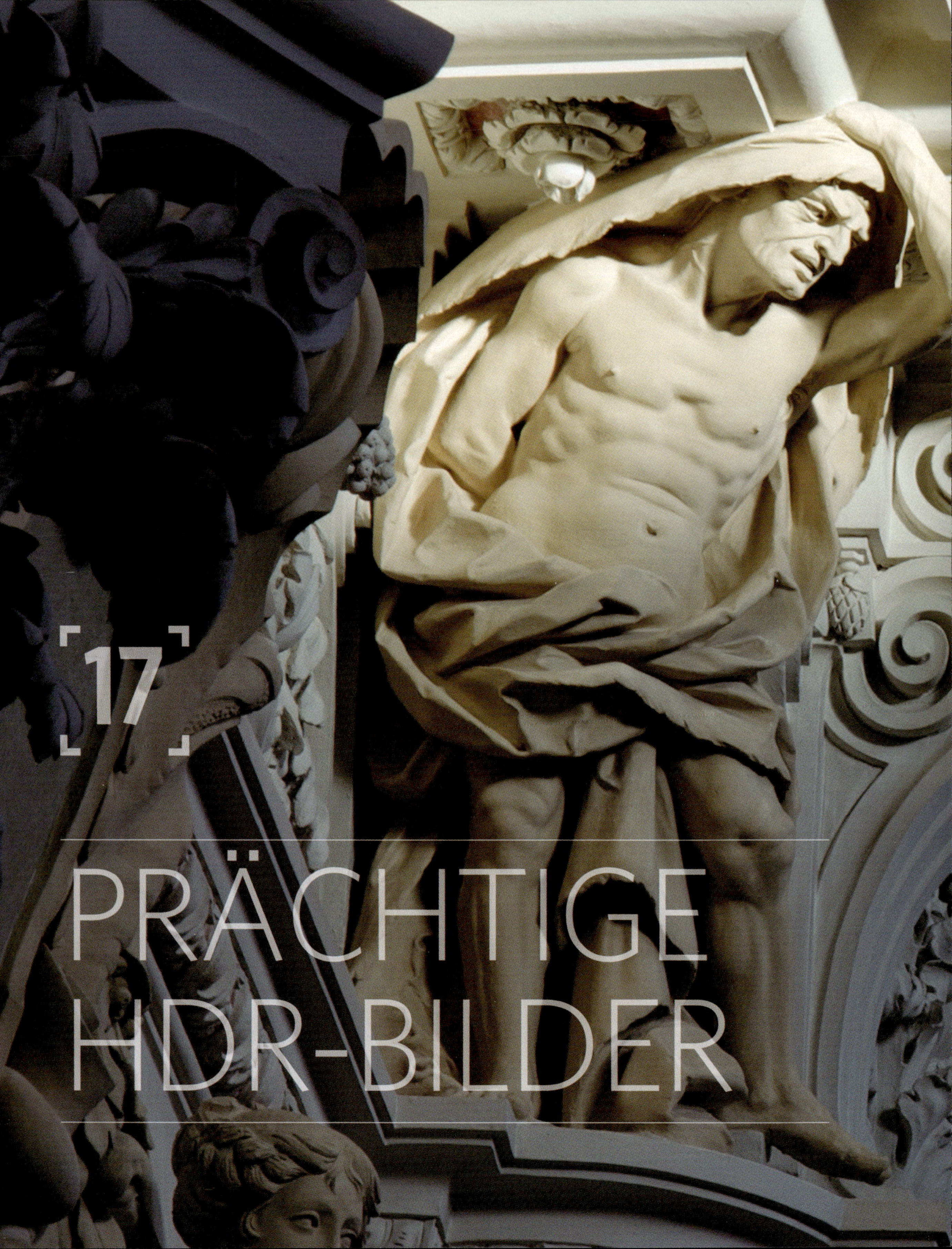

17

PRÄCHTIGE HDR-BILDER

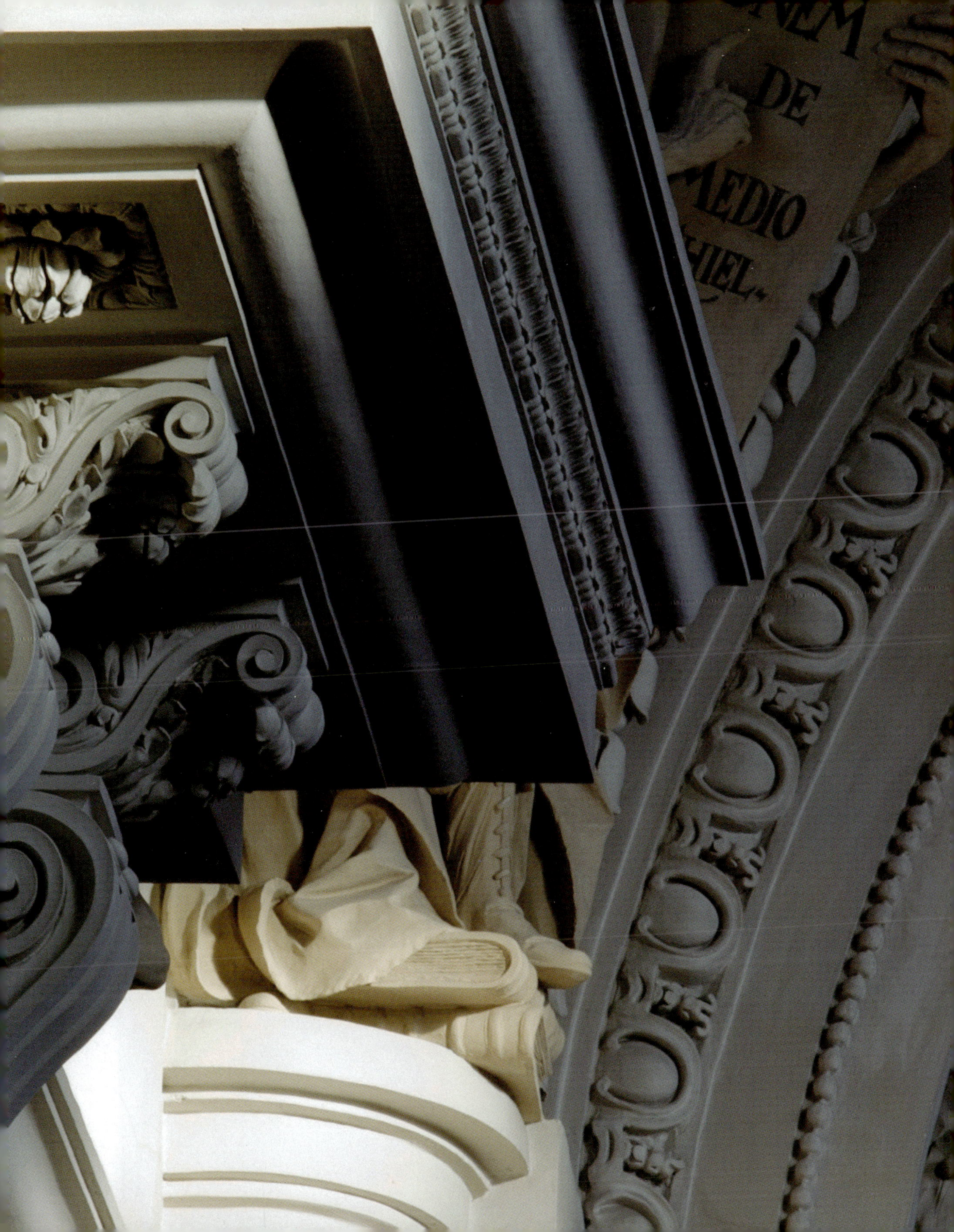
DE
MEDIO

AUFNAHMEDATEN	
Brennweite	24 mm
Belichtung	1/50 s
Blende	f/11
ISO	100

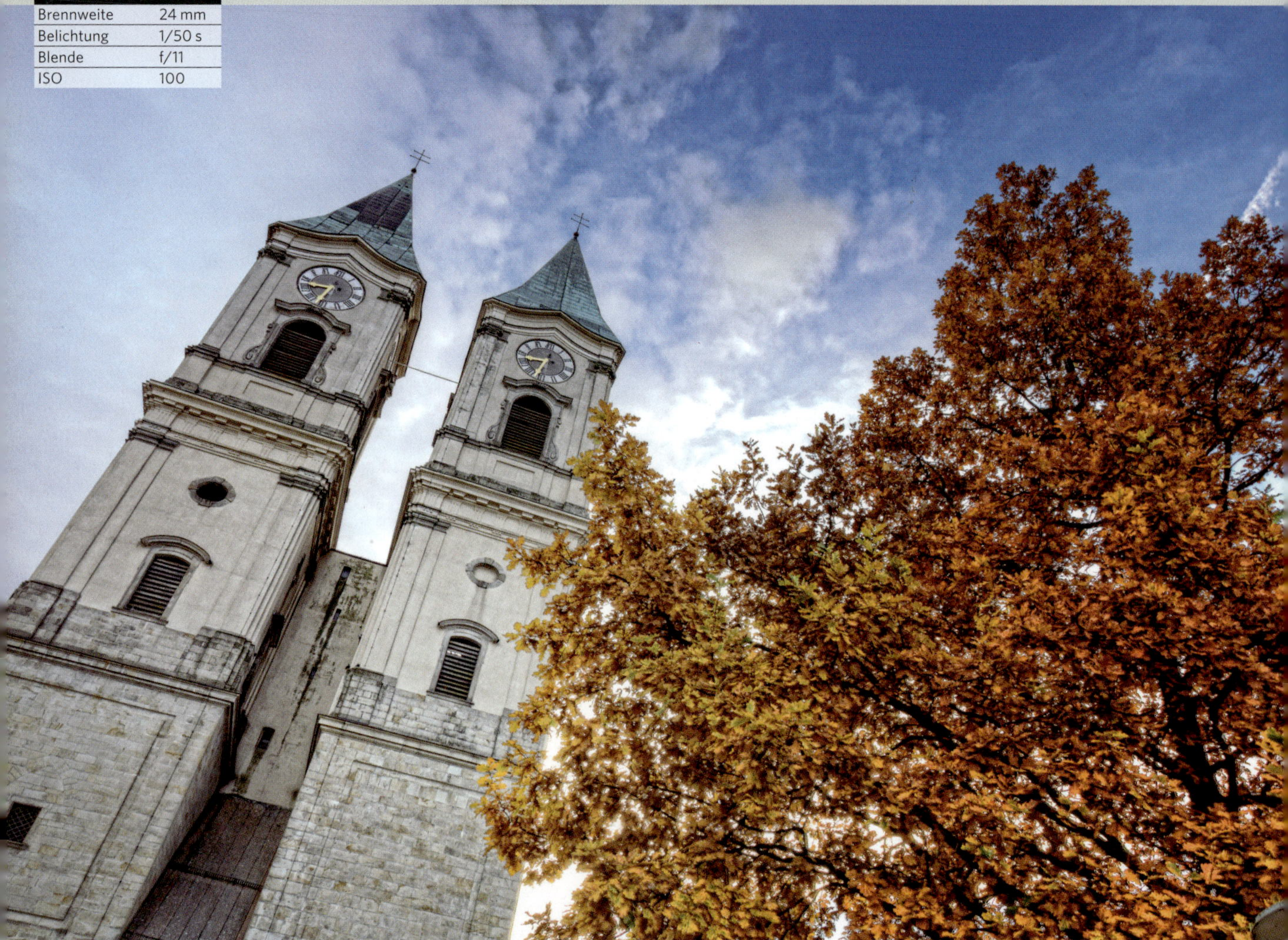

Die HDR-Technologie hilft immer dann weiter, wenn man mit extremen Tonwertumfängen (Kontrasten) zu kämpfen hat. Hätte man die Aufnahme auf normalem Weg gemacht, wäre der Himmel völlig weiß geworden.

17 Prächtige HDR-Bilder

Die Digitalfotografie hatte von Beginn an damit zu kämpfen, dass der mit einem Bildsensor erfassbare Kontrast deutlich geringer war als in der analogen Fotografie mit Film. Auch heute kann man mit einem guten Schwarz-Weiß-Film mit einer einzigen Aufnahme deutlich mehr Details zwischen tiefsten Schatten und hellsten Lichtern erfassen, als das mit einer normalen Digitalkamera möglich wäre.

HDR-Fotografie in der Praxis

■ Der Ausweg für den Digitalfotografen, der ein möglichst breites Spektrum an Tonwerten auf seinen Bildern sehen möchte, heißt HDR-Fotografie. Und wer die Technologie rund um die HDR-Fotografie beherrscht, stellt damit technisch gesehen sogar die beste Schwarz-Weiß-Aufnahme in den Schatten.

Zwei Beispiele aus dem Alltag eines Fotografen sollen Ihnen am Anfang dieses Kapitels zeigen, was die HDR-Fotografie in der Praxis leisten kann. Stellen Sie sich zunächst vor, Sie fotografieren eine weite Landschaft in den Bergen. Irgendwo im Vordergrund steht ein Bauernhof, der Schatten eines Berges liegt über dem Gebäude, die Sonne steht noch deutlich über den Bergen. Der Himmel ist hell und strahlend. Sie versuchen nun, sowohl das Gebäude im Schatten als auch den beeindruckenden Himmel gleichermaßen richtig zu belichten. Der Kontrastunterschied zwischen Himmel und dem im Schatten liegenden Gebäude übersteigt die Möglichkeiten des Kamerasensors bei Weitem. Erstellen Sie mit verschiedenen Testaufnahmen eine halbwegs ausgewogene Aufnahme, in der sowohl Himmel als auch Vordergrund ordentlich belichtet sind. Jedoch dürfte dabei entweder das Gebäude korrekt belichtet und der Himmel völlig weiß sein, oder das Gebäude versinkt in Schwärze und der Himmel erstrahlt im Glanz des schönen Nachmittags. Der Dynamikumfang der Szene ist einfach zu groß für die Möglichkeiten des Kamerasensors.

Auch das zweite Beispiel wird Ihnen im Laufe Ihrer Karriere als Fotograf begegnen. Sie fotografieren an einem sonnigen Tag in einem Raum mit einem oder zwei Fenstern – also nicht in einem völlig verglasten Wintergarten.

AUFNAHMEDATEN	
Brennweite	200 mm
Belichtung	1/4 s
Blende	f/11
ISO	100

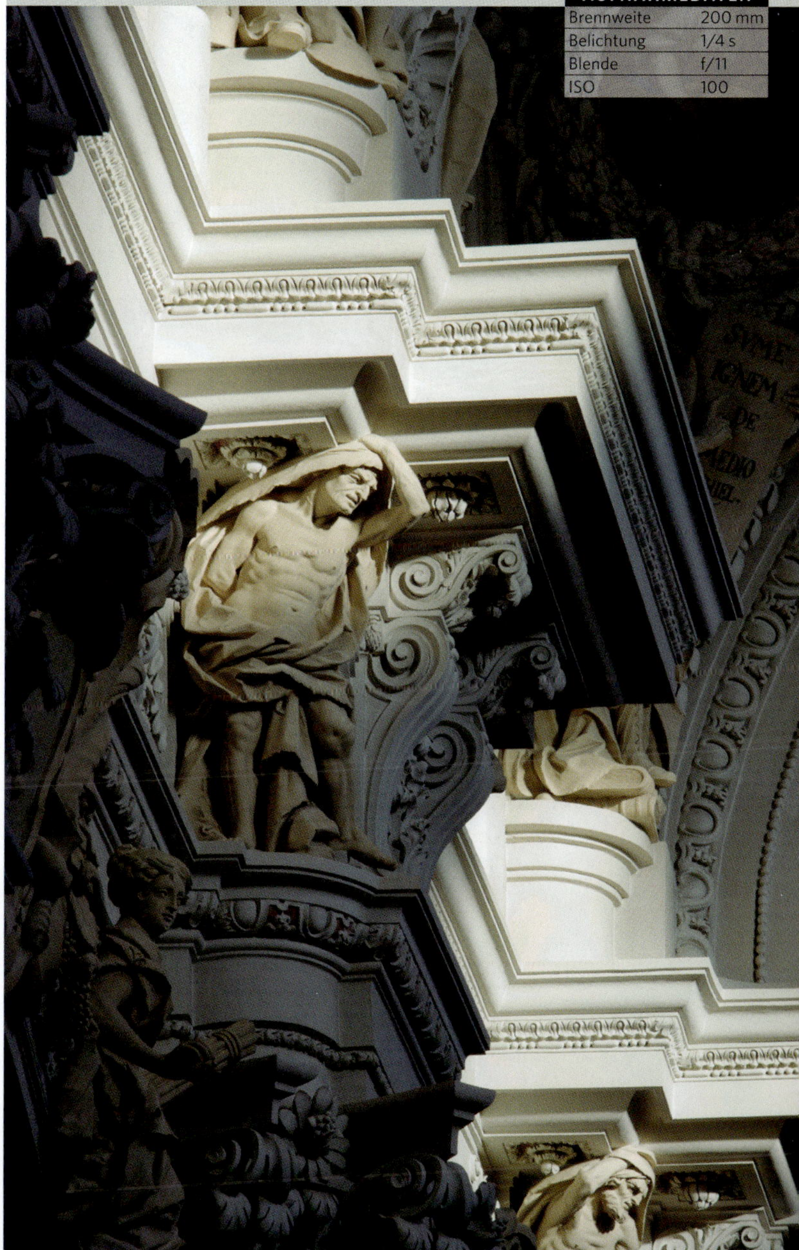

Innenräume können enorme Helligkeitsunterschiede zwischen Schatten und Lichtern haben. Auch hier sind Belichtungsreihen, die dann zu HDR-Bildern montiert werden, eine echte Alternative zu Standardfotos, die den Kontrastumfang nicht wiedergeben können.

Um den Raum korrekt zu belichten, benötigen Sie eine bestimmte Zeit-Blende-Kombination, die Sie über ein paar Testaufnahmen oder Belichtungsmessungen an Wänden und Mobiliar schnell herausfinden können. Richten Sie die Kamera nun aber auf eines der Fenster und ermitteln per Spotmessung die Belichtungswerte, um den sichtbaren Raum außerhalb der Fenster korrekt zu belichten, werden die Belichtungswerte völlig anders aussehen. Wieder übersteigt der Kontrast bzw. Tonwertumfang zwischen den dunklen Bildbereichen innerhalb des Raums und den hellsten Bildbereichen draußen vor den Fenstern die Möglichkeiten des Sensors.

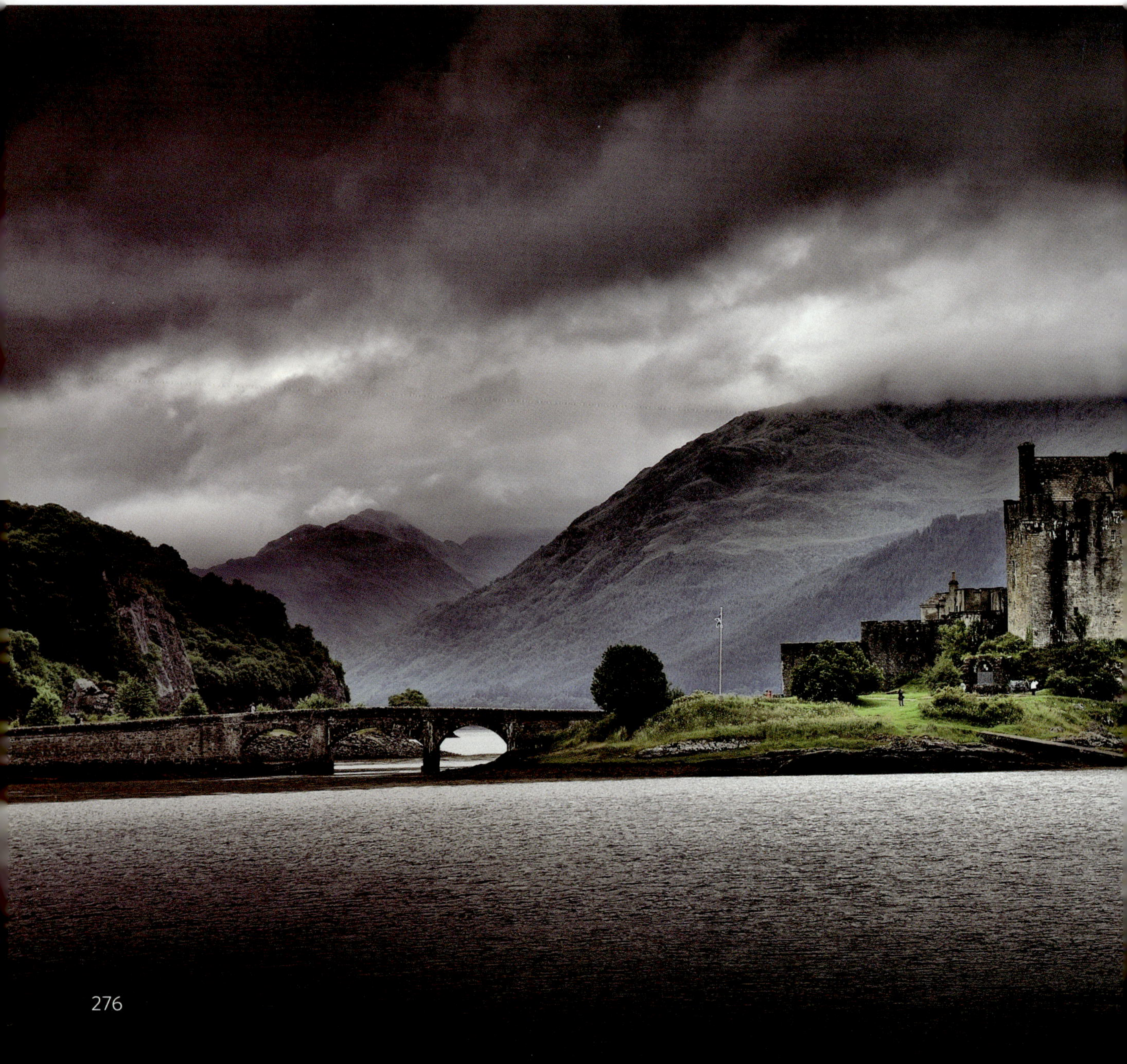

Reale Kontraste

Eine gute Digitalkamera ist theoretisch in der Lage, auf einem Bild den Tonwertumfang von ca. acht ganzen Belichtungsstufen zu erfassen. Einfach ausgedrückt, kann der 12-Bit-Sensor einer Digitalkamera theoretisch einen Motivkontrast von ca. 4000:1, technisch bedingt aber nur von ca. 400:1 aufnehmen. Wenn man sich nun vorstellt, dass eine Szene im hellen Tageslicht eines Sommernachmittags einen Kontrastumfang von ca. 100.000:1 (ca. 17 volle Belichtungsstufen) haben kann – das menschliche Auge erfasst mit einem Blick lediglich ca. 14 Belichtungsstufen oder einen Dynamikumfang von 10.000:1 –, wird schnell klar, dass Digitalkameras hier deutliche Grenzen haben.

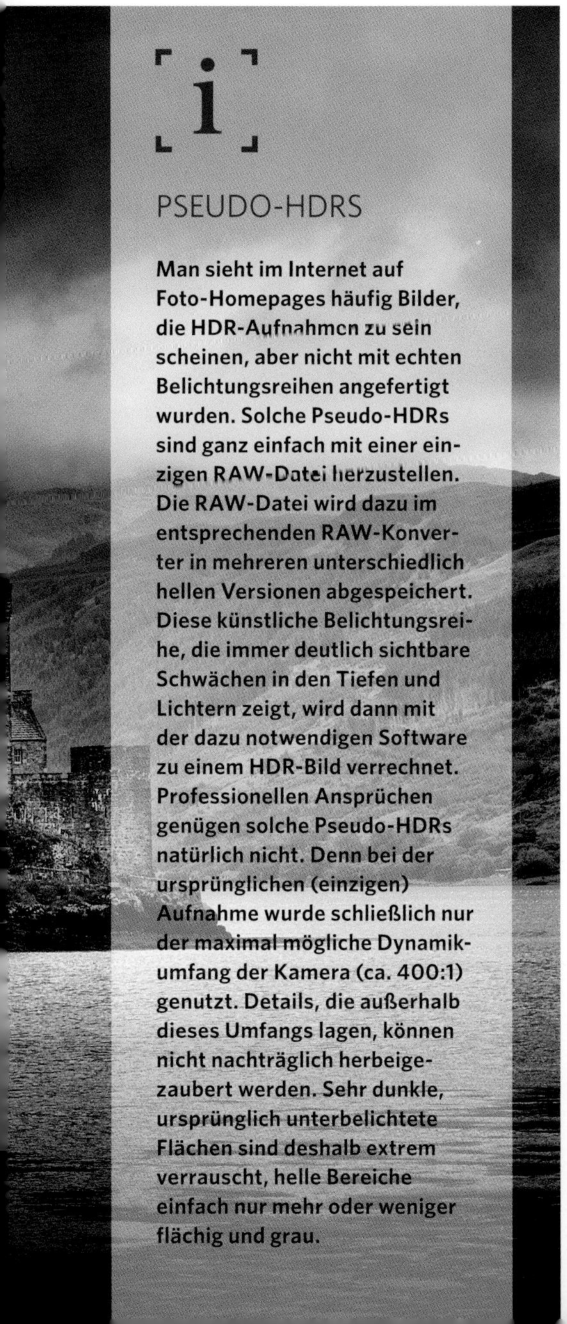

PSEUDO-HDRS

Man sieht im Internet auf Foto-Homepages häufig Bilder, die HDR-Aufnahmen zu sein scheinen, aber nicht mit echten Belichtungsreihen angefertigt wurden. Solche Pseudo-HDRs sind ganz einfach mit einer einzigen RAW-Datei herzustellen. Die RAW-Datei wird dazu im entsprechenden RAW-Konverter in mehreren unterschiedlich hellen Versionen abgespeichert. Diese künstliche Belichtungsreihe, die immer deutlich sichtbare Schwächen in den Tiefen und Lichtern zeigt, wird dann mit der dazu notwendigen Software zu einem HDR-Bild verrechnet. Professionellen Ansprüchen genügen solche Pseudo-HDRs natürlich nicht. Denn bei der ursprünglichen (einzigen) Aufnahme wurde schließlich nur der maximal mögliche Dynamikumfang der Kamera (ca. 400:1) genutzt. Details, die außerhalb dieses Umfangs lagen, können nicht nachträglich herbeigezaubert werden. Sehr dunkle, ursprünglich unterbelichtete Flächen sind deshalb extrem verrauscht, helle Bereiche einfach nur mehr oder weniger flächig und grau.

DYNAMIKUMFANG

Der Dynamikumfang einer Szene ist die Differenz zwischen hellster und dunkelster Stelle. Er gibt an, wie groß der Tonwertumfang zwischen hellen und dunklen Bildstellen sein kann, der vom Kamerasensor erfassbar ist. Der Dynamikumfang wird in Candela pro Quadratmeter (cd/m^2) gemessen. Zur Verdeutlichung: Nächtliches Sternenlicht hat eine Luminanz von ca. 0,001 cd/m^2, eine in helles Tageslicht getauchte Szenerie kann eine Luminanz von ca. 100.000 cd/m^2 haben.

Unumgängliche Kompromisse

Als Fotograf ist man gezwungen, Kompromisse einzugehen. In der Praxis wird die Belichtung deshalb an den wichtigen Motivteilen ausgerichtet, und man akzeptiert, dass bestimmte Bildteile nicht hundertprozentig wiederzugeben sind. Einen möglichen Ausweg aus dem Dilemma liefert bei unbewegten Motiven wie Landschaften oder Interieurs die HDR-Fotografie, bei der Sie jedoch nicht nur mit der Kamera, sondern auch mit dem Computer und der entsprechenden Software arbeiten müssen.

HDR und LDR

HDR ist die Abkürzung für den englischen Begriff High Dynamic Range, zu Deutsch hoher Dynamikumfang. Der Begriff Dynamikumfang ist ein wenig irreführend, er wird in der Digitalfotografie in mehreren Zusammenhängen verwendet: für Szenen, Kamerasensoren und Ausgabegeräte (Monitor, Drucker). Die Abkürzung HDRI bedeutet High Dynamic Range Increase, also die Erhöhung des Kontrastumfangs, womit die Technik gemeint ist, die zu Aufnahmen mit übernatürlichem Kontrastumfang führt. Wer mit seiner Digitalkamera Fotos schießt, macht LDR-Bilder (Low Dynamic Range), also Bilder mit niedrigem Dynamikumfang. Normale Digitalkameras sind aus oben genannten Gründen - der Sensor unterliegt Beschränkungen bezüglich des Erfassens von realen Kontrasten - nicht in der Lage, auf Knopfdruck HDR-Fotos zu erzeugen. Ausnahmen bilden ein paar ganz aktuelle Kameramodelle, die eine einfache HDR-Software bereits in die Verarbeitungsroutinen der Kamerasoftware integriert haben und aus zwei gleichzeitig gespeicherten Bildern ein HDR-Foto berechnen. Allerdings sind die Ergebnisse bei Weitem nicht so beeindruckend wie die Bilder, die man mit echter HDR-Verarbeitung am Computer erzielen kann. Mit Digitalkameras lassen sich entweder 8-Bit-Bilder oder - über RAW-Fotos und die Entwicklung von RAW-Bildern per Software - 16-Bit-Bilder machen.

i

AUF KEINEN FALL VERWACKELN

Um eine brauchbare Belichtungsreihe zu schießen, die zu einem HDR-Bild kombiniert werden kann, sollten Sie beim Betätigen der Kamera so penibel wie möglich vorgehen. Selbst wenn nur ein Einzelbild verwackelt ist, führt die Kombination der Fotos wahrscheinlich zu einem „matschigen" HDR. Verwenden Sie daher bei längeren Belichtungszeiten auf jeden Fall ein stabiles Stativ und einen Fern- oder Selbstauslöser. Und wenn Sie mit einer digitalen Spiegelreflexkamera arbeiten, sehen Sie im Kamerahandbuch nach, ob Ihre Kamera die Spiegelvorauslösung unterstützt. Dabei wird der Schwingspiegel vor der eigentlichen Aufnahme hochgeklappt, um Vibrationen durch den schweren Spiegel zu verhindern. Und noch ein Tipp für unverwackelte Bilder: Falls Sie draußen fotografieren, achten Sie auf den Wind. Schützen Sie Ihre Kamera vor Böen. Und montieren Sie den Kameragurt ab oder fixieren Sie ihn. Pendelt der Gurt hin und her, führt das auch schnell zu Verwacklungen.

8-Bit- und 16-Bit-Bilder

Bei einem 8-Bit-Bild erhält jeder einzelne Bildpunkt pro Farbkanal (Rot, Grün, Blau) jeweils 8 Bit an Informationen (24 Bit pro Bildpunkt). Das bedeutet, pro Farbkanal können jeweils 256 Helligkeitsabstufungen erfasst werden. Insgesamt kann dadurch jeder Bildpunkt ca. 16 Millionen Farben (3 Farbkanäle, 256 x 256 x 256) annehmen. Bei einem 16 Bit-Bild wird jeder Farbkanal nicht nur über 256 Helligkeitsabstufungen, sondern über 65.536 Abstufungen beschrieben (48 Bit pro Pixel). Das heißt in der Praxis, ein 16-Bit-Bild könnte theoretisch einen Kontrastumfang von 65.536:1 enthalten.
Da aber der Digitalkamerasensor wie oben gesagt einen Dynamikumfang von lediglich ca. 400:1 nutzbar macht, erhält man mit

AUFNAHMEDATEN	
Brennweite	24 mm
Belichtung	1/250 s
Blende	f/5,7
ISO	400

der Entwicklung eines RAW-Bildes in eine 16-Bit-Datei lediglich präzisere Bilddetails, nicht aber mehr Kontraste. Auch ein 16-Bit-Bild ist zunächst einmal nur ein LDR-Foto. Um ein HDR-Bild, das mit 32 Bit beschrieben wird, zu erzeugen, benötigen Sie mehrere Aufnahmen ein und desselben Motivs, die unterschiedlich belichtet sind. Verwenden Sie dazu am besten die Bracketing-Funktion Ihrer Kamera und schießen Sie für den Anfang automatische Belichtungsreihen von jeweils drei Bildern mit einem Belichtungsunterschied von ca. zwei Stufen.

Belichtungsreihen anfertigen

Eine Belichtungsreihe sollte, um optimale Ergebnisse zu erzielen, den tatsächlichen Kontrastumfang einer Szene komplett abdecken. Das bedeutet, auf den hellsten Bildern sollten die Details in den tiefen Schatten erkennbar sein, die Lichter fressen hierbei natürlich komplett aus. Auf den dunkelsten Bildern der Reihe sind dagegen die Details in den Lichtern perfekt erfasst.

Manuelles Bracketing

Für perfektes Ausgangsmaterial werden Sie die Belichtungsreihe in den meisten Fällen manuell steuern und mehr als die oben vorgeschlagenen drei Aufnahmen machen müssen. Das bedeutet, Sie müssen die Kamera im manuellen Modus betreiben und die Belichtungswerte Blende sowie Verschlusszeit selbst festlegen und schrittweise verändern, um den gesamten Kontrastumfang abzubilden. Drei Faktoren sind für die professionelle Erzeugung eines HDR-Bildes besonders wichtig:

- Damit die Einzelbilder möglichst exakt übereinstimmen, sollten Sie auf jeden Fall mit einem Stativ fotografieren.

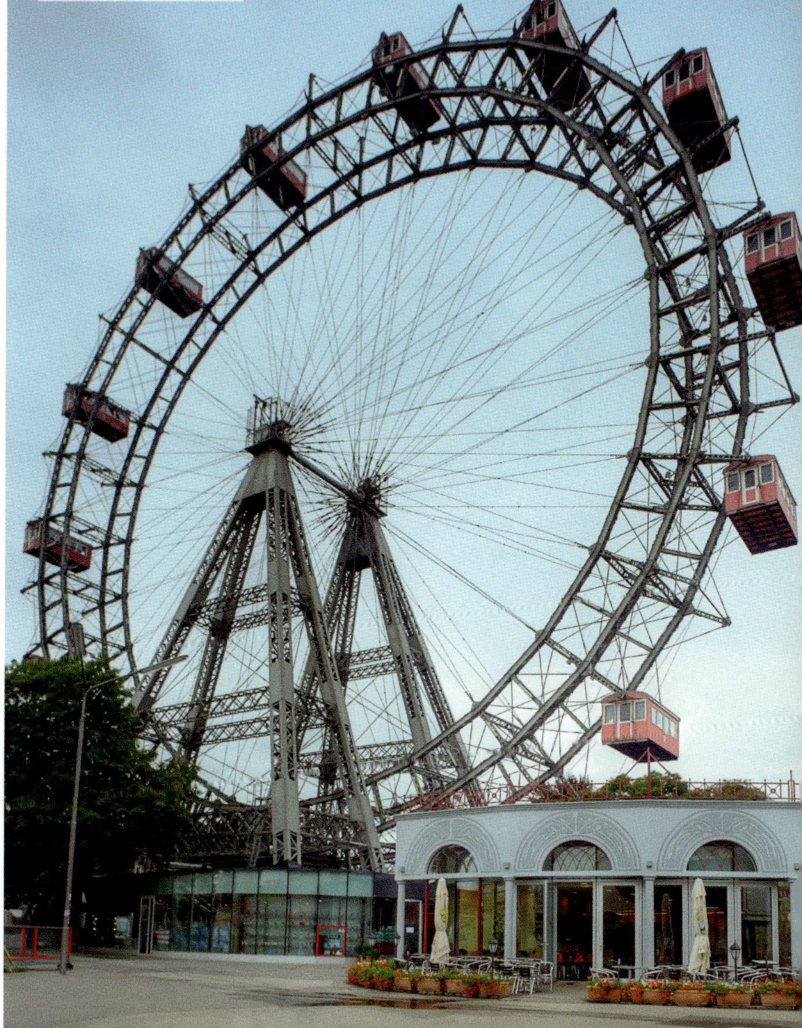

Drei Bilder – ein Motiv: An den Einzelbildern sieht man sehr gut, wie langweilig das Licht an diesem Tag war. Per HDR-Technik wird das Prater-Riesenrad sogar an einem grauen Regentag zum Blickfang. Dennoch ist nicht jedes HDR-Bild auf den ersten Blick als solches erkennbar. Ohne HDR wäre dieses Bild jedoch deutlich zu dunkel ausgefallen.

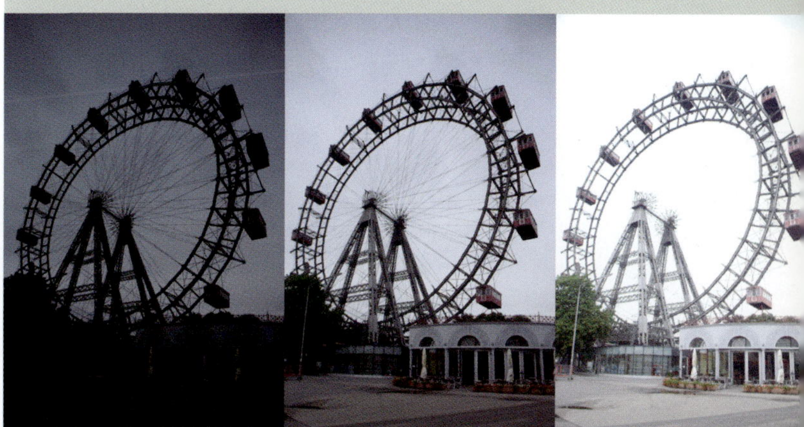

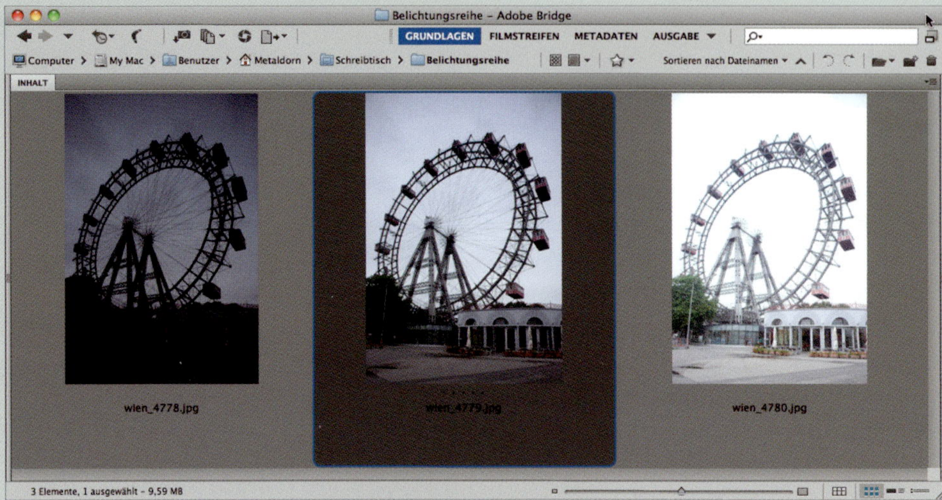

Die drei Aufnahmen einer Belichtungsreihe geben entweder die Schatten, die Mitteltöne oder die Lichter korrekt wieder - eine Grundvoraussetzung für perfekte HDR-Umsetzungen.

- Bei der Belichtungsreihe muss die Blende gleich bleiben, während die Verschlusszeit variiert wird. Die Veränderung der Blende würde zu unterschiedlicher Schärfentiefe in den Bildern führen, was das Resultat verschwimmen ließe.
- Die Aufnahmen der Belichtungsreihe müssen (deutlich!) unterschiedlich belichtet sein, um den tatsächlichen Dynamikumfang einer Szene komplett zu erfassen. Fotografieren Sie am besten mit Unterschieden von 2 LW (Lichtwerten) bzw. EV (Exposure Value).

Motivgestaltung nicht vergessen

Wenn Sie vor einem Motiv mit großem Tonwertumfang stehen, das Sie gern als HDR-Aufnahme sehen möchten, bauen Sie zunächst Ihre Kamera samt Stativ im Sinne guter Bildgestaltung auf. Wählen Sie den richtigen Bildausschnitt und machen Sie zunächst eine Probeaufnahme mit den von der Kamera ermittelten Belichtungswerten, bevor Sie die Belichtungsreihe schießen. Oft sieht man HDR-Bilder, deren Kontrastumfang zwar beeindruckt, die aber wegen mangelhafter Gestaltung dann doch wieder nur Massenware sind.

Blende und Verschlusszeit wählen

Fotografieren Sie am besten mit dem manuellen Belichtungsprogramm und stellen Sie die für die gewünschte Schärfentiefe notwendige Blende ein, idealerweise wählen Sie den Blendenwert möglichst groß. Achten Sie darauf, dass der Blendenwert nun nicht mehr verändert wird. Wählen Sie entsprechend der Belichtungsstufenanzeige im Display oder auf dem Monitor eine passende Verschlusszeit. Kontrollieren Sie die Probeaufnahme auf dem Display und verwenden Sie das von den meisten Digitalkameras angebotene Histogramm zur Kontrolle der Tonwertverteilung. Ob Ihre Kamera ein Histogramm einblenden kann, steht im Handbuch.

Starten der Belichtungsreihe
Haben Sie die Blende-Verschlusszeit-Kombination gefunden, die die mittleren Tonwerte perfekt erfasst, starten Sie nun eine Belichtungsreihe. Je nach Tonwertumfang des Motivs sind ca. drei bis sechs Variationen mit unterschiedlichen Verschlusszeiten nötig, um das gesamte Tonwertspektrum von den dunkelsten bis zu den hellsten Bereichen zu erfassen. Fotografieren Sie in Intervallen von jeweils zwei Belichtungsschritten (2 EV). Beginnen Sie also z. B. mit 1/2 Sekunde und erhöhen Sie die Verschlusszeit dann auf 1/8 Sekunde, 1/30 Sekunde, 1/125 Sekunde etc.
Wer es besonders genau nimmt, arbeitet mit Intervallen von einem Belichtungsschritt (1 EV), muss dann aber auch doppelt so viele Bilder schießen und verarbeiten. In der Regel sind so kleine Intervalle nicht notwendig. Kontrollieren Sie das hellste bzw. das dunkelste der Bilder auf dem Display. Im hellsten Bild (langste Verschlusszeit) müssen die dunkelsten Motivteile perfekt belichtet sein, im dunkelsten Bild (kürzeste Verschlusszeit) müssen die hellsten Bildstellen korrekt gezeigt werden. Bei der Kontrolle hilft auch wieder das Histogramm.

Spotmessung und Zeitautomatik

Falls Sie mit Ihrer Kamera Spotmessungen vornehmen können, bei denen nur ein kleiner Bereich im Sucher für die Belichtungswertermittlung herangezogen wird, können Sie die dunkelsten und hellsten Stellen im Bild auch einzeln anmessen. Sobald Sie die Extremwerte kennen, teilen Sie das Gesamtintervall manuell in kleinere Belichtungsschritte ein.

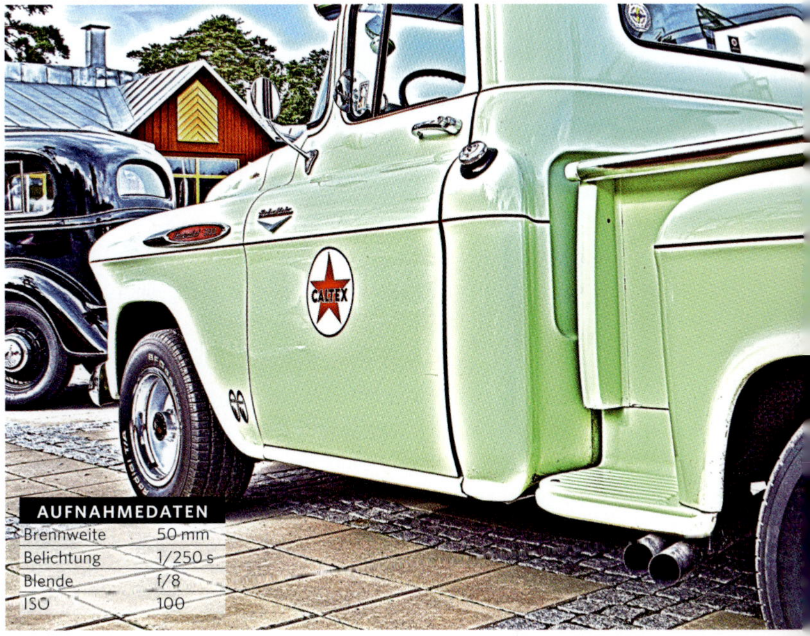

AUFNAHMEDATEN	
Brennweite	50 mm
Belichtung	1/250 s
Blende	f/8
ISO	100

Viele HDR-Fotos stechen durch ihre knallige Farbigkeit heraus. Während der Umwandlung einer Belichtungsreihe hat man großen Einfluss auf die Farben und kann dem eigenen Geschmack entsprechend einen individuellen Look kreieren.

Zeitautomatik und Blende wählen
Stellen Sie die Kamera dazu auf den Modus A bzw. Av (Zeitautomatik) und wählen Sie danach eine möglichst kleine Blende (einen großen Blendenwert). Richten Sie die Kamera nun nacheinander auf die hellsten und dunkelsten Stellen und tippen Sie jedes Mal den Auslöser an. Die Kamera ermittelt so die ungefähren Maximalwerte, die Sie für die Belichtungsreihe benötigen. Die Werte werden im Sucher oder auf dem Display angezeigt.

Verschlusszeiten verringern
Aber Achtung - erhöhen bzw. verringern Sie die angezeigten Verschlusszeiten nochmals um mindestens jeweils eine Stufe. Der Grund: Die Spotmessung von sehr hellen Stellen lässt die Kamera zu dunkel belichten, die Messung von dunklen Stellen führt zu deutlich zu hellen Bildern. Diese technisch

Die London Tower Bridge, sonst eher vor tristem Hintergrund, hier im Reigen knalliger Farben. Die Regler für Lichter und Schatten wurden in diesem Beispiel leicht überstrapaziert.

bedingten Messfehler müssen Sie ausgleichen, indem Sie die Maximalwerte erweitern. Fertigen Sie dann die Belichtungsreihe in Intervallschritten von 1 bis 2 EV zwischen den ermittelten Maximalwerten an.

Ungeeignete Motive

Da man für gelungene HDR-Bilder mehrere Aufnahmen einer Belichtungsreihe benötigt, fallen Motive mit Bewegungen natürlich praktisch aus. Laufen viele Menschen durch eine Szene oder bewegt sich in einem Landschaftsmotiv die Vegetation zu sehr, sind keine perfekten HDR-Umwandlungen mehr möglich. Deshalb sieht man auch immer wieder statische Landschaften oder Architektur in Aufnahmen, die mit der HDR-Technik realisiert wurden. Kleine Einschränkung: Wenn nur wenige Objekte in den Einzelbildern der Belichtungsreihe auftauchen, erkennt moderne HDR-Software diese sogenannten Geisterbilder und entfernt sie automatisch. Fotografieren Sie also zur Dämmerung einen Marktplatz in der Stadt, und es läuft hin und wieder ein einzelner Mensch durchs Bild, ist das kein großes Problem. Anders sieht die Sache bei flatternden Blättern an Bäumen oder Wellen auf einem See aus. Diese Bewegungen lassen sich kaum plausibel aus einer HDR-Aufnahme entfernen.

Dateiformate für HDRs

Wenn Ihre Kamera RAW-Dateien speichern kann, verwenden Sie für HDR-Aufnahmen auch das RAW-Format. Die Endung von RAW-Dateien ist nicht einheitlich und wird von jedem Kamerahersteller anders vergeben. Der Grund für RAW liegt ganz einfach darin, dass RAW-Daten Bildinformationen

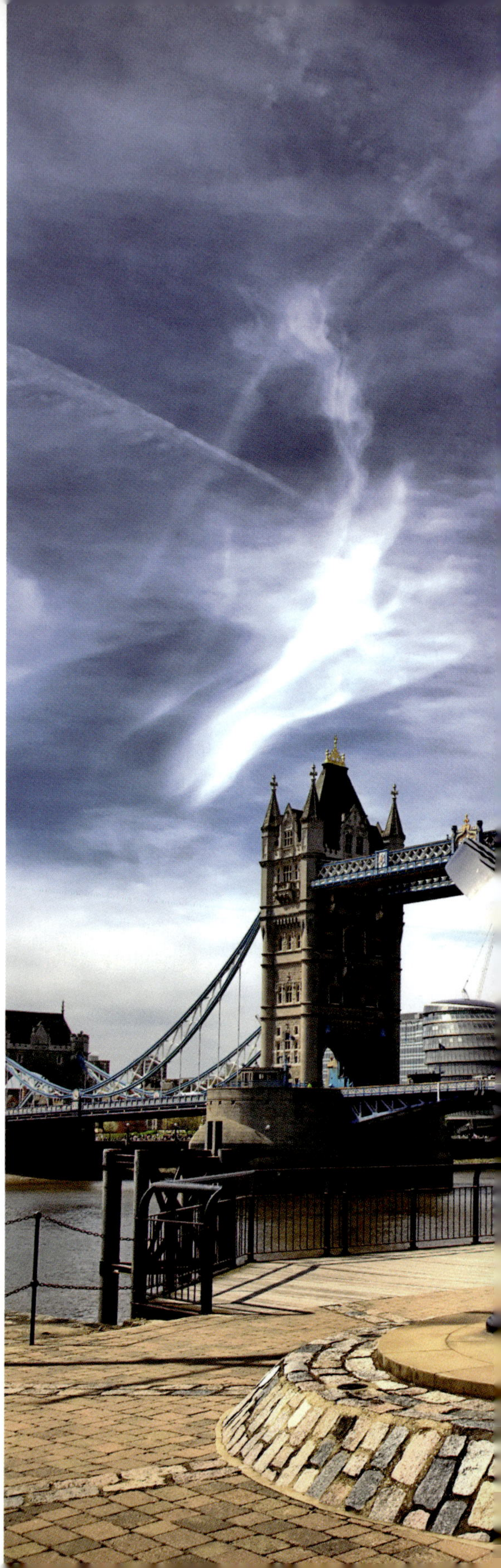

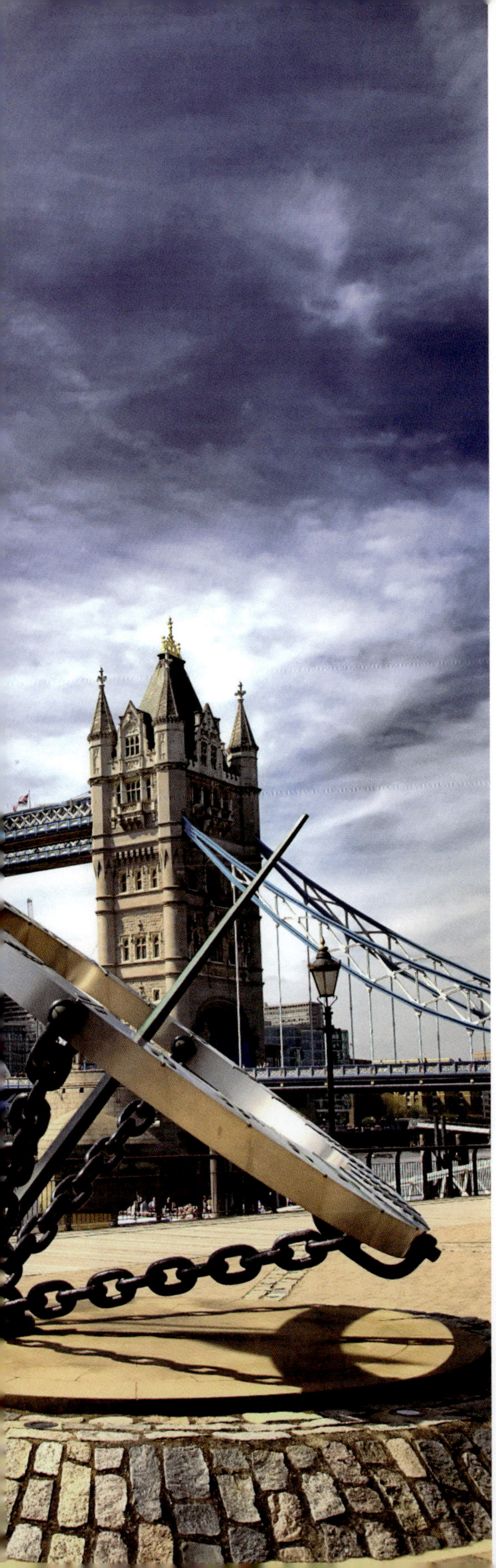

enthalten, die von der Kamerasoftware nicht beeinflusst wurden. Der Nachteil: Die RAW-Daten müssen zunächst mit einer Konverter-Software umgewandelt bzw. ganz ähnlich wie ein analoges Negativ entwickelt werden. Dazu ist eine spezielle Software nötig, die mit dem RAW-Format umgehen kann, zum Beispiel Adobe Photoshop Lightroom oder Apple Aperture.

ALTERNATIVE HDR-ÜBERLAGERUNG

Photomatix Pro bietet eine weitere Methode, aus einer Belichtungsrei he von mehreren Bildern ein neues Foto zu generieren, sodass sowohl in den Tiefen wie auch in den Lichtern Details zu erkennen sind. Mit der Methode Lichter & Schatten im Menü Kombination wird allerdings nicht wie beim Tone-Mapping zuerst ein HDR-Bild erzeugt. Photomatix Pro legt vielmehr einfach die Ausgangsbilder übereinander und verwendet für das Resultat diejenigen Bildbereiche, die korrekt belichtet sind und Details zeigen. Diese Methode entspricht in etwa dem Vorgehen in der Bildbearbeitung, wenn man verschiedene Belichtungen in einer Datei als Ebenen übereinanderlegt und die nicht benötigten Teile löscht bzw. mit Masken abdeckt. Je nach Verwendung der fertigen Fotos ist die Methode Lichter & Schatten eine gute Alternative zum Tone-Mapping, weil sich eine Menge Zeit sparen lässt und die Ergebnisse dennoch gut aussehen.

Warum RAW besser ist

Sie bekommen mit RAW-Daten im Prinzip genau das, was der Sensor der Kamera gesehen und aufgezeichnet hat. Lassen Sie Ihre Kamera JPEG- oder TIFF-Dateien speichern, werden die Bilder von der Kamera vor dem Speichern noch farblich angepasst, leicht geschärft und – im Fall von JPEG-Bildern – mit gewissen Verlusten komprimiert, um Speicherplatz zu sparen. Diese Korrekturen lassen sich nicht rückgängig machen. Da aber für perfekte HDR-Fotos so viele Detail- und Tonwertinformationen wie möglich zur Verfügung stehen sollten, sind RAW-Bilder die erste Wahl für hochwertige Ergebnisse. Moderne Programme zur HDR-Erzeugung sind in der Lage, RAW-Bilder ohne Umweg über ein RAW-Entwicklungsprogramm direkt zu lesen. Das bringt zwar einen Vorteil bei der Verarbeitungsgeschwindigkeit, Sie haben jedoch keine uneingeschränkte Kontrolle darüber, was das Programm aus den RAW-Daten herausholt. Besser ist es daher, die RAW-Bilder mit einem Programm wie Adobe Photoshop Lightroom oder Apple Aperture zuvor zu entwickeln und als 16-Bit-TIFF zu speichern.

Kontraststeigerung per Maske

Es gibt mehrere Möglichkeiten, eine wie zuvor beschrieben entstandene Belichtungsreihe am Computer zu montieren, um ein Bild mit Detailzeichnung in allen Tonwertbereichen zu erhalten. Eine bewährte und immer wieder genutzte Methode besteht darin, die verschieden belichteten Aufnahmen in einem Programm wie Photoshop als Ebenen innerhalb einer Datei übereinander zu legen. Mithilfe von Masken werden dann die nicht benötigten zu dunklen und zu hellen Teile abgedeckt, sodass zum Schluss nur noch die korrekt belichteten Bildteile der einzelnen Ebenen zu sehen sind.

Wenn man die bekannten Effekte bei der HDR-Umwandlung (knallige Farben, extreme Lokalkontraste) nicht überstrapaziert, kann man Fotos mit gesteigertem Tonwertumfang erstellen, deren HDR-Herkunft nicht auf den ersten Blick zu erkennen ist.

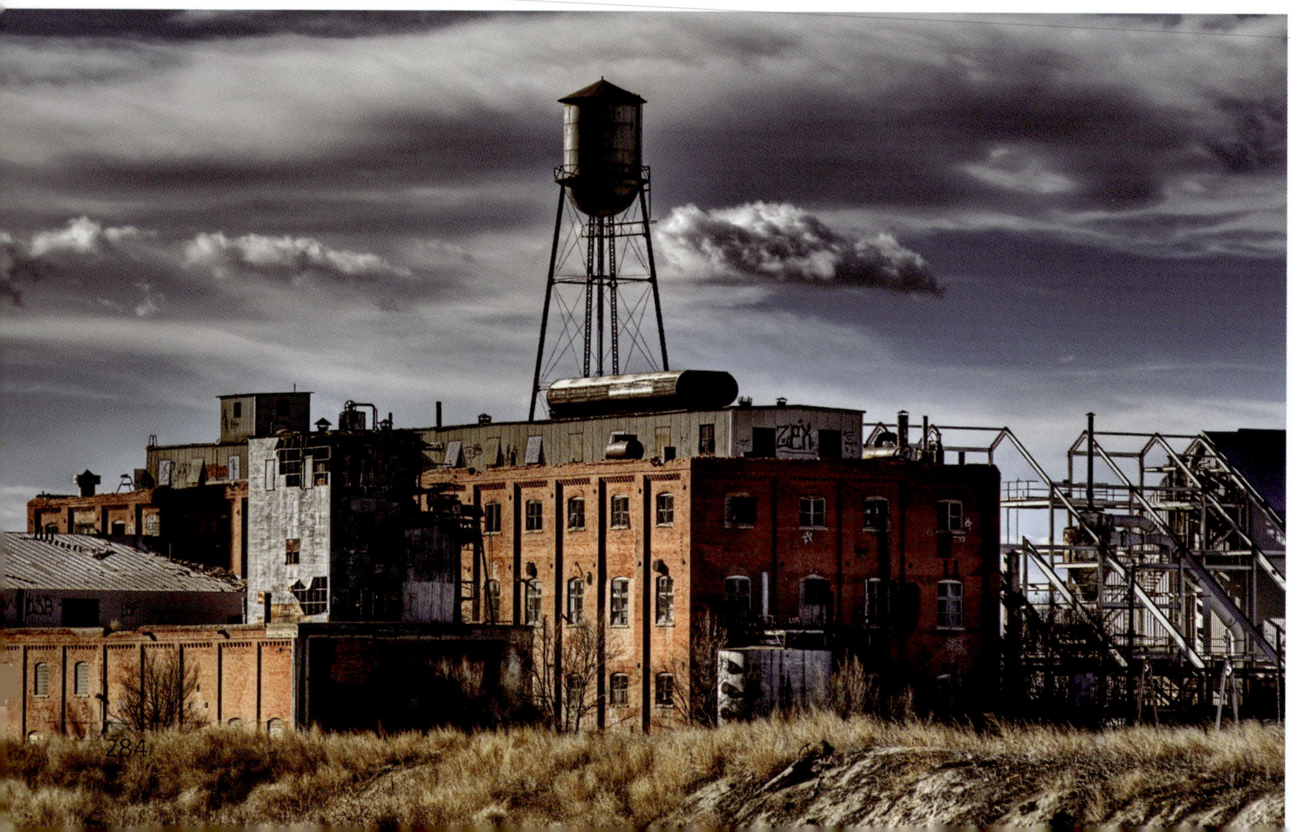

Diese Methode ist immer dann besonders gut geeignet, wenn man lediglich zwei oder maximal drei Bilder einer Belichtungsreihe montiert und die kritischen Inhalte wie z. B. Himmel und Vordergrund klar voneinander getrennt sind. Qualitativ hochwertigere Ergebnisse erhält man per Tone-Mapping mit Spezialsoftware für HDR-Bilder wie Photomatix Pro 4 oder den Möglichkeiten die Adobe Photoshop CS5 bietet.

Objektivempfehlung

HDR-Bilder leben von ihrem Look und den enormen Kontrasten. Beim Umwandeln von Einzelbildern einer Belichtungsreihe zu einem 32-Bit-HDR-Foto kann allerdings viel passieren. Unscharfe und schwammige Einzelbilder lassen keine hochwertigen und knackscharfen HDR-Fotos zustande kommen. Und gerade die Schärfe ist ein entscheidender Faktor bei wirklich guten HDRs. Arbeiten Sie daher mit Objektiven bzw. Brennweiten und Blenden, die optimale Ergebnisse hinsichtlich Schärfe und Kontrast bringen. Spiegelreflexfotografen sollten sich nach einer guten Festbrennweite oder einem wirklich guten Zoom mit nicht allzu großem Brennweitenbereich umsehen. Wer mit einer Kompakten fotografiert, sollte herausfinden, bei welcher Blende und Brennweite die Kamera die besten Bilder abliefert. Denn was nützt der ganze HDR-Aufwand, wenn man mit technisch mangelhaftem Ausgangsmaterial arbeiten muss?

OBJEKTIVEMPFEHLUNG	
Weitwinkelmotive (Landschaften, Architektur)	• Festbrennweite • Weitwinkelzoom (ca. 20 bis 50 mm)
HDR allgemein	• Festbrennweite • hochwertiges Zoomobjektiv (ca. 35 bis 80 mm)

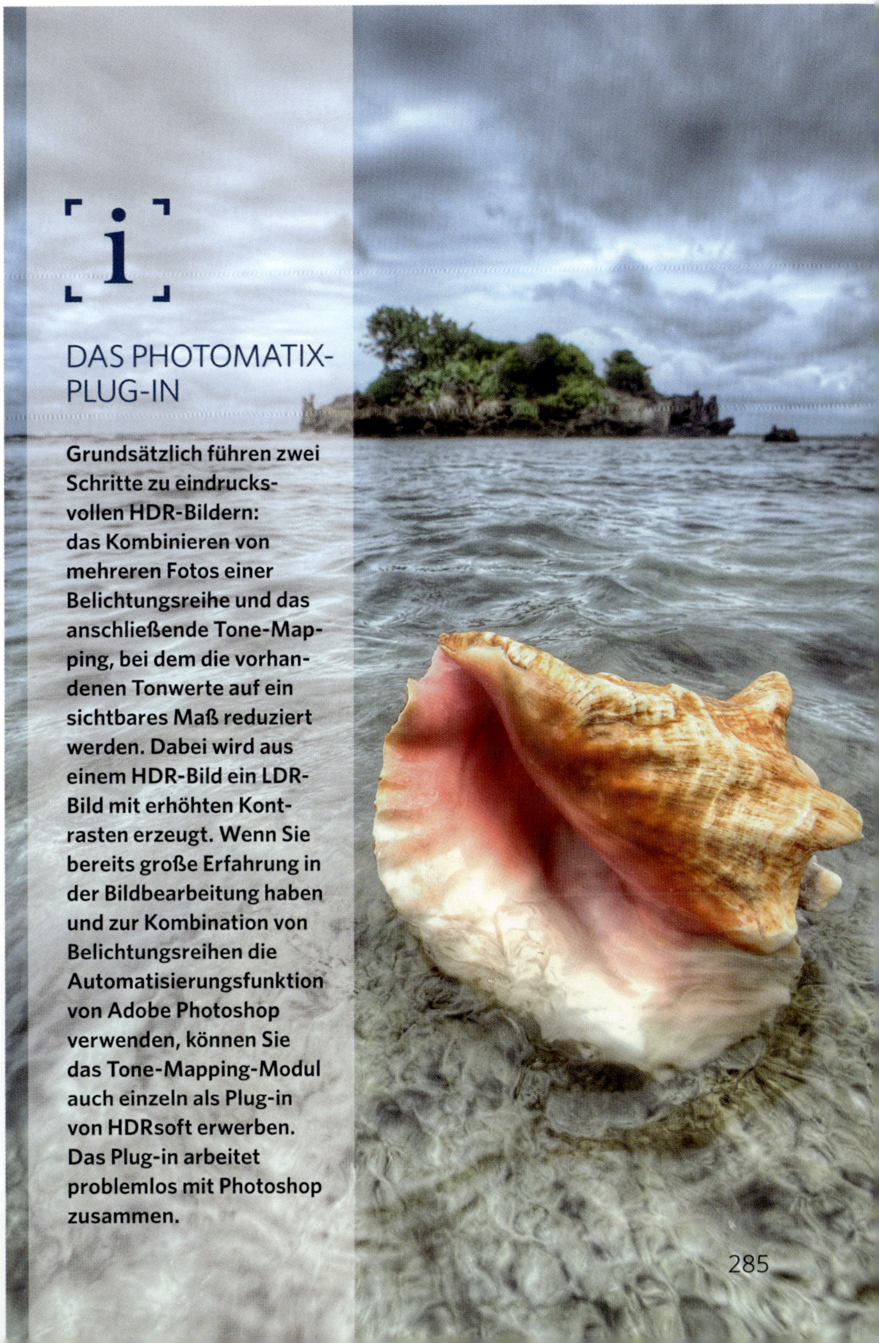

DAS PHOTOMATIX-PLUG-IN

Grundsätzlich führen zwei Schritte zu eindrucksvollen HDR-Bildern: das Kombinieren von mehreren Fotos einer Belichtungsreihe und das anschließende Tone-Mapping, bei dem die vorhandenen Tonwerte auf ein sichtbares Maß reduziert werden. Dabei wird aus einem HDR-Bild ein LDR-Bild mit erhöhten Kontrasten erzeugt. Wenn Sie bereits große Erfahrung in der Bildbearbeitung haben und zur Kombination von Belichtungsreihen die Automatisierungsfunktion von Adobe Photoshop verwenden, können Sie das Tone-Mapping-Modul auch einzeln als Plug-in von HDRsoft erwerben. Das Plug-in arbeitet problemlos mit Photoshop zusammen.

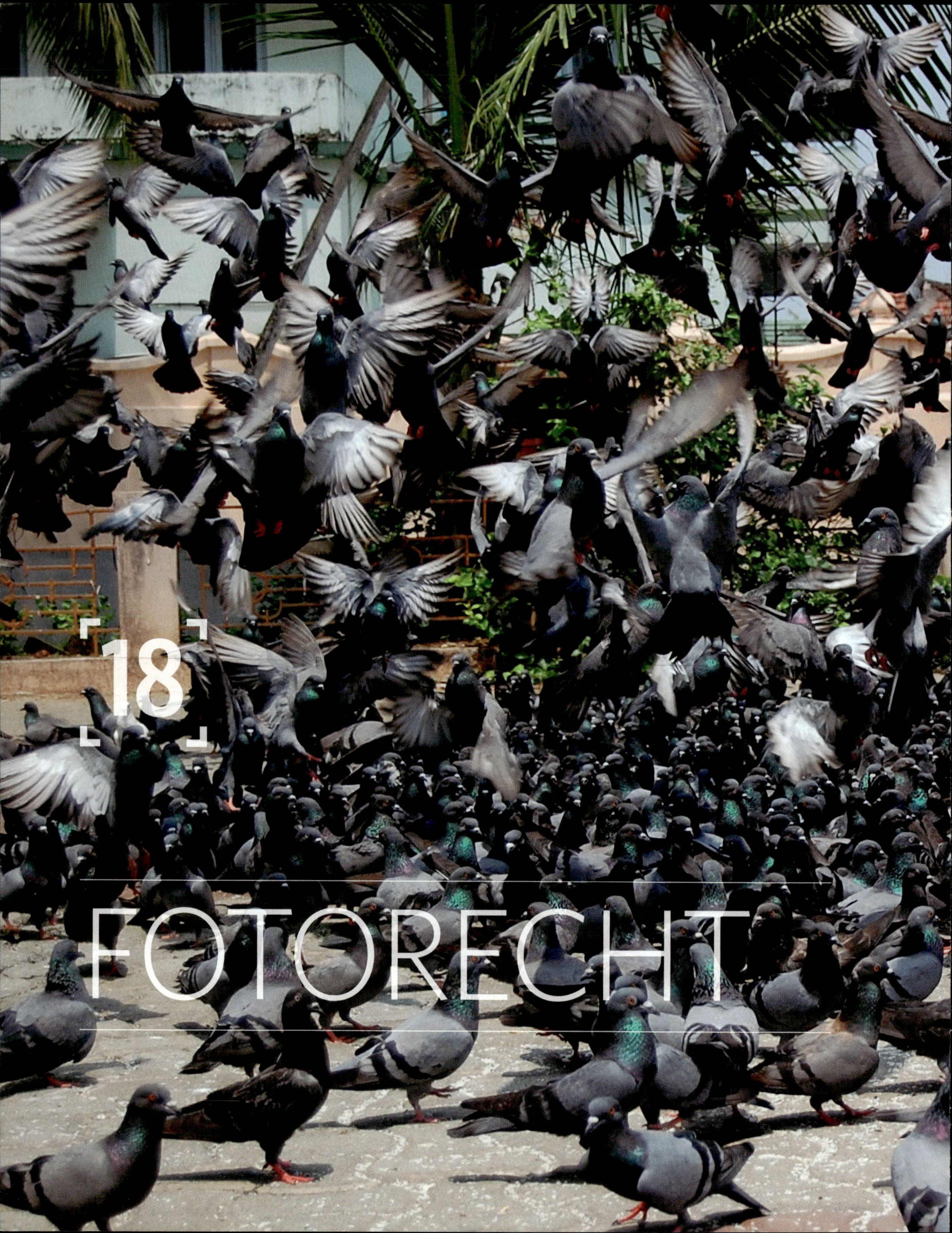

[18]

FOTORECHT

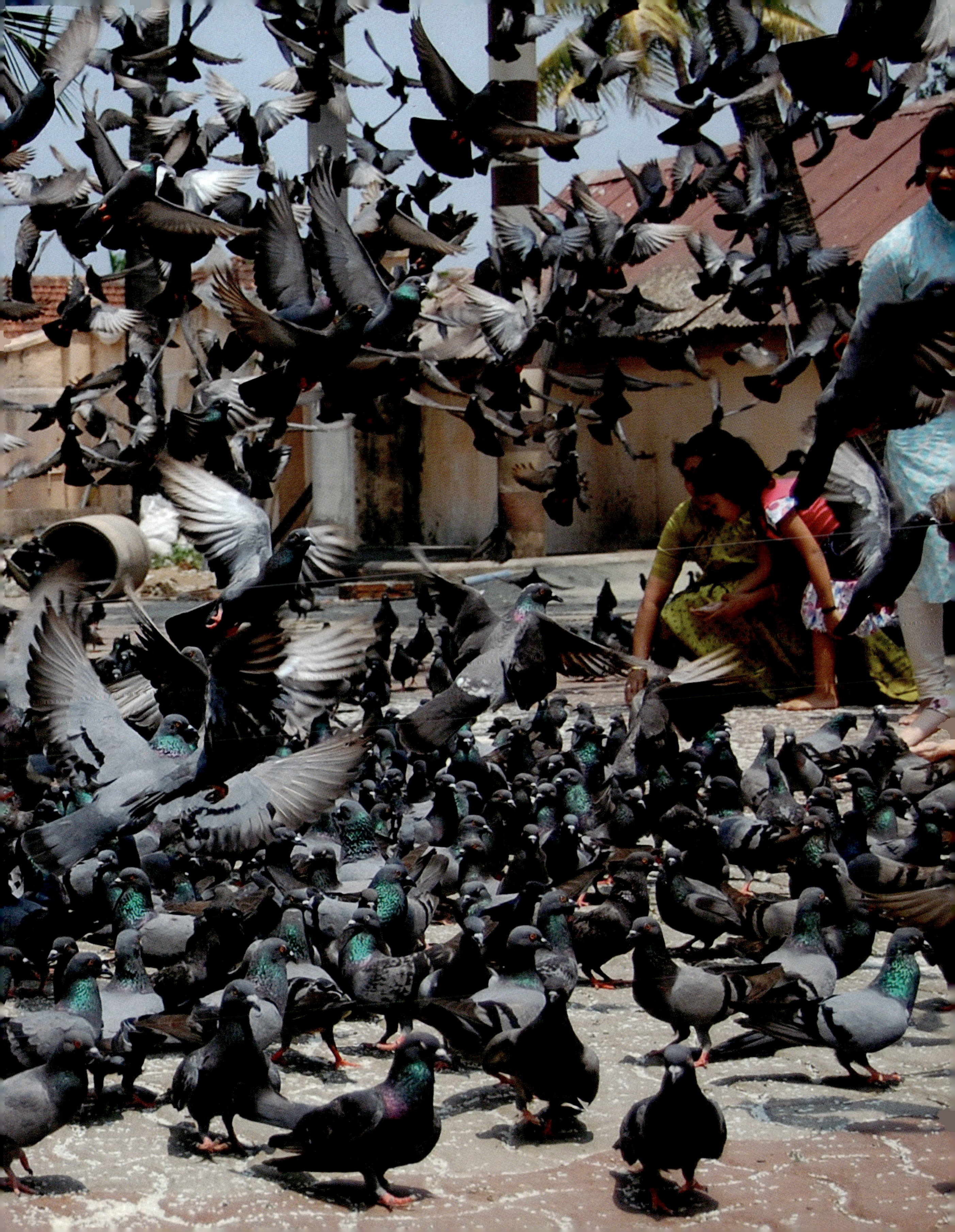

AUFNAHMEDATEN	
Brennweite	55 mm
Belichtung	1/160 s
Blende	f/6,3
ISO	200

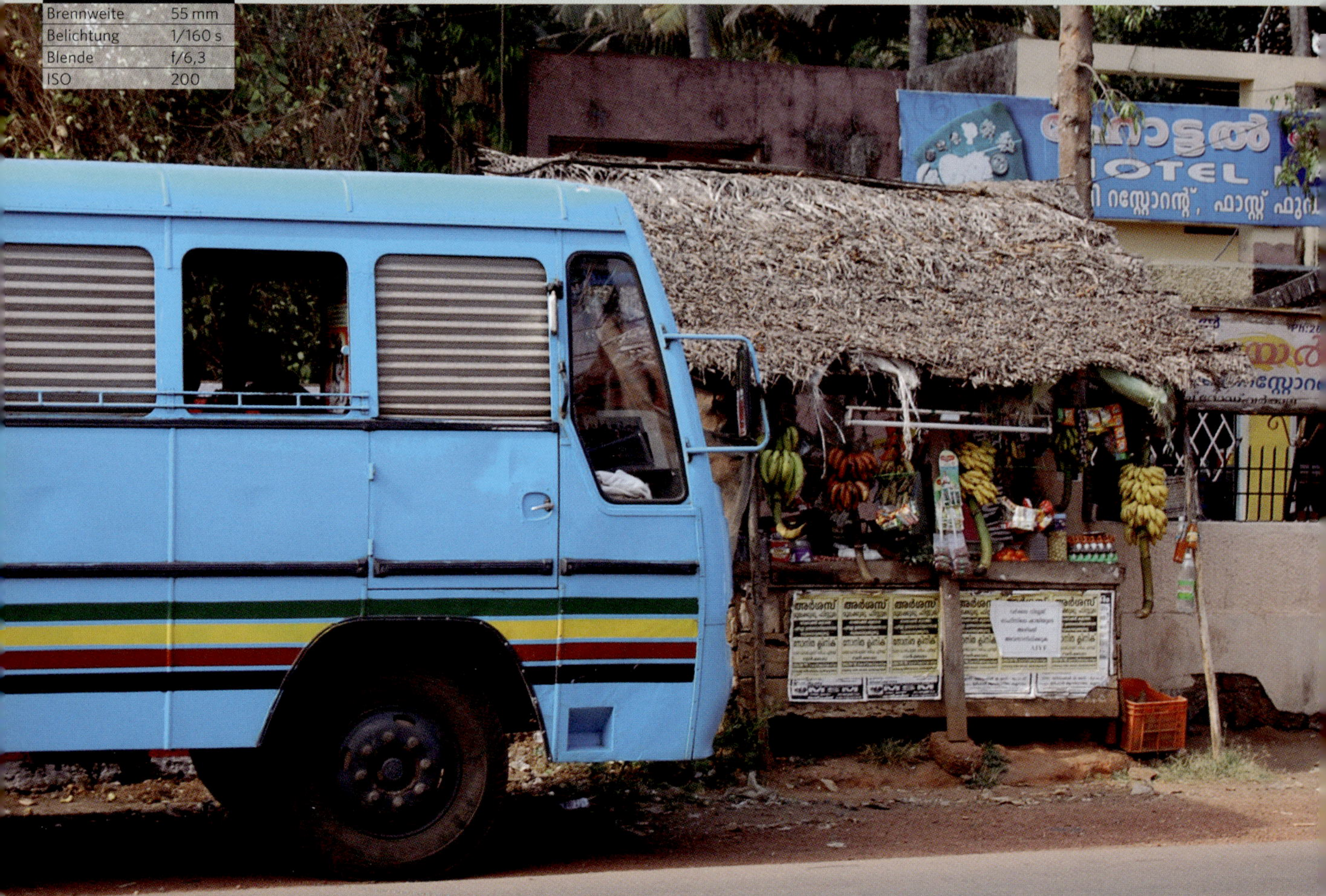

Auf dem Foto sehen Sie einen Kiosk, den ich mehrmals fotografierte. Vor lauter Begeisterung beim Fotografieren bemerkte ich den Inhaber des Kiosks nicht, der sich hinter den Bananen versteckte. Plötzlich kam er entschlossen auf mich zu und wollte 100 Rupien. Zu Recht, sofern er auf dem Foto zu sehen wäre – jedenfalls nach deutschem Recht.

18 Fotorecht

von Vilma Niclas, Rechtsanwältin und Fachjournalistin für IT-Recht, Berlin

Beim Fotografieren gerät man schnell in eine Stimmung, in der man alles um sich herum vergisst. Schon gar nicht denkt man an juristische Probleme und Fallen – selbst der Anwältin geht das so. Doch spätestens wenn Sie Fotos vermarkten oder auf der Website veröffentlichen, könnte die Abmahnung schneller kommen, als Sie denken, und mit viel Ärger und Kosten verbunden sein. Lesen Sie auf den folgenden Seiten einige Tipps und Tricks dazu, was Sie beim Fotografieren und Vermarkten der Fotografien aus rechtlicher Sicht beachten sollten.

Gebäude auf dem Foto – ist das erlaubt?

■ Es ist erlaubt, Kirchen, Tempel, berühmte architektonische Bauwerke und andere urheberrechtlich geschützte Werke von außen zu fotografieren, sofern sich das Bauwerk an öffentlichen Wegen, Straßen oder Plätzen befindet. Das Gebäude muss für den Fotografen von der Straße aus frei sichtbar sein.
Der Bundesgerichtshof entschied: Ohne vorherige Erlaubnis ist es verboten, ein urheberrechtlich geschütztes Hundertwasserhaus von einer gegenüberliegenden Privatwohnung aus zu fotografieren und dieses Foto zu vermarkten (BGH-Urteil vom 05.06.2003, I ZR 192/00). Die Perspektive vom gegenüberliegenden Privatbalkon ist für den Fotografen eine andere als von der Straße aus.
Sie dürfen auch nicht mit einer Leiter heimlich über den Zaun fotografieren, die Hecke wegdrücken oder sich mit einem Hubschrauber von oben nähern, um so mithilfe eines Teleobjektivs einen Blick auf das Gebäude zu erhaschen oder in die Privatsphäre einer Person einzudringen. Paparazzi-Aufnahmen stellt das Strafgesetzbuch in § 201 a unter Strafe.

Wohnhäuser

Wohnhäuser dürfen Sie ebenfalls fotografieren, solange diese von der öffentlichen Straße aus sichtbar sind. Sofern Sie Fotos von privaten Häusern veröffentlichen, sollten Sie jedoch nicht gleichzeitig ungefragt die persönlichen Daten des Eigentümers des Hauses preisgeben, wie Adresse oder Name. Auf den Fotos dürfen ferner aus Datenschutzgründen keine Personen oder Fahrzeuge mit Kfz-Zeichen sichtbar sein. Entweder Sie verpixeln diese per Bildbearbeitung und machen sie unkenntlich, oder aber Sie benötigen vorher das Einverständnis der betroffenen Personen. Wichtig ist auch, in welchem Kontext Sie ein Foto von einem Wohnhaus verwenden: So sollten Sie etwa die Fotografie nicht ohne vorherige Nachfrage für Werbezwecke oder Parteiwerbung etc. nutzen. Dies könnte das Persönlichkeitsrecht des Eigentümers tangieren. Solange es um seriöse Berichterstattung in der Presse geht, wird der Spielraum immer weiter sein als bei Paparazzi-Aufnahmen.

Eingeschränkte Panoramafreiheit

Trotz § 59 Urheberrechtsgesetz ist die Panoramafreiheit in einigen Fällen eingeschränkt. Es gibt überraschende Stolpersteine: Bei einem Spaziergang durch den Schlosspark von Sanssouci in Potsdam ist die Speicherkarte der Kamera schnell voll mit Schlossbildern und Naturaufnahmen.
Der Park Sanssouci ist Privateigentum einer öffentlich-rechtlichen Stiftung. An jedem Parkeingang steht:

„Foto-, Film- und Fernsehaufnahmen zu gewerblichen Zwecken bedürfen der vorherigen schriftlichen Zustimmung der Stiftung."

Die Stiftung „Preußische Schlösser und Gärten" geht auf einen Staatsvertrag der Länder Berlin und Brandenburg zurück. Sie soll die ihr übergebenen Kulturgüter bewahren, pflegen und der Öffentlichkeit zugänglich machen. Die Stiftung verklagte u. a. die bekannte Fotoagentur Ostkreuz.
Diese hatte auf ihrem Bildportal ca. 1.000 Fotografien von Außenansichten der Schlösser in Potsdam und der Gartenanlagen des

i

§ 59 URHEBERRECHTSGESETZ: WERKE AN ÖFFENTLICHEN PLÄTZEN

(1) Zulässig ist, Werke, die sich bleibend an öffentlichen Wegen, Straßen oder Plätzen befinden, mit Mitteln der Malerei oder Grafik durch Lichtbild oder durch Film zu vervielfältigen, zu verbreiten und öffentlich wiederzugeben. Bei Bauwerken erstrecken sich diese Befugnisse nur auf die äußere Ansicht.

§ 201 A STRAFGESETZBUCH: VERLETZUNG DES HÖCHSTPERSÖNLICHEN LEBENSBEREICHS DURCH BILDAUFNAHMEN

(1) Wer von einer anderen Person, die sich in einer Wohnung oder einem gegen Einblick besonders geschützten Raum befindet, unbefugt Bildaufnahmen herstellt oder überträgt und dadurch deren höchstpersönlichen Lebensbereich verletzt, wird mit Freiheitsstrafe bis zu einem Jahr oder mit Geldstrafe bestraft.

ACHTUNG: FOTOS AUF DER WEBSITE

Eine Website dient bereits dann nicht mehr ausschließlich privaten Zwecken, wenn Sie darauf Bannerwerbung geschaltet haben. Fragen Sie also besser vorher beim Dokumentationszentrum der Stiftung nach, ob Sie Ihre Sanssouci-Fotos auf Ihre Website laden dürfen.

Schlosses Sanssouci und der umliegenden Parks kostenpflichtig zum Download angeboten. Der BGH entschied mit Urteil vom 17.12.2010 (V ZR 44/10, V ZR 45/10, V ZR 46/10):

Die Stiftung Preußische Schlösser und Gärten dürfe Foto- und Filmaufnahmen der von ihr verwalteten Gebäude und Gartenanlagen zu gewerblichen Zwecken ohne vorherige Nachfrage bei der Stiftung untersagen sowie deren kommerzielle Verwertung, sofern sie tatsächlich Eigentümerin sei und die Aufnahmen von ihren Grundstücken aus hergestellt worden seien. Dies sei zum Teil noch klärungsbedürftig.

Der BGH verwies auf die älteren Entscheidungen „Schloss Tegel" und „Friesenhaus" und nahm einen unzulässigen Eingriff in das Eigentumsrecht an. Fotos, die von allgemein zugänglichen Plätzen gefertigt wurden, dürfen zwar grundsätzlich kommerziell verbreitet werden. Der Eigentümer könne dies aber untersagen, soweit die Fotografien von seinem Grundstück aus aufgenommen worden sind. Er kann bestimmen, ob und unter welchen Voraussetzungen jemand sein Grundstück betritt, und hat das ausschließliche Recht, Fotos von seinem Grundstück aus aufzunehmen und zu verwerten. Der Bundesgerichtshof argumentierte im Potsdamer Fall so:

„Eine Stiftung des öffentlichen Rechts sei ermächtigt, Entgelte für Fotografien zu verlangen. Dies gelte, obwohl sie anders als ein Privatmann die Gebäude und Parkanlagen unentgeltlich für gewerbliche Zwecke zugänglich machen muss und etwa der Eintritt zu den Gärten kostenfrei sei. Daraus folge nicht gleichzeitig, dass auch Foto- und Filmaufnahmen zu gewerblichen Zwecken kostenfrei sein müssten."

Dr. Henze, Pressesprecher der Stiftung:

Die Höhe der Lizenz hängt vom Einzelfall ab, insbesondere davon, wofür Sie das Foto verwenden möchten. Wir wollen an der Vermarktung unserer Häuser beteiligt werden. Letztendlich ist es ja so, dass die eingenommenen Lizenzen wieder den Schlössern und Gärten zugutekommen."

Nach Auskunft der Pressestelle seien Pressefotos für die aktuelle Berichterstattung nach wie vor erlaubnisfrei möglich, etwa über einen Staatsbesuch im Park oder die Eröffnung einer Ausstellung. Als Tourist können Sie nach Auskunft des Pressesprechers weiterhin Ihre Fotos auf Ihrer privaten Website einstellen.

Die Initiative Pro Panoramafreiheit setzt sich dafür ein, dass der Gesetzgeber diese sogenannte Panoramafreiheit nicht noch weiter einschränkt. Lesen Sie mehr dazu unter *www.pro-panoramafreiheit.de*.

Achtung bei Fotos im Ausland

Obwohl das Recht in der Europäischen Union teilweise vereinheitlicht ist und weltweite Abkommen internationale Fragen regeln, gilt: Viele Gesetze machen leider noch immer an Landesgrenzen halt. Für die Schweiz, die USA und Asien gilt europäisches Recht ohnehin nicht. Im Zeitalter des Internets ist dies ein Problem. Informieren Sie sich daher, ob Sie Sehenswürdigkeiten im Ausland fotografieren und die Fotos vermarkten dürfen. So sollten Sie beispielsweise erst beim Louvre in Paris anfragen, bevor Sie das Foto der Glaspyramide veröffentlichen. In Brüssel benötigen Sie für Fotos vom Atomium ein Property Release, und in London sollten Sie, wenn Sie Fotos vom London Eye (Millenium Wheel) machen möchten, vorher nachfragen.

Fotografieren von Kunst

Urheberrechtlich geschützte Werke wie berühmte Sehenswürdigkeiten und Architektur dürfen Sie nach deutschem Recht von außen fotografieren, § 59 Urheberrechtsgesetz.

Nur Kunst, die bleibt, dürfen Sie fotografieren

Weitere Voraussetzung ist jedoch, dass es sich um Kunst handelt, die sich bleibend an öffentlichen Wegen, Straßen oder Plätzen befindet, wie Denkmäler, Skulpturen, Statuen oder die Reste der Berliner Mauer, die sogenannte East Side Gallery.

Befindet sich die Kunst nur vorübergehend an öffentlichen Plätzen, wie etwa die Verhüllung des Berliner Reichstags durch die Künstler Christo und Jean-Claude, benötigen Sie vorher die Genehmigung der Künstler oder deren Agentur, die die Rechte verwaltet. Der Bundesgerichtshof sah die zweiwöchige Verhüllung des Reichstags als vorübergehende und nicht als „bleibende Kunst" an. Die Künstler sind in der Regel daran interessiert, die Fotos Ihrer Kunst zu verwerten und damit zusätzliche Einnahmen zu generieren.

Entstellte Kunst im öffentlichen Raum

Vorsichtig sollten Sie sein mit Fotografien von Architektur oder Kunst, sofern diese Werke oder Gebäude stark verunstaltet sind, etwa mit Graffiti, oder wenn Sie die Fotos anschließend stark verfremden. Dies ist nicht uneingeschränkt erlaubt: Der Künstler hat ein Interesse daran, dass sein Werk weder verändert noch entstellt wird.

Die Gemälde an der East Side Gallery dürfen Sie als bleibende Kunst an einem öffentlichen Ort fotografieren.

AUFNAHMEDATEN	
Brennweite	55 mm
Belichtung	1/15 s
Blende	f/5,6
ISO	200

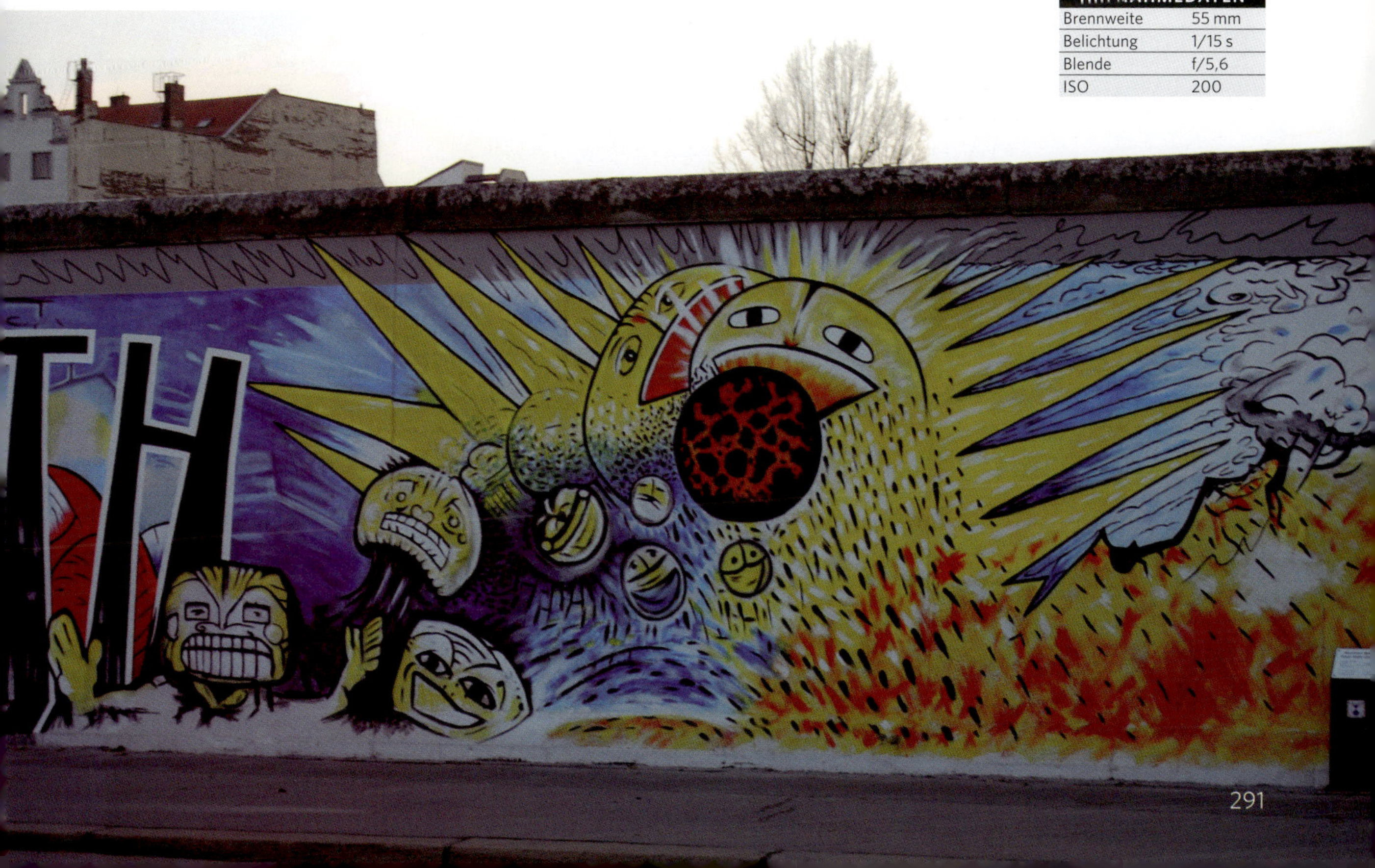

Wenn Sie das verunstaltete Werk fotografieren und dann das Foto veröffentlichen, machen Sie das entstellte Werk einem noch größeren Personenkreis zugänglich. Dies tangiert die Rechte des Urhebers und ist von der Panoramafreiheit grundsätzlich nicht mehr gedeckt, soweit es sich nicht um dokumentarische Presseaufnahmen handelt. Journalisten sollten einen Blick in § 50 Urheberrechtsgesetz werfen. Dieser erlaubt die Bildberichterstattung über Tagesereignisse in einem durch den Zweck gebotenen Umfang.

Drehgenehmigung einholen

Beachten Sie bei Dreharbeiten für einen Film zusätzlich die Vorgaben der Gemeinde für Drehgenehmigungen, die mit dem Straßenverkehrsrecht zusammenhängen. In Berlin gilt etwa: Für Dreharbeiten auf öffentlichen Straßen muss eine allgemeine Drehgenehmigung eingeholt werden, wenn bei den Aufnahmen mehrere Darsteller mitwirken, Gegenstände auf öffentlichem Straßenland aufgestellt bzw. Verkehrszeichen oder -einrichtungen erforderlich werden. Informationen erhalten Sie unter *http://bit.ly/hgMPcj.*

Illuminierte Städte oder Bauwerke

Auch Lichtkunst kann urheberrechtlich geschützt sein, wenn diese ausreichend kreativ ist und über das normale handwerkliche Können hinausgeht. Einmal im Jahr im Herbst findet in Berlin das „Festival of Lights" statt. Viele der Bauwerke sind illuminiert, etwa der Berliner Dom. Sofern die Lichtkunst den urheberrechtlichen Schutz erreicht, müssen Sie vorher beim Veranstalter nachfragen und die Lizenzbedingungen beachten. Für das Berliner „Festival of Lights" teilte die Agentur Zander und Partner mit: Die Urheberrechte an der Lichtinstallation halte der jeweilige

Der Berliner Dom mit einer Illumination während des Festival of Lights.

AUFNAHMEDATEN	
Brennweite	40 mm
Belichtung	10 s
Blende	f/5
ISO	200

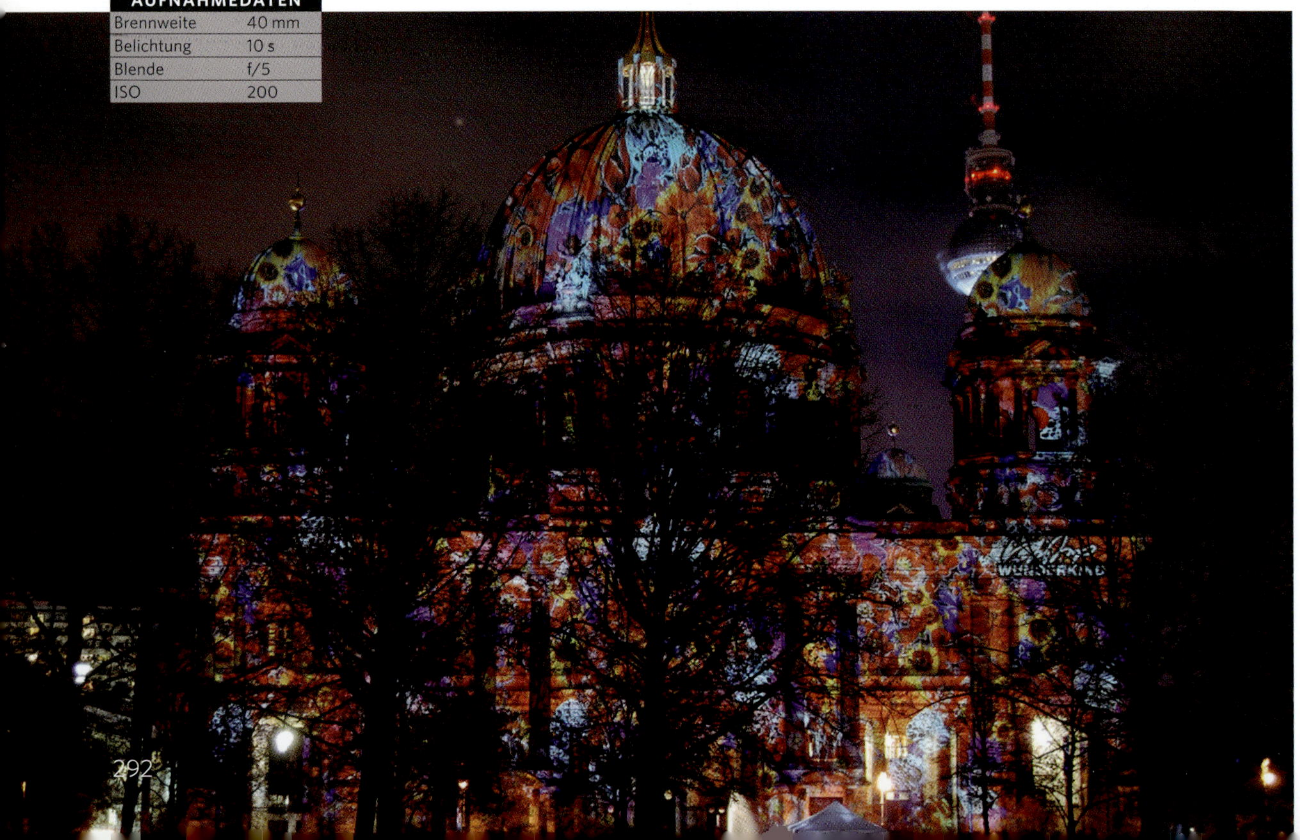

Lichtdesigner und übertrage sie der Agentur mittels eines Partnervertrags. Für jede Form der gewerblichen Wiedergabe von eigenen Fotos vom „Festival of Lights" sei der Erwerb einer entsprechenden kostenlosen Lizenz erforderlich. Diese werde erteilt, wenn der Fotograf im Gegenzug seine Fotos vom Festival der Agentur in Druckauflösung von mindestens 300 dpi überlasse und der Agentur daran das räumlich, zeitlich und inhaltlich unbeschränkte Nutzungsrecht einräume. Der Fotograf werde als Urheber genannt: *www.festival-of-lights.de.*

Innenaufnahmen in Gebäuden, Museen und bei Veranstaltungen

1. Bei Innenaufnahmen, etwa in Museen, müssen Sie ebenso wie in privaten Parks die Hausordnung beachten. Der Eigentümer oder Veranstalter entscheidet darüber, ob er Ihnen Einlass gewähren möchte und unter welchen Bedingungen. Informieren Sie sich bei Konzerten und Sportveranstaltungen über die Hausordnung des Veranstalters. Bei Konzerten und Theaterstücken müssen Sie die Rechte der aufführenden Künstler beachten und dürfen nicht entgegen der Hausordnung fotografieren. Viele Veranstalter werden aber zum Zwecke der Öffentlichkeitsarbeit Journalisten Zutritt gewähren. Einen einklagbaren Anspruch auf Zutritt zu Privatveranstaltungen haben aber selbst Journalisten nicht. So wies das Oberlandesgericht München eine Klage eines Pressefotografen ab, der ein gepachtetes Flohmarktgelände ungehindert betreten wollte.

2. Sofern es sich um Veranstaltungen von öffentlichen Trägern handelt oder um eine öffentliche Versammlung in geschlossenen Räumen, stehen Ihre Chancen besser, dass man Ihnen mithilfe der im Grundgesetz verankerten Pressefreiheit Zutritt gewähren muss. Um Streit zu vermeiden, empfiehlt sich bei umfangreicheren Aufnahmen immer ein sogenanntes Property Release, die schriftliche Erlaubnis des Eigentümers für Fotoaufnahmen vom Gebäude. Darin sollten Sie zudem den Umfang der Nutzungsrechte sowie den Verwendungszweck der Fotografien regeln.

Personen auf dem Foto - ist das erlaubt?

Sie sind im Urlaub und begeistert von den Menschen. So erging es mir in Indien. Fasziniert schoss ich ein Foto nach dem anderen. Nirgendwo sonst auf der Welt scheint es

i

EIFFELTURM IN PARIS

Für den Eiffelturm in Paris gilt:
Für Fotografien während der Abend- und Nachtstunden, wenn das Bauwerk illuminiert ist, sollten Sie vorher nach den dafür erforderlichen Nutzungsrechten beim Veranstalter fragen, der „Société d'Exploitation de la Tour Eiffel". Informationen unter *http://bit.ly/hZPTli.*

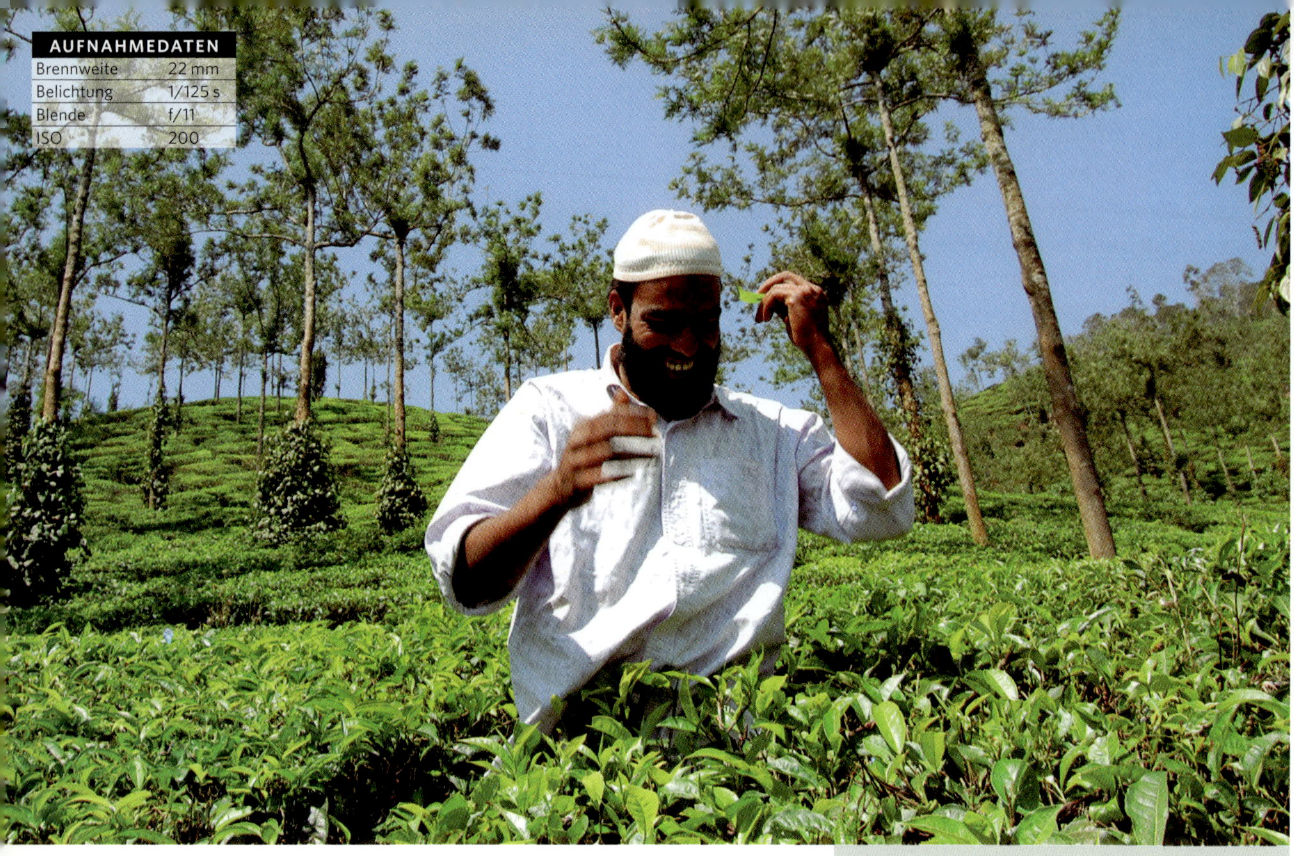

AUFNAHMEDATEN	
Brennweite	22 mm
Belichtung	1/125 s
Blende	f/11
ISO	200

Nach dem Persönlichkeitsrecht hat jeder das Recht, darüber zu entscheiden, wann, wo und in welchem Umfang persönliche Lebenssachverhalte über ihn in der Öffentlichkeit offenbart werden.

leichter, mit den Menschen Kontakt aufzunehmen. Aber nicht alle Personen sind froh und begeistert, wenn sie sich auf Fotos wiederfinden.

Sie dürfen Personen nur dann fotografieren, wenn diese im Vorfeld damit einverstanden sind. Das gilt bereits für das Fotografieren selbst, auch dies ist nicht ohne Zustimmung erlaubt. Fragen Sie unbedingt vorher, bevor Sie Menschen fotografieren oder filmen und deren Bildnisse veröffentlichen wollen. Dies gilt auch für Filme und Fotos, die Sie in soziale Netzwerke im Internet einstellen, obwohl es dort auf den ersten Blick etwas lockerer zugeht.

Das Recht am eigenen Bild

Sofern Sie ein Foto von einer Person ohne deren Zustimmung anfertigen, tangiert das in Deutschland das im Grundgesetz verankerte Persönlichkeitsrecht dieser Person. Danach hat jeder das Recht, darüber zu ent-

i

§ 22 KUNSTURHEBERRECHTSGESETZ

Bildnisse dürfen nur mit Einwilligung des Abgebildeten verbreitet oder öffentlich zur Schau gestellt werden. Die Einwilligung gilt im Zweifel als erteilt, wenn der Abgebildete dafür, dass er sich abbilden ließ, eine Entlohnung erhielt. Nach dem Tod des Abgebildeten bedarf es bis zum Ablauf von zehn Jahren der Einwilligung der Angehörigen des Abgebildeten. Angehörige im Sinne dieses Gesetzes sind der überlebende Ehegatte oder Lebenspartner und die Kinder des Abgebildeten und, wenn weder ein Ehegatte oder Lebenspartner noch Kinder vorhanden sind, die Eltern des Abgebildeten.

scheiden, wann, wo und in welchem Umfang persönliche Lebenssachverhalte über ihn in der Öffentlichkeit offenbart werden. Dies ergibt sich aus dem allgemeinen Persönlichkeitsrecht, das das Bundesverfassungsgericht aus Artikel 1 und 2 des Grundgesetzes ableitet. Gesetzlich niedergelegt ist dieses Recht in den §§ 22, 23 des Kunsturheberrechtsgesetzes.

Fotos von Mitarbeitern auf der Website erlaubt?

Wollen Sie Fotos von Angestellten auf der Unternehmenswebsite veröffentlichen, müssen Sie diese vorher fragen, es sei denn, es handelt sich um Mitarbeiter in leitenden Funktionen mit Außenkontakten und/oder Entscheidungsverantwortlichkeit wie den Geschäftsführer oder Pressesprecher. Sofern Sie Mitarbeiter zum Fotoshooting für die Website bitten, können Sie von deren Einverständnis ausgehen. Dies schriftlich festzuhalten, ist jedoch immer besser.

Das Landesarbeitsgericht Schleswig-Holstein entschied: Arbeitgeber können davon ausgehen, dass Mitarbeiter mit der Veröffentlichung von Fotos für Werbezwecke einverstanden sind, wenn die Fotos zuvor in Flyern und im Internetauftritt genutzt worden waren. Hier kommt es jedoch im Einzelfall auf die Fotos und den konkreten Fall an. Das Passfoto des Mitarbeiters auf der Seite *Unser Team* dürfte nicht ausreichen, um das Porträt später in der Werbung zu verwenden. Sobald der Mitarbeiter ausscheidet, sollten Sie ihn fragen, ob sein Foto weiterhin auf der Website verbleiben darf, um einen Rechtsstreit zu vermeiden.

Fazit: Personenfotos nur mit Einwilligung. Egal ob Verwandte, Freunde oder fremde Personen, Fotos sollten Sie nicht ohne das Einverständnis der auf dem Foto sichtbaren Personen veröffentlichen. Das Recht am Bild ist bereits verletzt, wenn der Abgebildete Grund zur Annahme hat, dass er identifiziert werden könnte. Die im Volksmund kursierende Annahme, ab einer bestimmten Anzahl von Personen benötige man keine Einwilligung, ist leider ein Rechtsmärchen – auch wenn dies mehr Rechtssicherheit brächte.

Auch ein Augenbalken verschleiert nicht immer die Identität einer Person. Eine Person kann aufgrund von Umgebung, Kleidung, Kontext oder bestimmter Charakterzüge identifiziert werden. Sofern der Mensch erkennbar bleibt, gilt: vorher fragen.

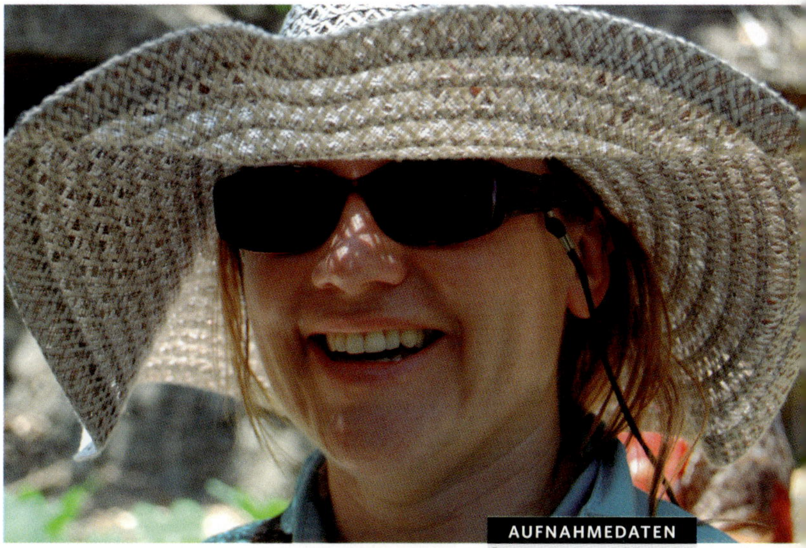

AUFNAHMEDATEN	
Brennweite	55 mm
Belichtung	1/250 s
Blende	f/5,6
ISO	400

Eine Person kann trotz Sonnenhut und dunkler Brille weiterhin identifizierbar sein.

Model Release: das Einverständnis der abgebildeten Person

Eine mündliche Zustimmung, das Kopfnicken, ein Honorar für das Foto oder das Positionieren beim Fotoshooting reichen theoretisch für ein rechtlich wirksames Einverständnis. Dies muss nicht schriftlich erfolgen. Merkt jemand, dass ihn ein Pressefotograf fotografiert, und lässt ihn gewähren, kann das bereits als Einverständnis gewertet werden, wenn derjenige mit einer Publikation rechnete.

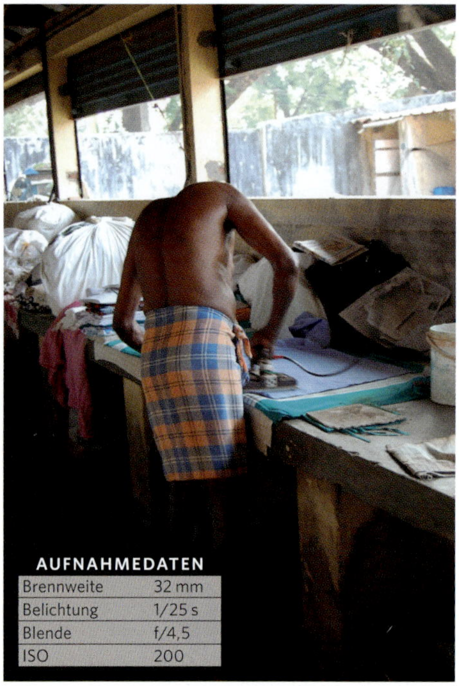

Bei diesem Foto könnte man sich darüber streiten, ob die Person in der Wäscherei noch identifizierbar ist.

Sofern kein Zeuge dabei ist, empfiehlt sich aus Beweiszwecken in der Praxis immer, das Einverständnis und vor allen Dingen dessen Umfang schriftlich festzuhalten. Dazu reicht ein weißes Blatt Papier aus, auf dem Sie handschriftlich das Wesentliche festhalten. Wenn Sie professionelle Personenaufnahmen machen, sollten Sie das Einverständnis ebenso professionell in einem sogenannten Model Release festhalten und einen solchen Vordruck immer dabeihaben. Im Streitfall sind Sie sonst vor Gericht in Beweisnot. Halten Sie im Model Release bereits bei der Aufnahme fest, wer auf dem Foto abgebildet ist. Dies ist im Nachhinein schwer möglich, gerade wenn die Fotos in eine große Datenbank wandern. Halten Sie im Model Release auch den Verwendungszweck des Fotos und die erforderlichen Nutzungsrechte fest. Ergänzen Sie das Formular gemeinsam mit der Person mit deren Name, Telefonnummer und Anschrift und lassen Sie es von der Person auf dem Foto datieren und unterschreiben. Archivieren Sie das Model Release zusammen mit der jeweiligen Bilddatei. Im Internet finden Sie Vordrucke für ein Model Release. Für die Details in Ihrem speziellen Fall und die erforderlichen Nutzungsrechte empfiehlt sich in jedem Fall eine rechtliche Beratung durch einen Experten im Urheberrecht.

Tipp: Bei Filmaufnahmen können Sie das Einverständnis auch vor der Filmszene mit aufnehmen.

Umfang der Einwilligung

Die Einwilligung allein reicht nicht. Es kommt immer darauf an, wofür die Person genau ihr Einverständnis erteilt hat. Daran ist der Fotograf gebunden. Die Einwilligung muss den geplanten Verwendungszweck zeitlich, räumlich und inhaltlich abdecken. So gibt es für Fotos von Politikern für Pressezwecke eine gesetzliche Ausnahme. Diese Fotos dürften Sie dann nicht einfach für andere Zwecke, etwa kommerzielle Werbung für Produkte, verwenden. Rechtlich besonders brisante Fotos sind ferner: Nacktfotos oder Fotos für politische oder weltanschauliche Ziele sowie Personenfotos, die zu einer Demütigung, Bloßstellung, grundlosen Anprangerung oder einer Vorverurteilung des Abgebildeten führen können. Hier reicht das „normale" Einverständnis zur Abbildung nicht aus.

Alles nur Bürokratie?

In der Praxis bereitet es zugegeben oft Schwierigkeiten, das Einverständnis einzuholen. Wenn sehr viele Menschen auf einem Foto abgebildet sind, kann man nicht immer von jedem eine Einwilligung einholen. Das Kammergericht Berlin sagt dennoch zu Prüfpflichten von Fotos aus Bildarchiven:

„Es dürfte nach Auffassung des Senats keine großen organisatorischen Probleme bereiten, vor der Aufnahme von Personenbildnissen in ein Archiv regelmäßig die Vorlage einer die Veröffentlichung deckenden Einwilligung zu prüfen, also Fotos nur mit beigefügter Einwilligung zu übernehmen und andernfalls von deren Aufnahme abzusehen. Allein das heutige Massengeschäft rechtfertigt jedenfalls nicht die Inkaufnahme von schweren Persönlichkeitsrechtsverletzungen Einzelner durch die Medien."

Selbst wenn Bildagenturen das Foto von einem Berufsfotografen beziehen, darf man laut BGH nicht darauf vertrauen, dass alle Einwilligungen eingeholt sind:

„Jeder, der das Personenbild eines anderen verbreiten will, ist von sich aus zur Prüfung gehalten, wie weit seine Veröffentlichungsbefugnis reicht."

Bildagenturen sollten beim Bezug der Fotos von einem Fotografen also die rechtlichen Voraussetzungen der Veröffentlichung prüfen und sich gegebenenfalls über den Inhalt einer Einwilligung vergewissern. Mit entsprechenden Zusicherungen und Freistellungserklärungen können Sie Ihr Haftungsrisiko vertraglich minimieren. Zum Teil fordert die Rechtsprechung sogar, dass man die Einwilligungen überprüfen muss, insbesondere wenn es darum geht, in welchem Kontext die Einwilligung erteilt worden ist.

Dieses Foto wäre wohl ohne Einwilligung erlaubt, denn die Personen sind nicht erkennbar.

AUFNAHMEDATEN	
Brennweite	23 mm
Belichtung	1/500 s
Blende	f/5
ISO	200

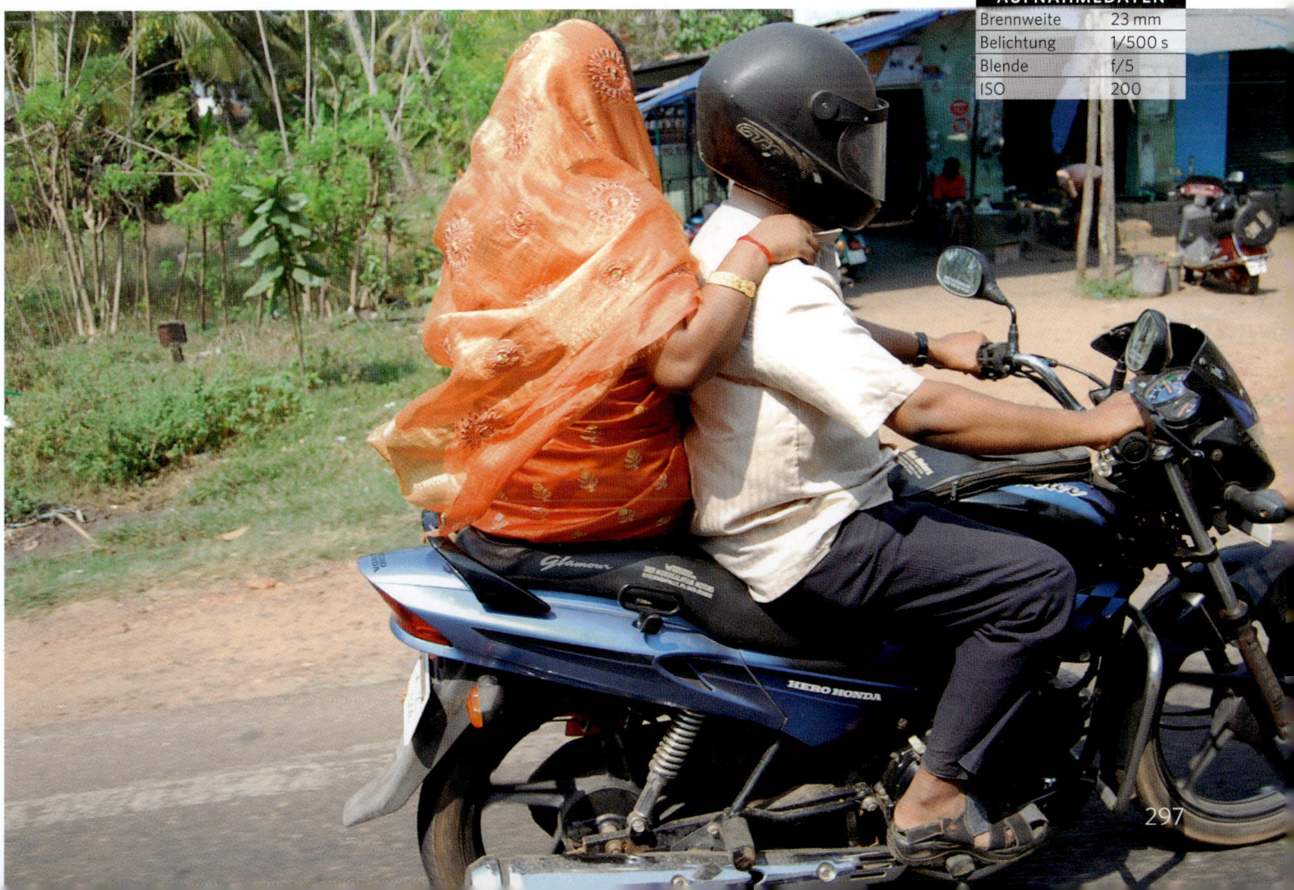

Personenfotos ohne Einverständnis

Es gibt jedoch Ausnahmen, in denen Sie auch für Personenfotos keine Einwilligung benötigen. Diese sind in § 23 KUG geregelt:

Fotos von absoluten Personen der Zeitgeschichte
Fotos von sogenannten absoluten Personen der Zeitgeschichte, etwa der Bundeskanzlerin, berühmten Wissenschaftlern, Autoren, Sportlern oder Managern dürfen Sie zu Informationszwecken ohne Rückfrage veröffentlichen. Wichtig: Die Veröffentlichung muss Informationszwecken dienen. Die reine Neugier und Sensationslust reichen nicht. Ergänzen Sie keine unwahren Bildunterschriften, die in einem anderen Kontext stehen.
Im Herbst 2008 entschied das Oberlandesgericht Hamburg: Die Illustrierte „Bunte" darf auf einem Foto, entstanden bei der Hochzeit von Günther Jauch, einem der prominentesten Journalisten in Deutschland, auch dessen frisch angeheiratete Ehefrau zeigen (AZ: 7 U 11/08). Die Ehefrau hatte dagegen geklagt. In einem Parallelverfahren vor dem OLG Köln (AZ: 15 U 163/08) gewann die Ehefrau 2009 indes gegen einen großen Verlag. Das Gericht sah dessen Fotos als einen Eingriff in die Privatsphäre an. Insgesamt ist diese Abwägung für Bildjournalisten kein einfaches Unterfangen.
Das Oberlandesgericht Karlsruhe entschied im April 2009 (AZ: 6 U 209/07): Berichtet eine Zeitschrift mit Fotos über ein zeitgeschichtliches Ereignis, sind Randpersonen auf den Fotos, an deren Identität kein öffentliches Informationsinteresse besteht,

i

§ 23 KUNSTURHEBERRECHTSGESETZ

(1) Ohne die nach § 22 erforderliche Einwilligung dürfen verbreitet und zur Schau gestellt werden:

1. **Bildnisse aus dem Bereiche der Zeitgeschichte;**
2. **Bilder, auf denen die Personen nur als Beiwerk neben einer Landschaft der sonstigen Örtlichkeit erscheinen;**
3. **Bilder von Versammlungen, Aufzügen und ähnlichen Vorgängen, an denen die dargestellten Personen teilgenommen haben;**
4. **Bildnisse, die nicht auf Bestellung angefertigt sind, sofern die Verbreitung oder Schaustellung einem höheren Interesse der Kunst dient.**

(2) Die Befugnis erstreckt sich jedoch nicht auf eine Verbreitung und Schaustellung, durch die ein berechtigtes Interesse des Abgebildeten oder, falls dieser verstorben ist, seiner Angehörigen verletzt wird.

PAPARAZZI-FOTOS SIND TABU

Sogenannte Paparazzi-Fotos, also Fotos von privaten Situationen, sind tabu. Sie dürfen nicht in die Intim- oder Privatsphäre dieser Person eindringen. Egal ob Promi oder nicht: Sie dürfen mit einem Foto niemanden der Lächerlichkeit preisgeben oder dessen Würde verletzen.

unkenntlich zu machen. In dem Fall hatte eine Zeitschrift über eine Straßenmusikveranstaltung berichtet. Ein Kellner fand sich auf einem Foto in der Zeitschrift wieder, als er einen Straßenmusiker bat, sich nicht vor dem Restaurant aufzuhalten. Der Kellner gewann den Prozess mit einem Schmerzensgeld.

Relative Personen der Zeitgeschichte

Fotos von sogenannten relativen Personen der Zeitgeschichte, die aufgrund eines aktuellen Ereignisses nur kurz im Licht der Öffentlichkeit stehen, dürfen Sie ebenfalls ungefragt veröffentlichen, etwa von einem Lottogewinner oder Lebensretter oder einem ins Rampenlicht getretenen Star. Ist das Ereignis allerdings schon eine Weile her oder stammt das Foto aus der Zeit vor dem Ereignis, müssen Sie vorher um Erlaubnis fragen.

Personen sind nur Beiwerk

Nicht prominente Personen dürfen Sie nur abbilden, wenn sie nebenbei mit auf dem Foto sind, etwa Spaziergänger am Fluss oder vor einer Kirche. Die Personen dürfen auf dem Foto nur „Beiwerk" sein und nicht im Mittelpunkt stehen, wie etwa Spaziergänger vor einer Sehenswürdigkeit. Könnten Sie diese Personen herausretuschieren, ohne den Gesamteindruck des Fotos zu verändern, dürfen Sie das Foto veröffentlichen, ohne die Personen vorher zu fragen.

Spaziergänger an einem See als Beiwerk sind auf dem Foto nach deutschem Recht erlaubt.

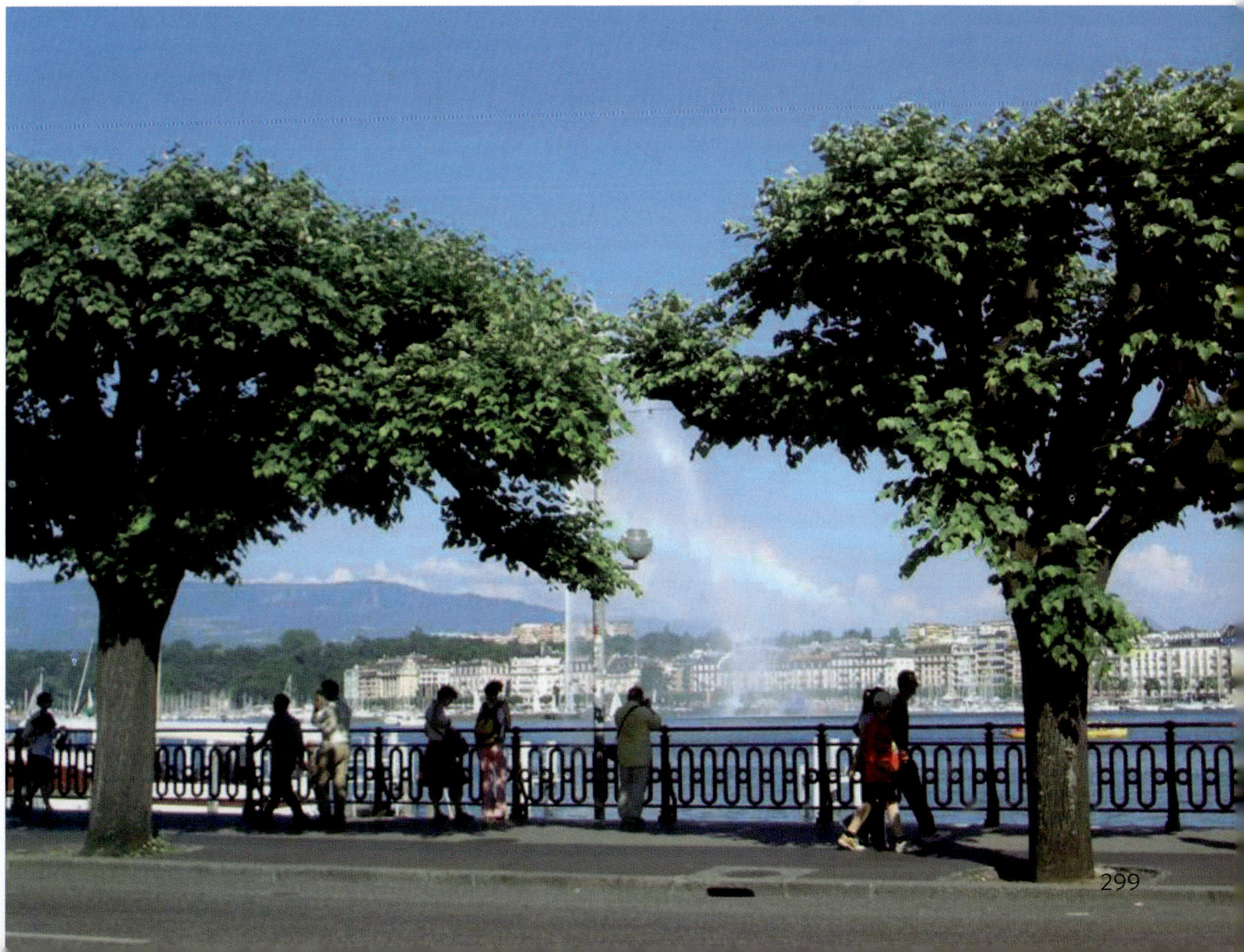

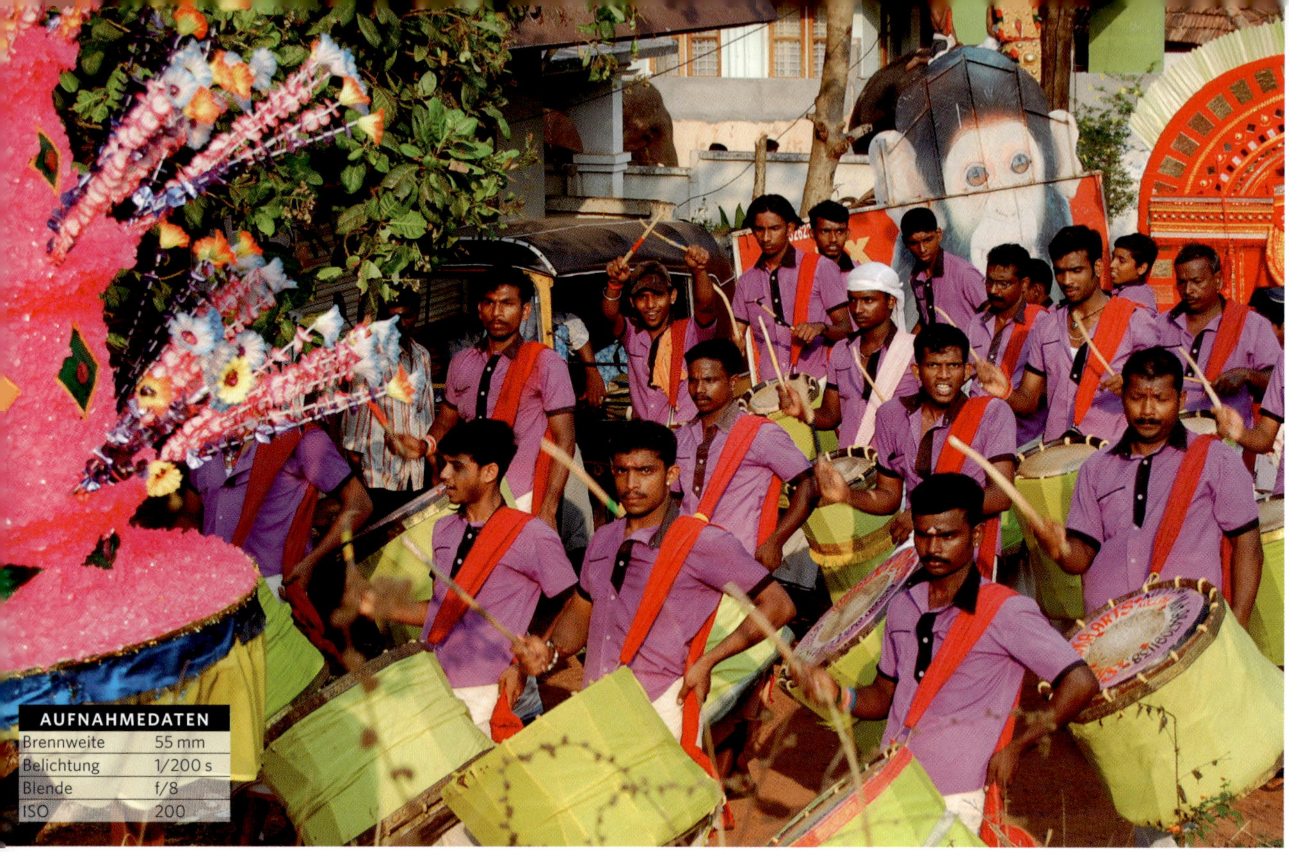

AUFNAHMEDATEN	
Brennweite	55 mm
Belichtung	1/200 s
Blende	f/8
ISO	200

Bilder von einer Versammlung oder einem öffentlichen Umzug sind erlaubt.

Bilder von Versammlungen

Fotos von einer Versammlung in der Öffentlichkeit sind erlaubt, wenn Sie in die Menge hinein fotografieren und die Personen nicht einzeln hervorheben. Bei Versammlungen und Aufzügen gilt: Die repräsentative Abbildung der Veranstaltung muss im Vordergrund stehen, nicht das Porträt des Teilnehmers. In seltenen Fällen darf auch ein Teilnehmer hervorgehoben werden, etwa wenn er den Charakter der Veranstaltung mitprägt und somit für die repräsentative Darstellung der Veranstaltung Symbolwert hat, etwa ein Karnevalsjeck auf dem Rosenmontagszug oder ein Teilnehmer einer Demonstration mit Plakaten von hohem Aufmerksamkeitswert u. Ä.

Jedoch geht dies nicht so weit, dass isolierte Porträts ohne Einwilligung erlaubt wären. Die Veranstaltung muss auf dem Foto mit abgebildet sein. Diese Fotos unterliegen zudem einem engen Verwendungszweck: Sie dürfen ohne Einwilligung nur für die Berichterstattung dieser konkreten Veranstaltung genutzt werden und nicht in einem anderen Kontext, etwa zur Illustration eines Prospekts über das Thema generell.

Achten Sie auf das Persönlichkeitsrecht Ihrer Mitbürger – es ist nicht nur reine Bürokratie. Im Kunsturheberrechtsgesetz heißt es:

§ 33 KUNSTURHEBERRECHTSGESETZ

(1) Mit Freiheitsstrafe bis zu einem Jahr oder mit Geldstrafe wird bestraft, wer entgegen den §§ 22, 23 ein Bildnis verbreitet oder öffentlich zur Schau stellt.

(2) Die Tat wird nur auf Antrag verfolgt.

AUFNAHMEDATEN

Brennweite	46 mm
Belichtung	1/80 s
Blende	f/14
ISO	800

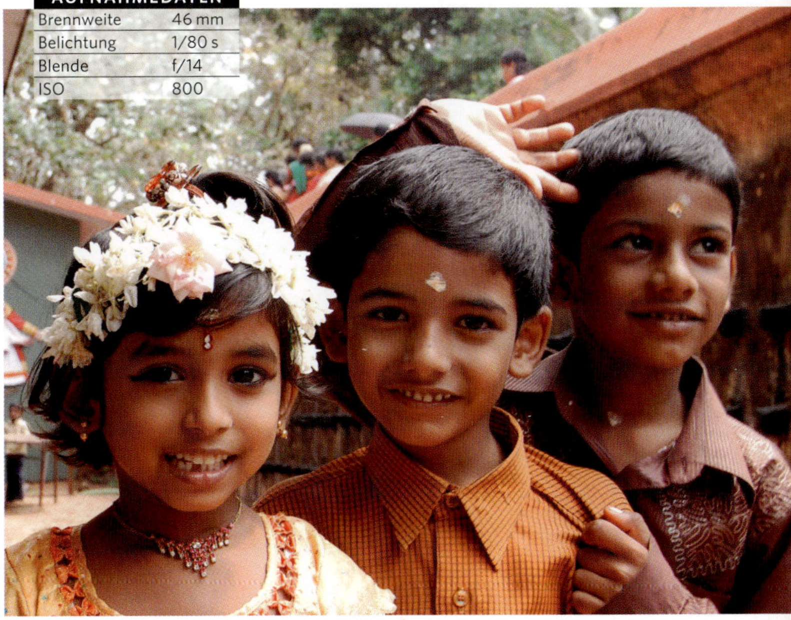

Kinder bei einer indischen Hochzeit, die zur Freude ihrer Eltern vor der Kamera posieren.

Ein Verstoß kann neben den strafrechtlichen Sanktionen, wie § 33 KUG und § 201 a StGB, zudem eine Abmahnung und empfindliche Geldentschädigungen nach sich ziehen. Ob Sie das Foto zu privaten oder gewerblichen Zwecken veröffentlichen, spielt dabei keine Rolle.

Kinder

Kinder werden durch das Gesetz unter einen besonderen Schutz gestellt, weil sich ihre Persönlichkeit noch in der Entwicklung befindet. Fotografien von Kindern könnten diese Entwicklung beeinträchtigen.

Generell dürfen Sie Minderjährige nur mit Einwilligung der Eltern ablichten. Sobald die Kinder einsichtsfähig und beschränkt geschäftsfähig sind (in der Regel mit 14 Jahren), müssen sie außerdem auch noch selbst zustimmen. Veröffentlichen Sie ungefragt Fotos von Kindern, drohen Geldentschädigungen, eine Abmahnung oder eine Unterlassungsverfügung.

Auch Kindern Prominenter steht dieser Schutz zu. Allein die Tatsache, dass Vater oder Mutter prominent sind, macht diese Kinder noch nicht selbst zu einer Person der Zeitgeschichte. Während Sie einen Filmstar dabei fotografieren dürfen, wie er durch die Fußgängerzone schlendert, dürfen Sie dessen Kinder nicht mit fotografieren – obwohl sie sich in der Öffentlichkeit aufhalten.

Nur wenn Kinder sich selbst der Öffentlichkeit und den Medien zuwenden, entfällt ihr Schutzrecht. Nehmen sie an öffentlichen Veranstaltungen wie zum Beispiel einer Filmpremiere oder einer Gala teil, handelt der Nachwuchs nicht mehr kindgemäß und bedarf daher keines so umfassenden Schutzes.

Fotos von jugendlichen Straftätern dürfen Sie nicht veröffentlichen. Auch hier spricht deren Persönlichkeitsrecht dagegen. Ferner besteht ein hohes Interesse daran, dass sie sich später wieder in die Gesellschaft eingliedern.

Bevor Sie Fotos oder Videos Ihrer eigenen Kinder mit Stolz in soziale Netzwerke oder eine Website einstellen, fragen Sie sich bitte vorher, ob Sie selbst das als Kind gewollt

i

MACHEN SIE NOTIZEN

Sofern Sie sich auf eine gesetzliche Ausnahme berufen möchten und keine explizite Einwilligung haben, notieren Sie den aktuellen Kontext, also die konkrete Veranstaltung mit Datum, und archivieren Ihre Notizen zusammen mit der Bilddatei. Bei absoluten oder relativen Personen der Zeitgeschichte sollten Sie zudem Name, Funktion und gegebenenfalls Kontakt des Abgebildeten notieren.

AUFNAHMEDATEN	
Brennweite	38 mm
Belichtung	1/1000 s
Blende	f/5
ISO	200

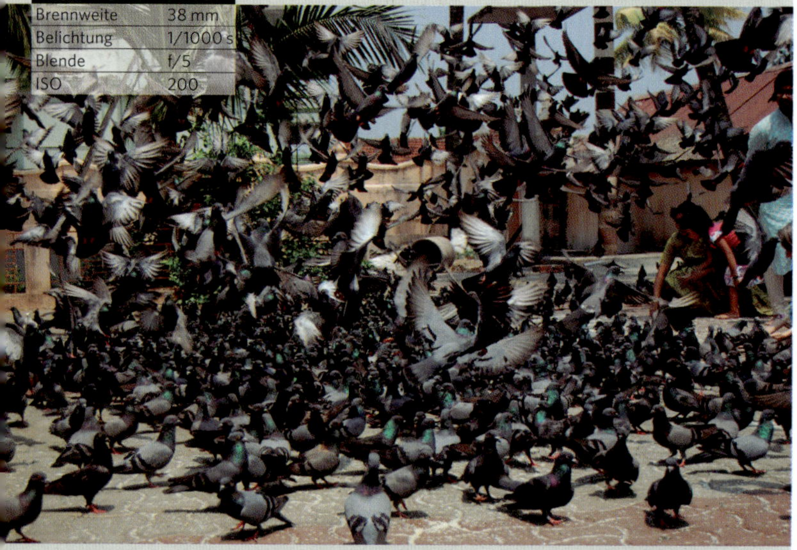

Oben: *Fotos von fliegenden Tauben im Freien sind erlaubt. Die Personen sind Beiwerk und nicht erkennbar.*

Unten: *Fotos von Tieren auf einem Feldweg sind unproblematisch.*

hätten. Viele Fotos sind auch Jahre später noch im Netz, wenn der Nachwuchs erwachsen geworden ist. Will er dann noch, dass seine Freunde sehen, wie er krabbeln lernte? Auch Ihre eigenen Kinder haben Persönlichkeitsrechte.

Sind Aufnahmen im Zoo erlaubt?

Nach dem Gesetz sind Tiere keine Sachen, sie werden aber in den meisten Fällen nach denselben Regeln behandelt (§ 90 a BGB). Sie dürfen Tiere im Freien fotografieren - ohne Zustimmung des Eigentümers -, wenn Sie diese auf öffentlichem Grund und Boden sehen, etwa auf dem Feld, der Straße oder dem Bürgersteig.

AUFNAHMEDATEN	
Brennweite	55 mm
Belichtung	1/160 s
Blende	f/11
ISO	200

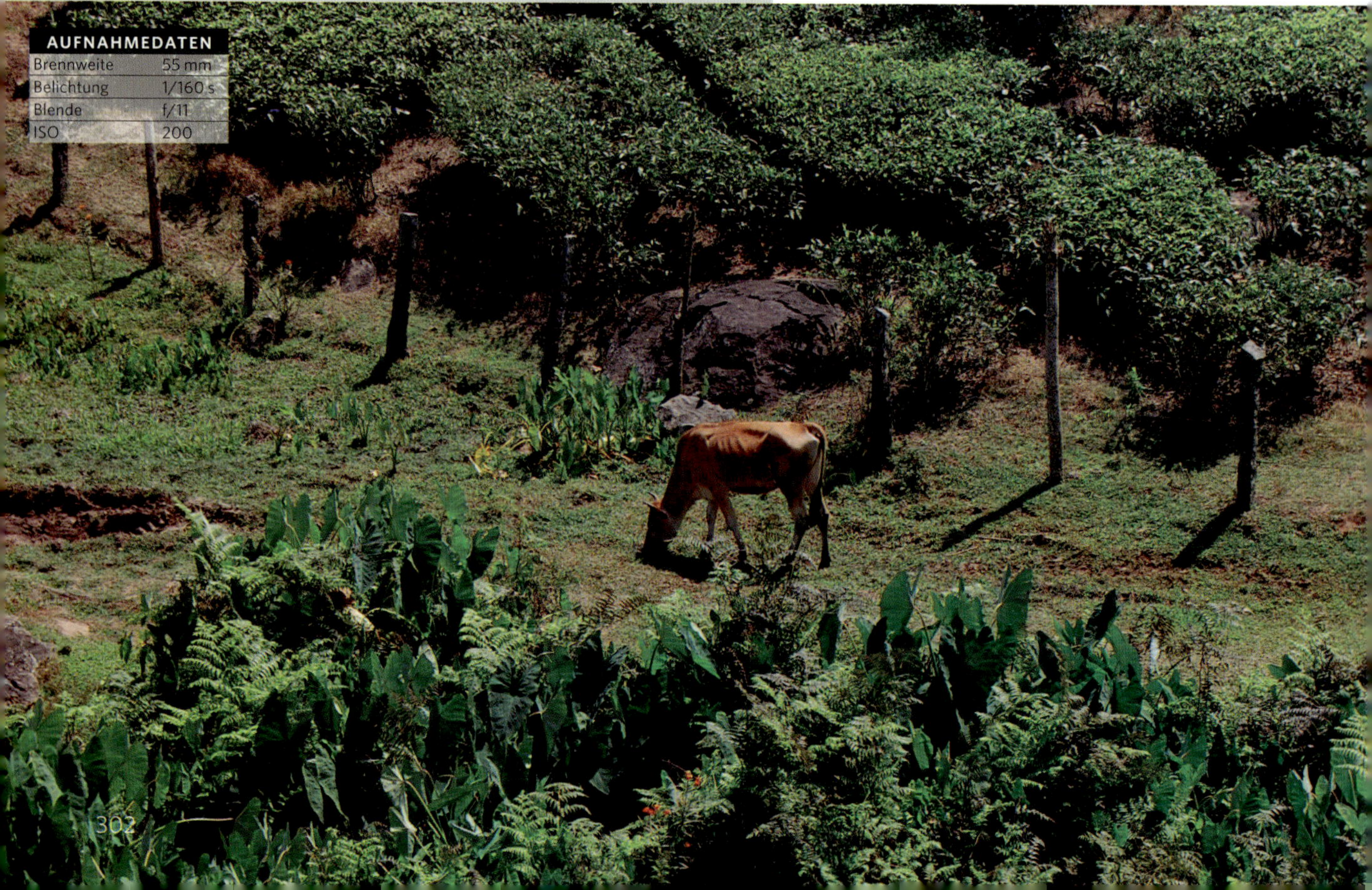

In einem Fall aus dem Jahr 2010 hatte eine Fotografin drei Bilder eines Kalbs auf ihrer Internetseite und in einer Zeitung veröffentlicht. Sie hatte die Bilder bei einem Besuch auf einem Bauernhof aufgenommen. Die Bäuerin, der das Kalb gehörte, klagte auf Schadensersatz, weil sie der Fotografin niemals erlaubt habe, das Kalb zu fotografieren, und deshalb ihre Eigentumsrechte verletzt sah. Das Amtsgericht Köln (AZ: 111 C 33/10) entschied: Die Fotos seien kein Eingriff in die Rechte der Bäuerin. Die Aufnahmen würden sie nicht daran hindern, über ihr Eigentum zu verfügen. Da von einem Kalb nicht auf die Persönlichkeit der Bäuerin geschlossen werden könne, seien auch die Persönlichkeitsrechte der Bäuerin nicht verletzt worden. Aufnahmen von Tieren sind so lange unproblematisch, wie sie dabei weder das Eigentum noch die Persönlichkeitsrechte des Eigentümers verletzen. Fotos von Tieren, die keinen Eigentümer haben, wie das Reh auf dem Feldweg, sind unbedenklich.

Achtung bei Tieren im Zoo

Anders verhält es sich bei Tieren in einem Zoo. Ein Tierpark hat in der Regel eine Hausordnung und ein Hausrecht. Darin kann er festlegen, ob Sie fotografieren und die Fotos gewerblich nutzen dürfen. Dies sollten Sie vor der Fotosession in Erfahrung bringen, wenn Sie planen, Ihre Fotos zu veröffentlichen oder zu vermarkten. Informieren Sie sich also im Vorfeld, ob der Zoo das Fotografieren erlaubt. Unter *www.zooliste.de* finden Sie viele deutsche Zoos und ihre Fotoregeln.

AUFNAHMEDATEN	
Brennweite	45 mm
Belichtung	1/125 s
Blende	f/8
ISO	200

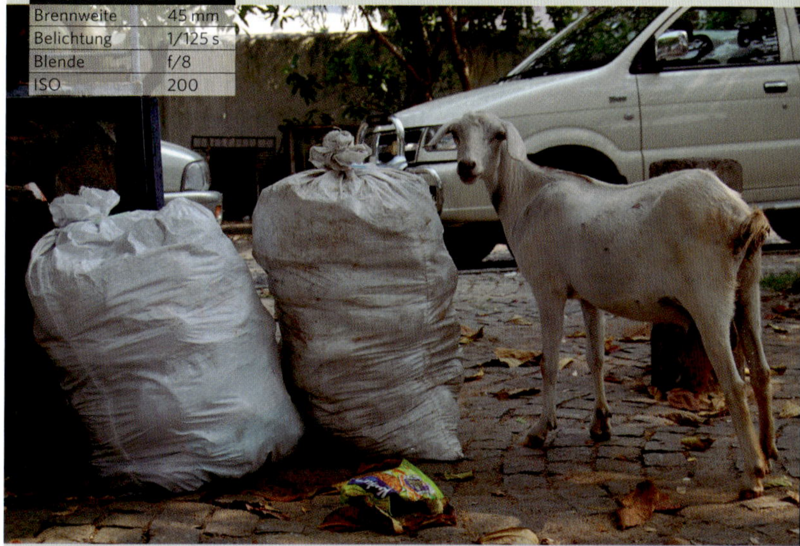

Oben: Eine Ziege auf der Straße dürfen Sie fotografieren.

Unten: Tiere vor einem Wohnhaus in einer öffentlichen Straße dürfen Sie fotografieren.

AUFNAHMEDATEN	
Brennweite	18 mm
Belichtung	1/200 s
Blende	f/7,1
ISO	200

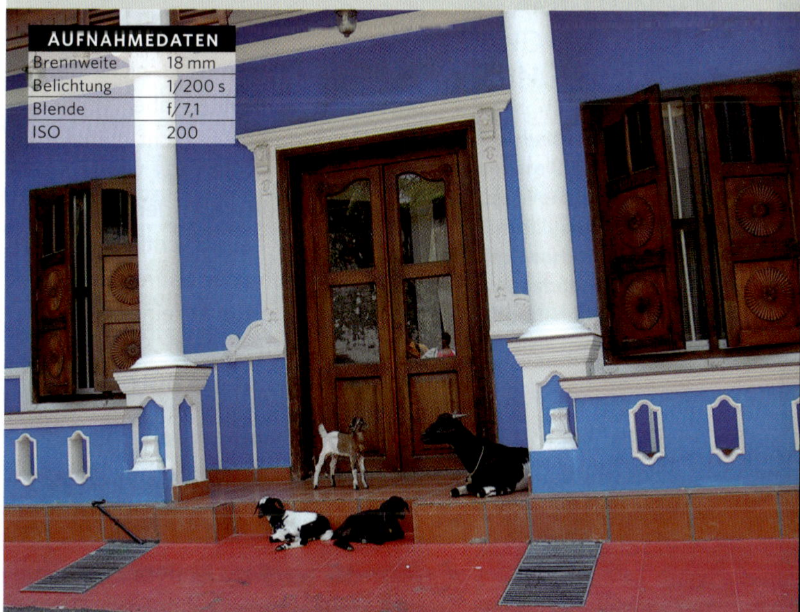

Bildnachweis

Kapitel 1
iStockphoto 22, 23, 24
Shutterstock 26
iStockphoto 27, 28, 29, 30, 31, 32
Shutterstock 33
iStockphoto, Shutterstock 34
Christian Haasz 35
iStockphoto 36
Shutterstock, iStockphoto 37
iStockphoto 38, 39, 40, 41, 42
Christian Haasz, iStockphoto 44
iStockphoto 45
Fotolia 46
iStockphoto 48
iStockphoto, Christian Haasz 49
Shutterstock 53
MAGIX 54

Kapitel 2
Fotolia 56,57
Christian Haasz 58
iStockphoto 59
Shutterstock 60
iStockphoto 61
Christina Haasz 63
Shutterstock 64, 65
Fotolia 66
Shutterstock 67
iStockphoto 68, 69

Kapitel 3
iStockphoto 70,71
Christian Haasz 72
iStockphoto 73
Canon 74
iStockphoto, Christian Haasz 75
Christian Haasz, iStockphoto 76
iStockphoto 77
Shutterstock 78
iStockphoto 79
Ulrich Dorn, iStockphoto 80
iStockphoto 81

Kapitel 4
Christian Haasz 82, 83, 84
iStockphoto 85
Christian Haasz 86
iStockphoto 87, 88
Christian Haasz, iStockphoto 89
Christian Haasz 90
iStockphoto 91
Christian Haasz 93
iStockphoto 94, 95

Kapitel 5
Christian Haasz 96, 97, 98
Christian Haasz, iStockphoto 99
Shutterstock 100
Christian Haasz, iStockphoto 102
Christian Haasz 104, 105
Metz 106

Kapitel 6
Christian Haasz 108, 109
Shutterstock 110
iStockphoto 111
Christian Haasz 113
Shutterstock, Christian Haasz 114
Fotolia 115
Christian Haasz, iStockphoto 116
iStockphoto 118
Christian Haasz 119

Shutterstock 120
iStockphoto 122
Christian Haasz 123

Kapitel 7

Fotolia 124, 125
iStockphoto 126
Fotolia 127
iStockphoto, Christian Haasz 128
Fotolia 129
Shutterstock, Christian Haasz 130
Shutterstock 131, 132
iStockphoto 133
Christian Haasz 134, 135
Shutterstock 136, 137

Kapitel 8

Shutterstock 138, 139
iStockphoto 140
Shutterstock 141, 142
Canon 143
Shutterstock, iStockphoto 144
iStockphoto 145, 146, 147

Kapitel 9

Christian Haasz 148, 149, 150, 151, 152, 153, 155, 156, 157, 158, 159, 160, 161, 162, 163

Kapitel 10

Christian Haasz 164, 165, 166, 167, 168, 169, 170, 172, 173, 175, 176, 177

Kapitel 11

Christian Haasz 178, 179
Shutterstock 180
Christian Haasz 181, 182
Shutterstock 183
Christian Haasz 184
Shutterstock 185
iStockphoto, Christian Haasz 186
iStockphoto 187, 188
Christian Haasz 190
iStockphoto 191, 192
Christian Haasz 193
iStockphoto 194
Fotolia 195

Kapitel 12

Shutterstock 196, 197, 198
iStockphoto 199
Fotolia, Shutterstock 200
Christian Haasz 201
Fotolia 202, 203
Christian Haasz 204, 205

Kapitel 13

Christian Haasz 206, 207
iStockphoto 208
Christian Haasz 209, 210, 211, 212
Nikon, iStockphoto 213
Metz 214
Olympus 215
Christian Haasz 216
Fotolia 218
Shutterstock 219

Kapitel 14

Shutterstock 220, 221
Christian Haasz 222
iStockphoto 223
Shutterstock 224, 225
iStockphoto 226
Shutterstock 227
iStockphoto 228
Christian Haasz 229
Shutterstock 230
Christian Haasz 232, 233

Kapitel 15

Martin Rietze 234, 235, 236, 237, 238, 239, 241, 244, 246, 247, 248, 249
Michael Risch 250
Celestron 251
Martin Rietze 253, 254
Celestron 255

Kapitel 16

Shutterstock 256, 257, 258
Shutterstock, Christian Haasz 259
Canon 260
Shutterstock 261, 262, 263
Fotolia 264
Christian Haasz, Fotolia 265
iStockphoto, Christian Haasz 266
iStockphoto 267
Christian Haasz 268, 269, 270

Kapitel 17

Christian Haasz 272, 273, 274, 275
Fotolia 276, 277
Christian Haasz 279, 280
Ulrich Dorn 281
Shutterstock 282, 283, 284, 285

Kapitel 18

Vilma Niclas 286, 287, 288, 291, 292, 293, 294
Abbas 295
Vilma Niclas 296, 297, 299, 300, 301, 302, 302
kunstschuetzen.de 311

pixxsel

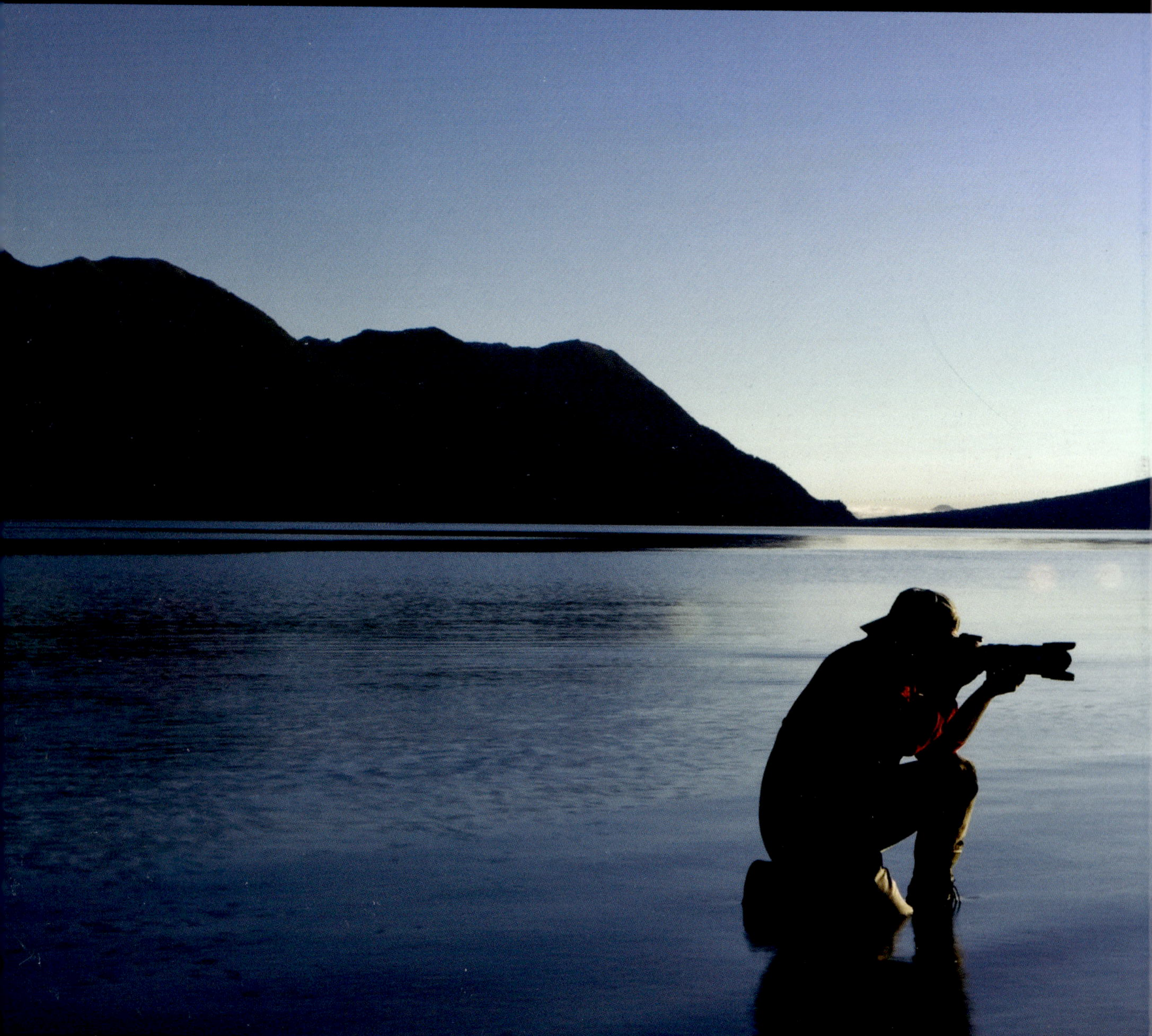